Mitología

Mitos fascinantes griegos, egipcios, nórdicos, celtas y romanos sobre dioses, diosas, héroes y monstruos

Tabla de contenidos

PRIMERA PARTE: MITOLOGÍA GRIEGA 1

INTRODUCCIÓN 2

PARTE I. LOS ORÍGENES 4

CAPÍTULO 1. EL COMIENZO: LA CREACIÓN DEL MUNDO Y LA GUERRA ENTRE LOS TITANES Y LOS OLÍMPICOS 5

CAPÍTULO 2. LOS GOBERNANTES DEL OLIMPO 9

PARTE II. LA CASA DE ATREO Y LA GUERRA DE TROYA 15

CAPÍTULO 3. LAS RAÍCES DE LA DISCORDIA 16

CAPÍTULO 4. LA BATALLA DE TROYA 22

CAPÍTULO 5. LA MUERTE DE HÉCTOR Y LA CAÍDA DE TROYA30

CAPÍTULO 6. EL LARGO CAMINO A CASA DE ODISEO 38

CAPÍTULO 7. EL REGRESO DE ODISEO 48

CAPÍTULO 8. EL REGRESO A CASA DE AGAMENÓN Y LA ELECCIÓN DE ORESTES 56

CAPÍTULO 9. EL TRASPASO DE LA MALDICIÓN 66

PARTE III. EDIPO Y SUS HIJOS 74

CAPÍTULO 10. EDIPO Y LAS PROFECÍAS 75

CAPÍTULO 11. LOS HIJOS DE EDIPO 89

PARTE IV. CUENTOS MÁS LIGEROS 99

CAPÍTULO 12. CUPIDO Y PSIQUE 100

CAPÍTULO 13. CUENTOS CORTOS 109

Lisístrata 109

El toque de Midas 111

Filemón y Baucis 113

NOMBRES LATINOS DE LOS DIOSES DEL PANTEÓN GRIEGO 116

SEGUNDA PARTE: MITOLOGÍA NÓRDICA 118

INTRODUCCIÓN 119

CAPÍTULO 1. LA CREACIÓN DE LOS MUNDOS........................... 121

CAPÍTULO 2. LA CONSTRUCCIÓN DE ASGARD........................... 124

CAPÍTULO 3. ¿POR QUÉ ODÍN TIENE UN OJO Y TYR UNA MANO?
.... 129

CAPÍTULO 4. EL AGUAMIEL DE LA POESÍA............................... 134

CAPÍTULO 5. LOKI EL LADRÓN 139

CAPÍTULO 6. AMOR Y CONFLICTO.. 146

CAPÍTULO 7. THOR LA NOVIA... 154

CAPÍTULO 8. LAS AVENTURAS DE THOR EN UTGARD............. 158

CAPÍTULO 9. ODÍN EL ANFITRIÓN Y ODÍN EL INVITADO 168

CAPÍTULO 10. LA MALDICIÓN DE ANDVARI 174

CAPÍTULO 11. REGIN Y SIGFRIDO 179

CAPÍTULO 12. SIGFRIDO Y EL DRAGÓN................................... 187

CAPÍTULO 13. EL MATRIMONIO DE SIGFRIDO 193

CAPÍTULO 14. LA TRAICIÓN DE BRUNILDA 198

CAPÍTULO 15. LA MUERTE DE SIGFRIDO 204

CAPÍTULO 16. LA MUERTE DE BALDER 209

CAPÍTULO 17. RAGNARÖK 217

CAPÍTULO 18. NOTA FINAL: LA HISTORIA DE HRÓLFR KRAKI 221

CONCLUSIÓN 226

TERCERA PARTE: MITOLOGÍA EGIPCIA 228

INTRODUCCIÓN 229

LÍNEA DE TIEMPO DEL ANTIGUO EGIPTO 233

PARTE I 235

NARRATIVAS COSMOLÓGICAS 235

MITOS DE LA CREACIÓN 235

    Atum crea el mundo 236

    Ra y los Ocho Dioses crean el mundo 237

    El mito del huevo cósmico 237

    Ptah crea el mundo 238

    Jnum crea el mundo 238

    La destrucción de la humanidad 239

    Cómo Ra hizo el cielo nocturno 241

EXTRACTOS DE EL LIBRO DE LOS MUERTOS 244

PARTE II 253

MITOS DE LOS GRANDES DIOSES 253

    El nacimiento de Osiris 254

    La historia de Isis y Osiris 255

    El lamento de Isis y Neftis 260

    La batalla de Horus y Set 262

    ¿Cómo descubrió Isis el nombre divino secreto de Ra? 276

    Mitos políticos 278

    El nacimiento de la Reina Hatshepsut 279

    La historia de la hambruna 281

PARTE III 284

OTRAS HISTORIAS 284

EL NÁUFRAGO 284

    Los dos hermanos 290

    La princesa y el demonio 301

La toma de Jope..307

Dos historias de Setne Khamwas...310

La búsqueda del Libro de Thoth...310

La Historia de Ahwere...312

SETNE KHAMWAS TOMA EL LIBRO..............................320

Setne Khamwas y Tabubu 321

Setne Khamwas devuelve el libro...325

Setne Khamwas y el viaje al inframundo................................328

GLOSARIO SELECTO 346

CUARTA PARTE: MITOLOGÍA CELTA....................................358

INTRODUCCIÓN 359

PARTE I...362

IRLANDA..362

Los hijos de Lir...362

El nacimiento de Cú Chulainn..373

Cómo Cú Chulainn obtuvo su nombre 376

PARTE II 382

GALES 382

Pwyll, príncipe de la muerte..382

La historia de Culhwch y Olwen...400

PARTE III 418

CORNUALLES Y BRETAÑA..418

La Ciudad Ahogada de Ys...418

El romance de Tristán e Isolda...429

GUÍA DE PRONUNCIACIÓN 455

QUINTA PARTE: MITOLOGÍA ROMANA 469

INTRODUCCIÓN 470

PRIMERA PARTE: TRES MITOS SOBRE EL ORIGEN DE ROMA.473

Las andanzas de Eneas 473

La huida de Troya 474

La estancia en Cartago 479

La quema de los barcos troyanos 481

La Sibila cumana y el descenso al Hades 484

La llegada al Lacio y la guerra contra Turno 488

La embajada a Palanteo y a Etruria 494

El primer ataque a los troyanos 497

Una breve tregua y un ataque troyano 501

El reto a un combate individual y la victoria de Eneas 504

La historia de la fundación de Roma 510

El rapto de Lucrecia 518

SEGUNDA PARTE: HISTORIAS DE HÉROES ROMANOS 525

Hércules y el gigante del Lacio 525

La historia de Atalanta 528

Historia del nacimiento y la crianza de Atalanta 529

El Jabalí de Calidonia 530

La Carrera de Atalanta 533

La Búsqueda del Vellocino de Oro 537

TERCERA PARTE: HISTORIAS DE LAS METAMORFOSIS DE OVIDIO
.... 556

La Creación del Mundo 556

El Castigo de los Dioses 561

La Historia de Aracne 561

El Vuelo de Ícaro 564

La Historia del Rey Midas 567

Eco y Narciso 569

Píramo y Tisbe 573

Orfeo y Eurídice *575*

BIBLIOGRAFÍA..581

GLOSARIO DE NOMBRES 584

Primera Parte: Mitología griega

Una fascinante introducción a los mitos sobre los dioses, diosas, héroes y monstruos griegos

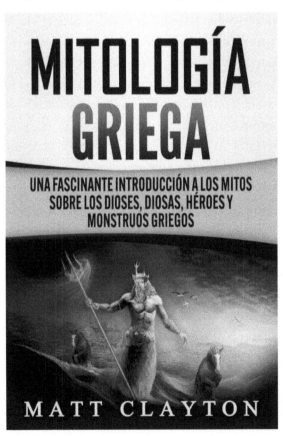

Introducción

La mitología, la filosofía y la ciencia griegas están en las raíces del lenguaje, la cultura y la civilización occidentales. Pero en esta época de especialización, nos puede sorprender que los griegos no hayan trazado una línea nítida entre estos campos. Buscaban respuestas a todo tipo de preguntas sobre el universo y el lugar del hombre en él: ¿de dónde viene todo esto? ¿Quiénes somos? ¿Qué fuerzas determinan nuestros destinos? ¿Qué es lo que realmente podemos elegir con libertad? ¿Cómo deberíamos hacer estas elecciones? El resultado de esta exploración fue una diversa y prolífica colección de historias sobre dioses y mortales, que aún tienen el poder de conmovernos en lo profundo y dar forma a nuestra manera de ver el mundo.

Nuestro modo de expresarnos pone de manifiesto la continua relevancia de la mitología griega. Hablamos de los caballos de Troya y los complejos de Edipo, de luchas titánicas y tentaciones sin satisfacción, de Odiseo y del toque de Midas. Lo hacemos, incluso si no estamos personalmente familiarizados con la historia de la guerra de Troya, la tragedia de Edipo, las guerras de los titanes, el castigo de Tántalo, el regreso de Ulises o la peligrosa recompensa del rey Midas. Sin embargo, la familiaridad con las historias subyacentes abre una nueva dimensión de valiosos significados.

A veces las referencias lingüísticas se vuelven más confusas por el hecho de que la mayoría de los dioses y héroes griegos tienen dos nombres. Sus historias se contaron por primera vez por los griegos.

Cuando el Imperio romano conquistó las ciudades-estado griegas, se apropiaron de las deidades y los mitos griegos, pero volvieron a contar las historias y también cambiaron el nombre de todos los personajes. Cuando hablamos del *temperamento dionisíaco*, nos referimos al dios del vino y la inspiración por su nombre griego, Dionisio. En latín, el mismo dios se llamaba Baco (de quien adquirimos la palabra *bacanal*). Cupido es una figura muy conocida con su nombre en latín, pero su nombre original en griego, Eros, nos dio nuestra palabra *erótico*. Conocer los dos nombres del panteón facilita la captación de referencias culturales y lingüísticas. Este libro se basa en relatos en latín y en griego, y he utilizado los nombres usados por mis fuentes primarias en cada cuento. El capítulo 2, *Los gobernantes del Olimpo*, ofrece los nombres griegos y latinos de los principales dioses y diosas. El apéndice al final menciona los nombres latinos del panteón por orden alfabético, acompañados del nombre griego de cada deidad.

Algunas de las grandes historias de los dioses y héroes griegos ya se contaron en mi libro anterior, ***Mitología Griega: Fascinantes Mitos de Dioses, Diosas, Monstruos y Héroes Griegos.***

Otros se exploran aquí. Los dos libros describen la creación del universo y dan una introducción básica al panteón griego y romano, aunque estos se tratan con mayor detalle en el libro *Mitología Griega: Fascinantes Mitos de Dioses, Diosas, Monstruos y Héroes Griegos.* Y hay mucho más en la mitología griega de lo que cualquier libro puede cubrir. Las notas sobre mis fuentes primarias y sugerencias para una lectura más amplia se pueden encontrar en la parte final de este libro.

Parte I. Los orígenes

Capítulo 1. El comienzo: la creación del mundo y la guerra entre los titanes y los olímpicos

Al principio era el caos, un vasto y desordenado mar de oscuridad. Del caos, dos seres tomaron forma, nadie sabe cómo: uno era la Noche y el otro Érebo, el oscuro vacío, el reino de los muertos. La Noche puso un huevo en las profundidades de Érebo y, de alguna manera, de esa oscuridad compuesta, el huevo hizo salir algo totalmente diferente a sus padres: «El amor, el anhelado, brillante, con alas de oro». En la luz del amor, la Tierra (también llamada *Gea*) apareció y tomó forma. Su primer hijo fue el Cielo (Urano), su igual y su compañero.

Los hijos del Cielo y la Tierra tomaron formas muy diferentes. Los cíclopes eran criaturas muy poderosas y tenían cada uno un gran ojo en medio de la frente. Cada uno de los hecatónquiros tenía cincuenta cabezas, cien manos y una fuerza como la de los cíclopes. Después vinieron los doce titanes, fuertes como sus hermanos, pero con una forma más parecida a la que más tarde se daría a los humanos mortales, tanto a los hombres como a las mujeres.

Urano odiaba la apariencia de sus hijos los hecatónquiros y los encarceló en las profundidades de la tierra. Pero Gea se lamentó por su encarcelamiento e hizo un llamado para que sus hijos libres derrocaran a su padre y liberaran a sus hermanos. Solo uno atendió su llamado: el titán Cronos. Su madre le dio una hoz de pedernal; él esperó a su padre y lo castró.

Urano huyó en vergüenza y agonía. Cuando su sangre golpeó la tierra, nacieron las erinias, es decir, las furias, las vengadoras de la sangre y desde ese día caminan por la tierra, persiguiendo a los que hacen el mal. Sus cabellos estaban hechos de serpientes y sus lágrimas, de sangre. Volveremos a hablar de ellas en el capítulo 9. Pero algunos cuentos dicen que no fueron las únicas descendientes de esa mutilación. Los genitales de Urano cayeron en el gran mar, que se elevó en espuma y de esa espuma salió la hermosa Afrodita, la diosa del amor.

Cronos tomó el poder en ausencia de su padre, pero no liberó a los hecatónquiros de su prisión. Quizá el éxito del ataque a su padre le había mostrado lo inestable que era el poder. Ciertamente llegó a temer a los rivales. Se casó con su hermana Rea y ella le dio hijos, pero Cronos había oído la profecía de que uno de sus hijos le arrebataría el trono como él lo había hecho a su padre. Por temor a esto, se tragaba a sus hijos en cuanto nacían.

Parece ser que Cronos no había aprendido nada sobre el peligroso poder de la angustia de una madre. Esa fue su perdición. Pues Rea quería que sus hijos vivieran y cuando nació su sexto hijo, Zeus, ella lo envió a escondidas a Creta y le dio a Crono una piedra para que se la tragara en su lugar. Después de eso, ya no tuvo más hijos. Zeus se crió escuchando la historia de la tiranía de su padre y la desesperación de su madre y, por ello, juró corregir el mal. Al llegar a la edad adulta, su abuela Gea le ayudó a obligar a Cronos a vomitar a los niños que se había tragado. Entonces Zeus y sus hermanos lucharon contra los titanes. Fue una lucha terrible, que sacudió la tierra, el cielo, el inframundo y estuvo a punto de destruirlos y devolver el mundo al caos inicial.

Zeus liberó a los hecatónquiros para que le ayudaran y, en plena lucha, el titán Prometeo se puso del lado de los jóvenes dioses y trajo a su dócil hermano Epimeteo con él. Prometeo era el dios de la previsión y quizás fue capaz de ver quién obtendría la victoria. Pero después, mostró compasión por los débiles y los oprimidos, aunque esto le costara todo. Por ello, puede ser que se uniera a los jóvenes dioses por compasión y que ellos no habrían obtenido la victoria sin él y sin su hermano. Sea como fuere, Zeus y sus aliados finalmente salieron victoriosos y echaron a Cronos y al resto de los titanes al Tártaro, un agujero negro en las profundidades de la tierra. A uno de los Titanes, a Atlas, se le obligó a soportar el peso de los cielos sobre sus hombros. Solo Prometeo y Epimeteo permanecieron libres.

En el monte Olimpo, las deidades victoriosas establecieron su fortaleza, que se hizo hermosa y altamente resistente. A partir de entonces se les llamó los olímpicos. Hubo rebeliones de gigantes y monstruos después de la caída de los titanes, pero los olímpicos lo conquistaron todo y, al final, hubo paz en el cielo y en la tierra.

Según una historia, fueron Prometeo y Epimeteo quienes crearon a los animales y a los humanos para que poblaran el mundo que había sido despejado de los monstruos. Epimeteo, bien intencionado, pero con la cabeza desordenada, dio regalos a todos los animales; algunos podían volar, otros podían respirar bajo el agua, algunos tenían garras, otros tenían caparazones; y luego se acercó a los humanos y se dio cuenta de que no le quedaba nada que dar a esas criaturas desnudas. Así que Prometeo los alzó para que caminaran erguidos como los dioses y miraran a los cielos. También les dio el regalo del fuego, que había pertenecido solo a los dioses y engañó a Zeus para que dejara a los humanos proveer a los dioses con la grasa y los huesos de sus sacrificios mientras ellos mismos se comían la buena carne. Zeus estaba agradecido cuando Prometeo se compadeció de Zeus y de sus hermanos, pero estaba furioso con Prometeo por compadecerse de los mortales. Zeus ató a Prometeo a la cima de una montaña donde un águila le arrancaba trozos de su hígado todos los días, pero el hígado volvía a crecer por arte de magia todas las noches, por lo que no había fin a su vida ni a su dolor. Pero Prometeo nunca se arrepintió de lo que había hecho ni le pidió perdón a Zeus. Y sobre la tierra, los hombres y las mujeres se amaron, se multiplicaron, se extendieron y se hicieron sabios en muchas artes.

Notas:

Existen muchos relatos muy variados sobre la creación. La obra clásica de Edith Hamilton: *Mitología: Cuentos atemporales de dioses y héroes* da un resumen convincente de las variaciones principales. La descripción citada del nacimiento del amor viene del dramaturgo cómico Aristófanes.

Una larga y conmovedora descripción de las obras y sufrimientos de Prometeo se puede encontrar en la tragedia de Esquilo, *Prometeo encadenado*, que se encuentra disponible gracias a muchas traducciones.

Capítulo 2. Los gobernantes del Olimpo

Lo que sigue es una breve descripción de los nuevos dioses más importantes, que llegaron al poder después de la derrota de los titanes. Estudiaremos más de cerca algunas facetas de su carácter en historias posteriores.

Dioses:

Zeus (Júpiter para los romanos), después de derrotar a Cronos, se convirtió en el señor de los cielos y el rey de las deidades del Olimpo. Empuñaba el rayo que ningún enemigo podía soportar. Fue esposo y hermano de Hera; hermano de Hades y Poseidón; y padre de Apolo, Ares, Artemisa, Atenea, Hermes y muchos más. Sus hijos nacieron de muchas madres, lo que fue motivo de dolor para Hera. A veces se le describe como defensor de la justicia y protector de los pobres, huéspedes y necesitados; otras veces, como bastante arbitrario y tiránico (como en su castigo a Prometeo), sin olvidar también sus aventuras amorosas.

Poseidón (Neptuno para los romanos) fue el dios del mar, creador de calmas y tormentas. De esta manera, era temido y venerado por los marineros y todos los que tenían la oportunidad de viajar. También creó los caballos, un gran regalo para los humanos. Empuñaba un poderoso tridente. Sus hermanos fueron Zeus y Hades, y su esposa fue Anfítrite. Su hijo fue **Proteo,** un dios muy sabio al que le gustaba guardarse su sabiduría para sí mismo. Los humanos que querían aprender de Proteo primero tenían que encontrarlo y después aferrarse a él, mientras se convertía en una variedad de bestias salvajes a su vez. Si lograban aguantar lo suficiente, él tomaba su propia forma y les decía lo que querían saber.

Hades (Plutón para los romanos) fue el dios del inframundo, que llevaba su nombre. Aunque la palabra *hades* se usa ocasionalmente como un educado eufemismo para el infierno cristiano, el reino del Hades no era necesariamente un lugar de castigo, aunque estaba oscuro y el viaje hacia él era peligroso y aterrador para aquellos pocos mortales vivos que se atrevían a aventurarse allí, atraídos por el amor o la necesidad. Veremos más de Hades y su reino en capítulos posteriores. Él fue, evidentemente, el dios de los muertos; dios de las profundidades de la tierra de la que provenían los metales preciosos, fue también el dios de la riqueza (de ahí nuestra palabra *plutócrata*). Su esposa por obligación fue Perséfone, su historia se cuenta bajo su nombre a continuación.

Apolo (que también tenía el nombre de Apolo para los romanos; a veces también llamado *Loxias* o *Febo*), fue el dios del sol, la música, la profecía y la medicina. Se decía que no podía pronunciar ninguna falsedad y que su oráculo en Delfos daba respuestas veraces a los mortales que las buscaban, aunque en realidad esa verdad a menudo estaba tan enigmática y oscura que los mortales que intentaban actuar en respuesta a sus pronunciamientos, a veces sentían que habían sido engañados. Enseñó a los hombres las artes curativas y deleitaba a todos los seres vivos con su música, pero castigó cruelmente a un mortal que se atrevió a rivalizar con sus habilidades musicales. Además, era el dios del tiro con arco, uno que nunca fallaba su objetivo, por lo que era muy poco aconsejable enfadarlo de alguna manera. Su padre fue Zeus; su madre, la titánide Leto y su hermana gemela fue Artemisa.

Hermes (Mercurio para los romanos) fue uno de los dioses más jóvenes, pero no el menos significativo. Fue el patrón del comercio y también del robo. De niño, con menos de un día de vida, robó el ganado de Apolo. Cuando Apolo vino a reclamarlo, Hermes consiguió intercambiarlo por una lira que acababa de inventar. Fue a menudo el mensajero de los dioses y muchas de sus estatuas lo muestran con los pies alados. Su padre fue Zeus y su madre, la titánide Maya. Su hijo fue Pan (Fauno para los romanos), el dios de los pastores y cabreros. El aspecto de Pan era algo entre el de una cabra y el de un hombre. La música que tocaba con su siringa era fascinantemente dulce. Sin embargo, también hacía los ruidos indefinidamente alarmantes, que asustaban a los viajeros por la noche: la palabra *pánico* viene del nombre este dios.

Ares (Marte para los romanos), fue el dios de la guerra. No necesariamente solo de la guerra defensiva, sino de cualquier guerra en marcha. Obtenemos la palabra *marcial* de su nombre. Algunos autores humanos veneraban a Ares por el coraje que enseñaba y la gloria que se podía ganar a su servicio; otros lo despreciaban por ser cruel, arbitrario y lastimero y —en algunas versiones— también por ser un cobarde. Era más popular entre los romanos que entre los griegos, lo cual dice algo de lo que cada sociedad valoraba. Sus padres fueron Zeus y Hera; y su hermana gemela y su compañera frecuente fue Eris, la diosa de la discordia. No parece haber tenido una esposa, pero durante un tiempo Afrodita, la diosa del amor, fue su amante.

Hefesto (Vulcano o Mulciber para los romanos) fue el herrero de los dioses, que hacía sus adornos, sus armas y muchas otras cosas tanto bellas como terribles. El único entre los dioses que tuvo la desgracia de quedar lisiado, aunque esto no le impidió trabajar. Su madre fue Hera; su paternidad está en duda. Algunas historias dicen que estaba casado con Aglaya, una de las Gracias, pero otras dicen que estaba casado con Afrodita, que lo traicionó con Ares.

Eros (Cupido para los romanos) fue el dios del amor y del compañerismo, en cuentos posteriores, el hijo de Afrodita. Su paternidad es incierta, debido a los hábitos de su madre. Su carácter es igualmente discutido. Todos están de acuerdo en que él traía el amor a los corazones humanos. Algunos decían que era de un espíritu noble y gentil que movía a los mortales a la generosidad, el coraje y la bondad y que daba belleza y luz al mundo; otros, que era un muchacho rebelde que disparaba sus flechas de pasión (o al azar, con los ojos vendados) y que llevaba a los mortales a la lujuria y a la ruina. Su esposa fue Psique; la historia de su noviazgo se cuenta en el capítulo 12.

Dionisio (Baco para los romanos) fue el dios del vino, la locura y el éxtasis. Su padre era Zeus y su madre, una mujer mortal llamada Sémele. Sémele murió antes de parirlo, en gran parte debido a los celos de Hera, pero Zeus se encargó de que el niño prematuro viviera. Más tarde, Dionisio hizo el terrible viaje al inframundo para traer a su madre de vuelta y llevarla a la vida eterna con los brillantes dioses del Olimpo. En la tierra, los poetas dicen que fue venerado, no con rituales ordenados y sacrificios en los templos, sino por tropas de mujeres en éxtasis que vivían en el exterior y vagaban de un lugar a otro, bebiendo, bailando y cantando, con los ojos brillantes por el vino. Estas ménades (bacantes, para los romanos) gozaban de libertad y alegría, pero también podían convertirse en locas asesinas.

El titán Prometeo, el primer benefactor de los humanos, se describió en el capítulo anterior.

Diosas:

Hera (Juno para los romanos) fue la esposa y la hermana de Zeus; madre de Hefesto, Ares, Hebe y otros. Muchas de las historias sobre ella tienen que ver con sus celos por Zeus y sus intentos de castigarlo a él o a sus amantes, aunque en la guerra de Troya (véase el capítulo 3) y en la búsqueda del vellocino de oro, tomó un papel activo por otras razones. Hera podía ser muy amable con las madres cuyos hijos no habían sido engendrados por Zeus; ella y su hija Ilitía, que no aparece en los mitos relatados en este libro, ayudaban a las mujeres durante el parto.

Atenea (Minerva para los romanos; a veces también conocida como Palas) fue la diosa virgen de la sabiduría, la estrategia y la guerra defensiva (en su mayor parte, aunque en la guerra de Troya ayudó a los atacantes, por razones propias que se describen en el capítulo 3). Fue la patrona de la ciudad de Atenas y la creadora de los olivos (un regalo importante, ya que el aceite de oliva era una parte esencial de la dieta griega). También enseñó a los mortales muchas de las artes de la civilización. Poseidón creó los caballos, pero Atenea fabricó la brida y enseñó a los humanos a domarlos. También se dice que el tejido y la agricultura son sus regalos para los hombres. Sin embargo, al igual que Apolo, podía ser celosa y vengativa. Cuando una mujer mortal llamada Aracne, se atrevió a decir que su tejido rivalizaba con el de Atenea, Atenea la desafió a un concurso y cuando vio que su trabajo era igual de bueno, Atenea destruyó el tejido y golpeó a la mujer, que después se ahorcó. (Atenea parece haber sentido algo de pena después, porque trajo a Aracne de vuelta a la vida en forma de araña para que tejiera para siempre; de ella, también obtenemos nuestra palabra *arácnido*). Atenea fue hija de Zeus y nació de su cabeza, ya completamente desarrollada y armada.

Afrodita (Venus para los romanos) fue la diosa del amor y del deseo. Al igual que a su hijo Eros, los mortales la podían bendecir o maldecir, dependiendo de lo que su propia experiencia del amor había sido. Afrodita daba risa, belleza y deleite a los mortales, pero también vergüenza, confusión y tormento. En la *Ilíada*, es la hija de Zeus, pero la mayoría de los cuentos dicen que no tenía padres, ya que nació cuando los genitales de Urano golpearon la espuma del mar. Estuvo casada con Hefesto, pero parece haber preferido a Ares.

Artemisa (Diana para los romanos) fue la diosa virgen de la caza, de los animales salvajes y de la luna. Era hermosa, fuerte, hábil y solitaria. Se decía que era la protectora de las criaturas salvajes y de los jóvenes humanos, especialmente de las vírgenes, aunque esto contrasta extrañamente con su papel en la historia de Ifigenia, contada en los capítulos 3 y 9. Su hermano gemelo fue Apolo, su madre fue Leto y su padre, Zeus. Algunas historias también la identifican con Selene, la diosa de la luna y con Hécate, la diosa del inframundo.

Deméter (Ceres para los romanos) fue la diosa de la tierra, de la fecundidad y del cultivo de plantas. Atenea pudo haber enseñado a los hombres a cultivar el grano, pero Deméter le daba vida. Fue amada y honrada por esto. Los poetas también recordaban la terrible época en la que Deméter se afligió y retiró su poder de la tierra. Esto pasó porque Deméter tenía una hija llamada **Perséfone (Proserpina para los romanos)**, una muchacha muy hermosa. Hades, el señor del inframundo, vio su belleza y la quiso para él. La agarró y se la llevó por la fuerza al oscuro mundo de abajo. Deméter buscó a su hija durante mucho tiempo y cuando supo quién se la había llevado, dejó el Olimpo y se encerró en su pena. Durante un tiempo, vagó entre los mortales en forma de una pobre anciana y recompensó ricamente a quienes la acogían y la trataban con amabilidad; después volvió a tomar su forma divina, pero se mantuvo apartada de los dioses y de los hombres mientras lloraba por su hija. Mientras Deméter se afligía, no crecía nada verde en la naturaleza y no brotaba ninguna semilla sembrada por los campesinos; la tierra estaba atrapada en un invierno permanente durante todo el año y la gente se moría de hambre. Zeus pensó que todas las cosas morirían si esto continuaba y envió a Hermes para llevar la orden de Zeus a Hades de liberar a Perséfone. Él la envió de vuelta de mala gana, pero primero la engañó para que comiera semillas de granada que la ataban para siempre al mundo de los muertos durante cuatro meses de cada año. Así que durante nueve meses la madre y la hija están juntas: las plantas crecen y florecen, el sol brilla cálido y los vientos soplan suavemente; pero durante cuatro meses Perséfone se queda de nuevo con los muertos y Deméter está de luto: los vientos soplan fuertes y fríos, la escarcha roe la tierra y nada crece.

Eris fue la diosa de la discordia, la hermana de Ares, hija de Hera y Zeus. Generalmente, la encontramos al lado de Ares cuando hay caos y matanzas en marcha. Se le atribuye el haber puesto en marcha los eventos que llevaron a la guerra de Troya (véase el capítulo 3). A diferencia de su hermano Ares, parece que no fue muy popular ni siquiera entre los romanos.

Hestia (Vesta) fue la diosa virgen del hogar, muy amada y venerada por muchos mortales, aunque no muy celebrada en sus historias más dramáticas. Su padre fue Zeus.

Parte II. La casa de Atreo y la guerra de Troya

Capítulo 3. Las raíces de la discordia

La gran guerra entre los griegos y los troyanos —y todo el dolor y la muerte causada por ella, tanto en el campo de la batalla como en las casas de los vencedores y vencidos después de la batalla— comenzó con lo que podrían haber parecido pequeñas peleas y celos. Tal vez sea así a menudo en las grandes guerras.

Eris, la diosa de la discordia, una vez se ofendió porque no la habían invitado a una boda. Debido a su empedernido hábito de provocar peleas, no es sorprendente que nadie quisiera invitarla, pero ofenderla era igualmente peligroso. Cuando los olímpicos se sentaron en el banquete de bodas, una mano atravesó las cortinas del pabellón y arrojó algo sobre la mesa. No un arma, sino un regalo, un regalo peligroso. Se trataba de una manzana dorada, que brillaba a la luz de las antorchas y en ella no estaba inscrito ningún nombre, sino solo las palabras «PARA LA MÁS BELLA». Todas las diosas reclamaron ese título y los dioses, comprensiblemente, se negaron a entrar en esa disputa. Algunas de las diosas se retiraron de la pelea, pero Hera, Atenea y Afrodita insistieron en que la manzana era suya, por lo que pidieron a Zeus para que resolviera el asunto. Zeus miró a su esposa, a su hija y a la diosa del amor y decidió no intentar arbitrar en una disputa tan peligrosa. En lugar de esto, les dijo que fueran a preguntarle a un mortal, al príncipe Paris, que tenía un excelente ojo para la belleza femenina.

Paris era un príncipe de Troya, hijo del viejo rey Príamo, pero había sido enviado a trabajar como pastor porque su padre había oído la profecía de que un día París causaría la destrucción de Troya. Príamo no era más sabio sobre el peligro de las profecías que se cumplían de lo que Cronos había sido antes de él, pero fue al menos más amable al no matar al niño. Paris encontró consuelo en su exilio; cuando las diosas lo encontraron, vivía como el consorte de una encantadora ninfa llamada Enone.

Paris parece no haber pensado en el peligro cuando tres radiantes diosas se presentaron ante él y le exigieron que juzgara cuál de ellas era la más bella. Todas ellas respaldaron sus reclamos de belleza con sobornos. Atenea le prometió que, si la declaraba la más bella, ella le convertiría en un gran líder de la guerra y él conquistaría a los griegos. Hera, para no quedar mal, prometió hacerle amo de Asia y de Europa. Afrodita se rio y dijo que había otras conquistas de las que podría disfrutar más. Si él la elegía como la más bella de las tres, dijo, la mujer más bella del mundo sería suya. Paris, que amaba sus placeres, le dio la manzana de oro a Afrodita y nunca entendió que al hacerlo estaba trayendo la perdición a su padre y a su ciudad natal.

Nadie dudaba de quién era la mujer más bella del mundo en aquel momento. La madre de Helena era una mujer mortal llamada Leda, pero su padre era Zeus, que había llegado a Leda en forma de cisne y la dejó embarazada. Helena era hermosa incluso siendo niña y cuando alcanzó la edad de casarse todos los príncipes de todas las tierras de alrededor la deseaban y acudían a la corte del marido de su madre, el rey Tindáreo, para pedir su mano.

Puede que a Tindáreo le diera igual que le quitaran la hija de su esposa, pero temía que, si escogía a un pretendiente, los demás se ofenderían y le declararían la guerra. Hizo que cada pretendiente jurara que ninguna venganza perseguiría al padrastro de Helena o a su marido, con quienquiera que se casara y que cada hombre lucharía para defender el derecho al matrimonio del marido de Helena contra cualquier seductor o secuestrador. Todos hicieron el juramento, esperando ser elegidos. Entonces Tindáreo eligió a Menelao, al rey de Esparta. Los otros pretendientes volvieron a casa decepcionados, pero mantuvieron los juramentos que habían hecho; y Menelao se llevó a Helena a casa, muy contento. ¿A quién habría elegido Helena? ¿Estaba feliz con la elección de su padrastro? Las historias no nos cuentan nada al respecto.

Menelao tenía buenos contactos, era el hermano del poderoso Agamenón, el rey de Argos, pero él y Agamenón se encontraban bajo una maldición, no por su culpa, sino por la de su padre y su bisabuelo. Esta historia hay que contarla brevemente aquí, ya que la maldición de la familia ensombreció mucho a lo que sigue después.

El abuelo de Agamenón y Menelao era Tántalo. Era hijo de Zeus, y los olímpicos lo trataban con amabilidad e incluso le invitaban a sus fiestas, aunque solo fuese un mortal. Sin embargo, él les devolvió esa amabilidad con desprecio. Cuando invitó a los dioses a venir a su casa, les ofreció carne y no les dijo que se trataba de la carne de su propio hijo Pélope, a quien había matado. Pensó en acusar a los dioses de ser unos tontos codiciosos y avergonzarlos de ser caníbales.

Tántalo no era muy inteligente. Los dioses sabían lo que había hecho. Retrocedieron horrorizados de la mesa y, con su poder, trajeron al niño Pélope a la vida de nuevo. Enviaron a Tántalo directamente a los salones del Hades, donde se sentó junto a un hermoso estanque de agua clara y de olor dulce que se alejaba de él cada vez que se agachaba para beber o tomaba un vaso con las manos e intentaba llenarlo de agua. Cada vez que Tántalo se retiraba, el agua se levantaba de nuevo para burlarse de su sed agonizante. Alrededor de ese estanque crecían árboles que daban dulces frutos en todas las estaciones, bañándole con deliciosos olores y levantando sus ramas fuera de su alcance cada vez que él las intentaba alcanzar. Cuando gritaba de hambre, sed y desesperación, los dioses no se compadecían de él. Dejó al mundo su nombre como sinónimo de ansia desesperada y su ejemplo como advertencia contra el asesinato de niños y contra la burla a los dioses. Les dejó esta maldición a sus hijos.

Al parecer, Pélope vivió de forma virtuosa y segura. Sin embargo, no ocurrió lo mismo con sus hijos. El más joven, Tiestes, sedujo a la esposa del mayor, del rey Atreo. Atreo castigó esa acción con el asesinato de los hijos de Tiestes e hizo que él se comiera su carne sin saberlo. Al enterarse de lo que había hecho, Tiestes se sintió horrorizado. Se odiaba a sí mismo y odiaba aún más a Atreo. El poder estaba en manos de Atreo y a Tiestes no le quedó más remedio que pronunciar una maldición, la maldición que se cumplió. Y los hijos de Atreo eran Menelao y Agamenón.

Tal vez cuando le entregaron a la encantadora Helena, Menelao creyó que estaba libre de la maldición familiar. Habían sido marido y mujer durante algún tiempo, cuando Paris le entregó la manzana a Afrodita, pero Afrodita no tenía en cuenta los votos matrimoniales, ni los suyos ni los de nadie. Ella llevó a Paris a la corte de Menelao. Menelao le dio la bienvenida y confió en él: las leyes de la hospitalidad eran muy estrictas y prohibían cualquier daño entre el anfitrión y el huésped. Pero Paris y Helena se miraban el uno al otro con anhelo. Helena dijo después que Afrodita la obligó a hacerlo y que no fue su culpa; otros sugirieron que había encontrado a Paris muy guapo y decidió culpar al cielo. Sin embargo, cuando Paris le pidió a Helena que se fugara con él, Helena aceptó. Cuando Menelao estaba fuera de casa, París llevó a Helena a su barco y partieron, no hacia el hogar de su exilio (donde Enone podría no haber recibido amablemente a su nueva consorte), sino hacia Troya.

Ahora los juramentos prestados antes del matrimonio de Helena surtieron efecto. Todos los príncipes que habían pedido la mano de Helena juraron vengar el mal hecho a Menelao y traer a Helena de vuelta a casa. El hermano de Menelao, Agamenón, el rey de Argos, también quería vengar el daño causado a su pariente. Odiseo, el astuto rey de Ítaca, no vio ningún beneficio en abandonar su reino para traer a casa a la esposa fugitiva de otro. Hizo todo lo posible por evitar la llamada, al fingir locura; el mensajero enviado para traerlo lo encontró arando un campo y sembrándolo con sal. Pero cuando el mensajero, al dudar de la locura del rey, puso al joven hijo del rey,

Telémaco, en el camino del arado, el rey apartó la hoja con una mirada de horror y el mensajero, convencido de su cordura, le obligó a unirse al ejército griego.

Una gran flota se reunió en el puerto de Aulis y un gran ejército esperaba para embarcar. Al principio, los presagios parecían buenos; vieron dos águilas de diferentes colores desgarrando una liebre recién nacida de su cría y un profeta les dijo que los reyes eran los diversos reyes de Grecia, que destruirían la ciudad de Troya y las mujeres y niños que había en ella para vengar el incumplimiento de la hospitalidad de Paris. Los líderes de la guerra se regocijaron y esperaron ansiosamente un viento favorable. Esperaron día tras día, pero el viento era terrible; provenía del norte e iba a destruir cualquier barco que intentara partir, día tras día y semana tras semana. Los combatientes se inquietaron; los aparejos de los barcos se pudrían con las constantes lluvias. Volvieron a llamar al profeta y le pidieron que explicara el mal destino que siguió a su buen augurio.

Una vez más había una explicación. Artemisa, la protectora de las criaturas salvajes y sus crías, estaba muy enfadada por la matanza de la liebre y de sus crías (y quizás también, aunque no lo dijo claramente, por la anunciada matanza de los niños de Troya). Había una sola cosa que la calmaría: Agamenón y su ejército podrían dirigirse hacia Troya, si Agamenón comenzara por matar a su propia hija, la doncella Ifigenia.

Agamenón protestó al principio por la amargura de estas palabras y por el hecho de que todos los caminos que se le abrían eran injustos, ya fuera para evitar la guerra, olvidar la herida de su hermano y romper su juramento, o para matar a su hija, que era la belleza y la gloria de su casa. Sin embargo, eligió matar a su hija y luchar en la guerra. Le dijo a su esposa, a la reina Clitemnestra que Aquiles, uno de los más grandes guerreros de Grecia, quería casarse con Ifigenia para sellar la alianza de sus casas antes de ir juntos a la guerra. Clitemnestra envió a la muchacha de buena gana, preparada, entusiasmada y vestida con ropas de boda. Cuando llegaron al templo e Ifigenia entendió lo que su padre le había preparado, le suplicó a él y a los demás nobles que habían estado en su casa y la escucharon cantar en sus fiestas. Pero Agamenón ordenó silenciarla y matarla.

Inmediatamente el viento empezó a soplar justo hacia Troya. Los griegos embarcaron, avergonzados por la acción que habían presenciado y consentido, por ello ardían con más furia para lograr el objetivo por el que lo habían hecho. Un mensajero desesperado regresó a Argos para contarle a la reina Clitemnestra la forma en la que había muerto su hija y ella se entristeció y empezó a tramar una venganza.

Notas:

La mayor parte de la historia de la guerra de Troya en sí proviene de la *Ilíada* de Homero, pero partes de la historia del principio se cuentan en la obra de Eurípides, *Las mujeres de Troya* (que describe lo que las diosas le ofrecieron a París) y la obra de Esquilo, *Agamenón* (que describe los presagios y profecías y la matanza de Ifigenia). He seguido el resumen que hace Edith Hamilton de la maldición de la casa de Atreo y del matrimonio de Helena, pero como encontré confuso su relato de Ifigenia y los presagios, volví a la fuente de Esquilo. (Aunque otra fuente dice que la maldición llegó no de los pájaros de presagio, sino de la matanza imprudente por parte de Agamenón de una liebre recién nacida.)

El relato es mío, pero el sentido del derroche que trajo la guerra y el terrible dilema de requerir que el líder de los guerreros mate a su propia hija antes de salir a matar a otros, provienen de las fuentes. Homero describe a Ares, el dios de la guerra, a menudo de manera amarga y poco halagadora, y muchas de las obras que tratan del asunto de Troya están impregnadas de dolor; veremos más de esto en los capítulos posteriores.

Los posteriores autores griegos se mostraron angustiados por el relato de la matanza de Ifigenia y por la idea de que los dioses podían exigir sacrificios humanos. Veremos una forma en la que trataron esto en el capítulo 9.

Capítulo 4. La batalla de Troya

La guerra de Troya fue larga, violenta y amarga. Los griegos habían traído un gran ejército con poderosos motivos mixtos. Los hombres del ejército se sintieron motivados por sus votos, por su justificada indignación ante el comportamiento de Paris frente a la hospitalidad ofrecida, por su culpa en la muerte de Ifigenia y, quizás también, en algunos casos, por su propio y frustrado anhelo por Helena. Pero Troya era una ciudad bien fortificada, los troyanos tenían sus casas que defender y lucharon tan ferozmente como los griegos.

Cada lado tenía su propio campeón, en cualquier caso, no uno de los verdaderos luchadores por la mano de Helena. El líder de las fuerzas griegas era Agamenón, pero el mayor guerrero entre ellos fue Aquiles. El padre de Aquiles era un hombre mortal, pero su madre, Tetis, era una de las nereidas, un espíritu del agua. Algunos poetas dicen que cuando Aquiles era un bebé, su madre lo sumergió en el río sagrado de Estigia para hacerlo invulnerable. Ella lo sostuvo por el talón; donde su mano cubrió la piel y el agua no alcanzó. Este punto de Aquiles quedó vulnerable a un golpe mortal. Antes de que su hijo partiera hacia Troya, Tetis sabía que la protección que le había dado era limitada y predijo que moriría en esa guerra. Con la esperanza de cambiar su destino, intentó disfrazarlo de mujer para impedir que se fuera a Troya. Sin embargo, Odiseo vio a través del disfraz y Aquiles estaba lo suficientemente ansioso por ir a la batalla, donde podía derrotar fácilmente a cualquiera que le atacara (gracias a la protección de su madre, así como a su propia fuerza y habilidad).

Por poco, su rival era el guerrero troyano Héctor, el hermano de Paris y el hijo de Príamo. Príamo ya era demasiado viejo para luchar él mismo, así que Héctor tomó su lugar en las batallas. Héctor no deseaba la guerra que se vio obligado a liderar. Odiaba la acción traidora de su hermano y no veía el propósito de arriesgar sus vidas para alejar a Helena de su legítimo esposo. Era un mortal, no un dios, pero vio claramente que moriría y que Troya caería. Sin embargo, se sintió obligado por el honor a defender a su pueblo hasta donde pudiera. Durante años, él y su ejército mantuvieron a los griegos a raya. Hubo grandes hazañas de heroísmo en esa guerra, rescates peligrosos de camaradas heridos, luchas valientes y desiguales donde la parte más débil se negaba a huir o a suplicar, y hubo un gran gasto de vida. Los héroes de Grecia y Troya morían sin cesar en un sangriento e interminable estancamiento. Los hijos de los troyanos crecían con miedo y los hijos de los griegos, sin padre.

Hubo luchas tanto en el cielo como en la tierra; los olímpicos no se quedaron impasibles ante el sufrimiento de los combatientes de abajo, pero sus simpatías y su ayuda se dividieron. Afrodita estaba del lado de Paris, por supuesto, ya que él la había proclamado la más bella de las diosas; su amante Ares naturalmente tomó su parte y, al ser el dios de la guerra, era capaz de prestar una ayuda muy efectiva. Hera y Atenea, que se sentían menospreciadas por Paris, naturalmente se pusieron del lado de los griegos. Atenea apoyaba a Odiseo, que tenía una mente estratégica no muy diferente a la suya. Las simpatías de Poseidón estaban con los griegos, ya que los griegos eran marineros frecuentes y por lo tanto rendían un gran homenaje al dios del mar. Zeus en general se inclinaba por favorecer a los troyanos, pero no tomó una mano muy activa, ya que no quería enfurecer a su esposa.

Después de una batalla, los griegos lograron poner a Apolo en su contra al capturar a Criseida, la hija de uno de los sacerdotes de Apolo y entregársela a Agamenón como concubina. Cuando su padre vino a rogar por su liberación, Agamenón se lo negó con palabras de orgullo. El sacerdote, al no poder influir en los hombres, le rogó a

Apolo que corrigiera el mal. Apolo escuchó. Era el dios de la curación, pero también tenía el poder de infligir la enfermedad; disparó flechas con plagas al ejército griego para que gimieran y temblaran en sus tiendas. Los hombres que habían sobrevivido a la carnicería ante los muros de Troya murieron en sus camas y sus cuerpos se desintegraban. Finalmente, el ejército, liderado por Aquiles, exigió que Agamenón enviara a la chica de vuelta antes de que todos murieran. Agamenón estaba enojado y avergonzado. Finalmente accedió a liberar a la chica. Su padre la llevó a casa de nuevo y la plaga cesó; pero el daño aún no estaba hecho.

Agamenón juró compensar su vergüenza al reclamar a la mujer que Aquiles había tomado para él, a la bella Briseida. Envió a hombres armados para sacarla de la carpa de Aquiles. Los mensajeros temían la ira de Aquiles y le dijeron claramente que se avergonzaban de su misión; pero Aquiles envió a la muchacha con ellos y no les atacó, pues decía que sabía muy bien de quién era la culpa. Después se encerró en su carpa, cuidó su orgullo herido y se negó a luchar en el ejército de Agamenón. Ignoró a la mayoría de sus compañeros griegos, aunque pasó todo el tiempo que pudo con su joven amigo Patroclo, a quien quería mucho.

La madre de Aquiles, Tetis, estaba tan enfadada como el mismo Aquiles. Fue a Zeus y le exigió que castigara a Agamenón. Él estaba dispuesto a ayudar, aunque difícilmente podía intervenir con un rayo sin que Hera se diera cuenta y lo culpara. En cambio, hizo soñar a Agamenón que, si salía a atacar Troya sin Aquiles, tomaría la ciudad, avergonzaría a Aquiles y se llevaría toda la gloria.

Los griegos atacaron y los troyanos les hicieron retroceder. Finalmente, cuando ambos ejércitos quedaron exhaustos, alguien hizo una sensata, pero tardía sugerencia de que los dos aspirantes a la mano de Helena debían luchar entre ellos. Los ejércitos retrocedieron, y París y Menelao se enfrentaron. París fue el primero en atacar, pero Menelao luchó con más fuerza; cuando su espada se rompió, agarró a París con sus propias manos y lo habría matado en ese momento si Afrodita no hubiera intervenido. Ella envolvió a Paris en una nube y lo llevó a un lugar seguro. Menelao recorrió las filas troyanas en busca de París. Eventualmente los troyanos lograron convencerlo, con franqueza, de que despreciaban Paris y no trataban de protegerlo, simplemente no sabían dónde estaba. Agamenón dijo entonces que, desaparecido o no, París había perdido claramente y que los troyanos debían entregar a Helena.

Esto era lo justo y, a estas alturas, ambos bandos ya estaban hartos de la guerra, por lo que los troyanos estaban de acuerdo. Héctor se alegró, al pensar menos en la gloria de la guerra o la vergüenza de la derrota y más en que su mujer y sus hijos pudieran dormir en paz. Pero Hera y Atenea querían ver la destrucción de Troya, no solo a Paris privado de Helena. Atenea persuadió a un insensato troyano para que le disparara una flecha a Menelao, mientras se alejaba del lugar en el que se habían puesto de acuerdo. La puntería de ese arquero no era mejor que su juicio, ya que Menelao solo salió ligeramente herido, pero los griegos estaban indignados y atacaron con un mayor vigor. Diómedes, su mejor luchador en ausencia de Aquiles, impulsó la batalla hacia las murallas de Troya y retrocedió solo cuando vio a Ares, el dios de la guerra, luchar al lado de Héctor. Diómedes era valiente, pero no temerario; sabía que a los dioses no se les podía vencer, e instó a los griegos a hacer una retirada ordenada. Sin embargo, Hera estaba furiosa por esto y le preguntó a Zeus si no le permitiría hacer algo con Ares, que era un malvado y un matón. Zeus le dio permiso y Atenea se apresuró al lado de Diómedes para instarle a atacar de nuevo. Lo hizo y su lanza, guiada por Atenea, atravesó el costado de Ares.

A Ares le encantaba guiar a los hombres a herirse y morir en la guerra, pero él mismo estaba acostumbrado a ser invulnerable. Lanzó un gran y terrible grito de dolor, que hizo estremecer tanto a los griegos como a los troyanos y huyó al Olimpo con quejas y chillidos. No obtuvo la menor compasión de ninguno de sus padres.

Entonces Diómedes y los griegos se adelantaron y parecía que podrían tomar la misma Troya. Sin embargo, Héctor, que era más valiente que Ares, movilizó a sus hombres para resistir. Los griegos presionaron con fuerza, pero no pudieron romper esa desesperada resistencia y, finalmente, se retiraron. Pero uno de los hermanos de Héctor vio que los dioses se habían vuelto contra ellos. Le pidió a Héctor que fuera a ver a su madre, Hécuba la vieja reina, y la instara a suplicarle a los dioses que se apiadaran de los inocentes de Troya.

Héctor fue a verla y Hécuba escuchó a su hijo. Ofreció regalos a Atenea y rezó para que Atenea se compadeciera de las mujeres y de los niños de Troya. Pero Atenea no la escuchó y Hécuba salió del templo angustiada.

Héctor encontró a Paris sentado en casa con Helena, le reprochó con palabras amargas y lo persuadió para que volviera a la lucha. Helena se maldijo a sí misma por traer la destrucción a su pueblo, pero también se describió como la desventurada e indefensa víctima de los dioses. Instó a Héctor a quedarse con ella, pero él se fue corriendo y le dijo que tenía que volver a la batalla tan pronto como hubiera hablado con Andrómaca, su amada esposa. Andrómaca le rogó que no volviera a la batalla abierta, sino que se quedara en un lugar más seguro y vigilara el punto débil de las murallas de la ciudad. Le recordó que Aquiles ya había matado al padre y a los hermanos de ella, y que Héctor era todo lo que le quedaba en el mundo para amar. Vio claramente que su valor le traería la muerte y no deseaba vivir después de la muerte de su esposo.

Héctor amaba mucho a su esposa y no podía mentirle ni para consolarla. Le dijo claramente que sabía lo que ella sabía: que él moriría, que Troya caería, que muchos de sus habitantes serían asesinados, y que Andrómaca misma sería llevada al exilio y a la esclavitud. No podía evitar ese destino al abstenerse de la lucha, así que prefería combatir entre los principales y morir antes de ver que su esposa e hijos sufrían algún daño. Abrazó a su esposa y extendió sus brazos a su pequeño hijo Astianacte, pero el niño tenía miedo de la guerra, así que Héctor se desanimó y tomó al niño en sus brazos y rezó para que los dioses lo bendijeran. Luego envió a Andrómaca a casa, diciéndole que los tiempos de las muertes de los hombres estaban predestinados y no se debían evitar. Tan triste fue su despedida.

Pero cuando Héctor retomó la batalla tenía a un dios a su lado una vez más, no a Ares esta vez, sino al propio Zeus, impulsado por las súplicas de Tetis. Con el apoyo de Zeus y con Aquiles todavía enfadado detrás de las líneas de la batalla, los troyanos barrieron todo lo que tenían por delante y llevaron a los griegos de vuelta casi hasta sus barcos. El ejército de Agamenón se salvó solo por la caída de la noche.

En la oscuridad, los griegos fueron a Agamenón de nuevo y le dijeron que su orgulloso maltrato a Aquiles les costaría la vida. Agamenón admitió a regañadientes que una vez más se había equivocado y envió mensajeros a Aquiles para ofrecerle a Briseida y darle muchos regalos si Aquiles volvía a luchar.

Patroclo pensó que sus palabras eran buenas, pero Aquiles no quería nada de eso; le importaba más su orgullo herido que la chica o sus camaradas de armas. Dijo que pronto se volvería a casa y que, si los mensajeros tenían algo de sentido común, también deberían hacer lo mismo. Los mensajeros llevaron esa respuesta al ejército. Los griegos estaban casi desesperados entonces, pero no estaban dispuestos a irse de manera vergonzosa, sin Helena y también sin muchos de los hombres que habían navegado con ellos, por lo que se prepararon para una batalla desesperada y probablemente perdida.

Hera vio todo esto y se enfadó. Fue a ver a Zeus, que ya se había preparado para hacer frente a sus reproches. Zeus se sorprendió y se distrajo encantado cuando ella se acercó a él con una sonrisa suave, una mirada seductora y una ropa muy hermosa que también parecía estar lista para quitarse con facilidad. Él se acostó en sus brazos al amanecer y su belleza le distrajo de las acciones de los mortales. Poseidón, al notar la ausencia de su hermano, luchó en el bando griego y, de nuevo, hicieron retroceder al ejército troyano casi hasta las murallas de Troya. Héctor quedó inconsciente; sus amigos lo arrastraron a un lugar seguro, y los troyanos se asustaron y cedieron.

Entonces los troyanos, alarmados, llamaron a Zeus, que miró hacia el otro lado y vio que su guerra se había perdido. Le echó la culpa a Hera, y Hera se la echó a Poseidón; Zeus ordenó a su hermano dios que se retirara y la orden se obedeció a regañadientes. Héctor estaba de pie otra vez para entonces y guio a los troyanos en otro ataque desesperado de regreso, hacia los barcos griegos. El muro defensivo que los griegos habían construido se derribó. Un poco más y los troyanos podrían quemar los barcos ellos mismos y masacrar a los griegos a su antojo; los temores de Héctor parecían todos infundados...

Patroclo vio lo que estaba pasando y le gritó a Aquiles que no dejara que su orgullo los matara a todos. Aquiles no quiso escuchar, pero llegados a este extremo, Patroclo no quiso discutir con su amigo. A escondidas, se puso la resplandeciente armadura de Aquiles y salió a pelear. Al verlo, los griegos dieron un grito de alegría y lucharon con nuevas esperanzas. Algunos troyanos dudaron y cedieron. Ahora la marea de la batalla se dirigía de nuevo hacia los muros de Troya.

Héctor sabía que Aquiles era un rival difícil, pero de todas formas se presentó ante él y comenzó una lucha desesperada. Se sorprendió cuando «Aquiles» cayó muerto a sus pies. Héctor retiró la armadura de Aquiles, que era mejor que la suya, y vio con asombro el rostro de Patroclo. Luego regresó al centro de la lucha y todos huyeron ante él. Todos los griegos podrían haber muerto ese día si la noche no los hubiera salvado.

Aquiles se sentó en su carpa a esperar a su amigo que nunca regresó. En cambio, llegó un mensajero, exhausto y llorando, con la noticia de la muerte de Patroclo.

Aquiles se apenó muchísimo, odiaba a Héctor por matar a Patroclo y a sí mismo por no estar allí para proteger a su querido amigo. Juró vengarse de Héctor de manera inmediata. Su madre Tetis le recordó que su muerte estaba destinada a seguir a la de Héctor. Tanto mejor, dijo Aquiles, ya que había dejado que Patroclo muriera sin ayudarle. No quiso seguir el consejo de su madre, pero aceptó otro regalo de ella: armas y armaduras hechas por Hefesto, el herrero de los dioses.

Notas:

En su esencia, esta narración está tomada de la *Ilíada* de Homero. Algunas de las otras fuentes primarias que cuentan la guerra de Troya y sus secuelas se enumeran al final del siguiente capítulo.

Capítulo 5. La muerte de Héctor y la caída de Troya

Por la mañana temprano, después de la muerte de Patroclo, Aquiles fue a ver a sus compañeros griegos y, arrepentido de su orgullo y locura, dijo que los guiaría en la batalla de nuevo. Odiseo, un hombre muy práctico, dijo que era mejor que comieran primero y luego lucharan; los demás, cansados de largas luchas, estuvieron de acuerdo, pero Aquiles, todavía loco de dolor, esperó en ayunas y luego los instó al campo tan pronto como pudo.

No había duda del resultado de la última batalla. Zeus había sopesado el asunto en su balanza y decretó que Troya caería. Esto no fue exactamente aceptado sin objeción por los dioses —Atenea tuvo que derribar a Ares para evitar que interfiriera— pero al final vieron que ya no se podía cambiar el destino.

Cuando los troyanos vieron al propio Aquiles al frente de la batalla y sus armas y armaduras, que claramente no fueron hechas por ningún herrero mortal, también supieron que su guerra estaba perdida. Lucharon con más fiereza por ello, al pensar en lo que les sucedería a sus familias; pero Aquiles era imparable y poco a poco retrocedieron, hasta que las grandes puertas de Troya se abrieron para que pudieran huir hacia el interior. Solo Héctor se quedó fuera de la muralla. Pensó que todavía existía una oportunidad de conseguir que los griegos se llevaran a Helena, acompañada de un gran tesoro y dejaran en paz Troya. Después, pensó en la muerte de

Patroclo y en la rabia de Aquiles, y llegó a la conclusión de que no aceptarían las condiciones de la paz, que lo único que se podía hacer era luchar hasta el final. Esa resolución se mantuvo hasta que Aquiles avanzó para encontrarse con él y Héctor vio a Atenea de pie al lado de Aquiles. Entonces, se dio la vuelta y huyó, no a través de las puertas de la ciudad, que ya estaban cerradas para mantener a los griegos fuera, sino alrededor de las murallas. Creyó ver a su hermano Deífobo de pie y esperándolo. Entonces, al creer que no estaba solo, se volvió para enfrentarse a Aquiles y pedirle solo que aceptara que el perdedor de esta lucha se devuelva a su propia gente para un entierro honorable. Aquiles se negó; y cuando Héctor se volvió hacia su hermano, no vio a nadie más que a Atenea, con una sonrisa sombría, y supo que le habían engañado.

La última batalla fue feroz, pero corta. Héctor era un hábil guerrero, pero la armadura propia de los dioses de Aquiles resistía todos los golpes y Atenea siempre estaba a mano para devolverle su lanza cuando la lanzaba, mientras que Héctor luchaba solo con una armadura hecha por los mortales. No es de extrañar, entonces, que Aquiles lo matara. Pero Aquiles no estaba satisfecho con la muerte de Héctor. Le quitó a Héctor la armadura. Los otros griegos se maravillaron ante la belleza y la fuerza de Héctor; pero Aquiles ató el cuerpo de Héctor detrás de sus caballos de carroza y lo arrastró alrededor de los muros de Troya, mientras sus viejos padres miraban desde los muros y lloraban. Después juró que arrojaría lo que quedaba del cuerpo de Héctor a los perros, cerca de la pira funeraria de Patroclo.

Esto ofendió a los dioses, incluso a algunos de los que habían tomado el papel de los griegos. La mensajera de los dioses, Iris, fue a ver a Príamo, al padre de Héctor, y lo instó a ir a Aquiles y rogar por el cuerpo de su hijo. Príamo así lo hizo, pues amaba a su hijo más de lo que amaba su propio orgullo, honor o vida. Llevó valiosos regalos y se arrodilló ante Aquiles, mientras decía amargamente que no conocía a ningún otro hombre que hubiera rogado clemencia al asesino de su propio hijo.

Aquiles vio una pena más grande que la suya y su furia desapareció. Cubrió lo que quedaba de Héctor con una hermosa túnica y devolvió los restos a Príamo, con la promesa de detener el ataque griego mientras los troyanos lloraban y enterraban a Héctor. Así que Príamo regresó y se construyó la pira funeraria de Héctor. Durante nueve días cesaron los combates y los troyanos lloraron por Héctor y por ellos mismos.

Cuando los días de luto terminaron, el rey Memnón de Etiopía vino a ayudar a los troyanos y Troya tuvo otro respiro. Aquiles mató a Memnón, pero también a él lo mataron. Nadie pudo vencerlo en el juego de espadas, pero Paris le disparó una flecha que atravesó el talón del que Tetis le había sujetado cuando lo sumergió en el Estigia, para hacerlo invencible. Paris perdió la vida poco después, pero su muerte no fue una pérdida tan aplastante para los troyanos como la de Aquiles para los griegos. Tampoco parece que fuera una pérdida devastadora para Helena; pues ella se casó enseguida con el hermano de Paris, Deífobo.

Tras la pérdida de su mejor guerrero, los griegos decidieron que no podían ganar la guerra mediante la lucha en la frente. Tampoco podían esperar eternamente encerrados en una batalla sin fin, mientras sus hijos y sus reinos se las arreglaban sin ellos. Llevaban ya casi diez años luchando ante las murallas de Troya y ahora estaban decididos a poner fin a la guerra por cualquier medio posible. Consultaron a los profetas, robaron una preciosa reliquia de Atenea de los troyanos, e intentaron otras formas esotéricas de ganarse el favor de los dioses; esto tampoco pareció funcionar.

Fue el astuto Odiseo —inspirado, según algunos decían, por Atenea— quien ideó el plan que les daría la victoria. Cuando les contó la propuesta a sus cansados camaradas, ellos no se inclinaron a cuestionar su ética. Algunos, en efecto, lo encontraron demasiado peligroso, pero Odiseo fue capaz de persuadirlos de que el mayor peligro estaba en dejar que la guerra se prolongara durante diez años más.

Durante varios días, los griegos prestaron más atención a la carpintería que a la lucha; y los troyanos, igualmente exhaustos, se alegraron de dejar que la lucha se aflojara. Entonces, una mañana, los centinelas troyanos miraron hacia los campos griegos y gritaron sorprendidos, ya que los barcos griegos se habían ido y el muro defensivo, a menudo reparado, fue derribado. En su lugar había una inmensa estatua de madera de un caballo, cuidadosamente trabajada y dorada.

Los vigilantes gritaron de alegría. Solo había cuatro personas que miraban con duda. El sacerdote Laocoonte (acompañado por sus dos hijos) dijo que desconfiaba de los griegos y de sus regalos; y la hija de Príamo, Casandra, una profetisa devota de Apolo, que dijo con urgencia que sus enemigos no se habían ido, sino que se habían escondido dentro del caballo. Nadie le hizo caso a Casandra. Nadie lo había hecho nunca. Apolo, enamorado de su belleza, le había dado el don de prever el futuro. Cuando ella se negó a convertirse en su amante y prefirió permanecer virgen, él se enfureció. Era imposible revocar su don, pero lo convirtió en una maldición al añadir que nadie creería nunca sus palabras. Después de eso, incluso su propia madre pensaba que estaba loca y todas sus advertencias fueron en vano. Laocoonte no estaba bajo tal maldición, pero le superaban en número. Sin embargo, los hombres salieron con él para investigar, por si se planeaba una emboscada; pero mientras buscaban en lo que quedaba del campamento solo encontraron a un griego, un hombre de aspecto desdichado que se postró a sus pies. Se llamaba Sinón y dijo que ya no quería ser griego. Tuvieron la suficiente curiosidad —o el suficiente alivio— como para preguntarle por qué, en vez de matarlo en el acto. Los líderes de Troya se reunieron a su alrededor mientras contaba su historia.

Atenea, dijo Sinón, se había enfurecido cuando los griegos robaron su reliquia de Troya y les dijo claramente que ya no luchaba a su lado, que lo mejor que podían hacer era volver a casa con vida, e incluso esa bendición solo se les concedería a un alto precio. Cuando le preguntaron el precio, les contestó que un sacrificio humano ya les había despejado el camino hacia Troya, y que otro sacrificio humano les debía despejar el camino de vuelta a casa; y Sinón fue elegido como tal sacrificio. Sin tener la culpa, por supuesto, al igual que no la tuvo Ifigenia en su momento. Sinón dijo que había huido aterrorizado y se había escondido hasta que los griegos se fueron. No sabía ni quería saber si los griegos habían matado a algún otro inocente desventurado en su lugar, pero en cualquier caso se habían ido.

Y en cuanto al caballo: los griegos que se marchaban se habían dado cuenta de que Atenea no era la única deidad a la que tenían que complacer; después de todo, se iban a casa por mar y necesitaban el favor de Poseidón. Así que construyeron el caballo de madera como una ofrenda para él, pues Poseidón, después de todo, era el creador de caballos, así como el dios del mar. Además, la razón por la que lo hicieron tan grande fue porque pensaron que los troyanos no podrían llevarlo a su ciudad y ganarse el favor de los dioses también. Esperaban, de hecho, que los troyanos destruyeran el caballo y provocaran, de este modo, la eterna ira de Poseidón.

La mayoría de los troyanos comenzaron a estudiar la mejor manera de trasladar al gran caballo a su ciudad y obtener la bendición para ellos mismos. Laocoonte y sus dos hijos se pronunciaron en contra de este plan, pero Poseidón, que siempre había favorecido a los griegos, envió serpientes marinas para aplastarlos. Los troyanos vieron lo que les pareció la destrucción de los impíos y decidieron llevar el caballo a su ciudad para honrarlo.

Trajeron al caballo con cantos, bailes y una gran alegría. La gente que había vivido bajo la sombra de la muerte —que había esperado a morir con valentía y con rapidez, cuando llegara el momento— estaba aliviada. Llevaron ofrendas de agradecimiento a todos los templos, cantaron, bailaron y se dieron un festín alrededor del gran caballo. Al final del día, por primera vez en diez años, se acostaron a dormir en paz.

En plena noche, Odiseo y los otros capitanes griegos, que se habían escondido dentro del caballo, abrieron una escotilla, bajaron y se apresuraron a las grandes puertas de Troya. Estas eran fáciles de abrir desde el interior. El resto del ejército griego, que solo había navegado lo suficiente como para pasar desapercibido detrás del cabo más cercano, había llegado a las puertas en la oscuridad y entró como una marea. Avanzaron a hurtadillas hasta que todos estuvieron dentro; entonces comenzaron a gritar, a saquear, a matar y a quemar.

Esto era una masacre, no una batalla. Muchos de los troyanos apenas tuvieron tiempo de despertarse antes de morir o, en el caso de algunas mujeres y niños, se vieron atados y apartados. A otros que no pudieron luchar —mujeres, niños, ancianos y ancianas— los griegos los mataron, de todos modos, en venganza por la muerte de sus amigos o, simplemente, por el anhelo de la victoria. Algunos buscaron refugio en los templos de los dioses. Esto no les hizo ningún bien. Al viejo Príamo lo mataron en los escalones del altar de Zeus mientras su esposa e hija miraban entre los brazos de sus captores, incapaces de ayudar. A Casandra, un griego la sacó a rastras del templo de Atenea, simplemente vio a una chica guapa y no pensó en la profecía, la locura o la venganza de los dioses. Algunos de los troyanos se despertaron a tiempo para luchar y para hacer más daño de lo que se esperaba con tan desiguales probabilidades; pero por la mañana todos los que habían ofrecido resistencia, y muchos de los que no lo habían hecho, ya estaban muertos.

La mayoría de las mujeres troyanas que sobrevivieron intentaron consolarse unas a las otras, aunque ninguna estaba segura de cómo hacerlo. A muchas se las había criado piadosamente y estaban acostumbradas a encomendar los sufrimientos a la misericordia de los dioses, pero ahora su piedad parecía no tener efecto y los dioses, a los que habían honrado, se mostraban sin misericordia. Y, con respecto a lo que vendría, hubo un considerable desacuerdo sobre lo que era el peor destino: el concubinato forzoso, el trabajo de la esclavitud o la muerte. También discutían sobre si el coraje se demostraba mejor maldiciendo a los griegos y manteniendo así la fe en sus propios seres queridos muertos, o aceptando sus destinos con dignidad, sin quejarse. Hécuba recomendó este último curso a su nuera

Andrómaca, la viuda de Héctor, cuando los capitanes griegos anunciaron que Andrómaca se había entregado al hijo de Aquiles, aunque la propia Hécuba solo deseaba morir. Agamenón reclamó a Casandra que, al principio, escandalizó a su madre, Hécuba, hablando de bailes de boda y alegrándose de su destino. Hécuba no se sintió muy aliviada cuando Casandra añadió que su felicidad se debía al hecho de que su nuevo señor pronto moriría de una forma igual de miserable como cualquiera de sus víctimas. Hécuba supuso que esta era la «locura» de Casandra que hablaba de nuevo.

La aparición de Menelao solucionó temporalmente todos los desacuerdos menores. A Helena la llevaron a enfrentarse al marido que había dejado y las otras mujeres troyanas se volvieron contra ella, la acusaron de ser la causa de toda la matanza y la pérdida, e instaron a Menelao a matarla. Helena argumentó que nada de esto había sido culpa suya. Afrodita la había forzado a enamorarse, ¿y quién podía contradecir a los dioses? Además, le dijo a Menelao que, si Paris hubiera elegido a Atenea, le habría ayudado a conquistar a los griegos y que, probablemente, él ya estaría muerto o sería un esclavo, peor destino que perder temporalmente a una esposa. Además, le dijo a Hécuba, si Príamo hubiera matado a Paris tan pronto como escuchó la profecía, nada de esto habría pasado, así que realmente todo fue culpa de Príamo.

Esta línea de argumentación no le gustó a su audiencia troyana. Menelao dijo que él tampoco estaba convencido y que ella sería ejecutada después de su regreso a Grecia. Pero miró a Helena mientras hablaba y vio que su belleza seguía siendo la misma, y muchas de las historias dicen que cuando volvieron a casa vivieron juntos hasta que murieron de viejos, e incluso que eran felices.

A las demás mujeres de Troya les esperaba menos felicidad. La hija menor de Hécuba, Polixena, fue asesinada en la tumba de Aquiles, y el hijo menor de Héctor, Astianacte, fue asesinado también, por temor a que algún día creciera para vengar a su padre. La madre de Astianacte, Andrómaca, se vio obligada a marcharse con su nuevo señor antes de que pudiera ver a su hijo enterrado. Se dejó a su abuela Hécuba que lo enterrara y que viera cómo los griegos incendiaban los restos de la ciudad. Bajo esa ala de humo, condujo a los últimos de su pueblo a una nueva vida de esclavitud y recuerdo.

Notas:

El relato de Homero en la *Ilíada* termina con el entierro de Héctor. La historia del caballo de Troya se cuenta al completo en el segundo libro de la *Eneida* de Virgilio (me he inspirado en el resumen de Edith Hamilton de ese relato) y también, en gran parte, en la dolorosa y triste obra de Eurípides *Las troyanas*, que también habla del saqueo de Troya y el destino de sus supervivientes.

Eurípides también escribió otras tragedias sobre la guerra de Troya, como *Helena* y *Andrómaca*, así como las obras de *Agamenón* e *Ifigenia* que proporcionaron parte del material para los capítulos siguientes.

Es sorprendente que los cuentos de la guerra de Troya se cuenten en su mayoría por escritores griegos (a excepción de Virgilio, que escribió en latín). Se habla de una victoria griega, pero se cuenta con horror la manera de lograr esa victoria y con considerable compasión por los vencidos. Asimismo, Héctor, el defensor de Troya y no de Grecia, es el hombre más admirado en estos relatos.

Para el significado completo de la profecía de Casandra sobre Agamenón, véase el capítulo 7, que describe el regreso a casa de Agamenón. Pero mientras tanto, hablaremos de otra famosa (y quizás merecida) difícil, peligrosa y retrasada vuelta a casa, la de Odiseo.

Capítulo 6. El largo camino a casa de Odiseo

Los griegos obtuvieron su victoria, pero la forma en la que lo habían hecho disgustó a los dioses. Incluso Atenea, la defensora persistente de los griegos, estaba furiosa porque Casandra había sido arrastrada fuera de su altar. Atenea fue a Zeus, y después a Poseidón; se quejó amargamente y fue escuchada. Zeus le prestó su rayo y Poseidón mantuvo la calma en el mar hasta que la flota griega estaba bien lejos de la tierra firme, entonces la azotó con una terrible tempestad. El rugido del trueno y el rugido del mar eran ensordecedores y el relámpago era tan cegador como la oscuridad bajo las nubes de la tormenta. El mezquino capitán que había sacado a Casandra del templo se ahogó en esa tempestad y Agamenón, que había reclamado a Casandra como concubina a pesar de su voto de virginidad, estuvo a punto de ahogarse también. Cuando sus barcos finalmente salieron a flote de las nubes de la tormenta y regresaron a casa, se sintió perdonado por los dioses y, si Casandra le decía lo contrario, él no la creó al igual que el resto. Menelao y Helena sobrevivieron a la tormenta, pero su barco se desvió mucho de su curso, hasta llegar a las costas de Egipto.

En cuanto a Odiseo —rey de Ítaca que había diseñado el caballo de Troya y también promovió la matanza de Astianacte para evitar una venganza posterior— sus barcos se mantuvieron a flote, pero se vieron obligados a permanecer mucho tiempo en la ciega oscuridad ante vientos extraños. Durante nueve días el vendaval sopló y Odiseo y sus hombres esperaban ahogarse en cada momento. Cuando por fin la tormenta cesó, estaban en unas aguas extrañas, perdidos, hambrientos y sedientos.

Cuando el vigía vio una isla al frente, los marineros se sintieron aliviados. Más aún, cuando los habitantes de la isla salieron a su encuentro, no con las armas en la mano, sino con suaves sonrisas, palabras amables y la invitación a un festín. La comida era extraña, parecía consistir principalmente en fruta de loto, pero su aroma era atractivo y sus anfitriones parecían amables, y así los hombres hambrientos no podían ser exigentes. Odiseo, sin embargo, era un hombre cauteloso, e instó a sus marineros a contenerse en caso de que la comida estuviese drogada o envenenada. La mayoría de ellos le hicieron caso; estaba muy claro para todos ellos que se encontraban en desgracia con los dioses y que cualquier cosa horrible podía suceder. Pero unos pocos eran lo suficientemente impacientes y confiados como para unirse al banquete inmediatamente. Enseguida las mismas sonrisas suaves que sus anfitriones habían mostrado se extendieron también por sus rostros. Cuando sus todavía hambrientos compañeros hablaron de subir más agua fresca a bordo del barco para poder navegar a casa, los hombres que habían comido el loto se quedaron mirándoles.

—¿A casa? —dijeron—. ¿Por qué queréis ir a otro lugar? No. Lo importante es simplemente quedarse, comer y alegrarse. ¿Qué más podría querer un hombre?

Cuando Odiseo les ordenó que partieran de inmediato, sacudieron la cabeza y lloraron. Los sobrios marineros de Odiseo ataron a sus camaradas sedados y los arrastraron de vuelta a los barcos, donde yacían pasivamente lamentándose. El resto de la tripulación se apresuró a navegar lejos de esa maldita orilla.

Cuando llegaron a la siguiente isla, ya tenían hambre. Parecía un país agradable, la hierba era espesa, corta y llena de trébol dulce. No muy lejos de la playa, encontraron una cueva que parecía ser la vivienda de un granjero o un lechero, ya que había cubos de leche y grandes quesos en los estantes. Un sorbo de prueba no reveló efectos intoxicantes ni de la leche ni del queso y los hombres hambrientos se dieron un festín. Odiseo trajo una bota de muy buen vino del barco para ofrecer a su desconocido huésped a cambio de su hospitalidad.

Pero cuando su anfitrión regresó, con su rebaño de ovejas delante de él, resultó no ser un hombre mortal, sino un cíclope tuerto gigante que se llamaba Polifemo. Les miró enfadado y les preguntó si eran piratas del mar o ladrones de la tierra que se habían acomodado así en su casa y habían comido su comida sin su permiso. Odiseo le dijo que no eran ni lo uno ni lo otro, sino unos pobres náufragos y mendigos que estaban, como todos los demás mendigos, bajo la protección de Zeus. (¿Recordó entonces a la gente de Troya que había rogado por sus vidas y no se le escuchó?) El cíclope se encogió de hombros y dijo que no temía a los dioses y que se comería a los hombres que habían comido su comida. Con eso, hizo rodar una gran piedra sobre la puerta, encerrándolos a todos (ya que su fuerza combinada nunca habría servido para mover esa piedra), y procedió a matar y comerse a dos de los hombres de Odiseo. Hizo lo mismo por la mañana, antes de dejar que su rebaño saliera a pastar, después se marchó con el rebaño y volvió a encerrar a sus prisioneros dentro.

Los hombres lamentaban la muerte de sus camaradas y se estremecían al pensar en su turno. Odiseo pensó frenéticamente. Cuando Polifemo regresó, tenía un plan; tenía también una enorme madera con un extremo quemado en la punta. Odiseo escondió la madera, le ofreció el vino a Polifemo y lo emborrachó satisfactoriamente. Cuando el gigante se quedó dormido, Odiseo y sus hombres sacaron la madera y le clavaron la punta afilada en el ojo a Polifemo. Polifemo se despertó demasiado tarde para salvar su vista. Gritó y palpó la cueva en busca de sus atormentadores, pero se habían escondido bajo los vientres de las ovejas. Permanecieron ocultos, atrapados en la cueva con el gigante ciego y furioso, toda la noche. Por la mañana, cuando dejó salir a las ovejas, Polifemo palpó para buscar las formas de los hombres que huían, pero ellos permanecieron escondidos bajo las ovejas y escaparon a salvo a sus barcos que los esperaban.

Parecía una huida afortunada, pero tenía un precio: no solo la muerte de las víctimas de Polifemo, sino también la ira de Poseidón. Algunas historias cuentan que este cíclope en particular era hijo de Poseidón y muy querido por él. Por ello, Poseidón juró infligir una larga miseria a los hombres que le habían hecho daño a su hijo.

Su siguiente desembarco fue más afortunado: El rey Éolo, el guardián de los vientos, dio la bienvenida a Odiseo y a sus hombres, y le dio a Odiseo un muy valioso regalo de despedida: una bolsa en la que se habían sellado todos los vientos peligrosos que podrían afligir a un barco de vela. Odiseo tomó el regalo con agradecimiento, pero no explicó su contenido a su tripulación; lo vieron guardarlo como algo precioso, pensaron que era oro y lo abrieron. Entonces, se levantó una violenta tormenta que los llevó a las costas de una isla poblada por feroces gigantes que destruyeron todos los barcos excepto el que navegaba el propio Odiseo.

Los marineros que sobrevivieron estaban en un estado de ánimo de precaución. Cuando volvieron a llegar a tierra, un pequeño grupo se arrastró hacia el interior para investigar y los demás se quedaron en el barco, listos para zarpar con rapidez. Odiseo y la tripulación esperaron el regreso de los exploradores, que no llegaban. Después de mucho tiempo, finalmente, un hombre llamado Euríloco regresó. Tenía la mirada perdida y estaba llorando. Odiseo, al no ver perseguidores, le pidió una explicación y Euríloco se la dio.

Primero, los exploradores se habían encontrado con bestias salvajes, con lobos y panteras. Pero en vez de gruñir, atacar o escabullirse a la naturaleza, las bestias les habían saludado y movido la cola. Mientras los hombres miraban a las bestias con dudas y miedo, escuchaban una dulce música delante de ellos. Enseguida, vieron un hermoso palacio construido en un claro del bosque y dentro de él oyeron a una mujer que cantaba de una forma maravillosa. Cuando llamaron a la puerta, la mujer les abrió, les sonrió y les instó a entrar y a refrescarse. Todos menos Euríloco aceptaron la invitación; él retrocedió, pues temía más a la mujer que a las bestias. Y en esto, parece que fue sabio; porque esperó mucho tiempo y sus camaradas nunca volvieron a salir. Durante un rato escuchó sus voces elevadas en ásperas canciones y risas. Después, solo escuchó gruñidos como los de cerdo, y la dulce voz de la mujer subiendo y bajando. El miedo golpeó su corazón y huyó de vuelta al barco solo.

Odiseo tomó su arco, su espada y le dijo a Euríloco que lo llevara a aquella casa. Pero Euríloco se arrodilló, le agarró los pies a Odiseo y le suplicó con lágrimas que lo excusara de volver a ese terrible lugar. Sabía, dijo, que si Odiseo iba allí tampoco regresaría; seguramente el mejor camino era seguir navegando.

Pero Odiseo se resistía a irse cuando sus hombres podrían estar vivos y en poder de una hechicera. Dejó a Euríloco en el barco y se dirigió a la tierra solo, porque ninguno de sus hombres estaba dispuesto a seguirlo.

Mientras avanzaba, se encontró con un joven apuesto que le preguntó qué hacía solo y sin rumbo en un país tan peligroso. El joven —a quien Odiseo reconoció como Hermes— le dijo que sus hombres estaban encerrados en una pocilga y en cuerpos de cerdos; y que el mismo Odiseo no podía esperar un destino mejor si entraba desprotegido en la casa de Circe, pues Circe mezclaba su comida y bebida con pociones que despojaban a los hombres de sus cuerpos humanos (aunque no de sus mentes humanas y su vergüenza humana). Pero Hermes le dio a Odiseo un antídoto y le dijo que se lo tomara y luego comiera y bebiera libremente; solo cuando hubiera comido y bebido y Circe sacara su varita para completar el hechizo de cambio de forma, Odiseo debería desenvainar su espada y amenazar con matarla si no les devolvía la forma humana a sus compañeros.

Odiseo siguió las instrucciones del dios. Pero cuando vio que sus encantos no habían cambiado a Odiseo, Circe le miró con amor y voluntariamente les devolvió la forma humana a sus hombres y preparó otro festín sin veneno para ellos y para toda la compañía del barco. Aquella noche, tomó a Odiseo como su amante (después de jurar de una forma muy firme que no le hechizaría). Durante un año permanecieron en la isla de Circe en paz, curando sus heridas, su hambre y sus horrores. Entonces, los marineros de Odiseo comenzaron a anhelar sus hogares y sus familias de nuevo e instaron a Odiseo a zarpar hacia Ítaca. Odiseo se mostró de acuerdo con hacerlo.

Los encantos de Circe eran potentes en su propia isla, pero no podía proteger a Odiseo en el largo viaje de regreso a casa. Sin embargo, ella le dio un excelente consejo. El único que podía enseñarle un camino seguro a casa, dijo ella, era el profeta Tiresias, quien desafortunadamente ya estaba muerto. Pero ella podría enseñarle a Odiseo una manera de ir a la casa de Hades con vida y convocar a los espíritus de los muertos.

Odiseo había ido voluntariamente a rescatar a sus hombres de una hechicera, pero temía mucho al reino de Hades. Al final aceptó ir y persuadió a sus hombres de que el único camino a casa era a través de la tierra del horror. Al final todos aceptaron ir a donde Circe le había indicado y tomaron el barco. Lo hicieron todos, menos un joven llamado Elpénor, que bebió demasiado durante la noche de despedida y por la mañana se cayó del tejado con las prisas de su partida.

La tripulación de Odiseo navegó hacia el norte antes de que un viento favorable (tal vez un regalo de Circe) les permitiera llegar a las oscuras arboledas de Perséfone y al encuentro de dos ríos negros, antes de la casa del Hades. Allí, Odiseo sacrificó muchos animales y llenó una fosa con su sangre. Las sombras sedientas de los muertos olieron la sangre y salieron a beber: hombres manchados de sangre, muertos en batallas olvidadas antes de que Odiseo naciera; niños, mirando fijamente y perplejos; mujeres jóvenes, algunas de las cuales podrían haber sido hermosas si no hubieran estado pálidas por la muerte... Odiseo tembló de horror, pero sacó su espada y les dijo a todos que se alejaran de la sangre hasta que la sombra de Tiresias viniera a hablar con él. Y ellos esperaron, con la mirada fija.

Antes de que llegara Tiresias, Odiseo reconoció a dos sombras. Una era la del joven Elpénor, pidiendo a gritos que Odiseo le diera una pira funeraria honorable y rezara las oraciones por su muerte cuando regresara a la isla de Circe de camino a casa, lo que Odiseo prometió hacer. La otra era la madre de Odiseo; estaba viva cuando Odiseo zarpó hacia Troya y se enteró de su muerte por la aparición de su sombra sedienta. Le habló con amor y dolor, pero la mantuvo alejada de la sangre hasta que llegó Tiresias.

Tiresias se arrodilló y bebió. Le contó a Odiseo de los muchos peligros que le esperaban en el camino de regreso, pero también prometió que Odiseo volvería a casa con vida al final de ese camino. Después de hablar, Odiseo envainó su espada y la multitud de muertos se aglomeró alrededor de la sangre. Aquiles estaba allí, Áyax y muchos otros. Odiseo conocía y lloraba a demasiados hombres muertos. Verlos a todos tan tristemente cambiados era más de lo que podía soportar. Huyó a su barco y sus hombres huyeron con él, pero nadie se burló de él por su cobardía. Y mientras navegaban, Odiseo estaba pensando en lo que su madre le había dicho: que había muerto de pena por su larga ausencia y que, en el momento de su muerte, su esposa Penélope todavía le amaba y le esperaba.

Así que se apresuró para regresar a casa, a través de los peligros que había que atravesar. Se detuvo en la isla de Circe solo el tiempo necesario para realizar los ritos funerarios de Élpenor y para recibir las indicaciones de Circe para el viaje. Entonces se pusieron en marcha de nuevo, advertidos y preparados.

El primer peligro que pasaron fue el más extraño y podría haber causado la muerte de todos ellos, si Circe no les hubiera advertido. Su barco pasó cerca de una hermosa isla llena de flores. Desde esa isla una canción se derramó sobre el agua hacia el barco, una canción más dulce que la de Circe. Circe les había dicho que las cantantes eran mujeres que se sentaban en espléndidos tronos rodeadas por los cuerpos de hombres que se habían sentido atraídos por su canción y morían de sed y hambre, distraídos por su música. Así que cuando el barco pasó cerca de la isla de las sirenas, Odiseo colocó tapones de cera en los oídos de todos sus hombres; él mismo no se los tapó, pero hizo que sus hombres le ataran los pies y las manos al mástil para que no pudiera saltar por la borda y nadar hasta las sirenas. Esta precaución resultó ser totalmente necesaria. La música de las sirenas era fascinante y sus palabras aún más, porque cantaban que tenían conocimiento de todas las cosas que habían sido o que serían, y aquellos que venían a ellas aprendían la sabiduría. Al oír esto, Odiseo ya no se preocupó por las advertencias de Circe y trató de liberarse, a lo que sus hombres, de acuerdo con sus órdenes anteriores, lo ataron más fuertemente, hasta que el viento les llevó lejos de la peligrosa isla.

Les contó a sus hombres solo la mitad del próximo peligro que se les presentaba. Tenían que pasar por un estrecho. A un lado había un terrible remolino llamado Caribdis que succionaba los barcos enteros y los escupía como trozos de madera y huesos; al otro lado, había una cueva habitada por la monstruo de seis cabezas y devoradora de hombres llamada Escila. Odiseo dijo a la tripulación que se mantuviera al margen de Caribdis, pero no vio la necesidad de advertirles de Escila, ya que Circe le había dicho que no se podía luchar contra ella. Aun así, cuando llegaron al pasaje, Odiseo tomó su lanza y se esforzó por verla a través de la niebla y la penumbra; pero lo primero que supo de su presencia fue el repentino descenso de sus seis terribles cabezas sobre largos cuellos a la cubierta de la nave. Estas se levantaron y se alejaron antes de que Ulises pudiera atacar y cada par de mandíbulas agarró a un desafortunado miembro de su tripulación, gritando por una ayuda que ningún hombre podía dar. Los remeros remaron frenéticamente, el barco salió disparado del estrecho, y los gritos se desvanecieron de los oídos de los marineros, por no decir de sus mentes.

Después de esto, llegaron a otra tierra de aspecto agradable, que Odiseo conocía como la isla del dios del sol (no Apolo, en este cuento, sino Helios). Circe y Tiresias le habían advertido de que no se detuviera en esa isla, porque los rebaños y las manadas que vivían allí eran sagrados para el dios del sol y cualquier hombre que los matara y se los comiera sería terriblemente castigado. Así que Odiseo ordenó a sus hombres que siguieran navegando. Pero Euríloco le acusó de ser un hombre duro al que no le importaba el sufrimiento ni el cansancio de sus hombres. El resto de la tripulación, tal vez a causa de la aparición inesperada de Escila contra su señor, se unió a Euríloco e insistió en llegar a tierra. Prometieron a Odiseo que no matarían a ningún ganado u ovejas de la isla, sino que se contentarían con las provisiones que Circe había empacado en su barco y con cualquier alimento silvestre que pudieran cazar o recolectar.

Entonces se acercaron a la costa, descansaron y lloraron sus muertos. Pero por la mañana, el viento se había vuelto en su contra y no podían volver a zarpar con la esperanza de llegar a casa. Los vientos continuaron en dirección contraria durante un mes; se comieron todas las provisiones de Circe y los hombres se vieron reducidos a la pesca y a la caza menor que no era demasiado abundante. Finalmente, Odiseo se dirigió solo al interior para rezar a los dioses, pedirles misericordia y un viento favorable. Rezó un poco y luego se durmió.

Durante su ausencia, Euríloco volvió a hablar con sus compañeros de barco y les dijo que la muerte les llegaría a todos, pero que la hambruna era seguramente la peor forma de morir: por lo tanto, dijo, debían matar y comer algo del ganado del dios del sol, con sacrificios apropiados y con promesas de ricas ofrendas que se harían en el templo de Helios, cuando regresaran a salvo a casa. Entonces, si el dios tenía misericordia, todo estaría bien; y si no la tenía, al menos tendrían una muerte rápida. Sus compañeros de barco estaban de acuerdo con él; de esta manera, mataron algunos animales y se los comieron.

Odiseo regresó demasiado tarde para evitar esta acción precipitada. Durante siete días, permaneció en ayunas, mientras ellos comían una buena carne. El séptimo día, un viento favorable se levantó y volvieron al barco. Al salir, el sol brilló, el viento sopló con fuerza y todo parecía ir bien. Pero cuando ya estaban lejos, en el océano abierto, unas nubes negras cubrieron el cielo, el trueno retumbó y un rayo golpeó el barco. Todos los hombres que habían comido el ganado de Helios se ahogaron; pero Odiseo se aferró al mástil y cabalgó sobre las salvajes olas. Durante nueve días, el mar lo arrastró. Cuando finalmente llegó a la orilla, volvió a oír una hermosa voz de mujer.

No se trataba de una sirena ni de una hechicera de magia negra, sino de una ninfa marina de buen corazón llamada Calipso que lo acogió, lo alimentó, lo vistió y lo llevó a su cama. Ella no le negó nada, excepto la ayuda para escapar de su isla y dirigirse hacia su hogar en Ítaca. Pronto eso fue todo lo que Odiseo quería. Durante años, pasó sus días mirando al otro lado del mar hacia su casa, preguntándose cómo estaban su mujer y su hijo.

Notas:

Este cuento, como el que sigue, viene del poema épico de Homero, la *Odisea*.

Capítulo 7. El regreso de Odiseo

Finalmente, Atenea, después de haber calmado un poco su furia por el saqueo de Troya y el robo de su templo, se apiadó de su viejo favorito Odiseo y llevó su caso ante los dioses. Argumentó que no había hecho más daño que los otros griegos y que había sufrido mucho más que todos ellos. Atenea fue capaz de convencerlos porque Poseidón no se encontraba entre ellos. Aceptaron mostrarle misericordia y ordenaron a Calipso que liberara a su prisionero. Ella consintió sin ganas, le ayudó a construir una balsa, la cargó de provisiones y Odiseo puso rumbo hacia su hogar por un mar calmado.

La calma solo se mantuvo hasta que Poseidón lo vio y entonces levantó una tormenta que rompió la balsa. Pero la diosa Ino llamó a Odiseo y le dijo que esta vez la seguridad no estaba en atarse al barco, sino en nadar libre de él. Le dio un manto para evitar que se ahogara, que él lo aceptó con gratitud. Nadó durante dos días y noches y, al final, las olas lo dejaron en tierra, desnudo, hambriento y exhausto. Encontró un hueco bajo algunos árboles, se enterró en una corriente de hojas secas y durmió como un muerto.

Por la mañana, se despertó con el sonido de mujeres riendo y llamándose las unas a las otras. Al volver a la playa, vio a una multitud de ellas bañándose y lavando su ropa. La mayoría huyeron cuando vieron a un hombre desnudo con los ojos atormentados que salía tropezando del bosque, pero una se quedó de pie y esperó a escuchar su relato. Él se arrodilló ante ella, alabó su belleza, le dijo que no sabía si era divina o mortal y le pidió que mostrara misericordia a un desdichado náufrago sin más que un trapo que lo cubriera.

La joven le dijo que se alegrara: ella era una mortal llamada Nausícaa, hija del rey y la reina de los feacios y su gente era amable con los extraños. Le dijo que esperara mientras una de sus criadas le traía ropa y que fuera a la corte y se arrodillara ante la reina. Así lo hizo y le dieron un festín y le alojaron para pasar la noche sin hacer preguntas. Por la mañana, le preguntaron si estaba listo para decir de dónde venía y qué buscaba. Contó toda su historia y le escucharon con asombro durante todo el día. A la mañana siguiente, le prepararon un barco y le llevaron a casa, a Ítaca.

La aventura no terminó ahí. Odiseo no trató de tener una llegada propia de un rey, sino que hizo que los marineros feacios lo llevaran a una playa desierta y luego remaran directos a casa, mientras él subía tranquilamente a la tierra para ver lo que había sucedido en su ausencia.

El primer ser vivo con el que se encontró en su propia tierra era un joven con ropas de pastor y cara de noble, que le preguntó quién era y de dónde venía. Odiseo siempre había sido un hombre calculador y su largo viaje no había aumentado su confianza. Inventó una larga, complicada y completamente falsa historia sobre sí mismo; al final de la cual el joven le dio una palmadita en el hombro, se rio y se transformó ante sus ojos en Atenea en todo su esplendor. Ella volvió a reír y lo llamó pícaro, pero sin ningún tono de condena. A continuación, lo sentó para explicarle el estado de las cosas en su casa y ayudarle a planear la mejor manera de lidiar con ellas. Atenea le dijo a Odiseo que Penélope, su esposa, y Telémaco, su hijo (que era muy pequeño cuando Odiseo se vio obligado a navegar hacia Troya), nunca perdieron la esperanza de su regreso. Durante los diez años de batalla inconclusa frente a Troya, tuvieron la compañía de muchos otros que esperaban sin cesar y nadie se atrevió a insistir en que los capitanes griegos perderían su guerra o no volverían finalmente. Pero diez años más habían pasado desde que los fuegos del faro dieron la noticia de la caída de Troya y más de nueve años, desde que el primer barco regresara con dificultades de la guerra y de la tempestad. Con cada año que pasaba después de eso, las esperanzas de Penélope y de Telémaco se debilitaban. Y cada año, aumentaba la presión sobre Penélope para que se casara de nuevo, para que Ítaca tuviera un rey y un protector, pues ¿quién podría decir que una mujer y un niño eran aptos para gobernar?

Penélope sostenía que aún Odiseo estaba vivo y que ella era la única regente. Sin embargo, cuando los pretendientes comenzaron a llegar a su casa desde toda Ítaca y desde los reinos vecinos, se hizo difícil insistir en esto. Después de un breve período inicial de desacuerdos, los pretendientes decidieron decirle a Penélope que todos ellos se alojarían en su casa, comiendo el producto de las tierras de Odiseo y mandando a sus sirvientes, hasta que Penélope eligiera a uno de ellos para casarse. La confianza con la que presentaron esta demanda le mostró claramente que creían que su esposo estaba muerto y que nunca los visitaría para vengarse.

Al principio, Penélope trató de ser piadosa. Dijo tristemente que podría ser que su amado esposo estuviera muerto y que, por lo tanto, debía llorar por él y no podía pensar en elegir o casarse con un hombre que lo reemplazara hasta que le hubiera tejido un espléndido sudario. Los pretendientes le permitieron hacer eso. Cada día, se sentaba y tejía delante de ellos. Eligió trabajar con hilos muy finos, y lo hizo con más precisión que velocidad, pero aun así parecía que en poco tiempo debía terminar su trabajo, ceder y elegir a uno de ellos.

Con el tiempo, uno de los pretendientes más observadores notó que, mientras Penélope tejía y tejía, el sudario apenas se agrandaba. El intenso interrogatorio a las sirvientas de Penélope reveló que mientras tejía durante el día, pasaba gran parte de la noche deshaciendo su trabajo. Confrontada con eso Penélope no lo negó, pero tampoco eligió al nuevo marido. Por lo menos, el gran número de sus pretendientes le resultaba útil. Un matrimonio por fuerza no era algo inusual, pero si alguno de los arrogantes hombres establecidos en su casa lo hubiera intentado, los demás habrían estado encantados de matar al delincuente, para mejorar así sus propias posibilidades. Así que esperó en una tregua cada vez más tensa e insostenible.

Y mientras esperaba, Telémaco iba creciendo. Al principio, los pretendientes de Penélope ignoraban al muchacho. Pero cuando el niño se convirtió en un hombre capaz de gobernar por sí mismo, su ira ardió contra los pretendientes y ellos lo miraron con una creciente sospecha.

Atenea había visto el cambio y se preocupó por evitar lo peor. Se disfrazó de marinero y se acercó a la casa donde Penélope esperaba. La sala estaba llena de hombres borrachos y alborotadores que no prestaban atención al recién llegado; pero Telémaco, viendo que un invitado estaba en la puerta y todos le ignoraban, se apresuró a darle la bienvenida, ofrecer descanso al extraño y llamó a las sirvientas para que le atendieran. El recién llegado aceptó todo con humilde gratitud y luego preguntó tímidamente con qué clase de jaleo se había tropezado, ya que en su parte del mundo los hombres se habrían avergonzado de comportarse así en una casa noble.

Motivado por ello, Telémaco contó toda la historia y añadió su propia ira y dolor. El marinero le observó de cerca, hizo comentarios de comprensión e indignación, y dijo que si Odiseo llegaba a su antigua casa, los pretendientes recibirían un pago excesivo por sus delitos. El marinero preguntó entonces si Telémaco había pensado en viajar para buscar noticias de su padre y recomendó a algunas personas que podrían pronunciar palabras sabias sobre el asunto.

Las palabras del marinero alegraron el corazón de Telémaco y sus dudas se desvanecieron. Se apresuró a volver a la asamblea para conseguir un barco y unos remeros.

Los pretendientes no habían encontrado la forma de obligar a Penélope a casarse, pero habían tomado otros asuntos en sus manos y le dijeron claramente que no tenía ninguna utilidad, ni necesidad, ni posibilidad de obtener un barco. Entre risas, volvieron a sus fiestas. Telémaco salió de la casa solo y bajó a la orilla del mar, donde miró fijamente las aguas donde su padre había partido hacía tanto tiempo. Rezó a Atenea y ella se acercó a él, aunque no la reconoció, ya que había tomado la forma de un anciano llamado Méntor, un amigo de confianza de Odiseo. Pero Telémaco se alegró de ver a Méntor, más aún cuando Méntor le prometió encontrarle un barco.

Aquella noche Telémaco se escabulló de nuevo a la orilla con una bolsa de provisiones y el barco zarpó. Primero a Pilos, donde el viejo amigo de Odiseo, Néstor, le ofreció buenos deseos, pero sin saber nada. Sin embargo, sugirió que Menelao, que había tenido un viaje de regreso mucho más largo, podría saber más. Así que Telémaco partió hacia Esparta.

Allí, tanto Menelao como Helena —salvada de la mano de su marido por su belleza— le dieron la bienvenida al joven y le hablaron con grandeza de Odiseo. Menelao añadió que el hijo de un dios le había dicho que Odiseo vivía, aunque era prisionero de una ninfa marina. Telémaco lloró con una mezcla de dolor y alivio, sin saber que para entonces las noticias de Menelao estaban obsoletas y que Odiseo ya estaba de camino a casa.

Por lo tanto, dijo Atenea, Penélope y Telémaco estaban vivos y eran leales, pero los pretendientes aún estaban asentados como una plaga de langostas en la casa de Odiseo y era más probable que lo mataran de inmediato, en lugar de darle la bienvenida, si sabían quién era. Para prevenir eso, ella le dio la apariencia de un anciano mendigo, aunque él mantuvo la fuerza, así como la rapidez mental de Odiseo y lo envió para que pidiera ayuda a un amistoso porquero, mientras ella se apresuró a llamar a Telémaco de vuelta a casa.

El porquero le dio comida y refugio al pobre viejo extraño. Por la mañana, cuando Telémaco vino a su cabaña, el porquero recibió a su joven señor con alegría. Entonces Atenea distrajo al porquero y volvió a poner a Odiseo en su propia forma el tiempo suficiente para que se diera a conocer a su hijo y empezara a hacer planes. Pero cuando Telémaco dejó la cabaña para ir al palacio, con Atenea a su lado, Odiseo volvió a usar su vieja forma de mendigo.

Poco después, el viejo mendigo apareció en la puerta de la casa de Penélope. La propia dama, como de costumbre, estaba encerrada en sus aposentos para evitar a sus bulliciosos pretendientes; los pretendientes, como de costumbre, se estaban relajando después de la comida y se divertían en burlarse del pobre viejo en el umbral. Él escuchó sus burlas con paciencia. Esta paciencia molestó a uno de los pretendientes, que le golpeó. Soportó el golpe como todo lo demás; pero las sirvientas se escandalizaron y corrieron para decirle a Penélope que, a un extraño, a un huésped, se le había tratado vergonzosamente en su salón.

Penélope estaba indignada, pero sabía muy bien cómo demostrarlo. Salió a ver a sus pretendientes, por primera vez en muchos días. Iba entre dos criadas y con un velo sobre su cara, pero aun así su encanto era inconfundible; todas las miradas se volvieron hacia ella y sus pretendientes dejaron en paz al mendigo para hacerle cumplidos. Ella rechazó estos cumplidos y dijo que sabía que el dolor por su marido le había quitado la belleza; pero en efecto, se afligió, porque había llegado a creer que su esposo estaba muerto de verdad. Por ello, ¿por qué los hombres de su casa no la cortejaban de la manera habitual, con cortesía y con regalos?

Con esto, los hombres que habían estado comiendo de su casa y propiedades compitieron entre ellos para darle los regalos más valiosos. Ella lo aceptó todo con seriedad y se retiró sin hacer ninguna promesa, ni invitar a nadie a seguirla a sus aposentos, excepto al mendigo insultado.

A solas con su esposa por primera vez después de veinte años, Odiseo mantuvo su disfraz. Contestó humildemente a sus amables palabras y dijo que había visto a Odiseo dirigirse a Troya. Habló de él como de un muerto al que había honrado y Penélope lloró. Luego envió a un sirviente para que lo atendiera y le dio una cama para pasar la noche. Durmió intranquilo, preguntándose cómo podría prevalecer contra un número tan grande de hombres desvergonzados; pero trató de tranquilizarse con el pensamiento de su propio buen ingenio, el coraje de Telémaco y la ayuda de Atenea.

Por la mañana, descubrió que Penélope también le había ayudado, sin saberlo. Volvió a salir ante los pretendientes y dijo que había decidido la forma de elegir a su próximo marido. Entonces, sacó el arco que había sido de Odiseo. Quien pudiera disparar una flecha desde él directamente a través de los doce anillos, una hazaña que Odiseo habría hecho con facilidad, sería el digno sucesor de Odiseo. Se retiró entonces y dejó a Telémaco para que observara e informara sobre el disparo.

Odiseo, al oír esto, vio su oportunidad. Se escabulló fuera y dio instrucciones a dos viejos sirvientes de confianza. Luego volvió a entrar y vio como pretendiente tras pretendiente intentaba y fallaba al disparar con su gran arco. Después del último fracaso, se adelantó, todavía viejo y harapiento en apariencia, y pidió una oportunidad para probar si la fuerza de su juventud lo había abandonado por completo. Los pretendientes gritaron que tal petición era un insulto, pero Telémaco dijo que el asunto de elegir no era de ellos y le dio el arco al viejo desconocido.

Los pretendientes miraron con asombro cuando el mendigo tensó el arco y disparó su flecha a través de los anillos. La multitud se abrió, cuando el mendigo giró el arco hacia ellos. Buscaron sus armas, que habían desaparecido (escondidas por el prudente Telémaco); corrieron hacia las puertas y las encontraron cerradas por fuera por los fieles sirvientes; suplicaron por sus vidas, pero sus súplicas cayeron en oídos sordos, excepto por un cantante al que Odiseo eligió perdonar. Entonces Odiseo abrió la puerta de la habitación de las sirvientas y les dijo que tenían que limpiar el lugar. Muchas de las mujeres se alegraron al ver a los pretendientes muertos. Estos hombres eran arrogantes, de mal genio y libres con sus manos, pero algunas se afligieron. Odiseo preguntó cuáles de ellas había coqueteado con los pretendientes o se había unido a ellos para faltarle al respeto a Penélope y sus compañeras declararon culpables a doce de las cincuenta sirvientas. Odiseo hizo que las ahorcaran; sus viajes y sus sufrimientos le habían enseñado muchas cosas, pero aparentemente la misericordia no era una de ellas.

Finalmente, llamaron a Penélope y ella miró fijamente al hombre que se llamaba a sí mismo su marido. Pero cuando lo probó con señales y preguntas secretas, cuando por fin estaba segura de que se trataba de su Odiseo perdido, cayó en sus brazos, llorando y riendo. Su alegría por el reencuentro fue más grande que las infinitas penas que habían sufrido por separado.

Notas:

Esta narración está tomada de la *Odisea* de Homero.

Capítulo 8. El regreso a casa de Agamenón y la elección de Orestes

El camino a casa de Agamenón era más corto y más directo que el de Odiseo. Su barco había estado a punto de hundirse, pero él y todos sus hombres evitaron ahogarse. Cuando los mares se calmaron, ya estaban en aguas familiares con un viento favorable. Se dirigieron directamente a Argos, donde el pueblo y la reina de Agamenón esperaban su regreso.

Su espera fue intranquila. Durante diez años, la ciudad había sido solo de mujeres, ancianos y jóvenes. Sus ojos y sus mentes estaban volcados en el mar y se preguntaban qué había pasado con sus soldados desaparecidos. A veces, la gente alababa a Agamenón por su valor y le deseaba la victoria y un pronto regreso. Otras veces, lo culpaban por llevar a sus hombres a una guerra sin sentido por una esposa infiel. En otras ocasiones, en voz baja, murmuraban sobre Ifigenia, la hija inocente que había matado para conseguir un viento favorable para su viaje; y miraban con ojos sombríos al palacio donde la madre de Ifigenia, Clitemnestra, se sentaba y reflexionaba y... Ninguno de ellos fue lo suficientemente insensato como para decir en voz alta qué otra cosa podría estar haciendo; algunas cosas era mejor no saberlas.

Incluso cuando el vigilante de la parte superior del palacio vio la cadena de incendios que significaba que Troya había caído y cuando los hombres de Argos regresaban triunfantes, los vigilantes tenían opiniones divididas. Estaban ansiosos por volver a ver a los que se habían perdido y quizás también a su señor rey. Sin embargo, deseaban en voz alta y con dudas a que Agamenón tuviera la sabiduría de no excederse en su victoria y así ofender a los dioses. Una y otra vez, miraban hacia el palacio y se preguntaban qué clase de bienvenida tenía en mente Clitemnestra.

Ella actuó rápidamente con el fin de disipar esas dudas al preparar una espléndida celebración para el regreso de su querido esposo. Ordenó sacrificios y ofrendas de agradecimiento, música y flores, y la preparación de un gran festín. Habló libremente a todos los oyentes de su largo dolor por la ausencia de Agamenón y su profunda alegría por su regreso, y nadie la contradijo, al menos, no en voz alta. Criticó a los hombres que maldecían a Helena como la causa de la guerra. Helena, después de todo, era la hermana de Clitemnestra; ¿y no la había llevado por mal camino una diosa? ¿Y quién era tan impío como para resistirse a una diosa? Una vez más, su pueblo había aprendido durante los diez años de su gobierno a no discrepar cuando ella podía oírlos.

Tal vez fue una falta de tacto de Agamenón llegar a las puertas de su palacio y presentarse ante su esposa acompañado por su obligada concubina Casandra, pero Clitemnestra no ofreció ningún reproche de esposa. Ella se encontró con Agamenón con un apasionado y florido discurso de bienvenida y extendió paños púrpuras para que él los pisara, para que sus pies no tocaran el polvo. Él argumentó que tal honor les correspondía a los dioses, no a los hombres y que se podía tomar como un signo de arrogancia de su parte, pero ella dijo que había hecho un juramento a los dioses sobre cómo le daría la bienvenida a su marido a casa, y ¿tenía él la intención de hacer que ella lo rompiera? Así persuadido, caminó sobre las finas púrpuras hasta sus propias puertas, donde ella lo llevó adentro, instándole a que viniera a bañarse y a ponerse unas finas ropas antes de sentarse a celebrar su victoria. Su gente miraba y murmuraba mientras las grandes puertas se cerraban tras él.

Se dejó a un sirviente para que acompañara a Casandra a la casa. Este lo hizo con nerviosismo, ya que la dama era conocida por ser una loca, una profetisa o algo así, y también por ser notablemente libre con su lengua. La gente seguía horrorizada, si no sorprendida, cuando ella observó el palacio con horror y recordó a la multitud observadora los asesinatos y las traiciones que habían plagado a la familia de Agamenón durante generaciones y añadió que el siguiente episodio de esa horrible historia estaba a punto de suceder y que ella también sería una de sus víctimas. Algunos de los oyentes murmuraron que si no quería ser una víctima debía hablar con más cuidado. Casandra dijo que la discreción no la salvaría; nada la salvaría; solo dejaría que la recordaran y la vengaran. Entonces entró temblando al interior de la casa.

Poco después, las grandes puertas se abrieron de nuevo y Clitemnestra llamó a su gente para que viera cómo había acogido a su señor en su hogar. Agamenón yacía a sus pies, envuelto en un precioso y también pesado e imponente vestido de plata, cubierto de sangre y muy muerto; su esposa lo había apuñalado cuando estaba indefenso y desprevenido. Casandra, menos elegante pero igualmente muerta, yacía a su lado.

La gente retrocedió horrorizada y gritó que sería desterrada por una acción tan horrible. Clitemnestra les dijo que no lo creía así. En primer lugar, el poder estaba en sus manos no en las de ellos y los guardias del palacio le eran leales. Pero, más importante aún: ¿cómo se atrevían a decir que ella era una asesina, si no le habían dado la misma mala acogida a Agamenón? Clitemnestra, después de todo, había matado a un hombre culpable, al asesino de su hija más querida; mientras que Agamenón era el asesino de una inocente, de su propia hija inocente. Además, el linaje de Agamenón estaba manchado con más asesinatos que el suyo: la casa de Atreo estaba maldita, de raíz y rama, por los dioses: ¿quién era ella, Clitemnestra, sino el instrumento de la venganza de los dioses?

La gente retrocedió y murmuró con dudas. No podían tolerar que adulara y luego asesinara a su marido; pero también recordaban a Ifigenia, feliz y con un gran corazón, que se disponía a casarse y recordaban el primer horror al oír que había sido asesinada, sin casarse y por su propio padre... Tampoco habían olvidado la maldición de la casa de Atreo... Pero aun así, aun así...

Mientras pensaban, un hombre apareció junto a Clitemnestra. Era Egisto, un pariente de Agamenón: su padre era Tiestes, que fue engañado por el padre de Agamenón, Atreo, para que se comiera la carne de sus propios hijos asesinados. Egisto había escapado de la matanza y creció para reflexionar y conspirar. Atreo había muerto antes de que Egisto tuviera fuerzas para atacarlo, pero había algo apropiado en visitar el momento de la venganza contra el hijo del culpable. Así que, aunque Clitemnestra había hecho la parte de seducción y el apuñalamiento, él se había asegurado de que nadie interviniera. Además, había otro incentivo para él: era el amante de la reina, y no quería renunciar a ella solo porque su arrogante marido había vuelto a casa.

Los ancianos que habían dudado cuando Clitemnestra habló, recuperaron su convicción mientras escuchaban a Egisto. Lo maldijeron por ser un cobarde que se había quedado en casa mientras otros hombres salían a morir en la guerra de Troya y que había dejado que su venganza se llevara a cabo por una mujer; lo amenazaron con las maldiciones de los dioses y le ofrecieron darle a probar la venganza de los mismos dioses.

Egisto llamó a los guardias del palacio vestidos con una armadura completa. Podría ser indecoroso matar a los ancianos, dijo, pero si eran rebeldes era totalmente apropiado encerrarlos y no alimentarlos hasta que vieran la lógica, rogaran por misericordia y juraran lealtad. Sin embargo, si se resistían al arresto, tendrían la culpa de su propia muerte.

Clitemnestra se interpuso entre las filas de los hombres y detuvo lo que podría haber sido una masacre:

—No —le dijo a Egisto—, no hay necesidad de eso; dejemos que los viejos se quejen, no hay ningún daño real en ellos y si matamos de hambre a muchos de ellos, tendremos una mala reputación. Dejemos que se vayan a casa y reflexionen sobre la justicia del destino de Agamenón. Su linaje maldito está muerto ahora y la maldición está muerta con ellos y nosotros, los nuevos gobernantes, haremos las cosas bien.

Tal vez creía en lo que decía entonces, pero, después de un tiempo, el miedo anuló cualquier impulso hacia la gentileza. Por orden suya o de su nuevo marido, el cuerpo de Agamenón se cortó, se deshonró y no se le dio ningún rito funerario. Entonces Clitemnestra comenzó a mirar con dudas a los hijos restantes de Agamenón que eran tanto de él como de ella. Ifigenia murió por su mano, pero aún quedaban dos hijas y un hijo pequeño.

Electra, la mayor de las muchachas vivas, vio el miedo y la reflexión en el rostro de su madre, por ello hizo sus propias reflexiones. Instó al anciano que cuidaba a los hijos de Agamenón a que se llevara a su hermano pequeño Orestes a un país lejano y lo escondiera. El sirviente obedeció y el niño ya estaba lejos antes de que Clitemnestra o Egisto fueran tras él. Al ver que se había ido, temieron que se criara con alguien que le enseñara el deber de la venganza y, en cualquier caso, existía el peligro de que cuando creciera hasta la madurez reclamara la herencia de su padre. El rumor corría por la ciudad de que los sirvientes de Clitemnestra se encontraban en el extranjero y ofrecían dinero a cambio de información sobre el paradero de Orestes y aún más dinero por su cadáver. Si esos rumores eran ciertos, los mensajeros no tuvieron éxito.

A pesar de su propio ejemplo, Clitemnestra parece haber considerado a las hijas menos peligrosas que los hijos. De hecho, su hija menor, Crisótemis, resultó ser tranquila, obediente y dispuesta en todo momento a honrar a Egisto como si fuese su propio padre. Electra era otro asunto. Agamenón no había recibido ritos funerarios; el luto por él estaba prohibido, pero Electra se afeitó la cabeza, se rasgó la ropa y se lamentó en voz alta ante cualquiera que la escuchara, no solo durante los días habituales de luto, sino durante años. Clitemnestra lo intentó con las reprimendas, con las órdenes e intentó golpear a su hija: nada dio resultado. Finalmente, Egisto ordenó no tratar más a Electra como una princesa. La vistieron como a una sirvienta y le ordenaron que hiciera trabajos serviles. Solo en una cosa se la trató con un especial cuidado: se le puso un guardia para asegurarse de que ningún hombre la cortejara o se acostara con ella, para que no tuviera un hijo vengador.

Si este tratamiento estaba destinado a quebrar el orgullo de Electra o su determinación, entonces tal plan fracasó. Egisto la dejaba encerrada en casa y cuando él estaba allí, ella no se atrevía a salir; pero en su ausencia, ella se las arreglaba para escaparse y llorar en la tumba de su padre. Clitemnestra, por su parte, celebró el aniversario de la muerte del hombre que había matado a su hija mayor, aunque su devoción por el recuerdo de Ifigenia no parece haberla hecho más cariñosa con su otra hija.

Pero una noche, después de años de gobernar al lado de Egisto, Clitemnestra tuvo sueños terribles. Algunos dicen que soñó que daba a luz a una serpiente, que la levantó para amamantarla y la serpiente le golpeó el pecho y le sacó sangre del corazón. Otros dicen que soñó con que Agamenón entraba en el palacio, clavaba su cetro en la chimenea y el cetro echaba raíces y crecía hasta que sus grandes ramas cubrían toda la tierra. Despertó con un frío temor en su corazón y envió ofrendas tardías a la tumba de Agamenón: vino para la libación y también mechones de su propio cabello. Los envió a través de su hija Crisótemis, con un sano temor de visitar la tumba ella misma. Y Crisótemis, de camino a la tumba, se encontró con Electra que iba a su propio luto solitario.

Crisótemis y Electra no estaban acostumbradas a estar juntas; pues la sumisa Crisótemis se vestía y era tratada como una princesa (aunque sus pretendientes quedaban muy desmotivados), mientras que Electra se quedaba en los cuartos de los sirvientes. Tal vez no sea sorprendente que cuando por fin se encontraron, se reprocharan la una a la otra. Crisótemis le dijo a Electra que actuaba como una loca, que su ira declarada y su luto no herían a nadie más que a ella misma y no servían para nada en absoluto. Electra respondió con rabia que, si nadie en la tierra lloraba por los asesinados, si nadie se enfrentaba a los asesinos a pesar de su poder, entonces la vida no tenía sentido y la humanidad era totalmente despreciable. Crisótemis dijo que Egisto había amenazado con encerrar a Electra en un calabozo para el resto de su vida si no dejaba de quejarse públicamente. Pues qué lo haga, dijo Electra. Además, que Crisótemis no se atreva a colocar los cabellos de Clitemnestra en la tumba de Agamenón; los suyos y los de Electra serían más apropiados.

Con eso, al menos, Crisótemis estuvo de acuerdo. Fue a la tumba y se encontró con que alguien había estado allí antes que ella. Había un mechón de pelo rojizo en la tumba y el suelo estaba mojado con vino. Observó con atención el cabello, muy parecido al suyo, muy parecido al de su hermana, pero claramente no pertenecía a ninguna de las dos. Una esperanza surgió en su mente y corrió a compartirla con su hermana.

Clitemnestra, al parecer, se había arrepentido y se sintió obligada a visitar la tumba ella misma; pero de camino hacia allí se encontró con Electra y se detuvo para regañarla por vagar fuera, cuando se suponía que estaba encerrada en la casa. Pronto se oyeron palabras fuertes por ambos lados. Clitemnestra llamó a Electra una hermana falsa, capaz de honrar al asesino de Ifigenia; Electra respondió que si el asesinato de un pariente debía ser castigado con sangre Clitemnestra debía mirarse a sí misma y, en cualquier caso, su amor materno no era tan evidente hacia sus hijos vivos; y que la lujuria por Egisto le parecía el motivo más probable y el menos digno de elogio.

Un extraño, un anciano con ropas manchadas de viaje, interrumpió la pelea entonces, diciendo que era un viajero que venía desde Fócida y que se dirigía al palacio con noticias de Orestes. Clitemnestra preguntó que qué noticias serían estas. El anciano le respondió que Orestes estaba muerto.

Clitemnestra miró de forma extraña al mensajero y dijo que no sabía si llorar por su hijo o alegrarse por su propia seguridad, recién garantizada. Electra no tenía tales dudas y gritó con amargura. Clitemnestra murmuró acerca de los malos modales de la chica y apuró al visitante a entrar en el palacio para elaborar más su noticia.

Fue entonces cuando Crisótemis llegó a Electra y comenzó a expresar sus esperanzas, basadas en la ofrenda que había encontrado en la tumba, de que Orestes viviera. Cuando Electra informó de la noticia del anciano desconocido, Crisótemis se puso a llorar y, por un momento, las hermanas se vieron unidas por su dolor; pero cuando Electra dijo que la tarea del vengador recaía ahora sobre ellas dos, ya que su hermano había muerto, Crisótemis se negó a participar en tal intento. No tenían fuerzas para ello, dijo; lo único que conseguirían era que las mataran. Electra estaba dispuesta a arriesgarse y le dijo a su hermana, con desprecio, que fuera a contarle a Clitemnestra sus amenazas para así asegurar que muriera. Crisótemis protestó que no estaba tratando de hacer que mataran a nadie y volvió corriendo al palacio, pero no para contar nada.

Un joven extraño llegó a Electra antes de que pudiera calmarse: también venía desde Fócida y llevaba una urna con las cenizas de Orestes. Pero cuando vio la intensidad del dolor de Electra y supo quién era, el joven se puso a llorar y confesó que era Orestes que había vuelto con una noticia falsa para ver cómo estaban las cosas en Argos. No esperaba ver a su hermana tan flaca, consumida y vestida como una sirvienta, pero al verla se decidió. Aunque, en efecto, había consultado al oráculo antes de volver a Argos y le había preguntado a Apolo qué debía hacer: no vengar a su padre sería algo terrible; vengarse del marido de su madre y de su pariente sería un tanto desalentador; y hacerle daño a su madre... eso sí que sería horrible. Pero Apolo le había amenazado con toda clase de maldiciones si no vengaba a su padre, así que por venganza había venido. No para levantar una rebelión, pues no tenía ni el dinero ni los hombres para ello; pero como su padre había sido asesinado por la astucia, seguramente el castigo podría ser adecuado a tal crimen.

Y así se demostró. Al entrar al palacio, supuestamente para presentar las cenizas de Orestes, Orestes fue recibido por Clitemnestra. Ella envió un mensajero para traer a Egisto de vuelta para escuchar las buenas noticias y luego invitó al muchacho a venir a hablar en privado con ella sobre la muerte de su hijo. Cuando entendió que su hijo vivo había vuelto y supo por qué había venido, le suplicó por su vida; pero él no tuvo más piedad de ella que la que ella tuvo de su marido o de Casandra. El asesinato de Egisto, que vino después del de su madre, fue también muy fácil. Y cuando Orestes abrió las puertas y mostró los cuerpos —como Clitemnestra lo había hecho con sus víctimas— la gente estaba dispuesta a elogiarlo como un vengador justo.

Pero no solo eran sus voces las que importaban. El rostro de Orestes se oscureció y sus manos se quedaron apretadas. Al hablar despacio y con dificultad, dijo que un terrible sonido había comenzado en su mente y temía que pronto bailaría al son de la música de la locura. Mientras mantenía su mente sana, quería que quedara claro que sus acciones habían sido justas, que su madre había sido una asesina, que Apolo lo había llevado a actuar, que lo había amenazado con cosas terribles si no actuaba, pero que sentía que la maldición se le venía encima ahora, que no podía quedarse después de todo y gobernar el reino cuyos tiranos había matado; tenía que hacer una larga peregrinación y penitencia, tenía que ver si Apolo lo limpiaría y lo liberaría.

El pueblo le instó a calmarse, le aseguró que había actuado de manera correcta. Pero él se quedó mirando algo que ninguno de ellos podía ver y jadeó en voz alta acerca de las horribles mujeres de pelo serpenteante y ojos sangrantes que venían a agarrarlo.

—No son reales —gritó la multitud—. Quédese aquí. Usted tenía razón. ¡Y ha ganado!

Pero Orestes gritó de nuevo acerca de las terribles mujeres y huyó, su rostro se retorció, como si él mismo estuviera atrapado en una agonía de muerte que no tendría fin. La gente lo miraba fijamente y murmuraba de que no sabían si llamarlo salvador o destructor.

Notas:

He tomado el relato de la respuesta del público a la muerte de Agamenón de la obra de Esquilo *Agamenón*. Las *Coéforas* de Esquilo, *Electra* de Eurípides y *Electra* de Sófocles cuentan versiones variantes de la siguiente parte de la historia. He usado una mezcla de ellas en este relato. Sófocles menciona a Electra como la que envió a Orestes a la clandestinidad, mientras que Esquilo dice que Clitemnestra lo desterró y Eurípides dice que un sirviente huyó con él por iniciativa propia. Crisótemis solo aparece en la narración de Sófocles. Además, Sófocles termina su obra con una nota de aparente triunfo, mientras que tanto Esquilo como Eurípides terminan con Orestes lleno de culpa y con su huida. He seguido el relato de Esquilo más de cerca aquí. Los poetas también dan una imagen bastante diferente de la opinión pública: merece la pena leer las tres obras y contrastarlas. Algunos relatos muestran una cierta tristeza por Clitemnestra. Sin embargo, parece que a Egisto no se le lamenta en absoluto.

Esquilo y Sófocles están de acuerdo en que Electra permaneció como sirvienta soltera en la casa de Egisto, pero Eurípides dice que Egisto la obligó a casarse con un campesino; el campesino, sin embargo, no le puso la mano encima y le ayudó a ella y a Orestes con su plan de venganza.

Tanto Esquilo como Eurípides dan relatos alternativos del final de la historia de Orestes y la resolución de la maldición familiar, como lo veremos en el próximo capítulo.

El epígrafe de *Harry Potter y las reliquias de la Muerte* está tomado de las *Coéforas*, cuando la gente reza para que los dioses les ayuden a Orestes y a Electra a vengarse de su madre y de su padrastro, aunque supongo que Rowling eligió las palabras por sí mismas y no por su contexto.

Capítulo 9. El traspaso de la maldición

Orestes huyó, con las manos ensangrentadas y la mente enloquecida, al templo de Apolo, mientras las furias lloraban junto a sus talones. Apolo le había hecho matar a su madre, pensó, y seguramente si había alguna protección del castigo por ese terrible crimen, Apolo debía ofrecérsela.

Las furias (conocidas en griego como las erinias), como recordarán del capítulo 1, nacieron del derramamiento de sangre cuando el titán Urano castró a su padre Cronos. Desde entonces, habían perseguido a los mortales que derramaban la sangre de sus parientes. Eran inagotables, implacables; tenían un cierto sentido de la justicia y ninguna piedad en absoluto. Su manera, como le dijeron a Orestes, era agarrar a los culpables del derramamiento de sangre y nunca dejarlos ir hasta que el horror de ellas hubiera enviado a su víctima a una lenta enfermedad de desgaste. Las furias eran bebedoras de sangre, pero no ofrecían una muerte rápida y sangrienta; preferían dejar que sus víctimas se debilitaran muy, muy lentamente, para afligir sus cuerpos con hambre y dolor, así como sus mentes con imágenes horribles de los actos que habían realizado. La muerte por tales causas llegaría de forma lenta, pero segura, sin traer ninguna liberación; en el Hades, la ira de las furias aún yacería sobre el derramamiento de sangre, dejando a uno en la eterna desdicha.

Orestes ya estaba agotado y con los ojos hundidos cuando se derrumbó en las puertas del santuario de Apolo y la sacerdotisa del templo se alejó de él con horror. Pero sus perseguidoras también perdieron el sentido allí, despojadas de su terrible poder por la presencia de la joven y, tal vez, en cierto modo, por el dios que habitaba allí. Fue Orestes quien se despertó primero, para encontrar a Apolo pensativo. Vio también a las furias y se estremeció, pero ellas dormían y su mente estaba libre de su locura, si no de su temor hacia ellas. Por fin comprendió las órdenes que Apolo le dio.

Su primer instinto fue el acertado: huir de Argos y exiliarse para expiar sus pecados. Apolo le dijo que tendría que huir más lejos, viajar por tierras y mares extraños, ofrecer sacrificios en otros altares y buscar la limpieza de su culpa. Pero Apolo no dejaría que las furias le destruyeran en cuerpo y alma mientras durara la peregrinación. Al final llegaría a Atenas y en el santuario de Atenea tendría que defender su caso y entregarse al juicio, ya sea para que se le devolviera a su casa, se le perdonaran sus pecados, o para que se le entregara a las furias para una muerte lenta y miserable seguida de una eternidad llena de sufrimiento.

Orestes lo oyó y aceptó la sentencia con la única condición de que Apolo recordara la verdadera justicia, pues, según Orestes, nadie dudaba del poder de un dios para hacer el bien. No manifestó sus dudas sobre la constante voluntad de Apolo para hacer el bien, pero, sin duda, el dios las entendió. Aparentemente, no las veía como una causa para un mayor castigo. Envió a Orestes fuera de su presencia con Hermes a su lado para guiarlo y protegerlo y solo después de que Orestes estuviera bien lejos, dejó que el fantasma de Clitemnestra tomara forma ante el altar y despertara a las furias para perseguir a su presa de nuevo.

Y así lo hicieron, incansables y terribles. Orestes las veía venir siempre detrás de él. Sin embargo, con Hermes a su lado, no se atrevieron a agarrarlo. Vio su pelo serpenteante y sus ojos sangrantes, recordó la terrible acción que había realizado, se afligió, pero siguió siendo capaz de comer, dormir y recordar su propósito, sus instrucciones y su esperanza. Poco a poco, a medida que los largos meses pasaban, su horror se desvanecía. Después de un año, se presentó en el templo de Atenea y se sometió a su juicio; dijo, también, que sus manos estaban limpias ahora, su culpa purgada por su peregrinación y su largo dolor, de modo que tenía derecho a hablar en el templo santo y a pedir justicia.

Las furias, a las que se les había permitido entrar en este templo sin dormirse, respondieron que no existía tal cosa como la expiación. Orestes no podía quedar limpio de su pecado, como tampoco Clitemnestra podía resucitar de entre los muertos.

—¿Por qué no habíais acosado a Clitemnestra cuando ella mató a su marido y luego pasó años disfrutando del poder y de sus placeres? —preguntó Orestes.

—Porque él no compartía ningún vínculo de sangre con ella — dijeron las furias.

No les preocupaban los grandes y abstractos desequilibrios de la justicia. Su tarea era atormentar a los asesinos, lo hacían fielmente y pobre del que intentara apartarlas de su presa. En primer lugar, si sus demandas no se cumplían, habría una consecuencia natural: los niños se sentirían libres de matar a sus padres y la tierra se cubriría de sangre.

—Por esa lógica —dijo Orestes— si se hubiera dejado a Clitemnestra disfrutar para siempre de lo que robó, ¿no se habrían sentido las mujeres incentivadas a matar a sus maridos? ¿Y a qué habría llevado eso?

Si Atenea seguía la recomendación de su compañero, el joven dios Apolo y daba un veredicto a favor de Orestes, las furias la castigarían arruinando las cosechas de Atenas que ella tanto amaba y enviando plagas mortales a su gente. Las furias podían perseguir al vengador Orestes hasta la muerte y más allá, además ellas mismas entendían y creían en la venganza de todo corazón. Atenea escuchó todo esto, llamó a la gente de Atenas para juzgar el caso y luego dejó que las furias interrogaran a Orestes.

Orestes admitió con total libertad que había matado a su madre. Les recordó a sus oyentes por qué lo había hecho. Dijo que Apolo tenía una parte en ese acto, después de habérselo aconsejado, pero, a diferencia de Helena o Agamenón, no dijo que la culpa fuera toda de los dioses. Se adueñó de los hechos y puso su causa en manos de los dioses, para que se le perdonara o para que se le destruyera, según lo que ellos consideraran justo.

Apolo intervino en este momento con un argumento bastante cuestionable. Afirmó que los hombres eran los verdaderos padres y las mujeres eran simplemente recipientes que recibían a los niños, así que por supuesto una obligación con el padre cancelaba una obligación con la madre. Como prueba de ello, mencionó que Atenea había nacido de Zeus y sin madre.

Atenea se dirigió entonces a los atenienses y les pidió que dictaran una sentencia justa. Sus votos regresaron divididos en partes iguales. ¿Estaban divididos en cuanto a los derechos de madres y padres, o en cuanto a los méritos de la retribución y la misericordia, o en cuanto a si temían más a Apolo o a las furias? Las historias no nos cuentan eso. Atenea, entonces, decidió fijar el veredicto y juzgó a favor de Orestes.

Orestes se inclinó en gratitud y declaró la paz perpetua entre Argos y Atenas. Los atenienses lo oyeron con gusto, pero miraron con duda a las furias, que amenazaban con la perdición y la destrucción. Atenea, sin embargo, tenía sus propios argumentos para ofrecer. En primer lugar, el voto popular se había dividido, así que ¿cómo podían las furias considerar que los atenienses les habían perjudicado y castigarlos con plagas?

—Muy fácilmente —dijeron las furias—, nuestro honor y poder se habían anulado y pretendemos vengar ese hogar sin preocuparnos por proteger a los inocentes. —Pero hay otras formas de honor y de poder —instó Atenea—. Habéis soportado maldiciones y habéis sido temidas durante siglos. ¿No os gustaría tratar de ser amadas y respetadas, en lugar de vagar de un derramamiento de sangre a otro y fomentar la destrucción? ¿No os gustaría asentaros en Atenas, en una cueva adecuada y bendecir la tierra que os rodea en lugar de maldecir, para así recibir ofrendas e himnos de alabanza? Y, por supuesto, si alguien es declarado culpable de hacer el mal, os será entregado para su castigo.

Muchas de las furias escucharon las palabras de Atenea. Después vivieron en Atenas en honor y en paz; y en lugar de erinias, a las furias se las llamó *euménides*, las misericordias.

Sin embargo, las furias, al igual que los dioses, eran muchas y no todas tenían la misma opinión. Orestes, al volver a casa con su inocencia declarada por Atenea, todavía veía figuras oscuras y terribles que le perseguían. A veces su mente caía en la locura: gritaba a cosas que nadie más podía ver, golpeaba cegado y se caía echando espuma por la boca. Al refugiarse en otro de los santuarios de Apolo, volvió a preguntar si había alguna forma de que se liberara por completo.

El dios contestó que sí había, pero que el camino era peligroso. Había un santuario de Artemisa en el país bárbaro de los tauros y en ese santuario se encontraba una imagen de la diosa que cayó del cielo. Si Orestes podía llevarse esa imagen a Argos con él, él mismo y su tierra se verían liberados de la maldición que había recaído sobre todos los descendientes de Tántalo. La promesa era justa, pero el peligro era grande: pues los tauros tenían la costumbre de matar a los extranjeros que entraban en su país justo delante de la imagen que él iba a buscar.

Orestes aceptó ese viaje al igual que el primero. Partió hacia la tierra de los tauros. No fue solo. Con él iba su amigo Pílades, que fue el primero en quererlo cuando era un niño en el exilio. Algunas historias dicen que Pílades fue a Argos con Orestes y le ayudó en su venganza. Ciertamente, Pílades nunca se apartó de él en su sufrimiento, su culpa o durante los peligros que corría.

Se acercaron al santuario con sigilo, pero les vieron. Orestes y Pílades desenvainaron sus espadas e intentaron cortarles el paso o morir durante la lucha y no como sacrificios. Sin embargo, el número de los tauros era muy elevado y la lucha parecía inútil incluso antes de que las furias volvieran a capturar a Orestes y lo hicieran caer al suelo, llorando y jadeando. Entonces los tauros agarraron a los dos hombres y se los llevaron a la antecámara del templo, con guardias en la puerta y una joven consternada dentro que dijo que, por mucho que odiara el sacrificio humano, su tarea era consagrarlos a Artemisa y luego entregárselos a sus asesinos que se encontraban en el interior del templo.

Lloró por ellos, pero ellos se abstuvieron de llorar por sí mismos y también de decir sus nombres. Ella preguntó si al menos dirían de dónde venían. Cuando le respondieron que de Argos, les preguntó sobre el destino de la ciudad y específicamente sobre Agamenón, Clitemnestra y sus hijos. Orestes y Pílades se preguntaban la razón de su interés, su dolor por la muerte de la pareja de reyes, y la locura y los viajes de Orestes. Se preguntaban aún más, cuando dijo que creía que podía convencer a los tauros de que dejaran a uno de ellos volver a Argos para llevar un mensaje por ella, aunque no cabía ninguna posibilidad de que a ambos se les permitiera vivir. Estuvieron de acuerdo con eso de buena gana. Cada uno se ofreció a quedarse y morir, pero Orestes argumentó que él era el único cuya culpa y sufrimiento les había puesto en peligro en primer lugar, y, en cualquier caso, su vida era tanto una carga como una alegría para él. Pílades cedió a esto y tomó la carta; pero cuando advirtió del peligro de naufragios y accidentes, la joven sacerdotisa accedió a darle su mensaje también de forma verbal. La esencia del mensaje era bastante simple. Lo que dijo fue:

—Ifigenia le envía saludos a su hermano Orestes y le ruega que le saque del terrible lugar donde se encuentra prisionera.

—¿Ifigenia? —preguntó Orestes—. Pero si ella está muerta; Agamenón la mató, es por ello que Clitemnestra lo mató a él y Orestes mató a Clitemnestra...

Ifigenia insistió que ella no estaba muerta. Sí, creía que iba a morir, rogó por su vida y su padre endureció su corazón contra ella; pero justo antes de que el cuchillo tocara su garganta la habían raptado y dejaron un falso cuerpo para que sangrara y muriera, mientras que ella misma cayó entre los tauros, donde el sacrificio humano no era la extraña abominación que había sido en Argos, sino una práctica aceptada. Por eso, es necesario entregar este mensaje a Orestes...

Con eso, Pílades colocó la carta en la mano de Orestes y respondió que aquella carta ya estaba entregada. Ifigenia abrazó a su hermano con alegría y se quedó pensativa. Claramente tenía que encontrar una manera de sacar a ambos hombres con vida; pero si ambos escapaban mientras estaba a su cargo, los tauros la matarían.

—No —dijo Orestes—. Ya tengo mis manos manchadas de suficiente sangre de mujer. Te llevaré a un lugar seguro o moriré junto a ti.

Ifigenia ya había presenciado bastantes muertes y se le ocurrió un plan. Llamó a los asistentes del templo y anunció que los hombres que ellos le habían dado eran culpables de matricidio y por lo tanto ritualmente impuros, no aptos para ser ofrecidos como sacrificios hasta que tanto ellos como la santa estatua de Artemisa que habían profanado se lavaran en una bahía aislada del mar con sus propias manos, mientras ella pronunciaba ciertos ritos de purificación. Además, todos los demás debían mantenerse alejados del lugar de la purificación, para que no se vieran manchados por la culpa de los extraños o golpeados por la ira de la diosa que no quería verse espiada por gentes comunes.

Los asistentes al templo le creyeron; ataron a los forasteros y dejaron que Ifigenia los sacara fuera de la vista, con la imagen de Artemisa entre sus brazos y el extremo de la cuerda que ataba a los prisioneros en una mano. Al escuchar desde una distancia, oyeron lo que parecía ser el canto de invocaciones a la diosa. Y después escucharon silencio durante mucho tiempo. Al principio se contuvieron, pues temían las consecuencias con las que Ifigenia había amenazado, pero luego se les ocurrió que los matricidas extranjeros podrían haber logrado liberarse y asesinar a la sacerdotisa. Cuando bajaron a la orilla, encontraron a Ifigenia, Orestes y Pílades embarcados e intentando salir al mar, pero el viento estaba en contra y las olas devolvían el barco a la orilla y capturaron a los tres, para hacerlos prisioneros de nuevo. Incluso el propio rey bajó a la orilla para asegurarse de que su castigo fuera el adecuado.

Sin embargo, lo que vio fue a Atenea, en todo su esplendor de divinidad, pidiéndole que perdonara a los tres y los dejara ir en libertad. El rey obedeció, el viento cambió y los tres volvieron a casa, libres al fin de las furias y la maldición.

Notas:

He elegido usar las versiones más felices del final de esta historia. Sófocles termina su relato de Orestes con el asesinato de Clitemnestra. Esquilo cuenta la primera huida de Orestes de las furias y su juicio en Atenas; pero en su versión del cuento, Ifigenia está realmente muerta. He seguido el relato de Esquilo en la obra *Euménides* hasta el juicio de Atenas. Eurípides, en su obra *Orestes*, convierte a Orestes en un personaje bastante menos agradable. En su relato, Orestes, que está enfermo y medio loco de desesperación después de la matanza, y Electra, que le cuida con una sombría y desesperada cordura, son condenados a muerte por el pueblo de Argos. Después de exigir y no conseguir la ayuda de Menelao, deciden matar a Helena para castigar a Menelao y tomar a su hija como rehén para poder escapar con seguridad. Los dioses intervienen para preservar las vidas de todas las personas amenazadas. No he usado este cuento en mi relato anterior, pero el final de este capítulo está tomado de la obra de Eurípides, *Ifigenia en Táuride*. Allí se cuenta que algunas de las furias rechazaron el veredicto de Atenea y Apolo envió a Orestes a la búsqueda descrita con anterioridad.

Parte III. Edipo y sus hijos

Capítulo 10. Edipo y las profecías

Había una vez un joven llamado Edipo que creía que era el único y muy querido hijo de sus padres, el rey Pólibo y la reina Mérope de Corinto. Los amaba como ellos lo amaban a él. Cuando un joven borracho se burló de él, diciendo que no era el verdadero hijo del rey Pólibo, Edipo se puso furioso y se sintió herido. Seguramente interpretó la burla de la forma más obvia y pensó que el borracho estaba llamando adúltera a la reina Mérope y bastardo a él mismo. Les contó al rey y a la reina lo que había oído. Ellos expresaron su indignación, le dijeron que era una mentira y que no se preocupara. Pero algo en sus caras y en sus voces preocupaba a Edipo. Creía que había algo que le estaban ocultando.

Él no les presionó, tal vez no quería herir más sus sentimientos; tal vez simplemente estaba convencido de que no le dirían la verdad. En lugar de eso, emprendió un viaje solitario y secreto al oráculo de Apolo en Delfos, y allí preguntó por su familia.

Como hemos visto, el oráculo nunca mentía, pero a menudo era lo suficientemente enigmático como para ser una guía de conducta peligrosa. Así se demostró también en el caso de Edipo. El oráculo no le confirmó que era el hijo de Pólibo, ni tampoco le dio entender que no lo era. En cambio, le dijo que estaba condenado a un destino terrible: mataría a su padre, se casaría con su madre y tendría hijos por incesto, niños terribles de ver.

La profecía consternó a Edipo y él decidió escapar de ella a toda costa. Abandonó a Pólibo y a Mérope, dejó el reino que iba a ser suyo, dejó todo lo que amaba y decidió vivir en un exilio permanente en lugar de devolver el mal a los padres que le habían hecho tanto bien.

A pesar de estas nobles intenciones, o tal vez debido a ellas, el resentimiento ardía en él. Cuando llegó a un cruce de caminos no muy lejos de Delfos y se encontró con un carruaje rodeado de asistentes que venían en dirección contraria, no cedió el paso. El conductor del carro empujó a Edipo y Edipo le devolvió el empujón. Al ver esto, el anciano que iba en el carruaje le dio un gran golpe en la cabeza a Edipo con un aguijón. Edipo se puso furioso y devolvió el golpe con fuerza; el anciano cayó de espaldas de su asiento y murió. El conductor y sus acompañantes se lanzaron sobre Edipo y él contraatacó para evitar que lo mataran en venganza por la muerte del anciano. Estaba enfadado, era joven y fuerte, y tal vez la mano de los dioses estaba con él. Los mató a todos y siguió su camino.

Ese camino le llevó a la ciudad de Tebas, una orgullosa y próspera ciudad que estaba entonces sumida en un estado de dolor y miedo. Su rey llamado Layo acababa de morir y no tenía ningún hijo que heredara su reino. Y lo peor de todo, por lo que parecía entonces, era que estaban asediados por una esfinge devoradora de hombres a la que nadie había podido matar ni ahuyentar. La esfinge tenía cara de mujer, alas de gran pájaro, cuerpo y garras de león, pero era más grande y fuerte que cualquier león mortal. Su voz, al igual que su cara, era humana o muy similar. Esto le permitía jugar, como un gato, con sus víctimas. En lugar de matarlas de inmediato, las sostenía casi suavemente entre sus grandes patas y prometía dejarlas ir, si podían responder a su acertijo. Nadie había logrado dar la respuesta correcta. Puede que estuvieran algo distraídos por las manchas de sangre en su brillante pelaje y los huesos humanos esparcidos fuera de las puertas de la ciudad, los restos de otros que habían intentado y fallado en su respuesta. La esfinge no había entrado en la ciudad, pero vagaba fuera de sus puertas, rápida y silenciosa, de modo que nadie se atrevía a entrar o salir; la ciudad estaba en peligro de morir de hambre. Su regente, Creonte, el hermano de la reina viuda Yocasta, había prometido el trono de Tebas a cualquiera que pudiera liberar a la ciudad de la esfinge.

Edipo emprendió ese desafío. Se había entrenado para gobernar, pero había perdido el reino que debía ser suyo por su amor y miedo a sus padres, y ¿dónde más se le presentaría la oportunidad de gobernar a un solitario vagabundo? Además, temía menos morir que vivir para cumplir la terrible profecía.

Salió en busca de la esfinge, quien lo encontró y le recitó su acertijo. ¿Podría él decirle, preguntó ella, el nombre del animal que iba a cuatro patas por la mañana, a dos patas al mediodía y a tres por la tarde?

Edipo era de mente rápida y de cuerpo fuerte, o tal vez la mano de los dioses estaba con él de nuevo. Respondió que ese animal era el hombre, que se arrastra durante la infancia, camina en la flor de la vida y se apoya en un bastón en la vejez. Esa era la respuesta correcta al enigma. Las grandes garras de la esfinge brillaron, pero esta vez se volvieron, no sobre Edipo, sino para retraerse. Edipo la observó, hasta que el cuerpo de la esfinge se quedó manso en el polvo y Edipo regresó para decirle a la gente de Tebas que se habían salvado. Lo aclamaron, agradecieron a los dioses por él y se alegraron mucho al tomarlo como su rey. La reina viuda Yocasta, que aún era hermosa, aunque ya no era joven, le dio la bienvenida como su señor y esposo. También demostró ser aún fértil: le dio dos hijos, Polinices y Eteocles; y dos hijas, Antígona e Ismene. Los hijos crecieron fuertes y hermosos, la ciudad amaba a su señor y a Edipo le parecía que había superado su destino con su devoción, coraje y habilidad, al convertir la maldición en una bendición.

Pero cuando Polinices y Eteocles estaban a punto de convertirse en hombres, otro terror paralizó la ciudad, uno que no se podía destruir con la habilidad de la espada o la palabra. Las cosechas que crecían en el campo se vieron afectadas por el moho y dejaron de producir alimentos para los agricultores. Las mujeres embarazadas sufrieron abortos o dieron a luz a niños muertos. Entonces, la muerte comenzó a perseguir también a los vivos: hombres y mujeres sanos de la noche a la mañana desarrollaban fiebres altas y se consumían en un dolor incurable.

La ciudad se puso de luto. Se ofrecieron sacrificios en todos los altares de todos los dioses y se elevaron fervientes oraciones. El pueblo también envió una delegación a su rey y salvador para rogarle que los salvara de nuevo.

Edipo les dijo que haría todo lo posible, pero primero necesitaba saber la causa de todo esto y, para ello, envió a su cuñado Creonte en busca de la ayuda del oráculo de Apolo. Apolo le había dicho que la plaga de Tebas se podía curar y la maldición se podía levantar, si Tebas se purgaba de la culpa de sangre. Después de escuchar estas palabras, Creonte regresó y había luz en sus ojos y esperanza en su rostro.

—¿Qué culpa de sangre? —preguntó Edipo.

—La culpa del asesinato del antiguo rey Layo, que nunca se había vengado —contestó Creonte.

Edipo dijo con vehemencia que el regicidio era odioso para todos los dioses y que seguramente se debía castigar; además, añadió, el hombre que había matado a un rey podía matar a otro. Por lo tanto, en simple autopreservación, estaba obligado a buscar y castigar al asesino de reyes. Pero ¿por qué no lo había hecho nadie hace mucho tiempo? Creonte observó que se habían distraído, primero por el terror de la esfinge y luego por la alegría de su liberación.

Edipo convocó a todo el pueblo al palacio. Cuando se reunieron, echó horribles maldiciones contra el asesino de Layo y contra todo aquel que le ocultara el conocimiento de ese asesino, le diera cobijo o cualquier tipo de consuelo. Después, le preguntó a Creonte, si Apolo le había dicho algo sobre dónde buscar al asesino. Creonte respondió que el oráculo declaró que el asesino se encontraba dentro de la ciudad. Edipo preguntó entonces qué se sabía de la muerte de Layo: dónde había ocurrido y cómo. Le contestó que Layo había muerto en un viaje con pocos acompañantes, uno de ellos había escapado de los ladrones y había llevado la noticia a la ciudad.

Edipo señaló el hecho de que se trataba de unas pistas difíciles de seguir, pero aún había esperanza: además de enviar a Creonte al oráculo, también había mandado llamar al profeta Tiresias, que podría decirles dónde buscar.

Tiresias vino, era un anciano ciego que se apoyaba en su bastón. Pero cuando escuchó la voz y la pregunta de Edipo, se estremeció y dijo que no debería haber venido: ¿de qué servía saber, si el conocimiento no podía ayudar? No dijo nada. Edipo le recriminó por su cobardía y señaló que necesitaban desesperadamente su sabiduría. Tiresias respondió que hablar de su sabiduría solo podía hacerle daño a él y a quien le instó a responder, así que se iría a casa sin más explicaciones.

La madurez y los largos años de buena fortuna no habían calmado del todo el feroz temperamento de Edipo. Le acusó de ser un cobarde, un traidor, un desalmado y, finalmente, dijo que probablemente Tiresias había provocado la muerte de Layo, pero que como ciego no era capaz de dar un golpe mortal.

Tiresias, viejo y sabio que era, tenía su propio temperamento. Respondió que fue el mismo Edipo quien profanó la tierra y trajo la plaga.

Esta respuesta complació a Edipo incluso menos de lo que el silencio de Tiresias lo había hecho. Acusó a Tiresias de conspirar con Creonte para acabar con Edipo y devolverle el trono a Creonte, y amenazó con castigos imprecisos, pero terribles. Añadió más palabras burlonas sobre la ceguera de Tiresias. Tiresias respondió que Edipo tenía ojos, pero no podía verse ni a sí mismo ni nada con claridad. Dijo que la amenaza a Edipo y al reino no provenía de Creonte, sino del propio Edipo y que muy pronto el propio Edipo sería pobre y se quedaría ciego.

Edipo seguía hablando con desdén, pero tal vez la duda le llegó al corazón. Dejó que el viejo se fuera a casa ileso. Pero cuando Creonte se enteró de lo que se le acusaba, perdió los estribos, empezó a protestar por su inocencia y le habló de su lealtad. Terminó por decirle a Edipo que era un necio, que no era un buen gobernante y que la ciudad era tanto de Creonte como de Edipo. Estas palabras no sirvieron para disipar las dudas de Edipo. Los dos hombres se gritaban mutuamente y algunos temían que las palabras se convirtieran en golpes, cuando la reina Yocasta salió apresuradamente del palacio para ver por qué su marido y su hermano se peleaban.

Cuando se enteró de que la disputa había surgido de una profecía, les reprendió a ambos por ser unos necios. Las profecías, dijo, no tenían sentido. Su primer marido, Layo, había oído una profecía que le aterrorizaba y no había llegado a nada. La profecía decía que su propio hijo lo mataría. No se atrevió a levantarse de su cama por temor a este destino y cuando nació su hijo, tomó al niño, le perforó los tobillos, los ató con un cordón de cuero y lo entregó a un pastor que recibió instrucciones de dejarlo en algún lugar salvaje y desolado, donde el niño moriría de hambre o de frío o donde se lo comieran las bestias salvajes y no volvería a hacerle daño a su padre. La profecía no se cumplió; nadie, como es natural, volvió a oír nada sobre este niño. Layo vivió hasta la vejez y fue asesinado por desconocidos en un lugar donde se cruzaban los tres caminos.

Edipo se asustó por eso y Yocasta lo miró con perplejidad.

—¿Un lugar donde se cruzan los tres caminos? —preguntó—. ¿Estás segura de eso? ¿Dónde está ese lugar?

—Está cerca de Delfos —dijo.

El rostro de Edipo se volvió más pálido.

—¿Cuándo? —preguntó—. ¿Cuándo ocurrió esto?

—No mucho antes de que tú vinieras a salvarnos de la esfinge —dijo Yocasta.

—¿Cómo se sabe dónde ha sucedido esto? —volvió a preguntar Edipo.

—El sirviente que sobrevivió al ataque nos lo contó todo —dijo ella.

El sirviente era un hombre de confianza, aunque ya no era un sirviente; a principios del reinado de Edipo le había pedido permiso para abandonar la ciudad y convertirse en un pastor en una zona remota y ella se lo concedió.

Edipo, tenso y sudoroso, instó a que se llamara al hombre sin demora, y le contó a Yocasta —y a la gente que le escuchaba— lo del anciano del carro al que había matado en una disputa por el derecho de paso. Yocasta sacudió la cabeza.

—No, no pudo haber sido el mismo hombre —dijo ella—. El criado dijo que a Layo lo mataron unos desconocidos, en plural.

Mientras esperaban el regreso del sirviente, otro mensajero, cansado y manchado por el viaje, se apresuró a ir al palacio y buscó audiencia con el rey. Dijo que traía noticias urgentes desde Corinto: el rey Pólibo había muerto y la reina viuda Mérope suplicaba a su querido hijo que volviera a casa y reinara.

Edipo lloró por la muerte de Pólibo, pero también dijo que al menos se alegraba de haber escapado de la profecía que decía que mataría a su padre. Aun así, mientras Mérope viviera, existiría el peligro de que esa otra profecía vergonzosa se hiciera realidad.

—¿Qué otra profecía? —preguntó el mensajero.

Edipo lo explicó. Se ofendió al principio cuando el mensajero se rió. El mensajero preguntó si realmente Edipo se había exiliado de su casa todos estos años por miedo a eso. Había sido bastante innecesario, ya que Edipo no era pariente de sangre ni de Pólibo ni de Mérope. El propio mensajero había recibido el niño, que más tarde se llamó Edipo, en confianza de otro sirviente y lo había llevado a la pareja real sin hijos, que se compadeció de él por su abandono y sus pies heridos y que juró criarlo como su propio hijo.

—¿Quién era el otro sirviente? —preguntó Edipo.

El mensajero lo describió y alguien del grupo de observadores dijo que se parecía al mismo hombre que había dado a conocer la muerte de Layo.

Yocasta interrumpió y le dijo a Edipo que no preguntara más; sus palabras eran tranquilas pero su mirada era salvaje y su voz, inestable. Edipo pensó que ella tenía miedo de que él fuera de baja cuna y que se avergonzara por ser su esposa. Le reprochó su orgullo quisquilloso. Ella siseó que él no entendía nada y esperaba que nunca lo hiciera y entró corriendo a la casa.

El mensajero, tal vez con la intención de tranquilizar, dijo que no había ninguna necesidad de buscar al sirviente que le había traído al niño, pues el hombre se encontraba allí ahora. Era el pastor que se dirigía hacia ellos, guiado por uno de los sirvientes del rey. El mensajero sonrió, pero el pastor se mostró cauteloso y cuando el mensajero empezó a preguntarle sobre el niño abandonado, el pastor le gritó para que se callara.

Edipo estaba enfadado ahora con la fría ira del miedo. Le dijo al pastor que quería saber toda la verdad. Cuando el pastor trató de negarse, Edipo amenazó con torturarlo; cuando suplicó por su vejez, Edipo llamó a los sirvientes para que le retorcieran los brazos a la espalda y lo mantuvieran firme en caso de que se requirieran medios de persuasión más contundentes.

El pastor habló entonces, con amargura, pero con verdad. Le contó a Edipo que obtuvo el niño de las propias manos de Yocasta y se le dieron las órdenes de dejarlo morir, en lugar de vivir para no poner en peligro a su padre. Pero el pastor se compadeció del niño y pensó que lo mejor era llevarlo lejos y dejarlo con gente amable y trabajadora, donde tendría su oportunidad de vivir, pero nunca traería peligro a la casa de su padre. Y la persona trabajadora que seleccionó fue el mensajero que, según acababa de saber, había llevado al niño a Pólibo y a Mérope para que se hicieran cargo de él.

Edipo miró al anciano con horror y finalmente lo entendió todo.

—Todas las cosas se hicieron realidad —dijo entristecido—. Me casé con la mujer con la que no debería haberme casado. Maté al hombre que no debería haber matado.

Corrió al palacio entonces para enfrentarse a Yocasta, a su madre y a su esposa, con sus nuevos conocimientos.

La encontró muerta. Ella había comprendido la verdad antes que él y se había ahorcado. Él se la quedó mirando fijamente y antes de que los sirvientes pudieran contenerlo, se cegó. Cuando salió a trompicones, su gente se estremeció al verlo. Les rogó que cuidaran de sus hijos y, en cuanto a él, que lo mataran o lo expulsaran de la ciudad. Al igual que Orestes, sintió que la maldición se le acercaba, pero aun así esperaba eliminarla de su tierra natal. Pero Creonte, lo condujo de vuelta al palacio y Edipo seguía llorando amargamente por sus padres, sus hijos y por él mismo.

Eso pasó cuando el dolor y la culpa de Edipo estaban recientes. Pero mientras permanecía en el palacio donde gobernaba Creonte y la plaga disminuyó, Edipo se consoló pensando que ninguna de sus acciones era realmente su culpa. El dios las había predicho todas y, sin duda, no había tenido oportunidad de escapar a su destino; además, no sabía que el hombre al que estaba matando era su padre ni que la mujer con la que se estaba casando era su madre. Empezó a pensar que todavía se merecía espacio, honor y gratitud en Tebas.

Creonte, al ver esto, decidió que Edipo ya no era un objeto de lección útil para mostrar la incapacidad de sus hijos para gobernar; y Creonte ordenó que el ciego fuera expulsado de la ciudad. Los hijos de Edipo no protestaron, pues temían que se les desterrara con él. Los antiguos súbditos de Edipo podrían compadecerse de él, pero ninguno estaba dispuesto a compartir su exilio o su maldición. Habría tropezado en lugares extraños, ciego y solo, hasta morir de hambre, si sus hijas no hubieran venido en su ayuda. Antígona, la mayor, acaba de llegar a la edad en que podría llamarse mujer y no niña. Ella dejó Tebas con él, lo guió, lo apoyó, suplicó por él, lo alimentó y lo cuidó. Ismene, la más joven, fue a Delfos por orden de su padre para preguntar a Apolo si había alguna manera de encontrar misericordia. La respuesta del dios fue enigmática y extraña, pero le dio a Edipo algo de esperanza. Ismene regresó a Tebas, para rezar por su padre y su hermana, atender a cualquier novedad que pudiera hacer posible su regreso a casa y enviarles la noticia de lo que había escuchado.

Edipo y Antígona vagaron durante mucho tiempo, pidiendo poco y generalmente obteniendo menos. Algunos despreciaban su pobreza y su ceguera, otros sostenían que todo hombre desafortunado se debía maldecir y que la maldición podía afectar a todo aquel que fuera lo suficientemente estúpido como para ofrecer ayuda. Pero otros recordaban que se decía que Zeus protegía a los suplicantes que pedían ayuda en su nombre; y entre una cosa y otra, Antígona era capaz de obtener suficiente comida para mantenerlos a ambos con vida. Aun así, tras años de deambular, nadie la habría tomado por una mujer noble en edad de casarse, o visto en él al fuerte héroe de Tebas. Sus cuerpos eran delgados y duros, sus ropas harapientas y sus rostros desgastados.

Así que la cosa se puso en marcha cuando se acercaron a Atenas, entonces Edipo empezó a creer que este era el lugar donde Apolo había sugerido que finalmente podría encontrar descanso. Edipo estaba exhausto antes de llegar a las puertas de la ciudad; Antígona lo sentó en una conveniente roca junto al camino y comenzó a preguntar si alguien acogería a un mendigo ciego. Pero antes de que se le pasara la voz, un transeúnte llamó a Edipo para decirle que se encontraba sentado en un lugar peligroso y sagrado, y que debía salir de allí de inmediato. Edipo tenía otras ideas: si estaba en tierra santa, dijo, era claramente un mendigo bajo la protección de los dioses de ese lugar. ¿De qué dioses se trataba? El forastero le dijo que se trataba de las euménides, las misericordias, aunque en otros lugares podrían tener otros nombres. Tal vez Edipo había oído el cuento de Orestes; en todo caso parece que sabía algo de las furias y de la imprudencia de hablar de ellas con ese nombre. Dijo que el oráculo de Apolo le había dicho que buscara a esas diosas y le prometió que encontraría protección en su santuario.

El desconocido se apresuró a volver a la ciudad con noticias de Edipo y los ancianos de Colono, el asentamiento más cercano al santuario, salieron a su encuentro. Fueron más firmes que el desconocido en decirle que se retirara de la tierra sagrada de una vez, pero le prometieron que no lo expulsarían de sus puertas. Así que Edipo salió y se sentó en un lugar que no estaba marcado por dios, y los ancianos le pidieron educadamente, pero con firmeza que explicara quién era y de dónde había venido. Trató de negarse a contestar y con motivo; cuando insistieron y él respondió, le dijeron que se fuera inmediatamente y que se llevara su maldición con él.

Antígona les suplicó, por el bien de ella, de él y por el amor de los dioses. Los ancianos trataron de argumentar que el amor de los dioses les impulsaba a expulsar a los pecadores conocidos, pero tanto Antígona como Edipo respondieron firmemente que los dioses ordenaban la protección de los mendigos y les pidieron a los ancianos que llamaran a Teseo, el rey de Atenas, para que juzgara su caso. Los ancianos expresaron sus dudas, pero luego aceptaron enviarle un mensajero a Teseo.

Mientras lo esperaban, alguien más llegó sin ser vista: Ismene, la hermana menor de Antígona, manchada por el viaje y en un caballo sudoroso. Lloró al verlos y dijo que le había sido muy difícil seguirles la pista. Edipo le preguntó por qué sus hermanos no la habían ayudado. Ismene dijo tristemente que estaban más preocupados por sus propios asuntos. Polinices y Eteocles ya eran hombres, no niños, y cada uno había decidido que tenía el derecho y la necesidad de gobernar Tebas, como lo había hecho su padre. Eteocles estaba dispuesto a aliarse con Creonte; los dos juntos habían prevalecido y expulsado a Polinices de la ciudad. Sin embargo, Polinices no había perdido el tiempo con lamentos; se dirigió a Argos, se casó con la hija del cacique de Argos y luego animó a los jóvenes de la ciudad para atacar Tebas con él al mando. La guerra comenzaba e Ismene no sabía qué rumbo podía tomar la compasión de los dioses.

—¿Qué compasión? —preguntó Edipo.

Ismene dijo que Apolo había hablado de nuevo y dijo que Edipo en su indefensa vejez conferiría seguridad, éxito y victoria en la guerra a aquellos que lo acogerían. Estas palabras no habían llegado a Ismene en privado; toda Tebas las conocía y ella creía que una delegación ya estaba de camino para traerlo de vuelta.

—¿Me llevarán a casa? —preguntó Edipo—. ¿Me enterrarán en mi tierra natal?

Bueno, no, eso no, dijo ella; querían mantenerlo en algún lugar fuera de la ciudad, ya que todavía era un exiliado y un hombre deshonrado, pero querían tenerlo lo suficientemente cerca como para mantenerlos a salvo y bendecirlos si el segundo oráculo demostraba decir la verdad. Además, también querían hacerlo para evitar la maldición que se decía que la muerte de Edipo traería a Tebas, si él moría lejos de su tierra natal.

La ira de Edipo no se había consumido en sus largos años de vagancia. Dijo que esperaba que la maldición golpeara a sus dos hijos que no le habían ayudado o compadecido en su sufrimiento.

Los ancianos de Colono habían escuchado la historia de Ismene y comenzaron a mirar más favorablemente a su huésped. Enviaron a Ismene a hacer ofrendas a las euménides para expiar la invasión involuntaria de su padre, mientras Antígona y Edipo esperaban a Teseo.

Teseo llegó enseguida y habló con amabilidad. Él también, le dijo a Edipo, había sido un extraño sin hogar; y mientras que ahora era un rey, todavía era un mortal y sabía que tampoco podía contar con el mañana; por lo tanto, deseaba ser amable con otros exiliados mortales. Edipo le dio las gracias y le pidió a Teseo que le dejara quedarse y descansar en Colono hasta que muriera, que lo enterrara allí y también que impidiera que cualquier tebano se lo llevara en contra de su voluntad. Teseo accedió a todo esto y se dirigió a Atenas para traer una guardia de hombres fuertes para ayudar con la última parte de su petición.

Pero los otros hombres armados llegaron antes de que la guardia ateniense pudiera regresar. Creonte estaba al mando de ellos. Les habló en voz baja y decía que se compadecía de la miseria de Edipo y de la soltería y la vulnerabilidad de Antígona ante los hombres depredadores, y les prometió llevárselos con él. Edipo dijo que a Creonte no le habían importado sus sufrimientos ni sus peligros cuando lo exilió y le contó a Creonte todo el mensaje de Ismene. Al estar ciego, no veía que algunos de los guardias de Creonte se alejaban de su lado ante esas palabras. Edipo se negó rotundamente a que le llevaran de vuelta a Tebas. Creonte le regañó y, cuando eso falló, le dijo que no le estaba ofreciendo a Edipo ninguna elección. Edipo observó que no era prudente llevarse a la fuerza a un anciano bajo la protección del cielo. Creonte dijo que eso no sería necesario.

Sus guardias ya habían capturado a Ismene y capturarían inmediatamente a Antígona también y Edipo podría vagar sin guía ni apoyo y morir solo... o podría venir con Creonte como un buen viejo mendigo.

Los ancianos trataron de intervenir entonces, pero los hombres de Creonte eran jóvenes, estaban bien armados y se llevaron a Antígona mientras ella luchaba por escapar y pedía ayuda. Pero Creonte cometió el error de quedarse un poco atrás para regodearse, lo que permitió a los ancianos obstaculizar su marcha hasta que Teseo regresara.

Teseo se enfureció cuando se enteró de las acciones de Creonte. Creonte trató de explicar que solo intentaba alejar a un desgraciado y proteger a los virtuosos atenienses de un portador de maldiciones, pero Teseo no estaba impresionado. Envió a sus soldados al galope tras Ismene y Antígona y los siguió más despacio con Creonte y un guardia armado, dejando a Edipo y a los viejos —que eran sus nuevos anfitriones— en Colono.

Teseo y los soldados regresaron con las muchachas ilesas y también con un visitante mucho menos agradable para Edipo: su hijo Polinices, el mayor, el exiliado, a quien habían encontrado arrodillado en el templo de Poseidón, pidiendo en nombre del dios una audiencia con su padre. Polinices, al igual que Creonte, habló de su compasión por su padre, sus hermanas, de la tristeza de su propio exilio y de las injusticias que sufría. Instó a que, si Edipo viniera con él, seguramente se vengaría con éxito de Creonte y los tebanos.

Edipo apartó la cara y no respondió hasta que Polinices, Antígona y sus anfitriones le instaron a dar una respuesta al hijo que ahora suplicaba como él mismo había suplicado no hace mucho tiempo, y a tener piedad de un hijo que podría parecer poco sincero. Impulsado así, Edipo dio una respuesta peor de lo que lo hubiera sido el silencio. Dijo con amargura que Polinices, al igual que Creonte, no tenía ningún sentido de la justicia ni de la misericordia, sino solo de interés propio. Dijo que primero había abandonado a su padre y luego trató de usarlo. Edipo maldijo a Polinices en su cara, deseándole una muerte vergonzosa tanto a él como a Eteocles.

Polinices pudo haber sido tan egoísta como Creonte, pero fue algo menos arrogante. Tomó la palabra de su padre como definitiva y como una señal de su perdición. Al volverse, le pidió a Antígona que se encargara de que lo enterraran honorablemente después de que la maldición de su padre lo matara. Antígona lloró y le dijo que evitaría el entierro al cancelar la guerra contra su propio hermano y su propia gente. Pero Polinices se negó y dijo que, si lo hacía, le llamarían cobarde. Antígona dijo que no lo harían si supieran de la maldición. Polinicles le dijo que no iban a oír hablar de ello y se marchó.

A medida que avanzaba, el cielo se oscurecía y los truenos se extendían por encima de la cabeza. Edipo sintió que su muerte se le acercaba. Abrazó a sus hijas por última vez y las bendijo. Entonces le pidió a Teseo que se lo llevara y lo enterrara en un lugar secreto que los dioses revelaran; mientras su tumba se mantenía en secreto, dijo, la protección de los dioses se quedaría en Atenas, por su bien.

Teseo fue con él y regresó serio, lleno de inquietudes. Dijo que Edipo, aunque ciego, lo había llevado infaliblemente a un lugar que realmente era sagrado, y que había muerto allí, de forma repentina y sin dolor. Se le enterró en tierra sagrada y la ciudad lloró por él. Y sus hijas, por supuesto, recibirían la bienvenida y todo tipo de cuidados.

Antígona dejó de llorar lo suficiente como para agradecerle y rechazar un lugar de descanso. Tenía trabajo que hacer, dijo; tenía que volver a Tebas y hacer todo lo posible para evitar que sus hermanos se mataran entre ellos. Se fue sin dejar de llorar e Ismene la siguió. Pero los ancianos de Colono alabaron a los dioses que habían llevado a Edipo hasta ellos y los bendijeron por su causa.

Notas:

Esta historia está tomada casi en su totalidad de las obras de Sófocles *Edipo rey* y *Edipo en Colono*. El enigma de la esfinge se menciona allí, pero en realidad se especifica en otras fuentes. Lo conseguí del libro de Hamilton.

Capítulo 11. Los hijos de Edipo

Antígona e Ismene llegaron a Tebas a tiempo para suplicar a Eteocles que hiciera las paces con su hermano, pero no pudieron influir en su mente ni detener la guerra. Poco después de su llegada, un ejército llegó de Argos, con Polinices a la cabeza y acampó alrededor de las murallas de la ciudad. Los vigilantes de las murallas miraron con temor al ejército que estaba acampando y la gente de dentro oyó los gritos de los hombres, los golpes de los cascos de los caballos y se estremeció. Aunque las murallas de su ciudad eran fuertes, el ejército que traían contra ellos era muy grande y los siete capitanes que dirigían los bandos enfrente de cada una de las siete puertas de Tebas eran hombres orgullosos que temían poco y amenazaban mucho. Los centinelas informaron que cinco de los siete habían jurado que tomarían la ciudad a pesar de todo lo que podían hacer sus defensores humanos o los dioses. Al oír esto, las mujeres de la ciudad se lamentaron, pues temían que los hombres que no temían a los dioses fueran totalmente despiadados, si tomaban la ciudad.

Eteocles les gritó a las mujeres que se callaran y dejaran de desanimar a sus hombres y les insistió en que las jactancias de los invasores se volverían contra ellas; que los dioses se ofenderían por esas palabras precipitadas y se vengarían. Eligió como oponentes a unos hombres conocidos por su habilidad en la lucha, pero también por su piedad y discreción.

Pero, según los centinelas, su hermano Polinices no había hecho semejantes fanfarronadas impías. Polinices llevaba el artefacto de la justicia en su escudo y juró que venía como alguien maltratado y expulsado injustamente de su casa y de su herencia, confiando en que el cielo le devolvería sus derechos y vengaría sus errores.

Eteocles le miró de forma extraña mientras decía esto y luego miró detrás de él y vio algo terrible que ninguno podía ver. Habló distraídamente de la maldición de su padre que volvía a surgir y de las furias que le pedían a gritos que atacara a su hermano. Juró que guiaría a los defensores a la puerta que Polinices atacó y, además, que mataría a su hermano con sus propias manos.

Estas palabras y su mirada consternaron a todos los presentes. Las mujeres a las que había estado reprochando le dijeron que era impío y antinatural que un hermano atacara a otro. Les pidió que se fueran a casa, que se callaran y que recordaran que no eran aptas para dar consejos sobre los asuntos de los hombres. Y en cuanto a los dioses... ¡Mirad lo que los dioses habían traído a su padre Edipo! Seguramente los dioses no deseaban nada más que la destrucción de los mortales. Seguramente las diosas, cuya música enloquecedora llenaba su mente, lo impulsaron al fratricidio y quizás a su propia muerte también sin que nadie lo detuviera.

En medio de la noche, el ejército de Argos atacó los muros llevando antorchas y escaleras de mano; así se lanzaron con fuerza hacia todas las puertas. Muchos murieron en ambos lados; uno de los muertos fue el hijo favorito de Creonte, Meneceo, que era demasiado joven para luchar con habilidad, pero demasiado mayor y demasiado orgulloso para permanecer a salvo detrás de los muros. Uno de los capitanes de Argos (que había presumido de que tomaría la ciudad a pesar de que el propio Zeus escaló la muralla) estaba a punto de abrir las puertas desde dentro cuando Zeus lo derribó con un rayo. Al resto de los capitanes de Argos los mataron los defensores. Polinices y Eteocles se buscaron entre la oscuridad, el fuego, los gritos de los caballos y hombres locos por el dolor o la batalla. Se encontraron en ese caos y se dieron muerte el uno al otro.

Con la primera luz del amanecer, los tebanos agradecieron a los dioses por salvar su ciudad y lloraron a sus muertos. Entonces

Creonte, que ahora era el único e indiscutible rey de Tebas, dio su mandato sobre los muertos: Eteocles, que había caído defendiendo su ciudad, debería recibir un espléndido funeral, y todos los muertos que lucharon con él se deben enterrar con gran honor. Pero a Polinices y a los invasores se les debía dejar fuera de los muros para que se los comieran los pájaros y los perros salvajes. Nadie debía llorar por ellos; nadie debía enterrarlos; cualquiera que desobedeciera podía esperar la muerte por lapidación. La gente murmuraba entre sí incómodamente, pero nadie se atrevió a oponerse abiertamente a Creonte. Los que se acercaron lo suficiente para oírlo coincidieron nerviosamente en que la lealtad a la propia ciudad era algo grande y hablaron con honestidad y libertad de su dolor por la muerte de Eteocles. Creonte, satisfecho, puso guardias para vigilar los cuerpos de los atacantes y volvió a su palacio.

Pero una de las súbditas de Creonte estaba decidida a desobedecer esta orden: Antígona, que había amado mucho a sus dos hermanos y que recordaba el ruego de Polinices de darle un entierro honorable mientras se alejaba, destrozado, de la maldición de su padre. Le dijo a su hermana Ismene que quería enterrar a su hermano, por su amor a él y también por amor a los dioses que ordenaban un entierro honorable para todos los muertos. Le preguntó si Ismene le ayudaría.

—Eso es una locura —dijo Ismene.

También ella amaba a Polinices, pero dos mujeres solas no tenían ninguna posibilidad de alejar su cuerpo de un grupo de hombres con espadas y enterrarlo, incluso al margen del hecho de que si lo hacían y alguien las atrapaba serían lapidadas hasta la muerte. Eran mujeres, mujeres débiles y tuvieron que ceder a la fuerza; seguramente los dioses lo entenderían.

Antígona miró a su hermana con desprecio. Entonces le dijo que se mantuviera a salvo; que le dejara el peligro y el trabajo a ella; le dijo que temía a los dioses más de lo que temía a los hombres y que amaba a los muertos más de lo que amaba a los vivos, ya que casi todos los que amaba habían muerto.

Ismene le rogó que cediera, dijo que el intento sería inútil; pero cuando vio que su hermana no quería escuchar, prometió al menos que guardaría su secreto.

A la mañana siguiente, Creonte recibió la visita de un guardia muy asustado que dijo que traía malas noticias pero que no era su culpa, en realidad no lo era, no lo había hecho y no podía saberlo y...

—Dilo ya —dijo Creonte— y deja de poner excusas.

El hombre se obligó a contarlo. Dijo que había estado con los hombres que custodiaban el cuerpo de Polinices y que lo habían observado mientras había luz y que, si alguien hubiera traído un carro, lo habrían oído en la oscuridad, seguramente, pero no había habido ningún carro porque no habían oído nada y, de todos modos, no había ningún indicio de paso de ruedas... Al ver el rostro impaciente de Creonte, se apresuró a contarlo. La primera luz del día, dijo, había revelado una gruesa capa de polvo sobre el cuerpo de Polinices. Quienquiera que lo había hecho no había tenido ni tiempo ni fuerzas para cavar un hoyo, pero por motivos rituales el hombre estaba enterrado y los perros no parecían haber estado cerca de él.

Creonte se puso furioso, acusó al hombre de haber permitido que el entierro siguiera adelante a cambio de un soborno y lo envió de vuelta para que desenterrara el cadáver y averiguara quién había incumplido la orden, a menos que quisiera que lo mataran y lo torturaran antes de lapidarlo, para mostrarle la imprudencia de aceptar sobornos.

El hombre huyó, mientras juraba (en voz baja) que se marcharía de inmediato a un lugar donde Creonte no pudiera encontrarlo. Pero a primera hora de la tarde volvió; respiraba aliviado y sostenía a una mujer por el brazo. La mujer que sostenía era Antígona. Dijo que no había ninguna duda de que ella lo había enterrado. Él había destapado el cadáver tal y como se le había ordenado, pero entonces una tormenta de polvo había estallado, por lo que tuvo que agacharse y cerrar los ojos; aun así, pudo oír a una mujer lamentándose; y cuando el polvo se asentó, el cuerpo de Polinices volvió a cubrirse de polvo (más de lo que la tormenta lo habría justificado) y vio a

Antígona mientras estaba derramando ofrendas de bebida para el alma de su hermano.

Antígona reconoció los hechos y dijo que no temía el castigo. Cuando Creonte le reprochó que había incumplido la ley, ella dijo que solo cumplía las leyes inmutables de los dioses y no las órdenes cambiantes de Creonte. Él le dijo que los hombres buenos y los malos no debían ser tratados por igual, y ella preguntó cómo podía un mortal estar seguro de cómo veían los dioses el bien y el mal. Él le dijo que su primer deber era odiar a los enemigos de su país y ella le contestó que su naturaleza no era odiar, sino solo amar. Entonces Creonte dijo que ella no se merecía una mejor compañía que la de los muertos y que podía amarlos si lo deseaba; no iba a permitir que una mujer se burlara de su autoridad. En su presencia, la multitud le susurraba a Antígona que era demasiado orgullosa. Ella ignoró estos susurros. Sin embargo, le respondió a Creonte cuando él dijo que su hermana tuvo que ver en esto también; pues insistió en la inocencia de Ismene.

Creonte no estaba convencido. Aquella mañana se había oído a Ismene balbucear cosas extrañas y llorar. Parecía estar loca y seguramente eso era un signo de culpa secreta. Cuando trajeron a Ismene, él dijo que se la debía declarar culpable como a su hermana; pero Antígona, que estaba inconfundiblemente sana, insistió en que no era así, que Ismene no había hecho nada por lo que pudiera ser condenada y, en esto, al menos, Antígona logró triunfar.

Antes de que la sentencia de Creonte se llevara a cabo, su hijo Hemón acudió ante él con urgencia. Hemón se había comprometido a casarse con Antígona. Creonte le explicó que se salvaba de casarse con una mujer desleal y malvada, y que debía dejarse gobernar por la sabiduría de su padre en vez de por sus propias lujurias. Hemón habló con mucha humildad, alabando la sabiduría de su padre, pero sugiriendo que en este caso en particular su padre estaba equivocado. En presencia de Creonte, dijo Hemón, el pueblo condenaba el orgullo de Antígona, pero en su ausencia alababan su valor y condenaban el tratamiento impío de Creonte hacia los muertos.

Creonte se enfadó y le dijo a Hemón que era un necio que quería someter el asunto a la voluntad de los plebeyos, en lugar de confiar en la voluntad de un rey. Hemón dijo que una política de gobierno en solitario sin consultar los deseos del pueblo podría convenir a un gobernante solitario de un desierto, pero que no era apropiado para un gobernante de hombres. Cuando Creonte anunció que su sentencia se cumpliría inmediatamente y que Hemón observaría y aprendería lo que era bueno, Hemón huyó llorando.

Los soldados de Creonte llevaron a Antígona a un lugar salvaje y la amurallaron en una cueva para que muriera o bien de forma rápida: por su propia mano, o bien poco a poco: de hambre. La gente la vio irse y se lamentó por la maldición de su casa. Antes de que tuvieran tiempo de dispersarse, o de que Creonte fuera tras su hijo, otro mensajero llegó a la plaza: el profeta Tiresias, cansado y angustiado. Dijo que los dioses no aceptaban los sacrificios habituales y que los pájaros que habitualmente le traían la palabra de la voluntad de los dioses estaban ahora salvajes, sin noticias, pero se atacaban entre sí y gritaban con voces casi humanas. Afirmó que sabía por qué sucedía eso: habían comido la carne de los muertos no enterrados y esa comida maldita los había vuelto locos; y los dioses, que odiaban la profanación de los muertos y el castigo a los vivos que socorrían a los muertos, le habían dado la espalda a la ciudad.

Creonte, al igual que Edipo antes que él, despreció al profeta y lo acusó de aceptar sobornos. Tiresias le dijo que cuando el querido hijo de Creonte yaciera muerto como resultado de sus actos y cuando los hijos de los muertos insepultos levantaran otro ejército más grande contra Tebas, Creonte vería que sus palabras habían sido ciertas. Entonces se dio la vuelta y se marchó.

Creonte tal vez recordó el momento en el que Tiresias se alejó de Edipo; o tal vez pensó de nuevo en la angustia de Hemón. En cualquier caso, pidió consejo a los ancianos de la ciudad, sin tener en cuenta su anterior reprimenda a Hemón. Los ancianos no tardaron en dar el siguiente consejo: «Hay que enterrar a Polinices y liberar a Antígona». Esta vez Creonte hizo caso.

Creonte y sus soldados quemaron con respeto lo que quedaba del cuerpo de Polinices y enterraron las cenizas con las ceremonias adecuadas. Después, fueron a la cueva donde los guardias habían encarcelado a Antígona. Encontraron algunas piedras apartadas de la entrada y se preguntaron si ya estaba libre. Sin embargo, cuando llegaron a la apertura, hallaron a Antígona muerta, ahorcada y a Hemón llorando de pie junto a su cuerpo. Cuando vio a su padre, Hemón sacó su espada y se abalanzó sobre él; Creonte retrocedió y los soldados se movilizaron para atrapar a Hemón. Entonces Hemón se echó hacia atrás, giró su espada sobre sí mismo y se la clavó. Cuando la madre de Hemón se enteró de esto, pronunció palabras amargas contra su marido Creonte y se suicidó.

Creonte regresó a su gente con el cuerpo de su hijo entre sus brazos. Les dijo que había hecho el mal, que sabía que lo había hecho y que la culpa era suya, no de las mujeres o de los dioses o... Sacudió la cabeza, pues ya no había nada más que decir. Sus sirvientes se lo llevaron llorando a su palacio.

Pero incluso este terrible giro no ablandó totalmente su corazón. Los muertos de Argos quedaron sin enterrar. Sus madres enviaron un mensaje a Creonte y le pidieron el derecho de enterrarlos, pero él se negó. Entonces fueron a Teseo en Atenas y le rogaron que arreglara el mal y trajera los cuerpos a casa. Al principio se negó, dijo que el ataque contra Tebas había sido malvado, estúpido y que los que participaron en él se habían castigado a sí mismos. Pero la madre de Teseo habló y le pidió que lo reconsiderara. Los atacantes podrían haber merecido la muerte por su locura, pero no merecían quedarse sin enterrar; las ciudades-estado de Grecia diferían en muchos puntos, pero todas entendían las leyes de los dioses que protegían a los indefensos y, ¿quién estaba más indefenso que los muertos? Además, dijo, ella era vieja al igual que las mujeres que habían venido a suplicarle a Teseo, y amaba a su hijo como ellas habían amado a los suyos.

Teseo dijo que solo un necio se negaría a escuchar a las mujeres y que solo un desagradecido se negaría a escuchar a su madre. Aceptó someter el asunto a la votación de los ciudadanos y se mostró partidario de intervenir. El pueblo estuvo de acuerdo con él. Primero, le pidió a Creonte de una manera cortés, que devolviera los cuerpos. Luego, dejó claro que la negativa provocaría una guerra. Creonte dijo que no temía a los hombres de una ciudad gobernada por la plebe.

En esto fue imprudente; pues el ataque ateniense tuvo éxito, dispersaron al ejército de Tebas y forzaron a abrir las puertas de la ciudad. Las mujeres, los niños y los ancianos huyeron a los templos de los dioses, pero dudaron de que algún santuario los protegiera de los vencedores.

Pero Teseo detuvo a su ejército en las puertas de la ciudad. Habían venido por los muertos, dijo, y se llevarían a los muertos, y eso era todo lo que se llevarían. Los dioses los habían favorecido mientras luchaban por una causa justa y no iban a ofender a los dioses al maltratar a los inocentes de Tebas.

Los restos de los soldados de Argos que murieron en la batalla se enterraron con honor y los debidos sacrificios no muy lejos del campo de batalla. El mismo Teseo ayudó a prepararlos para el entierro. Los restos de los líderes los llevó a Atenas, aunque se encargó de quemarlos antes de que sus afligidas madres pudieran verlos y de entregar a las mujeres solo unas discretas urnas llenas de cenizas para llorar y enterrar. Pero la esposa de un hombre oyó hablar de su plan y saltó al fuego para unirse a su marido en el reino de Hades.

Los atenienses se lamentaron junto a las mujeres de Argos y las enviaron a casa con sus urnas funerarias y también con la promesa del líder de Argos de que, por gratitud, él y sus sucesores nunca atacarían Atenas. Y las gentes de Tebas se maravillaron de que se les perdonara la vida. Pero la maravilla no duró para siempre. Cuando los hijos de los hombres que se habían abandonado a los perros fuera de los muros de Tebas crecieron, se dirigieron hacia la ciudad en busca de la venganza y destruyeron Tebas.

Notas:

Esta sección procede de tres obras de tres autores diferentes con perspectivas distintas. La obra de Esquilo *Los siete contra Tebas* cuenta la batalla en la que Polinices y Eteocles se mataron mutuamente; esa obra termina con la orden de Creonte sobre los muertos y la insistencia de Antígona en el luto por Polinices. La obra de Sófocles, *Antígona*, comienza con la orden de Creonte y el desafío de Antígona, y termina con la muerte de Hemón y su madre y el arrepentimiento de Creonte. La obra de Eurípides, *Las Suplicantes*, describe el viaje de las madres de Argos a Atenas y la recuperación de los muertos. Sófocles y Eurípides hablan de una manera similar de la protección de los dioses a los indefensos y a los muertos. Las tres obras parecen tener un trasfondo similar en cuanto al hecho de escuchar a las mujeres; Esquilo hace que Eteocles desprecie los consejos de las mujeres en su salida para matar y morir asesinado por su hermano, Sófocles hace que Creonte exprese puntos de vista similares sobre Antígona y las mujeres en general antes de llevar a su familia a la ruina y Eurípides hace que Teseo escuche a su madre y alabe la sabiduría de las mujeres antes de salir a la batalla con el favor de los dioses.

Todos los dramaturgos también dejan abierta la pregunta de quiénes son realmente los dioses y cómo la gente debe responder a ellos. ¿Acaso los dioses llevan a los humanos a hacer el mal y nos dejan indefensos ante nuestros destinos? ¿Nos enseñan a comportarnos justa y misericordiosamente? ¿Nos dejan libres para obedecer o desobedecer y luego nos recompensan o castigan? ¿Nos ven o les importamos? Los personajes de las obras sacan conclusiones bastante diferentes y los lectores de las obras también pueden hacer lo mismo.

Una nota sobre la cronología: la escritora Edith Hamilton dice que la caída de Tebas ocurrió antes de la guerra de Troya, el hecho de que Tiresias esté vivo cuando Edipo y Creonte le consultan y que Odiseo le llame de entre los muertos parece confirmarlo. Por otro lado, (al menos algunas de) las erinias, las furias, se convierten en las misericordias o las euménides, al final de la historia de Orestes, y es en la sagrada arboleda de las euménides donde el envejecido Edipo encuentra refugio. Tal vez las historias de los dioses no encajan en el tiempo normal de los humanos.

Parte IV. Cuentos más ligeros

No todos los mitos griegos toman la forma de una gran tragedia. Aquí tenemos algunos cuentos de otro tipo.

Algunas de estas historias están tomadas de los autores romanos, no griegos, y en esos cuentos he usado las formas latinas de los nombres de las deidades. El apéndice ofrece una lista alfabética de nombres latinos vinculados a sus equivalentes griegos.

Capítulo 12. Cupido y Psique

Había una vez un rey que tenía tres hijas. Las tres eran encantadoras, una delicia para sus padres y para todos los que las veían; pero la más joven, Psique, superaba en belleza a sus hermanas mayores tanto como ellas superaban a todas las demás mujeres. La gente miraba a las mayores con admiración, o placer, o amor; las felicitaban y los hombres más nobles y apuestos esperaban casarse con ellas. La gente miraba a Psique con un gran asombro y caía a sus pies. Y a lo largo del reino de su padre y en las tierras de más allá, se extendió el rumor de que o la misma Venus (a la que los griegos llamaban Afrodita), la bella diosa del amor, había tomado forma mortal; o que una nueva maravilla, un ser aún más hermoso que Venus, había nacido en el mundo. Desde muy lejos la gente venía a adorar a Psique. Los templos de Venus se descuidaron, ya que, en cambio, los peregrinos acudían para maravillarse con la chica mortal.

Venus estaba furiosa por esta negligencia. Paris, dijo, había sabido valorar su belleza correctamente, pero los mortales de hoy en día son ciegos e impíos y no tienen ni sentido de la belleza ni sentido de la reverencia. Venus dio la espalda a la tierra que la había despreciado y regresó al mar, de donde había venido a aliviar su dolor entre las ninfas de agua. Sin embargo, antes de irse, llamó a su hijo Cupido, a ese mocoso travieso que corre por el mundo provocando las pasiones de los mortales para que olviden los votos matrimoniales, las leyes divinas, la prudencia y todo lo demás, excepto del ardiente anhelo que él engendra. Le dijo que castigara adecuadamente a Psique por recibir un homenaje al que no tenía derecho. Sé un buen chico, le dijo, y haz lo que te dice tu madre: ve a dispararle una de tus flechas del deseo y haz que se enamore de la criatura más despreciable que puedas encontrar. Dicho esto, ella se fue al mar.

Mientras tanto, Psique no estaba contenta con su suerte. Sus hermanas se casaron con reyes, pero a pesar de que la gente la adoraba, nadie le pidió matrimonio; su belleza parecía asustarlos tanto como atraerlos. Y mientras que muchas otras mujeres, y la propia Venus, envidiaban a Psique, ella deseaba ser una chica de aspecto normal, sin una multitud de adoradores, pero con un marido al que amar y niños que criar. Finalmente, su padre el rey empezó a ver su punto de vista y consultó al oráculo de Apolo para preguntarle dónde podía encontrar Psique un marido.

La respuesta del dios fue terrible. Ningún mortal amará a Psique o se casará con ella, dijo; otro novio le esperaba: una gran serpiente alada, un tragafuegos que gobernaba una tierra de dolor y oscuridad, una bestia temida por los mismos dioses, una que un día destruiría el mundo. El oráculo le ordenó al rey y a la reina que vistieran a Psique con ropas de luto, la llevaran a un lugar alto en las montañas salvajes y la dejaran allí sola para que la devore su prometido.

El matrimonio de reyes lloró, pero no pensaron en desafiar las órdenes de los dioses. Psique los miró con ojos extraños y les dijo que era tarde para llorar. Deberían haber llorado mientras todos los hombres la alababan, mientras la envidia de los dioses se hacía más fuerte; ahora, lo que había que hacer era terminar con su horrible boda tan pronto como fuera posible. La espera la dejó enferma de corazón y ella quería que se acabara.

Así que se puso sus túnicas negras y su familia y su gente la llevaron al desierto mientras se lamentaban y la dejaron allí para que se enfrentara a su destino. Psique lloró, pero no los llamó, ni les pidió ayuda o compasión. Siempre había estado sola. Levantó su preciosa cabeza hacia los cielos y esperó al dragón.

Lo que llegó, en cambio, fue un viento cálido y de dulce aroma que la levantó suavemente y agitó su vestido como una cometa hasta llevarla a un profundo valle lleno de flores. Ella esperó allí, sorprendida, y al final se quedó dormida.

Se despertó refrescada pero aún sola y se dispuso a explorar la nueva tierra hacia donde el viento la había llevado. Había un hermoso bosque donde la luz y el viento jugaban en las hojas de los grandes árboles; y en el corazón del bosque había un palacio que brillaba como una estrella. Dentro y fuera todo era hermoso; y lo raro era que las puertas estaban abiertas de par en par y sin vigilancia. Psique entró, maravillada, y un coro de voces la saludó como su reina y señora; pero, por mucho que mirara, no podía ver a los oradores. Pero cuando le dijeron dónde encontrar un baño, una cama y también un comedor, sus instrucciones fueron exactas; y cuando se sentó a comer, la comida que apareció en la mesa delante de ella era abundante y deliciosa, y la música de arpa que danzaba a su alrededor era extraordinariamente hermosa.

Aquella noche un hombre se acercó a su cama. Ella escuchó el suave sonido de su voz, sintió su toque que hizo que su sangre cantara en sus venas, pero no había luz; no podía verlo en absoluto. Después de hacer el amor, se durmió y cuando despertó, estaba sola de nuevo. Pasaron varios días y noches de esta manera y entonces su marido le dijo en la oscuridad que su familia todavía lloraba por ella, y que sus hermanas habían decidido acercarse al lugar donde la habían dejado como sacrificio, para ver si encontraban su cuerpo o alguna señal de ella. Le instó a no mirarlas, a no mostrarse ante ellas, a no responderles. Psique lloró por el dolor de su familia y dijo que debía hablar con sus hermanas. Su marido dijo que, si lo hacía, él se entristecería mucho y ella quedaría totalmente destruida.

Psique se quedó dentro de la casa al día siguiente, pero lloró con tanta amargura como sus hermanas. Cuando su marido llegó en la oscuridad, la encontró todavía llorando. Le dijo que se reuniera con sus hermanas si debía hacerlo, pero que supiera que nada bueno saldría de ello.

Por la mañana, las hermanas buscaron en la tierra donde se había abandonado Psique, lloraron y se lamentaron tanto que las piedras casi lloraron con ellas. Pero Psique llamó al viento y este hizo que sus hermanas bajaran al valle. Les mostró su nuevo hogar y todos sus tesoros, les dijo que su marido era tan amable como rico y tan hermoso como amable (porque le avergonzaba decir que no lo había visto). Entonces, por miedo a enredarse en la mentira, les dio regalos de oro, joyas y llamó al viento para que se llevara a sus hermanas de nuevo.

Las hermanas se habían entristecido cuando pensaron que Psique había muerto de una forma horrible, pero verla tan feliz les daba muchos celos. Se dijeron la una a la otra que sus propios matrimonios habían resultado ser decepcionantes: sus maridos eran viejos, sus obligaciones eran muchas... y Psique, Psique que siempre fue la más bella y afortunada, tenía todo lo que su corazón deseaba. Bueno, podrían encontrar una manera de poner fin a eso.

Psique estaba feliz aquella noche, pero su marido no lo estaba. Le dijo una y otra vez que no debía dejar que sus hermanas la convencieran de intentar verlo, pues si lo intentaba todo estaría perdido. Si dejara que las cosas siguieran como están, su hijo sería un ser divino; pero si intentaba mirarlo, el niño sería un mortal, y tanto la madre como el niño sentirían una gran pena y dolor. Por eso, debería evitar volver a ver a sus hermanas.

Psique dijo que sus hermanas se habían alegrado de verla, y ella a ellas y que ahora no las rehuiría, pero que, por supuesto nunca intentaría ver a su marido, si tanto le importaba.

Cuando sus hermanas regresaron, la felicitaron por su embarazo y alabaron su belleza y su hogar. En aquel momento, Psique deseó que su marido estuviera allí para oír lo agradables que eran. Cuando se preguntaron en voz alta cómo sería el niño y preguntaron por los detalles del aspecto de su padre, Psique contradijo sin querer la descripción que había dado antes.

Sus hermanas se mostraron muy preocupadas y dijeron que sabían que no les decía la verdad; y, en efecto, habían regresado para advertirle que tenía buenas razones para avergonzarse de su marido. En efecto, habían oído decir a muchos habitantes del país que el señor de aquel hermoso palacio no era un hombre, sino un horrible dragón como el que se describe en el oráculo, casi demasiado repugnante para que lo puedan ver los ojos mortales; y también habían oído de una buena fuente que él había tomado una esposa y la había dejado embarazada, con la intención de devorar a la madre y al niño tan pronto como naciera. Así que le dijeron a Psique que, si le importaba su hijo, su propia vida, y si tenía algo de espíritu y coraje, llevaría a escondidas una lámpara y una cuchilla a la alcoba, contemplaría a su marido mientras dormía y lo mataría antes de que él pudiera matarla a ella.

Psique lloraba y dudaba, pero volvió a pensar en el extremo secretismo de su marido y en la profecía. Entonces, escondió la lámpara y una navaja en la alcoba. Después de hacer el amor, encendió la lámpara, tomó la navaja y se preparó para enfrentarse al dragón.

En cambio, vio a Cupido, el dios del amor, más bello de lo que jamás había imaginado, acostado en su cama. Pensó en suicidarse avergonzada por sus sospechas, pero la navaja se le cayó de la mano. Tomó una de las flechas de su marido, se hirió con ella y sintió el dolor y el placer del amor ardiendo más caliente que nunca en sus venas. Se inclinó para mirar más de cerca a su marido y la lámpara derramó aceite caliente sobre su hombro.

Cupido se despertó con dolor y se vio desconfiado y desobedecido. Le reprochó a Psique con palabras amargas, diciendo que él, un dios, se había humillado y se había herido con su propia flecha, por ella, y que ella lo había traicionado. (No pareció pensar que le debía ninguna explicación o disculpa por la historia del dragón que tanto la había aterrorizado.) Psique trató de explicarle, pero él no quiso escuchar; dijo que castigaría adecuadamente a sus hermanas y que tal vez la pérdida de él sería un castigo suficiente para ella. Entonces huyó y abandonó a su esposa con su llanto y su clamor.

Psique intentó ahogarse en el río, pero las olas la devolvieron a la orilla y el dios Fauno, que ama las cosas salvajes y los espacios abiertos, le dijo que no se desesperara. Fauno le dijo que, si ella buscaba a su marido de todo corazón, Cupido podría perdonarla. De esta manera, Psique se dispuso a vagar por el mundo en busca de él.

Vino a las ciudades donde sus hermanas gobernaban y les contó quién había sido su marido. Sus hermanas, más celosas que nunca, volvieron a la roca donde se había abandonado a Psique y saltaron del acantilado, con la esperanza de que el viento las llevara al palacio y el dios las viera allí y las amara más de lo que amaba a Psique; pero el viento nunca llegó y murieron entre las rocas junto al acantilado.

Las gaviotas escucharon la historia y la llevaron a Venus, al lugar del mar donde se escondía. Ella sabía bien dónde encontrar a su hijo. No se compadeció de su dolor ni de su hombro quemado; le dijo que eso era lo que pasaba por desobedecer a su madre y andar con mujerzuelas mortales, y le amenazó con cortarle su pelo dorado y romperle sus brillantes alas. Los otros dioses la convencieron de que no se enfadara tanto con su hijo, y ella se contentó con encerrarlo en un cuarto sin ventanas para que reflexionara sobre su estupidez. Sin embargo, no la convencieron de buscar una venganza contra Psique. De hecho, se envió a Mercurio, el mensajero de los dioses, por todas las tierras de los mortales para describir a Psique y ofrecer una recompensa a quien la llevara ante Venus para castigarla.

Psique, embarazada y afligida, que vagaba desprotegida en el amargo invierno, escuchó la noticia y buscó protección. Primero fue al templo de Ceres, la diosa que estaba de luto por su hija Proserpina, que pasaba el invierno afligida con su marido captor Plutón (véase el capítulo 2). Psique apeló al dolor de Ceres, describió el suyo propio y le pidió protección. Ceres le habló con compasión, pero le dijo que no podía actuar contra de la voluntad de Venus. A continuación, Psique intentó ir al templo de Juno, que protegía a las mujeres embarazadas, pero Juno le dio la misma respuesta. Al final, entre la desesperación y el coraje, Psique entró libremente en el templo de Venus, se entregó y pidió hablar con Cupido.

Obtuvo muchas palabras de Venus, palabras duras y amargas, además de los duros golpes de los sirvientes de Venus: Costumbre, Dolor y Tristeza. Cuando estaba harapienta y sangrando, Venus se rió de ella y dijo que no podía conseguir ningún marido por la belleza, así que tenía que trabajar duro, tanto para ganarse el favor de su marido como para evitar que Venus la matara. Venus entonces comenzó a darle a Psique lo que debería haber sido una tarea imposible. Primero, mezcló una gran cantidad de semillas diminutas, las arrojó al suelo y le dijo a Psique que las separara antes de que Venus regresara del banquete. Psique vio claramente que no podía lograrlo; se sentó en silencio y esperó su destino. Pero las hormigas la vieron, se compadecieron de ella y separaron la semilla, de modo que cuando Venus regresó se encontró con la tarea hecha.

Entonces Venus envió a Psique a recoger el vellocino de oro de un rebaño de carneros feroces. Al ver su afán por atacarse mutuamente, su gran tamaño y fuerza, Psique pensó en ahogarse, pero un junco en el río le dijo que esperara hasta que el rebaño se cansara y se fuera a descansar, para luego recoger su lana. Y así lo hizo. A continuación, Venus la mandó traer agua del río Estigia, donde los mismos dioses temían aventurarse, pero un águila se apiadó de ella y llenó su cántaro.

Venus se enfadaba cada vez más con cada éxito y, finalmente, le dijo a Psique que fuera al mundo de los muertos y regresara con una caja de belleza de Proserpina, la reina de las sombras, llena de suficiente belleza para que durara un día. En este momento, Psique pensó en el suicidio de nuevo, sin conocer ninguna otra forma de llegar a la tierra de los muertos, ya que temía lo que Venus le haría si fallaba en su tarea. Pero las piedras de la torre a la que se subió le hablaron y le dijeron cómo podría entrar y pasar por la tierra de los muertos con vida.

Psique escuchó atentamente e hizo todo lo que las piedras le habían indicado. Se colocó dos monedas en su boca, dos trozos de pan empapados en miel en sus manos y caminó por la oscura entrada de la cueva que conducía al reino de Hades. Con los ojos abiertos y cautelosos, caminó hacia abajo, a través de la oscuridad, hasta que el simple pensamiento de la masa de tierra y piedra sobre ella se convirtió en un terror. Mantuvo sus manos a los lados, apretadas alrededor de cada trozo de pan, sin acercarse a ninguna de las extrañas formas que surgían de la oscuridad y le pedían ayuda. Cuando llegó al río negro abrió la boca para darle al barquero Charon sus honorarios para que la llevara al otro lado, pero escondió una moneda bajo su lengua. Cuando estaba en la orilla, en el corazón de la tierra muerta, encontró con un enorme perro de tres cabezas, todas sus bocas estaban babeando y todos sus dientes estaban brillando. El animal se cernía sobre ella y gruñía; pero ella le lanzó un trozo de pan y él masticó contento y la dejó pasar al oscuro pero espléndido palacio de Plutón y Proserpina, los gobernantes de las sombras.

Proserpina recibió a su invitada con cortesía, le ofreció un asiento real y alimentos finos; pero Psique se negó con amabilidad, se arrodilló a los pies de la reina de la oscuridad y solo le pidió lo que Venus le había dicho que pidiera. Esto le fue concedido y Psique se apresuró a pasar por delante del perro (que la dejó pasar de nuevo al recibir el resto de su pan), a través de las aguas negras (con la cuota pagada por su otra moneda) y, de nuevo, a la luz de los vivos.

Hasta ahora lo había hecho todo bien. Pero en el arrebato de su alivio recordó que Venus se burlaba de ella por su fealdad y se preguntó si alguna sombra de horror yacía en su rostro a causa de su oscuro viaje por el mundo de los muertos. Seguramente, si tomaba un poco de la belleza de esa caja, eso la restauraría y Venus tampoco se daría cuenta...

Pero al abrir la caja Psique cayó en un sueño casi mortal.

Se despertó y se encontró con su marido (que se había escabullido de la casa mientras su madre estaba distraída) inclinándose sobre ella, le quitó el sueño de muerte de su cara y la regañó por haberse puesto en peligro. Le dijo que fuera a ver a su madre, mientras que él se dirigió al resto de los dioses para pedir misericordia.

Psique fue y le entregó la caja a Venus, mientras Cupido se presentó ante Júpiter y expuso su caso. Júpiter estaba de su parte, tal vez por lástima, pero también por conveniencia, ya que le recordó a Cupido que, después de esto, debería ser especialmente útil la próxima vez que Júpiter estuviera obsesionado con una mortal. Entonces convocó a los dioses y a Venus. Júpiter dejó sus asuntos amorosos fuera de la audiencia pública; argumentó que, ya que Cupido les había traído mala reputación de los dioses a través de su desenfreno, era apropiado que se casara y sentara cabeza.

Venus no estaba dispuesto a discutir con Júpiter y aceptó a Psique como su nuera. Así que Psique ascendió al Olimpo, bebió el néctar de la inmortalidad y hubo un gran festín para celebrar su matrimonio con Cupido; incluso la propia Venus bailó en la boda. Y poco después, Psique dio a luz a su hijo, al que los hombres llaman Placer.

Notas:

Esta historia está tomada del cuarto, quinto y sexto libro de *El Asno de Oro* del escritor romano Lucio Apuleyo.

Capítulo 13. Cuentos cortos

Lisístrata

Hace mucho tiempo, Atenas y Esparta volvieron a estar en guerra. Las razones... bueno, los atenienses y los espartanos dieron diferentes explicaciones de las razones, por supuesto; y dentro de la propia Atenas también hubo diferentes opiniones. Algunos —sobre todo los hombres— decían que luchaban por la libertad, la virtud y el valor de la Atenas bendecida por los dioses contra la tiránica y maldita Esparta. Otras personas —en su mayoría mujeres— decían que los soldados solo eran hombres de mal genio envenenados por la testosterona que buscaban pelea. Y algunas de las mujeres dijeron que la verdadera motivación era el dinero: se suponía que los líderes de la ciudad debían rendir cuentas de cualquier dinero que tomaran del tesoro depositado en el templo de Atenea, pero la guerra ofrecía muchas excusas para gastar de una manera flexible; si parte del dinero se atascaba en los cofres del tesoro de los líderes, ¿quién se iba a esforzar en averiguarlo mientras había una guerra?

Un gran número de mujeres atenienses manifestaron estas opiniones y se les dijo que no se preocuparan en sus bonitas pequeñas cabezas por asuntos que no se podía esperar que entendieran. Cuando sus maridos estaban en casa entre los períodos de servicio, les decían esto ellos mismos; cuando sus maridos estaban fuera, los ancianos y los administradores que se quedaban en la ciudad mantenían esta opinión masculina. Pero una mujer, Lisístrata, que añoraba a su marido y también estaba muy molesta por el insulto a su inteligencia, ideó un plan para remediar estos dos problemas de una vez por todas. Envió mensajes a las mujeres de Esparta y también a las de las ciudades más pequeñas aliadas con Esparta y Atenas, para instarlas a venir a intentar solucionar este asunto. Por mucho que los atenienses y los espartanos se sintieran agraviados el uno por el otro, las mujeres de las dos ciudades estaban dispuestas a reconocer que se sentían perjudicadas por sus hombres y a considerar una acción conjunta para cambiar eso.

La reunión comenzó de una manera poco amistosa, con muchas burlas sobre los diferentes trajes y costumbres de las distintas ciudades, pero cuando Lisístrata expuso el problema esencial, las mujeres de ambos bandos se pusieron de acuerdo. Sí, estaban cansadas de pasar las noches solas, con sus amantes y sus maridos pavoneándose delante de sus compañeros del ejército. Sí, estaban cansadas de que se ignoraran sus buenos consejos. Sí, atravesarían el fuego para ponerle fin.

Lisístrata dijo que no tenían que atravesar ningún fuego. Todo lo que tenían que hacer era dejar de tener sexo por el tiempo que fuera necesario para que los hombres se rindieran. Cuando sus maridos volvían a casa, las mujeres necesitaban simplemente hacerse tan bellas y tentadoras como fuera posible y después negarse rotundamente al sexo.

—¿Y si nos obligan? —preguntó una mujer.

—Quedaros ahí tumbadas y con aspecto de aburridas y no impresionadas —sugirió Lysistrata—. Eso no les gustará.

—Pero ya estamos cansadas de no tener suficiente sexo, ¿y sugieres que lo dejemos por completo? —alegó otra mujer.

—No por mucho tiempo —respondió Lysistrata—. Sois patéticas, pero los hombres son aún más débiles y orgullosos de sí mismos. Así entrarán en razón.

—¿Pero qué hay de los hombres que están en esta guerra por el dinero? ¿Y si desean más el dinero que el sexo?

—Ya nos hemos ocupado de eso —dijo Lysistrata—. Un grupo de mujeres atenienses ya entró en el templo de Atenea a primera hora de la mañana y cerró las puertas desde dentro. Nadie se acercará al tesoro sin nuestra aprobación, es decir, sin hacer las paces. Ahora que lo pienso, podemos encerrarnos allí también; es una forma aún mejor de no darles ninguna satisfacción a nuestros maridos.

Este plan se llevó a cabo. Cuando los ancianos de la ciudad llegaron con leña, antorchas y amenazaron con hacer salir a las jóvenes con el humo, las ancianas de la ciudad llegaron con jarras de agua, empaparon las ollas de fuego, sus portadores y asustaron al pequeño grupo de magistrados y policías que vinieron a llevárselas. Cuando los jóvenes de la ciudad regresaron y rogaron que sus esposas salieran, estas se asomaron a las ventanas con su mejor aspecto, les hablaron dulcemente y se negaron que las tocaran hasta que la guerra terminara. Durante cinco días, las mujeres del templo se estaban enfadando y cansando de su postura del principio, pero Lisístrata inventaba oráculos para mantenerlas contentas. En una semana, los hombres de Atenas y los de Esparta, distraídos por una lujuria insatisfecha, hicieron un tratado de paz y juraron mantenerlo para siempre. Sus esposas salieron a su encuentro y hubo mucho amor y alegría, pero uno se puede imaginar que después de eso los hombres eran reacios a decirles a sus esposas que no se metieran en los asuntos de estado, a sabiendas de que todo esto podía suceder de nuevo.

El toque de Midas

Midas fue el rey de Frigia, un reino agradable, próspero en su época y rico en flores. Un día, los sirvientes del rey salieron a sus jardines y encontraron a un viejo y gordo borracho que roncaba entre las rosas y apestaba a vino. No tenía permiso para estar en los jardines reales, pero obviamente no era una amenaza, así que los sirvientes lo ataron con flores en lugar de cuerdas, lo arrastraron y lo arrojaron delante del rey, sin dejar de reírse.

El rey Midas reconoció al hombre: no era un simple mortal borracho, sino Sileno, el tutor del dios del vino Baco y el padre de los sátiros. Midas hizo que sus sirvientes lo desataran de inmediato; y para cuando Sileno estuvo lo suficientemente sobrio como para saber lo que pasaba a su alrededor, se le trataba como un invitado de honor y no como un prisionero. Después de diez días de festejar con Sileno, Midas se lo entregó a Baco, quien había comenzado a extrañar al viejo borracho. Baco, muy satisfecho, le dijo a Midas que le dijera qué regalo deseaba. Entonces Midas, que no era mucho más sabio que Sileno, pidió ansiosamente que todo lo que tocara se convirtiera en oro brillante.

—¿Estás seguro? —preguntó Baco extrañado.

—Muy seguro —respondió Midas.

Baco sonrió de reojo y le dijo a Midas que su deseo había sido concedido. Midas se giró y extendió la mano para tocar una rama de la encina que estaba encima de él. Inmediatamente se convirtió en una rama de oro, hermosa de contemplar y también muy valiosa. Midas se fue a casa regocijado y llegó cargado con ramitas de oro, piedras y frutas. Pasó sus manos por los postes de la puerta y sonrió al verlos brillar en oro. Añadió unos agradables toques dorados a su comedor y después se sentó a comer...

Fue entonces cuando se dio cuenta de su error. Naturalmente, todas las delicias que intentó llevarse a la boca se convirtieron en oro al tacto y se volvían simultáneamente valiosas y no comestibles. Y su toque en la copa no solo convirtió la copa en oro, sino que también convirtió el vino de su interior en oro líquido.

Midas pensó en la extraña expresión de Baco y pensó en todas las historias que había escuchado sobre cómo los dioses odiaban el orgullo y la codicia mortal. Se maldijo a sí mismo por ser un estúpido y entonces levantó desesperadamente sus manos al cielo, rogándole a Baco que lo perdonara por su deseo pecaminoso.

Parece ser que Baco se divirtió más de lo que se ofendió por la elección de Midas. Envió al rey a lavarse en el río Páctolo. El agua corriente eliminó el regalo de la maldición. Midas tomó el agua clara en sus manos, bebió y regresó a casa como un hombre un poco más sabio y mucho más feliz.

Filemón y Baucis

Baucis y su esposo Filemón vivían en un pueblo próspero, pero eran pobres, como siempre lo habían sido, al igual que viejos. Sus vecinos ricos los despreciaban, pero ellos dos se amaban y eran generosos con los otros pobres. Vivían en una casita de paja en las afueras de la ciudad.

Una vez, dos hombres manchados por el viaje y de apariencia no distinguida, uno joven y el otro viejo, entraron cojeando a esa ciudad después del anochecer y pidieron comida y refugio. Llamaron a las puertas de muchas casas, una por una, pero fueron expulsados por los perros guardianes o porteros que sabían que sus nobles amos no querían que unos extraños harapientos les molestaran a esa hora de la noche. Por último, los extraños llamaron a la puerta de la casa de Filemón y Baucis. Una voz temblorosa pronunció palabras de bienvenida y la puerta se abrió de par en par para recibirlos. Filemón improvisó un sofá para los invitados con paja, cañas y tendió la mejor manta de la pareja (que tan solo tenía unos pequeños agujeros en la esquina) sobre él; después, trajo nabos del jardín y sacó un trozo de carne ahumada que colgaba de la viga. Baucis avivó el fuego (sacó un poco de paja para que ardiera con más fuerza), les preparó una sopa, les cocinó unos huevos, les sacó sus mejores platos (que, sin embargo, estaban un poco astillados) y les ofreció manjares que habían guardado para el siguiente día de fiesta: aceitunas, frutos secos y un poco de miel. La mesa se tambaleaba, pero Filemón la niveló con un plato roto bajo la pata corta. También sacó vino, el mejor que tenían, aunque sus vecinos habrían pensado que no era apto ni para dar a sus sirvientes.

Los preparativos de la cena iban lentos, porque la pareja de ancianos estaba cansada y temblorosa, pero sonreían a sus invitados y mantenían una agradable conversación mientras trabajaban. Cuando sirvieron la comida, trataron de asegurarse de que sus invitados tuvieran suficiente y estuvieran tranquilos. Entonces, empezaron a parecer inquietos, al darse cuenta de que sus copas de vino se estaban rellenando solas y que el vino parecía ser de una calidad mucho mejor de lo que esperaban. ¿Quiénes eran estos invitados? La pareja de ancianos se miraron con miedo, se disculparon con sus visitantes y les pidieron perdón por ofrecer una comida tan pobre. Podrían hacerlo mejor, dijeron, si sus estimados invitados esperaran; tenían un ganso que podían asar.

Pero el ganso era mucho más joven que la pareja, tanto en términos absolutos como relativos, y ellos lo persiguieron por toda la casa sin éxito. Al final, el ganso huyó y se escondió entre los visitantes, quienes sonrieron y les dijeron a sus anfitriones que se sentaran, descansaran y dejaran vivir al ganso. Los invitados no necesitaban más comida; pues eran dioses. El anciano se reveló como Júpiter y el joven, como su hijo Mercurio. Habían venido a darle a la inhóspita ciudad sus justos méritos, dijeron, pero claramente Filemón y Baucis se merecían algo mejor. Instaron a la pareja de ancianos a subir la cuesta detrás de la casa con ellos.

Filemón y Baucis subieron la pendiente muy por detrás de sus invitados. Cuando miraron al pueblo durmiente, no vieron ningún pueblo, sino solo unas aguas muy amplias en las que las gaviotas daban vueltas y gritaban. Y su propia cabaña... miraron tristemente mientras esperaban verla tragada por el agua, pero se quedaron asombrados. La cabaña había desaparecido, pero en su lugar había un templo con columnas de mármol y techos de oro.

Se volvieron para mirar a sus invitados. Júpiter les sonrió y les dijo que pidieran lo que sus corazones más desearan, como recompensa por su amabilidad. La pareja de ancianos pidió un poco de tiempo para conversar sobre la oferta y los dioses se lo concedieron. Finalmente, Filemón les devolvió la respuesta: les pidió que sirvieran juntos en el templo y que cuando llegara su hora, murieran al mismo tiempo para que ninguno de ellos tuviera que llorar al otro. Estos favores les fueron concedidos. La historia del lago y del templo se extendió por todo el mundo. Filemón y Baucis recibían a los peregrinos con la misma generosidad con la que una vez recibieron a los dioses, aunque con mejores medios de provisión.

Un día, cuando ya se volvieron muy viejos, Filemón y Baucis estaban juntos bajo el sol en el patio del templo y recordaban la ciudad, la cabaña desaparecida y sus maravillosos invitados. Baucis levantó la vista de un ensueño, miró a su marido y vio las ramas verdes que salían de sus hombros. Al escuchar su respiración, Filemón la miró y también se maravilló, mientras murmuraba sobre sus brillantes hojas. Tuvieron tiempo de sonreírse una vez más y de despedirse en silencio, antes de que sus bocas se convirtieran en corteza.

Los peregrinos que salían del templo no vieron ninguna señal de los guardianes humanos que les habían dado la bienvenida; en su lugar, un roble y un tilo estaban juntos como si se estuvieran abrazando. Los peregrinos colgaron guirlandas en sus ramas, después adoraron y alabaron a los fieles que durante tanto tiempo habían alabado y adorado a los dioses.

Notas:

El cuento de Filemón y Baucis proviene del octavo libro del poeta latino Ovidio, *Las metamorfosis*. La historia de Midas viene de su undécimo libro.

La historia de Lisístrata viene del dramaturgo griego Aristófanes. Me doy cuenta de que puede ser un punto de tensión llamar a esto mitología, pero es una referencia cultural común y quería demostrar que no siempre las historias griegas eran trágicas.

Nombres latinos de los dioses del panteón griego

Los nombres griegos de los dioses del panteón y una descripción de cada deidad se encuentran en el capítulo 2. Esta lista incluye los nombres romanos de cada deidad en primer lugar, en negrita y por orden alfabético, seguidos del nombre griego. He incluido a algunas deidades que no aparecen en este libro con sus nombres en latín; si consulta las fuentes primarias de algunas de estas historias, los nombres de los otros dioses le pueden ser muy útiles.

Apolo es *Apolo* tanto en latín como en los cuentos griegos.

Baco: Dionisio

Ceres: Deméter

Cupido: Eros

Diana: Artemisa

Fauno: Pan

Juno: Hera

Júpiter: Zeus

Marte: Ares

Mercurio: Hermes

Minerva: Atenea

Neptuno: Poseidón

Pluto: Hades

Proserpina: Perséfone

Venus: Afrodita

Vesta: Hestia
Vulcano: Hefesto

Segunda Parte: Mitología nórdica

Una fascinante guía del folclore nórdico que incluye cuentos de hadas, leyendas, sagas y mitos de los dioses y héroes nórdicos

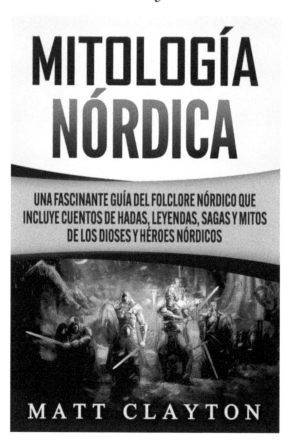

Introducción

Antes de que el cristianismo llegara a lo que hoy llamamos Europa, el pueblo germánico —al que hoy llamamos vikingo— tenía sus propios relatos y prácticas sagradas. Los expertos dicen que no compartían un canon cuidadosamente elaborado de textos sagrados comunes, sino que las historias pasaban de un narrador a otro y eran diferentes en distintas regiones y épocas. Los dioses mencionados en esas historias también eran numerosos, con variaciones y, a menudo, con diferencias. A veces sus acciones y palabras eran nobles y solemnes, llenas de sacrificio; otras veces, sin embargo, estos dioses eran traviesos e imprudentes. En esto, quizás, se parecían a la gente que escuchaba estas historias, que reía, lloraba con ellas y las memorizaba.

Estas historias perduran en nuestra cultura hoy en día. Cuatro días de la semana en inglés llevan el nombre de los integrantes del panteón nórdico (Tyr, Odín, Thor y Frigg). El anillo del nibelungo conserva una versión de una de las grandes historias nórdicas viva en la mente de los amantes de la música. Los lectores de la fantasía moderna encontrarán también numerosas similitudes con los cuentos nórdicos. Neil Gaiman, Douglas Adams, entre otros han escogido a algunos de los dioses nórdicos y los han situado en escenarios modernos con resultados extraños, tristes y humorísticos. Los ecos de los cuentos y criaturas nórdicos abundan en la ficción especulativa de Ursula Le Guin, J.R.R. Tolkien, C.S. Lewis y Tad Williams, entre otros. Algo en estas antiguas y desconcertantes historias aún tiene el poder de conmovernos, inquietarnos e inspirar nuevos planes de creación.

Este libro le dará una breve introducción a algunos de los mitos más conocidos que se encuentran en las fuentes primarias. En la conclusión, se ofrecen sugerencias de lecturas adicionales. Hay un glosario de nombres al final, en caso de que necesite ayuda para seguir el rastro de un amplio abanico de personajes. ¡Disfrute de sus descubrimientos!

Capítulo 1. La creación de los mundos

El mundo comenzó tal y como acabará: en el fuego. Del caos primordial que no tenía ni día ni noche, ni mar ni tierra, ni vida ni muerte, surgió una chispa. La llama, que se alimentaba de su propia hambre, enfureció, se extendió y se convirtió en el brillante y caliente mundo de Muspelheim, un horno viviente que vertía ríos de fuego y ráfagas de aire caliente en el vacío circundante.

Una vez que se hizo el calor y la luz, sus opuestos también llegaron a existir. A través del universo, desde Muspelheim, otro mundo tomó forma: Niflheim, atrapado por el hielo, oscuro y terriblemente frío. Desde Niflheim, un amenazador y escalofriante viento entró en el vacío como un lento río de hielo triturado.

El hielo y el fuego se encontraron en el vacío. Se produjeron terribles explosiones y el vacío se llenó con chispas voladoras y fragmentos de hielo roto, con fuentes de agua y chorros de vapor. Esa colisión dio a luz al gigante de hielo Ymir. Era fuerte, frío y mortal como el aliento de Niflheim, pero tenía la chispa de fuego de la vida en él. Ymir sudaba mientras las chispas volaban a su alrededor y de las gotas de sudor surgieron nuevos gigantes.

Ymir y su descendencia no fueron los únicos nacidos del deshielo. La vaca Audhumbla también tomó forma entre el fuego y el hielo e Ymir y sus hijos bebieron su leche. Ella también tenía sed y le saciaba lamer el hielo. Algo nuevo comenzó a surgir de los movimientos de su lengua: primero surgió lo que parecía el pelo de un hombre, luego una cabeza y después toda una figura se liberó del hielo y miró a su alrededor. Se llamaba Buri y era el primero de los dioses. Buri era tan bello como fuerte y quería a otros de su misma especie. Creó a su propio hijo, Bor. Bor se enamoró de la giganta Bestla y ella tuvo hijos, de los cuales el mayor fue Odín.

Odín y sus hermanos lucharon contra Ymir. La guerra fue recordada mucho después de que se olvidaran las razones. Quizá el gigante no aprobaba que sus hijos se casaran con dioses en vez de entre ellos. Tal vez tanto Odín como Ymir querían reclamar el mundo entero para su propio pueblo. Sea como fuere, lucharon, y Odín y sus hermanos ganaron.

Ymir cayó muerto en el vacío entre el mundo del fuego y el mundo del hielo. La sangre de Ymir provocó una gran inundación y ahogó a los otros gigantes de hielo, a todos menos al gigante Bergelmir y a su esposa. Mientras los otros luchaban, Bergelmir había construido un gran barco y cuando se produjo la inundación, él y su esposa se subieron a su barco y navegaron por la marea de sangre hasta un lugar seguro, fuera del alcance de los jóvenes dioses.

Odín y sus hermanos pasaron de luchar a construir. Tomaron el cuerpo de Ymir y lo transformaron en un mundo, un anillo plano situado a mitad de camino entre los mundos del hielo y el fuego, en un lugar de agua corriente y aire templado. La sangre helada de Ymir se convirtió en los lagos y mares del mundo, su carne y huesos en la tierra y las montañas. Su cráneo se erigió sobre el mundo, convirtiéndose en el arco del cielo. Los dioses tomaron el fuego de las chispas de Muspelheim y las lanzaron al aire bajo ese arco para dar luz al mundo. En los márgenes exteriores de ese mundo, junto al mar interminable que marcaba su límite, había un terreno baldío habitado por los hijos de Bergelmir y sus hijos, los gigantes que recordaban la muerte de Ymir y esperaban su oportunidad para vengarla. Pero en medio del mundo, los dioses levantaron una muralla defensiva, construida a partir de las cejas de Ymir, para mantener a los gigantes a raya. Esta tierra defendida la llamaron Midgard, el mundo de los hombres.

En este lugar, después del caos y la guerra, hubo descanso y orden y el comienzo de otro tipo de vida. El sol calentaba la tierra. Las plantas verdes brotaron y crecieron. Odín y sus hermanos tomaron dos árboles, los moldearon a imagen de los dioses, dieron vida a su carne e inspiración a sus almas. Ask fue el primer hombre y Embla, la primera mujer y de ellos dos nacieron todos los pueblos del mundo.

Los dioses también tomaron los gusanos que roían la carne de Ymir, les dieron una forma humana y les infundieron sabiduría. Estos se convirtieron en la raza de enanos, que compartían el mundo con los humanos, pero no siempre felizmente, tal y como veremos en los siguientes cuentos.

Notas de la historia de la creación:

Como la mayoría de los mitos nórdicos, la historia de la creación existe en varias formas. Está contada en fragmentos dispersos a través de varios de los textos antiguos llamados Eddas poéticas (más notablemente en *Völuspá* y Hávamál) y de un fragmento coherente escrito por el estadista y escritor del siglo XII Snorri Sturluson en *Gylfaginning*, la primera mitad de la *Edda prosaica*. Snorri se basó en las Eddas poéticas y en algunas otras fuentes que ahora se han perdido. También hizo algunos intentos desconcertantes de armonizar los mitos nórdicos con el cristianismo y con la mitología griega; he dejado algunos de esos rasgos fuera. Si está interesado en leer las originales, las traducciones de todas las Eddas están disponibles gratuitamente en línea.

Pero los detalles de los hechos pueden variar, los mitos nórdicos coinciden en que el mundo nació en el caos y que desde el principio estuvo formado por una lucha entre los opuestos: calor y frío, hielo y fuego, gigantes y dioses. El mundo fue creado por los dioses a partir del cuerpo de su enemigo. El mismo Odín, el líder de los dioses contra los gigantes, fue el hijo de una giganta. Había gloria, coraje y belleza en el mundo de los mitos nórdicos, pero no había mucha paz.

Capítulo 2. La construcción de Asgard

Después de dar forma a Midgard para los mortales, los dioses crearon una espléndida ciudad para ellos mismos y la llamaron Asgard. Estaba unida a la tierra por un puente de fuego llamado Bifrost, el arco iris. Los dioses esperaban que los gigantes no pudieran cruzar este puente y atacarlos. Los humanos vivos tampoco podían pasar por ahí. Sin embargo, los guerreros que morían valientemente en una batalla eran llevados por las valquirias, las bellas y salvajes hijas de Odín, a Asgard. La mitad de ellos se dirigían al castillo de Odín llamado Valhalla, donde pasaban sus días luchando entre ellos (no en hostilidad, sino para la práctica y disfrute de la batalla; por la noche los heridos recuperaban la salud perfecta) y sus noches en festines. La otra mitad iba a Fólkvangr, el gran salón de la esposa de Odín, Frigg. Frigg era la más sabia de las diosas. Ella velaba y tenía el poder de alterar el tejido mágico que determinaba el destino de los mortales. A veces, a diferencia de su marido, recibía en su salón tanto a las mujeres como a los hombres valientes.

Todos los edificios de Asgard estaban hechos de oro. El esplendor estaba por todas partes. La vida era infinita y la fuerza inquebrantable, gracias al manzano de la diosa Idun, cuyo fruto hacía inmortal al que lo comía. Y en un lugar había algo más extraordinario que el esplendor o la inmortalidad: la paz. Esto se encontraba en Breiddablik, un lugar de la paz, el palacio de Balder. Balder era tan bello que arrojaba luz por donde caminaba y sus decisiones eran tan sabias y justas que los otros belicosos dioses no les encontraban defectos.

En medio de toda esta belleza, Odín se sentía preocupado. Recordaba la ira de los gigantes y temía que destruyeran todo lo que él y sus hermanos y hermanas habían creado. Los guerreros del Valhalla luchaban diariamente para ser una fuerza formidable cuando llegara el día del juicio final, pero no confiaba en que ese ejército le salvara de las fuerzas que los gigantes podían reunir. A menudo iba a su otro castillo de Valaskjálf, cuya torre más alta era tan alta que podía divisar desde ella cualquier lugar de los mundos; allí se sentaba solo, mirando, reflexionando y preocupándose. Pero la primera amenaza para Asgard no vino de los gigantes, sino de la otra raza de dioses, los Vanir. Nadie recuerda ahora de dónde vinieron los Vanir; tal vez descendieron de Buri o de los otros hijos de Bor. Sea como fuere, los Aesir (habitantes de Asgard) y los Vanir vieron el poder del otro desde lejos, se sintieron amenazados y se atacaron mutuamente. La lucha fue larga e igualada; los Vanir derribaron los muros de Asgard, pero no pudieron expulsar a los Aesir. Finalmente, cansados de la guerra e impresionados por el valor y la fuerza de los del bando contrario, decidieron hacer un tratado de paz. Los Vanir se retiraron a sus propias tierras. Dos de los Aesir se fueron con ellos como rehenes o embajadores y pronto se desvanecieron de las historias. Tres de los Vanir permanecieron como rehenes en Asgard: Njord, dios del mar y de los marineros, su hijo Frey y su hija Freya. Ahora Freya era una mujer sabia, hábil en ver el futuro y tenía una capa de plumas de halcón que le permitía tomar forma de pájaro y volar. También era increíblemente hermosa y libre para cualquier dios que le gustara.

Los Aesir estaban muy contentos con sus rehenes, pero menos, con sus muros en ruinas. Un desconocido llegó a las puertas de Asgard y ofreció construir un mejor muro defensivo que resistiera cualquier asalto y prometió terminar el trabajo en un año y medio. La oferta le pareció buena a Odín, hasta que escuchó el precio. El constructor exigió a cambio el sol, la luna y el matrimonio con Freya, que no estaba dispuesta a casarse. El resto de los dioses y diosas no querían ver su ciudad despojada de luz y belleza. Pero Odín tenía miedo de un ataque que destruiría esta belleza para siempre.

Después de una larga discusión, los dioses decidieron aceptar la oferta del constructor y su precio, con una condición: que el constructor trabajara solo, que el muro se terminara en un invierno y que el constructor aceptara no ser pagado si el trabajo no se termina a tiempo. Seguramente, pensaron, que el constructor no podía trabajar tan rápido y que, por orgullo y torpeza, exageró sus propias capacidades y así les daría la mayor parte de los muros gratuitamente. Los dioses se alegraron cuando el constructor aceptó la oferta e incluso accedieron a su condición de que se le permitiera a su caballo semental Svadilfari ayudarle a transportar las piedras para el muro. Hicieron todos los juramentos que él les pidió y se comprometieron a otorgarle lo prometido si lo lograba y no dejar que ningún dios le hiciera daño mientras estuviera trabajando en el muro. (Esta última promesa era necesaria por el hijo de Odín, Thor, el más fuerte y el más temperamental de los dioses. Nadie ni nada podía hacer frente a los terribles golpes del martillo de Thor, Mjöllnir, y el poder de Thor no le había enseñado nada sobre el autocontrol. Pero incluso para Thor, un juramento era un juramento y no se podía romper).

¡Menudo caballo era Svadilfari! ¡Su velocidad, su fuerza, las piedras que podía mover! Trabajó incansablemente, día y noche y tres días antes de que terminara el invierno la construcción estaba casi terminada, tan solo faltaba la entrada. El muro era tan alto y fuerte que los dioses no podían fingir estar descontentos y el trabajo avanzaba tan rápido que los dioses no dudaron de que el muro estaría terminado a tiempo. Se reunieron para debatir la única cuestión que quedaba: ¿quién de ellos tuvo la terrible idea de aceptar la oferta del constructor? Culparon al sospechoso habitual en tales casos: a Loki.

Ahora bien, Loki, el hijo de un gigante, era quizás el más inteligente de los dioses, aunque ciertamente no el más sabio; estaba lleno de ideas ingeniosas, pero rara vez pensaba en sus consecuencias a largo plazo. No negó que había sugerido algo que le pareció brillante a todos los demás en aquel momento. Cuando lo capturaron y amenazaron con torturarle y matarle si su sugerencia les llevaba a perder a Freya y la luz, se aterrorizó y les juró que se aseguraría de que el constructor no terminara el trabajo. Le dejaron ir y confiaron en su promesa de retenerlo, a sabiendas de que sin su ayuda no verían la forma de salir de este mal negocio.

Aquella noche el constructor fue al bosque con su caballo semental para transportar la piedra. Se regocijó en su corazón, al pensar en Freya y también en la rabia y la humillación de los dioses. De esta manera, no se dio cuenta de que una yegua relinchaba en las profundidades del bosque. Tampoco percibió su olor en el viento. Pero Svadilfari sí lo hizo. Relinchó, sacudió la cabeza, arrancó la brinda de las manos de su amo y salió galopando hacia la oscuridad para perseguir a la yegua que huía delante de él veloz y en silencio, como una sombra. El constructor corrió detrás de él, gritando y maldiciendo, pero los caballos ya estaban muy lejos.

El constructor, a pesar de toda su fuerza y habilidad, no podía transportar la piedra por sí mismo. El último día del invierno, los dioses le anunciaron que su trabajo estaba inacabado y que tendría que irse sin cobrar. Su furia fue tan intensa que destrozó su ropa y se presentó ante ellos en su propia forma: un gigante de hielo, deseoso de dañar a los dioses que habían destruido a Ymir. Thor, al ver eso, sacó su martillo de trueno y le dio un golpe que lo destrozó en un instante.

Así que se construyó el muro y los dioses se quedaron con Freya, el sol y la luna. Pero la historia de cómo los dioses habían engañado al gigante se extendió por todas partes y solo aumentó el odio de los otros gigantes de hielo y su determinación de vengarse. Mientras el resto de los dioses festejaban y celebraban, Odín reflexionaba sobre cómo y cuándo vendría esa venganza. Y Loki, once meses después, volvió a tomar la forma de una yegua y dio a luz a un buen y fuerte potro, al hijo de Svadilfari. El potro era una verdadera maravilla, de ocho patas y extraordinariamente fuerte y rápido. Odín se lo quedó para montarlo durante sus viajes más largos.

Notas:

La historia de la guerra entre los Aesir y los Vanir se cuenta muy brevemente por Snorri Sturluson en la *Saga de los Ynglings* y también, con algunas diferencias en los detalles, en *Skáldskaparmál*. Para la construcción y la fortificación de Asgard, he seguido en su mayoría el relato de Snorri en el *Gylfaginning* (véase *Notas* del Capítulo 1). Sin embargo, Snorri dijo que Asgard era la misma ciudad que la Troya de los griegos. La mayoría de los comentaristas parecen pensar que fue una adición posterior y, por lo demás, las historias griegas y nórdicas no parecen mezclarse muy bien, así que he excluido esa afirmación.

Muchos de los dioses nórdicos son cambiantes y aparecen en forma de dioses, hombres y mujeres mortales; en forma de pájaros (a menudo con la ayuda de las plumas de Freya o, a veces, de Frigg) o en forma de otros animales. Loki el embustero, sin embargo, adopta un número inusual de formas incluso para un dios nórdico y esta es la única historia que conozco que presenta un cambio de sexo además de un cambio de especie. He usado el término *dioses* aquí y en otras partes de este libro, para referirme a deidades tanto masculinas como femeninas. La disposición física y la ubicación de Asgard son bastante desconcertantes. Snorri dice, en el mismo cuento, que Asgard está conectada a los otros mundos solo por el puente del arco iris para evitar una invasión. Por otro lado, al igual que Troya, esta ciudad de Midgard necesitaba muros para mantener a los gigantes alejados. Las Eddas poéticas también ofrecen desconcertantes y aparentemente contradictorias visiones de dónde y qué es Asgard. Quizás eso es lo adecuado: los mortales no son capaces, ni tienen la intención, de entender completamente los caminos y las obras de los dioses.

Capítulo 3. ¿Por qué Odín tiene un ojo y Tyr una mano?

La fuente de la sabiduría

Odín no se contentó con quedarse observando, esperando y preocupándose por el ataque de los gigantes. Se esforzó mucho para obtener la sabiduría para evitar la destrucción de Asgard y Midgard. Más adelante, cuando se volvió lo suficientemente sabio para saber que quedarían destruidos a pesar de todos sus esfuerzos, seguía luchando para aprender lo suficiente como para retrasar esa destrucción lo más posible.

La búsqueda de la sabiduría lo llevó más allá de los muros temporalmente seguros de Asgard. Asgard y todos los mundos que hay crecen en Yggdrasil, el fresno del mundo. En la base de Yggdrasil, se encuentra una profunda fuente. Beber de sus aguas da sabiduría y quizás también extraños poderes. Las historias solo han llegado de forma confusa a aquellos de nosotros que nunca hemos dejado la seguridad de Midgard y ni hemos bebido de esas aguas.

Algunos relatos cuentan que tres mujeres se sientan entre la fuente y el árbol. Estas mujeres se llaman nornas y son inmortales (sin la necesidad de las manzanas de Idun) y también son sabias más allá de los sueños de los dioses. Cada día y cada noche esculpen signos rúnicos en el tronco de Yggdrasil y, a medida que su savia atraviesa esas grabaciones, el destino de todos los mundos cambia. Las nornas conocen y comprenden el destino, pero no responden a las preguntas de los dioses ni de los hombres.

Odín sabía que no debía preguntarles, pero también sabía lo que necesitaba saber sobre lo que significaban las runas. Dejó su glorioso palacio en Asgard y se aferró a una rama del fresno del mundo. Odín solo conocía una forma de ser considerado digno de sabiduría y esa forma consistía en sufrir voluntariamente. Así que se clavó su propia lanza y se colgó cabeza abajo de Yggdrasil, helado y sacudido por el viento que sopla entre los mundos, durante nueve días y nueve noches. No comió ni bebió ni aceptó ayuda de nadie. Al final de esos días, las runas se le aclararon en la mente; comprendió lo que había llegado a comprender y cayó del árbol mientras gritaba.

En otra ocasión, Odín no se contentó con lo que había aprendido al contemplar las imágenes en el agua. Ansiaba beber de la propia fuente de la sabiduría. Pero no podía conseguirlo sin el permiso de su guardián Mímir. Nadie sabe ahora si Mímir era un gigante o un dios o algo totalmente diferente, pero se recuerda que era sabio y terrible como las nornas. Mímir estaba igual de indispuesto a responder preguntas que las nornas y (como bebía regularmente de la fuente de la sabiduría) Odín era incapaz de engañarle. Así que se le acercó a Mímir para explicarle su tremenda necesidad de sabiduría. Mímir le dijo que podía beber si iba a pagar el precio.

—¿Qué precio es ese? —preguntó Odín.

—Solo el ojo derecho de Odín —respondió Mímir.

Odín pagó ese precio. Volvió a Asgard sangrando, más triste y más sabio; y cuando se sentó en el alto asiento de Valaskjalf y contempló los mundos, los vio con un solo ojo.

El encadenamiento de Fenrir

Loki el embustero era un peligro para los otros dioses en muchos sentidos. Cuando no se le ocurrían ideas astutas y peligrosas, engendraba hijos aterradores con la giganta Angrboda. Una de tales criaturas era Hela, la diosa de corazón frío y cruel. Los dioses la desterraron a un gélido rincón del inframundo, donde reinaba sobre los muertos que no tenían la suerte de ser elegidos para Asgard. Su gran salón se llamaba Eljudnir, las camas que ofrecía a sus reacios huéspedes se llamaban Enfermedad y sus mesas estaban llenas de Hambre. Otro de los hijos de Loki era la enorme y feroz serpiente Jörmungandr, también llamada la Serpiente de Midgard. Viendo lo rápido que crecía y lo hambrienta que estaba, los dioses la arrojaron en el gran mar. Siguió creciendo allí y al final dio la vuelta al mundo y se tragó su propia cola por su terrible hambre. Pero Odín escuchó la profecía de que en el fin del mundo la Serpiente de Midgard escupiría su cola y se levantaría para devorar a los dioses.

El último, pero no menos importante, de los hijos de Loki y Angrboda era el gran lobo llamado Fenrir. Cuando era pequeño, los dioses solían sonreír ante su ferocidad, y lo criaron y alimentaron. Pero a medida que iba creciendo, se hacía más y más grande, más fuerte y más violento. Solo el dios Tyr, que era tan valiente como Thor, pero dotado de más paciencia y autocontrol, se atrevía a acercarse lo suficiente para alimentarlo. Entonces los dioses descubrieron que, según la profecía, Fenrir también se volvería contra ellos en el fin del mundo. Le trajeron una enorme cadena a Fenrir y le pidieron que les permitiera atarlo para ver si podía liberarse; sería, dijeron, una prueba de fuerza. Fenrir aceptó y rompió la cadena con facilidad. Los dioses se alarmaron. Forjaron otra cadena aún más fuerte y más grande, la que sin duda ningún ser vivo podía romper. Fenrir tuvo un poco de miedo cuando la vio, pero quería mostrar su fuerza, así que aceptó a que se le atara. Cuando volvió a liberarse, su orgullo y su deleite fueron aterradores para contemplar.

Los dioses habían hecho todo lo posible, pero sabían que los enanos eran los más hábiles de entre todos los herreros. Así que pidieron a los enanos una cadena que no se pudiera romper. Los enanos cumplieron con la petición. Lo que fabricaron no fue una cadena enorme como las que los dioses habían forjado. No parecía más que una cinta de seda. Pero en lugar de seda, estaba hecha con el sonido de los pasos de un gato, la barba de una mujer, las raíces de una roca, los tendones de un oso, el aliento de un pez y la saliva de un pájaro. Los dioses miraron dudosos a esta delgada cinta, pero la estiraron con todas sus fuerzas y ninguno de ellos pudo romperla. Cuando se la llevaron a Fenrir le aseguraron que podía romperla fácilmente y deseaban con desesperación estar equivocados.

Fenrir, sin embargo, estaba empezando a ser tan ingenioso como fuerte. Dijo que, si rompía una cosa tan ligera, no le daría ninguna gloria, pero si había algún truco, si esa cosa ligera estaba hecha de magia y no de seda, entonces su fuerza difícilmente podría salvarlo y no iba a dejar que le ataran. Los dioses le aseguraron que, si no podía romper una cosa tan fina como esa, no tendrían razón para temerle y le dejarían libre. Eso, observó Fenrir, era fácil de decir mientras estaba libre y una vez atado no podría vengarse, aunque le hubiesen engañado. Sus garantías no lograron convencerle. No obstante, le avergonzaba un poco que pensaran que tenía miedo y aceptó dejarse atar si uno de los dioses colocaba su mano en la boca de Fenrir, hasta que él volviera a ser libre.

Los dioses se miraron con inquietud y la mayoría no estaban dispuestos a arriesgarse. Pero Tyr se adelantó y puso su mano derecha en la boca de Fenrir y entonces el gran lobo permitió que los dioses le ataran.

La cinta se sentía ligera y suave al principio, pero a medida que el lobo luchaba por salir libre se hacía más fuerte y los esfuerzos de Fenrir por salir solo conseguían atarle más firmemente. Los dioses se reían al contemplar sus dificultades y al saber que estaban a salvo de él. Pero Tyr no se rió cuando las mandíbulas del lobo se cerraron sobre su muñeca.

Los dioses podrían haber matado a Fenrir entonces, tan indefenso como estaba, pero no estaban dispuestos a hacerlo. Habían criado a Fenrir, él había sido un huésped para ellos y el asesinato de un huésped era una manera segura de traer un mal destino. No es que dejarlo vivo prometiera seguridad a largo plazo, porque las profecías decían que en el fin del mundo Fenrir se liberaría y mataría a Odín. Pero Odín prefería correr ese riesgo antes que sufrir la maldición que cae sobre los que tratan mal a sus huéspedes.

Aun así, fuera o no un huésped, nunca se atrevieron a perderlo. Ataron su cadena a una gran roca arraigada. Allí permanece sentado mientras el mundo perdura y sus aullidos hacen temblar la tierra a lo largo de kilómetros a su alrededor. La espuma de su boca forma un gran río y él y los dioses esperan, ellos en la lejanía y él con la rabia y el anhelo, a que llegue el fin del mundo. Pero hasta que llegue, los dioses están a salvo de él... todos menos Tyr, que ahora solo tiene la mano izquierda.

Notas:

Los cuentos de la fuente de Mímir y del hallazgo de las runas provienen de fragmentos de las Eddas poéticas, de los poemas *Völuspá* y *Hávamál*. Debido a que los cuentos son tan fragmentados, muchas cosas son inexplicables. El cuento del encadenamiento de Fenrir proviene totalmente del *Gylfaginning* de Snorri. Los he agrupado aquí porque los dos son cuentos de dioses que sufren voluntariamente para preservar el mundo. La mano perdida de Tyr compró un tiempo de descanso para los dioses; y aunque Odín deseaba obtener la sabiduría por su propio bien (y veremos más de eso en el próximo capítulo, así como un aspecto menos egoísta de su carácter), al final todo su conocimiento y sabiduría estaban empeñados en posponer el día temible, dejando que Asgard y Midgard prosperaran en belleza y orden el mayor tiempo posible antes de la gran destrucción del Ragnarök.

El peligro de matar o maltratar a los huéspedes en el mundo de los mitos nórdicos se ilustra en el siguiente capítulo y se volverá a mencionar más adelante en este libro.

Capítulo 4. El aguamiel de la poesía

Cuando los Aesir y los Vanir se cansaron de su guerra e hicieron un tratado de paz, lo sellaron con el intercambio de rehenes, como se describe en el capítulo 2. Además, también sintieron la necesidad de otro signo de paz en el que todos participasen. Cada uno de los dioses y diosas de ambos lados de la guerra escupieron en una jarra. Entonces pensaron que este signo de paz era algo demasiado valioso como para descartarlo y lo convirtieron en un hombre llamado Kvasir. Kvasir compartía los dones de todos los dioses cuya saliva le había formado, por lo que su sabiduría era asombrosa. Nadie consiguió nunca hacerle a Kvasir una pregunta que no pudiera responder y, de esta manera, recorrió todos los rincones del planeta respondiendo a preguntas de dioses, hombres y otros seres.

Muchos de los curiosos que se le acercaban le agradecían sus dones y le honraban. Pero algunos tenían malas intenciones y el propio Kvasir, con toda su sabiduría, no sabía lo suficiente como para desconfiar de ellos o protegerse. Cuando llegó a la casa de dos enanos que le instaron a entrar para que pudieran hablar con él en secreto, aceptó su petición de buena gana. Pero tan pronto como la puerta se cerró, lo mataron y recogieron su sangre, con la idea de quedarse con toda su sabiduría para ellos solos. Durante un tiempo tuvieron éxito. Preparaban aguamiel con una mezcla de miel y sangre de Kvasir y cualquiera que bebiera ese aguamiel se convertía en un bardo y un sabio. Cuando los dioses vinieron a preguntar qué había pasado con su muy querido Kvasir, los enanos dijeron que se había ahogado en su excesiva sabiduría, ya que nadie había conseguido hacerle preguntas con la suficiente sabiduría o amplitud como para sacar el exceso. Los dioses aceptaron esta historia y dejaron que los enanos disfrutaran de sus ganancias mal conseguidas.

Sin embargo, pasado un tiempo, la codicia de los enanos fue su perdición. Asesinaron a otros dos invitados, gigantes que acudieron a ellos con confianza y amistad; pero el hijo de esos gigantes, que se llamaba Suttung, al enterarse de lo que habían hecho, los capturó y los habría matado si no le hubieran ofrecido el aguamiel de la poesía a cambio de sus vidas. Suttung aceptó el intercambio; tomó el aguamiel y, al ser más honesto que los enanos, les dejó vivir, aunque cabe esperar que advirtiera a otros viajeros que no se refugiaran en su casa. Escondió el aguamiel en una cueva en la roca e hizo que su feroz hija Gunnlod la protegiera día y noche.

Odín escuchó que los gigantes tenían el control de un poder de extraordinaria sabiduría y decidió quitárselo. Él tuvo que comprar la sabiduría de Mímir y las nornas abiertamente y a costa de su propio dolor; sin embargo, también sabía que los gigantes no le darían nada de buena gana, ni tampoco él les iba a suplicar. Así que se propuso conseguir lo que quería por medio de la traición.

Odín se disfrazó de un vagabundo, se dio el nombre de Bölverkr y viajó al país donde vivía Suttung. Allí se encontró con nueve hombres, sirvientes del hermano de Suttung, Baugi. Los hombres estaban guadañando un campo y quejándose de lo desafiladas que estaban sus guadañas. Bölverkr sacó una piedra de afilar, se ofreció a afilar las hojas como es debido y enseguida las hizo más afiladas de lo que cualquier hoja tiene necesidad o derecho a ser. Los trabajadores, impresionados, preguntaron si podían comprar la piedra. Dijo que la vendería y exigió un alto precio. Cada hombre juró pagarlo y le pidió a Bölverkr que le vendiera la piedra solo a él, no a sus compañeros de trabajo. Así que Bölverkr lanzó la piedra al aire y los nueve hombres se apresuraron a atraparla tan desesperadamente que se mataron entre ellos con sus guadañas recién afiladas.

Bölverkr fue a la casa de Baugi y encontró a Baugi desconcertado por la pérdida de sus trabajadores en el momento más crítico de la temporada, cuando no se podía contar con ninguna otra ayuda. Bölverkr se ofreció a hacer el trabajo de nueve hombres durante la temporada de cultivo si Baugi le pagaba en invierno con un trago de aguamiel de Suttung. Baugi dijo que no tenía control sobre Suttung o el aguamiel, pero que al menos pediría un trago en nombre de su trabajador. Bölverkr aceptó esos términos y día tras día, hacía el trabajo de nueve. Cuando la cosecha estaba terminada y llegó el invierno, Bölverkr y Baugi fueron a Suttung, quien se negó rotundamente a darles nada. Puede que Baugi se sintiera avergonzado o enfadado, o simplemente temiera que su excepcional trabajador le exigiera alguna otra forma de pago. En cualquier caso, cuando Bölverkr le pidió a Baugi que le ayudara a llegar al aguamiel sin el permiso de Suttung, Baugi aceptó. Bölverkr sacó un taladro y le pidió a Baugi que perforara la roca hasta donde estaba el aguamiel, si el taladro era lo suficientemente afilado. Baugi perforó y anunció que había llegado a la caverna. Pero cuando Bölverkr sopló en el agujero, trozos de piedra volaron hacia su cara y se dio cuenta de que el agujero aún terminaba en piedra sólida. Exigió que Baugi siguiera perforando y Baugi obedeció.

La siguiente vez que Baugi retiró el taladro y Bölverkr sopló en el agujero, las astillas volaron hacia dentro. Entonces Bölverkr se transformó en una serpiente y se deslizó hacia el agujero. Tal vez Baugi se dio cuenta por este cambio, de que su trabajador era algo más de lo que parecía. O tal vez nunca tuvo la intención de hacer el pago. En cualquier caso, intentó matar a la serpiente con el taladro de roca, pero la serpiente fue demasiado rápida y ya había descendido sin problemas al fondo de la caverna donde se guardaba el preciado aguamiel.

La hija de Suttung, Gunnlod, se encontraba allí, por supuesto, vigilando los recipientes de aguamiel. Pero cuando la serpiente que acababa de caer a través de la pared tomó la forma de un hombre hermoso y se ofreció a dormir con ella durante tres noches a cambio de tres tragos de aguamiel de la poesía, Gunnlod pensó que era un buen negocio. Pasó las tres noches con ella y las historias no cuentan que Gunnlod se haya quejado cuando los tres tragos de su huésped drenaron todo el aguamiel que había (Gunnlod, después de todo, puede que no estuviera muy feliz al estar encerrada en una cueva con el tesoro de su padre año tras año). Odín no esperó mucho tiempo para que ella reaccionara; tomó la forma de un águila y salió volando de la boca de la cueva tan rápido como pudo.

Suttung vio al águila levantarse, se dio cuenta de lo que había pasado, tomó él mismo la forma de un águila y salió en una persecución feroz. Odín voló por su vida, se esforzó tanto que escupió unas gotas del preciado aguamiel en Midgard y logró atravesar los muros de Asgard justo antes de que Suttung le alcanzara. Suttung sabía que no tenía ninguna ventaja contra el ejército de los Aesir, así que se fue volando para alimentar su rencor en solitario. Odín escupió el aguamiel en recipientes que se mantuvieron bajo vigilancia en Asgard. Pero, a diferencia de Suttung, no quiso quedarse con toda esa sabiduría y habilidad de palabra para sí mismo. Los grandes bardos nórdicos y los narradores decían que el mismo Odín vino a ellos y les dio a probar el aguamiel de la poesía para que hablaran con belleza, habilidad y sabiduría.

Entonces al igual que ahora, también había poetas inferiores que (al menos según sus críticos) no tenían un don digno de ser atribuido a Odín. Los nórdicos también tenían una explicación para ello: esos poetas de segunda categoría se habían apoderado de alguna manera, no de un profundo trago del aguamiel de Odín, sino del sabor de una de las gotas que escupió al azar mientras escapaba de Suttung.

Notas sobre el aguamiel de la poesía:

Los hechos de esta historia vienen directamente del *Skáldskaparmál* de Snorri Sturluson. Todas las especulaciones sobre los motivos de los personajes son mías.

El personaje de Odín se transforma de una historia a otra. Está el héroe trágico y sacrificado que descifra las runas y consigue el trago del agua de la sabiduría y está el estafador exitoso que roba el aguamiel de la poesía. Se podría decir que en ambos casos Odín es simplemente pragmático, que Mímir y las nornas eran más poderosos que él, así que no podía engañarles; mientras que los gigantes no eran más que sus iguales. Se podría decir que los caminos de los dioses son muy difíciles de entender para los humanos.

Pero un rasgo consistente de la mitología nórdica es la mala suerte que trae maltratar a los huéspedes. Lo veremos con un mayor detalle en las siguientes historias.

Capítulo 5. Loki el ladrón

Muchas historias de la mitología nórdica describen cómo la astucia de Loki le metió a él y a sus compañeros los Aesir en problemas y les sacó de ellos. Aquí tenemos dos historias en las que Loki cambia de lado tan fácilmente como cambia de forma:

Las manzanas de Idun

Hace mucho tiempo, Loki y Odín salieron juntos de Asgard para explorar el mundo. Después de un largo viaje a través de las montañas vírgenes estaban hambrientos. Cuando llegaron a una manada de ganado que estaba pastando, capturaron un buey de grasa fina para ellos, lo mataron y pusieron la carne a cocer. Pero, aunque el fuego ardía de manera feroz y el calor era tan intenso que los dioses se retiraron de él, la carne se mantenía igual de cruda que al comienzo.

Mientras se asombraban por esto, un águila les llamó desde un árbol cercano y les dijo que, si solo le dejaban llevarse una parte de la carne, podrían cocinar el resto a su gusto. Los dioses estuvieron de acuerdo, pero el águila se quedó con los muslos y los hombros del buey. Loki, enfurecido por su codicia, agarró una larga rama y golpeó al águila con ella; pero en cuanto la madera tocó al águila, un extremo de ella se clavó en las garras del águila y el otro, en las manos de Loki. Entonces, el águila llevó a Loki a lo alto del cielo, tan alto que sus pies rozaron las copas de los árboles. Loki gritó, exigiendo y suplicando que lo bajara al suelo, pero el águila solo se rio y siguió volando hasta que los brazos y hombros de Loki ardían de dolor.

Finalmente, el águila se ofreció a dejarlo libre y a salvo en el suelo otra vez, siempre y cuando Loki jurara robar a la diosa Idun y sus manzanas de Asgard y llevarlas a la tierra del águila. Loki, que estaba dolorido y asustado y que en cualquier caso nunca había pensado mucho a largo plazo, juró llevar a cabo el robo. Entonces el águila bajó a Loki y él tuvo tiempo, durante la larga caminata de regreso al valle de los bueyes, para pensar en una historia falsa que contarle a Odín sobre por qué el águila lo había capturado y liberado. Mientras viajaban juntos de vuelta a Asgard, Loki pensaba en la mejor manera para cumplir su promesa.

Las manzanas de Idun eran hermosas de ver y dulces de saborear, pero su poder era mucho mayor que su belleza. Solo al comer esa fruta, los dioses se mantenían jóvenes y fuertes mientras pasaban los años, los siglos y las edades del mundo. Así que es lógico que Idun se enorgulleciera de su fruta. Consciente de ello, Loki fue a verla y le dijo en privado que en su viaje había encontrado un manzano que crecía en medio de un gran bosque, un hermoso y prolífico árbol cuyas manzanas eran mucho mejores que las de Idun. Idun, atrapada entre la curiosidad y los celos, aceptó ir con Loki a ver este árbol maravilloso. La persuadió para que llevara sus propias manzanas para compararlas, en caso de que las delicias del manzano silvestre le hubiesen parecido mayores simplemente porque estaba cansado, hambriento y sediento. Entonces, ella se llevó la fruta madura y se apresuró a seguir a Loki al monte silvestre. Cuando ya estaban lejos de Asgard, el águila bajó volando, raptó a Idun y la llevó a su casa en Thrymheim, las montañas del trueno, en medio de Jötunheim, el frío y sombrío mundo de los gigantes. Allí la dejó y le reveló su verdadera forma y nombre: era Thjazi, un gigante de hielo, encantado de ver a los dioses despojados de su fuerza y longitud de sus días. Esto parecía eliminar toda necesidad de los gigantes de declarar la guerra a los dioses: los gigantes podían simplemente esperar con una fuerza inquebrantable hasta que los dioses envejecieran y murieran; y entonces Asgard y todo el mundo estarían en sus manos.

Al principio, parecía probable que los gigantes consiguieran su deseo. Con la desaparición de Idun, la fruta de la inmortalidad ya no crecía en Asgard. Los dioses se preguntaban por su ausencia y temían por ella y también por ellos mismos. Sus cabellos se volvieron grises, sus fuerzas se desvanecieron y sintieron que la vejez se apoderaba de todos ellos. Odín miró a través de los mundos, pero no vio ninguna señal de Idun, que había sido cuidadosamente escondida. Entonces los dioses se reunieron para tratar de recordar quién había visto a Idun por última vez y alguien recordó haberla visto salir de Asgard con Loki.

Capturaron a Loki, lo llevaron ante el consejo y le amenazaron una vez más con tortura o muerte si no lograba traer de vuelta a Idun. Loki suplicó por su vida al consejo tal y como lo había hecho con Thjazi y prometió que traería a Idun de vuelta. Sin embargo, dijo que necesitaría ayuda. Frigg le prestó su capa de plumas que le permitió tomar la forma de un pájaro y, de esta manera, Loki voló hasta Jötunheim en forma de un halcón.

La suerte estaba con Loki ese día. Vio a Thjazi solo en un barco en el frío mar y encontró a Idun también sola en las montañas. No había forma de que escapara a pie y sin la ayuda de nadie, pero estaba deseosa de volver a Asgard. Loki la transformó en una nuez y la tomó entre sus garras y puso rumbo a Asgard.

Pero cuando Thjazi volvió a casa y encontró a Idun desaparecida, adivinó hacia dónde se había ido. Tomó la forma de un águila y voló hacia Asgard. Mucho antes de llegar a la ciudad de los dioses, vio a un halcón volando delante de él. El halcón es un excelente y veloz volador, pero el águila es más rápida y fuerte. Thjazi se aproximó a Loki, quien forzó sus alas y su corazón latió con fuerza mientras se precipitaba desesperadamente hacia la seguridad de su hogar.

Los dioses miraron desde los muros de Asgard y vieron a un halcón y a un águila también. Apilaron virutas de madera seca sobre las paredes y esperaron con antorchas encendidas en sus manos.

Loki pasó por encima de los muros de Asgard y cayó al suelo en su interior, agitado y exhausto. La nuez salió de sus garras, e Idun se levantó y rio de alegría por estar de vuelta en casa.

Los dioses dejaron caer sus antorchas en los montones de virutas y saltaron de las paredes mientras Thjazi, que volaba demasiado rápido y con demasiada fuerza como para girar o detenerse, alcanzó un muro en llamas. El fuego quemó su disfraz de águila. Entonces, cayó al suelo dentro de los muros en forma de gigante y allí los dioses lo mataron.

El cabello dorado de Sif

A veces Loki robaba para salvar su vida y otras veces parece que lo hacía por pura diversión.

Sif era la esposa del hijo malhumorado de Odín, Thor. Su belleza era insuperable y se enorgullecía de su pelo dorado, que brillaba como la luz del sol. Pero un día Loki la vio durmiendo y, sin pensarlo dos veces, se acercó a ella y le afeitó la cabeza. Sif se despertó, descubrió su calvicie, se puso furiosa y se avergonzó. Thor también estaba furioso. Sabía que una cosa tan mezquina e inútil solo la podía haber hecho Loki y entró en el lugar donde se sentaba Loki y prometió romperle todos los huesos del cuerpo. Loki no negó la acusación de Thor, pero pensó que era un precio demasiado alto para pagar por una broma. Le dijo a Thor que no se había hecho ningún daño duradero y juró que pronto le devolvería su hermoso cabello a Sif. En cuanto Thor le soltó, Loki se apresuró a ver a los hermanos enanos Sindre y Brok y les preguntó si podían forjar un hermoso cabello dorado que echara raíces y creciera en la cabeza de una mujer viva. No consta que Loki se ofreciera a pagarles o que les pagara. Parece que estos enanos disfrutaron del trabajo e hicieron el cabello que Loki pidió y, además, crearon otras dos maravillas para que Loki se las presentara a los dioses. Una era una lanza que nunca fallaba su objetivo. La otra era un barco hecho con tales encantos que siempre tenía un viento favorable. Sin embargo, la mayor maravilla de ese barco era que, cuando no se necesitaba, se podía doblar como una servilleta y guardar en el bolsillo.

Quizá al ver tales tesoros Loki se volvió codicioso. Quizá la habilidad de los enanos puso celoso a Loki y él quiso provocarles. Cualesquiera que fueran sus razones, les dijo que seguramente nunca más serían capaces de producir semejantes maravillas. Los enanos se sintieron ofendidos por eso. Loki fue un paso más allá y apostó su cabeza contra la de Brok a que no podrían hacer tres tesoros aún más maravillosos que los primeros. Brok era el asistente, no el maestro herrero en persona, pero tenía una confianza absoluta en su hermano y aceptó la apuesta.

Sindri aceptó el desafío que su hermano le había propuesto. Puso una piel de cerdo en la fragua y le dijo a Brok que maniobrara el fuelle con constancia y sin parar o, de lo contrario, el trabajo se echaría a perder. Brok se puso a trabajar, pero, mientras lo hacía, una mosca se posó en su mano y le picó fuerte. Ignoró el dolor y siguió maniobrando el fuelle hasta que Sindri volvió a abrir la fragua y salió un brillante jabalí con cerdas de oro. Entonces Sindri puso oro en la fragua y se fue, dejando a su hermano las mismas instrucciones que antes. Brok maniobró el fuelle fielmente, aunque la mosca volvió y le picó de una forma aún más dolorosa en el cuello, que palpitaba cada vez con más fuerza, a medida que la fragua se calentaba. Sindri sacó un anillo de oro del horno, echó un poco de hierro y le dijo a su hermano una vez más que maniobrara el fuelle sin cesar, para que la última y la más grande de sus obras no resultara inútil. Brok se puso a maniobrar de nuevo, pero la mosca volvió y esta vez le picó en los párpados, de modo que le salió sangre y le cegó. Brok paró el fuelle por un momento para poder matar a la mosca; y la mosca, que parecía tener un fuerte sentido de supervivencia, se despegó y dejó de molestarle. Pero cuando Sindri volvió por última vez, se enfadó con Brok, diciendo que la interrupción de Brok casi había estropeado el trabajo. Sacó un fuerte y pesado martillo, con un mango terriblemente corto, al parecer estropeado por la distracción de Brok.

Loki estaba esperando en la puerta de la herrería en su propia forma y si entre tanto se hubiera convertido en la mosca que atormentaba a Brok, ni Sindri ni Brok podrían probarlo, ni entonces ni después. Brok tomó los tesoros que su hermano había fabricado y se dirigió junto con Loki a Asgard. Se presentaron ante la asamblea, explicaron la apuesta y mostraron los tesoros. Tres dioses fueron designados para recibir y juzgar los regalos: Odín, Thor y el dios Frey, el hermano de Freya.

Loki le entregó a Thor el cabello dorado (que echó raíces en la cabeza de Sif y creció espléndidamente) y Thor ya no vio la necesidad de romperle todos los huesos. Loki le dio a Odín la lanza que nunca fallaba su objetivo y a Frey, el barco plegable cuyas velas podían llenarse con el viento favorable y llevarlo rápidamente a donde Frey quisiera. Y los dioses se maravillaron y se alegraron.

Entonces Brok dio un paso adelante con el segundo conjunto de regalos. A Frey le dio el jabalí dorado, explicándole que podía correr tan rápido como el mejor de los caballos, que podía correr sobre las olas del mar y los vientos del cielo como si fueran tierra firme y que además brillaría y arrojaría luz allá donde fuere, incluso en la más profunda oscuridad. A Odín le dio el anillo, explicándole que cada novena noche produciría otros ocho anillos tan pesados como este. Y a Thor le dio el martillo de hierro, diciendo que podría golpear la cosa más dura del mundo sin sufrir daño alguno, nunca perdería su marca al ser lanzado y que siempre volvería a la mano de su amo; además, dijo, por orden de Thor el martillo se encogería hasta convertirse en una pequeña cosa fácil de ocultar en los pliegues de su ropa. Brok reconoció con tristeza que el martillo tenía un defecto: su mango era demasiado corto.

Los dioses admiraban la belleza y la perfección de los otros regalos, pero consideraban que el regalo defectuoso, el martillo de mango corto, era el mejor de todos, porque podía ser usado con gran efecto contra los gigantes de hielo. Brok, por lo tanto, había ganado su apuesta.

Loki, alarmado, le empezó a ofrecer regalos costosos para mantener la cabeza sobre los hombros. Pero Brok, tal vez recordando la picadura de la mosca, dijo que no quería nada más que la cabeza de Loki.

—¡Bueno, agárrame entonces! —dijo Loki mientras saltaba.

Pues Loki tenía un tesoro propio: unos zapatos que le permitían correr velozmente por el aire y el mar; mientras que Brok, que no tenía tal cosa, no podía atraparlo. Brok exigió que Thor lo trajera de vuelta, y Thor —quizás agradecido por sus regalos, quizás queriendo evitar la deshonra de los dioses, quizás todavía enfadado con Loki por el pelo de Sif— persiguió a Loki, lo atrapó y lo trajo de vuelta ante Brok y la corte de los dioses.

Loki no rogó, porque no le hubiera servido de nada. En cambio, dijo que Brok se había ganado su cabeza, pero que la apuesta no decía nada sobre su cuello y que, si Brok no podía quitar la cabeza sin estropear su cuello, entonces tendría que irse a casa con las manos vacías. Brok, indignado, invocó un puñal, hizo agujeros en los labios de Loki y le cosió la boca antes de que a Loki se le ocurriera una objeción legal. Ninguno de los dioses parece haber objetado a esto tampoco; tal vez porque la mayoría de ellos habían tenido suficiente con las burlas de Loki, sus mentiras y sus peligrosos consejos. Sin embargo, Loki se las arregló de una forma u otra para que sus labios no fueran cosidos, ya que sus peligrosas palabras aparecen en muchas historias de tiempos posteriores.

Notas:

La historia de las manzanas de Idun y el cabello de Sif aparece en *Skáldskaparmál* de Snorri Sturluson.

Los enanos parecen haber sido un grupo muy variado en el antiguo mundo nórdico: están los codiciosos y asesinos que mataron a Kvasir en el cuento del aguamiel de la poesía y los honorables maestros artesanos en el cuento del encadenamiento de Fenrir y el cuento de Sif.

Capítulo 6. Amor y conflicto

Al parecer, Sif y Thor vivieron felices juntos, excepto por el breve estrés del robo del cabello. Sin embargo, algunas de las deidades nórdicas tenían problemas en los asuntos de amor. Aquí aparecen dos de sus historias:

El matrimonio de Skadi

El capítulo 5 cuenta la manera en la que el captor de Idun, Thjazi, fue asesinado por los dioses después de que secuestrara a Idun y la persiguiera a ella y a Loki hasta Asgard. Cuando Thjazi murió, los dioses festejaron la derrota de otro enemigo y la salvación de Idun y de sus propias vidas. Esa noche volvieron a comer del fruto de la inmortalidad: las canas les desaparecieron del pelo y el cansancio, de sus miembros. De esta manera, supieron que volvían a ser inmortales.

Pero su festín se interrumpió bruscamente cuando la puerta del gran salón se abrió y entró una mujer. Se trataba de una mujer alta y musculosa, con una armadura completa, con nieve en su pelo, fuego en sus ojos y una espada en su mano. Se presentó como Skadi, la hija de Thjazi, que venía a vengar su muerte.

Seguramente los dioses podían haberla atacado juntos y matarla como mataron a su padre o, de forma más honorable, enviar a uno de ellos para que se enfrentara a ella en un combate individual, aunque esto podía suponer un peligro, ya que Skadi era fuerte, entrenada para la guerra y también estaba terriblemente enfadada. Pero los dioses, alegres por su inmortalidad, estaban de buen humor. En lugar de luchar, le ofrecieron un precio de sangre por la muerte de su padre. (Esto no habría sido visto como un soborno; entre los dioses y los hombres de aquellos días, el pago de un precio de sangre era una forma honorable de reconocer a los muertos y evitar interminables derrames de sangre). Skadi les dijo que no necesitaba dinero, ya que su padre era rico y ella era su única heredera. Preguntaron, entonces, qué tipo de precio aceptaría.

Dos cosas quedaron claras: Skadi deseaba que su padre fuera honrado y se sentía muy triste y sola después de su muerte. Los dioses ofrecieron arreglar estas cuestiones. Odín colocó los ojos de Thjazi en el cielo donde permanecieron como estrellas para siempre. Loki prometió hacerla reír, algo que pensaba que no volvería a hacer jamás por el dolor que sentía. Skadi dijo que era libre de intentarlo, pero dudaba de su capacidad. Loki trajo un macho cabrío al salón, le ató una cuerda alrededor de la barba y ató el otro extremo a sus propios genitales. En seguida comenzaron a tirar cada uno para su propio lado, mientras se tambaleaban y chillaban; al final Loki se desplomó en el regazo de Skadi y la encontró riéndose, muy sorprendida.

Con el fin de aliviar su soledad, le dijeron que podría elegir un marido de entre los dioses. Sin embargo, agregaron una condición: que sus futuros candidatos a esposos se cubrieran con mantos para que ella pudiera ver solo sus pies y debía elegir basándose en sus pies. Skadi quería casarse con Balder, el pacificador y el más bello de los dioses y eligió lo que pensó que eran los pies más bonitos que se le presentaron. Pero cuando su marido elegido retiró su capucha, no vio a Balder sino a otro pacificador, el dios del mar Njord, que fue enviado como rehén por los Vanir para establecer la paz entre ellos y los Aesir. Tal vez ninguna de las partes del matrimonio estaba del todo satisfecha; aun así, era preferible que ese festín terminara en matrimonio que en una matanza.

La siguiente cuestión era dónde debía vivir la pareja. Skadi, que era una mujer de las nieves y cazadora, quería que Njord regresara con ella a las heladas montañas de Thrymheim. Njord quería que Skadi viviera con él al lado del mar. Acordaron que él pasaría nueve noches con ella, ella pasaría nueve noches con él y luego decidirían a largo plazo.

Njord se sentía muy infeliz después de pasar nueve noches en Thrymheim. Odiaba el aullido de los lobos; extrañaba el llamado de las aves marinas y el sonido de las olas. Cumplió su trato y se quedó, pero lo más probable es que él y su esposa no gozaron mucho el uno del otro en ese lugar. A continuación, se trasladaron en la casa de Njord en Nóatún. Skadi se sentía miserable allí; odiaba el grito de las aves marinas, que la despertaban a altas horas de la madrugada con lo que le parecía un repugnante chillido. Cuando pasaron los nueve días se marchó sola a Thrymheim, dejando a su nuevo marido solo en Nóatún.

Cómo se ganó a Gerd

El hijo de Njord, Frey, al igual que su hermana Freya, era muy hermoso y portador de una gran alegría. Los hombres le hacían sacrificios en sus bodas y en la época de la cosecha; y Frey adoraba y bendecía todo lo que crecía y era fructífero. Al igual que Freya, Frey era curioso, no tenía miedo y no estaba muy interesado en seguir las reglas de los demás. Así que un día, cuando Odín no estaba, Frey entró en secreto en la bodega de Odín en Valaskjálf. Se sentó en el asiento alto cuyo ocupante podía divisar todos los mundos que cuelgan de Yggdrasil, en el asiento reservado solo para Odín.

Frey miró con asombro a través de los amplios mundos. Vio los vivos fuegos de Muspelheim y al gran gigante Surt que permanece allí, mientras espera al fin, cuando Asgard se encuentre en llamas y se quemen los dioses. Vio a la serpiente de Midgard en las profundidades del Gran Mar. Vio también la belleza del mar agitado y las altas montañas.

Al mirar hacia el norte, vio lo que para él era lo más hermoso y lo más peligroso de todo. Vio una casa de gran altura y belleza, situada en medio de tierras hermosas y fructíferas; allí observó a una figura que caminaba hacia la puerta. La privilegiada perspectiva de Valaskjálf le permitió a Frey observarla con claridad: se trataba de una giganta y era la mujer más hermosa del mundo. Cuando alzó sus manos para abrir las puertas de la casa, Frey sintió su corazón en la garganta y vio cómo el brillo se desprendía de sus manos. La luz que salía de ella iluminaba todos los mundos. Vio su esplendor sobre las olas del mar, las alas de los pájaros marinos, las velas de los barcos. Su brillo estaba en las montañas donde el sol caía sobre el hielo; su luz aceleraba el movimiento de las hojas de todos los árboles en todos los bosques del mundo. Y él la miró de nuevo: una giganta, hija de sus enemigos y de una belleza inconmensurable.

Bajó del asiento alto, dando pasos lentos y caminando con dificultad como en la época en la que Idun fue robada y la vejez cayó sobre los dioses. Pero esta vez fue su corazón el que le dolía y le fallaba, no sus miembros. Volvió a su casa, encorvado y silencioso. No respondió a los que le saludaron. No comió, ni bebió, ni durmió; su rostro se volvió flácido por el hambre y sus ojos se quedaron hundidos por la vigilancia. Pero si alguno de los dioses se volvía a él con preocupación y le preguntaba qué le dolía, él les miraba de una manera tan inhóspita desde su rostro arruinado, que se apartaban y le dejaban con su silencio.

Njord temía por su hijo, pero no se atrevía a hablar con él cara a cara. En lugar de eso, llamó al criado de Frey, a Skirnir, y le dijo que fuera a preguntarle a Frey qué le había traído tanta amargura. Skirnir se mostró muy reacio a emprender esta tarea y argumentó que la respuesta de Frey probablemente no sería muy amistosa. Tal vez temía que Frey le atacara o quizá sabía dónde había ido Frey y temía que en el lugar alto Frey hubiera visto algún horror que pudiera consumir a Skirnir por dentro como había consumido a Frey. Pero puede que fuera más que eso. Skirnir y Frey habían pasado la juventud juntos y habían confiado el uno en el otro durante mucho tiempo; Skirnir adoraba a Frey y quizás más que nada temía saber lo que le debilitaba y ser incapaz de curarlo. En cualquier caso, Njord se volvió cada vez más demandante y finalmente Skirnir aceptó.

Skirnir fue a Frey y se obligó a hablar antes de mirarle a la cara. Se sorprendió cuando Frey le respondió inmediatamente, pero no con golpes o maldiciones, sino con una simple explicación. O al menos la más simple que podía dar. Trató de describir la belleza que había visto. Además, le dijo claramente que, si no se encontraba con esa radiante mujer cara a cara muy pronto y si ella no aceptaba a ser suya, creía que moriría. Finalmente ordenó a Skirnir que fuera a buscar a la mujer para que acudiera a él, con o sin el consentimiento de su padre. Era una tarea desalentadora, dada a la enemistad entre dioses y gigantes, pero Frey prometió recompensar a Skirnir generosamente si lo lograba.

Skirnir aceptó el encargo, pero puso su precio: el caballo de Frey que podía cabalgar con seguridad por los lugares de mayor peligro y la espada de Frey, un arma maravillosa que combatía con maestría por sí misma. Esto ayudaría a Skirnir si se encontraba con problemas en las tierras de los gigantes y si Gerd aceptaba reunirse con Frey, acordó que se los quedaría para siempre. Frey aceptó este trato, porque se dejó llevar por la fuerza de su deseo.

De esta manera, Skirnir cabalgó sobre los solitarios parajes y llegó por fin a la casa de Gymir, el padre de Gerd. Un anillo de fuego rodeaba las tierras de Gymir, pero Skirnir lo atravesó sin problemas y se dirigió hacia las verdes tierras de la propiedad de Gymir, gracias al maravillo caballo de Frey. Sin embargo, los grandes sabuesos de Gymir gruñían y saltaban sobre él mientras trataba de acercarse a la puerta. Skirnir pensó que matar a los perros del padre de Gerd no sería un buen comienzo para ganarse su corazón, así que desvió su caballo y cabalgó por los campos hasta que encontró a un pastor que vigilaba el ganado de Gymir. Skirnir le preguntó a ese hombre cómo podría pasar a salvo entre los perros y hablar con Gerd. El pastor le preguntó a Skirnir por qué estaba tan ansioso por morir. Skirnir respondió que el día de su muerte ya estaba predestinado y que la timidez no lo retrasaría; insistió en hablar con Gerd y se dirigió hacia la puerta y los perros.

Ya sea por los ladridos de los perros o por las objeciones del pastor, el ruido se hizo tan fuerte que Gerd escuchó el escándalo y preguntó qué estaba pasando. Cuando le dijeron que un huésped estaba fuera y exigía ser recibido, ordenó a los sirvientes que sujetaran a los perros y le dejaran entrar, lo que hicieron. Entonces exigió saber quién era, diciendo que no creía que nadie más que un dios pudiera venir a través de los fuegos de la frontera.

Skirnir dijo que no era un dios, dejó de lado otras preguntas y fue directo al negocio de la cortejería. Parece que tomó un enfoque transaccional, más que romántico. Primero le ofreció a Gerd once manzanas de oro puro para comprarle la promesa de que Frey sería su amado. Gerd dijo que ella no quería sus manzanas y que nunca viviría con Frey. Luego le ofreció un anillo muy valioso, uno que Odín le había dado una vez a su muy querido hijo Balder. (No tenemos ninguna historia que explique cómo Frey o Skirnir lo consiguieron). Gerd dijo que su padre era lo suficientemente rico y que esas baratijas no la seducían.

Ante esto Skirnir perdió la paciencia, sacó la maravillosa espada de Frey e informó a Gerd de que le cortaría la cabeza si no aceptaba inmediatamente casarse con Frey. Gerd dijo que no se entregaría a ningún hombre bajo amenaza y además que cualquier daño que se le hiciera sería sobradamente compensado por su padre. Skirnir dijo que su padre no era rival para la espada mágica de Frey. Gerd simplemente le miró con desprecio y no le respondió en absoluto. Y Skirnir —probablemente pensando que Frey no le agradecería ni se recuperaría si Skirnir traía a Gerd muerta— envainó la espada de nuevo. Pero no había abandonado su misión.

Como los regalos de Frey le habían fallado, Skirnir sacó su propio bastón mágico y maldijo a Gerd si continuaba rechazando a Frey. Le dijo que la maldición la alejaría de la casa de su padre y de toda la buena compañía a los fríos parajes cercanos a las puertas del reino de Hela. Le dijo que su cerebro se llenaría de furia y que le dolería el corazón; que su rostro cambiaría horriblemente y que todos los hombres se quedarían asombrados; que ya no desearía comida ni bebida, ni nada en el brillante mundo, salvo el amor de un hombre que nunca le sería dado. Escribió los signos rúnicos de la nostalgia, la locura y la lujuria, con los que la iba a maldecir a menos que le diera su promesa. Aunque no se lo dijo a Gerd, Skirnir parecía desearle los mismos sufrimientos que padecía Frey por no tenerla, ya que Skirnir había adorado a Frey desde la infancia.

Gerd sentía más temor por ese destino que por la muerte. Le dijo a Skirnir que retirara su maldición y le prometió salir a las tierras salvajes en nueve días, conocer a Frey y darle lo que deseaba su corazón.

Skirnir regresó, contento por su éxito y aparentemente sin preocuparse por su manera de conseguirlo: aunque solo le dijo a Frey el resultado y no cómo lo había conseguido. Frey no hizo preguntas, sino que se lamentó por el retraso, ya que muchas veces, dijo, un mes había pasado más rápido para él que cualquiera de las noches en las que tuvo que esperar a su novia. Pero cuando ella llegó, la salud y la felicidad volvieron a él y la alegría se desbordó de él como la luz se desbordaba de ella.

Algunos de sus compañeros dioses estaban menos entusiasmados. Odín escuchó la profecía de que Frey —tras haber entregado su espada maravillosa para ganar el deseo de su corazón— se quedará sin armas el día del Ragnarök cuando los gigantes y monstruos vendrán a luchar contra los dioses y, a falta de esa arma, tanto Frey como los dioses caerán. Odín pudo haberse lamentado por ello, pero fue Loki quien se burló de Frey por ser una criatura estúpida y miope que tiró a la basura su defensa por una chica gigante.

La alegría de Frey por Gerd era demasiado grande para verse disminuida por tales consideraciones. Tenía su alegría presente y no le importaba esperar a los terrores que el futuro pudiera traer.

¿Qué pensaba Gerd? ¿Encontró alguna alegría con Frey? ¿Le dio alguna satisfacción pensar que su búsqueda de ella será finalmente su perdición? ¿Le contó alguna vez que había accedido a acudir a él bajo amenaza? Las historias que nos quedan no responden a ninguna de estas preguntas.

Notas:

La historia de Njord y Skadi viene principalmente de *Gylfaginning* de Snorri Sturluson. El académico Daniel McCoy dice que Skadi fue adorada como diosa en la antigua Escandinavia, aunque su vinculación con los dioses Aesir fue breve.

La historia de Frey y Gerd existe en versiones algo diferentes. Se alude a ella en la Edda poética *Lokasenna* (Los sarcasmos de Loki) y se cuenta ampliamente en la Edda poética *Skírnismál* (Dichos de Skirnir), así como en el *Gylfaginning*. Primero leí la versión en el *Gylfaginning*, la cual describe la visión de Frey sobre Gerd: su desesperado anhelo, su renuncia a la espada y, por lo tanto, a su vida por anhelarla y luego omite el consentimiento de ella para casarse con él (que, según Snorri, es lo que Frey quería). Esta versión parece un cuento romántico bastante dulce. Más tarde, leí *Skírnismál*. La pequeña diferencia es que Frey podría estar buscando una cita, no un matrimonio. El cambio importante, sin embargo, que oscurece la trama son las amenazas de Skirnir a Gerd. *Skírnismál* fue escrito primero y en algunos puntos el *Gylfaginning* lo sigue de cerca. ¿Omite Snorri las amenazas porque la cultura nórdica empezaba a tener un punto de vista algo diferente sobre el consentimiento? Esta pregunta también queda sin respuesta.

Las notas sobre la adoración de Frey provienen de Daniel McCoy en https://norse-mythology.org/

Capítulo 7. Thor la novia

Thor, el hijo temperamental de Odín, era el eterno enemigo de los gigantes. Gracias a su gran fuerza y al poder que le daba el martillo Mjölnir, a menudo se enfrentaba a ellos de forma directa. Algunos gigantes fueron lo suficientemente valientes y estúpidos como para aceptar este desafío; algunos de los duelos que siguieron fueron largos y dramáticos, pero Thor siempre ganaba. Después de un tiempo, los gigantes aprendieron a evitar luchar contra Thor, sin que esto terminara en la enemistad de ambos lados, como se verá en el siguiente relato.

Un día Thor se despertó y no encontraba su martillo. Buscó por toda la casa, en la ciudad, con cada vez más desesperación, pero el martillo no se encontraba por ninguna parte. Como siempre, cuando algo salía sospechosamente mal, Thor sospechaba de Loki y también esta vez fue a verlo para exigirle una explicación por la desaparición del martillo. Loki se las arregló para convencer a Thor de que, por una vez, él no lo había robado y también se ofreció para ir a buscarlo, posiblemente para mantenerse fuera del alcance de Thor en caso de que él comenzara a dudar de su historia. Tomó prestada la capa de plumas de Freya de nuevo y voló a Jötunheim.

Una vez que llegó allí, parece haber tenido una idea astuta de dónde buscar. Ya sea porque tuvo alguna participación en el robo después de todo o porque como ladrón experimentado sabía cómo reconocer a otro ladrón, la historia no lo dice; pero Loki se dirigió a la casa de Thrym (cuyo nombre significa *escandaloso*), el más rico y poderoso de los gigantes. Thrym se encontraba en sus establos, cuidando a los perros y a los caballos: trabajo humilde, tal vez, pero las correas de los perros y los arneses de los caballos eran de oro puro. Se rió cuando vio a Loki bajar, preguntó cómo se encontraban los dioses y quiso saber qué fue lo que le trajo a Loki a la tierra de los gigantes solo. Puede que haya o no haya habido una amenaza en esta última pregunta. En cualquier caso, Loki se apartó de su práctica habitual y le dio una respuesta sincera: los dioses se encontraban en un mal estado y Loki había venido a preguntar si Thrym había escondido el martillo de Thor.

Thrym, al igual que Frey, parece haber estado menos preocupado por la guerra entre los dioses y los gigantes que por sus deseos inmediatos. Respondió con sinceridad que había robado el martillo de Thor y lo había enterrado ocho millas bajo tierra, y que los dioses no lo volverían a ver a menos que le enviaran a Freya para que fuera su esposa. Dejó que Loki saliera libremente para llevar esa demanda a Asgard, cosa que Loki hizo.

Thor fue directo a Freya y le dijo que se diera prisa y se pusiera la ropa de boda para que le devolvieran el martillo. Freya dio un fuerte resoplido lleno de ira, rompió la cadena de su precioso collar y le hizo saber a Thor que sería el hazmerreír de Asgard si dejaba que un gigante la manoseara para recuperar algo que Thor había perdido por mero descuido. Que solucione sus propios problemas, le dijo ella, sin arrastrarla al lodo.

Los dioses se reunieron en un consejo. Entregar a Freya en contra de su voluntad era una idea repugnante, aunque la hubieran podido obligar a irse e incluso si Thrym se hubiera contentado con una Freya que escupía furia e intentaba matarlo. En cambio, dejar a Mjölnir en manos de los gigantes era igualmente impensable.

Heimdal, uno de los dioses más tranquilos y sabios, sugirió que Thor, en lugar de Freya, se pusiera ropa de novia y fuera a encontrarse con Thrym. Thor estaba tan indignado como Freya y argumentó que los dioses le llamarían poco masculino si supieran que había sido visto con ropa de mujer. Loki, pensando en el futuro por una vez en su vida, señaló que, si Thor se negaba a ir, la opinión de los dioses importaría muy poco, ya que los gigantes con la ayuda de Mjölnir podrían venir y destruirlos a todos. Para suavizar la situación o para disfrutar plenamente de la broma, Loki se ofreció a usar también ropa de mujer y a ir como la «sirvienta de Freya» para poder ofrecer la ayuda necesaria para recuperar el martillo antes de que Thrym se diera cuenta de que había sido engañado por su novia.

Thor aceptó, aunque sin ganas, y los dioses lo vistieron con todo el esplendor nupcial, con llaves en la cintura, anillos en los dedos, joyas en el pecho, el collar de ámbar de Freya (con una cadena recién remendada y algo alargada) alrededor del cuello, un velo sobre el rostro y un bonito sombrero en la cabeza. Loki tuvo la precaución de no reírse muy alto, ya que Thor solo había cambiado su ropa, no la forma de su cuerpo. De esta manera, incluso sin su martillo, era lo suficientemente fuerte como para dar una buena paliza a cualquiera que lo ofendiera. «Freya» y su «doncella» se subieron al carro de Thor tirado por cabras y se fueron hacia Thrymsheim con toda prisa.

Thrym las vio venir desde lejos y se alegró mucho. Hizo que sus sirvientes limpiaran el gran salón y exhibieran todos sus tesoros más selectos de manera prominente. Al mirar a todos sus tesoros, dijo que seguramente ya había tenido todo lo bello que se podía desear en el mundo, excepto a Freya, pero ahora también la iba a tener a ella. Hizo que sus cocineros prepararan un gran banquete en su honor.

«Freya» se bajó de su carroza, quizás un poco más pesada de lo que Thrym había esperado, pero se mantuvo con el velo bajado: esto, explicó su sirvienta (igualmente velada), era la costumbre de las diosas modestas antes del matrimonio. Esta modestia, sin embargo, no le impidió a «Freya» comerse un buey entero, ocho salmones y beberse tres toneladas de aguamiel. Thrym se sorprendió y tal vez comenzó a pensar en el gasto de mantener a una esposa así; exclamó que nunca antes había visto a una novia con un apetito tan agudo. Loki, como de costumbre, tenía una excusa a mano: explicó con su voz de sirvienta recatada que Freya había ayunado durante ocho días y ocho noches debido a su anhelo por Jötunheim. Thrym, halagado, aceptó la explicación y se acercó a su novia, deseando besarla, pero sus ojos se encontraron con los de «Freya» y se asustó al ver cómo su mirada ardía. La sirvienta se apresuró a explicar que Freya no había dormido durante ocho noches, tan ardiente era su anhelo por Jötunheim.

La hermana de Thrym se adelantó entonces y dijo que, si Freya quería ser recibida por ella como su queridísima hermana, entonces inmediatamente le daría los anillos de sus dedos en señal de parentesco y amistad. (Este tipo de regalo de la novia parece haber sido habitual, aunque quizá pedirlo descaradamente no lo fuera). «Freya» no respondió y Thrym, al recordar sus ojos ardientes, parece haber decidido que era necesaria una distracción. Llamó a sus sirvientes para que sacaran el martillo de Thor y lo pusieran en las rodillas de la doncella para que pudieran jurar sus votos matrimoniales sobre él.

Los sirvientes obedecieron, pero los votos nunca se hicieron. Tan pronto como el martillo tocó sus rodillas, Thor lo levantó y golpeó al ansioso novio Thrym, y después de él a la hermana que tanto había deseado su oro. Dicen que las únicas criaturas vivientes que salieron del gran salón de Thrym ese día fueron Loki y Thor.

Notas:

La historia de Thor la novia está contada, de forma clara y animada, en la Edda poética *Thrymskvida* (El cantar de Thrym). Es también uno de los pocos cuentos que muestra a Loki clara e inequívocamente ayudando a los dioses, aunque su rápido ingenio y su disposición a engañar aparecen tan claramente aquí como en los otros cuentos.

Capítulo 8. Las aventuras de Thor en Utgard

Después de esto, la relación entre Thor y Loki se hizo más amistosa por un tiempo y un día se subieron juntos al carro de Thor tirado por cabras y se fueron a explorar el mundo. Al final del primer día, llegaron a la casa de un granjero y pidieron alojamiento para pasar la noche. Se les dio la bienvenida como es debido, ya que cualquier hombre o mujer que tuviera una casa y rechazara a un huésped se habría avergonzado; pero el hombre y la mujer de la casa se susurraron ansiosamente entre ellos sobre cómo podrían alimentar a sus huéspedes, ya que había sido un año muy difícil.

Thor escuchó esto y les dijo que no se preocuparan, ya que él proveería la comida. Mató las cabras que tiraban de su carro, las asó en el fuego e invitó a la familia del granjero a comer con él y con Loki. Ellos aceptaron la invitación, pero él les dijo que cuando comieran la carne, tiraran los huesos de las cabras encima sus cueros. Así lo hicieron, pero el hijo del granjero, Thialfi, que estaba muy hambriento, rompió uno de los huesos para chupar la médula.

Esa noche Loki y Thor durmieron en la casa del granjero. Por la mañana, Thor tomó su martillo y bendijo los cueros y huesos de las cabras. En seguida, los huesos se cubrieron de carne y la carne de cuero, y las cabras respiraron y se levantaron del suelo; pero una de ellas estaba coja en su pata trasera, por el hueso que Thialfi había roto. La familia del granjero miraba con asombro, lo que se convirtió en horror cuando vieron a la cabra cojeando y a Thor furioso y levantando su martillo para golpear al culpable. Los cuatro, el granjero, su esposa, su hijo Thialfi y su hija Röskva, se pusieron de rodillas y pidieron clemencia, prometiendo dar todo lo que tenían como compensación por lo que Thialfi había hecho. Sabían, sin embargo, lo poco que podían ofrecer. Además, habían oído historias de la terrible ira de Thor y estaban desesperados por obtener su misericordia.

Thor, al ver el terror en sus ojos, sintió que la ira se le pasaba. Les dijo que se levantaran y juró que les iba a dejar vivir. Sin embargo, les dijo a Thialfi y Röskva que le siguieran y le sirvieran, lo cual hicieron. Thor fue a pie, su cabra estaba coja, Loki caminó junto a él y los nuevos sirvientes de los dioses les siguieron, llevando el equipaje que había estado en el carro de la cabra. Viajaron por tierras tan nuevas para los dioses como para los niños y, al anochecer, estaban vagando por un bosque sin senderos.

Pero cuando pensaron en refugiarse para pasar la noche, llegaron de repente a un gran salón, con una puerta abierta que recorría todo el ancho de la amplia pared frontal. Pegaron un grito para anunciar su llegada y pedir hospitalidad, pero nadie respondió. Cuando entraron, no encontraron ni ocupantes ni muebles y parecía que había algo que estaba mal en la forma de las paredes. Sin embargo, les pareció mejor que dormir al descubierto en el bosque salvaje, así que se quedaron dentro, aunque prefirieron no alejarse demasiado de la puerta de la entrada. Pero cuando se despertaron durante la noche y sintieron que la tierra temblaba bajo ellos, Loki y los sirvientes se escabulleron a un pasillo lateral más estrecho, mientras Thor vigilaba cerca de la puerta con Mjölnir entre sus manos. A continuación, hubo un terrible sonido de trueno y un extraño quejido de viento. Thor no durmió, pero ningún enemigo visible vino a pelear. Por la mañana se levantaron y se fueron apresuradamente, esperando pasar la siguiente noche en una mayor tranquilidad.

No habían ido muy lejos cuando volvieron a oír los terribles truenos y quejidos. Al acercarse cautelosamente al origen del sonido, entraron en un claro y vieron a un hombre enorme que yacía profundamente dormido en el bosque y roncaba con fuerza. Thor era considerado alto y fuerte, pero parecía un niño junto a ese hombre dormido. Thor puso sus manos en el cinturón que contenía sus reservas de poder, reunió todas sus fuerzas y levantó el Mjölnir. Mientras lo hacía, el hombre se despertó y se puso en pie, elevándose sobre los dioses y sus sirvientes. Entonces, dicen, por primera vez en su vida Thor tuvo miedo. Solo con un esfuerzo mantuvo su voz firme mientras preguntaba el nombre del extraño.

El desconocido se llamaba a sí mismo Skrymir. Dijo que no tenía la necesidad de preguntar el nombre de Thor, pero se preguntaba qué había hecho Thor con su guante (el de Skrymir). Entonces, mirando a su alrededor, caminó a través de los árboles y regresó con lo que Thor consideró como la extraña sala donde él y sus compañeros se habían refugiado durante la noche. Se ofreció a viajar con Thor y sus compañeros y a llevar su bolsa de provisiones. Thor aceptó. Esto fue un alivio para Röskva y Thialfi, que estaban cansados de cargar; pero pronto se hizo evidente que los acompañantes de Thor no podían seguir el ritmo de las grandes zancadas de Skrymir. Skrymir dijo que seguiría adelante y que podrían encontrarse con él a tiempo para la cena. Era una noche oscura cuando finalmente le alcanzaron y les dijo que ya había cenado, pero que podían tomar su propia comida de la bolsa de provisiones y prepararse su cena. Dicho esto, se acostó a dormir. Thor fue a desatar el cordón de cierre de la bolsa de provisiones y fue completamente incapaz de hacerlo.

Thor estaba asombrado por la fuerza que había atado tal nudo. Le avergonzaba despertar a Skrymir y confesar que era demasiado débil para desatar una simple cuerda. También tenía hambre, miedo y estaba dispuesto a pensar que Skrymir se burlaba de ellos y no les deseaba nada bueno. Finalmente, perdió los estribos, se acercó a Skrymir dormido y le dio lo que debería de haber sido un golpe mortal en la cabeza con el martillo de trueno. Skrymir gruñó, abrió un ojo y dijo que una hoja le despertó al caer sobre su cabeza. Le preguntó si Thor y sus compañeros ya estaban listos para dormir. Sí, Thor dijo tímidamente, que ya se iban a dormir.

Se retiraron y durmieron a cierta distancia de Skrymir. De nuevo, en medio de la noche Thor se arrastró al lado de Skrymir y trató de matarlo. Esta vez, el martillo se clavó en la cabeza de Skrymir, pero Skrymir dijo, sin abrir los ojos, que parecía que le había caído una bellota encima y le preguntó si ya era de día o si Thor quería algo. No, dijo Thor, todavía había tiempo para dormir y que no quería nada.

Se retiró, recapacitó, regresó y dio un último golpe justo cuando la luz salía. Skrymir parpadeó, bostezó y dijo que ya era de día, porque los pájaros le habían echado tierra encima. Añadió que, evidentemente, Thor no podía mantener el ritmo de Skrymir, por lo que era mejor que Thor siguiera solo; pero por consejo de Skrymir, Thor cambiaría su rumbo para evitar el gran castillo de Utgard que se encontraba en su camino, ya que todos sus habitantes eran tan grandes y fuertes como Skrymir y no era probable que miraran con buenos ojos las palabras insolentes de enanos y niños como Thor y sus compañeros. Entonces Skrymir se dirigió a las colinas del norte, llevando todavía la bolsa que contenía las provisiones de Thor y las suyas propias. Thor y Loki no le deseaban buena suerte en su viaje.

Tampoco se desviaron para evitar entrar en Utgard. A Thor nunca antes nadie le había llamado *pequeño* y *débil*, y él nunca antes había tenido miedo. Tal vez el miedo era lo que más le preocupaba y decidió enfrentarlo. Además, tenía a Loki a su lado y se podía contar con él para recordar y contar, posiblemente con adornos dramáticos, cualquier cosa vergonzosa que le sucediera a Thor. Thor esperaba que Loki hubiera dormido durante sus infructuosos ataques a Skyrmir, pero Loki ciertamente había visto su inútil lucha por abrir la bolsa y escuchado las burlonas palabras de Skrymir. No iba a dejar que Loki dijera que Thor, el guerrero más grande de los Aesir, se había alejado por miedo de un enemigo que ni siquiera había conocido. Caminó directo hacia Utgard, hambriento y enojado; y sus compañeros fueron detrás de él.

Llegaron a Utgard al mediodía y miraron con sorpresa a los enormes muros del castillo que se extendían hacia el cielo. Había una reja sobre la entrada. Nadie pareció oír sus golpes y toda la fuerza de Thor no sirvió para abrir la reja, pero al final, se apretujaron entre los barrotes y llegaron a la puerta abierta del gran salón. Allí vieron mesas altas y hombres enormes, la mayoría de ellos tan grandes como Skrymir, que se reían al ver entrar a los pequeños. Thor levantó la barbilla, apretó los dientes y marchó en línea recta hasta que se quedó de pie ante la gran silla del rey de ese lugar, el mismísimo Utgard-Loke. Utgard-Loke le ignoró al principio, y luego sonrió con desdén y preguntó si ese niño de ahí abajo era realmente el dios Thor del que se contaban tantísimos cuentos. Thor confesó su nombre. Utgard-Loke dijo en tono reflexivo que tal vez después de todo Thor tenía algunas buenas cualidades que no se veían a simple vista. ¿Podría Thor hacer algo impresionante, preguntó Utgard-Loke, para ganarse su lugar en el salón ya que no tenían espacio o comida para los débiles?

Loki respondió rápidamente antes de que el temperamento de Thor le incitara a dar una respuesta que hiciera que los mataran a todos. Loki se ofreció a comer más que cualquier hombre presente en el salón. Utgard-Loke llamó a un hombre llamado Logi para que compitiera con Loki y un gran comedero lleno de comida apareció entre ellos. Loki empezó a devorar la comida inmediatamente. Después de todo, había caminado mucho durante dos días sin nada que comer y su apetito parecía ser tan vivo como su astucia. De hecho, se encontró con Logi, que había empezado desde el otro extremo, en el punto medio del comedero. Sin embargo, Loki vio que mientras él se había comido toda la carne del comedero, Logi también se había comido los huesos y el comedero mismo. En este caso, incluso el propio Loki no podía afirmar que había ganado en esa ronda.

Entonces, Thialfi habló y se ofreció a competir contra alguno de los hombres de Utgard-Loke en una carrera a pie. Utgard-Loke llamó a un simple muchacho llamado Hugi, que era más pequeño que la mayoría de la gente de Utgard y lo puso a correr contra Thialfi. Thialfi corrió, y Thor, observando, pensó que incluso entre los dioses Thialfi habría sido considerado como un hombre de pies rápidos; pero Hugi tocó el poste de la meta y se volvió para encontrarse con Thialfi en el camino. Utgard-Loke dijo que tal vez Thialfi acababa de empezar a calentar sus piernas y que deberían darle otra oportunidad. Thialfi corrió aún mejor que antes, pero Hugi le superó por una distancia aún mayor. Utgard-Loke pidió una prueba más. Thialfi, temblando de cansancio, corrió tan fuerte como pudo, pero antes de llegar a la mitad del recorrido Hugi ya había llegado al final.

Utgard-Loke preguntó qué era lo que podía hacer el propio Thor. Thor, que era aún más reacio a rechazar un concurso que a perderlo, sugirió un concurso de bebida. Así que Utgard-Loke le ofreció un cuerno para beber, diciendo que los hombres fuertes de Utgard podían bebérselo de un solo trago, los medianos de dos y los más débiles de tres. Thor tomó el cuerno y bebió, pero el licor del cuerno parecía no tener fin; al final, cuando su cerebro se tambaleaba y sus pulmones ardían, lo bajó de sus labios y vio que apenas había cambiado de nivel. Utgard-Loke sacudió la cabeza y dijo que nunca hubiera creído, si no lo hubiera visto con sus propios ojos, que Thor era un bebedor tan insignificante; pero, por supuesto, que se le podía dar otra oportunidad. Thor bebió de nuevo, pero, aun así, cuando paró para tomar aire, el cuerno estaba casi lleno y Utgard-Loke dijo que claramente la reputación de Thor era muy exagerada. Thor bebió de nuevo con todas sus fuerzas y cuando bajó el cuerno de sus labios, el licor en él se redujo visiblemente, pero el cuerno seguía estando aún medio lleno.

Utgard-Loke declaró que no estaba impresionado, pero amablemente le ofreció a Thor la oportunidad de compensarlo con algún otro juego. Thor aceptó de mala gana intentar cualquier juego que Utgard-Loke le propusiera, y Utgard-Loke dijo que le parecía correcto dejarle probar un juego que los niños de Utgard disfrutaban: el de levantar el gato de Utgard-Loke. Se trataba en efecto de un gato bastante grande, pero solo un gato, al fin y al cabo. A Thor le avergonzó que le dieran una tarea tan fácil. Se acercó y se dispuso a levantar el gato con una mano. ¡Pero qué gato era ese! Era terriblemente pesado, más pesado que un gato de hierro, pero flexible y elástico como un gato de cera en un día caluroso de verano. Lo trató de levantar con ambos brazos, y su vientre se elevó mientras lo hacía, pero sus pies permanecieron en el suelo. Se esforzó muchísimo y al final solo logró levantar una pata del suelo, pero sus otras patas estaban completamente estiradas y seguían en el suelo, entonces las fuerzas de Thor se agotaron completamente. Utgard-Loke se encogió de hombros y dijo que no se podía esperar nada mejor de un hombre tan pequeño.

Avergonzado y lleno de ira, Thor se ofreció a luchar contra cualquier hombre en el salón. Utgard-Loke respondió desdeñosamente que ningún hombre se rebajaría a luchar contra un tipo tan débil e infantil como Thor había demostrado ser, pero si Thor estaba tan interesado en la lucha libre, podía intentar luchar contra la vieja enfermera de Utgard-Loke, Elli. La anciana se levantó y parecía tan frágil y tan vieja, con sus manos temblorosas y su piel fina y suelta en su cuerpo, que a Thor le daba pena luchar contra ella; pero cuando Utgard-Loke le sugirió que tenía miedo de una anciana, Thor se mordió los labios y salió a su encuentro. Y, aunque parecía frágil, era inamovible. Todos los esfuerzos de Thor por levantarla, tirarla o derribarla fueron inútiles; ella estaba de pie como una estatua de perfecta fragilidad, una estatua de piedra. Pero cuando ella dobló su peso contra Thor, él se sintió debilitado como lo había estado cuando las manzanas de Idun fueron robadas, y cayó de rodillas. Utgard-Loke suspendió el partido entonces, y dijo que, aunque Thor y sus compañeros no se hubieran ganado un lugar merecido por sus grandes hazañas, aún así era casi de noche y sería una lástima dejar a esos pequeños e inofensivos hombrecillos fuera en la oscuridad y el frío. De modo que esa noche se les ofreció comida y un lugar para dormir.

Por la mañana, Utgard-Loke les dio un abundante desayuno y los llevó a las puertas. Cuando pasaron la reja y se detuvieron de nuevo

---

en la llanura, Utgard-Loke le preguntó a Thor cómo le había gustado su viaje y si había conocido a algún hombre más poderoso que él. Thor dijo honestamente que no podía pretender no haber sido avergonzado y se le encogió el corazón al pensar que la gente de Utgard se burlaría de él, por su debilidad, para siempre.

Utgard-Loke se mostró pensativo ante esto. Finalmente dijo que, ahora que estaban fuera de los muros del castillo, le diría a Thor la verdad: que ninguno de los habitantes de Utgard se burlaría de Thor por su debilidad o se encontraría de buena gana con él de nuevo, porque el poder de Utgard-Loke no estaba en su fuerza sino en su habilidad con las ilusiones mágicas. Había tomado la forma de Skrymir, lanzó un hechizo para parecer enorme a los ojos de Thor y de sus compañeros, y ató con hierro el saco de provisiones cuando Thor no estaba mirando. Se mantuvo despierto durante toda la noche y cada vez que Thor se enfrentaba a él con Mjöllnir, lanzaba otro hechizo de ilusión y de cambio de distancia, de modo que Thor clavaba el martillo en la montaña y no en su cabeza. La montaña, añadió Utgard-Loke, estaba ahora mucho más desgastada.

La gente de Utgard había sido engrandecida por la magia, como el mismo Utgard-Loke; y Utgard-Loke había lanzado hechizos más intensos y potentes cuando organizó concursos y tareas para los dioses y sus sirvientes. El oponente de Loki, Logi, que devoraba carne y huesos, tenía un aspecto humano solo gracias a la habilidad de Utgard-Loke; no era ni un hombre, ni un dios, ni un gigante, sino el mismo fuego salvaje. El chico Hugi que ganó la carrera tan fácilmente contra Thialfi no era un ser físico en absoluto, pero tenía un aspecto humano por arte de magia de Utgard-Loke. Y en cuanto a las tareas de Thor, el cuerno de la bebida que se le ofreció fue el propio mar, hecho más pequeño por los poderosos hechizos del espejismo; Utgard-Loke y sus gigantes se asustaron cuando vieron el profundo trago que Thor tomó de él (y esa prueba burlona cambió el curso del mundo, ya que el gran sorbo de Thor creó las primeras mareas bajas en el gran mar). En cuanto al gato gris, no se trataba de ningún gato en absoluto, sino de la Serpiente de Midgard astutamente disfrazada, y Utgard-Loke tembló cuando vio a Thor levantar una de sus patas del suelo. Y la última y peor de las pruebas, la lucha contra la anciana era tal que nadie podía esperar ganar; porque no era una anciana, sino la vejez misma, contra la que ni siquiera los dioses podían luchar.

Después de esta explicación, Utgard-Loke añadió que sería mejor tanto para Thor como para él mismo si nunca se volvían a ver; porque la fuerza de Thor era mayor de lo que Utgard-Loke había imaginado y había consternado a toda la gente de Utgard, pero Utgard-Loke confiaba en sus poderes de engaño para salvarse de la ira de Thor, y quizás humillar a Thor de nuevo por un tiempo, si Thor insistía en ponerlo a prueba.

Thor, al oír esto, se puso furioso y de repente se sintió confiado de nuevo, y levantó el Mjöllnir en el aire para darle un golpe mortal. Pero antes de que pudiera clavar su martillo en la cabeza de Utgard-Loke, la cabeza y el gigante habían desaparecido. Thor dio entonces un gran paso hacia la puerta del castillo y habría dejado el lugar en ruinas, pero antes de que su pie tocara el suelo, la puerta, el muro y el salón habían desaparecido, sin dejar nada más que una llanura vacía con el viento silbando sobre ella. Thor se quedó mirando fijamente al vacío durante mucho tiempo y luego volvió a casa, asombrado y avergonzado. Loki vino después, riéndose en su corazón y atesorando los cuentos con los que algún día se burlaría de Thor. Y de hecho, llegó el día en el que se burló, aunque eso no trajera mucha alegría a ninguno de los dos dioses. Pero ese cuento vendrá más adelante en este libro.

Notas:

La historia de Thor y Utgard-Loke viene del *Gylfaginning* de Snorri Sturluson. He alterado ligeramente la ortografía del nombre del rey gigante para ayudar a distinguirlo del dios embustero, Loki; de hecho, tanto el nombre del dios como el del gigante aparecen en inglés como Loke o como Loki indistintamente.

La historia es extraña y desenfadada, pero también con características muy peculiares: la insistencia de Thor en viajar a

Utgard incluso después de conocer a Skrymir, y sus repetidas pruebas las que estaba condenado a fallar. Por ello, me parece que está relacionada con los aspectos más profundos de los mitos nórdicos. Para todo el trabajo al que Odín dedicó la mayor parte de su pensamiento y Thor la mayor parte de su fuerza, la defensa de Asgard y Midgard contra los gigantes y los monstruos, el hielo y el fuego, era también un trabajo condenado a fracasar al final, como Odín sabía al menos desde el principio de los días. Se esperaba que los dioses, así como los hombres, asumieran tareas en las que sabían que no podían evitar fracasar. La gloria vino, no de la victoria final, sino del coraje para enfrentarse a la derrota final.

Capítulo 9. Odín el anfitrión y Odín el invitado

Había una vez un rey llamado Hrauthung que tenía dos hijos, Agnarr y Geirröd. A finales de otoño, cuando Agnarr tenía diez años y Geirröd ocho, salieron a pescar juntos en un barco en el mar. Tenían la intención de quedarse cerca de la costa, pescar unos pocos peces pequeños y volver a casa; pero un gran viento se levantó y sopló desde la tierra, y mientras los chicos hacían todo lo posible por remar de vuelta a casa, su fuerza no fue suficiente frente a esa ráfaga. El barco fue llevado al mar y los chicos se dieron por perdidos. Cuando se hizo de noche, los muchachos sintieron que su bote se estrelló contra una piedra. Trataron de llegar a tierra, con frío y miedo y escucharon el aullido de los lobos. Entonces vieron una luz que venía de la ventana de una casa de campo. Se apresuraron hacia la luz y tocaron la puerta. La puerta se abrió y un hombre y una mujer dieron la bienvenida a los muchachos, encendieron el fuego y les trajeron comida y bebida.

Por la mañana los muchachos estaban agradecidos de estar vivos y bien atendidos, pero estaba claro que no podían volver a casa. Su barco estaba destrozado y no sabían hasta dónde o por qué caminos les había llevado el viento. Además, en cualquier caso, había llegado el invierno: el viento aullaba como un gran lobo, impulsando el aguanieve y la nieve. Los chicos estaban consternados, pero los campesinos dijeron que con gusto les mantendrían durante el invierno y les ayudarían a encontrar el camino a casa en primavera.

Así que los muchachos se quedaron. La mujer cuidaba de Agnarr, el heredero del rey, mientras que el hombre cuidaba de su hermano menor Geirröd. Mientras que la cabaña de campesinos carecía del esplendor y la comodidad del palacio del rey Hrauthung, a Geirröd le pareció que su nuevo hogar era mejor de una manera: el campesino le contaba historias maravillosas, le enseñaba muchas habilidades y le contaba secretos. Geirröd no se dio cuenta de que esto se debía a que el hombre era el propio Odín disfrazado, mientras que la mujer era la diosa Frigg, la esposa de Odín. Durante todo el invierno, los dioses mantuvieron sus disfraces y los niños se quedaron con ellos.

Al llegar la primavera, el viento se volvió ligero y la nieve dejó de aferrarse a la tierra. Entonces, el hombre sacó una barca y la pareja llevó a sus hijos adoptivos a la orilla y se despidió de ellos. El hombre se quedó hablando en privado durante mucho tiempo con Geirröd antes de que le dejara marchar. Después los chicos se subieron a la barca y un viento suave y favorable les llevó de vuelta a casa, justo al lugar donde habían desembarcado. Geirröd fue el primero en bajar de la barca; y cuando Agnarr se levantó para seguirle, Geirröd cogió los remos, los tiró a la orilla detrás de él y dio un gran empujón a la barca. Agnarr cayó de nuevo en la barca y Geirröd gritó, «¡Vete ahora donde el mal te lleve!» Y un viento salvaje se levantó y devolvió la barca de nuevo al mar.

Geirröd miró a su alrededor y vio que nadie había visto lo que le había hecho a su hermano. Entonces se dirigió desde la playa al gran salón de su padre, mientras ensayaba una mentira acerca de cómo Agnarr había muerto en el mar y él se había salvado. Pero el rey Hrauthung nunca escuchó aquella mentira. Cuando Geirröd entró en la sala, se encontró con que su padre había muerto y fue recibido de nuevo no como el príncipe perdido, sino como el nuevo rey.

Años después, Odín en su propia forma subió a Valaskjálf, miró a los mundos y volvió a Frigg riendo. Le dijo que había visto a su hijo adoptivo Agnarr en una cueva engendrando hijos con una giganta, mientras que su propio hijo adoptivo Geirröd había llegado a ser rey.

Frigg estaba furiosa por esto, pero logró reír fríamente:

—¡Pues menudo rey que es tu hijo adoptivo! —le dijo a su esposo—. Le enseñaste bien los deberes de un anfitrión. Es tan tacaño que tortura a sus invitados si piensa que son demasiados para alimentarlos sin tener pérdidas.

Odín negó esta acusación de manera rotunda. Era una de las peores cosas que se le podía decir a alguien, sin embargo, parece que no estaba del todo seguro de tener la razón. Desde Valaskjálf, podía ver todos los lugares, pero no podía verlo todo a la vez; y Frigg era una adivina con sus propias maneras de saber las cosas. Así que Odín hizo una apuesta con Frigg de que ella estaba equivocada, y luego se disfrazó de un hombre mortal de nuevo y se dirigió a pie al gran salón del rey Geirröd.

Frigg sabía muy bien que lo que había dicho sobre Geirröd era mentira, pero pensó que había una manera de hacerlo realidad para ganar la apuesta y que Odín dejara de pavonearse de que su hijo adoptivo le había robado el reino al suyo. Envió a su criada Fulla al rey Geirröd antes de la llegada de Odín. El rey Geirröd la recibió como un rey debe recibir a sus invitados y la criada le advirtió que había un peligroso mago suelto en el reino de Geirröd que bien podría tratar de encantar al propio rey. Era un maestro de los disfraces, pero, sin embargo, dijo, podía ser reconocido por una señal segura: ningún perro se atrevería a ladrarle. El rey se tomó la advertencia a pecho. Tenía motivos para saber que la traición era posible y a menudo exitosa. También pudo haber temido que un mago tuviera alguna forma de saber lo que le había hecho a su hermano Agnarr y también temía la reacción de su pueblo al saber esa verdad.

Más tarde ese día, un extraño llegó a la puerta del rey Geirröd. Se trataba de un hombre alto, cansado y envuelto en un manto azul. Los perros más feroces del rey Geirröd estaban encadenados a la puerta después de la advertencia de Fulla, pero cuando vieron al vagabundo, no le ladraron ni saltaron. Uno de los guardias preguntó quién era el forastero, mientras que el otro corrió a advertir al rey. El segundo guardia regresó rápidamente con varios hombres armados y procedió a agarrar al extraño, quitarle las armas, atarle los brazos y llevarlo ante el rey Geirröd.

El rey interrogó al extraño detenidamente, pero él en su ira y orgullo se negó a decir nada más que su nombre, el cual dijo que era Grimnir. El rey Geirröd le pidió que hablara y diera un relato completo de sí mismo: sus orígenes, sus intenciones y su peculiar efecto sobre los perros o, de lo contrario, esto podía acabar mal para él. Cuando Grimnir se mantuvo impasible ante esta amenaza, el rey ordenó a sus guardias que ataran a Grimnir a una silla y lo pusieran cerca de dos fuegos hasta que el humo le ahogara y le dolieran los ojos y el calor del fuego quemara su ropa y su pelo. Aun así, Grimnir no quiso hablar. Así que el rey Geirröd ordenó a los guardias que dejaran a su sospechoso invitado allí hasta que hablara, que alimentaran el fuego regularmente y que no le dieran nada al invitado.

A lo largo de ocho días se obedecieron estas órdenes. Los soldados del rey Geirröd sabían que maltratar a un huésped traía una maldición de los dioses, pero seguramente sabían que desobedecer a su rey también traería un castigo inmediato. El que finalmente se apiadó del extraño no fue un soldado ni un sirviente, sino el propio hijo del rey, un niño de diez años al que su padre, tal vez por burla, tal vez por arrepentimiento o tal vez simplemente para mantener la mentira de que lloraba a su hermano que se había perdido por una trágica desgracia, había llamado Agnarr.

El joven Agnarr se compadeció del hombre que sufría tanto y no quería ceder. El muchacho no se atrevió o no fue capaz de liberar al huésped, pero le trajo un cuerno con aguamiel y le habló amablemente, lamentando la crueldad de su padre con alguien que no le había hecho ningún daño.

Grimnir había guardado silencio bajo la tortura y la amenaza, pero la amabilidad del chico le hizo hablar. Se quejó de su dolor, su hambre y de que nadie se había movido para ayudarle excepto

Agnarr. A continuación, dijo que solo Agnarr gobernaría a los godos a partir de entonces y que sería recompensado con más riquezas que cualquier mortal por ofrecer una sola bebida.

Los guardias corrieron a decirle al rey Geirröd que su extraño invitado finalmente había hablado. El rey vino y se sentó a escuchar con su espada medio desenvainada posada en su rodilla, pero Grimnir solo se dirigía al muchacho, diciéndole que había sido saludado y bendecido por el mismísimo Odín. Entonces, aunque ni Agnarr ni su padre se dieron cuenta al principio, Grimnir empezó a responder a la pregunta del rey y a hablar de sus orígenes. Larga y tiernamente describió la belleza del brillante Asgard, los grandes banquetes en el salón de Odín (y el hecho de que Odín no comiera nada en ese festín, sino que solo bebiera. Aunque Grimnir no lo mencionó en ese momento, la bebida elegida por Agnarr era su favorita), el brillante salón donde vivían Thor y Sif, el gran salón de Frigg donde vivían los muertos que no iban al salón de Odín (nombró a Frigg sin amargura; posiblemente se arrepintió de haber elegido a Geirröd en lugar del hijo adoptivo de ella y, en cualquier caso, no debió de conocer el recado de Fulla), el lugar de la paz de Balder donde no podía pasar nada malo y mucho más. Pero había tristeza en su voz; de vez en cuando hacía una pausa en su lista de esplendores y decía que así permanecería «hasta que los dioses sean destruidos». Su charla dejó Asgard entonces y bajó a Midgard, describiendo cómo Odín y sus hermanos dieron forma al mundo por primera vez a partir de la carne de Ymir.

Y entonces Grimnir levantó la cabeza y su mirada atravesó el techo de la sala. Su cara se volvió temible y sus ojos se encendieron. Dijo que había levantado su rostro al cielo y que desde el cielo vendría la ayuda. Entonces empezó a decir sus propios nombres. Dio muchos nombres a sus disfraces humanos (Grim, el Encapuchado, Gangleri, el Vagabundo, y más...) y a sus atributos divinos (el Muy amado, el Derrocador, el Contador de la verdad, el Engañador, el Amplio de sabiduría...) Al final, se llamó a sí mismo El padre de todo y Odín. Y luego le dijo al rey Geirröd que había bebido demasiado y actuado con demasiada precipitación y que no podría buscar ayuda del cielo, porque la espada que le destruiría ya había sido desenvainada y su cuerpo herido pronto yacería a los pies de Odín. Diciendo esto, Grimnir llamó a los poderes de Odín a sí mismo.

El rey Geirröd saltó, levantó su espada y se apresuró hacia su invitado. ¿Pensó en matarlo mientras aún era vulnerable en su forma mortal? ¿Quería cortar las ataduras, liberar a su huésped y pedirle perdón a Odín? No tuvo la oportunidad de hacer ninguna de estas dos cosas. Tembló de miedo, la espada cayó de su mano y él se desplomó encima de la hoja, de esta manera muriendo en el acto. Odín desapareció entonces y nadie sabe lo que él y Frigg se dijeron cuando se encontraron de nuevo en Asgard. Pero justo después de la muerte del rey Geirröth, el niño Agnarr fue nombrado rey inmediatamente. Gobernó durante muchos años y podemos suponer que fue infaliblemente cortés con sus invitados.

Notas:

Esta historia se cuenta en el poema *Grímnismál* de la Edda poética (Los dichos de Grímnir). Mucha de la narración actual está en el prólogo en prosa y el epílogo, mientras que la mayor parte de la poesía está dedicada a la lista de los muchos nombres de los dioses y sus moradas.

La historia no dice explícitamente que Odín le dijo a Geirröd que dejara a su hermano a la deriva, aunque parece implicarlo. Tampoco cuenta lo que le pasó al primer Agnarr y a su giganta. Los caminos y planes de los dioses siguen siendo inescrutables, pero las reglas de conducta con los huéspedes humanos parecen estar bastante claras.

Capítulo 10. La maldición de Andvari

Un día Odín y Loki dejaron Asgard para explorar el mundo. Llegaron a un río y caminaron a lo largo de sus orillas. De repente, Loki vio una nutria encima de una roca del río con un salmón recién pescado. Tiró una piedra y golpeó a la nutria en la cabeza, así matándola. Entonces Loki recogió la nutria, el salmón y se enorgulleció de haber matado a dos bestias con una sola piedra. A continuación, los dioses siguieron su camino.

Al anochecer, llegaron a una casa. Un hombre les abrió la puerta y les preguntó qué querían. Pidieron alojamiento, dijeron que ya tenían comida y le mostraron la nutria y el salmón al dueño de la casa, que se llamaba Hreidmar. Él pareció pensativo, pero les dio la bienvenida y les dijo que entraran, se quitaran los zapatos, dejaran sus pertenencias y estuvieran tranquilos. Así que Loki dejó a un lado los zapatos que le permitían correr a una gran velocidad por tierra, aire y agua, y Odín dejó la lanza que nunca fallaba su objetivo. Mientras tanto, Hreidmar se fue con la nutria y el salmón, diciéndoles a los dioses que tendrían su comida preparada en breve.

Pero en cuanto desapareció de su vista, Hreidmar llamó a sus hijos Fafner y Regin y les mostró la nutria muerta. Lo supieron al verla, al igual que su padre, que esta nutria muerta era su hermano, que había heredado la habilidad de Hreidmar como hechicero y que, a menudo, pasaba sus días en forma de nutria. Los tres hombres acordaron que debían pedir un pago o vengarse. Entonces volvieron con sus invitados, que estaban tranquilos y con la guardia baja. De repente, los hijos apuntaron sus cuchillos contra sus gargantas mientras Hreidmar les ataba. En cuanto se aseguraron de que no podían moverse ni escapar, Hreidmar les dijo a los dioses que habían matado a su hijo y que pagarían por ello de una forma u otra.

Encerrado en el salón de Geirröd, Odín había invocado sus poderes divinos y se había salvado. Pero, esta vez, quizás los hechizos de Hreidmar le impidieron a hacerlo o puede que lamentara la muerte del hijo de Hreidmar y deseara arreglarlo. En cualquier caso, los dioses prometieron pagar el rescate de sus vidas con todo el dinero que el afligido padre pudiera exigir. Entonces él se retiró, despellejó la piel de la nutria muerta y les dijo que la llenaran y la cubrieran con oro. Loki hizo un juramento de que, si lo dejaban ir, iría a buscar el oro y lo traería de vuelta, en lugar de huir. Hreidmar también se quedó con los zapatos de Loki, como un incentivo adicional para su regreso.

Loki no regresó a Asgard para obtener el oro. En su lugar, fue a otro estanque en el arroyo: había oído que un enano llamado Andvari, que era increíblemente rico, vivía junto al río y a menudo nadaba allí en forma de lucio. Loki encontró y atrapó al gran pez y le dijo inmediatamente que entregara todo su oro o sino moriría e iría directamente a la fría sala gobernada por Hela. Entonces, el pez volvió a tomar la forma de un enano y llevó a Loki a su tesoro. Allí entregó todo el oro que tenía, excepto un pequeño anillo que trató de esconder en su mano. Loki vio lo que hizo y le exigió el anillo también. Andvari le rogó a Loki, diciendo que, si solo pudiera conservar el anillo, su riqueza crecería de nuevo. Con más razón, dijo Loki, que debía entregar el anillo. Andvari accedió, pero maldijo el anillo al entregarlo, diciendo que traería el mal a todos los que lo poseyeran. Loki se expresó satisfecho con eso y dijo que se aseguraría de transmitir la palabra de la maldición, junto con el anillo, a quien recibiera el tesoro; parece que no pensó que la maldición también le afectaría a él.

Loki se apresuró a volver a Odín y le mostró el tesoro: los montones de oro y también un pequeño anillo. A Odín le pareció que el anillo era hermoso y decidió quedárselo. Loki, por lo que cuentan las historias, no consideró oportuno hablarle de la maldición a Odín. Entonces, llamaron a Hreidmar y le mostraron el resto del oro. Hreidmar vertió el oro dentro de la piel de nutria hasta que tomó la forma de su hijo y se levantó; luego amontonó el resto del oro sobre ella. Los dioses dijeron que la piel de nutria estaba rellena y cubierta de oro y que habían cumplido su trato, pero Hreidmar, mirando de cerca el montículo del oro, encontró un pelo que sobresalía de él y dijo que seguían siendo sus prisioneros hasta que ese pelo se cubriera. Odín entregó el anillo con gran desgana. Entonces Hreidmar reconoció que el rescate había sido pagado, dejó a sus invitados libres, le entregó a Odín su lanza y a Loki, sus zapatos. Pero Loki, una vez que se había puesto sus zapatos, se rio de Hreidmar y le dijo que su tesoro estaba sujeto a una terrible maldición que le destruiría a él y a los hijos que le quedaban.

Hreidmar miró sombríamente a sus antiguos prisioneros y les dijo que si se hubiera dado cuenta de que pagarían su deuda con tanta malicia, los habría matado y rechazado el precio de la sangre. Loki, sin reírse más, dijo que la maldición se extendería mucho más allá de los hijos de Hreidmar y traería la desesperación y la muerte a muchos héroes. Hreidmar respondió con firmeza que por su parte tenía la intención de disfrutar del oro en paz durante el resto de su vida, que sus amenazas no le conmovían en absoluto y que era mejor que se despidieran. Así lo hicieron.

Nadie recuerda ahora si Hreidmar ocultó su miedo a la maldición por su ira y orgullo, o si la belleza del anillo y la lujuria por el oro habían alejado todo lo demás de su mente. Mientras estaba admirando el oro, Regin y Fafner exigieron su parte del precio de la sangre por su hermano. Hreidmar se negó rotundamente y ellos no se atrevieron a insistir. Hreidmar era un hábil hechicero, además de un hábil espadachín y también poseía un yelmo encantado que infundía un terror enfermizo en los corazones de todos los que lo miraban; no era un hombre con el que uno se pudiera cruzar sin experimentar peligro. Así que Fafner y Regin se fueron en silencio, pero una vez que estuvieron fuera del alcance de su padre se murmuraron el uno al otro que el viejo era injusto, que Óddar había sido su hermano, así como el hijo de su padre, que el oro era abundante, hermoso; el anillo el más bello de todos y que seguramente su padre era un tonto codicioso que buscaba guardarse todo eso para sí mismo... Se llevaron el uno al otro a una ira y codicia cada vez mayor y, finalmente, acordaron tomar el oro por la fuerza. No en una lucha abierta, porque dudaban de sus posibilidades de esta manera. Pero por la noche —cuando el Heidmar soltó su yelmo de terror, su espada y se quedó soñando con su hijo muerto, o tal vez con sus nuevas riquezas— Fafner se acercó a su cama y lo apuñaló y luego se apresuró a recoger el oro para sí mismo.

Hreidmar, moribundo, llamó a su hija Lyngheid y ella se acercó a él y lloró por él; pero cuando él la instó a vengarse, ella dijo que no le correspondía a una hermana atacar a su hermano. Hreidmar la miró con tristeza y le dijo al fin:

—Si no eres tú, entonces tu hijo, cuando tengas un hijo; o el hijo de tu hijo...

Y murió así en su ira y su dolor, deseando la maldición a sus descendientes con su último aliento.

Regin, mientras tanto, también había venido a por el tesoro, pero vio que Fafner había llegado antes que él y llevaba puesto el yelmo de terror de su padre en la cabeza y tenía la espada de su padre en la mano. Cuando Regin le recordó sus palabras sobre la hermandad y la justicia y le pidió su parte del tesoro, Fafner se rio fríamente y dijo que como había matado a su propio padre por el tesoro, no era probable que le diera nada a su hermano o que le perdonara la vida, si el hermano era lo suficientemente tonto como para persistir en exigir lo que era demasiado débil para ganar.

Regin tenía miedo de su hermano y dejó el tesoro, aunque el anhelo por él suponía una carga en su cuerpo y una enfermedad en su mente. Fue a su hermana Lyngheid y le preguntó cómo podía quitarle el tesoro a Fafner. Ella, al igual que ante Hreidmar, no estaba muy dispuesta a planificar una venganza y le dijo que podía pedir su parte de la herencia en términos pacíficos y fraternales, o que podía irse y dejar que su hermano se quedara con el oro, ya que no debía haber más asesinatos de familiares por esto.

Regin abandonó ese lugar, aunque no dejó de pensar en el tesoro. Sin embargo, Fafner se llevó el oro al Brezal de Gnita, allí lo esparció en un lecho brillante, se puso el yelmo de terror de su padre y tomó la forma de un dragón. El dragón Fafner brillaba como el oro y era tan mortal como la maldición que yacía en el tesoro y el miedo a él se extendió por todas partes. Regin también le temía y sabía que nunca podría vencerlo por la fuerza, pero Regin era paciente y astuto: se consoló pensando que podría ser capaz de manipular a otro hombre para que buscara la venganza y el tesoro en su nombre. Veremos cómo le funcionó este plan en el siguiente relato.

Notas:

Esta parte de la historia del anillo del nibelungo se cuenta en el *Skáldskaparmál* de Snorri Sturluson, y también en la Edda poética *Reginsmál.*

Capítulo 11. Regin y Sigfrido

Regin se trasladó a lo que esperaba que fuera una distancia segura de la casa maldita y vacía de su padre y del páramo salvaje donde Fafner, convertido en dragón, estaba protegiendo el oro maldito. Después de su travesía, Regin llegó a la corte del rey Alf. Fue bienvenido allí, porque era un hombre sabio y también un hábil herrero. Se ganó muchos honores, tantos que con el tiempo se convirtió en el padre adoptivo de Sigfrido, el hijastro del rey. El rey Alf se había casado con una mujer sabia y hermosa que le trajo dos dotes además de su belleza y sabiduría: un gran tesoro y un hijo, ambos regalos de su difunto marido Sigmund. Si queremos entender la vida de Sigfrido, debemos contar algo de la historia de Sigmund. Sigmund provenía de un linaje de hombres poderosos; algunas historias dicen que los Völsung, el pueblo de su padre, descendiente del mismo Odín. Ciertamente, esa raza era orgullosa, valiente y fuerte, pero rara vez eran felices. La vida de Sigmund había sido llena de amargura. De niño, fue testigo de la muerte de su padre y sus hermanos a manos de su hermanastro. Él mismo fue torturado y habría muerto si su hermana no lo hubiera rescatado. Vivió mucho tiempo escondido y al final vengó las muertes de sus parientes, pero su hermana eligió quedarse y morir con su marido, y él dejó ese lugar en soledad y tristeza. Su hijo primogénito murió por valor y orgullo y su primera esposa también murió. Pero en su vejez, Sigmund oyó hablar de la hermosura y sabiduría de Hjördis, la hija del rey Eylimi. Sigmund viajó a la corte de Eylimi y cuando vio a Hjördis, la alegría se apoderó de él y lo renovó casi como las manzanas de Idun renovaban a los dioses cuando envejecían. La quería desesperadamente como su esposa. Pero no era su único pretendiente. El joven rey Lyngi, el señor de un gran reino, también vino a cortejar a Hjördis y su deseo era tan fuerte como el de Sigmund.

El rey Eylimi estaba preocupado y no sabía cómo responder a los pretendientes por la mano de su hija. Pensó que una negativa enfurecería a cualquiera de los dos y no sabía cuál sería el peor enemigo: Lyngi estaba al mando de un mayor ejército, pero Sigmund era un luchador legendario y se sabía que era un mal enemigo. Además, había rumores de su linaje divino y sería insensato oponerse a un hombre favorecido por los dioses. También se sabía que, aunque los dioses no habían considerado oportuno intervenir y salvar la vida del padre de Sigmund, el enemigo del padre de Sigmund estaba ya muerto y derrotado...

Mandó llamar a Hjördis y le presentó a los pretendientes. Le habló maravillas de cada uno y le dijo que decidiera por ella misma sin la intervención de él. Hjördis analizó el asunto con seriedad, consciente de su importancia, pero finalmente eligió a Sigmund por su fama y su valentía. Sigmund estaba encantado con su elección, se dio un festín con Eylimi y cada día que pasaba era mejor y más glorioso que el anterior, pero Lyngi se fue a casa lleno de rabia.

El rey Sigmund y su esposa regresaron al país de Sigmund y al poco tiempo de llegar a su hogar, Lyngi invadió sus tierras por la fuerza. Su ejército superaba en número al de Sigmund, pero envió mensajeros para decir que habían oído hablar del valor de Sigmund y que seguramente no se escabulliría ni se escondería... Sigmund, que valoraba su reputación más que a su vida, movilizó su ejército, pero escondió a Hjördis y sus tesoros en lo profundo del bosque.

Cuando se unió a la batalla, Sigmund luchó con la fuerza de un hombre joven y la habilidad desarrollada en sus huesos durante largos años de lucha, por lo que su ejército logró hacer maravillas mientras le seguían. Sin embargo, en un momento de tregua, un anciano se le acercó a Sigmund: se trataba de un viejo tuerto que llevaba una capa, un sombrero descuidado y un bastón con el que golpeó a Sigmund. Sigmund le devolvió el golpe con su espada, pero la espada se rompió en su mano a la vista de ambos ejércitos. Entonces el miedo se apoderó de los hombres del ejército de Sigmund y él mismo comprendió que su buena fortuna se había alejado de él. Pues reconoció que el tuerto era Odín, que ahora luchaba en contra del hombre que podría haber sido su descendiente. El ejército de Sigmund fue destruido y Lyngi avanzó triunfante hacia el castillo, con la intención de apoderarse de Hjördis y del tesoro; pero se encontró con que ambos habían desaparecido.

Mientras tanto, Hjördis llegó sigilosamente al campo de batalla por la noche y se encontró con Sigmund, terriblemente herido, pero no muerto, y comenzó a tocarle y a ver si podía curar sus heridas. Pero Sigmund le dijo que Odín ahora luchaba contra él y que no tenía más deseos de vivir. Le dijo a su esposa que guardara tres cosas: el oro escondido, los fragmentos de su espada y el hijo en su vientre, que un día sería más grande de lo que había sido su padre.

Hjördis se quedó sentada junto a su marido durante toda la noche. Pero cuando la primera luz amaneció, el alma de Sigmund le dejó y las Valquirias se la llevaron a la sala de Odín, aunque es difícil imaginar lo que Sigmund pudo haberle dicho a su gran antepasado en su primer encuentro en ese mundo. Y Hjördis levantó los ojos y vio una flota de barcos que venían hacia ella con la luz del sol en sus velas. Estos barcos pertenecían al príncipe Alf, hijo del rey Hjalprek. Alf contempló con horror a los muertos. Entonces Hjördis le contó todo lo que había pasado y cuando vio que se trataba de un hombre reflexivo que la honraba por su sabiduría, se entregó a sí misma, a su tesoro y a su hijo para que cuidara de todos ellos.

Navegaron de vuelta al reino de Hjalprek y tan pronto como el hijo de Hjördis nació, le llevaron ante Hjalprek, quien admiró sus ojos brillantes y le profetizó grandes cosas. Entonces Hjördis se casó con Alf y ella y su hijo, gozaron de un gran honor en la corte mientras que Regin se convirtió en el padre adoptivo del niño.

Regin era un hombre inteligente y un hábil instructor. Enseñó a Sigfrido a jugar al ajedrez, a hablar en los numerosos idiomas de los hombres y a entender algunas de las runas secretas. Sigfrido era un alumno ágil, fuerte en cuerpo y mente, sin miedo a nada y en todos los sentidos era el hijo de su padre. Escuchaba ávidamente todo lo que Regin le decía. Pero cuando Regin empezó a preguntarle si tenía control sobre la riqueza que había sido de su padre, Sigfrido respondió alegremente que el rey Alf la guardaba por él y sin duda lo hacía mejor de lo que el propio Sigfrido podría hacer, siendo todavía un niño.

Regin, sin embargo, siguió adelante con sus artimañas. Preguntó si Sigfrido confiaba realmente en ellos para que le dieran lo que era suyo cuando fuera mayor y observó que hasta ahora ni siquiera le habían dado un caballo. Esto se debía a que Sigfrido aún era joven, pero como la mayoría de los muchachos, se consideraba lo suficientemente mayor para cualquier cosa e inmediatamente fue a pedir un caballo.

Tal y como Sigfrido esperaba, el rey Alf le dijo que podía elegir su propio caballo y cualquier otra cosa que su corazón deseara. Pero Sigfrido solo quería el caballo, aunque no estaba seguro de cómo elegir el mejor. No le pidió consejo a Regin. Tal vez las palabras de Regin que cuestionaban la consideración que el rey Alf le tenía habían dejado al muchacho un poco dudoso de lo mucho que su padre adoptivo le respetaba. En cualquier caso, se fue solo y, en su camino, se encontró con un viejo barbudo que le preguntó a dónde iba. Sigfrido le explicó su recado y sus dudas y el viejo se ofreció a ayudarle. Al llegar al lugar donde pastaba la tropilla, el desconocido propuso a llevarla a un río salvaje. Todos los caballos se paraban a dos patas con miedo y no querían entrar en el río, todos menos uno, un joven semental gris nunca antes montado, que se lanzó al agua sin miedo. Sigfrido, con los ojos muy abiertos, eligió a ese. El viejo le dijo que era una buena elección, ya que ese caballo descendía del caballo de Odín, Sleipnir, y no había mejor caballo en todas las tierras de los mortales.

Sigfrido llamó Grani a su caballo y al pasar un rato con él, ni se dio cuenta cuando el viejo se fue. Volvió con su padre adoptivo y le dijo felizmente que le habían dado a elegir y que ahora tenía el mejor caballo del mundo.

—Así que tienes un caballo —dijo Regin—. Al igual que la mayoría de los hombres que no son hijos de reyes. Me parece que nunca te darán el tesoro de tu padre. Pero conozco el sitio donde hay un tesoro para los victoriosos y allí también obtendrías el honor.

Sigfrido sacudió la cabeza ante la sombría predicción de Regin sobre el tesoro de su padre, pero se inclinó hacia adelante con entusiasmo cuando Regin le habló de un nuevo tesoro y una aventura.

—¿Dónde? —preguntó.

Regin le dijo que hablaba del oro apilado en el Brezal de Gnita bajo la atenta mirada del dragón Fafner. Sigfrido se quedó mirando fijamente con los ojos muy abiertos. Era solo un niño, pero había oído hablar de ese dragón, tan grande como una montaña, tan veloz como el viento del norte, tan ardiente como el horno de Muspelheim, tan feroz y terrible que ningún rey o héroe se había atrevido a enfrentarse a él. Si era eso a lo que Regin se refería, Sigfrido pensaba que sus posibilidades de conseguir algo más que una muerte rápida serían muy escasas.

Regin sacudió la cabeza entonces, diciendo que los Völsung tenían fama de ser muy valientes, pero o bien las historias habían sido muy exageradas o el linaje estaba en decadencia. Sigfrido dijo enfadado que no pretendía ser el hombre que su padre había sido, pero Regin no tenía ningún derecho a llamarlo cobarde si él, como un niño medio crecido, no se enfrentaba inmediatamente a un terrible dragón. ¿Y por qué, exigió saber, tenía Regin tantas ganas de que se enfrentara a una aventura tan desesperada?

Regin, como siempre, tenía preparada una historia. Contó cómo los dioses habían matado a su hermano y habían pagado el rescate de su hermano con un tesoro maldito y cómo Fafner había matado a Hreidmar por el oro y se lo había quedado todo para él. Contó la historia como si nunca hubiera incitado a Fafner a asesinar y Sigfrido se creyó su versión. Gritó de dolor por lo que Regin había perdido y dijo que se vengaría de esa pérdida si podía, pero que para ello necesitaría una buena arma. Un arma que Regin prometió fabricar.

Fabricó una espada, muy equilibrada, de gran belleza y se la ofreció a Sigfrido; pero Sigfrido la rompió dando un golpe en su rodilla y dijo que una espada así nunca le serviría contra Fafner. A Regin no le gustó esto, pero fabricó otra espada. Sigfrido también la rompió. Y ahora, por primera vez, habló con Regin con el mismo descaro que Regin había usado antes con él, y le preguntó si la habilidad de Regin en la herrería estaba muy sobrevalorada, o si era un traidor y un embustero como todos sus parientes.

Entonces se alejó de la ira de su padre adoptivo y se fue con su madre Hjördis. Hablaron, bebieron juntos y finalmente le pidió los fragmentos de la espada de su padre, que ella había guardado todo ese tiempo. Ella se los entregó y le dijo que le servirían bastante bien ya que su padre había alcanzado una gran fama con esta espada. Sigfrido se los llevó a Regin y le ordenó que los volviera a forjar. Regin miró fríamente a su hijo adoptivo, que parecía estar interfiriendo considerablemente en un arte que no era el suyo, pero accedió a forjar la espada y cuando la levantó de nuevo le parecía que el fuego recorría la hoja. Entonces le dijo a Sigfrido que había hecho lo mejor que había podido.

Sigfrido golpeó la hoja contra el yunque. La espada atravesó el yunque y cuando examinó la hoja, no había ninguna marca en ella. Corrió con la espada al arroyo junto a la herrería y allí vio un mechón de lana flotando en el río. Puso la hoja río abajo con la lana hacia el filo y la lana se cortó con precisión. Entonces volvió a Regin con el corazón contento, le agradeció y alabó su herrería.

—En tal caso mi palabra está cumplida —dijo Regin—. ¿Y la tuya?

No obstante, Sigfrido había empezado a ser considerado y audaz, y le dijo a Regin que le parecía a la vez codicioso y poco honorable enfrentarse a un dragón para ganar un tesoro cuando el hombre que había matado a su padre y expulsado a su madre de su casa aún disfrutaba de sus ganancias mal habidas. El primer trabajo por su habilidad y su espada, dijo, debería ser vengar esa muerte. Habló con orgullo y enfado, mientras su mano sostenía la empuñadura de la espada maravillosa que Regin había forjado, y Regin no estaba dispuesto a discutir con él.

Sigfrido fue entonces a ver a su madre y a su padrastro, y les pidió permiso para luchar contra el rey Lyngi. Ellos le dieron todos los barcos y hombres que necesitaba, y se embarcó hacia el país de su padre, que nunca había visto. Durante los primeros días, el viento soplaba con fuerza y todos estaban animados. Después las nubes se formaron en el cielo, las olas se oscurecieron y el sol brilló bajo y rojo, de modo que el mar parecía haberse convertido en sangre. Algunos hombres del ejército dijeron que esto era un mal presagio y querían volver, pero Sigfrido se negó a hacerlo. Sin embargo, se detuvo lo suficiente como para rescatar a un hombre que parecía estar atrapado en una isla rocosa en el mar salvaje y cuando ese hombre se subió al barco las nubes se separaron, el sol brilló sobre las olas y un viento favorable condujo los barcos hacia la tierra de Lyngi. Sigfrido le pidió consejo al forastero sobre la ejecución de las batallas y obtuvo los mejores conocimientos que pudo escuchar o recordar, pero cuando la costa se hizo visible y el viento se desvaneció, el forastero no se encontraba por ninguna parte.

Sigfrido y su ejército llegaron a la costa, y quemaron y arruinaron todo lo que encontraron. Sigfrido parece haberse visto solo como un vengador, no como un libertador y, en efecto, aunque los Völsung eran conocidos por ser hombres valientes y honestos, no eran considerados como hombres misericordiosos. Algunos prófugos escaparon con vida, huyeron hacia el rey Lyngi y le dijeron que los Völsung no estaban todos muertos después de todo, que un terrible ejército había desembarcado, liderado por un feroz guerrero al que ningún hombre podía enfrentarse, un hombre que se parecía mucho al difunto Sigmund.

Lyngi dijo que destruiría al hijo como destruyó al padre y reunió un gran ejército con el que salió a enfrentarse al ejército de Sigfrido.

La batalla fue larga y amarga, sin que ninguno de los dos bandos se rindiera. Cuando el sol se puso rojo sangriento aquella tarde, Lyngi, sus parientes y capitanes yacían muertos, por lo que Sigfrido obtuvo la victoria, pero se fue a casa con un ejército mucho más pequeño.

El rey Alf no le reprochó esto, sino que declaró que Sigfrido había regresado con mucho honor y tesoro, por lo que le felicitó por su éxito. Regin vio que la desconfianza que esperaba sembrar entre el rey Alf y Sigfrido había sido en vano, y había amargura en su corazón. Pero lo disimuló tan bien como pudo e instó a Sigfrido, ahora que ya había vengado a su padre, a que cumpliera la palabra dada a Regin y se enfrentara al dragón.

Notas:

Esta historia y las cuatro siguientes están basadas en el manuscrito en prosa del siglo XIII llamado *Saga völsunga*. Hay muchas versiones alternativas de la historia de Sigfrido. Snorri Sturluson da un breve resumen de ella en el *Skáldskaparmál*. Muchas de las Eddas poéticas cuentan fragmentos de la historia, a menudo de manera que se contradicen entre sí.

Capítulo 12. Sigfrido y el dragón

Sigmundo aceptó el reto de Regin. Puede que sintiera menos afecto por su padre adoptivo que en los viejos tiempos, pero, aun así, respetaba su sabiduría y buscaba su buen consejo; además, estaba orgulloso de su sangre y no podía soportar que ningún hombre le llamara cobarde. Así que se despidió de la corte del rey Alf, llamó con un silbido a su excelente caballo Grani y cabalgó hacia el Brezal de Gnita acompañado por Regin.

Durante el viaje, Regin le aseguró que sus posibilidades contra el dragón eran excelentes y el tamaño y la fuerza de Fafner eran exagerados, ya que no era mucho más grande ni más feroz que los otros dragones. Sigfrido lo escuchó con una mente abierta mientras cabalgaban a través de los campos y bosques. Pero cuando salieron al descubierto en el Brezal de Gnita, la cosa cambió. Sigfrido vio los restos de la tierra quemada y las piedras rotas. No crecía nada verde allí, pero la tierra muerta estaba marcada con huellas dejadas por Fafner al arrastrarse desde su guarida hasta el abrevadero.

—¿Que no es más grande que los otros dragones? —dijo, mirando fijamente—. ¿El dragón que dejó estas huellas?

Y, al ver que los rumores sobre el gran tamaño de Fafner eran ciertos, se le ocurrió que las historias sobre el yelmo de terror también podrían serlo, que el que se había enfrentado a la tormenta en el mar y a la furia de la batalla podría ser incapaz de enfrentarse a Fafner.

Regin le aseguró a Sigfrido que no necesitaba enfrentarse al dragón; que sería mucho más simple y efectivo cavar un hoyo en uno de los caminos habituales de la bestia y clavarle la espada desde abajo en cuanto la bestia se le cayera encima. Sigfrido parecía estar un poco más dispuesto que su padre a considerar tanto la practicidad como el honor. No insistió en desafiar al dragón abiertamente. Sin embargo, sí tenía una preocupación más pragmática: ¿qué le sucedería cuando se encontrara en un hoyo lleno de sangre del dragón?

Regin había previsto este peligro, aunque esperaba que Sigfrido no lo hiciera. Dijo enfadado que era obvio que Sigfrido carecía por completo del coraje de sus antepasados y que no tenía sentido dar un sabio consejo a un cobarde como él. Entonces, dio la vuelta a su caballo y salió al galope tan rápido como pudo... *temeroso*, dice la historia, aunque no se especifica si le temía más a Sigfrido o a Fafner en aquel momento. Pero Sigfrido tomó aire, cabalgó hasta el borde de la cueva del dragón, se bajó de su caballo y se dispuso a cavar un hoyo tal y como Regin le había aconsejado.

Mientras trabajaba, un viejo barbudo se le acercó. Sigfrido estaba demasiado ocupado en cavar y en mantener su miedo a raya, como para preguntarse qué podría estar haciendo un viejo vagabundo en ese país tan inhóspito y peligroso él solo. Pero cuando el anciano le preguntó qué hacía, Sigfrido le explicó con precisión y cortesía. A cambio, el anciano le dijo que le habían aconsejado mal y le sugirió que cavara una red de fosas y túneles a través de los cuales la sangre pudiera escurrirse. Sigfrido no se ofendió y siguió el consejo del viejo. Volvió a cavar a un ritmo desenfrenado y ni se dio cuenta de que el viejo se había marchado.

Al principio, Sigfrido pensó, para su vergüenza, que estaba temblando. Seguramente no por miedo, ¡él, el hijo del rey Sigmund! Simplemente debía de estar agotado por cavar hoyo tras hoyo... Entonces, mientras los guijarros caían por los lados de su última excavación y rebotaban en el fondo, se dio cuenta de que la tierra misma estaba temblando. Fafner se estaba aproximando. Tiró la pala a un lado, se agachó en el hoyo que estaba justo debajo del centro del camino del dragón y sacó su espada.

El temblor de la tierra se intensificó. Se hizo oscuro cuando el aliento humeante de Fafner ensombreció el cielo. Un horrible hedor, asqueroso como la vergüenza y agudo como el miedo, amordazó a Sigfrido. Corrientes de algún líquido repugnante, fino y apestoso — que no era espeso y oscuro como la sangre del dragón, sino que se trataba de su veneno— goteaba por los lados del hoyo, se arremolinaba y hervía en el fondo. Pero Sigfrido había heredado de su padre Sigmund, y tal vez de su antepasado Odín, una piel impermeable al veneno. Respiró rápida y brevemente, tratando de no llevar el aire contaminado hacia la profundidad de sus pulmones.

Entonces escuchó al dragón respirar por encima de él. Era un sonido quejumbroso y chillón que le irritaba hasta los nervios y que le hacía pensar en todas las heridas y burlas que había sufrido. Apretó los dientes y agarró la empuñadura de su espada. La cabeza del dragón pasó por encima de él y el calor del cuerpo del dragón le golpeó mientras se iba arrastrando. Cuando la pierna izquierda del dragón pasó por encima de él, clavó su espada en la axila izquierda del dragón con toda la fuerza de su ira y su miedo. La espada se hundió y se quedó apartada de sus manos mientras el dragón se arqueaba para alejarse de él. ¿Estaba enfadado y se preparaba para atacar? Sigfrido no lo sabía. Saltó de la fosa mientras la sangre negra y hirviente del dragón se vertía en ella y en la red de otros agujeros que el anciano había sugerido; entre jadeos en el aire contaminado, se obligó a saltar hacia el dragón y agarró la empuñadura de su espada.

Sacó la espada sin mucha dificultad y un chorro de sangre hirviente quemó el brazo de Sigfrido hasta el hombro. Saltó fuera del hoyo, mientras el dragón volvía a atacar. No le estaba cazando; le había herido con gravedad y Fafner estaba a punto de morir. Aun así, las rocas se rompían en mil pedazos cuando las golpeaba y Sigfrido quería alejarse lo más pronto posible.

Después de un rato, el dragón se quedó más tranquilo y miró a Sigfrido con su gran ojo que se desvanecía.

—¿Quién eres? ¿De qué familia? ¿Quién se atrevió a levantar armas contra mí? —preguntó Fafner.

Sigfrido recordó lo que le había contado Regin de que esta no era una simple bestia, sino un mago negro que aún podía tener una poderosa maldición que lanzar. Así que le dijo al dragón que no tenía nombre y que no era hijo de nadie. El dragón dio un silbido de desprecio, extrañamente parecido al de su hermano humano, Regin, y dijo que un humano nacido de ningún hombre era una nueva maravilla en el mundo. Añadió que por muy valiente que pareciera su cazador, estaba demasiado asustado para revelar la verdad. Impulsado por ello, Sigfrido dio su nombre y su parentesco; y Fafner, al morir, se rió y se burló de él por estar lejos de su hogar y de sus parientes, por pertenecer a la corte de otro hombre y ser prácticamente un esclavo.

Sigfrido le respondió con frío desprecio en su voz que, aunque fuese un esclavo nunca había sido encadenado y seguramente Fafner lo veía lo suficientemente libre.

Fafner le respondió que no había necesidad de ofenderse y añadió que tenía una buena advertencia a la que Sigfrido debía prestar atención: el oro por el que había matado le causaría la muerte si era lo suficientemente estúpido como para quedárselo.

Sigfrido le contestó que iba a morir algún día de todos modos y mientras estuvieran vivos, todos los hombres querían oro. Fafner cambió su discurso, hablando de los dioses y del destino, para que Sigfrido viera que tenía sabiduría, a diferencia de su hermano. Entonces su voz se volvió más débil y murmuró con asombro que antes de que llegara Sigfrido, ningún hombre se había atrevido a luchar contra él, nadie había estado dispuesto a desafiar ni su fuerza ni el hechizo del yelmo del terror. Sigfrido se encogió de hombros entonces y dijo que incluso el hombre más fuerte se tenía que enfrentar algún día a su rival.

Fafner sintió que la muerte le oprimía y habló una vez más con Sigfrido, instándole a que se alejara antes de que la maldición se apoderara de él. Sigfrido rechazó este consejo y Fafner rió por última vez, mientras decía:

—Regin, mi hermano, ha causado mi muerte y me complace saber que también causará la tuya. Tendrás suficiente oro para todos los días de tu vida y te traerá la muerte a ti y a todos los que lo reclamen después de ti. Entonces el fuego en sus ojos se apagó, el sonido de su aliento se detuvo y el humo de su respiración se dispersó en el cielo.

Al ver el cielo despejado y escuchar el silencio, Regin volvió a cruzar el páramo marchito hacia Sigfrido. Se quedó quieto durante mucho tiempo, mirando a su hermano muerto y a su hijo adoptivo de rostro sombrío.

—Mi hermano está muerto —dijo al final, lenta y pesadamente— y apenas puedo decir que soy inocente.

Sigfrido se enfadó y pensó que Regin se estaba intentando atribuir el mérito de una acción en la que no había colaborado; respondió calurosamente que había esperado la llegada de Fafner en solitario, mientras Regin estaba escondido. Regin señaló que Sigfrido había matado al dragón con la espada que Regin había forjado. Sigfrido contestó que el coraje importaba más que las armas.

Regin dejó de discutir entonces, sin dejar de mirar al cadáver y dijo de nuevo:

—Has matado a mi hermano y yo no quedaré libre de culpa.

Luego pareció librarse de la pesadez. Le dijo a Sigfrido que le sacara el corazón al dragón, que hiciera fuego, que lo asara y que le llamara cuando estuviera listo para comer. Entonces Regin bebió la sangre del dragón con sus manos ahuecadas, se alejó un poco, se acostó a dormir y olvidó su culpa y sus intrigas por un tiempo.

Sigfrido caminó desde la tierra estéril hasta un matorral, rompió unas ramas y encendió un fuego. Cuando la sangre empezó a brotar del corazón del dragón, Sigfrido lo tocó con un dedo y se lo metió en la boca para ver si ya era hora de llamar a Regin. Pero cuando la sangre tocó su lengua pareció que la comprensión llegó a su mente. Los pájaros cantaban en los arbustos; apenas los había notado antes, pero ahora entendía su lenguaje y descubría que hablaban de él.

Decían que estaba cocinando para otro lo que él mismo debía comer para ganar sabiduría. Dijeron que Regin se preparaba para traicionarlo. Dijeron, además, que, si Sigfrido era sabio, mataría a Regin mientras dormía antes de que Regin pudiera matarlo en venganza por Fafner; así ganaría seguridad y sabiduría, y también todo el oro sería suyo. Y una vez hecho esto, dijeron, una mujer sabia, valiente y hermosa sería suya.

¿Eran esas las verdaderas voces de los pájaros o el moribundo rencor de Fafner que puso en los oídos de Sigfrido el consejo que llevaría a su perdición? A Sigfrido no se le ocurrió preguntarse esto. Hizo lo que los pájaros le habían dicho: se comió el corazón del dragón, mató a su padre adoptivo mientras dormía, cabalgó hasta la guarida del dragón, apiló el oro sobre Grani, saltó encima y se alejó en solitario.

Notas:

Esta parte de la historia de Sigfrido está tomada de la *Saga völsunga* y también de las Eddas poéticas *Fáfnirsmál* y *Réginsmal*.

Capítulo 13. El matrimonio de Sigfrido

Sigfrido no regresó con el rey Alf y su madre. Puede que no quisiera tener que responder a preguntas sobre el herrero del rey, Regin, que se había marchado con él. Tal vez las palabras de los pájaros, las palabras que la sangre del dragón le había permitido oír, le hicieron olvidar todos los demás pensamientos. Habían hablado sobre una mujer que se ganaría en la montaña llamada Hindfell, así que giró la cabeza de su caballo en esa dirección.

Mientras subía la pendiente, vio en lo alto una gran luz, un fuego que saltaba y ardía. Se preguntó si otro familiar de Fafner vivía allí. Cabalgó su caballo directo hacia las llamas y debe de ser que Grani realmente tenía la sangre de un dios en él, como dijo Odín, ya que saltó a través de las llamas, que resultaron no ser más que un estrecho muro que rodeaba un patio y un alto castillo cubierto de escudos. Sigfrido cabalgó cautelosamente hacia la puerta, sin ver signos de ataques de dragones o de manchas de dragones. Bajó de su caballo y llamó a la gente del castillo, pero nadie respondió. Con un gran asombro, entró solo y le pareció que sus pasos resonaban de forma extraña.

Entonces se dio cuenta de que, después de todo, no estaba solo en el castillo. Una mujer yacía estirada en un banco. Llevaba una espada y una armadura que le quedaba muy ajustada como una tela, pero no se movió cuando Sigfrido se le acercó. Primero, pensó que estaba muerta. Después, al acercarse, vio que respiraba. Le cortó la armadura, como podría haber hecho con un camarada gravemente herido y necesitado de cuidados; y cuando el último trozo se le cayó, ella abrió los ojos, le miró seriamente y le preguntó quién le había quitado el sueño y había acabado con la maldición que pesaba sobre ella.

Sigfrido dio su nombre, su parentesco y le preguntó por el suyo, diciendo que había oído rumores de su sabiduría y nobleza. Ella no le respondió inmediatamente. Se levantó, miró a su alrededor y salió del oscuro salón a la luz del sol; luego cantó en alabanza a la luz, la belleza del mundo y los dioses que habían dado forma a toda esta gloria. Después, al mirar hacia el hombre que la había despertado, se mostró satisfecha con su linaje y comenzó a hablar del suyo propio.

Se llamó a sí misma Brunilda, la hija de un rey, como Sigfrido había oído y también una Valquiria, que era más de lo que él había adivinado. Como ya hemos visto antes, las Valquirias elegían a los más valientes de los muertos para llevarlos a la morada de Odín o a la de Frigg. Además, también tenían la oportunidad de elegir quién sobreviviría a la batalla y quién moriría. Por lo general, le servían a Odín y elegían a quien él ordenaba. Pero cuando Odín envió a Brunilda a un combate con instrucciones de que un hombre muriera y acudiera a él mientras el otro obtendría la victoria, Brunilda miró pensativamente a los combatientes y tuvo una idea mejor. Mató al campeón al que Odín le había prometido la victoria y perdonó al otro hombre.

Odín estaba furioso de que Brunilda no le había obedecido. Le dijo que dejaría de ser una doncella escudera y se convertiría en una esposa. Claramente en su cabeza, esto fue un severo castigo. Brunilda respondió que juraba no casarse nunca con un hombre que hubiera conocido el miedo. Odín no discutió eso, los propios dioses no se atrevían a romper sus votos y seguramente no se podía esperar que una Valquiria lo hiciera. Así que la hechizó para que durmiera y la llevó al interior del muro de fuego, donde solo un hombre de corazón valiente se arriesgaría a entrar para encontrarla.

Sigfrido observó a Brunilda con asombro y le pidió que le enseñara sabiduría. Ella le dijo que conocía las runas del poder para ayudarle en todo tipo de asuntos. Las runas de la espada daban fuerza en la batalla, las runas del barco podían llevar a un barco a salvo a casa en la más terrible de las tormentas. Las runas de la palabra podían evitar la ira y la dureza en los juicios. Las runas de la cerveza anulaban los venenos y las pociones de perplejidad que los enemigos podían mezclar en sus bebidas. Las runas del pensamiento profundizaban la sabiduría del maestro de ceremonias, mientras que las runas de la rama o de la vida curaban a los enfermos. Todo esto, dijo, le enseñaría, si juraba a serle fiel. Pero al jurar eso, dijo, mirándole fijamente a los ojos, se ataría a muchos peligros; la lealtad sería un camino difícil y la traición sería terriblemente vengada.

Sigfrido respondió que no tenía miedo a nada, que la deseaba a ella, a su sabiduría y que la amaría, estaría a su servicio y aprendería todo lo que ella pudiera enseñarle. Entonces ella empezó a enseñarle con seriedad la sabiduría secreta de las runas y también a darle algunos consejos sencillos. Le pidió que no dañara a sus parientes, aunque le hicieran daño, ya que tal tolerancia sería recompensada después de su muerte si no es en vida; que nunca hiciera un juramento que no estuviera seguro de cumplir; que enterrara con reverencia a los muertos, amigos, enemigos o extraños; y que no discutiera con los necios en la asamblea pública (y, si uno de ellos insistía en buscar pelea, que guardara silencio en ese momento y lo matara después). También le advirtió que no aceptara la hospitalidad de las brujas (aunque no le explicó cómo reconocerlas), que no besara a mujeres hermosas, que no mintiera a las mujeres o yaciera con ellas en la lujuria, que no confiara en los parientes de las personas a las que había matado (aunque estuvieran de acuerdo en aceptar un precio de sangre), que no se quedara en casa por miedo a la batalla (lo que, según dijo, podría pasar es que el prudente muriera de una forma muy desagradable dentro de una casa en llamas) y que no traicionara a sus amigos y, sobre todo, que no traicionara a su esposa.

Todas esas reglas, dijo Sigfrido, las iba a cumplir y, en cuanto a las esposas, no conocía a nadie que deseara más que a Brunilda, a la persona más sabia que había conocido.

Entonces Brunilda le sonrió y le dijo que se casaría con él antes que con cualquier otro hombre. Bebieron juntos cerveza y se juraron amor y fidelidad. Los dos juraron cumplir sus promesas para siempre y ser felices el uno con el otro todos los días de sus vidas. Entonces Sigfrido se marchó, con la promesa de volver pronto y casarse con ella. Porque los pájaros que cantaron tras la muerte de Fafner, mencionaron grandes cosas que le esperaban no solo en Hindfell, sino también en el castillo del rey Gebica. Al encontrar el primer regalo tan bueno, estaba ansioso por el segundo y se alejó con un corazón despreocupado.

Llegó primero al castillo del rey Heimir, el padre adoptivo de Brunilda. Sigfrido fue bienvenido allí y estuvo contento hasta que un día, salió a recorrer la zona y se encontró con Brunilda, sentada en una torre, tejiendo en oro la historia de la matanza de Fafner y Regin, y su amor por ella volvió a él con toda la fuerza. Le contó a Heimir lo que le pasaba, y Heimir le dijo que por su parte estaría encantado de tener a Sigfrido como hijo adoptivo, pero dudaba de que Brunilda aceptara casarse con alguien. Sigfrido volvió a ella y le preguntó si ella estaba dispuesta a cumplir los juramentos que le había hecho. Brunilda le miró con tristeza entonces y dijo que ella mantendría su juramento, pero creía que él rompería el suyo, trayendo la ruina a los dos. Pero Sigfrido hizo nuevos y más grandes juramentos de fidelidad. Y para sellarlos todos, le dio lo más hermoso que había encontrado en el tesoro de Fafner: el anillo de Andvari, el anillo que llevaba la maldición. Se acostaron juntos y se divirtieron mucho el uno con el otro. Pero Sigfrido no estaba dispuesto a establecerse con una esposa todavía y se dirigió al reino de Gebica.

Allí fue recibido y honrado por Gebica, y por sus hijos Gunter, Hogni y Guttorm y, sobre todo, por su hija Gudrun, que amaba a Sigfrido tan feroz y repentinamente como Frey había amado a la giganta Gerd. La madre de Gudrun, Grimhilda, fue testigo del amor de su hija y también escuchó con qué frecuencia y con qué amor hablaba Sigfrido de Brunilda. Una mujer normal y corriente, pensaría que el caso de Gudrun no tendría solución, pero Grimhilda era algo más que una mujer normal y corriente. Mezcló una poción y la echó en el cuerno de beber de Sigfrido. En cuanto él se bebió ese líquido, el recuerdo de Brunilda se desvaneció de su mente. Poco después, Gudrun se le acercó para ofrecerle más cerveza y Sigfrido vio que era hermosa y magnífica, y su imagen quedó en su mente en lugar de la que había olvidado. Así que cuando Gebica le ofreció la parte del reino que les correspondía a sus hijos y la mano de Gudrun en matrimonio, Sigfrido aceptó con alegría. El banquete de bodas estuvo lleno de bebida, música y baile, y hubo un gran deleite en los corazones de Sigrido, de Gudrun y de toda la corte de Gebica. Sigfrido luchaba en guerras junto a Gebica y a sus hijos y, dondequiera que Sigfrido luchara, obtenía la victoria y su fama se extendía por todas las tierras de alrededor. Al regresar a casa, le dio a Gudrun algo del corazón del dragón para comer, y ella se volvió aún más sabia y con un mayor corazón de lo que había sido antes. Ella y su marido vivieron juntos en la felicidad y cuando nació su hijo Sigmund, pensaron que tenían toda la bondad que la vida les podía ofrecer.

Notas:

La mayor parte de la narrativa está basada en la *Saga völsunga*. El consejo de Brunilda a Sigfrido en su primer encuentro se da de manera diferente y en diferente orden en la *Saga völsunga* y en la Edda poética *Sigrdrífumál*, la Balada del Portador de la Victoria. Hay relatos contradictorios sobre si Sigfrido le dio el anillo de Andvari a Brunilda y la dejó embarazada en su primer o en su segundo encuentro.

Capítulo 14. La traición de Brunilda

Solo faltaba una cosa para alcanzar la felicidad plena en la casa del rey Gebica. El éxito, el honor y la riqueza le acompañaban, mientras que Gudrun y Sigfrido gozaban del amor y de la felicidad. Sin embargo, el hijo de Gebica, Gunter, seguía sin estar casado. Grimhilda se lo tomó muy a pecho, fue a su hijo y le dijo que buscara a la doncella más valiente y noble de todas las tierras y esa, dijo, era Brunilda. Sigfrido, añadió, seguramente le prestaría ayuda a su amigo en este cortejo.

Las historias no nos cuentan lo que había en el corazón de Grimhilda cuando dijo esto. ¿Había caído en su propio hechizo y olvidado el amor de Sigfrido por Brunilda? ¿Acaso quería burlarse de Brunilda? ¿O quería destruirlos a todos? Nadie en la corte se había preocupado por ello. Gunter y Sigfrido cabalgaron juntos alegremente de vuelta al reino de Heimir para pedir la mano de Brunilda.

Heimir les recibió con cortesía y les dijo lo que ya le había dicho antes a Sigfrido: Brunilda era libre de elegir a su propia pareja, si es que había algún hombre lo suficientemente valiente como para convencerla. Añadió que se había retirado a su castillo detrás del aro de fuego y que ningún hombre podía alcanzarla sin tener que cabalgar a través de él. Así que los dos amigos cabalgaron juntos hasta el Hindfell y aún no se había despertado ningún recuerdo en la mente de Sigfrido, ni siquiera cuando llegaron a la gran hoguera en el brezal, donde las llamas silbaban, cantaban y lamían el cielo. Gunter tragó saliva con fuerza y luego condujo su caballo directamente al fuego, pero cada vez que espoleaba al caballo, éste se alejaba más y más. Tampoco a Gunter le gustaba la idea de pasar el fuego a pie, así que le pidió a Sigfrido su caballo. Sigfrido le entregó Grani de buena gana, pero Grani no quería colaborar; no se movía bajo el mando de ningún otro jinete que no fuera Sigfrido.

Parece que Grimhilda había previsto tal peligro y antes de que los jóvenes salieran de su salón, les había enseñado el truco del cambio de forma. Así que Sigfrido tomó el rostro y la forma de Gunter, y Gunter el rostro y la forma de Sigfrido; aunque la mente, la memoria y el espíritu de cada hombre siguieron siendo suyos propios. Grani reconoció a su dueño incluso disfrazado y dejó que Sigfrido se subiera. Entonces el fuego empezó a arder con más calor y fuerza, pero Sigfrido dirigió su caballo directamente a las llamas y el caballo aterrizó a salvo en el otro lado. Sigfrido, todavía en la forma de Gunter, entró en la sala que había sido borrada de su mente por culpa de la poción de Grimilda.

Brunilda, sin embargo, no había olvidado a Sigfrido. Esta vez estaba sentada despierta en el pasillo, armada, pensando en su amante desaparecido hace tiempo. Cuando escuchó el sonido de un caballo en el patio y vio a un hombre que se bajaba, pensó que debía de ser Sigfrido el que venía a por ella y su corazón se llenó de alegría. Entonces, el hombre se acercó y ella vio que se trataba de Gunter. A pesar de lo sabia que era, no veía más allá de la apariencia. Y cuando el recién llegado le dijo que había venido a casarse con ella, le miró con tristeza y le dijo que no sabía qué contestarle. Su pretendiente le prometió a Brunilda que le daría una gran dote de oro, pero esto no la convenció. Ella le dijo al hombre que no le interesaba escuchar sus historias a menos que fuera el más grande y el más valiente de los hombres, porque ella misma había realizado grandes y valientes acciones en la guerra. Su pretendiente apreció sus palabras, pero le recordó que había jurado entregarse al hombre que pudiera cabalgar a través del fuego. Ella reconoció que esto era cierto y juró entregarse al hombre al que conocía como Gunter. Aunque seguía amando a Sigfrido, pensó que Gunter debía de ser un hombre muy valiente por haber atravesado el fuego. Así que se levantó, le dio la bienvenida y se prometieron el uno al otro por segunda vez, aunque ninguno de los dos lo sabía; y de nuevo se acostaron juntos en una cama. Pero Sigfrido colocó su espada entre ellos, para no ser infiel a sus votos matrimoniales —los únicos que recordaba haber hecho— o para no traicionar a su amigo y hermano Gunter. Durante tres noches durmieron así y después Sigfrido se alejó de Brunilda una vez más. Pero antes de que se separaran, ella le entregó el anillo que había recibido de Sigfrido, el anillo de Andvari que llevaba la maldición y él le dio otro anillo del tesoro de Fafner. Sigfrido, sin sospechar nada de la maldición, fue a ver a Gunter y cada uno tomó su propia forma. Entonces los dos hombres volvieron juntos al reino de Gebica.

Brunilda cabalgó hasta la casa de Heimir. No estaba sola; traía con ella a una niña, su hija Aslaug, concebida con Sigfrido antes de que él se marchara y se olvidara de ella. Se dirigió a Heimir con amargura, diciendo que había pensado en aislarse de todos los hombres excepto de Sigfrido, aunque no había querido anunciar esta condición en esos términos por vergüenza. La condición de su juramento había sido cumplida por otro hombre con el que ahora estaba comprometida. Heimir le dijo que ya estaba comprometida con Gunter y que tenía que cumplir su promesa; pero aceptó a Aslaug en su corte, pensando que tanto Brunilda como su marido serían más felices sin el constante recordatorio del primer amor de Brunilda. Entonces Brunilda cabalgó en solitario para encontrarse con su nuevo marido y su nueva vida. Gunter, Gebica y Grimhilda la recibieron con alegría y le prepararon un gran festín, y en ese festín Gunter y Brunilda se casaron. Pero mientras brindaban por su matrimonio, el hechizo se le escapó a Sigfrido y recordó todas las cosas que habían pasado entre él y Brunilda. El horror se apoderó de su mente entonces, ya que era consciente de no haber cumplido su juramento; y tal vez recordó la advertencia y la maldición de Fafner, y se preguntó si las hermosas bendiciones a las que los pájaros le habían guiado eran todo lo que le parecían. Pero ya era demasiado tarde para arreglarlo, ahora que tanto él como Brunilda ya estaban casados con otras personas, así que decidió mantener la paz.

Al parecer, su determinación de no pensar más en esta historia no le salió mejor que su primera promesa a Brunilda. En realidad, no le dijo nada a Brunilda o a su nuevo marido, pero en algún momento, le contó a su esposa Gudrun todo el dolor y toda la vergüenza que sentía. Y también le dio el anillo de Andvari, que había olvidado entregar a Gunter después de que Brunilda se lo diera.

Un sentimiento de rencor creció entonces en el corazón de Gudrun, como ya había crecido en el de Brunilda y las hermanas reinas se miraban de forma extraña. Un día, cuando fueron a bañarse, Brunilda insistió en lavarse el pelo río arriba de Gudrun; dijo que estaba más limpia que Gudrun y mejor en todas las cosas, teniendo a un padre y a un marido más nobles. Gunter, dijo, había vivido como hijo de un rey en su propia tierra toda su vida y había desafiado las llamas por ella; mientras que Sigfrido había crecido como esclavo en la corte de un extraño.

Gudrun se puso furiosa y dijo que las hazañas de valor de Sigfrido no podían ser igualadas por ningún hombre. Había matado a Fafner, ¿y qué había hecho Gunter para igualar eso? Además, Sigfrido había sido la primera opción de Brunilda; solo que él amaba a Gudrun y claramente nunca había amado a Brunilda. Y en cuanto al fuego, bueno, Brunilda no era tan sabia como todos la llamaban si no se daba cuenta de que fue Sigfrido quien lo atravesó y acudió a Brunilda ya que Gunter no tenía el valor para ello.

Brunilda argumentó que conocía al hombre que había llegado a ella a través de las llamas, que había yacido con él allí y que su cuerpo era el de su marido Gunter.

—Claro y su mente era la mente de Sigfrido —dijo Gudrun y para demostrar lo que decía sacó el anillo de Andvari y lo agitó ante Brunilda para que brillara con todo su esplendor. Entonces Gudrun se echó a reír, pero Brunilda se puso pálida, se fue a casa en silencio y no le dijo ni una palabra a nadie en todo aquel día. Había soportado la pérdida de Sigfrido con valentía y en silencio, aunque no sin amargura; se había enseñado a sí misma a vivir con el abandono, pero no toleraría que la avergonzaran.

Gudrun no se contentó con dejarla en paz. Al día siguiente, cuando los hombres salieron y las hermanas reinas se sentaron juntas, Brunilda permaneció en silencio y Gudrun preguntó qué le dolía y a qué hombre desearía que fuera su marido. Brunilda le pidió a Gudrun que se ocupara de sus asuntos, pero Gudrun no se detuvo. Finalmente, Brunilda perdió los nervios y dijo que Gudrun pagaría por haberle robado a Sigfrido.

Gudrun argumentó que ella no le había robado nada, que no había sabido nada de Brunilda cuando Sigfrido le pidió la mano y que su padre no tenía motivos para pedirle permiso a otra mujer antes de dejar que Sigfrido se casara con su hija. Brunilda le dijo claramente que no le guardaría rencor si Gudrun no hubiera conseguido el mejor hombre del reino.

Gudrun respondió que Brunilda se había casado con alguien mucho mejor de lo que merecía, pero su orgullo y su ira serían sin duda la ruina para Brunilda y más gente. Y ahora era Brunilda quien hablaba con desprecio de su marido Gunter, mientras que Gudrun elogiaba a su hermano, aunque seguía mencionando que, en efecto, su Sigfrido era el mejor de los hombres. Brunilda sacudió la cabeza y dijo que estaba muy enfadada con Grimhilda, que había hechizado a Sigfrido para que se olvidara de ella y amara a Gudrun. Gudrun negó esa acusación de manera rotunda, sosteniendo que su madre era una mujer muy honorable y que Sigfrido se había casado con Gudrun con los ojos abiertos y la mente clara. La historia no cuenta si ella de verdad creía esto, o si su rencor contra Brunilda se debía a la certeza de que Sigfrido había amado a Brunilda de una forma más sincera. Sin embargo, se cuenta que Gudrun se puso furiosa y dijo que al menos nadie podía acusarla de pasar una noche de bodas antes de su boda, mientras que la moral y la conducta de Brunilda al respecto no eran ejemplares.

Brunilda se tragó su rabia, habló con palabras suaves, dijo que su amor ahora le pertenecía a Gunter y que las hermanas reinas no debían pelear. Pero Gudrun no confiaba en ella del todo; y en esto, aunque no en otra cosa, Gudrun había acertado.

Notas:

En esta parte de la historia he seguido de cerca la *Saga völsunga*.

Capítulo 15. La muerte de Sigfrido

Después de esa pelea, Brunilda se alejó de Gudrun y de toda la corte, y Gunter oyó decir que estaba enferma y se encontraba cerca de la muerte. Se apresuró en ir a verla y le preguntó qué le pasaba y si podía ayudar. Durante un largo rato, se quedó quieta, yaciendo como una mujer muerta y no quiso responder, pero a medida que él le suplicaba que hablara, un poco de color volvía a sus mejillas y el fuego a sus ojos. Finalmente, ella le respondió más claramente de lo que él podía soportar.

Le dijo que ella nunca había querido ser una esposa, pero que se había visto obligada a ello; lo único que se le había permitido hacer por ella misma era insistir en casarse solo con el hombre más valiente del mundo, y por eso se había retirado al castillo dentro del aro del fuego, pensando que solo un hombre podía cruzarlo y ese hombre era Sigfrido. Cuando pensó que Gunter también había demostrado su valor cabalgando hacia ella, estaba dispuesta a casarse con él, pero ahora se enteró de que era un cobarde y un embustero que se había alejado del fuego y había enviado a otro hombre en su lugar; la había seducido, avergonzado y le había hecho romper su juramento. Por ello, esta sería la muerte de él y también la de su madre. Gunter alegó que su madre era muy querida y respetada y que nunca había matado a nadie, mientras que Brunilda era salvaje y estaba llena de odio.

—Pero no tan llena de engaños como tu madre —dijo Bruhilda—. Y también te digo claramente que te voy a matar.

Y así lo habría hecho en aquel momento si el hermano de Gunter, Hogni, no hubiera acudido en su ayuda. Entre ellos dos sujetaron a Brunilda y la ataron. Hogni la habría dejado así, pero el amor de Gunter por ella seguía siendo igual de grande que el miedo y el resentimiento hacia ella y dijo que le dolía verla atada.

Brunilda no se ablandó. Libre o atada, dijo ella, nunca más se sentaría a su lado con alegría, nunca más se daría un festín con él, nunca más jugaría al ajedrez con él, nunca le hablaría palabras de amor o le daría buenos consejos, nunca más amaría o desearía a otro hombre que no fuera Sigfrido. Y entonces lloró y gritó por el odio y el amor desesperado que sentía, tanto que toda la corte se asustó por aquel ruido. Luego se volvió fría y silenciosa, y durante siete días no comió ni bebió ni habló con nadie. Gunter se acercaba a ella una y otra vez, pero ella desviaba la mirada. Finalmente, Gunter fue a ver a Sigfrido y le pidió que hablara con Brunilda. Sigfrido, preocupado, fue primero a buscar a su esposa. Gudrun le dijo que estaba afligida por el dolor de Brunilda, y tal vez decía la verdad: que se sentía así, bien por Brunilda, o por el dolor que iba a sentir por su marido y por ella misma, ¿quién sabe? Le dijo que le ofreciera a Brunilda oro como pago por sus heridas y su dolor.

Entonces Sigfrido fue a ver a Brunilda. La encontró durmiendo de nuevo, como en su primer encuentro y lo que hizo fue levantar sus mantas y decirle que se levantara y se alegrara como lo había hecho en aquel primer encuentro.

Se despertó, aunque no con alegría y le preguntó que cómo se atrevía a venir a ella con falsas palabras de bondad, que él la había traicionado de la forma más dolorosa. Sigfrido alegó que no había querido hacerle daño y que la había dejado porque le habían hechizado, no porque tuviera un corazón engañoso; se apresuró a añadir que su marido Gunter era un hombre bueno, valiente y noble; también hizo lo que Gudrun le había pedido y le ofreció a Brunilda toda su riqueza si perdonaba y amaba a su marido. Brunilda le dijo que todo lo que quería de Sigfrido era sacarle el corazón. Él contestó que dudaba que después de su muerte ella viviera por mucho más tiempo. Brunilda estaba de acuerdo con eso, pero dijo que no le importaba vivir mucho más tiempo ya que ella lo amaba y él la odiaba.

Eso conmovió a Sigfrido más de lo que lo hicieron sus maldiciones y amenazas. Le dijo a Brunilda que la amaba y que siempre la había amado, excepto cuando el hechizo la borró de su mente; y que cuando la recordó de nuevo se entristeció porque no era su esposa, pero entonces ya era demasiado tarde.

—Me lo dices demasiado tarde —dijo Brunilda.

—Tal vez no lo sea —contestó Sigfrido—. ¿Acaso no yacerías conmigo?

Brunilda se puso furiosa de nuevo y dijo que no era una adúltera. Sigfrido se ofreció con desesperación dejar a Gudrun y casarse con Brunilda, pero al decir esto se hinchó de pena de tal manera que su armadura se desprendió de él, y su cara tenía el mismo color cadáver que la de Brunilda.

—No te tendré a ti —dijo Brunilda—, ni a ningún otro.

Entonces Sigfrido se marchó con miedo y tristeza.

Gunter vio la cara de Sigfrido y supo que su misión había fracasado. Se apresuró una vez más para ver a Brunilda, quien le dijo que Sigfrido incluso en ese momento se iba a reír de ella con Gudrun y que esta debía de ser la muerte de Brunilda, de Gunter o de Sigfrido. Preferiblemente de Sigfrido, dijo, e instó a Gunter a matarlo.

Primero Gunter se resistió a esta sugerencia: le había jurado amistad y había hecho un pacto de sangre con Sigfrido. Pero entonces empezó a pensar en lo bueno que sería tener todo el amor de Brunilda y también el tesoro de Sigfrido, además de una clara supremacía en el reino. Así que fue a ver a su hermano Hogni y le sugirió que se aliaran para matar a Sigfrido, ya que parece ser que ninguno de los dos iba a ser capaz de hacerlo en solitario.

Hogni se negaba a hacerlo. Dijo que una matanza así traería como consecuencia la vergüenza y la maldición. Además, entre Sigrido y él había un pacto de sangre. Gunter indicó que entre su hermano menor, Guttorm y Sigfrido no había ningún pacto de sangre, y quizás podrían conseguir que él matara a Sigfido por ellos. Hogni se mantuvo contrario a esta idea al principio, pero al final cedió; echaron una poción mágica en la comida de Guttorm para volverlo audaz e imprudente y le prometieron a Guttorm tesoro, honor y poder, así que finalmente accedió a hacer lo que le pidieron.

Durante la noche, Guttorm entró en la habitación donde Gudrun y Sigfrido yacían juntos. En dos ocasiones se retiró de la habitación con miedo y vergüenza, pero la tercera vez pensó en lo que sus hermanos le habían prometido, entró y apuñaló a Sigfrido mientras dormía. Sigfrido se despertó demasiado tarde para salvarse, pero a tiempo para matar a su asesino; dijo con amargura que los hermanos de Guttorm iban a tener motivos para arrepentirse de este asesinato y entonces murió.

Gudrun lloró en voz alta por Sigfrido, mientras Brunilda se reía de ella. Pero su risa era una risa forzada de locura que pronto se convirtió en llanto. Les dijo a Gunter y Hogni que no obtendrían ningún beneficio duradero del asesinato de su hermano de sangre y que la maldición iba a caer sobre ellos de inmediato. Dijo que la maldición ya estaba con ella y que ya no tenía más ganas de vivir, ahora que Sigfrido estaba muerto. Gunter le rogó, pero ella no le escuchó. Se apuñaló a sí misma y se quemó en la pira funeraria de Sigfrido. Sin embargo, Gudrun eligió al que podría el destino más doloroso: vivir, llorar y recordar.

La maldición no murió con Sigfrido ni Brunilda, ni siquiera con Gudrun; sus hijos y muchos otros quedaron atrapados en la red de los enemigos sanguinarios o en el anhelo por el tesoro de Andvari. Había algo de coraje en esas peleas, pero poca misericordia y poca alegría. Y ningún descendiente de Sigfrido, ni ningún otro mortal, igualó nunca a Sigfrido en cuanto a su valor y a su fuerza.

Notas:

Una vez más, esta historia sigue a la *Saga völsunga* la mayor parte del tiempo. Pero en esta sección de la historia, cuando Brunilda le cuenta sus penas a Gunter, da una explicación de por qué tiene que casarse que contradice el relato anterior. En esta versión, es su padre humano (el rey Budli) y no Odín (El padre de todo), quien la obliga a convertirse en esposa en lugar de una doncella escudera y se debe a que está motivado por el deseo de apaciguar al rey Gebica y evitar una guerra, y no por la venganza por el hecho de que Brunilda haya tomado demasiada iniciativa para decidir a quién matar.

Partes de las historias de muerte de este capítulo se cuentan en varias Eddas poéticas. Algunas de ellas se cuentan desde la perspectiva de Gudrun y ven a Brunilda como una representante del mal; otras parecen mostrar cierta admiración por su pena y orgullo.

Esta historia termina relatando de cómo la maldición de Andvari se manifestó en el mundo de los mortales. La próxima historia nos mostrará cómo la maldición cayó sobre Asgard y trajo dolor y pérdidas duraderas a los dioses.

Capítulo 16. La muerte de Balder

Mientras Hreidmar se deleitaba con el oro y sus hijos le miraban con el espíritu asesino, Odín y Loki volvieron a Asgard. No traían oro de la fortuna de Andvari, ni siquiera el hermoso anillo que Odín había pensado llevarse, pero puede que la maldición de Andvari aún les persiguiera. Había mucha pesadez en el corazón de Odín, la sentía incluso en su propia sala resplandeciente. El único lugar donde podía encontrar la tranquilidad del corazón por un tiempo era en el castillo de su hijo más querido, Balder, el pacificador y el más bello de los dioses. Cuando Frey se enamoró, había visto que la luz provenía de su amada Gerd e iluminada el mundo, pero todos los dioses podían ver la luz allá donde caminaba Balder. Y cuando iban a su morada dejaban atrás la oscuridad: no había disputas ni amargura en sus corazones.

Pero incluso en el palacio de Balder, su inquietud no desapareció. Empezó a tener sueños espantosos y vislumbró vagamente su propia muerte. Les habló entonces de sus preocupaciones a los dioses y ellos se preocuparon con y por él; sobre todo, por él. Odín cabalgó entonces con su caballo Sleipnir lejos de los mundos de los dioses y de los hombres hasta las fronteras de Niflhel, la fría tierra de los muertos. Allí hechizó a una mujer sabia ya fallecida para que se levantara de su tumba y respondiera a sus preguntas sobre los sueños que tuvo en el palacio de Balder. La mujer protestó porque se la había llamado a través de las largas y frías galerías hasta el borde del mundo viviente, y no quiso contestarle nada; pero él la presionó y ella le dijo que se preparaba un gran festín en Hel, pues sabían que Balder vendría pronto entre ellos. Él la hubiera presionado para que contara más, por mucho que le doliera, pero ella vio su angustia y supo quién era. Al ser de la raza de los gigantes, la mujer no quiso prestar ayuda a los dioses. Solo añadió que ningún otro ser viviente obtendría de ella el discurso o la sabiduría hasta el día en el que los dioses fueran destruidos y eso iba a ser después de la muerte de Balder, más pronto de lo que se cree.

Odín regresó a los dioses con mucha angustia, al entender que la muerte de su hijo era algo predestinado y que no iba a cambiar. Frigg fue menos resignada. Tomó sus plumas y viajó a través de los mundos exigiendo juramentos. No se los exigía a los dioses, pues no podía imaginar que ninguno de ellos pudiera hacer daño a Balder; ni a los mortales, pues no paraban de morir y de nacer y no habría fin a sus juramentos. Sin embargo, hizo que el fuego, el agua, el metal, la piedra y toda clase de árboles y plantas venenosas juraran que nada de su sustancia le haría daño al querido Balder. Y todas estas cosas juraron de buena gana, pues Balder era muy apreciado por todos.

Frigg regresó a la asamblea de los dioses, les contó lo que había hecho y ellos se alegraron. Pronto decidieron ponerlo a prueba, al principio de manera suave y luego de manera más intensa, y parecía que Frigg había logrado mantener a su hijo a salvo. Los dioses podían arrojar piedras o lanzas a Balder, o empujarlo al fuego o al agua, pero él no sufría ningún daño. Incluso el destino, parecía, podía cambiar por el amor. Los dioses se deleitaron con ese pensamiento, y pronto se convirtió en una parte muy esperada de sus fiestas el arrojar cosas a Balder y verle salir ileso.

Pero un día, cuando la mayoría de los dioses estaban reunidos y Loki estaba fuera vagando, una mujer extraña apareció en la reunión de los dioses y vio que los ellos estaban lanzando armas a Balder y se reían. Frunció el ceño desconcertada y le preguntó a Frigg qué podrían estar haciendo los dioses, Frigg le explicó. Los ojos de la mujer se abrieron de par en par con asombro.

—¿De verdad hiciste jurar a todas las cosas en el mundo? ¿No hay nada en absoluto que pueda hacerle daño?

—A todas las cosas importantes —respondió Frigg—. Hay una pequeña planta llamada muérdago que es demasiado pequeña para ser un peligro y demasiado joven para prestar juramento.

La mujer asintió con la cabeza y cuando Frigg se giró para mirarla de nuevo, ya se había ido.

Una vez fuera de la vista de Frigg, la mujer adoptó su forma verdadera y apareció como el mismo Loki. Loki fue rápidamente al bosque situado al oeste de Asgard. Cuando volvió, tenía un pequeño dardo en la mano, un dardo hecho de muérdago.

Había tardado muy poco tiempo, ya que los dioses seguían lanzando cosas a Balder cuando volvió en su propia forma junto a los dioses. Todos los dioses estaban juntos menos uno: el dios ciego Höder, uno de los hermanos de Balder, que estaba sentado apartado de los demás, mirando y sintiéndose excluido. Entonces Loki le preguntó qué era lo que le atormentaba y por qué no se unía a los otros dioses. Höder respondió que difícilmente podía unirse a su juego porque estaba ciego y no tenía armas. Pero Loki le urgió a «honrar a Balder como a lo hacían los otros» y le prometió ayudar. Colocó el dardo de muérdago en la mano de Höder y le guio antes de tirarlo para darle una idea de la dirección. Entonces Höder se puso de pie y lanzó el dardo.

Loki era un buen maestro. Su puntería no falló. El dardo atravesó el corazón de Balder y Balder cayó muerto ante todos ellos. Höder no se dio cuenta de que algo andaba mal hasta que escuchó a los dioses gritar de dolor y horror.

Lloraron en voz alta, tanto las diosas como los dioses, y no pudieron encontrar palabras para su dolor, ni fuerza en sus manos para agarrar al asesino de Balder, quien salió huyendo apenas sus piernas lo soportaron, llorando amargamente como los demás (aunque podría haber sido más sabio quedarse donde estaba, ya que el palacio de Balder era un lugar santo y nadie mataría allí, de buena gana). La mayoría de los dioses estaban afligidos por su amado compañero, pero Odín también sentía una fría desesperación en su corazón porque sabía que la muerte de Balder iba a marcar el principio del fin, de la terrible caída de los dioses y de la destrucción del mundo.

Frigg no estaba pensando en su mundo, pero sí en su hijo y cuando por fin recuperó el poder de la palabra rogó que alguien cabalgara hasta Niflhel y viera si el espíritu de Balder aún se podía rescatar. Hermód, el hijo de Odín y el hermano de Balder se encargó de este recado; tomó prestado Sleipnir, el caballo de Odín que también era el hijo de Loki y salió lo más rápido que pudo hacia Niflhel.

El resto de los dioses prepararon el cuerpo de Balder para su funeral. Lo subieron a su gran barco llamado *Hringhorni* a la orilla del mar y Odín colocó un anillo de oro encima de su pecho (no el anillo de Andvari, sino el anillo que le dio Brok cuando ganó la apuesta contra Loki). La esposa de Balder, Nanna, murió de pena al ver a su marido muerto y subieron también su cuerpo al barco junto al de su esposo. Uno de los hijos de Odín mató a Höder por haber matado a Balder, a pesar de que Höder nunca quiso hacerle daño a su hermano Balder. Su cuerpo también se colocó en el barco funerario. Los dioses quisieron empujar el barco al mar y prenderle fuego, pero era tan pesado como su dolor y no pudieron moverlo. Finalmente, mandaron llamar a una gran giganta que cabalgaba sobre un lobo, con riendas hechas de serpientes y en seguida puso el barco funerario a flote con un solo empujón de sus grandes brazos. (Tuvieron que sujetar a Thor para impedir que sacara el Mjöllnir y la matara). Entonces arrojaron antorchas al barco y la corriente lo atrapó como lo hicieron las llamas. El barco se adentró mucho en el gran mar y el agua parecía oro. Los dioses se quedaron mirando y llorando, pues tan amado había sido Balder que también muchos de la raza de los gigantes se quedaron cerca y también miraron y lloraron.

Mientras tanto, Hermód siguió su camino a través de las duras tierras frías, hasta que finalmente llegó al río salvaje y frío de Gjöll y al puente dorado que lo atravesaba. Cabalgó hasta el puente y entonces se detuvo, porque la guardiana de la puerta de Hel estaba allí. Se llamó a sí misma Modgud y le preguntó la razón por la que había venido por ese camino; había hecho tanto ruido, dijo, al igual que todos los cinco grupos de hombres muertos que habían cruzado el puente juntos ese día, sin embargo, su color no era el de los muertos. Él sabía que no estaba muerto, pero que estaba obligado a seguir a Balder y tratar de traerlo de vuelta a las tierras de los vivos y preguntó si Balder había cabalgado por ese camino. Modgud le dijo que lo había hecho y señaló a Hermód el camino a seguir.

Cabalgó a través de la tierra de hielo negro y viento hostil, hasta que llegó a la fría sala de Hela. Allí vio a Balder sentado en un asiento alto, con la cara pálida como el hielo y los ojos sombríos como el invierno. Ya no brillaba con la misma luz, pero aun así, se levantó cortésmente al ver a Hermód y le saludó de forma tan gentil como lo habría hecho en el mundo de los vivos. Los hermanos pasaron la noche hablando y sus palabras permanecieron en secreto entre ellos. Pero por la mañana, Hermód le rogó a Hela que dejara a Balder volver a Asgard, alegando que la muerte de Balder había traído dolor y pérdida a todos en el mundo de los vivos.

Hela estaba dispuesta a comprobar si esto era cierto y dijo que liberaría a Balder con una condición: si todas las cosas del mundo, tanto las vivas como las no vivas, lloraban por él.

Hermód se levantó para marcharse entonces, pues quería apresurarse y recoger las lágrimas de todos mientras el dolor por la muerte de Balder aún estaba vivo entre ellos. Entonces Balder le acompañó hasta la puerta de la sala de Hela y mandó con él palabras de despedida a Odín; también le devolvió el anillo que su padre había puesto en su pira funeraria. Nanna también les acompañó y envió regalos para Frigg y para su criada Fulla. Claramente ninguno de ellos esperaba volver a Asgard.

Hermód todavía tenía esperanzas y les llevó el desafío de Hela a los Aesir. Estos enviaron mensajeros por todos los mundos pidiéndoles a todos que se reunieran a llorar por Balder delante de la sala de Hela. Los dioses, los hombres y los gigantes atendieron el llamado. También lo hicieron los árboles, las piedras y todas las cosas que primero habían jurado no dañar a Balder. La esperanza creció en los corazones de los Aesir y la alegría pareció emerger del dolor. Pero cuando los últimos mensajeros regresaron a casa, pasaron por una cueva que no habían visto antes y escucharon el sonido de algo, o quizás de alguien, moviéndose dentro. Lanzaron un grito dentro de la cueva y una giganta salió a su encuentro. Se presentó como Thok. Le explicaron su misión y le pidieron que llorara por Balder. Todos siempre se mostraban muy dispuestos después de escuchar aquel mensaje, y no esperaban menos de Thok. Sin embargo, ella habló de una manera insultante de Balder y de su padre Odín, declaró que no quería a Balder, ni vivo ni muerto y dijo riéndose al final:

—¡Dejad que Hela se quede con lo que tiene!

Pero los mensajeros conocían el sonido de aquella risa, vieron a través del disfraz de Thok y reconocieron a Loki. Al ver que había sido descubierto, Loki huyó y no pudieron llevárselo, pero llevaron su historia a Asgard donde confesaron su fracaso y el inquebrantable exilio de Balder. Los dioses maldijeron a Loki por haber condenado a Balder a Hel hasta el fin de los mundos y quizás fue entonces cuando recordaron que Höder, después de todo, difícilmente podría haber lanzado el dardo con tanta precisión a Balder sin ninguna ayuda y que antes de este mortal lanzamiento, Loki había sido visto al lado de Höder.

Al quedarse sin Balder, los dioses decidieron no quedarse sin venganza. Salieron a buscar a Loki y no solo los Aesir, sino también la giganta Skadi, que había deseado casarse con Balder en los tiempos de gloria de los Aesir.

Loki fue advertido de su llegada, se transformó en un salmón y se escondió en un profundo estanque del arroyo. Pero el disfraz de pez no le sirvió más de lo que le había servido a Andvari. Los dioses encontraron su escondite, arrojaron una red y cuando intentó saltar por encima de la red, Thor lo agarró por la cola y lo mantuvo boqueando en el aire hasta que volvió a tomar su propia forma para poder respirar; aunque le habrían ocurrido menos desgracias si hubiera muerto en aquel momento.

Llevaron a Loki a una cueva y lo ataron de inmediato. No pudo engatusar, sobornar o fanfarronear para librarse del castigo y Balder el bondadoso ya no estaba allí para pedir misericordia o justicia en lugar de la venganza y los Aesir estaban locos de dolor y de ira. Mataron a dos de los hijos de Loki ante sus ojos, para que sufriera como Odín había sufrido. Luego lo encadenaron a la roca y Skadi envolvió una serpiente venenosa alrededor de su cabeza, de modo que su veneno caía sobre su cara y le quemaba. Finalmente, dejaron a Loki allí y se fueron para aliviar su dolor.

Cuando los dioses y Skadi se fueron, la esposa de Loki, Sigyn, acudió a él. No tenía poderes para desatar sus ataduras ni para matar o apartar a la serpiente. Pero trajo una vasija que sostenía bajo el flujo de veneno, para que su marido descansara del dolor. Solo cuando la vasija se llenaba hasta rebosar y tenía que darse la vuelta para vaciarla, el veneno golpeaba de nuevo la carne de Loki. Sus convulsiones de dolor sacudían todo Midgard y sus gritos eran terribles. Pero Loki no se lamentaba por Balder; solo por él mismo, consciente de que no se liberaría hasta la llegada de Ragnarök.

Notas:

Este cuento sigue principalmente el relato de Snorri Sturlusson en la Edda prosaica *Gylfaginning*. Las Eddas poéticas *Völuspá* (La Profecía de la Vidente) y *Baldrs Draumar* (Los sueños de Balder) también cuentan partes de la historia.

Es difícil estar seguro de cómo este cuento encaja en secuencia con todos los demás. En el *Gylfaginning* esta historia aparece inmediatamente antes de la profecía de Ragnarök (El día de la destrucción); también, ya que en su final Loki está atado hasta el fin del mundo, parece que esta historia debe seguir a los cuentos en los que Loki anda suelto por el mundo. Por otro lado, cuando Skirnir corteja a Gerd en nombre de Frey, le ofrece un anillo y dice que Odín lo había puesto en la pira de Balder y que Balder se lo había devuelto a Odín. En una ocasión posterior, cuando Loki, en plena libertad, entra en un festín e insulta a otro Aesir, se burla de Frey por haberle dado a Skirnir su espada como premio por traer a Gerd... He seguido la línea de tiempo de Snorri Sturlusson aquí. Supongo que es lógico que Loki, el embustero, no pueda encajar bien en un intento humano de ordenar las historias de una forma lógica.

Gylfaginning entra en detalles muy feos sobre el castigo de Loki y de sus hijos. Elegí saltarme eso aquí.

Daniel McCoy señala que existe otro manuscrito medieval, la *Gesta Danorum* de Saxo Grammaticus, que describe a Balder y a Höder como héroes mortales que se mataron deliberadamente en una disputa romántica, pero la versión de Snorri Sturlusson de este cuento es mucho más conocida.

Capítulo 17. Ragnarök

Se cuenta que después de la muerte de Balder, Odín sintió que se acercaba la perdición de los dioses. Sin embargo, el tiempo de los dioses no se corresponde con el tiempo de los mortales y parece que los nórdicos vivieron durante muchos siglos en el intervalo de tiempo entre la muerte de Balder y el Día de la destrucción. La muerte de Balder se contaba como algo concluido y muy lamentado, mientras que el Ragnarök estaba por llegar. Aun así, lo que iba a pasar al final ya se conocía, porque Odín se lo había oído predecir a una profetisa.

El primer signo del fin del mundo de los hombres serán las terribles tormentas y los días de verano se harán cada vez más cortos como en invierno. Después del desorden de la naturaleza vendrá el desorden de los hombres. Habrá guerras terribles, no es que el mundo no haya estado nunca en guerra, pero la lucha se hará más cruel e incesante, y se acabarán la lealtad y el coraje. Los hombres y mujeres ya no cumplirán ninguno de los juramentos que hicieron de amor, lealtad o alianza; el incesto y la traición se convertirán en algo habitual. Entonces el calor del verano desaparecerá por completo. Vendrán tres inviernos seguidos sin tiempo de siembra entre ellos. Los hombres mirarán al cielo y se desesperarán por el frío y la palidez del sol, mirarán a la tierra y se desesperarán por el hambre en sus vientres y el odio en los ojos de sus semejantes: la profetisa lo llamó «la época de vientos y de lobos, antes de que el mundo caiga».

Entonces el gran árbol del mundo temblará, todos los cielos y las tierras que cuelgan de él temblarán también; y todos los lazos que los sostienen se romperán. Los lobos que habían estado persiguiendo al sol y a la luna a través de los cielos desde el principio de los tiempos alcanzarán por fin a sus presas en esa convulsión y la tierra quedará sumida en la oscuridad. Loki se liberará de sus cadenas y huirá a Jötunheim para unirse a los gigantes en su batalla contra los dioses. El frío mar se elevará a una gran altura y una ola helada rodará hacia Asgard; en la cresta de esa ola navegará el gran barco llamado *Naglfar*, hecho con las uñas de los dedos de las manos y de los pies de los mortales ya muertos. (Una versión de la profecía decía que Ragnarök no vendría hasta que se tendrían suficientes uñas para construir el *Naglfar*, es por ello que las personas devotas y prudentes mantenían sus uñas muy cortas, para no acelerar la construcción de este barco). Loki y el gigante Hrimir estarán de pie juntos en la proa del barco, riéndose al ver la destrucción de los dioses; y dentro del barco habrá un gran ejército de gigantes.

Pero los gigantes no eran los únicos enemigos de los dioses. El hijo de Loki, el lobo Fenrir, cuyo encadenamiento se consiguió a costa de la mano de Tyr, también se liberará y abrirá sus mandíbulas, alcanzando desde la tierra de abajo hasta los cielos de arriba. La serpiente de Midgard, el otro hijo de Loki, se levantará golpeando desde las profundidades del mar y se extenderá sobre Asgard. Y detrás de todos ellos vendrá el brillante ejército de Muspelheim, el mundo del fuego, arrojando una terrible luz sobre las tierras oscuras.

Los dioses sabrán que les será imposible ganar esta batalla, pero tampoco se quedarán quietos sin intentar luchar. Su ejército saldrá a la última batalla, sin esperanzas, pero también sin miedo. Odín liderará el ataque contra Fenrir y el lobo se lo tragará con mucho dolor, aunque el hijo de Odín, Vidar, matará al lobo y vengará a su padre. Thor estrangulará a su viejo enemigo, a la Serpiente de Midgard, para luego morir por el veneno derramado por él. Tyr perderá la mano que le quedaba y su vida, luchando contra otro lobo, aunque éste morirá con él. Loki y el dios Heimdall también morirán peleándose entre ellos. Y entonces, cuando los ejércitos de los dioses y de los monstruos se queden muy débiles y sufran muchas pérdidas, los gigantes de fuego llegarán desde Muspelheim. Frey, el hijo del dios del mar, se enfrentará a Surt, el líder de los ejércitos del fuego, pero se quedará sin armas —ya que le había entregado su espada milagrosa a Skirnir (el paradero de Skirnir durante la batalla no está claramente establecido)— y morirá. Entonces Surt arrojará fuegos más calientes que la erupción de cualquier volcán de Midgard y se destruirá todo. El mundo se acabará, así como empezó, en el fuego.

Pero ese final llevará a un nuevo comienzo. Asgard y Midgard se habían formado en el vacío entre el hielo y el fuego. De la misma manera, los fuegos de Surt se hundirán en el mar helado y un nuevo mundo se levantará como una isla en las olas vacías, con una tierra verde y hermosa. La mujer que era el Sol habrá dado a luz a una hija antes de morir y, en el nuevo mundo, esa hija se levantará radiante. Su luz brillará sobre las cataratas del joven mundo, les dará luz a las águilas y traerá flores y frutos de la tierra sin necesidad de que los humanos los atiendan. En ese nuevo mundo todo el mal estará muerto y olvidado. Balder regresará de nuevo para gobernar ese joven mundo y su hermano Höder estará a su lado. No habrá amargura en el corazón de ninguno de los dos hermanos por la forma en la que murieron antes. Tal vez otros dioses también regresarán. Y los humanos mortales también volverán. En un lugar secreto lejos de las guerras de los dioses y monstruos, Lif y Lifthrasir se esconderán durante los días de destrucción y entrarán en el nuevo mundo verde para llenarlo de un pueblo que conocerá la alegría y la paz, que raramente se mantenían en Asgard y Midgard antes.

Y para aquellos que murieron en Midgard antes del día de la destrucción, otra resurrección les esperará. Habrá un nuevo cielo, así como una nueva tierra y en el salón con techo de oro llamado Gimle, aquellos que habían sido justos, puros de corazón o buenos según la definición de la bondad del narrador (las ideas sobre esto variaban entonces, como lo hacen ahora) vivirán en la dicha para siempre. Algunas historias decían que también habrá lugares más fríos y sucios para los asesinos, rompedores de juramentos o adúlteros; otros decían que el lugar para el castigo pertenecía al viejo mundo que morirá con Odín, Loki y los gigantes.

Cuando Snorri contó esta historia, habló como si la felicidad de este nuevo mundo fuera interminable. En el antiguo poema de la profecía revelada a Odín, las últimas palabras de la profetisa hablaron de un dragón que se iba a levantar con la boca llena de cadáveres. Algunos traductores dicen que esto se debe a un error, que un trozo de la historia anterior de una lucha apareció en el lugar equivocado. Tal vez sea así. Y tal vez sea absurdo esperar a que se entienda claramente el fin del mundo o lo que sigue después del mismo.

Notas:

Este relato está tomado del *Gylfaginning* de Snorri Sturluson y de la Edda poética *Völuspá*. Los dos relatos difieren en varios puntos; he señalado las discrepancias más importantes en la propia historia.

Capítulo 18. Nota final: La historia de Hrólfr Kraki

El nombre del rey Hrólfr es menos conocido que el de los Völsung y nadie afirma que Hrólfr fuera el hijo de un dios; pero su vida y las vidas de aquellos que tuvieron que tratar con él fueron mucho más felices que las vidas de los Völsung y de sus vecinos. Y en la época de Snorri Sturlusson, Hrólfr Kraki todavía era recordado con honor, cariño y también, con un poco de risa. Snorri decía que él era el más valiente de los hombres, así como el más amable y el más bondadoso.

Hrólfr fue el nombre con el que nació, pero el nombre de Kraki se le dio de la siguiente manera: Hrólfr tomó el trono en Hleidra cuando era muy joven, bastante pequeño y de aspecto no muy impresionante. Un día, un hombre muy pobre llamado Vöggr entró en la corte y se quedó mirando fijamente al gran trono y al pequeño rey que había en él. Como no paraba de mirar, todos los presentes en el gran salón también se le quedaron mirando a él y al joven rey. Entonces el rey Rolf le preguntó a Vöggr qué quería decir con esa mirada.

Vöggr, menos intimidado de lo que se esperaba por el esplendor del rey y de la corte, respondió con espontaneidad. En su casa, dijo, había oído cosas maravillosas de Hleidra, y todos decían que el rey Hrólfr que reinaba allí era el hombre más grande de todas las tierras del norte, así que hizo el largo viaje a Hleidra para poder contemplar la maravilla por sí mismo, ¡a vio no más que a un pequeño cuervo (*kraki*, en su lengua) posado en un asiento alto y llamándose a sí mismo rey!

La gente que estaba cerca de Vöggr comenzó a susurrar y a retroceder, porque, pequeño o no, Hrólfr era un rey; y burlarse de un rey significaba invitarse a un castigo inmediato y severo. Algunos de ellos podrían haber estado de acuerdo en secreto con la descripción de Vöggr, pero se consideraban demasiado sabios y ni soñaban con repetirla ante el rey o reírse en su presencia.

El rey Hrólfr se quedó mirando a Vöggr, mientras Vöggr lo miraba y, al final, sonrió.

—Me has dado un nombre —le dijo a Vöggr—, y me llamaré Hrólfr Kraki de ahora en adelante. Pero es costumbre dar un regalo junto al nombre.

Le miró pensativo y Vöggr se dio cuenta de que no tenía nada que un rey pensara que valiera la pena aceptar como un regalo o como una recompensa por su insolencia. El rey Hrólfr se encogió de hombros.

—Bueno, ya que no tienes ninguna cosa adecuada para darme junto con mi nombre, debe dar el que tiene, en tal caso. Dicho esto, se quitó un anillo de oro de su mano y se lo dio a Vöggr.

Ahora le tocaba a Vöggr sonreír, una vez que terminara de balbucear con asombro.

—Su merced es el mejor rey de todos —dijo—. A partir de ahora seré el enemigo de todo aquel que se atreva a convertirse en su enemigo.

Entonces el rey Hrólfr Kraki se rió a carcajadas, mientras decía:

—¡Una cosa tan pequeña le hace feliz a Vöggr!

El rey Hrólfr Kraki se hizo adulto y los sajones atacaron desde el mar, por lo que su ejército se vio obligado a defender su reino. Pero en el medio de esa batalla, un mensajero cabalgó hasta sus puertas con un caballo exhausto, para pedir su ayuda en la guerra que el rey Adils de Upsala, el segundo esposo de la madre de Hrólfr Kraki, Yrsa, estaba luchando contra el rey de Noruega. El rey Adils se ofreció a pagar todos los gastos del ejército de Hrólfr Kraki, además de darle tres tesoros que eligiera. El rey Hrólfr Kraki no estaba en condiciones de dejar de luchar contra los sajones, pero por el bien de su madre envió a sus doce mejores luchadores a caballo a Upsala de manera inmediata; esos hombres eran guerreros berserkers y nadie se atrevió a enfrentarse a ellos debido a su tremenda pasión por la batalla. Con su ayuda, el rey Adils obtuvo la victoria y al final pidieron su paga y mencionaron los tesoros que querían llevarle a su rey. Pero el rey Adils rechazó darles la paga o los tesoros y envió a los hombres de vuelta con las manos vacías.

Al regresar a Hleidra, los berserkers se dieron cuenta de que los sajones habían sido expulsados y la tierra se encontraba en paz. Pero cuando contaron su historia, el rey Hrólfr Kraki se enfadó, se armó y regresó con ellos a Upsala. Allí el rey Adils se negó a recibirlos en su gran salón, pero Yrsa invitó a su hijo al otro hospedaje. Le dio a él y a sus guerreros comida y bebida y los trató con honor. Al parecer, el rey Adils también se opuso a esto. En todo caso, cuando Yrsa se fue de la sala de huéspedes, Adils envió a hombres que de repente arrojaron grandes ramas sobre el fuego para que éste brotara y quemara las ropas del rey Hrólfr Kraki y las de sus hombres. Los hombres gritaron en tono de burla desde la puerta, preguntando si era cierto que ni el fuego ni el acero podían hacer huir a Hrólfr Kraki y a sus berserkers. Al oír esto, Hrólfr Kraki sospechó que había un montón de hombres armados esperando en la puerta a cualquiera que huyera del fuego de esa manera. Entonces esperó hasta que el fuego hubiera atravesado la pared trasera de la casa, y luego él y sus hombres arrojaron sus escudos al fuego para abrirse paso. Corrieron a través del fuego sobre ese puente de metal caliente y Hrólfr Kraki les gritó a los burladores que no se podía decir que el hombre que saltó sobre el fuego había huido de él. Entonces él y sus hombres empujaron a los pirómanos dentro del edificio en llamas.

Yrsa llegó demasiado tarde para detener el incendio. Le dio a su hijo un cuerno lleno de oro, un anillo de oro y le dijo que se fuera. Él y sus hombres hicieron caso a la advertencia y se alejaron juntos, con el viento frío sobre sus pieles quemadas. Sin embargo, pronto escucharon cascos golpeando detrás de ellos: el rey Adils y un gran ejército, decidido a matar a los invitados a los que no habían podido humillar o quemar.

En estas circunstancias, Sigfrido tal vez habría luchado y habría muerto como un héroe. El rey Hrólfr Kraki tenía otra idea diferente. Esparció en el camino las monedas de oro que su madre le dio. Los soldados del rey Adils las vieron brillar en la luz de la luna y se detuvieron, primero para recogerlas y luego para discutir sobre quién se quedaba con qué, ignorando las órdenes del rey Adils de que continuaran la persecución. Solo el mismo rey Adils mantuvo su rumbo y cabalgó con furia tras su yerno. Eran trece contra uno entonces y presumiblemente el rey Hrólfr Kraki podría haberlo matado fácilmente, si estaba dispuesto a dejar a su madre viuda y a su reino envuelto en un feudo de sangre. En cambio, tomó el anillo que su madre le había dado y se lo arrojó al rey Adils, diciéndole a gritos que se lo guardara como un regalo.

Tal vez Adils sabía que el anillo era de su esposa y se lo pensó mejor. Tal vez vio que era lo justo. Tal vez se le ocurrió que estaba cabalgando hacia su muerte y quería salvar su honor. Sea como fuere, se inclinó desde su caballo para recoger el anillo con su lanza. Cuando se enderezó de nuevo, vio que Hrólfr se había aproximado a él, lo suficientemente cerca como para dar un golpe mortal, si hubiera estado tan dispuesto. El rey Kraki miró a su padrastro y le dijo:

—Se supone que eres el más grande de todos los suecos y he conseguido hacer que te agaches como un cerdo.

El rey Adils no supo qué decir. Se quedó sentado en silencio, mirando, mientras el rey Hrólfr Kraki y sus hombres volvían a casa juntos, riendo.

Notas:

Esta historia viene de *Skáldskaparmál* de Snorri Sturluson. Todas las especulaciones sobre los motivos son mías.

He añadido este cuento como nota final porque no estaba claro dónde encajaba en el ámbito de esta narrativa. Pero el cuento de Hrólfr Kraki me pareció un agradable contraste con las historias sangrientas, llenas de orgullo y sombrías de los Völsung y quise incluir también ese aspecto no violento del variado mosaico de la literatura nórdica.

Conclusión

Este libro da una introducción a algunos de los relatos básicos que se encuentran en las fuentes primarias. Si desea explorar más el mundo de la mitología nórdica, aquí tiene algunas sugerencias. Muchas de las fuentes primarias están ampliamente disponibles en el dominio público.

Los cuentos de este libro están tomados principalmente de las Eddas. Las Eddas poéticas son los textos más antiguos. A menudo son fragmentarios y los estudiosos discuten sobre el orden de las estrofas, sobre las divisiones entre las diferentes obras y sobre el significado de algunas palabras o líneas. Una colección minuciosamente explicada de todas las Eddas poéticas, traducidas al inglés en 1936 por Henry Adams Bellows, se encuentra en la página: **http://www.sacred-texts.com/neu/poe/index.htm.** Su biblioteca también puede tener otras traducciones. Las Eddas prosaicas de Snorri Sturlusson son secuenciales, intactas y fáciles de entender. Como Snorri era cristiano y realizaba intentos intermitentes de armonizar estos relatos con las historias cristianas, algunas personas interesadas en comprender la antigua religión nórdica lo encuentran un tanto frustrante y poco fiable. Me he inspirado en las dos primeras Eddas, *Gylfaginning* y *Skáldskaparmál*, que se pueden encontrar fácilmente en línea en inglés en varios lugares; la tercera, *Háttatál*, es algo más oscura y difícil de encontrar con una traducción inglesa de fácil lectura.

He encontrado algunas notas útiles sobre la religión nórdica y sobre fuentes primarias menos conocidas en el sitio de Daniel McCoy: www.norse-mythology.org.

Tercera Parte: Mitología egipcia

Mitos egipcios fascinantes de los dioses, diosas y criaturas legendarias egipcias

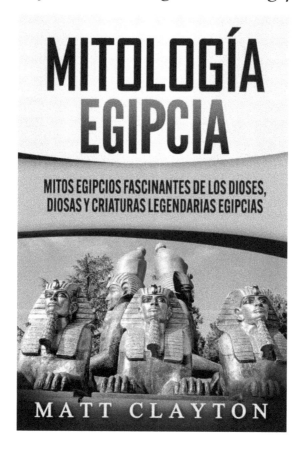

Introducción

La mitología egipcia es rica y compleja, y sobrevive en una gran variedad de fuentes, desde los escritos religiosos como el *Libro de los Muertos*, pasando por las estelas políticas y las tallas piramidales, hasta los papiros que contienen historias de héroes y cuentos populares. Los textos religiosos conservan oraciones, invocaciones, hechizos y otras escrituras para su uso en la adoración de los dioses. Muchos de estos escritos se concentran en el salvo conducto del alma a través de los peligros del *Tuat*, o inframundo, y en la vida después de la muerte, que era una preocupación absolutamente central de la religión egipcia. Los escritos políticos relatan las acciones de los faraones o reyes egipcios y a veces crean nuevos mitos para legitimar el gobierno de un faraón tratando de demostrar que él (o, rara vez, ella) era favorecido por los dioses. De hecho, los faraones a veces se conceptualizaban como descendientes del propio dios Ra, o como divinidades por derecho propio. Y los cuentos populares y las historias de héroes egipcios funcionan de manera muy parecida a la de los mitos griegos por ejemplo, o lo que llamamos "cuentos de hadas", que relatan aventuras mágicas y acontecimientos maravillosos, que implican una interacción humana con lo sobrenatural o incluso con lo divino.

No es sorprendente que dos de las imágenes primarias de la mitología egipcia y las dos principales personificaciones divinas sean el sol y el agua. Como un país desértico del norte de África, Egipto está a merced del sol, que trae luz y vida pero también tiene un aspecto ferozmente destructivo. Esto contrasta con las aguas del Nilo, que crean tanto un ritmo para el año como la fertilidad de la tierra de la que dependen los egipcios. Las dos cualidades opuestas del sol se reflejan en dioses solares como Ra, que da vida a la creación, y en la diosa destructiva Sejmet, que personifica la capacidad del sol para herir y matar. El agua muestra su importancia en muchos mitos de la creación en los que toda la creación tiene su origen último en el dios Nun, el Vacío primordial de las Aguas, mientras que otros dioses son responsables de asegurar las inundaciones anuales del Nilo.

Sin embargo, el panteón egipcio no se limita a los dioses del sol y del agua. La mente religiosa de los antiguos egipcios era notablemente fértil, y hay cientos, si no miles, de dioses con nombre, cada uno con sus propios oficios. Muchos de ellos existen únicamente en el Inframundo, pero otros tienen papeles más activos en la tierra de los vivos. La religión egipcia también trataba a los dioses con mucha fluidez: muchos dioses tenían más de un aspecto o forma, y cuando era necesario se podían combinar aspectos de dos dioses diferentes en uno solo. Por ejemplo, el dios del sol Ra existía como Af Ra ("Ra muerto") por la noche, cuando envuelto como una momia era transportado en su bote a través del Inframundo entre el atardecer y el amanecer; como el escarabajo Jepri al amanecer, cuando empujaba el sol por encima del horizonte de la misma manera que un escarabajo empuja una bola de estiércol; y su forma como Ra-Horajty, el dios del sol naciente, que combinaba elementos tanto del dios creador Ra como del dios halcón Horus, que era un dios del cielo, de la luz y de la realeza. A veces un dios o diosa puede transformarse completamente en otro, como vemos con Hathor/Sejmet en la historia "La destrucción de la humanidad", donde la suave y maternal diosa vaca Hathor se convierte en la feroz y sanguinaria diosa leona Sejmet para ir a atacar contra los enemigos de Ra.

La adoración de los dioses, la compilación de sus mitos, y la importancia relativa de los diferentes dioses también dependió en parte de la ubicación. Por ejemplo, los mitos de la creación de

Heliópolis, Hermópolis y Menfis tenían en común la idea de una colina primordial y de la vida que brotaba del agua, pero los dioses y diosas responsables del acto de la creación varían. En Heliópolis, fue Atum quien crea el mundo; en Hermópolis, los Ocho Dioses crean un loto que da nacimiento al gran dios creador Ra; y en Menfis, Ptah hace nacer el mundo.

Las rivalidades entre los diversos sacerdocios sobre cuyo dios era el más poderoso o debía considerarse más digno de culto también influyeron en la práctica religiosa local y, por lo tanto, en el contenido y la preservación de los mitos. Por ejemplo, Osiris era un dios muy importante y muy venerado en todo Egipto, pero los documentos que provienen de Tebas parecen mostrar un intento de los sacerdotes de Amen-Ra de elevar su dios por encima de Osiris.

Este libro está dividido en cuatro partes. La primera, titulada "Narraciones cosmológicas", contiene mitos sobre la creación del mundo y cómo los antiguos egipcios comprendían la estructura del inframundo y el paso a la vida después de la muerte. "Mitos de los Dioses" contiene los grandes mitos de los dioses Ra, Isis, Osiris, Horus y Set. La tercera sección contiene dos mitos políticos, el cuento del nacimiento de Hatshepsut y "El cuento de la hambruna"; ambos son historias creadas por los gobernantes para consolidar su poder reclamando la intervención y el favor divino. Otras historias, similares a lo que hoy llamaríamos cuentos de hadas, componen la última sección del libro, y están llenas de maravillas mágicas, animales que hablan y dioses que se revelan a los seres humanos y toman un papel activo en sus asuntos. Sin embargo, estas historias no siempre se basan totalmente en personajes ficticios o míticos: las dos últimas historias presentan a Setne Khamwas, que era hijo del faraón Ramsés II y que más tarde se convirtió en un héroe favorito de los cuentos populares.

Debido a que el panteón egipcio era tan extenso y fluido, se incluye un selecto glosario al final. El glosario también contiene definiciones de términos selectos que son importantes para comprender algunos de los conceptos de los cuentos, como la clasificación egipcia de las partes del alma. También encontrará una breve línea de tiempo de la historia del antiguo Egipto después de la introducción.

Línea de tiempo del antiguo Egipto

Esta breve cronología de la historia del antiguo Egipto incluye notas sobre personajes históricos que son muy conocidos o se mencionan en las historias que se presentan a continuación.

Período	Dinastías	Fechas
Período Arcaico	1-2	Aprox. 3000-2650 a. C.
Antiguo Reino	3-8	Aprox. 2650-2135

Djoser segunda mitad del siglo 26 a. C. (fechas poco claras)

Khufu (Keops), primera mitad del siglo XXV a. C. (fechas poco claras)

Período	Dinastías	Fechas
Transición al Reino Medio	9-11	Aprox. 2135-2040
Reino Medio	11-14	Aprox. 2040-1650
Período Hicsos	15-17	Aprox. 1650-1550

Los hicsos eran invasores extranjeros, posiblemente de Asia occidental

Período	Dinastías	Fechas
Nuevo Reino	18-20	Aprox. 1550-1080

Tutmosis II, r. 1492-1479 a. C.

Hatshepsut, r. 1479-1458 a. C.

Akenatón, "El Rey Hereje" r. 1353-1336 a. C.

Tutankamón, r. 1336-1327 a. C.

Ramsés II, r. 1279-1212 a. C.

| Período Tardío | 21-31 | Aprox. 1080-332 |

En el período tardío se produjeron repetidas incursiones de gobernantes externos:

27ª Dinastía (525-404): Gobernantes persas

28ª-30ª Dinastía (404-341): Faraones egipcios

31ª Dinastía (341-332 a. C.): regreso del dominio persa

Alejandro Magno (332-323 a. C.)

| Período Ptolemaico | 323-30 |

Gobernado por los griegos macedonios después de la muerte de Alejandro, comenzando con Ptolomeo I, que había sido nombrado sátrapa de Egipto a la muerte de Alejandro y más tarde se declaró rey; incluye el reinado de Cleopatra (51-30 a. C.)

| Período Romano | 30 a. C.-395 d. C. |

Egipto anexado como parte del Imperio romano

Parte I

Narrativas cosmológicas

Mitos de la creación

Los antiguos egipcios no tenían un mito de creación único. Las historias de cómo llegó el mundo a ser varían a través del tiempo y también difieren según el lugar. En Heliópolis, por ejemplo, Atum es el dios creador del que surgen todas las demás cosas, pero en Menfis, Atum es en sí mismo una creación de un dios mayor llamado Ptah. El gran dios Ra también existía como dios creador y a menudo se mezclaba con Atum y otros dioses similares. También hay dos grupos diferentes de dioses, los Ocho y los Nueve. Los Ocho Dioses son del mito Hermopolita, y desaparecen de la escena una vez que la creación comienza. Los Nueve son de Heliópolis, aunque también se incorporaron a otras cosmogonías en otros lugares, y permanecen activos después del trabajo de la creación. A pesar de estas variaciones, ciertos elementos, como la colina primordial y el Vacío de las Aguas, a menudo se mantienen en común por muchos de estos mitos.

Atum crea el mundo

Heliópolis

Una vez no había nada más que Nun, nada más que las aguas de Nun. Y las aguas de Nun no tenían forma, y eran oscuras. Y de Nun, del Vacío de las Aguas, surgió Atum, el primero de los dioses, el creador de los dioses, y todo lo que es. Atum deseaba el placer corporal, por lo que se complació, y de su semilla brotaron Shu, que es el aire, y Tefnut, que es la luz.

Shu y Tefnut estaban solos con Atum, solos en la colina primordial en las aguas de Nun, y se separaron el uno del otro. Esto le causó a Atum una gran pena, ya que amaba a sus hijos. Atum envió su Ojo a buscar a Shu y Tefnut, y mientras su Ojo se alejaba de él, Atum lo reemplazó por otro Ojo más grande.

Muy pronto, Shu y Tefnut volvieron con el primer Ojo de Atum. El primer Ojo vio que Atum lo había reemplazado por otro Ojo más grande y se puso celoso. Atum se apiadó del primer Ojo por su ira y angustia, y tomó el primer Ojo, colocándolo firmemente en su frente. Con este Ojo pudo ver todo lo que había creado y todo lo que había sucedido y sucedería en el cielo y en la tierra, y en Tuat, el inframundo de los muertos.

Cuando Shu y Tefnut regresaron, Atum se alegró tanto de volver a ver a sus hijos que lloró, y de sus lágrimas brotaron seres humanos. Pero no había nada más en la creación que la gente y la colina primordial en el Vacío de las Aguas; aún quedaba mucho trabajo por hacer. Por lo tanto, Atum, Shu y Tefnut comenzaron el trabajo de crear el mundo y hacer un lugar para que la gente viva.

Shu y Tefnut se unieron en el amor, y de ellos surgieron Geb, que es la superficie de la tierra, y Nut, que es el cielo. De la unión de Geb y Nut surgieron Isis, Osiris, Neftis y Set. Shu y Tefnut, que son el aire y la luz, separaron a Geb y Nut, y juntos sostienen el cielo.

El Ojo de Atum es algo que forma parte de Atum y está separado de él. Atum es una deidad solar, así que su Ojo es a veces una personificación del sol. Sin embargo, también representa el poder del dios, en general, y por lo tanto es algo que puede dar a otros para que lo usen y luego lo recuperen o, como vemos en esta historia, puede ser enviado a hacer recados por sí mismo. Este concepto de un Ojo separable también pertenece a Ra, quien en algunas partes de Egipto suplantó a Atum como la deidad primaria.

Ra y los Ocho Dioses crean el mundo

Hermópolis

Antes de todas las cosas, estaban los Ocho que son los Cuatro y sus Consortes. Estos eran Nun y Naunet, Huh y Hauhet, Kuk y Kauket, Amén y Amaunet. Y estos juntos eran el agua, lo infinito, la oscuridad y lo invisible que es el aire o el viento. Los cuatro dioses tenían cabezas de ranas, y sus consortes cabezas de serpientes. Juntos, los Ocho Dioses salieron del montículo primitivo que estaba dentro del Vacío de las Aguas.

Los Ocho Dioses hicieron el Nilo y causaron su tiempo de inundación y su retroceso. Hicieron que el loto creciera fuera de las aguas, y cuando el loto se abrió, dentro había un escarabajo. El escarabajo se transformó en un niño divino, y este niño era el dios Ra. El loto es por lo tanto el lugar de nacimiento del sol, que es Ra, y el loto es el Ojo de Ra.

Cuando el niño Ra lloró, sus lágrimas crearon a los seres humanos. De la boca de Ra salieron todos los otros dioses. Por lo tanto, de los Ocho vino el loto, y del loto vino Ra, y de Ra vino todo lo que hay, tanto humanos como seres divinos, y el mundo entero. Viendo que todo había sido creado y todo estaba hecho, los Ocho Dioses murieron y se fueron al Inframundo. Ra y los otros dioses permanecieron para gobernar la creación.

El mito del huevo cósmico

Hermópolis

Antes de que se creara el mundo, no había nada más que el montículo primitivo, y un ganso llegó al montículo. Este ganso fue llamado el "Gran Cackler". El ganso puso un huevo en este montículo, y cuando llegó el momento, el dios Ra salió del huevo en forma de pájaro de luz. Ra entonces pasó a crear todo lo que es.

Algunos dicen que no fue un ganso el que puso este huevo, sino un ibis, que es el dios Thoth. Los que creen esto dicen que el dios Thoth surgió sin ser creado de la nada que era, y que los Ocho Dioses son sus almas. Juntos, Thoth y los Ocho Dioses hicieron el mundo.

Ptah crea el mundo

Menfis

En la nada, que fue antes de toda la creación, primero estuvo Ptah, que también fue Nun, el Vacío de las Aguas. Y del corazón y la lengua de Ptah surgió Atum, el primero de los dioses. Y de la semilla de Atum surgieron Shu y Tefnut, que son el aire y el cielo. De la semilla de Atum, y de las palabras de Atum, surgieron los Nueve Dioses.

Pero Ptah era el más poderoso de todos, por encima de todos los demás dioses. Él fue el primero en crear los dioses y fue el que dio origen a todas las demás cosas. Ptah creó Egipto y la dividió en sus nomes. Estableció los templos de los dioses y ordenó dónde y cuándo debían ser adorados los dioses. Ptah creó las almas de todas las cosas, dándoles su *ka* para que pudieran vivir. Ptah creó los animales y las plantas y todas las cosas buenas que son para el uso de la gente en la tierra.

Jnum crea el mundo

Elefantina

Al principio estaba Jnum. Jnum deseaba crear, así que creó a los dioses, y fue él quien formó el huevo del que salió el sol.

Jnum también hizo la tierra y todo lo que hay en ella. Hizo el río Nilo con sus inundaciones, hizo el mar, e hizo peces para nadar en las aguas. Hizo animales de todo tipo, ganado y ovejas, leones y cocodrilos. Jnum también hizo las aves para que volaran en el cielo.

Jnum puso muchas cosas útiles en la tierra, piedra para construir, junto con hermosas gemas. Hizo árboles, flores y todo tipo de plantas y frutos para que sus criaturas los usaran como alimento.

Entonces Jnum quiso hacer gente, así que tomó arcilla y la tiró en su torno de alfarero. Hizo girar la rueda y le dio forma a la arcilla, y de la arcilla Jnum hizo seres humanos. Primero, hizo su sangre y sus huesos. Luego les dio piel y pelo, pulmones para respirar, un estómago para la comida, y genitales para engendrar niños. Les dio manos para que hicieran cosas útiles, y piernas y pies para caminar y correr. Jnum hizo todos los diferentes tipos de personas que caminan sobre la tierra y los puso en sus propias tierras y les dio sus propios idiomas para hablar. Y a los pueblos de las diferentes tierras, les dio muchos regalos y les enseñó a hacer cosas útiles para que pudieran comerciar con sus vecinos. Gracias a Jnum, el mundo era un buen lugar para vivir y prosperar.

Muchas culturas tienen narraciones de un gran diluvio, y la tradición egipcia no es una excepción. Sin embargo, a diferencia de las narraciones bíblicas y de la antigua Grecia sobre el diluvio, en las que el diluvio viene como castigo por la maldad, el diluvio egipcio tiene como objetivo salvar a la humanidad de la ira de una diosa destructiva. En la historia bíblica de Noé y el cuento griego de Deucalión, se señala a un hombre y a su familia como los justos que merecen ser salvados, pero en la tradición egipcia es a todos los humanos a quienes Ra desea proteger de la ira de Sejmet.

La destrucción de la humanidad

Ra era el rey de los dioses y de los hombres, que no tenía creador, pero que era el creador de todo, habiendo hecho a la humanidad de sus propias lágrimas. Ra miró a la tierra, a la gente que había creado, y encontró que le faltaban al respeto. La gente no veneraba a Ra como debería. No le rezaron sus oraciones ni siguieron los caminos de la rectitud. Se burlaron de Ra, diciendo que se había vuelto viejo y débil.

Ra reflexionó sobre esto pero no encontró ninguna solución. Así que Ra convocó a los otros dioses. Llamó al Ojo de Ra; llamó a Shu y Tefnut; llamó a Geb y Nut; y llamó a Nun, que es el Vacío de las Aguas, y con ellos buscó consejo.

Los dioses vinieron a Ra, y se inclinaron ante él, y le dijeron—: Dinos lo que tienes en mente.

Y Ra contestó—: La gente de la tierra, a la que he creado a partir de mis propias lágrimas, me falta al respeto y no siguen los caminos de la rectitud. ¿Cómo debo tratar con ellos?

Nun le dijo a Ra ante los dioses reunidos—Oh, gran Ra, el más grande de los dioses y más grande incluso que yo, el Vacío de las Aguas, envía tu ira sobre el pueblo y golpéalo por su blasfemia.

Mientras los dioses estaban reunidos, la gente infame se dio cuenta de que el Ojo de Ra estaba sobre ellos, y se asustaron. Tenían tanto miedo que dejaron sus ciudades y huyeron al desierto visto por el Ojo de Ra.

Ra dijo a los dioses reunidos—, ¡Contemplen! Mi venganza será sobre la gente malvada, como me aconseja el Vacío de las Aguas. Hathor será el Ojo de Ra, y herirá al pueblo malvado.

Hathor bajó a la tierra, como Ra ordenó, al desierto donde mató a una gran cantidad de gente. Entonces Hathor se presentó ante el gran Ra y le contó lo que había hecho. Debido a la venganza de Ra que Hathor había impuesto a la gente, se convirtió en Sejmet, que es el calor del sol en la tierra.

Pero Sejmet no estaba satisfecha con su asesinato. Regresó a la tierra y volvió a su matanza. Quería vadear una vez más en la sangre de los que había matado.

Entonces Ra miró hacia abajo y vio que la gente estaba sufriendo la ira de la diosa, y se apiadó de ellos. Llamó a los cerveceros para que elaboraran cerveza y para que molieran el ocre rojo y lo pusieran en la cerveza para que pareciera sangre. Y cuando la cerveza fue elaborada, Ra hizo que se derramara sobre la tierra. Había tanta cerveza que inundó profundamente todos los campos, incluso hasta las rodillas de los hombres, hasta que toda la tierra se cubrió con ella.

La diosa Sejmet vio la cerveza y comenzó a beberla, pensando que era sangre. Descubrió que era buena, así que bebió más. Estaba tan contenta con la cerveza y pronto bebió tanto que no pensó más en la gente, y así se salvaron de su ira.

Entonces Ra llamó a la diosa y le dijo—En cada Festival de Año Nuevo, se preparará cerveza para que la bebas hasta que te emborraches.

Y por eso la gente elabora cerveza y bebe abundantemente cuando se celebra el Festival de Hathor.

Cómo Ra hizo el cielo nocturno

Después de que Ra calmó su ira en la gente malvada que no le honraba y después de que hizo que la tierra se inundara de cerveza para saciar la sed de sangre de Sejmet, se sintió enfermo de fiebre. Ra fue a Nun, que es el Vacío de las Aguas, y le dijo—: Mi cuerpo arde y me duele. Me siento cansado ahora, más de lo que me he sentido antes. No sé qué hacer.

Nun vio cómo Ra se había debilitado. Nun le dijo a Shu, que es el aire—Levanta el Ojo de Ra y ejerce su oficio mientras está enfermo.

Shu hizo lo que le ordenó Nun. Tomó el Ojo de Ra y recorrió el cielo en lugar de Ra.

Nun le dijo a Nut, que es el cielo—Ayuda también al gran dios Ra, porque está afligido por la fiebre y el dolor.

Nut preguntó—: ¿Cómo voy a hacer esto?

Nun dijo—: Toma a Ra sobre tu espalda y llévalo por un tiempo.

Nut se transformó en una gran vaca. Le dijo a Ra—: Sube a mi espalda. Te llevaré hasta que te sientas mejor.

Cuando la gente vio a Ra siendo llevado en la espalda de una gran vaca, sintieron pena por haberlo deshonrado antes. Al día siguiente, la gente se armó con muchas armas y se dispuso a destruir a los enemigos de Ra. Ra los vio marchar contra sus enemigos, y su corazón se ablandó hacia ellos. Ra dijo—: Les perdono sus pecados, porque se han encargado de destruir a mis enemigos.

Ra sintió que su cansancio se disminuía. Saltó del lomo de Nut y llamó a ser un nuevo Campo, y a través de este Campo lanzó una multitud de estrellas.

Este nuevo Campo y sus estrellas juntas eran muy pesados. Las piernas de Nut comenzaron a temblar por el esfuerzo de sostenerlo. Ra vio que Nut estaba teniendo dificultades, así que hizo que se levantaran cuatro pilares para ayudarla a sostener este nuevo cielo. Entonces Ra llamó a Shu, y le dijo—Ven y ayuda a Nut a llevar su carga. Sostenla con tu fuerza y vigila que los cuatro pilares también cumplan con su deber y no se rompan.

Shu vino y se colocó debajo de Nut. Tomó el peso de su vientre sobre su cabeza, y él junto con los cuatro pilares ayudó a Nut a levantar el cielo y sus nuevas estrellas.

Cuando Ra terminó su trabajo de hacer las estrellas, le pidió a Thoth, que es la palabra y la inteligencia de los dioses, que le dijera a Geb, que es la tierra, que viniera a su presencia. Geb pronto llegó y preguntó cuál era la orden de Ra.

Ra le dijo a Geb—: Las serpientes que residen contigo son peligrosas. Causan problemas y me desafían. Te ordeno que las vigiles de cerca y me cuentes sus planes. Deseo que me teman. Pronto volveré a subir a los cielos. Diles a las serpientes que no pueden esconderse de mí. Las encontraré incluso en sus agujeros más profundos. Y le daré poder al pueblo, poder que ejercerá sobre las serpientes.

Entonces Ra se volvió hacia Thoth—. Ven conmigo—dijo Ra—. Voy a hacer una cosa nueva, una cosa hecha de luz. Lo haré en el Inframundo. Y mientras estamos allí, quiero que escribas los castigos que habrá para los que se rebelen contra mí. Deseo hacerte mi ayudante, el que habla en lugar de Ra.

Las palabras de Ra a Thoth hicieron nacer el pájaro ibis, el ibis que es el mensajero de Thoth y sagrado para él.

Ra volvió a hablar con Thoth, y le dijo—: Tu deber también será alejar a los Ha-Nebu, los extranjeros que invaden nuestras tierras.

Fue cuando Ra le dijo estas cosas a Thoth que el babuino fue creado, haciendo del babuino y del ibis ambas formas de Thoth,

Entonces Ra volvió a hablar a Thoth—: También tendrás el poder de hablar ante la corte de los dioses, y tu belleza estará en ambos cielos.

Fue cuando Ra le dijo estas cosas a Thoth que la Luna fue creada. Thoth se convirtió así en el dios de la Luna, que es como un segundo ojo de Ra.

No hay una sola versión "oficial" del Libro de los Muertos, que posiblemente sea la fuente más famosa de los mitos egipcios. El libro es en gran parte un conjunto de oraciones y hechizos mágicos que el alma podría utilizar para atravesar los peligros del inframundo hasta que finalmente llegue al paraíso. Un título alternativo para El Libro de los Muertos es El Libro de la Salida al Día, ya que se creía que el paso a la otra vida permitía al alma del difunto visitar la tierra de los vivos cuando lo deseaba. Aunque el propósito general del libro como guía para el alma en su camino a la otra vida nunca cambió, el contenido varió un poco a través del tiempo y de un lugar a otro.

En el antiguo Egipto, se podían comprar versiones más largas y más cortas del Libro de los Muertos. La compra de una forma más corta del libro permitía a las familias más pobres proveer para el alma de sus seres queridos para que pudieran cruzar con seguridad a la otra vida, mientras que aquellos que disponían de mayores recursos podían comprar una copia con un texto más extenso.

La versión que sigue es una selección de capítulos del Libro de los Muertos basado en la edición de 1904 de Renouf y Naville. No se ha intentado asegurar que los extractos de aquí procedan de la misma fuente o incluso de la misma época; el propósito de esta sección es brindar una muestra de los escritos que componen El Libro de los Muertos, no crear una edición unificada real. También estoy tomando una cierta licencia poética con el texto, en términos de algunas repeticiones y el flujo de las palabras.

Extractos de El Libro de los Muertos

Capítulo I

Aquí está el comienzo de *El Libro de la Salida al Día*. Este es un libro sobre cómo pasar a la otra vida e ir a salvo al paraíso.

El día del entierro, el alma saldrá y dirá:

Oh, poderoso Osiris, soy yo, Thoth, quien está aquí.

También soy el gran dios, el que monta la Barca de Millones de Años.

Nut es mi madre.

Yo soy Horus, y Osiris es mi pariente.

He luchado en tu nombre y he salido victorioso.

Estoy con Horus, estoy con él en los festivales de Osiris.

Soy un sacerdote, soy un profeta, recito las letanías.

Que el alma de los muertos sea llevada a la casa de Osiris.

Que el alma de los muertos viva y respire y vea y escuche como lo hacen los dioses.

Que el alma de los muertos pase a la otra vida;

otórgale un paso seguro.

Capítulo IX

Cuando el alma llegue a las puertas del Inframundo, dirá:

Oh Osiris, mira que soy yo quien ha venido.

Estoy aquí, soy tu hijo.

Abro el Inframundo para poder venir a Osiris, mi padre.

Abro el Inframundo para poder cumplir con los deberes que le debo a Osiris.

Aquí estoy, de pie ante las puertas.

He sido apropiadamente envuelto como una momia.

Estoy listo para el viaje.

Capítulo XXIII

El alma pide que se abra su boca, para poder hablar con los dioses:

Ven, oh Ptah, y abre mi boca,

y dejar que Osiris también me haga hablar.

Que venga Thoth, que me quite las ataduras que Set ha puesto en mi boca.

Hay quienes hablan contra mí,

los que usan palabras de poder contra mí,

¡que los dioses se pongan en contra de ellos!

Capítulo XXIV

Entonces el alma recoge la palabra de poder que necesitará en su viaje:

He aquí, soy Jepri, el auto-creado.

Aquí estoy, y recojo mi palabra de poder.

No me cansaré de perseguir mi palabra.

Soy más rápido que los galgos,

más rápido que la luz.

Voy a todos los lugares donde pueda ser mi palabra,

La recojo de todos los lugares donde se esconde.

Capítulo XXVI

El alma llama a su corazón, para devolverlo al cuerpo:

¡Corazón! ¡Ven a mí!

¡Corazón! ¡Descansa dentro de mí!

Déjame comer la comida de Osiris.

Déjame tener un bote para remar río arriba.

Déjame tener un bote para remar río abajo.

Déjame tener mi boca, para poder hablar,

y mis pies, para poder caminar,

y mis brazos y manos, para poder luchar contra mis enemigos victoriosamente.

Que Geb me abra los ojos,

y mi boca,

y animar mis dos manos.

Que Anubis me haga caminar sobre mis piernas.

Que Sejmet me levante para que pueda venir al paraíso.

Ahora tengo todo mi corazón.

Ahora tengo mis dos brazos.

Ahora tengo mis dos piernas.

Ahora puedo hacer lo que mi *ka* quiera.

Ahora mi *ba* no está atado a mi cuerpo,

cuando entre por las puertas del más allá.

Capítulo XXXI

Los cocodrilos del inframundo se acercan al alma. Intentan robar la palabra de poder del alma. Pero el alma los persigue, diciendo:

¡Atrás! ¡Cocodrilo, atrás!

¡Cocodrilo, no te acerques!

Digo el nombre del gran dios,

y el gran dios envía a sus mensajeros.

Mi palabra de poder rodea todo lo que puede rodear,

mi boca envuelve mi palabra.

¡No te lleves mi palabra, oh cocodrilo!

Te veo;

estás ahí esperando para cumplir mi palabra.

Tienes una palabra propia, oh Cocodrilo;

¡no tomes mi palabra!

Capítulo XXXIII

Hay muchas serpientes en el Inframundo. Aquí hay un hechizo para que el alma diga, para alejar a las serpientes de él:

O serpiente Rekrek,

¡no te acerques a mí!

¡Aquí está el dios Geb!

¡Aquí está el dios Shu!

No te acerques a mí,

o las ratas serán tu comida!

No te acerques a mí,

o los huesos de un gato podrido serán tu comida!

Capítulo LIX

Durante su viaje en el Inframundo, el alma debe encontrar agua para beber y aire para respirar. Cuando el alma encuentra el sicómoro sagrado que crea el agua y el viento, dice esta oración:

¡Oh sicómoro de Nut!

Oh tú que creas el agua,

¡Dame de beber de ti!

Oh, tú que creas el viento,

¡Dame un respiro de ti!

Aquí estoy yo, que habito en Heracleópolis.

Aquí estoy, guardián del huevo del Gran Cackler.

Mi fuerza proviene del huevo.

Mi vida es del huevo.

Mi aliento es del huevo.

Capítulo LXVIII

Si el alma dice esta oración, podrá viajar entre la tierra de los muertos y la tierra de los vivos, y hacerlo sin sufrir daño:

Que las puertas del cielo se abran para mí;

que las puertas de la Tierra se abran para mí.

Que Geb libere su control sobre mí;

que Geb, que me tiene en la tierra, me abra los brazos.

Que se me abra el pasaje entre la vida y la muerte;

que se abra para que pueda ir entre los vivos y los muertos.

Dame mi corazón y mi boca;

dame mis brazos y mis piernas.

Dame comida y bebida;

dame aire.

Dame las ofrendas de mi familia;

déjame escuchar sus oraciones por mí.

Déjame comer un buen pan hecho de grano cultivado a lo largo del Nilo;

déjame beber una buena cerveza hecha de grano cultivado a lo largo del Nilo.

Déjame tener la sombra de las palmeras;

déjame sentarme bajo las palmeras para que me den sombra cuando el sol esté alto.

Déjame levantarme, y déjame sentarme y déjame estar de pie.

Déjame llamar al viento, y déjame probarlo con la boca.

Capítulo LXXVII

Si el alma lo desea, puede transformarse en seres diferentes. A veces desea convertirse en un pájaro. A veces desea convertirse en una flor de loto. A veces incluso desea transformarse para poder ser un dios.

Voy a ser muy previsor.

Seré previsor y veré como el Halcón Dorado,

como el Halcón Dorado que surge del huevo.

Arriba vuelo, arriba vuelo como un halcón con grandes alas,

con alas tan grandes como un palmo de cuatro cubos.

Mis alas son hermosas,

mis alas son preciosas, incluso como gemas verdes,

las gemas que vienen del sur de Egipto.

Salgo de la cabina del barco Seqtet,

Me levanto de la Colina Oriental.

Vuelo por encima del barco Matet,

Vuelo y como un halcón me inclino hacia el barco Matet.

Los que me ven se inclinan ante mí.

Extiendo mis alas como un Halcón Dorado,

un Halcón Dorado con la cabeza de una Garza.

Doblo mis alas como un Halcón Dorado,

un Halcón Dorado con la cabeza de una Garza,

y Ra escucha mis palabras.

Entonces me encuentro en medio de la compañía de los dioses.

Me siento allí, en medio de la compañía de los dioses.

Veo los campos fértiles,

y todo lo que producen.

Yo como de la fruta de los campos,

y estoy satisfecho.

Osiris me ha dado mi garganta,

mi cuerpo y todo lo que le pertenece es mío.

Capítulo C

Finalmente, el alma llega al lugar donde espera la Barca de Millones de Años, el barco en el que viaja el dios sol, Ra. El alma pide paso en el barco:

Déjame llevar la Garza divina al Este.

Déjame llevar a Osiris a Tattu.

Déjame abrir las fuentes de Happi,

las fuentes del Nilo.

Déjame despejar el camino para el Sol,

un camino para el Orbe del Sol en su viaje.

Déjame remolcar a Seker en su trineo.

Que tenga fuerza para esta tarea.

Adoración que le doy al Sol,

Estoy con aquellos que adoran el Orbe del Sol.

Déjame estar con Isis,

y que su favor sea para mí

como lo es sobre todos aquellos a los que ella favorece.

Déjame tomar mis armas,

déjame enfrentarme al enemigo.

Saldré victorioso;

Forzaré al enemigo a volverse atrás.

Deja que Ra me extienda las manos,

y que sus lancheros no me lo impidan.

Que mi fuerza sea la del Ojo de Ra,

y que la fuerza del Ojo de Ra sea mía.

Capítulo CXXV

Cuando el alma llega al Salón de la Justicia, se dirige a los dioses. Les dice a los dioses que fue virtuosa en vida y hace esta confesión:

¡Salve a ti, oh, poderoso Señor!

Salve a ti, a quien conozco.

También conozco a los cuarenta y dos dioses

que están en este salón.

Conozco su deber:

es devorar las almas de los malvados.

Ellos devoran sus almas

y beben su sangre

en el momento del reconocimiento ante Osiris,

cuyo nombre es "El Par de Ojos".

y cuyo nombre es "Señor de la Justicia".

Aquí estoy ante ti.

Aquí estoy, vengo a ti,

uno que ha hecho bien,

uno que ha puesto fin al mal.

No he hecho mal a mis compañeros.

No he matado a mis parientes.

No he dicho mentiras.

No he cometido traición.

No he hecho daño.

No empecé mis días tomando más de lo que se me debía.

Mi nombre no se ha dado a conocer al dios de la Barca.

No he blasfemado.

No he transmitido cuentos.

No he calumniado.

No he hecho lo que los dioses han prohibido.

No he menospreciado a un sirviente de su amo.

No he causado hambruna.

No he causado llanto.

No he dado órdenes de asesinar.

No cometí un asesinato.

No he causado sufrimiento.

No he tomado de las ofrendas del templo.

No he robado la comida de los dioses.

No he robado la comida ofrecida a los muertos.

No he cometido adulterio.

No me he vuelto impuro ante el dios de mi tierra en su santuario.

No he aumentado la medida del grano,

y tampoco la he disminuido.

No he acortado la longitud de la palma.

No he acortado la medida de un campo.

No he inclinado la balanza por el engaño.

No he tomado leche de los niños.

No he alejado al ganado de sus pastos.

No he atrapado pájaros que pertenecen a los dioses.

No he atrapado peces que pertenezcan a los dioses.

No he dejado de hacer fluir el agua en su estación.

No he separado un arroyo de su curso.

No he apagado una lámpara en un momento en que debería arder.

No he detenido los sacrificios de ganado a los dioses.

No he tomado el ganado que pertenece a los dioses.

No he impedido que un dios salga a la luz.

Soy puro, soy puro, soy puro, soy puro.

Soy puro como el pájaro Bennu,

Soy la Nariz del Señor del Aire,

el que da vida a todos los seres vivos.

Estoy aquí el día en que el Ojo está lleno en Annu,

en el último día de Mechir, cuando las inundaciones retroceden,

en presencia de Osiris.

Veo que el Ojo está completo en Annu:

Que no me pase nada malo aquí,

aquí donde estoy en el Salón de la Justicia.

Que no me pase nada,

porque conozco los nombres de todos los dioses que están aquí.

Capítulo CXXXVI

Si el alma pasa la prueba de la rectitud, se le permite abordar el barco de Ra y navegar con el dios al paraíso.

¡Oh, Luz Poderosa!

¡Oh Luz que se levanta en Babilonia!

Ha nacido,

el que tiene una cuerda fuerte.

Las amarras han sido liberadas,

el barquero tiene el timón en la mano.

La maquinaria divina está lista,

Tomo la cuerda que está sobre mi cabeza,

la cuerda que tira de la Barca a lo largo de su curso.

La Barca sube a los cielos;

me lleva al lugar de Nut.

Navego en la Barcaza como Ra.

Navego en la Barcaza como el Kaf.

Detengo mi viaje en la Pierna de Nut.

Paro mi viaje en la escalera

donde Geb y Nut lloran.

Parte II

Mitos de los grandes dioses

Uno de los mitos egipcios más conocidos es el de Isis y Osiris. La versión más completa del mito no se conserva en los textos egipcios sino en los escritos del biógrafo griego Plutarco. Sin embargo, los escritos egipcios que han sobrevivido indican que la versión de Plutarco es probablemente una representación exacta de la historia original egipcia del dios moribundo y resucitado, y de la búsqueda de su esposa. Una de esas fuentes egipcias es el lamento de Isis y Neftis por el cuerpo fragmentado de Osiris, que ha sido ligeramente incorporado.

Horus el Joven, hijo de Isis y Osiris, era un dios distinto de Horus el Viejo, hijo de Nut y Geb, aunque ambos estaban asociados con el sol. La versión de la concepción de Horus que se da aquí no es de Plutarco, sino de un himno egipcio a Osiris.

Osiris, que era el dios del inframundo, y su hermano Set, que era un dios del caos y la guerra, eran enemigos tradicionales. En estas historias, Osiris es presentado como el rey de Egipto, y su hermano Set como su asesino y usurpador del trono, lo que crea un conflicto entre Set y el hijo de Osiris, Horus. Un mito copiado en Tebas durante el reinado de Ramsés V (1149-1145 a. C.), cuenta cómo Horus y Set se demandaron mutuamente para determinar quién era el heredero legítimo del trono de Osiris. También existe una historia aparte, no contada aquí, que detalla una serie de combates entre Set y Horus el Viejo, en los que Horus actúa como campeón en nombre de Ra.

El nacimiento de Osiris

Nut, que es el cielo, era la hija de Tefnut, que es la luz, y Shu, que es el aire. Nut era la hermana y esposa de Geb, que es la superficie de la tierra. Nut y Geb se unieron como marido y mujer, y pronto Nut se encontró embarazada. Dentro de ella había cinco niños, dioses esperando a nacer.

Ahora, Ra vio que Geb amaba a Nut, y estaba celoso. Ra echó una maldición sobre Nut, diciendo— ¡Ninguno de tus hijos nacerá durante ningún día del año!

Nut pronto estuvo de parto, pero no pudo dar a luz a sus hijos por la maldición de Ra. Nut fue a Thoth y le rogó que le ayudara.

—No puedo hacer retroceder la maldición de Ra—dijo Thoth—. Ningún dios tiene el poder de hacer eso. Pero he pensado en una artimaña para engañarlo. Espera y verás, y haré lo que esté en mi poder.

Thoth fue a visitar a Khonsu, el dios de la luna. Invitó a Khonsu a jugar a los dados.

—Jugaré a los dados contigo—dijo Khonsu—. ¿Qué es lo que está en juego?

—Si gano, me darás una quinta parte de tu luz—dijo Thoth.

Khonsu se rió. Estaba seguro de que Thoth nunca ganaría.

—¡Hecho!—dijo Khonsu, y jugó a los dados con Thoth.

Khonsu jugó una vez con Thoth y perdió y le dio una quinta parte de su luz a Thoth como había prometido. Jugó una segunda vez, y una tercera, y perdió, y cada vez le dio a Thoth una quinta parte de su luz. Jugó una cuarta vez, y una quinta, y perdió, y cada vez le dio a Thoth una quinta parte de su luz.

Entonces Khonsu dijo—No jugaré más contigo. ¡La suerte no está conmigo hoy, y pronto no me quedará ninguna luz!

Thoth tomó la luz que Khonsu le había dado, y con ella creó cinco días extra. En estos cinco nuevos días, Nut pudo tener sus hijos.

El primero en nacer fue Osiris. El segundo en nacer fue Horus, que se llama el Anciano. El tercero en nacer fue Set, pero no vino al mundo de la manera adecuada: Set hizo una herida en el costado de su madre y entró al mundo a través de ella. La siguiente en nacer fue Isis, y después de ella, Neftis. Y así fue como Nut dio a luz a todos sus hijos.

El calendario egipcio estándar solo tenía 360 días, por lo que se requería insertar cinco días intercalados para mantener el calendario alineado con las estaciones. (Nuestro moderno día de año bisiesto es un ejemplo de un día intercalado, y sirve exactamente para el mismo propósito.) La maldición de Ra evidentemente solo se aplicó al año estándar de 360 días, y es el truco de Thoth que añade los cinco días intercalares necesarios para que Nut dé a luz.

La historia de Isis y Osiris

Osiris e Isis eran los hijos de Geb y Nut, y se convirtieron en marido y mujer. Set y Neftis también fueron hijos de Geb y Nut, y también se convirtieron en marido y mujer.

Osiris se convirtió en el gobernante del pueblo, e Isis fue su reina. Juntos enseñaron a la gente muchas cosas importantes. Osiris le enseñó a la gente cómo cultivar para poder tener comida. Les dio leyes para que pudieran vivir correctamente y resolver sus disputas de manera justa, y les enseñó la adoración a los dioses. Isis instituyó el matrimonio entre la gente, para que hubiera familias. Enseñó a las mujeres a moler el grano, a hilar el lino y a tejer telas. Isis también sabía mucho de medicina, y le enseñó esto a la gente, con la ayuda del dios Thoth.

Ahora, a pesar de que Osiris e Isis habían hecho un buen trabajo y habían ayudado a civilizar muchas tierras, todavía había lugares que vivían en la anarquía y la pobreza. Osiris cuidó de estas personas y se apiadó de ellas, y de vez en cuando hacía un viaje a estas tierras lejanas para enseñar a la gente lo que sabía, para que también pudieran tener comida abundante, leyes justas, y dar a los dioses la adoración que les correspondía. Mientras Osiris estaba en estos viajes, Isis gobernó en su lugar, una tarea que hizo sabiamente y bien.

Set era el hermano de Osiris e Isis. Set vio el bien que Osiris hacía y cómo la gente lo veneraba en agradecimiento por sus dones de conocimiento, y Set se puso muy celoso. Deseaba el honor que Osiris tenía, y tenía sed de poder para gobernar todos los lugares que Osiris tenía bajo su mando. Set, por lo tanto, ideó un plan para deshacerse de su hermano y tomar el trono para sí mismo.

Un día, cuando Osiris regresó de una de sus misiones en el extranjero, Set lo invitó a un festín en su honor—. Ven a mi casa, hermano—le dijo a Osiris—porque has hecho un trabajo muy difícil y bueno, y mereces comer una buena comida con toda nuestra familia y amigos para que podamos honrarte como te mereces.

Osiris aceptó de buena gana la invitación, y cuando llegó el momento, fue a la casa de Set. Allí comieron una buena comida con muchos alimentos selectos y mucha buena cerveza y vino.

Cuando la comida terminó, Set sacó un gran cofre hecho de madera. Tenía muchas gemas y estaba ricamente tallado y pulido para que brillara y resplandeciera. También tenía el tamaño perfecto para que nadie más que Osiris pudiera caber en él.

—¡Amigos!—dijo Set—. He aquí este cofre de madera que he hecho, ricamente tallado y adornado con gemas. Deseo que sea un regalo para la persona que pueda caber dentro de él exactamente. ¿Quién de ustedes quiere probar suerte?

Uno por uno, los invitados se subieron al interior del cofre. Pero algunos invitados eran demasiado altos, otros demasiado bajos, y ninguno encajaba exactamente en las medidas del cofre. Osiris se quedó atrás. No le interesaba el cofre porque ya tenía muchas cosas bonitas como ese y no necesitaba otra. Pero a instancias de Set, y porque los otros invitados deseaban que se uniera a él, Osiris se metió en el cofre y se acostó. El cofre le quedaba perfectamente, ya que había sido hecho a su medida.

Osiris pensó en salir del cofre y llevárselo a casa como premio, pero antes de que pudiera hacerlo, Set cogió la tapa y la golpeó contra el cofre. Luego tomó un martillo y clavos y lo clavó en su lugar. Set y los otros invitados, que no eran más que sus propios seguidores, cogieron el cofre, salieron corriendo del salón del banquete con él y lo tiraron al Nilo. El cofre flotó sobre las aguas del río y se fue al mar.

Pronto llegó a Isis la noticia de lo que le habían hecho a su marido. Isis se puso la ropa de luto. Se cortó el pelo. Dejó el palacio y caminó a lo largo y ancho de Egipto, mientras preguntaba si alguien había visto el cofre que contenía el cuerpo de su marido, pero nadie pudo responderle, hasta que un día un grupo de niños dijo que lo habían visto flotar. Isis fue por el camino que los niños le dijeron y encontró que el cofre había llegado a la costa en la lejana tierra de Biblos, donde llegó a descansar contra un joven ciprés. En los muchos años que descansó allí mientras Isis lo buscaba, el árbol creció, y pronto su tronco abarcó todo el cofre en su interior. Sin saber lo que había dentro, el rey de Biblos hizo cortar el árbol, ya que era ancho y alto, y lo usó como pilar en su nuevo palacio.

Isis llegó a Biblos y se enteró de lo que había pasado con árbol que contenía el cuerpo de su marido. Fue al palacio y, ocultando su divinidad, encontró trabajo como niñera de uno de los hijos pequeños de la reina para poder encontrar una forma de recuperar el pilar. Ahora, cuando Isis cuidó del bebé, no lo amamantó como lo haría una madre humana. Pensando en hacer al niño inmortal, le dio su dedo para que lo chupara y por la noche lo puso en el fuego para que sus partes humanas se quemaran y solo quedaran las inmortales. Mientras el bebé estaba en las llamas, Isis se convertía en golondrina y volaba alrededor del pilar que contenía el cofre que sostenía el cuerpo de Osiris. Una noche, la reina entró y se horrorizó al encontrar a su hijo ardiendo alegremente en el fuego y se asustó cuando la golondrina, que había ido de un lado a otro, se transformó en la niñera. Isis, por lo tanto, no pudo terminar la transformación del bebé, así que tuvo que seguir siendo mortal.

Después de esto, Isis obviamente ya no podía ocultar su naturaleza divina al rey y la reina. Les pidió que le mostraran cuál era el pilar que venía del árbol que contenía el cuerpo de Osiris y les exigió que se lo dieran. El rey accedió con gusto. Isis abrió el pilar, mostrando el cofre que contenía a su amado esposo. Cuando Isis vio el cofre que contenía el cuerpo de su marido, emitió un penetrante grito de dolor tan aterrador que el pequeño príncipe murió de la conmoción.

Queriendo que se fuera de su corte por matar a su hijo, el rey de Biblos le dio a Isis un barco para volver a Egipto con el cofre, enviando a su hijo mayor para ayudarla. El agua del río pronto se volvió agitada por el viento. Isis temía que el cofre fuera arrastrado por la borda y se perdiera para siempre, así que secó el río. Isis tomó el cofre del barco y lo puso en el suelo. Al abrirlo y contemplar el rostro de su amado Osiris, una vez más se sintió abrumada por el dolor y comenzó a llorar. El príncipe de Biblos se preguntó qué era lo que hacía llorar tanto a Isis y fue a ver qué era. Pero cuando el príncipe miró el rostro de Isis en su dolor, fue tan aterrador que murió en el acto.

La razón de la gran pena de Isis era que aún no había dado a Osiris un hijo, así que decidió ir al cuerpo de su marido en forma de pájaro y por arte de magia hacerse con un niño. Luego escondió el cofre con el cuerpo y se fue a otro lugar.

Un día, Set salió a cazar y se topó con el cofre. Aunque Osiris estaba claramente muerto dentro de él, Set quería asegurarse de que nunca más sería desafiado por su hermano, así que cortó el cuerpo en catorce pedazos y los esparció por todo Egipto.

Cuando Isis descubrió que el cuerpo de su marido había desaparecido, emprendió un viaje para encontrarlo. Lo buscó por todas partes, y uno a uno se encontró con los pedazos de su cuerpo. En lugar de enterrarlos, Isis los guardó, pensando que podría reunir los pedazos del cuerpo de su marido y así devolverlo a la vida. Pero ella sabía que Set podría descubrir lo que estaba haciendo para apartarlo del camino, por cada pieza que encontró, organizó un funeral y colocó una estela, haciendo que pareciera que las piezas habían sido enterradas. Cada una de estas tumbas se convertiría un día en un templo dedicado a Osiris.

Isis fue capaz de encontrar trece de las piezas, pero la decimocuarta no la encontró. La decimocuarta pieza era el miembro masculino de su marido, que había sido devorado por un pez. Cuando reunió todos los pedazos, comenzó a llorar sobre el cuerpo roto de su marido. Neftis se enteró de lo que Isis estaba haciendo y se unió a ella en el duelo por la muerte de Osiris. Las mujeres se lamentaron juntas en voz alta, y Ra escuchó sus gritos. Envió a Anubis y a Thoth para ayudarlas.

Trabajando juntos, los dioses y diosas tomaron los pedazos restantes del cuerpo de Osiris y los cosieron. Por magia, Isis creó para Osiris un nuevo miembro masculino y lo unió a su cuerpo. Luego ungieron el cuerpo con aceites preciosos y lo envolvieron en tiras de lino. Esta fue la primera vez que se realizaron los ritos de embalsamamiento. Una vez que Osiris estaba en su envoltura, Isis se transformó en un pájaro. Agitó sus alas poderosamente, forzando el aire en las fosas nasales de Osiris hasta que él tomó un gran respiro, De esta manera Osiris fue devuelto a la vida.

Pero Osiris no estaba realmente vivo. Había estado muerto y ya no era una criatura viva. Por lo tanto, ya no se sentía en casa entre los vivos, incluso con su amada esposa y su hijo recién nacido, que se llamaba Horus. Osiris descendió al inframundo, donde se convirtió en el dios de los muertos.

Con la segunda desaparición de Osiris y Horus solo un bebé, Set se sintió envalentonado para mantener el trono de Egipto. Era un mal gobernante, y el pueblo sufrió bajo él. Isis sabía que ella y su bebé estaban en peligro a causa del malvado Set. Tomó al bebé Horus y huyó con él a los pantanos donde crecen las cañas de papiro. Era la única esperanza que tenía de proteger a Horus de su tío hasta que creciera lo suficiente para recuperar el trono.

El lamento de Isis y Neftis

Isis se escondió con el bebé Horus en el pantano de papiros. Osiris había resucitado de entre los muertos, pero había ido al Inframundo para gobernar a los muertos allí, así que el malvado Set había tomado el trono de Egipto. Bajo el reinado de Set, Egipto se convirtió en un lugar sin ley. Ladrones y asesinos hicieron su voluntad como deseaban y no fueron llevados ante la justicia. Las cosechas se marchitaron y la gente sufrió. Pero aun así Horus no era lo suficientemente fuerte para enfrentarse a su tío, así que Isis se escondió con él en el pantano.

Debido a su exilio, Isis no tuvo más remedio que ir a mendigar para conseguir comida y otras necesidades para ella y su hijo. Todos los días, escondía al bebé Horus entre los juncos e iba a las aldeas vecinas para ver qué podía obtener de la gente de allí. El malvado Set sabía que Isis y Horus se escondían en el pantano, pero no sabía dónde. Y debido a los hechizos mágicos de protección que Isis había puesto en el pantano, no podía entrar en el lugar en su propio cuerpo. Así que Set esperó hasta que Isis dejó el pantano para ir a mendigar, y luego se transformó en una serpiente. Se deslizó y nadó a través de las aguas y los juncos buscando al bebé Horus que sabía que debía estar escondido allí. Después de un tiempo, se encontró con el bebé Horus. Rápidamente atacó, hiriendo al niño con una mordedura venenosa, y luego se deslizó fuera del pantano tan rápido como pudo. Volviendo a su forma, Set regresó a su palacio, regocijándose al pensar que finalmente había asegurado el trono de una vez por todas.

Isis regresó luego de mendigar para encontrar al niño Horus retorciéndose en el suelo. Estaba sudando con fiebre y echando espuma por la boca. El veneno de la mordedura de Set estaba invadiendo su pequeño cuerpo. Isis estaba angustiada. Sabía que si no podía revertir el veneno pronto, su hijo moriría. Isis gritó, pidiendo ayuda tan fuerte como pudo. Pronto, algunos granjeros y pescadores cercanos fueron en su ayuda.

—¿Qué pasa?—preguntó la gente.

—Mi hijo ha sido mordido por una serpiente venenosa, y morirá por el veneno—respondió Isis.

Los granjeros y pescadores consultaron entre ellos, pero ninguno de ellos pudo pensar en una medicina o un hechizo mágico que pudiera curar al pequeño Horus. Sintiéndose triste por no poder ayudar, la gente volvió a su trabajo.

Isis sostuvo el cuerpo tembloroso de su bebé, tratando de consolarlo—. No tengas miedo, oh Horus, hijo mío. No te dejaré morir por este veneno. Eres hijo de un dios; desciendes del gran dios Geb, que es la tierra, y él del gran dios Shu, que sostiene el cielo, y todos vienen de Atum, el creador de todo lo que es. Este veneno no será tu final.

Isis pidió ayuda al poderoso Ra—. He aquí, oh Ra, el niño Horus, un dios. Ha sido mordido por una vil serpiente. El veneno destroza su cuerpo. Envíanos tu ayuda para que pueda vivir.

Neftis, la esposa de Set y hermana de Isis, escuchó el lamento de Isis. Neftis se apresuró a ir al pantano para ver cómo podía ayudar a Isis y al bebé Horus.

Neftis dijo—Sé lo que podríamos hacer para salvar a Horus. Reza a los barqueros de Ra. Reza para que detengan el barco en medio del cielo. Reza para que detengan el barco allí, la Barca de Millones de Años, el barco del sol, hasta que el veneno desaparezca del cuerpo de Horus, hasta que esté curado y bien.

Isis hizo lo que Neftis le dijo. Rezó a los barqueros, y ellos escucharon su oración. Cuando estaban directamente encima, detuvieron el barco y lo mantuvieron allí. Tan pronto como el barco dejó de moverse, la luz del sol se apagó. La oscuridad sobre la tierra era profunda y completa.

Ahora, el dios Thoth había estado navegando en el bote, y cuando se detuvo bajó a donde Isis estaba sentada, acunando al bebé Horus, Neftis a su lado.

—¿Qué ha pasado, oh Isis, que haces que el sol se detenga en su curso y la oscuridad caiga sobre la tierra?—preguntó Thoth.

—Mi hijo ha sido mordido por una malvada serpiente, por Set en forma de serpiente. El veneno atraviesa el cuerpo de mi hijo, y no sé cómo curarlo—dijo Isis.

—Pero tú posees una fuerte magia, y sabes mucho sobre medicinas y curación—dijo Thoth.

—Poseo y sé—dijo Isis—pero nada de lo que tengo o sé puede extraer este veneno. Y no dejaré que la Barca de Millones de Años se vaya de este lugar hasta que mi hijo haya sido curado. Todo permanecerá en la oscuridad hasta que mi hijo esté entero y sano de nuevo.

Thoth entonces pronunció un poderoso hechizo mágico sobre el cuerpo de Horus. El veneno desapareció del cuerpo del bebé y se curó. Thoth volvió a subir a la Barca de Millones de Años, y el sol una vez más comenzó su viaje por el cielo. El día y la noche retomaron su ritmo habitual, y el bebé Horus pronto se convirtió en un poderoso joven dios, listo para desafiar a su tío y vengar el mal que se le había hecho a su padre, Osiris.

La batalla de Horus y Set

Cuando Horus era un dios adulto, se presentó ante la corte de los dioses y pidió que se le devolviera el trono de su padre, Osiris. Horus presentó su argumento ante Ra-Horajty, Señor de todas las cosas, diciendo que debería ser rey, ya que era el heredero legítimo y Set solo un sucio usurpador.

Shu que sostiene el cielo, el hijo de Ra, dijo—Es correcto que Horus tome su herencia como rey.

Thoth, que es la palabra y la inteligencia de los dioses, estuvo de acuerdo—. Es correcto un millón de veces que Horus sea rey—dijo—. ¡Que se haga esto!

El Señor de Todas las Cosas instruyó a Thoth para que tomara tinta, pluma y papiro y escribiera una carta a Osiris para ver cuál era su opinión sobre el asunto. Y la carta que Thoth escribió fue esta:

A Osiris, el gran Toro y León, Rey de todo Egipto, de Ra-Horajty, los Nueve Dioses, y la corte de todos los dioses, saludos y deseos de mucha alegría y prosperidad para ti. Tu hijo, Horus, se ha presentado ante la corte de los dioses para reclamar el trono de todo Egipto contra el rey Set. La corte de los dioses desea tu consejo en este asunto para que podamos juzgar correctamente entre ellos, con pleno conocimiento de estos asuntos.

La carta fue llevada a Osiris donde estaba sentado en el trono del Inframundo. Osiris la abrió y la leyó, y luego ordenó a su propio escriba que tomara tinta, pluma y papiro para escribir esta respuesta a la corte de los dioses:

Al Señor de Todas las Cosas, a los Nueve Dioses, y a la corte de los dioses que gobiernan la tierra y sus pueblos, desde Osiris, que está sentado en el trono del Inframundo y que en vida fue el legítimo rey de todo Egipto, saludos. Les pregunto, ¿quién fue el primero en enseñar el cultivo de cosechas para la alimentación, el uso de la cebada y el trigo para la gente, los dioses y el ganado? Fui yo, Osiris, y nadie más, quien hizo eso, y Horus es mi hijo y heredero legítimo. El malvado Set que se sienta en el trono de Egipto es un vil usurpador y asesino. Si la corte de los dioses desea hacer lo correcto, le devolverán el trono a Horus.

El mensajero de Osiris se presentó ante la corte de los dioses y le dio esta carta a Ra-Horajty. Ra-Horajty abrió la carta y la leyó a los dioses reunidos, diciendo—: Osiris desea que el trono sea entregado a su hijo, Horus.

Shu, que sostiene el cielo, dijo—Esto parece bien y correcto. Que Horus sea el rey.

Thoth, que es la palabra y la inteligencia de los dioses, dijo—: ¡Esto es correcto un millón de veces! Que se haga como dice Osiris.

Cuando la madre de Horus, Isis, escuchó la carta y las declaraciones de Shu y Thoth, lanzó un grito de júbilo, pensando que seguramente su hijo pronto sería rey de todo Egipto, como lo fue su padre antes que él.

Onuris añadió su voz a los que favorecían a Horus—. ¡Que se redacte la cartela de Horus y que lleve la Corona Blanca!

Entonces Set habló a los dioses reunidos—. ¿Qué necesidad hay de la palabra de Osiris en este asunto? Déjenme a mí y a este joven pretendiente que nos enfrentemos en un combate individual y descubramos por la fuerza de las armas quién de nosotros va a ser el rey.

A esto Thoth respondió—: ¿Qué necesidad hay de la palabra de Osiris, dices? Digo que mientras Horus, el heredero de su cuerpo, viva y respire, es justo que el heredero tenga el trono y nada más.

Ra-Horajty escuchó las palabras de los dioses y estaba secretamente enfadado porque los otros dioses reclamaron el trono para Horus sin escuchar primero lo que él, el Señor de Todas las Cosas, tenía que decir. Finalmente, Ra-Horajty habló a la asamblea—. ¿Qué derecho tienen a tomar esta decisión y decir cuál de ellos llevará la corona de Egipto? ¿No soy yo el Señor de todas las cosas? ¿No debería escucharse mi pensamiento en esto?—porque aunque Ra-Horajty reconoció a Horus como hijo de Osiris, deseaba de verdad que Set siguiera siendo rey, ya que era un gobernante experimentado mientras Horus era un mero joven.

Al escuchar la ira de Ra-Horajty, Onuris gritó— ¿Qué vamos a hacer entonces?

Atum pensó por un momento y luego dijo—: Enviemos por el dios Banebdjedet, que habita en la isla de Sehel en la Primera Catarata, y que sea él quien juzgue entre estos dos.

Así que enviaron a Sehel por Banebdjedet, y pronto llegó a la corte de los dioses donde le pidieron que juzgara entre Horus y Set. Banebdjedet dijo—No decidiría en la ignorancia. Enviemos una carta a Neith, la Gran Madre, y preguntémosle qué quiere que hagamos.

Los Nueve Dioses estuvieron de acuerdo en que esto era un buen consejo y que debía hacerse. Le ordenaron a Thoth que escribiera una carta a Neith. Thoth tomó tinta, pluma y papiro, escribiendo la carta así:

> De Ra-Horajty, Señor de todas las cosas, de los Nueve Dioses, y de la corte de los dioses, a Neith, la Gran Madre Divina que estaba en el principio de todo lo que es, saludos. Sepa que nuestra intención es juzgar quién debe gobernar Egipto, Set u Horus, y deseamos su sabio consejo en este asunto. Díganos a cuál de ellos debemos elegir como rey.

Neith leyó la carta de Ra-Horajty, los Nueve Dioses, y la corte de los dioses, y devolvió esta respuesta:

> ¡Dejen de jugar estos juegos tontos y hagan lo que es correcto, o yo, Neith, la Madre Divina de la Creación, haré que el cielo caiga sobre sus cabezas! Denle el trono a Horus, porque seguramente es el heredero de Osiris. Pero tú, Ra-Horajty, Señor de todas las cosas, también dobla las posesiones de Set y dale a tus hijas Anat y Astoreth como compensación. ¡Haz que Horus sea el rey!

Cuando la respuesta de Neith llegó a la corte de los dioses, Thoth la leyó a la asamblea. Los dioses estaban complacidos con esta respuesta, y les pareció bien, así que gritaron juntos—: ¡Que se haga esto! Neith es sabia y justa. ¡Que Horus sea hecho rey!

Ra-Horajty se enojó más que nunca porque los otros dioses favorecieron a Horus en vez de a Set. El Señor de todas las cosas se volvió contra Horus y le dijo—: ¿Qué te hace pensar que puedes ser rey? Eres débil y tu aliento huele mal. Gobernar Egipto es una tarea demasiado grande para un simple muchacho como tú.

Cuando los otros dioses escucharon lo que Ra-Horajty le dijo a Horus, se enfurecieron. El dios Baba le dijo al poderoso Ra-Horajty que no tenía ni honor ni sabiduría. Aunque los Nueve Dioses estaban muy enojados con Ra-Horajty, se sorprendieron por la insolencia de Baba y le dijeron que había hecho mal y que debía irse a casa. Entonces la corte se rompió, y todos se fueron a casa a sus propias tiendas, molestos y descontentos.

Ra-Horajty también entró en su tienda donde se acostó. Tenía un fuerte dolor de cabeza, y su corazón estaba dolorido por el insulto de Baba y por todo lo que se había dicho y hecho en la corte. Se quedó allí tumbado durante un tiempo, esperando a que pasaran los malos sentimientos. Pronto su hija Hathor se acercó a él, esperando animarlo para que volviera a convocar al consejo para tomar una decisión. Entró en la tienda de Ra-Horajty, donde dejó su cambio y mostró su desnudez al Señor de Todas las Cosas. Esto hizo muy feliz a Ra-Horajty, así que salió de su tienda y llamó a los Nueve Dioses y a la corte de los dioses, y también pidió a Horus y a Set que se presentaran ante la corte una vez más.

—Una cosa que no hemos hecho—dijo Ra-Horajty—es escuchar de los contendientes su propia prueba de por qué deberían ser rey. Por lo tanto, les ordeno que presenten sus argumentos ante este tribunal para que los juzguemos con justicia.

Set fue el primero en hablar—. Soy Set, el más fuerte de todos los dioses. Soy más fuerte incluso que los Nueve juntos, porque me siento en la proa de la Barca de Millones de Años y cada día mato a Apofis, la gran Serpiente que es el enemigo de Ra. Ninguno de ustedes aquí podría hacer eso. Por eso merezco ser rey.

Al oír esto, la corte de los dioses exclamó—: Esto es algo verdadero que Set ha dicho. Él es el más fuerte de todos. Debería ser rey.

Pero Onuris y Thoth no estaban de acuerdo—. Set no es el heredero de Osiris. ¡No tiene derecho al trono! Horus es el hijo legítimo de Osiris, y debería ser rey.

Banebdjedet contrarrestó el argumento de Onuris y Thoth, diciendo— ¿Por qué deberíamos darle el trono a un mero mozalbete, cuando Set, un rey de años maduros y experiencia, podría gobernar?

Entonces Ra-Horajty murmuró algo, pero nadie pudo entender las palabras. Esto enfureció a los Nueve Dioses que exigían saber lo que había dicho, pero Ra no lo dijo.

Horus había escuchado todo lo que se había dicho en la corte. Se sintió traicionado por los dioses que cambiaron su favor a Set. Horus dijo—: ¿Cómo pueden justificar el quitarme mi trono y dárselo a Set?

Solo yo soy el heredero de Osiris; ¡solo yo soy el legítimo rey de todo Egipto!

Isis también estaba furiosa. Ella dijo—Por la gran diosa Neith y por Ptah-Tatenen, estos asuntos deben ser sometidos al juicio del gran Atum que está en Heliópolis, y también ante Jepri que cabalga en su barca. ¡Que ellos decidan!

Los Nueve Dioses escucharon el juicio de Isis y le dijeron—: Sí, eso es sabio. Deberíamos hacer que Atum y Jepri juzguen este asunto. Vayamos a Heliópolis y escuchemos lo que tienen que decir.

Set no podía creer lo que oía. Había pensado que la corte de los dioses finalmente lo apoyaba para el trono, donde antes habían favorecido a Horus, y ahora habían decidido seguir el consejo de otros dioses.

Set rugió—: ¡Tomaré mi cetro gigante y los mataré a cada uno de ustedes, uno por uno! ¡Uno cada día!—Luego se controló y dijo—: Bien. Nos someteremos al juicio de Atum y Jepri en Heliópolis. ¡Pero no asistiré a ningún tribunal que permita a Isis dentro de sus muros!

Los dioses se dirigieron a Heliópolis y tomaron el barco a la isla que se encuentra en medio de las aguas. Ra-Horajty fue al barquero, Nemty, y le dijo—: Lleva a todos los dioses que vienen de paso, pero no dejes que ninguna mujer que se parezca a Isis cruce las aguas. Isis no es bienvenida en la corte.

Isis escuchó lo que Ra-Horajty le había dicho a Nemty, así que se transformó en una vieja bruja, arrugada y encorvada por la edad, llevando un buen pastel. Cojeó hasta el del barco y le mostró a Nemty el pastel—. Llévame al otro lado—dijo—porque le llevo este pastel al muchacho que pastorea el ganado en la isla, y necesita su comida.

—No te llevaré al otro lado—dijo Nemty—porque el gran Ra-Horajty me ha dicho que no lleve a las mujeres al otro lado este día.

Isis le ofreció el pastel al barquero—. ¿Ves este fino pastel? Te lo daré si me llevas al otro lado.

Nemty se burló de Isis—. ¡Qué me importa el pastel! Quédatelo, madre, y cómetelo tú, porque no te voy a llevar en barco.

Entonces Isis se quitó el anillo del sello de su dedo. Era un anillo de oro fino y muy valioso. Se lo mostró al barquero.

—Llévame al otro lado, y este anillo será tuyo—dijo.

Nemty tomó el anillo y llevó a Isis al otro lado del río, a la isla.

Sabiendo que no era bienvenida en la corte, Isis se disfrazó como una hermosa joven doncella. Caminó por la ladera de la isla hacia el pabellón que había sido preparado para que los dioses tomaran su comida juntos. Isis se acercó al pabellón de tal manera que solo Set la vio. Set estaba lleno de deseo por esta hermosa joven doncella, sin darse cuenta de que era Isis la que estaba disfrazada. Isis le llamó la atención y se escondió detrás de un sicomoro, esperando atraerlo hacia sí.

Set se excusó ante Ra-Horajty y los otros dioses. Se acercó al sicómoro donde encontró a la hermosa doncella esperándole. Set dijo— ¡Estoy aquí, oh hermosa!

Isis dijo—: Primero debo preguntarte algo, oh, poderoso Set.

—Pregunta—dijo Set.

—Una vez tuve un marido que poseía muchas cabezas de ganado— dijo Isis—. Juntos tuvimos un buen hijo. Mi marido murió y nuestro hijo empezó a cuidar del ganado. Pero un extraño se acercó a nosotros y amenazó a nuestro hijo diciendo: "Tu ganado es mío; te golpearé y te quitaré todo lo que tienes". Por favor, oh, poderoso Set, ¿quieres ser nuestro campeón y resolver este asunto por nosotros?

—Por supuesto—dijo Set—. Porque nadie debe robar el ganado de tu marido si su hijo y heredero aún vive y puede cuidarlo.

—¡Ajá!—gritó Isis, mientras se convertía en una cometa, volando sobre la rama de un árbol—. ¡De tu propia boca te condenas a ti mismo!

Set se dio cuenta de que había sido engañado, y se avergonzó. Humillado, volvió al pabellón donde Ra-Horajty y los otros dioses estaban terminando su comida. Ra-Horajty vio a Set y notó que algo estaba mal.

—¿Qué pasa?—preguntó Ra-Horajty.

Set le contó a Ra-Horajty la historia del ganado que Isis le había contado y cómo Isis le había pedido que resolviera el asunto por ella.

—Ya veo—dijo Ra-Horajty—. ¿Y cuál fue tu respuesta a su petición?

—Acordé que el hijo no debía ser privado de su herencia por un extraño.

—Oh—dijo Ra-Horajty—. Eso es malo. Tú mismo has hecho este juicio a favor del hijo y heredero. ¿Qué quieres ahora?

—Trae al barquero Nemty aquí para ser juzgado—dijo Set—. Se le dijo que no trajera ninguna mujer a la isla, y desobedeció tu orden. Es por su desobediencia que ahora me siento avergonzado.

Los Nueve Dioses ordenaron que Nemty fuera llevado ante ellos. En castigo por su desobediencia, le cortaron los dedos de los pies. Desde ese día, Nemty evitó el oro, diciendo que su mayor desgracia vino por esa cosa preciosa y que no quería más de eso.

Entonces los Nueve Dioses le dijeron a Nemty que los llevara de la isla a la orilla occidental del río, mientras que Ra-Horajty y Atum se quedaron atrás. Los Nueve Dioses subieron a la ladera de la montaña, y allí se sentaron, hablando juntos.

Llegó la noche. Ra-Horajty y Atum vieron que los Nueve Dioses estaban sentados sin hacer nada, así que les escribieron una carta:

> ¿Qué hacen mintiendo y no decidiendo este caso? ¿Van a hacer que Set y Horus esperen para siempre su juicio? Esta carta es nuestra instrucción de que corone a Horus, hijo de Osiris, con la corona blanca y lo haga rey de todo Egipto.

Cuando Set escuchó esto, se puso furioso. Los Nueve Dioses le dijeron—: ¿Por qué estás enojado? Tenemos aquí el juicio de Atum y de Ra-Horajty. Debemos hacer lo que dice. —entonces, los Nueve Dioses tomaron la Corona Blanca y la colocaron en la cabeza de Horus, haciéndolo rey de todo Egipto.

Set rugió de rabia—. ¿Cómo es que la corona se le da al hermano menor cuando el mayor aún está aquí? ¡Quiten la Corona Blanca de la cabeza de Horus! ¡Que lo arrojen al agua! ¡Confrontemos para ver quién será el rey!

Ra-Horajty escuchó el grito de Set y acordó que debería haber un concurso entre Set y Horus.

Set le dijo a Horus—: Convirtámonos en hipopótamos y luego vayamos bajo el agua. Quien salga primero a la superficie antes de que pasen tres meses será el perdedor.

Horus estuvo de acuerdo, así que se convirtieron en hipopótamos y se sumergieron en el agua.

Isis vio esto y se asustó mucho. Estaba segura de que su hijo sería asesinado. Isis hizo un arpón, afilado y mortal. Lo tiró al agua tan fuerte como pudo, pero en lugar de golpear a Set, atravesó el pellejo de Horus.

Horus gritó de dolor—. ¡Madre! ¿Por qué has hecho esto? ¡Saca el arpón de mi piel!

Isis sacó el arpón tan rápido como pudo. Luego lo tiró al agua de nuevo, esta vez golpeando a Set.

Set gritó, herido por el golpe del arpón afilado—. ¡Hermana! ¿Por qué me has hecho esto? ¡Soy tu hermano, Set! ¡Saca el arpón de mi piel!

Isis no pudo evitar escuchar los gritos de su hermano. Sintió pena por él y quitó el arpón.

Cuando Horus vio que Isis estaba ayudando a Set, se enfureció mucho. Saltando del agua, tomó su gran cuchillo y le cortó la cabeza a su madre. Tomando la cabeza de su madre en sus brazos, subió la montaña con ella. Isis, mientras tanto, transformó su cuerpo en una estatua sin cabeza.

Ra-Horajty llegó al lugar donde estaba la estatua de Isis—. ¿Quién es esta estatua que no tiene cabeza?—preguntó.

—Es una estatua de Isis—dijo Thoth.

—¿Por qué no tiene cabeza?—preguntó el Señor de Todas las Cosas.

Thoth explicó lo que había pasado entre Horus e Isis y que Horus se había llevado la cabeza de su madre a la montaña con él.

Ra-Horajty se sorprendió por esto. Se volvió hacia los Nueve Dioses y gritó— ¡Vamos a buscar a Horus! ¡Debemos castigarlo por el mal que le ha hecho a Isis!

Así que los Nueve Dioses subieron a la montaña como ordenó Ra-Horajty y comenzaron a buscar a Horus.

Set quería ser el que encontrara a Horus para poder derrotarlo de una vez por todas. Después de un tiempo, Set encontró a Horus durmiendo bajo un árbol. A horcajadas sobre el cuerpo de Horus, Set le arrancó los ojos y los enterró en la ladera de la montaña donde se convirtieron en bulbos de loto. Pronto dos flores de loto florecieron en el lugar donde Set había enterrado los ojos. Una vez hecho esto, Set bajó la montaña hasta donde Ra-Horajty esperaba que los buscadores regresaran.

—¿Encontraste a Horus?—preguntó Ra-Horajty.

Set mintió al Señor de todas las cosas—. No—dijo—no lo vi en absoluto.

Un tiempo despúes, la diosa Hathor se encontró con Horus donde se sentó a llorar por sus heridas. Compadeciéndose de él, Hathor fue al desierto y capturó una gacela. Ordeñó a la gacela y llevó la leche a donde Horus estaba sentado.

—Abre los ojos—dijo Hathor—y déjame verter esta leche en ellos.

Horus hizo lo que le dijo Hathor. Puso un poco de leche primero en el ojo izquierdo y luego en el derecho. Cuando esto se hizo, Horus descubrió que estaba curado y podía ver de nuevo.

Hathor fue a Ra-Horajty—. Encontré a Horus—dijo—. Estaba ciego, pero lo curé. Mira, aquí está ahora.

Entonces los Nueve Dioses dijeron— ¡Horus y Set! Se les ordena que se presenten ante nosotros para ser juzgados.

Horus y Set estaban ante los Nueve Dioses y Ra-Horajty. El Señor de todas las cosas dijo—: Harán lo que yo les ordene. Váyanse de aquí. Coman algo. Dejen de pelearse entre ustedes. ¡Que haya paz!

Set se volvió hacia Horus—. ¿Serás mi invitado en mi casa para un banquete?

Horus dijo—: Sí, acepto.

Set y Horus fueron a la casa de Set donde comieron una buena comida juntos. Pronto fue la noche.

Set le preguntó a Horus—: ¿Dormirás aquí en mi casa?

—Sí, lo haré—respondió Horus.

Set hizo que se hiciera una cama para Horus. Horus se acostó sobre ella y se fue a dormir. En algún momento de la noche, Set se acercó a Horus como un hombre se acerca a una mujer, pensando en causarle vergüenza. Horus apartó a Set, pero no antes de que parte de la semilla de Set cayera en sus manos. Horus fue a Isis y le mostró la semilla de Set.

—¡Mira, madre!—gritó Horus—. ¡Mira lo que Set me ha hecho!

Isis gritó. Tomó un cuchillo, le cortó las manos a Horus y las arrojó al río. Luego le dio a Horus unas manos nuevas y limpias.

Isis le dijo a su hijo—: Debemos pagar a Set por este insulto. Recoge para mí algo de tu semilla y dámela. Sé lo que hay que hacer.

Horus hizo lo que su madre le pidió y le dio un recipiente con algunas de sus semillas. Isis fue a la casa de Set y encontró el huerto. Isis le preguntó al jardinero que trabajaba allí—: ¿Cuál de estas verduras come Set todos los días?

El jardinero respondió—: Nunca lo veo comer nada más que la lechuga.

Cuando el jardinero no miraba, Isis vertió las semillas de Horus en la lechuga. Más tarde ese día, Set se comió la lechuga, sin darse cuenta de que tenía las semillas de Horus.

Set se dirigió a Horus, diciendo—: Aún no hemos resuelto nuestras diferencias. Ven, vayamos a la corte y discutamos nuestras demandas.

Horus estuvo de acuerdo. Fueron ante los Nueve Dioses para presentar sus casos.

Set dijo—: Yo debería ser el gobernante de todo Egipto. Soy el más fuerte. Soy el mayor. Además, anoche me acosté con Horus como hacen los amantes, ¡y él me dejó hacerlo!

Los Nueve Dioses gritaron. Escupieron a Horus con asco.

Entonces Horus dijo—: ¡Juro por el gran dios Ra-Horajty, Señor de todas las cosas, que lo que dice el usurpador Set es falso y puedo probarlo! ¡Llama a la semilla de Set y mira dónde está ahora!

El dios Thoth, que es la palabra y la inteligencia de los dioses, fue a Horus. Puso su mano en el hombro de Horus y gritó— ¡Sal, semilla de Set! ¡Muéstranos dónde estás!

La semilla de Set respondió desde el agua—. ¡Aquí estoy!

Thoth fue a Set a continuación. Puso su mano en el hombro de Set y gritó—: ¡Sal, semilla de Horus! ¡Muéstranos dónde estás!

Una voz del interior de Set dijo—: ¿De dónde saldré?

—Sal de su oreja—dijo Thoth.

—Pero soy una semilla divina—dijo la semilla de Horus—. ¿Por qué debería salir de un lugar tan humilde como la oreja?

—Sal de la parte superior de la cabeza de Set entonces—dijo Thoth.

Poco a poco una luz comenzó a brillar sobre la parte superior de la cabeza de Set, y pronto un disco apareció allí, un disco de sol brillante. Set estaba furioso. Alcanzó el disco solar, pero Thoth se lo llevó y lo puso sobre su propia cabeza.

Entonces los Nueve Dioses dijeron—Hemos visto la verdad de esto. Horus tiene razón. Set está equivocado.

Enojado, Set hizo un juramento por el gran Señor de Todas las Cosas—. Esto no se decidirá hasta que Horus se enfrente a mí y uno de nosotros salga victorioso. Propongo que construyamos barcos de piedra. Aquel cuya barca flote será el vencedor. Aquel cuyo barco se hunda será el perdedor. ¡Que se decida así!

Los Nueve Dioses acordaron que esto debería hacerse. Horus fue a un lugar secreto donde nadie podía verlo trabajar. Construyó un barco de madera y lo cubrió con yeso que parecía piedra. Set fue a una montaña cercana. Cortó la cima de la montaña y la convirtió en un barco. Por la mañana, los Nueve Dioses convocaron a Horus y Set al río para lanzar sus barcos. Nadie adivinó que el barco de Horus estaba hecho de madera y yeso. Horus empujó su bote al agua donde flotaba. Set empujó su bote al agua, y se hundió inmediatamente.

Set se enfureció. Se convirtió en un hipopótamo y atacó el barco de Horus. Pronto no era más que trozos de madera y yeso flotando a lo largo del río. Entonces fue el turno de Horus de estar enfadado. Tomó su lanza y la lanzó a Set, atravesándole el pellejo.

Los Nueve Dioses le dijeron a Horus—: No lances tu lanza a Set.

Horus fue y se consiguió otro barco. Navegó río abajo hasta Sais, hogar de la diosa Neith.

—¡Gran Madre Neith!—dijo Horus—. Durante ochenta años he luchado contra Set en la corte. Cada vez que me enfrento a él, me encuentro en el buen camino. Todos dicen que debería ser el heredero de Osiris. Pero después de todo este tiempo, todavía no he ganado mi caso. Todavía no me han hecho rey. ¡Los Nueve Dioses y la corte de los dioses no saben cómo juzgar correctamente!

Pero Horus no recibió ninguna respuesta de Neith.

En la corte de los dioses, una vez más se consideró apropiado escribir una carta a Osiris pidiendo su opinión sobre el asunto. Thoth escribió la carta, y fue enviada a Osiris. No mucho después, los dioses recibieron la respuesta de Osiris. Era la misma que antes:

> Horus es mi legítimo heredero. ¡Que sea hecho rey inmediatamente! ¡Yo, Osiris, que enseñé el cultivo de la cebada y el trigo, digo esto!

La carta de Osiris fue leída en voz alta a todos los dioses, y a Ra-Horajty que presidía la corte.

—¡Ja!—gritó Ra-Horajty, al escuchar la carta—. Que se envíe una respuesta a Osiris. Que diga: "La cebada y el trigo seguirían aquí, aunque nunca hubieras existido y aunque nunca hubieras enseñado a nadie a cultivarla".

Cuando Osiris leyó la respuesta de Ra-Horajty, escribió su propia carta en respuesta:

> Oh, Señor de todas las cosas, muchas son tus grandes obras. Hiciste que los Nueve Dioses gobernaran la creación. Pero la justicia se ha ido de tu reino. La justicia ha muerto y se ha ido al inframundo, y eso ahora está entre tus logros. Ahora escúchenme, todos ustedes dioses. Tengo mensajeros, que

solo responden ante mí. Si los envío a recoger los corazones de los malhechores, si los envío a recoger los corazones de los que no tratan con justicia, saldrán a mi palabra. Recogerán los corazones de los injustos y los traerán a mí. Aquí estoy en el oeste del mundo. Aquí está mi reino mientras todos ustedes están fuera. ¿Pero no hizo el poderoso Ptah cuando creó las estrellas que vinieran al oeste a mi reino para descansar? ¿No vienen todos los que viven a mi reino al final? ¿Quién de ustedes es más poderoso que yo?

La carta de Osiris llegó a la corte de los dioses. La abrió y la leyó en voz alta a Ra-Horajty, los Nueve Dioses, y a toda la corte de los dioses.

Al oír las palabras de Osiris, los Nueve Dioses dijeron—Seguramente el gran Osiris está en lo cierto dos veces en lo que ha dicho.

Pero Set aún no estaba satisfecho. Dijo—: Vayamos a la isla en medio del río. Allí me enfrentaré a Horus.

Set fue a la isla, pero los otros dioses ya habían decidido que Horus debía llevar la corona. Atum se volvió hacia Isis—. Ve a la isla—dijo—y trae a Set aquí encadenado.

Isis hizo lo que Atum le ordenó. Cuando volvió a la corte con Set, Atum le dijo—: ¿Por qué has luchado tanto con Horus? ¿Por qué buscas mantener el trono que le has quitado?

Set dijo—: Pero no he hecho tal cosa. Convoca a Horus, hijo de Isis y Osiris, a la corte. ¡Que lo hagan rey!

Horus fue llevado ante Ra-Horajty, los Nueve Dioses, y la corte de los dioses. Fue coronado con la Corona Blanca y se le dio el trono de su padre, Osiris.

Los dioses lo aclamaron diciendo—: ¡Salve, oh rey Horus! ¡Salve al buen rey de todo Egipto! ¡Que gobierne sabiamente y bien, por los siglos de los siglos!

Isis se regocijó. Le gritó a su hijo—: ¡Salve, oh rey Horus! ¡Salve, hijo mío y rey de todo Egipto! ¡Que la tierra brille siempre con tu gloria!

El poderoso Ptah se dirigió entonces a Ra-Horajty, los Nueve Dioses, y a la corte de todos los dioses, diciendo— ¿Qué se hará con Set, ahora que Horus ha sido coronado y este asunto ha concluido?

Ra-Horajty respondió—: Que Set venga a vivir conmigo como mi hijo. Causará truenos en el cielo, y todos le temerán.

Ra-Horajty, después de haber respondido a la pregunta de Ptah, volvió a la celebración que se estaba llevando a cabo, regocijándose por la coronación de Horus. Les dijo a los Nueve Dioses— ¡Griten y regocíjense! ¡Regocíjense por Horus, hijo de Isis y Osiris! ¡Alégrense por el rey de todo Egipto, por el que lleva la Corona Blanca!

Entonces Isis dijo—: ¡Horus es el rey! Que haya prosperidad en la tierra. Los Nueve Dioses se regocijan y celebran un festín en su honor. La corte está adornada con guirnaldas en su honor. Los Nueve Dioses se regocijan y toda la tierra se alegra de que Horus sea su rey. Horus ocupa ahora el cargo de su padre, el poderoso Osiris, como es justo y equitativo.

¿Cómo descubrió Isis el nombre divino secreto de Ra?

Ra fue el creador de todas las cosas, de animales y pájaros, de plantas y peces. Cada día, marchaba por el cielo de este a oeste, mirando hacia las tierras que había creado. Pero había envejecido, y goteaba de su boca, su saliva caía al suelo.

La diosa Isis observó a Ra mientras caminaba su ruta diaria a través del cielo. Pensó para sí misma: "Si Ra ha envejecido tanto y tan débil está que su saliva gotea al suelo, quizás pueda engañarlo para que me diga su nombre divino secreto. Si conociera ese nombre, tendría su poder y eso me convertiría en la diosa suprema de todo lo que es".

Al día siguiente, Isis esperó hasta que Ra hubiera pasado por donde ella. Como en otras ocasiones, la saliva de Ra cayó al suelo. Isis fue al lugar donde había caído la saliva y la mezcló con el polvo de la tierra. De esta mezcla, Isis creó una serpiente, con colmillos y venenosa. Tomó la serpiente y la puso en el camino que Ra pisaría al día siguiente.

Llegó la mañana y Ra emprendió su camino a través del cielo. Ra, sin embargo, no vio la serpiente en su camino, y cuando la pisó, la serpiente le mordió en el tobillo. El veneno atravesó el cuerpo de Ra. El dolor no se parecía a nada de lo que había sentido antes. Gritó tan fuerte y ferozmente que todos los dioses del cielo se reunieron a su alrededor, preguntando qué le pasaba.

Pero Ra estaba tan agonizante que sus dientes castañeteaban y por un tiempo no pudo responderles. Finalmente, se las arregló para decir—Estaba caminando mi paseo diario por el cielo y algo me mordió. No sé qué es. Soy el creador de todas las cosas y no lo puse en mi camino. No puedo cambiar lo que me ha hecho y no puedo curar mi herida porque es algo que no he hecho. Nunca antes mi cuerpo ha sufrido tan gravemente.

Isis vio que su plan estaba funcionando. Fue a ver a Ra y, fingiendo no saber lo que había pasado, le dijo—: ¿Te ha mordido una serpiente, oh Poderoso Ra? Tal vez podría hacer un hechizo para curar su mordedura. Dime qué te pasa.

Ra dijo—: No es ni fuego ni agua, pero me quemo como el fuego y me enfrío como el agua. Mi cuerpo suda y mi cuerpo tiembla. Tiemblo tanto que no puedo ver bien.

Isis dijo—Si voy a curarte, necesitaré saber tu nombre divino secreto. Una persona solo se cura diciendo su verdadero nombre.

Ra dijo—: Yo soy el que hizo los cielos y la tierra. Yo levanté las montañas e hice todas las cosas que viven en la tierra. Hice las aguas y todo lo que habita en ellas. Hice los cielos y los extendí sobre los dos horizontes. Hice los dioses y les di las almas dentro de ellos. Soy yo quien puso la luz del día en el ojo, y soy yo quien causa la llegada de la oscuridad cuando el ojo está cerrado. El Nilo debe inundarse a mi orden. Yo soy el creador del tiempo, de las horas y los días. Soy yo quien declara los festivales del año. También he creado el fuego. Soy Jepri por la mañana, Ra al mediodía, y Atum por la tarde.

Pero nada de lo que Ra dijo podía expulsar el veneno porque no había dicho su verdadero nombre.

Isis le repitió a Ra—: Si me dices tu nombre divino secreto, te curarás. Así es como podré curarte. Dime tu nombre.

Ra se retorció en agonía. El dolor del veneno era como el fuego en todas las partes de su cuerpo. Finalmente, no pudo soportar más y le dijo a Isis—Te diré mi nombre.

Ra se escondió de los otros dioses, porque no quería que supieran lo que hacía. Ra envió su nombre en secreto desde su propio pecho al de Isis, atándola con un juramento de que nunca revelaría ese nombre a nadie más que a su hijo Horus.

Isis se regocijó al saber el verdadero nombre secreto de Ra. Llamó a Horus donde ella estaba y le dijo que Ra había prometido darle sus ojos.

Una vez hecho esto, Isis dijo—: ¡Sal, veneno! ¡Sal del cuerpo de Ra, sal del Ojo de Horus!

El veneno salió de Ra y se curó.

Y así es como Isis llegó a conocer el divino nombre secreto del poderoso Ra y se lo dio a su hijo, Horus.

Esta historia aparentemente pretende ilustrar cómo Horus se convirtió en un dios solar. Se pensaba que conocer el verdadero nombre de una persona era una forma de tomar o transmitir el poder de una persona a otra: así, cuando Horus conoce el verdadero nombre de Ra, participa del poder de Ra. También, el dar los ojos de Ra a Horus es una forma de mostrar la transferencia de poderes solares de uno a otro, ya que el Ojo de Ra era una personificación del sol.

Mitos políticos

El mito de la creación de Hatshepsut, una reina faraón de la 18ª Dinastía, es inusual en el sentido de que la historia tradicional de la creación de un faraón por parte de los dioses tenía como objetivo legitimar el gobierno de un rey masculino. La hija del faraón

Tutmosis I, Hatshepsut no ascendió al trono por derecho de nacimiento, lo que habría sido imposible para ella como mujer, sino a la muerte de su marido, el faraón Tutmosis II. Su hijastro, Tutmosis III, no tenía edad suficiente para gobernar cuando su padre murió, así que por tradición Hatshepsut fue nombrada regente. Pero en vez de simplemente gobernar en lugar de su joven hijo, decidió tomar el trono y gobernar por derecho propio, lo que hizo desde aproximadamente 1479 a 1458 a. C. Esta historia es uno de los medios por los que intentó consolidar el poder como faraón.

El nacimiento de la Reina Hatshepsut

El gran dios Amen-Ra convocó su consejo. La corte de los dioses se reunió a su llamado y se sentó alrededor del poderoso Amen-Ra. A su derecha estaban Osiris y su esposa Isis, junto con su hermana Neftis y su hijo Horus. Hathor y Anubis también estaban sentados entre estos dioses. A la izquierda de Amen-Ra estaban Atum y Ment, junto con Geb y su esposa, y sus hijos, Shu y Tefnut.

Amen-Ra dijo a la corte de los dioses—: He aquí que voy a traer una gran reina, una poderosa gobernante, que se impondrá en todas las tierras. Ella gobernará sobre Egipto. Ella gobernará sobre Nubia. Gobernará sobre Punt y sobre Siria. Pero primero debemos encontrar una mujer digna de ser madre de alguien tan poderoso.

Mientras Amen-Ra hablaba estas cosas, un ibis voló a la corte. El ibis aterrizó ante el trono de Amen-Ra y se transformó en el dios Thoth.

Thoth dijo—: Oh, gran Amen-Ra, sé de una mujer así, una mujer que supera todas las medidas de belleza y gracia, una que es digna de ser madre de esta reina.

Amen-Ra dijo—: Esta es una buena noticia. ¿Dónde vive esta mujer? ¿Por qué nombre se la conoce?

—Ella es Ahmose, esposa del rey de Egipto—dijo Thoth—. El palacio del poderoso faraón Tutmosis es su hogar. ¡Ven! ¡Te llevaré con ella!

Amen-Ra estuvo de acuerdo en que así fuera. Thoth, tomando la forma de un ibis, voló de la corte de los dioses al palacio del rey. Amen-Ra tomó la forma del faraón, el esposo de Ahmose, y lo siguió hasta allí. Asistiendo a Amón-Ra y a Thoth estaba toda la corte de los dioses.

Los dioses venían al palacio por la noche cuando todos dormían dentro. En silencio, los dioses entraron en la alcoba de la reina. La miraron y se maravillaron que fuera aún más hermosa y elegante de lo que Thoth había dicho.

La reina se movió en su sueño, despertada por el perfume de los dioses. Abrió los ojos para ver al dios Amen-Ra de pie ante ella, con la apariencia de su marido. Ahmose se llenó inmediatamente de deseo por Amen-Ra. Él la tomó, y su divinidad inundó todos sus sentidos.

Cuando Amen-Ra terminó de hacer el amor con Ahmose, le dijo—: Serás la madre de mi hija. Se llamará Hatshepsut. Deseo que cuando sea completamente mujer, reine sobre todo Egipto.

Su misión terminó, los dioses regresaron a su corte. Amen-Ra llamó a Jnum, el dios alfarero. Amen-Ra dijo— ¡Poderoso Jnum! Toma tu torno de alfarero, y con tu habilidad hazme una hija. ¡Hazla aún más hermosa que una diosa! Y luego, cuando hayas hecho su cuerpo, crea para ella un *ka*, un espíritu, para que viva y respire.

Jnum respondió—: Será como tú lo ordenas, oh gran Amen-Ra.

Jnum se puso a trabajar en su torno de alfarero. Primero, tomó arcilla e hizo un cuerpo para la hija de Amen-Ra, haciéndolo el más bello de todos, más bello incluso que el de una diosa. Luego hizo una figura de arcilla idéntica para ser el *ka* de la hija de Amen-Ra. Mientras se inclinaba hacia su trabajo, Heket, la diosa del nacimiento, sostenía el signo de la vida sobre las figuras de arcilla, para que cuando estuvieran completamente hechas y unidas, el cuerpo y el *ka* pudieran tener vida.

Cuando terminó, Jnum mostró a Amen-Ra el cuerpo y el *ka* que había hecho para ser Hatshepsut, y Amen-Ra se declaró muy satisfecho con ellos.

Los dioses entonces regresaron al palacio, llevando con ellos el cuerpo y el *ka* de Hatshepsut, colocándolos juntos dentro de la reina Ahmose. Cuando llegó el momento de que su bebé naciera, fue atendida por toda la corte de los dioses. Todos los dioses y todo el pueblo se regocijaron con el nacimiento de Hatshepsut. Y cuando ya era una mujer adulta, se convirtió en la gran reina de Egipto, la reina faraón de todas las tierras, como su padre Amen-Ra deseaba.

La historia de la hambruna

Este cuento se conserva en una estela en la isla de Sehel. La fecha de la historia no está clara; Djoser fue un rey de la Tercera Dinastía, pero algunos eruditos sitúan el grabado en el período Ptolemaico. En cualquier caso, uno de los propósitos de la historia parece haber sido legitimar la posesión de las tierras y recursos que la estela original nombra con cierto detalle.

También vemos la flexibilidad del mito egipcio cuando se trata de nombrar a un dios creador. Como hemos visto, algunas leyendas dicen que Atum creó el mundo, mientras que otras le dan a Ptah este honor. Aquí es Jnum quien afirma haber surgido de Nun, el Vacío de las Aguas.

En el decimoctavo año del reinado del faraón Djoser, le llegó un momento difícil al pueblo de Egipto. Happi, dios del Nilo, había retenido su bendición durante siete largos años. La tierra se secó y el grano no creció. Los niños lloraban de hambre, e incluso los ricos no tenían suficiente para comer. Los sacerdotes cerraron los templos, ya que tanto ellos como el pueblo eran demasiado pobres y débiles para hacer ofrendas y dar a los dioses su merecido y adecuado culto.

El faraón Djoser miró hacia la tierra de Egipto, y su corazón estaba dolorido—. Mira cómo sufre mi pueblo—dijo—. No hay comida. Los cultivos no crecerán. El dios Happi nos ha abandonado, y no sé qué hemos hecho para merecer esto o cómo recuperar su favor.

El faraón pensó mucho tiempo en lo que debía hacer, y finalmente fue al sacerdote de Imhotep y le habló del sufrimiento de su pueblo. Le preguntó al sacerdote por qué no habían llegado las inundaciones y por qué el pueblo debía sufrir tanto.

El sacerdote de Imhotep dijo—Iré al Templo de Thoth en Hermópolis. Allí consultaré los pergaminos sagrados y me dirán qué hacer.

Pronto el sacerdote regresó y le dio al faraón esta respuesta—: He leído los pergaminos sagrados, y me han dado las cosas que necesitas saber. Debes saber primero que hay un pueblo llamado Yebu, rodeado por las aguas de Happi. Allí se encuentra la isla de Elefantina, donde hay cavernas gemelas que son la casa de Happi. Jnum es el dios de esa región. Es el que gobierna sobre el grano, los peces y los pájaros. Su región es rica en muchas clases de piedras y gemas y en muchas plantas y flores que crecen. Otros dioses también son venerados allí en el Templo de Jnum: Satis, Anukis, Happi, Shu, Geb, Nut, Osiris, Horus, Isis y Neftis. Todas estas son las cosas que necesitas saber.

El faraón Djoser se fue y pensó en lo que había aprendido. Entonces hizo una buena y rica ofrenda de pan y cerveza, de bueyes y pájaros, y toda clase de cosas buenas que eran adecuadas para hacer un sacrificio a Jnum y a todos los otros dioses que el sacerdote le había nombrado. Cuando Djoser hizo todo esto, estaba cansado y se fue a la cama.

Mientras Djoser dormía, el dios Jnum se le acercó en un sueño, resplandeciendo con su brillo. Djoser le rezó a Jnum y lo adoró.

Jnum dijo—: Yo soy Jnum. Soy el que salió de Nun, soy el que salió no creado. Soy el que creó los dioses, la gente y todas las cosas. Soy yo quien te mantiene a salvo. Te daré muchas riquezas, muchas piedras y gemas para construir templos. Iré a Happi y le diré que haga la inundación para que sus campos lleven mucho grano. Le diré a Happi que haga la inundación para que su gente no tenga más hambre y para que todos tengan alegría.

El rey despertó de su sueño. Recordó todo lo que Jnum había dicho, y en agradecimiento hizo un decreto real dando tierras para ser el soporte de un templo para Jnum y para que los impuestos en pescado, caza, granos, ganado, oro, madera, y muchas otras cosas buenas se paguen anualmente al templo en honor del dios Jnum que liberó la inundación del Nilo y terminó con la hambruna del pueblo.

Parte III

Otras historias

El náufrago

La siguiente historia se conserva en un solo papiro que ahora está en Moscú y que data del Reino Medio. Un colofón al pie de la historia afirma que Imenaa, hijo de Imeny, fue el escriba que lo copió. Una de las cosas sorprendentes de esta historia es la cantidad de detalles descriptivos que contiene. Esto incluye las medidas del barco del marinero: 120 por 40 codos. Un codo era un antiguo estándar de medida tomado como la distancia entre el codo y las puntas de los dedos, así que el barco medía aproximadamente 180 pies de largo por 60 pies de ancho, o unos 55 metros de largo por 18 metros de ancho.

Un aspecto importante de la vida egipcia se enfatiza en este cuento, cuando la serpiente insiste en que el marinero morirá en casa. Los egipcios tenían terror de morir lejos de su patria, porque su religión dictaba que el alma del difunto debía ser enterrada adecuadamente y atendida por los sobrevivientes si quería tener alguna esperanza de lograr una vida feliz en el más allá.

El barco del ministro del faraón entró en el puerto. Los marineros se ocuparon de su trabajo, recogiendo las velas, tirando las cuerdas a los que estaban en los muelles y atando el barco a sus amarras. Todo era ajetreo, todo estaba en movimiento, y todos estaban felices de estar finalmente en casa, todos excepto el ministro del faraón. El ministro se sentó en la proa del barco, con la barbilla en las manos, con aspecto abatido.

Uno de los marineros se fijó en el ministro y vio que estaba triste.

—Oh Excelencia—dijo el marinero—, ¿por qué está triste? Acabamos de llegar a casa a salvo, acabamos de zarpar hacia el puerto después de un buen viaje. Todo el mundo está feliz; pronto podremos ir a tierra y comer y beber y estar con nuestras familias. ¿Por qué no eres feliz también? ¿Qué es lo que te preocupa?

El ministro suspiró—. Todo está muy bien para ti—dijo—. Los lugares a los que vas, la gente querrá verte. Estarán felices de que estés en casa. Harán un festín para ti, prepararán cerveza, tocarán música y todos bailarán. Y podrás abrazar a tus hijos y a tu esposa y pasar un buen rato con ellos hasta que tengas que volver al mar.

—Yo, tengo que ir al faraón. Tengo que decirle lo que ocurrió en el reino lejano. Debo decirle que lo que me envió no sucedió, que mi misión no tuvo éxito. No habrá ningún banquete para mí, ni cerveza, ni música, ni una cálida bienvenida. No veré a mis hijos ni a mi esposa. Debo hacer mi informe al faraón, pero tengo miedo de lo que pasará cuando lo haga.

—Oh—exclamó el marinero—. Eso es malo. Puedo ver cómo eso te pondría triste. Pero tienes que ir al faraón. Tienes que dar tu informe. Pero tal vez puedas contarlo de manera que el faraón no se enfade contigo.

El ministro miró al marinero de forma dudosa, y luego puso su barbilla en su puño.

—Anímate—dijo el marinero, sentado junto al ministro—. A veces, cuando algo se ve terriblemente mal, resulta ser lo mejor que podría haber pasado. Algo así me pasó una vez en un viaje que hice. Parecía que sería un desastre. Parecía que nunca más volvería a casa con mi esposa e hijos. Pero en realidad resultó ser la aventura más maravillosa. Déjeme contarle mi historia.

—Una vez abordé un barco con destino a las minas del rey. Era un gran barco, de 120 codos de largo y 40 codos de ancho. Pero lo mejor de ese barco era la tripulación. Eran 120 marineros, todos hombres de corazón robusto, ¡más valientes incluso que los leones! Todos eran marineros inteligentes, podían ver una tormenta que venía de lejos.

—Habíamos navegado durante un tiempo cuando de repente una ola de ocho codos de altura salió de la nada. Golpeó el barco, rompiéndolo en pedazos, me agarré al mástil, lo sostuve con firmeza, y traté de abrirme paso a través de los restos y mantener la cabeza por encima del agua. ¡Fue una gran lucha!

—Finalmente, cuando todo volvió a la calma, vi que mi barco se había desvanecido bajo las olas y toda su tripulación con él. Yo era el único superviviente, ahí fuera en las aguas, y sin ayuda a la vista. Miré a mi alrededor, preguntándome qué problemas me ocurrirían.

—De repente, una gran ola me recogió. La ola me empujó, mientras me aferraba al mástil del barco destruido, hasta una isla. Nunca había visto esta isla antes, ni siquiera sabía que estaba allí, pero estaba agradecido de haber encontrado tierra. Cuando recuperé el aliento, me levanté y recorrí el lugar. ¡Una isla que nunca había visto antes y que nunca he visto desde entonces! Todo el lugar era como un jardín, con higueras repletas de fruta y viñas cargadas de uvas. Los pepinos estaban en sus viñedos, largos y frescos, como si hubieran sido atendidos por un maestro jardinero. Había peces en los arroyos y aves silvestres para tomar. Primero, comí de lo que encontré allí, y cuando estaba lleno hasta reventar, encendí un fuego e hice una ofrenda a los dioses.

—Justo cuando terminé de hacer la ofrenda, oí un fuerte ruido. Me volví y miré detrás de mí, pensando que era otra gran ola del mar. Pero esa no era la fuente del ruido. Escuché crujidos y astillas, y ante mí vi árboles cayendo, como si grandes leñadores los derribaran de un solo golpe. Estaba tan asustado que me quedé congelado.

—Pero espera... eso no fue lo peor de todo. No fue lo más aterrador. ¿La cosa que estaba derribando los árboles? Eso era algo que hacía que el corazón se saliera de tu cuerpo. Era una serpiente gigante, de 30 codos de largo. Su cuerpo brillaba con escamas doradas, sus cejas estaban hechas de lapislázuli. También tenía barba, de dos codos de largo.

—Esta gran serpiente se alzó delante de mí. Caí de bruces ante él.

—"¿Quién eres?" exigió la serpiente. Su voz era como la hoja de una espada que se saca de su vaina, como el sonido del metal caliente cuando un herrero la hunde en agua fría. "¿Quién eres y por qué has venido a mi isla? ¡Dímelo ahora, o el fuego de mi aliento te convertirá en cenizas y nada más de ti existirá nunca más!".

—Temblé en el suelo delante de la serpiente. No pude encontrar mi voz para responder a sus preguntas. Esperaba morir. Esperé a que él lanzara fuego de su boca y me convirtiera en cenizas. ¡Pero para mi sorpresa, la serpiente me cogió en su boca! Me recogió y me llevó al lugar que era su hogar.

—Cuando recobré el sentido, me encontré en el suelo de la casa de la serpiente. La serpiente estaba allí, esperando a que me despertara. Caí de bruces ante él y temblé.

—"¿Quién eres?" preguntó la serpiente. "¿Por qué has venido a mi isla?"

—Esta vez fui capaz de responder.

—Oh, Gran Serpiente—dije—. ¡Estaba en un barco con 120 compañeros, todos marineros robustos, y más valientes que los leones! Íbamos camino a las minas del rey cuando nos golpeó una gran ola. La ola era tan poderosa que hizo estallar el barco en pedazos. Todos mis compañeros murieron. Solo yo sobreviví, aferrado al mástil. Una ola del mar me recogió y me empujó a la orilla de tu isla.

—La serpiente oyó mi historia y me dijo: "No tengas miedo. No te haré daño. Veo que eres un favorecido, favorecido por dios. Esta es una isla encantada. Solo aquellos que tienen el favor de dios pueden venir a estas costas".

—"Sé lo que te pasará", dijo la serpiente. "Vivirás en esta isla durante cuatro meses. Comerás de las cosas buenas que crecen aquí, de los peces y de las aves silvestres. No te faltará nada. Y al final de los cuatro meses, un barco de tu país llegará para llevarte a casa. Irás a casa con ellos, y cuando mueras, será en tu ciudad natal.

—Entonces la serpiente me contó su propia historia.

—"Entiendo tu dolor por haber perdido a todos sus compañeros. Algo similar me pasó a mí. Una vez, esta isla estaba llena de serpientes. Viví aquí en paz con mis hermanos y hermanas. Había muchas serpientes jóvenes también, a menudo jugando en los jardines. Una de ellas era mi hija".

—"Entonces un día una bola de fuego salió disparada de los cielos. La bola de fuego golpeó la isla, causando que el suelo temblara. Todo se incendió. Toda la isla se quemó, y toda mi familia fue tragada por las llamas. Solo escapé porque no estaba allí. Cuando llegué a casa, encontré todo quemado. Encontré a mi familia muerta, y en mi corazón, sentí como si yo también hubiera muerto".

—"¡Así que sé valiente!" dijo la serpiente. "¡No tengas miedo! Volverás a tu ciudad natal. Volverás a ver a tu mujer y a tus hijos".

—Fue una historia tan triste—dijo el marinero al ministro—. Me sentí mal por la serpiente, al perder así a toda su familia, sobre todo cuando me aseguró que volvería a casa con la mía. Quería darle algo de consuelo y hacerle saber lo agradecido que estaba.

—Caí de bruces ante él. "¡Oh, gran serpiente, cuando llegue a casa, iré directamente al faraón! Le diré lo poderosa que eres y él te enviará muchas cosas buenas a cambio: mirra, aceite, incienso, especias de todo tipo. Cuando llegue a mi país, contaré a todos lo que me ha pasado, contaré a todos tu historia, y los sacerdotes te harán sacrificios de ganado y aves. Y luego apilaremos botes con todo tipo de cosas buenas y los traeremos aquí a tu isla".

—Pensé que a la serpiente le gustaría esto, pero en cambio se rió.

—"Todo lo que me has ofrecido ya lo tengo en abundancia. Soy un príncipe de Punt. Tengo mirra e incienso en abundancia, ¡más incluso que en todo el reino de Egipto! Y además, una vez que hayas dejado esta isla, se desvanecerá. Nunca podrás encontrarla de nuevo, no importa cuánto tiempo busques".

—Viví en la isla con la serpiente durante cuatro meses, y no me faltó nada. Y al final de los cuatro meses, vi las velas de un barco en el horizonte. Pasaba un barco de mi casa, tal como la serpiente había prometido. Subí a la copa del árbol, saludando y llamando a los marineros. Luego fui a decirle a la serpiente que el barco había llegado, como él había dicho.

—"Ve con tu gente", dijo la serpiente. "Lo único que pido es que le cuentes a tu gente esta historia, que les cuentes sobre la gran serpiente de la Isla Encantada, y cómo es con él".

—Caí de bruces ante la serpiente y juré que haría exactamente lo que me dijo.

—Entonces la serpiente preparó muchos regalos para mí, una carga entera de bienes para llevar a casa. Me dio mirra y aceites, especias de todo tipo en abundancia, incienso y marfil, sabuesos y babuinos en abundancia. Todo esto lo cargué en el barco.

—Cuando llegó el momento de irme, la serpiente dijo: "Te llevará dos meses llegar a casa desde aquí. Abraza a tu esposa. Ten muchos hijos. Vive una vida de paz. Y morirás en tu ciudad natal".

—Mientras hablaba con la serpiente, el barco desembarcó en la isla. Le dije al capitán y a la tripulación todo lo que había pasado y todo lo que la serpiente había hecho por mí. Cuando los marineros escucharon mi historia, ellos también cayeron ante la serpiente y lo alabaron.

—Zarpamos, y en dos meses estábamos en casa, tal como la serpiente había dicho. Inmediatamente fui al palacio del faraón, llevando el cargamento de regalos que la serpiente me había dado. Le di los regalos al rey y le conté mi historia. El rey estaba tan contento que me hizo uno de sus ayudantes y me dio sirvientes para servirme a mí y a mi familia.

—Así que—dijo el marinero al ministro—no siempre podemos ver lo que realmente sucederá después de que la calamidad golpee. ¿Quién sabe? Tal vez el faraón no se enfade contigo. Tal vez algo bueno salga de esto, al igual que algo bueno salió de mi naufragio.

El ministro simplemente sacudió la cabeza—. Gracias por su historia, pero es inútil, amigo mío. Es inútil tratar de darle agua a un ganso que ya está cocinado.

Los dos hermanos

La siguiente historia se encuentra en un papiro del Nuevo Reino que data de la 19ª Dinastía, copiado por un escriba llamado Ennana. Muchos eruditos han comentado los paralelismos entre el comienzo de la historia y el relato de José y la esposa de Potifar en el Antiguo Testamento (Génesis 39). En el relato bíblico, José es un israelita que ha sido capturado y convertido en esclavo por los egipcios. Es vendido a Potifar, un capitán de la guardia, que finalmente pone a José a cargo de su casa. Al igual que Bata, José era un tipo bien fornido y muy guapo; la esposa de Potifar le pide a José que se acueste con ella, pero José se niega. La esposa de Potifar está enfadada y avergonzada, y por eso finge haber sido asaltada por José, que luego es arrojado a la cárcel. Finalmente es liberado cuando demuestra su habilidad para interpretar los sueños con precisión.

El personaje de Bata también tiene claros paralelismos con Osiris, el dios moribundo y resucitado cuyo falo también fue consumido por un pez. En un momento de la historia, Bata es llamado el "Toro de los Nueve Dioses". "Toro" también fue uno de los epítetos de Osiris.

Una vez hubo dos hermanos. El hermano mayor se llamaba Anubis y el menor se llamaba Bata. Anubis era rico. Tenía una casa propia, una buena esposa, tierras y ganado. Bata vivía con él, y Anubis lo cuidaba como si fuera un hijo. Bata trabajaba duro para su hermano. Hacía ropa para Anubis, cuidaba el ganado, araba y cuidaba los campos, y se ocupaba de la cosecha cuando llegaba el momento. No había nadie como Bata en todo Egipto: era una buena figura de hombre con la fuerza de un dios.

Todos los días, Bata llevaba el ganado a pastar, y cuando volvía a casa, traía con él frutas que había recogido, leche del ganado y leña para el fuego. Bata llevaba estas cosas a la casa donde Anubis vivía con su esposa, y las colocaba a los pies de su hermano. Luego Bata comía y bebía, y después iba al establo donde dormía con el ganado.

Por las mañanas, Bata preparaba el desayuno para él, su hermano y la esposa de su hermano. Luego se preparaba una comida para llevar a los campos. Llevaba el ganado al campo; era tan buen pastor que podía entender lo que el ganado le decía. Le decían—: Vamos a ese pasto de allí, la hierba es mejor. —y Bata escuchaba y llevaba el ganado allí, y el ganado estaba agradecido. El ganado comió bien; engordaron y tuvieron muchas crías. Bajo el cuidado de Bata, los rebaños de Anubis aumentaron enormemente.

Una vez más llegó el momento de arar los campos. Anubis le dijo a Bata—: Prepara los bueyes para el arado, y asegúrate de que tengamos semillas. La tierra está lista para la siembra. Mañana empezamos.

Bata fue e hizo todo lo que su hermano le pidió.

A la mañana siguiente, Bata y Anubis engancharon los bueyes al arado. Araron muchos buenos surcos en los campos, y sembraron muchas semillas. Al final del día, miraron su trabajo y se alegraron, porque lo habían hecho bien.

Bata y Anubis araron durante muchos días. Sembraron muchas semillas. Pero después de un tiempo, se dieron cuenta de que no tenían suficientes semillas para la tierra que habían arado.

Anubis le dijo a Bata—Ve al pueblo y tráenos más semillas.

Bata volvió al pueblo, a la casa de su hermano. Allí encontró a la esposa de su hermano, trenzando su cabello. Bata le dijo—: Tráeme más semillas, porque mi hermano y yo las necesitamos.

Ella respondió—: Puedes tomarlo del almacén tú mismo. Debo terminar de trenzar mi cabello.

Bata entró en el almacén y recogió una gran cantidad de semillas, colocándolas en su hombro. Luego salió para volver a los campos. La esposa de su hermano lo vio con los sacos en el hombro y admiró su fuerza.

—¿Cuántos sacos llevas?—le preguntó.

—Tengo tres sacos de trigo y dos de cebada—dijo Bata.

—Oh—dijo su cuñada—debes ser muy fuerte.

Miró a Bata, con los sacos en su hombro, y deseó mucho acostarse con él. Se acercó a él, lo rodeó con sus brazos y le dijo—: Ven y acuéstate conmigo. Sé que te gustará. Y puedo hacerte ropa fina si lo deseas.

Esto hizo que Bata se enfadara mucho. La empujó y le dijo—: ¿Qué es esto que me pides? Eres como una madre para mí, y mi hermano es como un padre. ¡No preguntes esas cosas! Pero no tengas miedo. No le diré a nadie lo que ha pasado aquí.

Bata regresó al campo con la semilla. Ayudó a Anubis a terminar el arado y la siembra. Bata no dijo nada de lo que había ocurrido entre él y la esposa de Anubis. Al final del día, Bata recogió comida, leche y leña, como era su costumbre, y llevó el ganado a su establo mientras Anubis volvía a su casa.

Mientras los hombres seguían trabajando, la esposa de Anubis se asustó mucho por lo que le había dicho a Bata. Tomó un poco de grasa, rasgó su ropa, e hizo que pareciera que había sido asaltada. Cuando su marido volvió de su trabajo en el campo, se encontró con que todo estaba oscuro y quieto. Fue a buscar a su esposa y la encontró tirada en el suelo, aparentemente enferma.

—¿Qué te ha pasado?—preguntó Anubis.

—Cuando tu hermano vino a casa a buscar semillas, me encontró aquí sola—dijo la esposa de Anubis—. Tu hermano me dijo: "Tumbémonos juntos". Le dije que no haría esto. "¿No soy como una madre para ti?" dije. "¿Mi marido, tu hermano, no es como un padre para ti?" Luego me golpeó, para que tuviera miedo de contarte lo que había pasado. ¡Debes vengarte por esto! ¡Debes matarlo! Por eso estoy enferma y tengo miedo, por lo que me hizo tu hermano menor.

Anubis escuchó las palabras de su esposa, y se enfureció. Tomó su lanza y la afiló, y luego se escondió en el establo para esperar a Bata. Muy pronto, Bata regresó con el ganado. Abrió la puerta del establo y la vaca líder le dijo—: ¡Cuidado! Tu hermano te está esperando. ¡Tiene una lanza, y quiere matarte! ¡Huye!

Bata se sorprendió por lo que dijo la vaca líder. No le creyó. Pero entonces la siguiente vaca entró y dijo lo mismo. Bata se agachó y miró bajo la puerta del establo. Allí vio los pies de su hermano, que le estaba esperando. Bata dejó la carga que llevaba y salió corriendo. Anubis le oyó correr y salió corriendo del establo, persiguiendo a su hermano mientras blandeaba su lanza.

Bata corrió tan fuerte como pudo, y mientras corría, le rezó a Ra-Horajty—. ¡Oh, poderoso Ra! ¡Tú eres el juez de los malos y los buenos!

Ra-Horajty escuchó la oración del hermano menor. Hizo brotar un río entre Bata y Anubis y lo llenó de cocodrilos. Bata estaba a un lado del río y Anubis al otro. Anubis pataleó y gritó con impaciencia porque no podía llegar a su hermano para matarlo.

—Quédate ahí—gritó Bata al otro lado del agua—. ¡Quédate ahí hasta que salga el sol, y tú y yo presentaremos nuestros casos al gran dios Atón para que juzgue entre nosotros! Pero, sea cual sea el modo en que juzgue, no viviré más con ustedes. Iré a vivir al Valle de Acacia.

Llegó la noche, y luego llegó el amanecer. Y cuando el sol salió, los dos hermanos se miraron a través del agua que había surgido a la orden de Ra. Bata llamó a su hermano—, ¿Por qué me persigues con esa lanza? ¿Por qué quieres matarme sin saber primero lo que ha pasado? Eres como un padre para mí, y tu esposa es como una madre. Cuando volví a la casa a buscar la semilla, tu esposa vino a mí y me dijo: "Acuéstate conmigo". ¡No hice nada malo, y aun así quieres matarme!

Entonces Bata juró por el gran Ra-Horajty que decía la verdad. Después de contar su historia, Bata cogió un cuchillo y se cortó el miembro masculino. Lo arrojó al río que había aparecido a la orden de Ra donde un pez se lo tragó. Esto debilitó mucho a Bata.

Ver esto y escuchar la historia de Bata hizo que Anubis se sintiera muy apenado. Empezó a llorar. Pero no pudo ayudar a su hermano porque el río lleno de cocodrilos todavía se interponía entre ellos. Bata le dijo a su hermano—: Vete a casa. Cuida tu ganado tú mismo.

No volveré allí nunca más. Iré al Valle del Acacia, y tú vendrás a buscarme un día. Me arrancaré el corazón y lo pondré en la cima de una acacia. Cuando la acacia sea derribada y caiga al suelo, sabrás que algo ha ocurrido. Y lo sabrás cuando alguien te dé una jarra de cerveza y se fermente en tu mano.

—Ven a buscar mi corazón cuando eso suceda. Y aunque te lleve siete años, no abandones la búsqueda. Cuando encuentres mi corazón, ponlo en un tazón de agua fresca y viviré de nuevo y me vengaré de aquellos que me han hecho daño. Cuando la cerveza fermente, no te demores. ¡Ven a buscarme en el instante!

Luego Bata se fue al Valle de Acacia, mientras que Anubis regresó a su casa. Anubis tomó polvo en sus manos, y lo arrojó sobre su cabeza y su cuerpo. Luego entró en su casa y mató a su esposa. Cortó su cuerpo y se lo dio de comer a los perros. Cuando terminó eso, lloró por su hermano menor.

En el Valle de Acacia, Bata pasaba sus días cazando, y por la noche dormía bajo el árbol de acacia donde había puesto su corazón. Después de un tiempo, se construyó una bonita casa y la llenó de muchas cosas buenas.

Un día, Bata salió de su casa y vio a los Nueve Dioses caminando mientras hacían su trabajo. Los Nueve Dioses vieron a Bata y le dijeron—Oh Bata, Toro de los Nueve Dioses, ¿por qué estás aquí solo? ¿Sabes que Anubis, tu hermano mayor, ha matado a su esposa infiel? ¡El mal que te hizo ha sido vengado!

Los dioses vieron que Bata vivía solo, lo que les causó tristeza, así que Ra-Horajty le dijo a Jnum—Crea una esposa para Bata. No es bueno que esté solo.

Jnum hizo lo que Ra ordenó. Creó una esposa para Bata, haciéndola más hermosa que cualquier otra mujer que haya vivido. Cuando terminó, los Siete Hathors la miraron y dijeron—Será asesinada con una espada.

Bata llevó a su nueva esposa a su casa con gusto. Era muy hermosa, y él la amaba. Ella pasaba sus días en la casa que Bata había construido mientras él iba de caza al desierto. Bata era un hábil cazador, y cada día traía a casa caza fresca para ponerla a los pies de su esposa. Bata le dijo a su esposa—Nunca debes salir de la casa. El mar está ahí, y puede intentar llevarte. Si lo hace, no podré ayudarte ya que soy una mujer como tú. Además, mi corazón está en la copa del árbol de acacia. Si alguien más lo encuentra, tendré que luchar contra él. —y Bata le dijo todas las demás cosas que tenía en mente.

Durante mucho tiempo, la joven hizo lo que Bata le había ordenado, y se quedó en la casa. Pero un día, se cansó de estar dentro y quiso sentarse a la sombra de la acacia que sostenía el corazón de Bata. Cuando Bata salió a cazar, la joven salió y caminó hacia el árbol. Tal como Bata había dicho, el mar notó que ella estaba caminando afuera y envió una gran ola para atraparla. La joven corrió tan rápido como pudo hacia la casa, pero el mar trató de seguirla.

Al darse cuenta de que no la alcanzaría a tiempo, el mar llamó a la acacia para pedirle ayuda, diciendo—: ¡Deseo tener la esposa de Bata! ¡Atrápala!

El árbol de acacia extendió la mano y agarró a la mujer, pero todo lo que pudo atrapar fue un mechón de su cabello. El mechón de pelo cayó en el mar donde flotó hacia Egipto. Durante muchos días flotó hasta que finalmente llegó a descansar en el lugar donde los lavanderos del faraón hacían su trabajo. El perfume que había en el mechón de pelo ondulaba en el agua y se empapó en la ropa del faraón.

Cuando los lavanderos llevaron al faraón sus ropas frescas, el faraón las olfateó y exclamó airadamente—, ¡Hay un olor en esto! ¿Cómo llegó el ungüento a mi ropa?

El jefe de lavandería dijo—: No ponemos ningún olor en la ropa del faraón. No sabemos por qué huele así.

El faraón gritó—: ¡Lávalo otra vez! Y no me lo traigas de nuevo hasta que el aroma haya desaparecido.

Esto duró muchos días. Los lavanderos estaban molestos porque el faraón estaba disgustado, y el faraón estaba enfadado porque su ropa tenía un extraño perfume. El jefe de los lavanderos reales bajó al río con una cesta de ropa, murmurando para sí mismo sobre la ya diaria discusión con el faraón cuando vio algo en la orilla del río opuesto.

El jefe de los lavanderos llamó a un sirviente y le dijo—: ¿Ves esa cosa en la orilla opuesta del río? Ve, averigua qué es y tráemelo.

El sirviente hizo lo que se le ordenó, y lo que había en la orilla del río era el mechón de pelo que el árbol de acacia había arrebatado a la cabeza de la esposa de Bata. El lavandero jefe lo sostuvo bajo su nariz y lo olió, encontrando el olor muy dulce. Luego olfateó la ropa del faraón. Tenía el mismo olor. El lavandero llevó el mechón de pelo al palacio del faraón y se lo mostró al propio faraón. El faraón reunió a todos los hombres más sabios de la ciudad y les preguntó cuál era el olor.

Los escribas examinaron el mechón de pelo y el olor que había en él. Le dijeron al faraón—: Este mechón de pelo pertenece a una hija de Ra-Horajty. Es un mensaje para ti desde una tierra lejana.

El faraón preguntó—: ¿Qué es lo que debo hacer?

Los escribas le dijeron al faraón—: Envía mensajeros. Averigua a quién pertenece el mechón de pelo. Envía un enviado al Valle de Acacia con muchos hombres para ayudarlo. Si la hija de Ra está allí, los hombres pueden traerla de vuelta para ti.

Todo esto le pareció un sabio consejo al faraón, así que ordenó que se hiciera como los escribas habían dicho. Se enviaron muchos mensajeros, por todas partes. Después de un tiempo, comenzaron a regresar. Todos los que regresaron le dijeron al faraón—No hemos encontrado a la mujer a la que pertenece ese mechón de pelo.

Pero un grupo de mensajeros nunca regresó. Estos eran los que el faraón había enviado al Valle de Acacia. No volvieron porque cuando se acercaron al valle, Bata los mató a todos, a excepción de uno que envió para informar al faraón.

El faraón lo intentó por segunda vez. Envió una gran cantidad de soldados y carruajes. También envió a una mujer con ellos a la que se le dio un maletín lleno de joyas preciosas para atraer a la esposa de Bata. La estratagema del faraón funcionó. La esposa de Bata vio las joyas y se fue a Egipto con la mujer y los soldados. Cuando llegó, todo el mundo se alegró porque era muy hermosa. El faraón amaba mucho a la joven y la hizo proclamar Dama Sublime.

El faraón le preguntó a la joven sobre Bata, y pronto le contó todo, incluyendo cómo el corazón de Bata estaba alojado en el árbol de acacia. El faraón habló a sus soldados—: Vayan a la casa de Bata. Allí encontrarán un árbol de acacia. Corten el árbol, y luego córtenlo todo en pedazos.

Los soldados hicieron lo que el faraón ordenó. Cortaron el árbol, y lo picaron hasta que solo quedaban pedazos. Cuando esto ocurrió, Bata cayó muerto.

El día después de que el árbol fuera derribado, el hermano de Bata, Anubis, entró en su casa después de haber hecho su trabajo. Se lavó las manos y un sirviente le trajo una jarra de cerveza. Anubis tomó la jarra en sus manos, pero cuando fue a probar la cerveza, encontró que se había fermentado. Anubis pidió un vaso de vino en su lugar, pero este también se agrió en sus manos. Entonces Anubis recordó todo lo que Bata le había dicho. Sabía que su hermano estaba muerto, y sabía lo que debía hacer.

Inmediatamente, Anubis partió hacia el Valle de Acacia. Pronto llegó allí y entró en la casa de su hermano. Allí encontró a Bata, tumbado en su cama. Anubis lloró al ver que su hermano estaba muerto, pero luego recordó que debía buscar el corazón de su hermano. Salió y buscó por todo el lugar donde había estado la acacia, pero sin éxito. Anubis buscó durante tres años, pero por mucho que lo intentara, no pudo encontrar el corazón de Bata.

A principios del cuarto año, Anubis comenzó a sentir que quería volver a Egipto. Pensó mucho tiempo en lo que debía hacer porque le había prometido a Bata que buscaría hasta encontrar el corazón de su hermano. Pero finalmente, Anubis se dijo a sí mismo—No, me iré a casa. Es hora de que regrese a Egipto. Me iré mañana.

Antes de partir, Anubis pensó—: Haré un esfuerzo más para encontrar el corazón de Bata. Lo buscaré una vez más antes de irme.

Anubis fue al lugar donde la acacia había estado. Miró y miró, y su ojo se posó en una fruta de aspecto extraño. La cogió y se dio cuenta de que era el corazón de Bata.

Anubis volvió corriendo a la casa. Como Bata le había pedido, puso el corazón en un tazón lleno de agua fresca. Durante toda la noche, el corazón absorbió toda el agua. De repente, el cuerpo de Bata tembló, de pies a cabeza, y se sentó. Anubis tomó el tazón de agua que sostenía el corazón de Bata, y le dio a Bata el tazón para que pudiera beber de él. Tan pronto como Bata tomó un sorbo de agua, su corazón volvió a su lugar correcto, y Bata estaba vivo de nuevo. Los hermanos se regocijaron de verse una vez más.

Cuando terminaron de contarse las historias de lo que había pasado para cada uno de ellos mientras estaban separados, Bata le dijo a Anubis—Voy a convertirme en un toro. Será una especie de toro que nadie ha visto antes. Cuando me haya transformado, súbete a mi espalda, e iremos a buscar a los que me han agraviado, para que pueda tener mi venganza. Llévame ante el faraón y dile: "Mira, poderoso faraón, aquí tienes un maravilloso toro que te doy". Y el faraón estará muy contento, y te recompensará con mucho oro y plata.

Entonces Bata se transformó en un toro, como uno que nunca antes se había visto antes. Anubis se montó en su espalda, y juntos partieron hacia Egipto y hacia la corte del faraón.

A la mañana siguiente, llegaron al palacio. Todos los que los vieron se maravillaron del gran toro que Anubis montaba. Se envió un sirviente para contarle al faraón sobre el toro. Cuando el faraón salió al patio, Anubis le dijo—Mira, oh poderoso faraón, aquí tienes un maravilloso toro que te doy.

Y como Bata había dicho, Anubis fue bien recompensado. El faraón le dio oro y plata en abundancia, junto con sirvientes y una buena casa para vivir en la ciudad. Anubis se convirtió rápidamente en uno de los favoritos del faraón.

Ahora, Bata vivía en la corte del faraón en su forma de toro y tenía libertad para caminar por donde quisiera. Un día, fue a la cocina, y allí vio a su esposa que ahora era la Dama Sublime del reino del faraón.

—Mi Señora—dijo Bata— ¿No me conoces?

La dama se preguntaba cómo podía hablar un toro—. ¿Debería conocerte?—dijo.

—Soy Bata, tu marido, y ¿ves? Estoy vivo. Me he transformado en un gran toro.

Cuando la dama escuchó estas palabras, se asustó mucho y huyó de él.

Esa noche, hubo una gran fiesta en el palacio. La dama se reclinó hacia el faraón y le dijo—Oh Gran faraón, júrame por el mismo Ra que escucharás todo lo que diga y jura que harás todo lo que yo desee.

El faraón le dijo que le escucharía y que lo haría.

La dama dijo—: Este gran toro que tienes, realmente es una criatura sin valor. Camina por donde le place y no hace nada útil. Mátalo y déjame comer de su hígado.

Entonces el faraón lamentó haber prometido a la dama que haría lo que ella dijera porque el toro era muy maravilloso. Pero el faraón lo había prometido por el mismo Ra, así que no podía retractarse de su juramento.

A la mañana siguiente, el faraón llamó a sus sacerdotes y al matadero real. Les ordenó que hicieran un sacrificio del maravilloso toro. El matadero y sus ayudantes hicieron lo que el faraón ordenó y mataron al toro, cortándolo. Mientras se llevaban los pedazos, el toro sacudió su cuello, y dos gotas de sangre cayeron a lo largo de los dinteles de la puerta del faraón. De donde cayeron las gotas brotaron dos árboles Persea. Los árboles crecieron toda la noche, y por la mañana un sirviente fue a ver al faraón diciendo—: ¡Oh, poderoso faraón, ven y mira! ¡En los dinteles de la gran puerta hay ahora dos grandes árboles Perseas, hermosos de contemplar!

La noticia de los árboles se extendió por todo Egipto, y todo el pueblo se regocijó por el milagro. El faraón vio los árboles y se asombró. Ordenó que se prepararan las ofrendas, y él mismo hizo las ofrendas a los árboles.

Pasaron muchos días. Entonces un día, el faraón se adornó con una corona de flores. Montó un carro dorado, y su Dama Sublime montó otro. Los carros salieron del palacio y se dirigieron al lugar donde estaban los árboles de Persea porque el faraón deseaba sentarse a su sombra. Cuando llegaron a los árboles, el faraón se sentó bajo un árbol y la Dama Sublime bajo el otro.

El árbol bajo el que se sentó la dama se fijó en ella porque los árboles no eran otros que el propio Bata. Bata le susurró—: ¡Ja! Te conozco. Eres mi esposa traidora. ¡Soy Bata, y todavía estoy vivo! Sé que fue gracias a ti que el árbol de acacia fue talado y cortado. Y sé que fuiste tú quien ordenó que me sacrificaran cuando estaba en el cuerpo de un toro.

Unos días después, la dama se sentó con el faraón. Estaban bebiendo vino y eran felices juntos. La dama le dijo—: Jura por el gran dios Ra que escucharás lo que digo y harás lo que te pida.

El faraón juró que haría esto. La dama le dijo—Toma los dos árboles Persea y hazlos talar, porque deseo que la madera se use para muebles finos.

El faraón hizo lo que la dama le pidió. Envió hombres a cortar el árbol y carpinteros a tomar la madera y convertirla en cosas hermosas como la dama pidió. Mientras cortaban el árbol, la Dama Sublime se quedó mirando su trabajo. Mientras las hachas cortaban el tronco, pequeñas astillas de madera volaban por el aire. Una astilla cayó en la boca de la dama, y ella se la tragó. No mucho después, se dio cuenta de que estaba embarazada.

Cuando llegó el momento, la dama tuvo un buen hijo. El faraón y todo el pueblo se alegraron, y el bebé fue bien atendido por una enfermera y muchas criadas. El faraón sostenía a su hijo y lo amaba mucho. Proclamó que el bebé sería nombrado Virrey de Kush, y poco después el faraón lo nombró Príncipe Heredero.

Ahora, muchos años después, cuando el príncipe heredero llegó a la madurez, el viejo faraón murió. El príncipe fue coronado rey. Sin embargo, no era un príncipe ordinario. No, era el propio Bata, que volvió a la vida de la astilla que la Dama Sublime se había tragado.

El faraón Bata llamó ante él a su esposa. La juzgó en presencia de la corte, y estuvieron de acuerdo con su juicio. El faraón Bata pidió que su hermano Anubis fuera traído ante él. Hizo a Anubis príncipe heredero de la tierra. Durante treinta años, Bata reinó como faraón en Egipto. Y cuando murió, Anubis ocupó su lugar.

La princesa y el demonio

La principal deidad de este mito es Khonsu, dios de la luna. Khonsu era especialmente venerado en Tebas (hoy en día Luxor), y parte del complejo de templos sobrevivientes en Karnak está dedicado a él. Los antiguos egipcios consideraban a Khonsu como un dios protector y sanador. En la antigua Tebas había originalmente al menos tres templos diferentes dedicados a aspectos separados del dios: esto entra en juego en esta historia cuando un aspecto de Khonsu de un templo otorga poder a su contraparte en otro.

El mito de la princesa y el demonio se sitúa durante el reinado de Ramsés II (1279-1213 a. C.), pero el fallecido egiptólogo E. A. Wallis Budge afirma que parece haber sido grabado mucho más tarde, probablemente entre el 650 y el 250 a. C. Budge asumió que el propósito del mito era elevar el estatus de Khonsu haciendo hincapié en su poder para expulsar a los espíritus malignos.

Una vez, hace mucho tiempo en el reinado del faraón Ramsés II, hubo un príncipe del reino llamado Bekhten. Bekhten había sido bendecido con una hija tan hermosa, que se decía que era igual a Amen-Ra cuando él brilla al mediodía.

Ahora, cada año todos los príncipes del reino venían a reunirse con el faraón en un lugar a lo largo del río Éufrates, para honrar al faraón y rendirle su tributo. Traían piedras preciosas, oro, plata, madera fragante, incienso, mirra y muchas otras cosas hermosas y valiosas como tributo. Un año, cuando la hija de Bekhten estaba en edad de casarse, la llevó con él para rendirle el tributo. Los nobles salieron uno por uno a dar su tributo, pero Ramsés no tenía ojos para ninguna de las riquezas que le trajeron. Ya había visto a la hija de Bekhten y estaba tan fascinado por su belleza que no podía pensar en nada más.

Ramsés fue a Bekhten y dijo—Mi Señor Príncipe, he visto la belleza de tu hija, pues he aquí que ella es como Amen-Ra al mediodía. No puedo pensar en nada más que en ella. Te pido su mano en matrimonio.

Bekhten consideró la petición de Ramsés y, con el consentimiento de su hija, la entregó en matrimonio al faraón. Debido a su gran belleza, Ramsés le dio un nuevo nombre, llamándola "Neferu-Ra", que significa "Belleza de Ra". Cuando se cumplió el tiempo de rendir tributo tributo, Ramsés y Neferu-Ra regresaron a Egipto. Allí Ramsés hizo a Neferu-Ra su reina.

Un verano, Ramsés fue al templo de Amen-Ra en Luxor para celebrar el festival del dios. Mientras estaba en el festival, llegó un mensajero del padre de la reina Neferu-Ra, el príncipe Bekhten. Un sirviente fue enviado al templo para decirle al faraón que el mensajero deseaba hablar con él.

Ramsés completó sus deberes en el templo y regresó a su palacio. Saludó al mensajero, que había llegado con muchos y ricos regalos del príncipe Bekhten para ser entregados al faraón y a su reina.

—Bienvenido, oh mensajero del padre de mi esposa—dijo el faraón—. ¿Qué tienes que decirnos?

El mensajero se inclinó ante el faraón y dijo—: Oh, poderoso faraón, perdóname por llegar con malas noticias. Vengo de parte de mi amo, el príncipe Bekhten, que es el padre de tu reina, rogándote que me ayudes. La hermana de la reina Neferu-Ra, la princesa Bent-enth-resh, ha sido afectada por una enfermedad que nadie puede curar. Todos los doctores y magos de nuestra tierra han hecho todo lo posible, pero ninguno ha sido capaz de curarla. Mi amo, el príncipe Bekhten, me ha enviado a pedirle a Su Majestad un médico o mago, uno que sea sabio y hábil, para que venga a curar a su hija, la hermana de su reina.

—¡Malas noticias, en efecto!—dijo Ramsés—. Se hará lo que pidas. Dame tiempo para encontrar a los más sabios y hábiles de mis curanderos, y ellos volverán contigo. Ve ahora y descansa después de tu viaje. Enviaré por ti cuando todo esté preparado.

El mensajero se inclinó de nuevo ante el faraón muy agradecido y fue llevado a una cámara adecuada donde pudo refrescarse mientras esperaba la llamada del faraón.

Ramsés llamó a todos los hombres eruditos de su reino. También ordenó a todos los magos del gran Colegio de Magia de Tebas que lo atendieran, para que eligieran al mejor de ellos para ir en ayuda de su cuñada. Los sabios consultaron entre ellos y eligieron a un mago llamado Tehuti-em-heb para que regresara con el mensajero de Bekhten.

Cuando Tehuti-em-heb fue llevado a ver a Bent-enth-resh, él habló con ella y la examinó. Pronto se dio cuenta de que no se trataba de una enfermedad ordinaria; la princesa había sido poseída por un espíritu maligno. Invocando toda su sabiduría, Tehuti-em-heb intentó expulsar al demonio de la princesa. Tehuti-em-heb intentó un hechizo tras otro, los más poderosos que conocía, pero sin éxito. El demonio simplemente se rió de él y se negó a abandonar el cuerpo de la princesa.

El príncipe Bekhten llamó al mago—. Mago—dijo—, sé que has hecho todo lo posible para curar a mi hija, pero esto parece estar más allá de tu habilidad. Regresa a Egipto y busca qué otra ayuda podría tener el poderoso faraón para enviarme.

Tehuti-em-heb se inclinó ante el príncipe Bekhten, y le respondió—: Se hará lo que pidas, oh Príncipe. Solo lamento que mi ayuda haya sido en vano.

El mago regresó a Egipto con un mensajero del príncipe. Cuando llegaron, encontraron al faraón en Tebas, donde se celebraba un festival.

Inmediatamente el mensajero le dijo al faraón lo que había sucedido con la princesa y que se necesitaba más ayuda si quería ser curada. Al oír esta noticia, el faraón fue inmediatamente al templo del dios Khonsu Nefer-hetep. Allí se inclinó ante la estatua del dios y dijo—, ¡Oh poderoso Khonsu! La hermana de mi esposa yace enferma. Está poseída por un demonio. ¡Te rogamos que nos ayudes en este asunto para que pueda ser curada!

Entonces los sacerdotes de Khonsu Nefer-hetep tomaron la estatua de su dios, llevándola al lugar donde estaba la estatua de Khonsu Pa-ari-sekher, ya que Khonsu tenía un poder especial contra los demonios y los espíritus malignos. Los sacerdotes colocaron la estatua de Khonsu Nefer-hetep frente a la de Khonsu Pa-ari-sekher.

Entonces el faraón le dijo a Khonsu Nefer-hetep— ¡Oh, poderoso! Pedimos tu permiso para enviar a Khonsu Pa-ari-sekher a la tierra del príncipe Bekhten, donde la hermana de mi señora esposa yace enferma, poseída por un demonio. ¡Permítele ir, para que ella pueda estar bien de nuevo!

Khonsu Nefer-hetep escuchó la súplica del faraón. La estatua inclinó su cabeza dos veces.

Una vez más el faraón se dirigió al dios—. ¡Oh, poderoso Khonsu Nefer-hetep!—dijo—. ¡Dale a la estatua de Khonsu Pa-ari-sekher tu *sa*, tu gran poder mágico, para que pueda curar a la hermana de mi señora esposa!

De nuevo Khonsu Nefer-hetep escuchó los lamentos del faraón, y le dio su *sa* a la otra estatua.

Los sacerdotes de Khonsu pusieron la estatua en un bote. Acompañada por muchos otros barcos, y por carros y caballos, la estatua de Khonsu Pa-ari-sekher navegó el largo viaje a la tierra del príncipe Bekhten. Cuando llegaron, fueron bienvenidos por el príncipe. Los llevó al lugar donde estaba la princesa.

—Oh Poderoso Khonsu—dijo el príncipe—aquí está mi hija. Está poseída por un espíritu maligno. ¡Te pedimos ayuda para expulsarlo de ella, para que pueda estar bien de nuevo!

Desde el interior del cuerpo de la princesa llegó una extraña voz gruñona—. Aquí estoy, el que está dentro de la princesa. ¡Te veo allí, Poderoso Khonsu! Te veo allí, mirándome. Siento tu gran *sa*, la fuerza de tus poderes mágicos. Son poderes más grandes incluso que los míos. Escucho tu orden de partir y obedeceré, si primero el príncipe de Bekhten hace un festival en mi honor.

El dios Khonsu inclinó su cabeza dos veces—. ¡Te escucho, oh demonio! Escucho tu petición, y te la concedo. ¡Le ordeno al príncipe de Bekhten que celebre un festival en tu honor!

Todos temblaban al oír el discurso del demonio y el dios, pero el príncipe acordó que se hiciera como el demonio lo pidió y el dios lo ordenó. Se celebró un gran festival en la ciudad en honor del demonio, y cuando se hizo, el demonio partió como había prometido.

Entonces el príncipe y su corte fueron a visitar a la princesa, junto con los sacerdotes de Khonsu y la estatua del dios. La princesa estaba en su habitación y parecía estar dormida. Todos la miraban con ansiedad. Después de un rato, abrió los ojos. Vio a su padre, a toda su corte, a los sacerdotes de Khonsu y a la estatua del dios, todos mirándola.

—¿Qué pasa?—dijo ella—. ¿Me he dormido? ¿Por qué me miran de forma tan extraña? ¿Por qué el poderoso Khonsu ha venido a visitarme, aquí en mi habitación?

El príncipe y su corte y todos los demás se regocijaron, porque sabían que realmente el demonio había partido y la princesa estaba sana una vez más. El príncipe ordenó que se celebrara un gran festival, para celebrar la curación de su hija. Los sacerdotes y el pueblo hicieron muchos buenos sacrificios al gran Khonsu, y comieron y bebieron en una fiesta que duró tres días.

Cuando el festival terminó, los sacerdotes de Khonsu se fueron a su casa con la estatua. Pero el príncipe no los dejó ir.

—¡No!—dijo—. No pueden irse. Deben quedarse aquí en mi tierra. ¿Y si el demonio regresa? ¿Y si se lleva a mi hija otra vez? Les lo ruego, quédense aquí con su dios. Pueden servirle bien aquí, como lo hicieron en Egipto, y yo y mi pueblo le haremos todo el honor de Egipto y más por haber salvado a la Princesa Bent-enth-resh.

Los sacerdotes hicieron lo que el príncipe les pidió. Crearon un santuario para el dios en esa tierra, se quedaron allí, y Khonsu tuvo mucho honor del príncipe Bekhten y su gente.

Pasaron tres años, y luego nueve meses más con Khonsu y sus sacerdotes permaneciendo en la tierra de Bekhten. Una noche, al final de este tiempo, el príncipe se dispuso a descansar. Acostado en su cama real, durmió. Y mientras dormía, tuvo un sueño en el que vio el santuario de Khonsu. Las puertas del santuario se abrieron y una gran luz salió a raudales. Del santuario salió volando el dios, con la forma de un halcón dorado. El príncipe vio al halcón dar vueltas en el cielo, una, dos, tres veces, y luego volar en dirección a Egipto. Entonces el príncipe se despertó.

Por la mañana, el príncipe llamó a sus consejeros—. Anoche—dijo—tuve un sueño. Soñé con el santuario de Khonsu. El santuario se abrió y de él salió una gran luz. De la luz salió un halcón dorado. El halcón voló por el aire. Dio una vuelta, dos, tres veces, y luego voló hacia la tierra de Egipto. Díganme lo que esto significa, para que pueda saber lo que es sabio hacer.

—Oh, poderoso príncipe—dijeron los consejeros—esto significa que la estatua de Khonsu debe ser devuelta a Egipto inmediatamente, porque el espíritu del dios ya no está en ella. Devuelve la estatua a su legítimo hogar en Egipto, para que la estatua se reúna con su espíritu.

Bekhten se entristeció al escuchar este consejo, pero entendió el sabio consejo. Llamó a los sacerdotes de Khonsu Par-ari-sekher y les dio las gracias por todos sus servicios. Les dio muchos regalos valiosos y los envió a casa en Egipto, donde su dios se había ido antes que ellos.

Los sacerdotes viajaron de vuelta a su casa, y cuando llegaron le dieron todos los regalos que habían recibido al dios Khonsu Nefer-hetep. Khonsu Par-ari-sekher regresó a su templo en paz, donde sus sacerdotes le sirvieron bien hasta el final de sus días.

La toma de Jope

Esta historia pretende ser el relato de la reconquista de Jope (la actual Jaffa, que ahora forma parte de Tel Aviv en Israel) por parte de los rebeldes que se opusieron al faraón Tutmosis III (1481-1425 a. C.) por el astuto general egipcio Dyehuty. Tiene elementos en común tanto con el cuento de hadas "Alí Babá y los Cuarenta Ladrones" como con la historia del Caballo de Troya. El comienzo de la historia original se ha perdido; esta versión está basada en la de Lewis Spence en Mitos y Leyendas: Antiguo Egipto.

El faraón Tutmosis había extendido su reino a lo largo y ancho, y estaba muy satisfecho con todo, excepto con la ciudad de Jope en Palestina, ya que el príncipe de Jope se había rebelado contra el faraón y había retomado la ciudad para sí mismo. El faraón reunió a sus sabios y líderes militares para ver qué se podía hacer para devolver a Jope a Egipto, pero ninguno de ellos tenía ninguna idea. Hubo un silencio en la sala del consejo por un momento, hasta que un joven oficial llamado Dyehuty habló.

—Oh, poderoso faraón, que vivas para siempre—dijo Dyehuty—. Creo que sé cómo se puede retomar a Jope.

—Habla—dijo el faraón—y di lo que está en tu mente.

—Dame tu bastón mágico que hace invisible al portador, junto con una compañía de soldados y carros, e iré a Jope. Mataré al príncipe rebelde y recuperaré la ciudad de Jope para Egipto.

Al principio el faraón se mostró reacio, porque el bastón mágico era muy valioso, pero también sabía que Dyehuty era un oficial inteligente y capaz, respetado tanto por los soldados como por sus comandantes.

—Muy bien—dijo el faraón—. Tendrás todo lo que pidas. Ve a Jope, recupéralo para Egipto, y que las bendiciones de los dioses te acompañen.

Dyehuty fue a Palestina con la compañía de soldados y carros. Uno de los soldados se acercó a él y le preguntó—: Oh mi capitán, ¿cuándo atacamos?

—No atacaremos—dijo Dyehuty—. Deseo que vayas a la ciudad y encuentres a un curtidor. Dile que me haga un bolso de cuero lo suficientemente grande como para que quepa un hombre. Luego ve a buscar un herrero. Dile que haga muchas cadenas para sujetar las muñecas y los tobillos de los prisioneros, con un juego hecho especialmente fuerte. Que haga también doscientas cestas, bien tejidas, grandes y fuertes para sujetar a un hombre. Cuando esas cosas estén hechas, que las entreguen aquí.

El soldado estaba muy desconcertado por esta orden, pero no discutió. Él y dos compañeros fueron al pueblo y ordenaron las cosas como Dyehuty las había solicitado. Cuando todo estaba listo, Dyehuty llamó un escriba y le hizo escribir este mensaje al príncipe de Jope:

Al Príncipe de Jope, de Dyehuty, Capitán del ejército egipcio, saludos. Te escribo de hermano a hermano, porque el Faraón está celoso de ti y desea que te maten, y siente lo mismo por mí. Pero he sido demasiado listo para el faraón: He venido a Jope para unir fuerzas contigo y juntos seremos imparables contra él. También traigo conmigo una compañía de soldados y carros, todos buenos hombres y leales a mí. Además, he robado el bastón mágico del faraón, el que hace invisible al portador. Si me dejas unirme a ti, el bastón será tuyo. Envíame inmediatamente tu respuesta sobre este asunto.

El príncipe de Jope leyó el mensaje de Dyehuty y se alegró mucho. Había oído hablar mucho de la inteligencia de Dyehuty y de que era muy respetado tanto por los soldados como por los comandantes. El príncipe pensó que con un aliado como Dyehuty no habría forma de que el faraón pudiera resistirse a él. Llamó a su carro y a una escolta de hombres escogidos, y salió de Jope para encontrarse con el capitán Dyehuty.

Desde lejos, Dyehuty vio al príncipe y su escolta acercándose. Ordenó que le trajeran comida y vino a su tienda, y cuando el príncipe llegó, Dyehuty le saludó calurosamente y le trató como un invitado bienvenido. Llevó al príncipe a su tienda, donde ambos comieron y bebieron mucho vino, y pronto estuvieron bastante borrachos.

—Entonces—dijo el príncipe—dices que tienes el bastón mágico del faraón. ¡Eso sí que es un premio! Sácalo para que pueda verlo.

Dyehuty salió a donde se guardaba el equipaje. Buscó y encontró el bastón, llevándolo a su tienda donde el príncipe estaba esperando.

—¿Ves este fino bastón, con su pesada cabeza tallada?—dijo Dyehuty—. Este es el bastón del faraón.

Luego tomó el bastón y golpeó al príncipe en la cabeza con él, matándolo al instante. Dyehuty llamó a sus soldados para que pusieran los pesados grilletes en las muñecas y tobillos del príncipe y le cosieran dentro de la bolsa de cuero que era lo suficientemente grande para contener a un hombre. Luego dijo a doscientos de sus soldados que cada uno tomara un juego de grilletes y un largo de cuerda y se subiera a las cestas. Las cestas estaban cubiertas y fueron llevadas por los otros soldados. Había quinientos hombres en total.

Dyehuty instruyó al sargento—: Ve a la ciudad con estas cestas. Sube a las puertas y diles que el príncipe de Jope envía saludos a su señora, la princesa. Dile que el capitán Dyehuty y sus hombres han sido conquistados por la gracia de los dioses, y que envía estas doscientas cestas como tributo después de su derrota. Cuando te abran las puertas, entra y haz prisioneros a todos los que estén dentro de la ciudad.

El sargento hizo lo que le ordenó. Marchó hasta las puertas de la ciudad con sus soldados llevando las doscientas cestas con sus compañeros escondidos dentro. Cuando llegó a las puertas, envió su mensaje a la princesa, y ella hizo que se abrieran las puertas. Los soldados de Dyehuty entraron en la ciudad, llevando las cestas, y cuando las puertas estaban bien cerradas detrás de ellos, los hombres salieron y tomaron prisioneros a todos los habitantes de Jope.

Cuando todo esto terminó, Dyehuty llamó a un escribano e hizo escribir este mensaje al faraón:

De Dyehuty, Capitán de Egipto, al Faraón, Rey de todo Egipto, que viva para siempre, saludos. Le escribo para decirle que, como prometí, el príncipe de Jope ha sido asesinado y todos los habitantes del pueblo son prisioneros. Son sus esclavos para que haga lo que quiera con ellos. Alabado sea Amen-Ra, el poderoso padre del faraón, por conceder a Egipto esta victoria.

Y así es como el astuto capitán Dyehuty retomó Jope para Egipto.

Dos historias de Setne Khamwas

Como la reina Hatsephsut, Setne Khamwas fue una figura histórica real. La egiptóloga Miriam Lichtheim señala que Khamwas fue el cuarto hijo del faraón Ramsés II y fue conocido durante su vida como un hombre culto y sumo sacerdote en el templo de Ptah en Menfis. Después de su muerte, se hicieron muchos cuentos populares que lo presentaban como el personaje principal. "Setne" no es en realidad un nombre sino más bien una corrupción de la palabra egipcia setem, ya que Khamwas era conocido como el sacerdote setem de Ptah; pero en los cuentos, "Setne" llega a ser utilizado como una especie de nombre.

La búsqueda del Libro de Thoth

Una vez hubo un príncipe egipcio, un hijo del faraón, y su nombre era Setne Khamwas. Khamwas era un hombre muy culto. Pasaba todo su tiempo estudiando los antiguos pergaminos y leyendo las inscripciones sagradas. Siempre quiso aumentar sus conocimientos. Khamwas también era un mago, así que muchos de sus estudios se dedicaron a incrementar sus habilidades en ese arte.

Un día, llegó a oídos de Khamwas que había un libro de magia, un libro especial y poderoso, que había sido escrito nada menos que por el gran dios Thoth en persona. Cuando Khamwas se enteró de esto, no perdió tiempo en prepararse para buscarlo. Fue a ver a su hermano adoptivo, Inaros, y le dijo—: ¡Ven conmigo! Juntos encontraremos este libro de magia.

Juntos, Khamwas e Inaros vagaron por todo el país, yendo a los templos, interrogando a los sacerdotes y escribas, y leyendo todo lo que podían encontrar que pudiera tener pistas sobre dónde podría estar escondido este maravilloso libro. Finalmente, sus trabajos fueron recompensados: descubrieron que el libro estaba guardado en la tumba de Na-nefer-kaptah, que en vida había sido un príncipe.

Se enteraron de que la tumba estaba en Menfis, así que fueron allí con toda prisa. Pronto llegaron a la tumba. Khamwas entró, mientras Inaros vigilaba la puerta. Khamwas no tuvo que buscar muy lejos para encontrar el libro, porque allí estaba, a plena vista, incluso brillando con luz propia.

Khamwas se regocijó de haber encontrado un libro tan poderoso. Se acercó a él, tomándolo en sus manos. Mientras lo hacía, escuchó una voz que le dijo—: ¿Por qué te llevas este libro? Este es el Libro de Thoth y el libro de Na-nefer-kaptah. ¡Este libro está prohibido a todos los demás!

Khamwas levantó la vista y ante él se alzaron tres espíritus: los de Na-nefer-kaptah, de una mujer y de un niño—. ¿Por qué te llevas este libro?—dijo el espíritu de la mujer.

—Soy un mago—dijo Khamwas—. He oído hablar de este libro y deseo conocer sus secretos.

—¡No tomes el libro!—dijo el espíritu de la mujer—. Mi marido, Na-nefer-kaptah, en vida fue un hombre culto y un mago, como tú. Quería aprender todos los secretos de los dioses. Encontró el libro, lo leyó, e hizo la magia que estaba en él. También intenté esos hechizos, porque también quería aprender los secretos de los dioses. Pero lo único que salió de ello fue un desastre, para él, para mí y para nuestro hijo, Merab. Si tienes oídos para escuchar, escucha mi relato y aprende por qué este libro está maldito, y por qué no debes cogerlo. ¿Escucharás?—preguntó.

—Escucharé—respondió Khamwas.

La Historia de Ahwere

Na-nefer-kaptah era el hijo del faraón Mernebptah, y yo, Ahwere, era su hermana. Éramos los únicos hijos del Faraón. Cuando estábamos en edad de casarnos, nos enamoramos. Le pedimos a nuestro padre permiso para convertirnos en marido y mujer. Pero el faraón se negó, diciendo—No permitiré que se casen. Deseo que mi hijo se case con la hija de un general, y deseo que mi hija se case con el hijo de un general. Y así es como será. Yo, el faraón, he hablado.

Fui al mayordomo del palacio, porque era mi amigo y me quería mucho. Le pedí que interviniera a nuestro nombre ante el faraón. Lo hizo con buena voluntad, pero pronto regresó, diciendo que no todo había ido bien.

—Fui donde el faraón—dijo el mayordomo—y defendí tu caso ante él. El faraón guardó silencio. Estaba descontento. Le pregunté: "¿Por qué el faraón guarda silencio? ¿Por qué el faraón es infeliz?" y él me respondió: "Deseo que mi hijo se case con la hija de un general. Deseo que mi hija se case con el hijo de un general. Na-nefer-kaptah y Ahwere son mis únicos hijos. No es correcto que se casen entre ellos. ¡Deseo que se casen con otros, para que nuestra familia pueda crecer y prosperar!"

Esa noche, hubo un banquete en el palacio. El faraón, mi padre, me mandó llamar para que me uniera a él y a sus invitados en el banquete. Fui como se me ordenó, pero estaba abatida. Mi tristeza había robado toda mi belleza. El faraón me vio, notando que era infeliz. Me dijo—: Hija mía, ¿fuiste tú quien le dijo al mayordomo que me rogara que te casaras con tu hermano? ¿Es esto lo que te hace tan infeliz y te roba tu belleza?

Le contesté al faraón—: Que mi hermano se case con la hija de un general y que yo me case con el hijo de un general. Mi hermano y yo somos tus únicos hijos. ¡Debemos casarnos con otros, para que nuestra familia crezca y prospere!

El faraón me oyó decir sus palabras. Me sonrió, y esto me hizo sonreír. Luego me reí, lo que hizo reír al faraón.

—¡Mayordomo!—llamó el faraón—. Ahwere irá a la casa de Na-nefer-kaptah esta misma noche. Ayúdala y asegúrate de que tenga todo lo que necesita. Asegúrate de que su nueva casa esté hecha a su satisfacción y que sea tan hermosa como ella desee.

Na-nefer-kaptah y yo nos alegramos de que fuéramos a ser marido y mujer. El faraón nos hizo muchos regalos y nos dio mucho oro y plata. Nuestros amigos y toda la corte se regocijaron con nosotros y también nos dieron muchos buenos regalos. Celebramos con alegría con todos nuestros amigos y familiares. Bebimos cerveza y vino, comimos las comidas más selectas. Los músicos tocaron, y bailamos y cantamos hasta bien entrada la noche.

Cuando llegó el momento de que todos se fueran a sus casas, Na-nefer-kaptah me llevó a su cama, donde nos deleitamos unos a otros. Vivimos juntos con gran felicidad durante muchos días, y pronto me di cuenta de que estaba embarazada. Llevamos la noticia al faraón, que se alegró mucho y nos envió muchos regalos. Después de mis nueve meses, me dio un buen hijo, llamado Merab, y es su espíritu el que ves aquí con nosotros. Hicimos que su nombre se inscribiera en la Casa de la Vida.

Como te dije, mi marido también era un hombre culto. Nada le gustaba más que ir a todos los templos de Menfis, y a todos los demás lugares de enseñanza, para leer los pergaminos y las inscripciones de las paredes y hablar con los escribas y sacerdotes del lugar para aumentar sus conocimientos.

Un día, hubo un festival del dios Ptah, y una gran procesión se celebró en su honor. Na-nefer-kaptah era un hombre piadoso, así que fue al templo para hacer el honor que es correcto y apropiado para un dios. Mi marido siguió la procesión, y mientras caminaba, a veces se detenía a leer las inscripciones que había en las paredes del templo. Mientras leía una de estas inscripciones, escuchó a alguien riéndose. Se dio la vuelta y encontró que había un viejo sacerdote parado detrás de él, riéndose de él.

—¿Por qué te ríes?—preguntó mi marido—. ¿No debería yo leer las cosas sabias y santas que están inscritas aquí?

—Oh, no me estoy riendo de ti—dijo el sacerdote—. Está bien leer cosas sabias y santas, sí. Pero las que estás leyendo, no sirven para nada. Por eso me estoy riendo.

—Por favor, explíquese—dijo Na-nefer-kaptah—. ¿Por qué no sirven para nada?

El sacerdote le dijo—: Sé de escritos que son mejores. Sé de un libro que fue escrito por nada menos que el gran dios Thoth mismo. Es un libro que contiene solo dos hechizos, pero son los más poderosos que alguien podría hacer. El primer hechizo te dará el poder de encantar a toda la creación, el cielo, la tierra, el inframundo. Te dará la comprensión del habla de los pájaros, las serpientes y los cocodrilos. Podrás ver los peces en el océano, no importa cuán profundo naden. El segundo hechizo te permitirá ver a Ra en toda su gloria, acompañado de los Nueve Dioses, y con ellos también a la Luna. Esto lo podrás hacer como un hombre vivo en tu propio cuerpo o como un espíritu en el Inframundo.

Na-nefer-kaptah le dijo al sacerdote—: ¡Por mi alma, pagaré lo que me pidas para tener este libro!

El sacerdote le dijo a mi marido—: Te mostraré dónde está este libro si me das el peso de cien monedas de plata para mi funeral y también los honorarios de dos oficios sacerdotales. Y esto lo tendré sin impuestos.

Na-nefer-kaptah hizo lo que el sacerdote le pidió. Arregló la entrega de la plata y redactó documentos para que el sacerdote pudiera tener los estipendios sin impuestos.

Cuando todo esto se hizo, el sacerdote le dijo a Na-nefer-kaptah— Anda a Coptos. El libro está en una isla de allí. En la isla, encontrarás una caja de hierro. Dentro de esa caja hay una caja de cobre. Dentro de la caja de cobre hay una caja hecha de madera fragante. Dentro de esa caja hay una hecha de ébano y marfil. Dentro de la caja de ébano y marfil hay una caja de plata, y dentro de la caja de plata hay una de oro. El libro está dentro de la caja de oro. ¡Pero ten cuidado! El libro no está ahí solo para tomarlo. Está bien protegido, rodeado de muchas millas de escorpiones, cocodrilos y serpientes venenosas, y alrededor de la propia caja se enrolla una gran serpiente que no se puede matar.

Na-nefer-kaptah se quedó atónito con esta noticia. Salió del templo, sin saber siquiera dónde estaba. Cuando volvió a casa yo me preocupé por él, porque parecía aturdido.

—Esposo—dije—. ¿Qué sucede? ¿Por qué pareces desconcertado?

Me contó todo lo que el sacerdote había dicho y luego me dijo—: Lo haré. Tomaré un barco y navegaré hasta Coptos. Encontraré el libro y lo traeré de vuelta conmigo.

Escuché las palabras de mi marido y tuve miedo. Fui al sacerdote y le dije—: Te maldigo por haberle dicho estas cosas a mi marido. Hago caer sobre ti la maldición de los dioses.

Entonces intenté con todas mis fuerzas evitar que mi marido fuera a buscar ese libro, pero nada de lo que pudiera decir o hacer le disuadiría. En lugar de eso, fue a ver al faraón. Le contó al faraón todo lo que el sacerdote le había dicho. Pidió un barco y una tripulación para navegarlo, y permiso para llevarnos a mí y a nuestro hijo, Merab, con él.

El faraón le dio a Na-nefer-kaptah todo lo que pidió. Cuando se preparó el barco, lo abordamos juntos, mi marido, nuestro hijo y yo. Los sacerdotes de Isis en Coptos fueron informados de nuestra llegada. Cuando llegamos, ellos y sus esposas nos dieron la bienvenida y nos hicieron sus huéspedes de honor. Fuimos al templo de Isis y Harpócrates donde Na-nefer-kaptah hizo el sacrificio de un buey y un ganso, y también derramó una libación de vino. Cuando el sacrificio se completó, los sacerdotes nos mostraron una casa donde podríamos quedarnos. Era una casa hermosa, bien equipada.

Durante cuatro días nos quedamos en Coptos. Na-nefer-kaptah festejó con los sacerdotes de Isis, y yo con sus esposas. El quinto día, Na-nefer-kaptah hizo los preparativos para su viaje. Primero, obtuvo mucha cera pura y construyó un barco junto con su tripulación. Haciendo una poderosa magia, Na-nefer-kaptah hizo que la tripulación y el barco cobraran vida. Na-nefer-kaptah puso el bote mágico en el agua con su tripulación y luego llenó el bote que el faraón le dio con arena, atado al bote mágico.

Muy pronto todo estaba listo. Na-nefer-kaptah se despidió de mí y de nuestro hijo. Subió a la barca mágica y ordenó a los remeros que lo llevaran al lugar donde se guardaba el Libro de Thoth. Me quedé en la orilla, viéndole remar, jurando no abandonar ese lugar hasta que regresara o hasta que escuchara las noticias de lo que le había ocurrido.

Los remeros remaron día y noche. Después de tres días, llegaron al lugar donde estaba el Libro de Thoth. Na-nefer-kaptah miró a su alrededor, pero todo lo que pudo ver fue agua. Se dio cuenta de que la magia era necesaria, así que fue al barco que el faraón le había dado. Tomó la arena y la arrojó al río. Las aguas del río se separaron y apareció una isla. Como el sacerdote había dicho, había muchas millas de escorpiones, serpientes venenosas y cocodrilos merodeando por toda la isla, y en su corona estaba la caja de hierro. Una gran serpiente estaba enrollada alrededor de la caja, una serpiente tan gruesa como el cuerpo de un hombre y ocho veces más larga.

Na-nefer-kaptah dijo un poderoso hechizo, y los escorpiones, serpientes y cocodrilos le abrieron paso. Se hicieron a un lado, y había un camino que conducía directamente a la caja. Cuando mi marido se acercó a la caja, la gran serpiente se levantó. Siseó y se movió delante de él. Na-nefer-kaptah sacó su espada y luchó con la serpiente. La mató, pero la serpiente volvió a la vida. Luchó contra la serpiente de nuevo, matándola una vez más, pero volvió a la vida por segunda vez. Na-nefer-kaptah luchó contra la serpiente por tercera vez, y fue una batalla dura. Finalmente, mató a la serpiente cortándola en dos. Apiló arena entre los pedazos de la serpiente para que no pudiera volver a juntarse. Esta vez estaba muerta para siempre.

Na-nefer-kaptah estaba cansado después de sus batallas con la serpiente, pero estaba decidido a conseguir el libro. Fue a la caja de hierro y la abrió. Dentro, encontró la caja de cobre. Continuó abriendo las cajas hasta que finalmente llegó a la caja de oro. Na-nefer-kaptah abrió la caja de oro, y dentro estaba el Libro de Thoth.

Sacó el libro y lo abrió. Recitó el primer hechizo y descubrió que funcionaba. Na-nefer-kaptah había encantado el cielo, la tierra, el inframundo. Podía entender el lenguaje de los pájaros, las serpientes y los cocodrilos. Podía ver los peces en el océano, sin importar cuán profundo estuvieran nadando. Entonces hizo el segundo hechizo, y pudo ver a Ra en toda su gloria, acompañado de los Nueve Dioses, y con ellos también a la Luna.

Na-nefer-kaptah regresó a su barco, abordándolo. Entonces dijo un hechizo que hizo que la isla desapareciera de nuevo en el río y ordenó a los remeros que lo llevaran de vuelta a Coptos. Después de tres días, llegaron a Coptos. Yo estaba allí, esperándolo, como lo había prometido. No me había movido de ese lugar desde el día en que se fue. No había comido, no había bebido. Parecía que estaba listo para ser embalsamada.

Recibí a mi marido con gran alegría. Le dije—: ¡Déjame ver este libro por el que ambos hemos sufrido mucho!

Me dio el libro y yo recité el primer hechizo en él. Descubrí que había encantado el cielo, la tierra, el inframundo. Podía entender el lenguaje de los pájaros, las serpientes y los cocodrilos. Podía ver los peces en el océano, sin importar cuán profundo estuvieran nadando. Entonces hice el segundo hechizo, y pude ver a Ra en toda su gloria, acompañado de los Nueve Dioses, y con ellos también a la Luna.

Ahora, solo tenía un poco de habilidad en la escritura, pero Na-nefer-kaptah era un buen escriba. Hizo que le trajeran papiro, tinta y pluma, y copió todo el libro. Luego pidió una jarra de cerveza. Tomando la copia que había hecho, la puso en la cerveza donde el papiro se disolvió pronto. Entonces Na-nefer-kaptah bebió la cerveza con el papiro disuelto en ella, y descubrió que sabía todo lo que había en el Libro de Thoth sin tener que volver a leerlo.

Volvimos a la ciudad de Coptos, donde honramos a Isis y Harpócrates en su templo. Hicimos un festín con los sacerdotes y sus esposas. Cuando la celebración terminó, abordamos nuestro barco y nos fuimos a casa.

Llegó a oídos de Thoth que Na-nefer-kaptah había encontrado la isla donde se guardaba su libro, que había separado a las multitudes de animales venenosos y peligrosos, que había matado a la serpiente inmortal, y que había tomado y usado el libro. Thoth estaba muy enojado. Fue ante Ra y dijo— ¡Oh, poderoso Ra! Escucha el reclamo que hago ante ti, sobre Na-nefer-kaptah, el hijo del faraón Mernebptah, que ha robado mi libro. Fue al lugar donde lo he escondido. Derrotó a todos mis guardianes, incluso a la serpiente que no podía ser asesinada. Tomó el libro y dijo los hechizos que contenía. ¡Sé el juez de sus acciones y decide este caso correctamente!

Ra escuchó las palabras de Thoth y consideró su caso. Ra le dijo a Thoth—Na-nefer-kaptah es tuyo para que hagas lo que quieras, junto con su familia y sus sirvientes.

Entonces los dioses pronunciaron una maldición sobre nosotros, diciendo—: No volverás a Menfis, ni tampoco tu familia.

No habíamos avanzado mucho en nuestro viaje cuando nuestro hijo, Merab, salió a la cubierta del barco. Cayó al agua. Todos a bordo gritaron cuando cayó, pero nadie pudo salvarlo. El chico se ahogó porque el agua era demasiado profunda para que lo alcanzáramos. Na-nefer-kaptah recitó un hechizo que levantó el cuerpo de nuestro hijo del agua. Mi marido hizo hablar al cuerpo de nuestro hijo, y nos dijo que Thoth estaba enfadado por el robo de su libro y que los dioses habían maldecido nuestro viaje de vuelta a casa.

Regresamos a Coptos donde llevamos el cuerpo de nuestro hijo a la Buena Casa. Allí los sacerdotes lo embalsamaron, hicieron un ataúd para él y lo atendieron como corresponde a una persona de rango. Lloramos a nuestro hijo muerto y lo colocamos en su tumba.

Entonces Na-nefer-kaptah me dijo—: Debemos volver a Menfis. Debemos contarle al faraón lo que ha ocurrido.

Volvimos al barco y zarpamos una vez más. Cuando llegamos al lugar donde nuestro hijo Merab se había ahogado, yo también salí a la cubierta del barco. Me caí por la borda y me ahogué porque el agua era demasiado profunda para que nadie me alcanzara. Na-nefer-kaptah dijo un hechizo que levantó mi cuerpo del agua. Mi marido hizo que mi cuerpo hablara, y le dije que Thoth estaba enfadado por el robo de su libro y que los dioses habían maldecido nuestro viaje de vuelta a casa.

Una vez más, Na-nefer-kaptah regresó a Coptos. Se llevó mi cuerpo a la Buena Casa. Allí los sacerdotes me embalsamaron, hicieron un ataúd para mí, y me atendieron como corresponde a una persona de rango. Mi marido me lloró y me puso en mi tumba.

Na-nefer-kaptah subió al barco que le había dado el faraón y una vez más partió hacia Menfis. Pero cuando llegó al lugar donde nuestro hijo y yo nos habíamos ahogado, pensó para sí: "¿Qué le diré al faraón, mi padre, de lo que ha sido de su hija y su nieto? ¿Cómo puedo volver vivo a él cuando su hija y su nieto están muertos por lo que he hecho?"

Na-nefer-kaptah tomó una banda de lino. Ató el libro a su cuerpo. Luego salió a la cubierta del barco que el faraón le había dado. Se tiró al agua y se ahogó porque el agua era demasiado profunda para que nadie lo alcanzara. Toda la tripulación se lamentó—. ¡Ay! ¡Ay del hijo del faraón! ¡Nunca hubo un hombre tan culto! ¡Un escriba así no se volverá a ver nunca más!

La tripulación regresó a Menfis y envió un mensajero para contarle al faraón todo lo que había sucedido. El faraón bajó al barco, vestido de luto. Toda la corte del faraón y toda la gente de Menfis lloró por la muerte de Na-nefer-kaptah. Todos los sacerdotes de Ptah estaban de luto, y toda la casa del faraón. Bajaron al muelle y vieron el barco del faraón allí, con su tripulación también de luto. Entonces alguien miró al agua y vio que el cuerpo de Na-nefer-kaptah estaba enredado con el timón del barco. Había encantado a su cuerpo para que se aferrara al timón para poder llevarlo a casa y darle un funeral apropiado.

El faraón ordenó que el cuerpo de Na-nefer-kaptah fuera llevado a la Buena Casa, para que fuera embalsamado adecuadamente y puesto en un ataúd como corresponde a una persona de rango. El faraón también ordenó que el libro fuera escondido.

Setne Khamwas toma el libro

El espíritu de Ahwere le dijo a Khamwas—. Ese es mi cuento. Has oído lo que nos ocurrió a mi marido, a mí y a nuestro hijo por culpa de ese libro. Ese libro no es tuyo para que lo tomes; ¡dimos nuestras vidas para tenerlo!

Khamwas le dijo a Ahwere—: No me importa tu historia. Deseo tener ese libro, y lo tomaré, ¡aunque tenga que hacerlo por la fuerza!

En ese momento, Na-nefer-kaptah se levantó de su ataúd. Dijo—: ¿Quién eres tú para escuchar este cuento y no tenerlo en cuenta? ¿Crees que podrás tomar el libro por arte de magia? ¿Tienes poder para igualar el mío? ¿O tal vez podamos jugar a las damas por él?

Setne Khamwas dijo—: Juguemos a las damas.

Sacaron el juego y colocaron las piezas. Jugaron una partida, y Na-nefer-kaptah ganó. Tomó la caja del juego y golpeó a Khamwas en la cabeza con ella. Esto hizo que Khamwas se hundiera en la tierra hasta las rodillas.

—¡Otro juego!—dijo Khamwas.

De nuevo, jugaron a las damas, y otra vez ganó Na-nefer-kaptah. Tomó la caja y golpeó a Khamwas en la cabeza con ella una vez más. Esto hizo que Khamwas se hundiera en la tierra hasta las caderas.

Luego jugaron un tercer juego, y lo mismo ocurrió, Na-nefer-kaptah ganó. Golpeó a Khamwas en la cabeza con la caja del juego, y Khamwas se hundió en la tierra, esta vez hasta las orejas.

Khamwas estaba en una situación desesperada. Llamó a Inaros, su hermano adoptivo, que lo había estado esperando fuera de la tumba—

. Ve a la casa del faraón—dijo Khamwas—y cuéntale todo lo que ha ocurrido. Luego ve a buscar mis amuletos de Ptah y mis libros de magia y tráemelos aquí.

Inaros corrió directamente al palacio e hizo lo que Khamwas le pidió. Luego corrió a la tumba con los amuletos y los libros. Arrojó los amuletos alrededor del cuello de Setne Khamwas, quien inmediatamente saltó de la tierra. Khamwas entonces agarró el Libro de Thoth y salió corriendo de la tumba.

Ahwere se lamentó cuando Khamwas e Inaros se marcharon. Lloró en voz alta porque el libro había hecho luz para ella y ahora todo era oscuridad. Pero su marido le dijo—: No tengas miedo. Le obligaré a traer el libro de vuelta. ¡Y le haré lamentar el haberlo tomado!

Khamwas selló la tumba detrás de él, y luego se dirigió al palacio donde le contó al faraón todo lo que había sucedido. El faraón sacudió la cabeza y dijo—: Lleva el libro a la tumba inmediatamente. ¡Llévalo de vuelta, o seguramente te arrepentirás de haberlo tomado!

Pero Khamwas no escuchó al faraón. No hizo otra cosa que leer el libro y hablar de él y sus maravillas a cualquiera que lo escuchara.

Setne Khamwas y Tabubu

Un día, Khamwas fue al templo de Ptah para rezar. Al salir del templo, vio a una mujer. Era la mujer más hermosa que había visto, tan hermosa como una diosa. Estaba vestida con finas prendas y adornada con muchas joyas. Había dos sirvientas con ella, así como dos sirvientes. Khamwas la vio y la deseó mucho. Estaba tan abrumado por el deseo que no sabía dónde estaba. Llamó a su criado y le dijo—: Ve, averigua quién es esa mujer y dónde vive.

El sirviente de Khamwas fue a una de las sirvientas de la mujer. Le preguntó—: ¿Quién es ella, tu señora?

La sirvienta respondió—: Es Tabubu, hija del profeta de Bastet y de la señora de Ankhtawi. Está aquí para honrar al dios Ptah.

El sirviente de Khamwas volvió con su amo y le contó todo lo que la sirvienta le había dicho. Khamwas le dijo a su sirviente—: Vuelve con la sirvienta. Dile este mensaje para que se lo entregue a la señora. Dile: "Setne Khamwas, hijo del faraón Usmare, envía saludos. Dice que te dará diez piezas de oro si pasas una hora con él. O si tienes un caso ante el tribunal, o una queja contra alguien, él se encargará de que las cosas vayan a tu favor. Se encargará de que no te pase nada por haber pasado tiempo con él".

El sirviente fue e hizo lo que Khamwas le ordenó, diciéndole a la sirvienta todo lo que Khamwas había dicho. La criada dio un grito de indignación. Tabubu vio a su criada hablando con el criado de Khamwas y la oyó llorar. Tabubu dijo—: Deja de hablar con ese hombre. Si tiene un mensaje para mí, tráelo aquí para que lo entregue.

El sirviente fue ante la dama y entregó el mensaje de Khamwas. Dijo—: Setne Khamwas, hijo del faraón Usmare, envía saludos. Dice que te dará diez piezas de oro si pasas una hora con él. O si tienes un caso ante el tribunal, o una queja contra alguien, él se encargará de que las cosas vayan a tu favor. Se encargará de que no te pase nada por haber pasado tiempo con él.

Tabubu dijo—: Regresa a Setne Khamwas y dale esta respuesta. Dile que soy una mujer de buena familia. Soy una mujer de alto rango. No debo ser tratada como una prostituta común. Si Khamwas desea pasar tiempo conmigo, debe venir a mi casa en Bubastis. Allí lo tengo todo preparado, y podemos pasar tiempo juntos sin que tenga que comportarme como una mujer de baja moralidad.

El sirviente regresó a Setne Khamwas y le dijo lo que Tabubu había dicho. Khamwas se alegró de la noticia y prometió ir a Bubastis de inmediato. Pero todos los que escucharon lo que iba a hacer sacudieron sus cabezas y le dijeron que no debía ir allí, que dejara en paz a Tabubu. Pero Khamwas no quiso escuchar.

Setne Khamwas abordó un barco y navegó directamente a Bubastis. Fue a la ciudad y pronto encontró una casa noble, rodeada por un fuerte muro con un hermoso jardín en su interior. Khamwas preguntó a un transeúnte de quién era la casa, y el transeúnte le dijo que era la casa de Tabubu. Khamwas atravesó la puerta, donde un sirviente lo vio y fue a anunciarlo a Tabubu. Khamwas miró el hermoso jardín mientras esperaba. Pronto Tabubu bajó a él. Le dio una buena bienvenida y lo invitó a subir con ella.

Cuando llegaron a la habitación de arriba, Khamwas miró a su alrededor y vio lo hermosa que era. El suelo tenía incrustaciones de lapislázuli y turquesa, y había muchos sofás, cubiertos por una fina tapicería. También había una mesa, con copas doradas y una jarra de vino dorada. Tabubu sirvió una copa de vino y se la dio a Khamwas—. Ven a comer algo—dijo.

Khamwas respondió—No quiero comer.

Los sirvientes de Tabubu trajeron incienso para perfumar la habitación. Pusieron ungüento en el cuerpo de Khamwas. Khamwas bebió y habló con Tabubu y fue bien atendido por sus sirvientes. Deseaba mucho a Tabubu, pues nunca había visto una mujer que igualara su belleza.

Finalmente, Khamwas le dijo a Tabubu—Hagamos lo que he venido a hacer.

Tabubu dijo—: No, debes regresar a tu propia casa. Soy una mujer de buena familia. Soy una mujer de alto rango. No debo ser tratada como una prostituta común. Si deseas tener tu deseo, primero debemos enviar por un escriba. Díctale un estipendio para que sea pagado a mí por el resto de mi vida. Díctale que todo lo que tienes se convertirá en mío.

Setne Khamwas hizo lo que Tabubu le pidió, y pronto se redactaron los documentos que le daban el estipendio y los derechos de todas sus posesiones. Cuando esto se hizo, un sirviente subió las escaleras. Le dijo a Khamwas que sus hijos le esperaban abajo. Khamwas dijo—: Que suban a nosotros.

Entonces Tabubu se levantó y se puso una bata de lino fino. Era tan fina y tan transparente que Khamwas podía ver todo su cuerpo a través, y su deseo se hizo aún más grande. Dijo—: Hagamos lo que he venido a hacer.

Tabubu respondió—: No, debes regresar a tu propia casa. Soy una mujer de buena familia. Soy una mujer de alto rango. No debo ser tratada como una prostituta común. Si deseas tener tu deseo, primero haz que tus hijos firmen los documentos que acabamos de redactar. No quiero que discutan con mis propios hijos por su propiedad.

Los hijos de Khamwas subieron las escaleras. Les dijo que firmaran los documentos, y así lo hicieron. Khamwas volvió a decirle a Tabubu—Hagamos lo que he venido a hacer.

Tabubu le dijo—: No, debes regresar a tu propia casa. Soy una mujer de buena familia. Soy una mujer de alto rango. No debo ser tratada como una prostituta común. Si deseas tener tu deseo, debes matar a tus hijos. No quiero que discutan con mis propios hijos por tu propiedad.

Khamwas dijo—: ¡Horrible mujer, que pides tal cosa! Sin embargo, no puedo rechazarte. Que se haga como tú dices.

Los niños de Khamwas fueron asesinados en su presencia, y sus cuerpos fueron entregados a los perros y gatos para que los comieran. Entonces Khamwas dijo—He hecho todo lo que me has pedido, incluso hice matar a mis propios hijos. Hagamos ahora lo que he venido a hacer.

Tabubu le pidió que la siguiera. Ella lo llevó a un almacén en medio del jardín. Dentro del almacén había una cama finamente tallada, hecha de ébano y marfil. Tabubu se acostó sobre la cama, y Khamwas se acostó a su lado. Él extendió su mano para tocarla, pero ella gritó.

De repente, Setne Khamwas se encontró en la calle, sin ropa. Vio una procesión que se acercaba, con muchos sirvientes llevando la litera de una persona importante. Cuando se acercaron, Khamwas se encontró con que la persona que llevaba la camilla era nada menos que el faraón, su padre. Khamwas se avergonzó e intentó cubrirse porque estaba completamente desnudo.

El faraón miró a Khamwas y dijo—: Setne Khamwas, ¿qué es esto? ¿Cómo es que estás en la calle sin ropa? ¿Estás borracho?

Khamwas dijo—: ¡Oh, poderoso faraón, es Na-nefer-kaptah quien me ha hecho esto!

El faraón dijo—: Regresa a Menfis, hijo mío. Tus hijos han estado preguntando por ti.

Khamwas le dijo al faraón—: Oh, poderoso faraón, que vivas para siempre, ¿cómo voy a llegar a Menfis sin nada puesto?

El faraón ordenó que se trajera ropa a Khamwas. Le dijo a su hijo—: Ahora ve a Menfis. Tus hijos han estado preguntando por su padre.

Setne Khamwas devuelve el libro

Cuando Khamwas llegó a Menfis, se alegró mucho al descubrir que sus hijos estaban vivos. Los abrazó calurosamente, y ellos le dieron una buena bienvenida.

El faraón llevó a su hijo a un lado y le dijo—: ¿Qué hacías allí en la calle completamente desnudo? ¿Qué locura fue esa?

Khamwas le contó al faraón todo lo que le había ocurrido. Dijo—: Na-nefer-kaptah tejió un poderoso hechizo. Me hizo desear una mujer llamada Tabubu. Lo hizo para que no pudiera rechazar nada de lo que ella me pidiera, incluso matar a mis propios hijos. Ahora veo que todo fue una ilusión, todo excepto encontrarme en la calle completamente desnudo.

El faraón miró a su hijo—. Khamwas, debes llevar el libro de vuelta a donde pertenece. Esta vez fue un hechizo de ilusión, y fue humillante para ti. La próxima vez, quién sabe qué hará Na-nefer-kaptah. ¡Quizás te mate! Si no me escuchaste antes, hijo mío, escúchame ahora. Devuelve el libro y ruega el perdón de Na-nefer-kaptah y de su esposa, Ahwere.

Setne Khamwas reconoció la sabiduría de las palabras del faraón. Fue, arrepentido, a la tumba de Na-nefer-kaptah. Allí encontró al espíritu de Ahwere y a su marido esperándole.

—Alabado sea Ptah—dijo Ahwere—por traerte de vuelta a salvo aquí.

Na-nefer-kaptah se rió y le dijo a su esposa—: ¿Ves? ¿No te dije que devolvería el libro?

Khamwas saludó a Na-nefer-kaptah y a su esposa, y ellos le respondieron el saludo. Khamwas volvió a poner el libro donde lo había encontrado, y la oscura tumba se llenó repentinamente de luz, casi como si el sol estuviera brillando.

Khamwas, tratando de expiar su error, preguntó—Oh Na-nefer-kaptah, ¿qué puedo hacer para enmendarlo?

—Has oído el cuento de Ahwere—dijo Na-nefer-kaptah—. Así que sabes que su cuerpo y el de nuestro hijo, Merab, yacen en una tumba en Coptos. Es solo por mi magia que los tres estamos unidos aquí en espíritu. Consideraré que tu deuda está pagada si vas a Coptos y traes sus cuerpos para que yazcan con el mío aquí en esta tumba.

Khamwas fue entonces al faraón y le dijo lo que Na-nefer-kaptah le había pedido. El faraón aceptó que era un pago justo y le dio a Khamwas un barco con tripulación para que pudiera navegar a Coptos y completar su misión. Cuando Khamwas llegó allí, fue primero al templo de Isis y Harpócrates, donde sacrificó un buey y un ganso, y también derramó una libación de vino. Preguntó a todos los sacerdotes, escribas y sabios del lugar donde podría encontrar la tumba de Ahwere y Merab, pero ninguno sabía dónde estaba el lugar.

Khamwas buscó por todo Coptos, visitando todas las tumbas y todos los templos, leyendo todas las inscripciones que pudo encontrar. Buscó durante tres días y aún no pudo encontrar la tumba de Ahwere y Merab. Na-nefer-kaptah había estado observando a Khamwas mientras buscaba. Vio que Khamwas no tenía éxito, así que tomó la forma de un sacerdote muy viejo. Khamwas vio al anciano y pensó que tal vez él podría saber algo que los sacerdotes más jóvenes y los eruditos no sabían.

—Dime—dijo Khamwas—, ¿conoces el lugar donde está la tumba de Ahwere y Merab? Porque he buscado durante tres días y no puedo encontrarlo.

El anciano le dijo a Khamwas—: Este es un cuento que me contó mi abuelo cuando era joven, que le contó su propio padre. El cuento dice que la tumba de Ahwere y Merab está debajo de la casa del capitán de la guardia. Debes cavar debajo de la casa, y allí encontrarás la tumba.

Khamwas pensó por un momento en lo que dijo el viejo—. Tal vez me estés diciendo la verdad—dijo Khamwas—pero tal vez no. ¿Te ha hecho algo el capitán de la guardia, para que quieras hacerle daño a él y a su familia haciendo que le destruyan la casa?

El viejo respondió—: Te estoy diciendo la verdad. Pero ponme bajo guardia mientras cavas para encontrar la tumba. Si no encuentras los ataúdes de Ahwere y Merab, puedes castigarme de la manera que creas conveniente.

Khamwas hizo lo que el viejo dijo. Primero puso a un sirviente a vigilar al hombre, y luego dio órdenes de cavar la tumba, después de explicarle todo al capitán. Los trabajadores vinieron y cavaron. Hicieron su trabajo rápido y bien, y pronto encontraron la tumba de Ahwere y Merab. Los ataúdes fueron puestos en el barco de Khamwas, y Khamwas se aseguró de que la casa del capitán se reconstruyera igual que antes.

Justo cuando Khamwas subía al barco para volver a Menfis, el viejo sacerdote se acercó a él y le dijo—: Soy Na-nefer-kaptah. Fui yo quien te dijo dónde buscar la tumba de mi esposa e hijo. Lo hice porque lo buscabas de buena fe.

Luego el barco zarpó hacia Menfis, y pronto llegó a la ciudad. Se envió un mensaje al faraón de que su hijo había regresado con los ataúdes de Ahwere y Merab. El faraón ordenó que los ataúdes fueran llevados en solemne procesión a la tumba de Na-nefer-kaptah, y se hizo como él lo ordenó. Los ataúdes fueron colocados en la tumba, con los ritos y oraciones adecuados para las almas de los muertos, y todos los nobles de la corte hicieron una procesión. Entonces el faraón ordenó que la tumba fuera sellada para siempre.

Y allí yacen los cuerpos de Na-nefer-kaptah, su esposa e hijo, y también el Libro de Thoth. Y por lo que todos saben, aún yacen allí.

Setne Khamwas y el viaje al inframundo

La historia del viaje de Setne Khamwas al Inframundo con su hijo, Si-Osire, sobrevive en un papiro del período romano. Lichtheim nota los paralelos en este cuento entre la parábola de Dives y Lázaro (Lucas 16:19-31), donde el rico termina en una vida de tormento mientras el pobre va al cielo. Esta historia del viaje de Khamwas también influyó en el pensamiento griego. La escena en la que las almas intentan eternamente tomar comida y agua que están fuera de su alcance recuerda claramente el castigo de Tántalo en la mitología griega.

El cuento del hechicero nubio completa el ciclo de historias de Khamwas. Está escrito de manera atractiva, y contiene un hermoso giro al final. Nubia fue un rival tradicional de Egipto en la antigüedad, y esta rivalidad se refleja en el obvio disgusto que el narrador y los personajes tienen por todo lo nubio. La historia también participa de la tradición Hermopolita de considerar a Thoth como el dios creador primario.

Setne Khamwas era el hijo del faraón Usmares. Era un escriba, un mago, y el hombre más erudito que jamás haya vivido en la tierra de Egipto. Khamwas tenía una esposa llamada Mehusekhe, a quien amaba mucho, y ella lo amaba. Pero tenían una gran pena: no tenían un hijo. Tanto Khamwas como Mehusekhe rezaron a los dioses para que les dieran un hijo, pero no sirvió de nada. Fueron al templo e hicieron ofrendas, quemaron sacrificios y derramaron libaciones, pero aun así no tuvieron un hijo.

—Esposo—dijo Mehusekhe—hemos rezado y ofrecido sacrificios, pero aun así no tenemos ningún hijo. Eres el hombre más sabio de Egipto. ¿Qué otra cosa podríamos hacer para ganarnos el favor de los dioses o, al menos, su piedad?

Setne Khamwas pensó por un momento, y luego dijo—: Ve al templo y derrama la libación como lo hicimos antes. Reza a los dioses y ruega su favor. Luego duerme la noche en el recinto del templo.

Tal vez los dioses nos favorezcan entonces, o al menos se compadezcan de nosotros, y nos den un hijo.

Mehusekhe vio la sabiduría en lo que Khamwas le propuso, así que hizo lo que su marido le instruyó. Fue al templo. Derramó la libación. Y cuando llegó la noche, durmió en el recinto del templo, y mientras dormía, tuvo un sueño.

En el sueño, un dios se le acercó y le dijo— ¡Mehusekhe! ¡Esposa de Setne Khamwas! Hemos recibido tus ofrendas, sacrificios quemados y tus libaciones. Vemos que duermes en el templo y deseas ser favorecida con un hijo. Haz lo que te instruyo, y recibirás tu deseo. Ve al lugar donde a tu marido le gusta bañarse. Cerca de allí, hay una viña de melón que crece. Encuentra una rama de la vid que tenga algún fruto creciendo en ella. Rómpela, llévala a casa y muélela en una poción. Bebe esa poción, y luego acuéstate con tu marido esa misma noche. Entonces serás favorecida con un hijo.

Mehusekhe despertó de su sueño, haciendo lo que el dios le ordenó. Encontró la vid de melón con su fruto y la molió en una poción. Una vez que bebió la poción, se acostó con su marido. Pronto descubrió que estaba embarazada. Mehusekhe se regocijó, y se lo dijo a Khamwas que también se regocijó. Hizo un amuleto para proteger a su esposa y a su hijo no nacido. Entonces Khamwas dijo que la magia hechizaba a Mehusekhe para que el bebé no solo creciera bien y fuerte, sino que naciera fácilmente.

Una noche, Setne Khamwas tuvo un sueño. En su sueño, una voz le dijo—: ¡Setne Khamwas! ¡Esposo de Mehusekhe! ¡Escucha! Tu esposa está embarazada. Ella dará a luz un hijo. Le pondrás el nombre de Si-Osire. ¡Será un niño estupendo y hará muchas cosas maravillosas!—Khamwas se despertó del sueño, regocijándose por lo que le habían dicho.

Muy pronto, llegó el momento de que naciera el bebé. Mehusekhe dio a luz a un buen niño varón, y Khamwas lo nombró Si-Osire como el sueño le había instruido. Mehusekhe y Khamwas amaban a su hijo. Lo cuidaron bien, y se convirtió en un buen chico.

Como el sueño había predicho, Si-Osire era un niño maravilloso. Aprendía rápido, y todos se maravillaban de lo bien que entendía las cosas. Cuando tuvo la edad suficiente, Khamwas lo inscribió en la escuela. Solo unos meses más tarde, el profesor de Si-Osire vino a hablar con los padres del niño—. Honorables padres de Si-Osire— dijo—, no puedo seguir enseñando a su hijo.

Khamwas y Mehusekhe se preocuparon—. ¿Por qué no puedes enseñar a nuestro hijo?—preguntaron.

—No puedo enseñarle porque no queda nada que enseñar—dijo el hombre—. Ya ha aprendido de mí todo lo que sé.

Después de eso, Si-Osire fue a sentarse con los sacerdotes en la Casa de la Vida del templo. Recitaba todas las oraciones y escrituras con los sacerdotes allí, y pronto se las sabía de memoria incluso mejor que los sacerdotes. Todos los que lo conocieron lo consideraron el niño más maravilloso, y admiraron sus conocimientos. Mehusekhe y Khamwas se regocijaron que los dioses les hubieran dado un hijo tan bueno.

Setne Khamwas determinó entonces que era hora de presentar a su hijo a la corte. Fue a ver al faraón y le dijo—Oh, poderoso faraón, padre mío, que vivas para siempre. He venido a pedirte que organices un banquete para que mi hijo Si-Osire pueda ser presentado ante la corte.

El faraón Usmares escuchó las palabras de su hijo y dijo—: Se hará lo que pidas.

El día del banquete, Khamwas y Si-Osire se preparaban para estar presentes en la corte del faraón, para cenar con él y los nobles. De repente, hubo un gran lamento afuera. Padre y el hijo miraron por la ventana para ver qué pasaba. Vieron dos procesiones fúnebres: una de un hombre muy rico y otra de un hombre muy pobre. El estruendo provenía de los asistentes al funeral del hombre rico. Había mucha gente llorando por él, mientras los sirvientes transportaban el fino y ricamente decorado ataúd por la calle. El pobre, sin embargo, estaba envuelto en una simple estera de caña, y los únicos asistentes que tenía eran los que llevaban su cuerpo a la tumba.

—¡Que les plazca a los dioses—dijo Khamwas—, que cuando muera, tenga un funeral como el de ese hombre rico de allí y que tenga una bienvenida en el Inframundo como seguramente le espera!

Si-Osire agarró el brazo de su padre. Estaba muy asustado—. ¡Oh no, padre! ¡No desees tales cosas! ¡Desea para ti cualquier otra cosa que no sea la bienvenida que le espera a ese hombre rico en el Inframundo! ¡Desea en cambio la bienvenida que le espera al pobre!

Setne Khamwas miró a su hijo—. ¿Qué es esto que me dices, hijo mío?

Si-Osire dijo—Puedo mostrarte lo que le pasará a esos hombres, si me sigues.

Si-Osire llevó a su padre al desierto. Caminaron hacia el oeste por muchas millas. Siguieron el curso del sol. Cuando el sol se había puesto, llegaron a un portal y lo atravesaron. Caminaron a través de él hacia un lugar que era muy, muy oscuro. Habían dejado la tierra de los vivos y estaban en el Inframundo.

Padre y el hijo caminaron por el sendero que conducía al inframundo. Caminaron a través de muchas cámaras. En una de ellas había unos hombres que trenzaban cuerdas. Pero tan rápido como podían hacer las cuerdas, los burros las masticaban.

En otra cámara había gente que tenía hambre y sed. Panes y jarras de agua colgaban del techo sobre ellos, pero cuando la gente intentaba tomar la comida y la bebida, otros a su alrededor cavaban una fosa a sus pies, así que no podían alcanzarlos.

Llegaron a otra sala donde había muchos espíritus nobles de pie en una fina disposición. En la puerta de la sala estaban aquellos que habían sido acusados de crímenes. Estaban parados ante la puerta, suplicando misericordia. Khamwas y Si-Osire oyeron un gran lamento en la puerta. Miraron a su alrededor tratando de encontrar quién era el que se lamentaba así. Luego miraron hacia abajo, y allí vieron que el poste de la puerta de la sala había sido fijado por el ojo de un hombre que yacía al pie de la puerta. Era él quien gritaba de angustia.

Caminaron por muchos otros pasillos y finalmente entraron en el Salón del Juicio. Allí estaba el dios Osiris. Estaba sentado en un trono dorado, llevando la corona de *atef.* Anubis estaba a su izquierda y Thoth a su derecha. El resto del consejo de los dioses estaba dispuesto alrededor de la cámara. En el centro de la cámara había un gran equilibrio en el que se sopesaban las acciones de los recién muertos, con las buenas acciones en un lado y las malas en el otro. Anubis sopesaba las acciones y dictaba el resultado a Thoth, que escribía todo en su libro.

Si un alma había cometido más malas acciones que buenas, entonces su *ba* y su cuerpo eran consumidos por la Ammit, la Devoradora, y la persona era destruida para siempre. Si un alma había hecho más cosas buenas que malas, se convertía en uno de los dioses que estaban en la Sala del Juicio, y su *ba* se iba a vivir a los cielos con Ra. Las almas cuyas buenas y malas acciones pesaban lo mismo permanecían en el Inframundo como sirvientes de Osiris.

Khamwas y Si-Osire vieron una larga fila de almas esperando el juicio en la Sala donde Osiris y el consejo de los dioses estaban esperando. Si-Osire dijo— ¡Padre! ¿No ves a ese hombre allí, vestido con las mejores ropas y adornado con oro? Mira, es el que está cerca de Osiris. Es el pobre hombre cuya procesión fúnebre acabamos de ver, el que no tenía asistentes excepto los que llevaban su cuerpo y que estaba envuelto en una estera de caña. Sus actos fueron pesados en la balanza por Anubis y escritos por Thoth. Se descubrió que sus buenas acciones superaban a las malas, y por eso está entre los favorecidos por los dioses. Osiris ordenó que el funeral del rico fuera entregado al pobre y que el pobre estuviera entre los dioses junto al propio Osiris.

—¿Qué fue entonces del hombre rico?—preguntó Khamwas.

—El hombre rico también fue llevado al Salón del Juicio. Sus actos fueron pesados en la balanza por Anubis y registrados por Thoth. Y se descubrió que sus malas acciones superaban con creces a las buenas. Osiris ordenó que se le mantuviera en el Inframundo para siempre. Era él quien estaba al pie de la puerta, llorando, con el poste en el ojo. Por eso te dije que no desearas la bienvenida que le esperaba al rico y que desearas lo que le esperaba al pobre. ¡Yo sabía lo que le sucedería a cada uno de ellos!

Khamwas se preguntó por todas las cosas que había visto en el Inframundo. Entonces le dijo a su hijo—: Quiero saber más de lo que hemos visto. ¿Qué hay de la gente que trenza cuerdas y de los que intentan alcanzar el pan y el agua?

Si-Osire dijo—La gente que trenza cuerdas está bajo una maldición. En vida, trabajaron sin cesar, pero sus esposas tomaron todo su salario y lo despilfarraron, así que nunca pudieron mejorar su suerte. Pero cuando fueron llevados al Salón del Juicio, se encontró que tenían más malas acciones que buenas. Osiris ordenó que se fuera con ellos al Inframundo como lo hicieron en la vida, para trabajar sin cesar pero sin progresar. Los que intentan alcanzar el pan y el agua son aquellos que tuvieron todas las cosas buenas en la vida, pero hicieron malas acciones, y ahora están privados de las cosas buenas en la muerte.

—¡Oh Padre mío, escucha lo que digo! Así es como les ocurre a las almas de los muertos. ¡Aquellos que vivieron vidas llenas de malas acciones tendrán esas acciones revisadas cien veces sin escapatoria, pero aquellos que vivieron vidas llenas de buenas acciones serán favorecidos por los dioses!

Cuando Si-Osire terminó de hablar, Khamwas se encontró a sí mismo y su hijo de vuelta en Menfis. Khamwas abrazó a su hijo y tomó la mano del chico en la suya—. ¿Cómo es que hemos vuelto?— preguntó Khamwas—. ¿Regresamos por el camino que hemos recorrido?—pero Si-Osire no le dio ninguna respuesta a su padre.

Si-Osire continuó aprendiendo y creciendo. Cuando tenía doce años, no había un solo escriba, sacerdote o erudito en todo Egipto que se le pudiera comparar en sabiduría o en poder mágico.

El hechicero nubio

Algún tiempo después de que Khamwas y Si-Osire regresaran de su viaje al Inframundo, un príncipe del pueblo nubio llegó a la corte del faraón Usmares. El príncipe nubio tenía un documento atado a su cuerpo. El documento estaba doblado con la escritura en el interior, y fue sellado con un gran sello de cera. La llegada del nubio fue anunciada al faraón, y fue llevado ante toda la corte.

El nubio saludó al faraón y a su corte y dijo—: Estoy aquí, un príncipe de Nubia, con un documento atado a mi cuerpo. He venido a ver si hay alguien en la tierra de Egipto que pueda leer este documento sin quitármelo primero. Si no hay nadie, volveré a Nubia y diré que Egipto es una tierra sin sabiduría, ni aprendizaje, ni magia, y que la vergüenza de Egipto en Nubia será muy grande.

El faraón y toda su corte quedaron atónitos por las palabras del nubio—. ¿Cómo puede alguien leer un documento sin abrirlo primero?—dijeron, y se preocuparon de que la vergüenza de Egipto fuera grande en toda Nubia.

Pero el faraón dijo—: ¡Ve a buscar a mi hijo, Setne Khamwas!

Muy pronto, Khamwas llegó a la corte del faraón. Se presentó ante el faraón y se inclinó—. Oh, poderoso faraón, que vivas para siempre, ¿qué es lo que quieres de mí?—dijo.

—Hijo mío—dijo el faraón—Aquí ante nosotros está un príncipe de Nubia. Lleva un documento atado a su cuerpo. Nos ha desafiado a encontrar al que en Egipto puede leerlo sin quitarlo. ¿Sabes de alguien que tenga este poder?

Setne Khamwas escuchó las palabras del faraón, y se quedó atónito—. Poderoso faraón, ¿quién hay que pueda leer un documento sin abrirlo? Pero si me otorgas diez días, haré lo que pueda para encontrar al que pueda hacer esto, para que Egipto no sea avergonzado en toda Nubia.

El faraón dijo—: Los diez días son concedidos.

El faraón ordenó que se preparara una cámara para el nubio, y que se le llevara comida y bebida preparada a la manera nubia. Entonces el faraón se fue de la cámara del consejo y se retiró a sus propias habitaciones, donde yacía con el corazón pesado. Estaba seguro de que no se encontraría a nadie que pudiera responder al desafío nubio, y grande sería la vergüenza de Egipto.

Khamwas también fue a su propia casa. Y como el faraón, también se desesperó. Porque ¿quién podría leer un documento sin abrirlo? Fue a su casa. Rechazó la comida y la bebida. Subió a su habitación y se acostó en su cama. Se envolvió en sus ropas y no quiso hablar.

Mehusekhe, la esposa de Setne Khamwas, vio que su marido estaba preocupado. Se acercó a él y le dijo—Oh, esposo mío, ¿qué es lo que te aflige?

Khamwas respondió—: Déjame, oh esposa mía. Lo que me preocupa no es un asunto adecuado para una mujer.

Mehusekhe dejó a su marido solo, lamentándose de que no pudiera ayudarle.

Luego el chico Si-Osire fue a ver a su padre—. Oh, padre mío, dime qué es lo que te aflige.

Khamwas respondió—: Déjame, hijo mío. Lo que me preocupa no es un asunto adecuado para un niño.

Pero Si-Osire respondió—: Dime, Padre, por favor. Hará que tu corazón se aligere al hablar de tu dolor.

Khamwas dijo—Un nubio vino a la corte del faraón hoy, con un documento atado a su cuerpo. Dice que hay que encontrar a alguien que pueda leer el documento sin quitarlo, o será grande la vergüenza de Egipto en toda Nubia. Por eso estoy preocupado. Porque, ¿quién puede leer un documento sin abrirlo primero?

Si-Osire escuchó las palabras de su padre y comenzó a reír.

Khamwas frunció el ceño, pensando que el chico se estaba burlando de él—. ¿Por qué te ríes, hijo mío?—dijo.

—Me río porque lo que pide el nubio es la cosa más simple—dijo Si-Osire—, ¡y aquí estás escondido en tu habitación por eso! Levántate, padre, y no te preocupes más. Puedo leer ese documento sin quitarlo, y sin romper el sello.

Khamwas se sorprendió y dijo—: Debo tener pruebas de que lo que dices es verdad, hijo mío.

Si-Osire respondió—: Me quedaré aquí mientras tú bajas a la estantería. Escoge cualquier libro que te guste y míralo. No digas nada, pero espera a que te llame. Diré qué libro tienes y qué hay en él.

Khamwas hizo lo que Si-Osire le ordenó. Fue a la estantería y cogió un libro. Si-Osire le dio el título del libro, y comenzó a recitar lo que había dentro. Khamwas hizo que Si-Osire probara otro libro, y luego otro. Pronto se hizo evidente que el chico podía leer un documento sin tener que estar en la misma habitación con él. ¡Seguramente el honor de Egipto se salvaría!

Khamwas fue directo al faraón. Le contó al faraón todo lo que Si-Osire había hecho. El faraón se regocijó. Convocó un banquete e invitó a Khamwas y a Si-Osire como invitados de honor.

A la mañana siguiente, el faraón celebró la corte con todos sus nobles. Mandó llamar al príncipe nubio. El príncipe vino, y el documento aún estaba atado a él. El faraón le ordenó que se parara en el centro de la corte, ante él y todos los nobles. Luego llamó al muchacho Si-Osire para que se parara ante la corte.

Si-Osire se volvió hacia el nubio y dijo—: ¡Príncipe de Nubia! Vienes aquí a Egipto, al mismo jardín de Osiris y al descanso de Ra, con palabras audaces y amenazas. ¡Que Amén te golpee por tu insolencia! Estoy aquí para decir lo que está en ese documento. Diré la verdad de su contenido, ante ti y ante el faraón, el más poderoso de los reyes, que viva para siempre, y ante la corte del faraón. Y no mentirás sobre lo que hay en ese documento. Hablaré con la verdad, y tú también lo harás.

El nubio miró a Si-Osire, de pie ante él en la corte del faraón, y se inclinó—. También hablaré con verdad sobre lo que está en ese documento.

Entonces Si-Osire comenzó a recitar lo que estaba escrito en el documento. Y el faraón y Khamwas y toda la corte de Egipto escucharon su historia.

—Una vez, hace mucho tiempo, fue la época del faraón Menkh-Pre-Sia-Mun. Era un buen faraón, y bajo su gobierno Egipto prosperó. En ese momento también había un rey en Nubia, que estaba de vacaciones en el bosque de Amén, y descansaba en su tienda. Mientras descansaba, escuchó a tres de sus magos hablando. Uno de ellos dijo: "Si Amén no pensara mal, y si el faraón no pudiera herirme, lanzaría tal hechizo sobre Egipto que toda la tierra no estaría bajo nada más que oscuridad durante tres días enteros".

—El segundo mago dijo: "Si Amén no pensara mal, y si el faraón no pudiera herirme, lanzaría tal hechizo que el faraón se vería obligado a venir a Nubia, donde recibiría 500 latigazos de un bastón en público ante nuestro propio rey, y luego lo haría regresar a Egipto en deshonra, ¡todo en el espacio de seis horas!"

—El tercer mago dijo: "Si Amén no pensara mal, y si el faraón no pudiera herirme, ¡lanzaría tal hechizo sobre Egipto que toda la tierra se volvería estéril, y permanecería así durante tres años!"

—El rey de Nubia hizo que estos tres magos fueran llevados ante él inmediatamente. "¿Quién de ustedes dijo que arrojaría a Egipto a las tinieblas durante tres días enteros?", preguntó.

—"Fui yo, Horus-hijo-de-la-cerda", dijo el primer mago.

—"¿Quién de ustedes dijo que haría que el faraón recibiera 500 latigazos de un bastón en público, y que fuera devuelto a Egipto en deshonra?" preguntó el rey de Nubia.

—"Fui yo, Horus-hijo-de-la-mujer-nubia", dijo el segundo mago.

—"¿Quién de ustedes dijo que haría a Egipto estéril por tres años?" preguntó el rey de Nubia.

—"Fui yo, Horus-hijo-de-la-princesa", dijo el tercer mago.

—El rey nubio se dirigió al segundo mago, el que haría azotar al faraón. "¡Trabaja tu magia!" dijo. "Por el gran dios Amén, si haces bien tu alarde, serás ricamente recompensado".

—Horus, Horus-hijo-de-la-mujer-nubia pidió una cantidad de cera. Con la cera, hizo una camada y cuatro sirvientes para llevarla. Hizo un hechizo mágico, y la camada y sus portadores cobraron vida. "Ve a Egipto", ordenó el mago, "y lleva al faraón sobre tu litera. Tráelo aquí, para que sea golpeado con un bastón 500 veces. Entonces lo devolverás a su propia tierra. ¡Todo esto debe hacerse en seis horas!"

—Los sirvientes de cera se inclinaron y dijeron que se haría así.

—Esa noche, los sirvientes de cera volaron a Egipto. Capturaron al faraón, y no pudo resistirse a ellos. Lo llevaron a Nubia, donde fue azotado con 500 latigazos en público ante el rey nubio. Luego los sirvientes de cera devolvieron al faraón a su palacio. Todo se completó en seis horas.

Si-Osire hizo una pausa en su recitación—. Que el Amén te derribe si no dices la verdad—le dijo al nubio—. ¿No son esas las palabras escritas en el documento que llevas?

El nubio se inclinó y dijo—: Son las mismas palabras. Por favor, continúa.

Si-Osire comenzó a hablar de nuevo.

—Cuando llegó la mañana, el faraón mandó llamar a sus consejeros. El faraón les preguntó: "¿Qué pasó en Egipto, mientras yo estaba fuera?"

—Los consejeros estaban muy confundidos, pues hasta donde sabían, el faraón nunca se había ido. "¿Qué es esto que dices, oh Faraón, que vivas para siempre? ¿Qué locura es esta? No has estado en ninguna parte excepto aquí. Tus sirvientes te vieron anoche en tu habitación como de costumbre, y esta mañana nos llamaste a tu presencia".

—"Fui secuestrado", dijo el faraón, "y llevado a Nubia, donde me dieron 500 latigazos con un bastón ante el rey nubio, y luego me devolvieron aquí. Todo esto sucedió en seis horas". Y les mostró las marcas de su espalda. Los consejeros y los sirvientes se lamentaron en voz alta y sentían gran compasión por el faraón, pues su espalda estaba muy magullada y le dolía.

—Entonces el faraón mandó a llamar a su mago más erudito, un hombre llamado Horus-hijo-de-Paneshe. Cuando Horus-hijo-de-Paneshe se presentó ante el faraón y vio las heridas de su espalda, se lamentó y se enfadó por la indignidad que había sufrido el faraón. El faraón le dijo, "¡Rápido, haz tu magia! ¡No quiero que me lleven a Nubia otra vez esta noche!"

—Horus-hijo-de-Paneshe fue a buscar sus amuletos y libros de magia. Recitó muchos buenos hechizos sobre el faraón, y le puso amuletos mágicos, para evitar que la magia de los nubios se apoderara de nuevo. Entonces Horus-hijo-de-Paneshe fue a Hermópolis, al templo de Thoth que estaba allí. Recitó muchas oraciones, con ofrendas y libaciones, diciendo: "¡Oh, poderoso Thoth! ¡Escucha mi oración! Los nubios quieren avergonzar a Egipto. Tú eres el autor de toda la magia. Pusiste el cielo en su lugar, creaste la tierra y el inframundo. ¡Dime qué debo hacer para salvar al faraón de los nubios!"

—Esa noche, Horus-hijo-de-Paneshe durmió en el templo, y mientras dormía tuvo un sueño. Escuchó la voz de Thoth que le hablaba, diciendo, "¿Eres Horus-hijo-de-Paneshe, el mago del faraón? Por la mañana, ve a mi templo, y ve a la biblioteca que está dentro de él. Dentro de la biblioteca hay una cámara. La cámara está cerrada. Ábrela, y dentro encontrarás un libro de escritos que escribí con mi propia mano. Toma el libro. Cópialo bien. Cuando esté copiado, devuélvelo y cierra la cámara. Los hechizos de ese libro son muy poderosos. Me protegen, y también protegerán al faraón de la magia de los nubios".

—Horus-hijo-de-Paneshe, despertó de su sueño e hizo todo lo que el dios Thoth le ordenó. Usó los hechizos mágicos del libro para hacer nuevos y poderosos amuletos con los que proteger al faraón. Regresó al palacio, donde puso los amuletos sobre el faraón y dijo nuevos hechizos para protegerlo de los hechiceros nubios.

—Esa noche, los nubios pensaron de nuevo para avergonzar al faraón. Horus-hijo-de-la-mujer-nubia, hizo su magia de nuevo. Pero cuando las figuras de cera llegaron al palacio del faraón, no tenían poder sobre él, debido a la fuerza de los amuletos que Horus-hijo-de-Paneshe había hecho, y a la fuerza de sus hechizos. A la mañana siguiente, el faraón le dijo a Horus-hijo-de-Paneshe lo que había pasado, y que los nubios no habían podido llevárselo porque estaba muy bien protegido.

—Entonces Horus-hijo-de-Paneshe obtuvo una gran cantidad de cera, y con ella hizo cuatro sirvientes y una camilla. Hizo un poderoso hechizo, haciendo que los sirvientes y la camada cobraran vida. Les dijo a los sirvientes de cera: "Vayan a Nubia. Capturen al rey nubio. Tráiganlo aquí, y golpéenlo con 500 golpes de bastón. Luego regrésenlo a su palacio. Hagan todo esto en el espacio de seis horas".

—Los sirvientes de cera se inclinaron y dijeron que se haría como se les ordenó. Volaron por arte de magia a Nubia, y vencieron al rey. Llevaron al rey nubio ante el faraón, donde fue golpeado con 500 golpes de bastón. Luego lo llevaron de vuelta a su propio palacio. Todo esto se hizo en el espacio de seis horas.

Si-Osire hizo una pausa en su recitación—. Que el Amen te derribe si no dices la verdad—le dijo al nubio—. ¿No son esas las palabras escritas en el documento que llevas?

El nubio se inclinó y dijo—: Son las mismas palabras. Por favor, continúa.

Si-Osire comenzó a hablar de nuevo.

—Por la mañana, el rey nubio llamó a sus nobles. Les dijo: "He aquí que en la noche fui vencido y llevado ante el faraón en la tierra de Egipto, donde fui golpeado con 500 golpes de bastón, y luego fui llevado de vuelta a casa". El rey nubio mostró su espalda a sus nobles, y ellos se lamentaron mucho por sus muchas heridas.

—Entonces el rey mandó llamar al mago Horus-hijo-de-la-mujer-nubia. "¡La maldición de Amén sea sobre ti! Pensaste en avergonzar al faraón de Egipto trayéndole aquí para que le golpearan, y ahora sus hechiceros me han hecho lo mismo a mí. ¡Encuentra una manera de protegerme, porque me temo que harán otro intento esta noche!

— Horus-hijo-de-la-mujer-nubia tejió muchos hechizos alrededor del rey nubio y le puso muchos amuletos, pero no sirvieron de nada. Esa noche, Horus-hijo-de-Paneshe envió a sus sirvientes de cera a Nubia, y de nuevo el rey fue llevado a Egipto donde fue golpeado con un bastón en presencia del faraón y luego regresó a su casa en Nubia, todo en el espacio de seis horas. Esto sucedió durante tres días más, ya que la magia de los nubios no era rival para la de Horus-hijo-de-Paneshe.

—Cuando el rey nubio descubrió que nada podía protegerlo de la magia de los egipcios, llamó Horus-hijo-de-la-mujer-nubia. "¡Que la maldición de Amén sea sobre ti para siempre! Nada de tu magia es de ninguna ayuda. Todas las noches me llevan al palacio del faraón, y todas las noches me humillan en su presencia. ¡Haz una magia que me proteja, o por todos los dioses tu muerte será tan lenta y tan dolorosa como pueda concebir!".

— Horus-hijo-de-la-mujer-nubia dijo: "Oh, mi señor rey, déjame ir a Egipto. Me presentaré ante el que te ha hechizado y me enfrentaré a él con magia. Lo derrotaré allí en su propia tierra, y no te molestará más".

—El rey estuvo de acuerdo en que esto se hiciera. Antes de partir a Egipto, Horus-hijo-de-la-mujer-nubia fue a visitar a su madre. Le dijo lo que había estado sucediendo y lo que pensaba hacer. Ella le dijo: "¡No vayas a Egipto! Tienen muchos buenos hechiceros, más poderosos que tú. No vayas allí, porque si lo haces, nunca más volverás a casa en Nubia".

—Pero Horus-hijo-de-la-mujer-nubia, respondió: "No tengo elección. Debo ir a Egipto si quiero hacer la magia que salvará a nuestro rey de más vergüenza".

—Su madre dijo: "Si debes ir, debes hacerlo. Pero pongámonos de acuerdo en una señal para que vea si el mal te ocurre en la tierra de Egipto, y así sabré que debo venir a ayudarte".

—Acordaron que si el mal caía sobre Horus-hijo-de-la-mujer-nubia, la comida y la bebida de su madre se volverían rojas como la sangre, y que el cielo también se convertiría en el color de la sangre, y esa sería la señal de que ella debía ir en su ayuda.

—Una vez hecho esto, Horus-hijo-de-la-mujer-nubia, fue a Egipto. Fue a Menfis, a la corte del faraón. Se presentó ante la corte y dijo: "¡Están condenados, hechiceros de la tierra de Egipto! ¡Están condenados los que luchan conmigo en hazañas de magia, y que envían maldiciones mágicas al rey de Nubia!".

—Horus-hijo-de-Paneshe escuchó estas palabras y se enojó. Se paró frente a la corte del faraón y dijo: "¡Estás condenado, vil nubio! Sé quién eres. ¿No eres Horus-hijo-de-la-mujer-nubia? ¿No recuerdas la vez que estuvimos juntos en el jardín de Ra, y tú y tu compañero cayeron al agua allí, y yo te rescaté? Y ahora haces magia sucia que hace mal al faraón, tu legítimo señor, y vienes a Egipto quejándote de los hechizos que se lanzan sobre el rey de Nubia. ¡Seguramente el condenado eres tú, ya que los dioses vieron la necesidad de llevarte a Egipto para enfrentar el castigo que mereces!".

—Horus-hijo-de-la-mujer-nubia se burló de esto. "Horus-hijo-de-Paneshe, te conozco. ¿No recuerdas que te enseñé a hablar el idioma de los lobos? ¿Dices que te enfrentarás a mí en un concurso de magia?".

—Entonces el hechicero nubio hizo un poderoso hechizo, y un gran incendio estalló en medio de la corte del faraón. El faraón y sus nobles gritaron de miedo, porque el fuego era muy caliente, y era lo suficientemente alto para lamer las vigas del palacio. Pero Horus-hijo-de-Paneshe, no gritó, y no tuvo miedo. Dijo un poderoso hechizo propio, y una gran lluvia comenzó a caer sobre la corte, apagando el fuego instantáneamente.

—Horus-hijo-de-la-mujer-nubia hizo otro hechizo. Primero hubo una ráfaga de viento, y luego una profunda oscuridad cayó sobre la corte. El faraón y sus nobles gritaron de miedo, porque estaba tan oscuro que no podían ver nada, no importaba cómo lo intentaran. Pero Horus-hijo-de-Paneshe, no gritó y no tuvo miedo. Hizo un poderoso hechizo propio, que calmó el viento y disipó la oscuridad.

—El hechicero nubio no estaba consternado. Hizo un tercer hechizo, uno que construyó muros y un techo de piedra alrededor de la corte del faraón. El faraón y todos sus nobles estaban ahora atrapados dentro de una gran tumba de piedra, y gritaban de miedo. Pero Horus-hijo-de-Paneshe, no gritó, y no tuvo miedo. Dijo un poderoso hechizo propio. Creó un barco de hechizo de papiro para llevar la tumba de piedra lejos de la corte del faraón. Puso la tumba en el barco, y voló a través del cielo hasta el mar. Cuando llegó al mar, cayó al agua con su carga, y ambos se hundieron hasta el fondo.

—Cuando Horus-hijo-de-la-mujer-nubia, vio esto, supo que nunca derrotaría al mago egipcio, y se asustó mucho. Hizo un hechizo que lo volvió invisible, pensando que así podría escapar de la corte. Pero el hechicero nubio no era rival para Horus-hijo-de-Paneshe. El mago egipcio dijo un contra-hechizo, y el nubio fue inmediatamente visible para todos. Al ver esto, Horus-hijo-de-la-mujer-nubia se convirtió en un ganso, pensando escapar volando, pero Horus-hijo-de-Paneshe dijo un contra-hechizo y el nubio se encontró en forma de ganso en las garras de un cazador que estaba listo para matarlo con un cuchillo.

—Mientras el hechicero nubio fue tomado por el cazador, la madre del hechicero se sentó a comer. Descubrió que su comida y bebida había cambiado al color de la sangre. Miró al cielo y encontró que también había cambiado al color de la sangre. Se convirtió en una oca y voló a Egipto, donde voló alrededor de la corte del faraón, llamando a su hijo. Horus-hijo-de-Paneshe, escuchó su llamada. Levantó la vista y vio la oca que rodeaba la corte, y supo que era la madre del hechicero nubio. Horus-hijo-de-Paneshe dijo un poderoso hechizo que la hizo caer y la puso en las garras de un cazador, como le había sucedido a su hijo.

—En esto, la mujer nubia volvió a su propia forma. Cayó de rodillas ante Horus-hijo-de-Paneshe, y dijo: "¡Ten piedad de nosotros! ¡No nos hagas daño! ¡Te pedimos perdón por el mal que le hemos hecho al faraón y por la vergüenza que hemos traído a Egipto! ¡Si nos dejas ir, regresaremos a Nubia en paz y nunca más diremos hechizos en tu contra!

—Horus-hijo-de-Paneshe dijo, "Te dejaré ir con una condición: debes jurar no volver nunca más a Egipto, por ninguna razón".

—La mujer aceptó, diciendo: "Lo juro. No volveré a Egipto hasta dentro de 1.500 años".

—Horus-hijo-de-Paneshe aceptó la palabra de la mujer Nubia. La liberó a ella y a su hijo de su hechizo, y los envió de vuelta a casa a Nubia con magia".

Así Si-Osire terminó su relato, ante el faraón y ante su padre, Setne Khamwas, y ante toda la corte. El nubio también se presentó ante ellos, con la cabeza inclinada. Si-Osire señaló al nubio y dijo— Juro por la vida misma del faraón, que viva para siempre, que este nubio que está ante la corte no es otro que la mujer nubia del cuento. Los 1.500 años de su juramento han terminado, y ella ha regresado a Egipto para hacer más daño. Juro también por el gran Osiris, dios del inframundo donde yo también resido, que soy Horus-hijo-de-Paneshe. En el Inframundo, llegó a mis oídos que la mujer nubia planeaba regresar a la corte del faraón para hacer magia contra él, pero que no había nadie aquí que pudiera soportar sus hechizos. Le pedí permiso al Señor Osiris para renacer y así poder proteger al faraón y a la tierra de Egipto de ella, y Osiris concedió que así fuera.

—Me puse dentro de la planta de melón, para renacer de nuevo como el hijo de Setne Khamwas y Mehusekhe. Hice esto para que cuando llegara el momento, pudiera enfrentarme al hechicero de Nubia y proteger a Egipto de sus maldades.

Entonces Si-Osire hizo un poderoso hechizo. Hizo que un gran fuego surgiera alrededor del nubio y pronto el hechicero fue reducido a cenizas en presencia del faraón y todos sus nobles. Cuando esto se hizo, el mismo Si-Osire desapareció, como si nunca hubiera estado allí. El faraón y los nobles exclamaron maravillados, diciendo que seguramente nunca más habría tal mago en Egipto, pero Setne Khamwas se lamentó, porque Si-Osire era su hijo y lo amaba mucho.

El corazón del faraón estaba lleno de todas las cosas que había oído y visto, pero no olvidó el dolor de Setne Khamwas. El faraón hizo lo que pudo para consolar a su hijo por la pérdida de Si-Osire.

Esa noche, Khamwas se fue a casa, todavía afligido por Si-Osire. Le contó a su esposa todo lo que había sucedido ese día. Luego se acostaron juntos y se deleitaron el uno con el otro, y poco después Mehusekhe descubrió que estaba embarazada. Cuando llegó el momento, nació un buen niño, y lo llamaron User-Mont-Hor.

Pero por el resto de su vida, Setne Khamwas hizo ofrendas y derramó libaciones a Horus-hijo-de-Paneshe, quien había salvado el honor de Egipto no una vez, sino dos veces, y que por un tiempo, al menos, había sido su hijo amado.

GLOSARIO SELECTO

Amaunet	La consorte femenina de Amén y uno de los Ocho Dioses al principio de la creación. Ella es la personificación femenina de lo invisible.
Amén	Uno de los Ocho Dioses al principio de la creación. Su consorte es Amaunet. Es la personificación masculina de lo invisible.
Amen-Ra	Una combinación de los dioses Amen y Ra en un solo dios. Esta fusión ocurrió durante el Nuevo Reino.
Annu	Antiguo nombre egipcio de la ciudad de Heliópolis, una ciudad en la parte sudeste del Delta del Nilo, al norte del actual El Cairo.

Anubis	Dios del más allá y de la momificación. Anubis suele ser representado con un cuerpo humano masculino y una cabeza de chacal. Anubis sopesaba los corazones y las acciones de las almas en el Salón del Juicio.
Anukis	Diosa del río Nilo, adorada en Elefantina en la Primera Catarata del Nilo. Normalmente se la representa como una mujer con un tocado alto.
Apofis	La malvada serpiente del inframundo que intentó todas las noches devorar a Ra mientras navegaba hacia el horizonte oriental.
Corona *atef*	Corona usada por Osiris; consiste en la Corona Blanca de Egipto flanqueada por dos grandes plumas.
Atón	Una deidad solar egipcia, identificada específicamente con el disco del sol. Atón aparece por primera vez en los escritos de la 12$^{\underline{a}}$ dinastía (1991-1802 a. C.)
Atum	Un dios creador en el mito de Heliópolis. Usualmente se muestra en forma humana usando un tocado real o la doble corona de Egipto.

ba	El *ba* era la parte del alma que contenía el carácter esencial de una persona, o a veces de un animal o una cosa. Se pensaba que era capaz de volar después de la muerte y a menudo se representaba como una cabeza humana en el cuerpo de un pájaro.
Baba	Un dios del inframundo que tenía la forma de un babuino. Baba devoraba las almas de los malvados.
Banebdjedet	Un dios con cabeza de carnero adorado principalmente en la antigua ciudad de Mendes en el medio del Delta del Nilo.
Barco de Millones de Años	Uno de los nombres del barco que Ra usa para navegar por el cielo como el sol.
Ave Bennu	Usualmente se la representa como una garza gris. Los mitos la describen como existente antes del amanecer de la creación y como el *ba* de Ra. También tenía asociaciones con el renacimiento y por lo tanto con Osiris.
cartucho	En la escritura jeroglífica, un óvalo que encierra la escritura de un nombre real.

Ocho Dioses	También conocido como el Ogdoad. El conjunto de ocho dioses primordiales en el mito de la creación de Hermópolis. Hay cuatro varones (Nun, Huh, Kuk y Amen) y sus consortes femeninos (Naunet, Hauhet, Kauket, Amaunet)
Ojo de Atum/Ojo de Ra	Una personificación del sol y también del poder de Atum/Ra. El Ojo era separable de estos dioses y podía ser dado a otro dios para que lo usara, o podía actuar por su cuenta.
Geb	Dios de la tierra y personificación de la superficie de la tierra. Esposo de Nut e hijo de Tefnut y Shu. Normalmente representado como un hombre con barba; uno de los Nueve Dioses.
Buena Casa	El lugar donde los muertos eran embalsamados y preparados para ser enterrados.
Gran Cackler	El ganso cósmico de cuyo huevo surgió toda la creación.
Happi	Dios del Nilo, especialmente de sus inundaciones. Usualmente se representa como una persona intersexual con barriga y pechos, usando una corona de loto.
Harpócrates	Dios del silencio en el Egipto Ptolemaico, una especie de versión griega de Horus de niño.

Hathor	Diosa de la maternidad y la fertilidad. Normalmente se la representa como una vaca con un disco solar dentro de sus cuernos, o como una mujer que lleva un disco solar dentro de los cuernos de la vaca con un uréus, o el emblema de una serpiente.
Hauhet	Consorte de Huh. Una de los Ocho Dioses primordiales en el mito de la creación de Hermópolis. La personificación femenina de la infinitud o la eternidad.
Horus el Anciano	Hijo de Nut y Geb, esposo de Hathor. El dios egipcio de la luz a menudo es representado como un gran halcón.
Horus el Joven	Hijo de Isis y Osiris. A menudo representado como un hombre con cabeza de halcón que lleva la Doble Corona de Egipto. Dios del cielo y de la realeza.
Casa de la Vida	Un lugar donde se guardaban los registros y los libros. Funcionaba como un archivo y un centro de entrenamiento para escribas y sacerdotes.

Huh	Uno de los Ocho Dioses primordiales en el mito de la creación de Hermópolis; su consorte es Hauhet. La personificación masculina de la infinitud o la eternidad.
Isis	Hija de Geb y Nut; esposa y hermana de Osiris. Diosa de la realeza, la magia y el cielo. Normalmente se la representa como una mujer con un bastón en una mano y el signo de la vida (ankh) en la otra.
ka	La parte del alma que da vida a un ser. La muerte ocurre cuando el *ka* se va.
Kaf	Una divinidad egipcia que tenía la forma de un simio o babuino.
Kauket	Consorte de Kuk. Uno de los Ocho Dioses primordiales en el mito de la creación de Hermópolis. La personificación femenina de la noche primordial.
Jepri	El dios Ra en forma de escarabajo. Jepri empujaba el sol sobre el horizonte cada mañana.
Khonsu	Dios de la luna. Representado como una momia que lleva un collar de pelo de niño y un collar sagrado.

Jnum	Dios creador asociado con la cerámica y la fuente del Nilo. A menudo representado como un hombre con cabeza de carnero. Principalmente venerado en Elefantina en la Primera Catarata.
Kuk	Uno de los Ocho Dioses primordiales en el mito de la creación de Hermópolis. Su consorte es Kauket. La personificación masculina de la noche primordial.
Barco Matet	El barco en el que viaja el dios del sol Ra desde el amanecer hasta el mediodía.
Mechir	El sexto mes del calendario egipcio.
Ment	Un dios egipcio de la guerra.
Naunet	Consorte de Nun. Una de los Ocho Dioses en el mito de la creación de Hermópolis. La personificación femenina de las aguas primordiales.
Neith	Diosa creadora y diosa de la guerra y la caza, adorada principalmente en Sais, en el Delta Occidental del Nilo. Representada como una mujer con un tocado hecho de un escudo y flechas cruzadas.

Neftis	Diosa guardiana. Hija de Geb y Nut; hermana y esposa de Set; hermana de Isis y Osiris. Normalmente se representa como una mujer que lleva un tocado compuesto por una casa con una cesta encima.
Nueve Dioses	También conocida como la Enéada, la familia de nueve dioses principales iniciada por Ra o Atum. La composición de la Enéada es algo fluida, pero normalmente incluye Ra/Atum, Shu, Tefnut, Geb, Nut, Osiris, Isis, Set y Neftis. A veces Horus hijo de Isis está incluido en este conjunto de dioses.
nome	Una región administrativa del antiguo Egipto.
Nubia	Una región del África septentrional que se extiende a lo largo del Nilo entre la actual Asuán en Egipto y Jartum en el Sudán. Esta antigua cultura rivalizaba con Egipto.
Nun	Uno de los Ocho Dioses del mito de la creación de Hermópolis. Personificación de las aguas primordiales y esposo de Naunet.
Nut	Diosa del cielo, hija de Shu y Tefnut. A veces representada como una vaca, a veces como una mujer creando un arco con su cuerpo al pararse en los dedos de las manos y los pies.

Onuris	Dios de la guerra. Usualmente se lo representa como un hombre que lleva un tocado alto hecho de plumas.
Osiris	Dios de los muertos y del inframundo. Hijo de Geb y Nut; esposo y hermano de Isis; padre de Horus. Normalmente representado en los envoltorios de una momia llevando la corona de la comida y llevando el báculo y el azotado.
Ptah	Dios creador de la religión menfita y dios de los arquitectos, esposo de Sejmet. Usualmente representado como un hombre momificado sosteniendo un alto bastón.
Punt	Un antiguo país del noreste de África que comerciaba con Egipto. Conocido como una fuente de mirra, incienso y ébano.
Ra	Dios creador de Heliópolis y dios del sol. Normalmente se le representa como un hombre con cabeza de halcón que lleva un disco solar con una uraeus.
Ra-Horajty	Una manifestación de Ra como dios del amanecer.
Rekrek	Una serpiente peligrosa que habita en el inframundo y que podría devorar las almas de los desprevenidos e incautos.

sa	El poder mágico que tiene un dios u otro ser.
Satis	Diosa de la guerra y la fertilidad asociada a la inundación del Nilo. Adorada en el Elefantino junto con Jnum y Anukis. Normalmente se representa como una mujer que lleva la corona del Alto Egipto enmarcada por cuernos de antílope.
sátrapa	Un gobernador regional nombrado por un emperador. Las satrapías (sing. satrapía) como unidades de gobierno regional fueron empleadas por varios imperios antiguos, incluyendo los persas y los macedonios bajo Alejandro Magno.
Seker	Un dios del inframundo y también un dios de los artesanos. Normalmente se representa como un hombre momificado con una cabeza de halcón que lleva la corona de *atef*.
Sejmet	Diosa de la guerra y la curación. Normalmente se representa como una mujer con la cabeza de una leona que lleva un tocado de disco solar con una uraeus.
Barco Seqtet	El barco en el que Ra viaja desde el mediodía hasta el atardecer.

Set	Dios del caos y del trueno. Hijo de Geb y Nut; hermano de Isis y Osiris; esposo y hermano de Neftis. Tradicional rival de Horus el Viejo y Horus el Joven. Normalmente representado como un hombre con la cabeza de un animal que no ha sido claramente identificado.
Shu	Dios del aire. Esposo de Tefnut y padre de Geb y Nut. Normalmente se le representa como un hombre con una pluma en la cabeza.
estela	Una losa de piedra que se coloca en posición vertical y en la que se ha tallado un relieve y/o texto conmemorativo. (estelas pl.; estela alt.)
Tattu	El antiguo nombre egipcio de la ciudad de Mendes, que estaba en el Delta del Nilo.
Tefnut	Diosa de la luz. Esposa de Shu y madre de Geb y Nut. Normalmente representada como una mujer con la cabeza de una leona que lleva un tocado de disco de sol con dos uraei.
Thoth	Dios de la sabiduría y la inteligencia. También un dios de la luna y un dios de la escritura. Normalmente representado como un ibis o un hombre con cabeza de babuino que sostiene implementos de escritura.

Tuat	El inframundo egipcio. Lugar donde los muertos viajaban para ser juzgados y el lugar que Ra tuvo que cruzar durante la noche antes de levantarse de nuevo como el sol de la mañana.
Corona Blanca	Corona cónica blanca usada por los faraones del Alto Egipto y por algunos dioses egipcios.

Cuarta Parte: Mitología celta

Mitos celtas fascinantes de dioses, diosas, héroes y criaturas legendarias

Introducción

Gigantes y hadas, magia druídica, actos imposibles realizados por héroes: todos estos son característicos de los mitos y leyendas celtas. Historias como estas son todo lo que queda del mito de los antiguos celtas, un pueblo cuya lengua y cultura una vez cubrió una amplia franja de la Europa continental y se extendió a Irlanda, Escocia, Inglaterra y Gales. Sin embargo, la cultura y el idioma celtas disminuyeron con la expansión del Imperio romano y el advenimiento del cristianismo; su declive fue muy avanzado a principios de la Edad Media. Hoy en día, lo que queda de las culturas celtas solo se puede encontrar en gran parte en Bretaña, en el noroeste de Francia, y en Irlanda, Escocia y Gales.

No tenemos fuentes antiguas para las historias de los celtas, que originalmente fueron transmitidas oralmente. Los monjes irlandeses escribieron versiones de sus cuentos nativos a partir del siglo VIII, mientras que las redacciones galesas sobreviven en manuscritos que datan del siglo XII en adelante, y las leyendas de Cornualles nunca fueron capturadas en absoluto. Los cuentos bretones se escribieron incluso más tarde, en una época cercana a la moderna: el *Barzazh Breiz*, una colección de canciones populares bretonas que incluye la historia de la ciudad ahogada de Ys, se publicó por primera vez en 1839, lo que dio lugar a cierta controversia sobre su autenticidad como representante del antiguo mito y leyenda bretones.

No se puede subestimar el impacto, primero de la romanización y luego del advenimiento del cristianismo, en la transmisión de estos cuentos. La imposición de una nueva cultura y una nueva religión dio lugar a la pérdida del mito celta original, incluyendo cualquier narración cosmológica. Ahora solo encontramos ecos de este mito original en artefactos físicos como el Caldero de Gundestrup o las tallas de las tumbas neolíticas; en las pocas descripciones de los celtas y sus creencias de fuentes romanas; o en historias como los cuentos irlandeses de los Tuatha Dé Danann, o simplemente los Tuatha Dé ("pueblo de la diosa Danu" y "tribu de los dioses", respectivamente), que son extraordinariamente hermosos, guerreros dotados, educados en la magia y casi inmortales.

Cuando finalmente fueron registrados por los escribas cristianos, los mitos originales se diluyeron, ya que algunos de los antiguos dioses se convirtieron en héroes superhumanos, mientras que otros fueron desterrados a sus montículos en un misterioso y peligroso mundo, la tierra de las hadas. Esto último es de hecho una reinvención de la función de las tumbas en montículos hechas en la antigüedad, que mantuvieron su asociación con los dioses paganos a través de su transformación en los hogares de los Sidhe, o hadas. Estos seres que una vez fueron poderosos, a veces se ven aún más disminuidos cuando son vistos como pequeñas criaturas mágicas aladas, las hadas y pixies que hacen bromas a los descuidados humanos.

El sello del cristianismo en el mito celta se puede ver en Irlanda, en particular, donde los monjes inventaron pseudo-historias y las relacionaron con los cuentos bíblicos, en parte en un intento de reconciliar las antiguas historias paganas con la nueva fe cristiana. Lo hicieron, por ejemplo, haciendo que los antiguos dioses en su disfraz de los Tuatha Dé fueran uno de los varios grupos que invadieron Irlanda y se establecieron allí, pero solo siglos después de que la nieta de Noé condujera a un grupo de su propio pueblo desde Palestina en un intento de escapar del Diluvio. Los escribas irlandeses también intentaron valorar más estas pseudo-historias alegando las conexiones irlandesas con la antigua Grecia, de forma muy similar a como los romanos habían intentado aumentar su propia legitimidad alegando ser descendientes del héroe Eneas después de la caída de Troya. En estos casos, los exiliados de Irlanda van a Grecia por un tiempo en el que se hacen fuertes y a veces adquieren conocimientos mágicos (parte de la historia de los Tuatha Dé) antes de volver a Irlanda una vez más.

Los investigadores modernos han agrupado los mitos irlandeses en uno de los tres ciclos básicos: el Ciclo Mitológico, que contiene las pseudo-historias e historias de héroes dioses como Lug y Lir; el Ciclo del Ulster, que contiene la epopeya Táin Bó Cúailnge ("El robo del toro de Cuailnge") y las leyendas de Cú Chulainn; y el Ciclo Feniano, que cuenta las historias de Finn Mac Cumhaill, otro héroe similar en cierto modo a Cú Chulainn. De estas, solo se cuentan aquí una de las leyendas del Ciclo Mitológico y algunas de las historias de Cú Chulainn.

Los mitos galeses suelen ser referidos bajo el término paraguas de *Mabinogion*. El *Mabinogion* se divide en cuatro grupos conocidos como "ramas", cada una de las cuales implica las aventuras de un protagonista particular. La primera rama trata de Pwyll de Dyfed y se cuenta aquí. Las otras tres ramas cuentan las historias de Branwen hija de Llyr, Manawydan hijo de Llyr, y Mathonwy hijo de Mathonwy, en ese orden. Además de las cuatro ramas del *Mabinogion*, hay un puñado de los llamados "cuentos nativos" que incluyen la historia de Culhwch y Olwen, que también se incluye en esta colección.

Bretaña está representada aquí por el cuento de la Ciudad Ahogada de Ys del *Barzazh Breiz*. Esta historia tiene elementos claramente celtas, aunque nunca fue un mito celta real. Cornualles está representada por la historia de Tristán e Isolda, una leyenda medieval artúrica que tiene resonancias con el antiguo cuento irlandés "La búsqueda de Diarmuid y Grainne".

PARTE I

Irlanda

Los hijos de Lir

Esta historia es un ejemplo perfecto de las formas en que el mito irlandés se filtró a través de una lente cristiana en la Edad Media. Con muy pocas excepciones, los personajes de la historia son todos miembros de los Tuatha Dé Danann, que son una especie de eco de los antiguos dioses celtas: tienen poderes mágicos, y si no son del todo inmortales, viven cientos de veces más que los humanos normales. En esta historia, los Hijos de Lir, cuyo nombre significa "mar" y que aparentemente era una especie de dios celta del océano, son convertidos en cisnes por su malvada madrastra. En esta forma, vagan por el mundo durante más de novecientos años, y su hechizo se revierte solo después de la cristianización de Irlanda, cuando el resto de los Tuatha Dé han partido para siempre.

Los Tuatha Dé Danann eran un pueblo justo, sabio y culto en muchas artes. En una época, se reunieron para elegir quién podría ser su rey, y los dos rivales por el trono eran Lir y Bodb Derg, el hijo de los Dagda. Los Tuatha Dé decidieron que Bodb debía ser su rey. Esto no le gustó nada a Lir, y dejó la asamblea sin jurar lealtad a Bodb Derg. Los seguidores del nuevo rey le instaron a ir tras Lir, asaltar su casa, quemarla y matar a su gente, pero Bodb Derg se negó, diciendo—: Defenderá su casa, y demasiados morirán en el proceso. Además, sigo siendo rey, me dé o no su lealtad.

Lir tenía una esposa a la que amaba mucho. Un día cayó enferma. Estuvo enferma durante tres noches, y al final de ese tiempo murió. Lir estaba afligido por la pena, y estuvo de luto durante mucho tiempo.

Bodb Derg se enteró de la pérdida de Lir. Pidió el consejo de sus nobles, y todos estuvieron de acuerdo en que sería bueno tratar de ayudar a Lir—. Tengo tres hijas adoptivas que están en edad de casarse—dijo Bodb—y quizás una de ellas sería una buena esposa para Lir.

Así que enviaron mensajeros donde Lir, invitándole a la corte de Bodb. Los mensajeros dijeron que si Lir ofrecía fidelidad a Bodb, podría unir su casa a la de los Dagda casándose con una de las hijas adoptivas de Bodb. Lir lo pensó bien y decidió aceptar. Reunió a sus nobles a su alrededor, y fueron en cincuenta carrozas a la corte de Bodb Derg, donde fueron muy bien recibidos.

En la fiesta, las hijas adoptivas de Bodb se sentaron en un banco con su madre adoptiva, la esposa de Bodb y la reina de los Tuatha Dé. Bodb las presentó a Lir, y sus nombres eran Aobh, Aoife y Ailbhe. Bodb le dijo a Lir—Puedes elegir cuál de mis hijas adoptivas quieres tener como esposa.

Lir respondió—No sé cuál elegir, pero creo que es mejor tomar a la más noble de ellas, y esa sería la mayor.

—Aobh es la mayor—dijo Bodb—y será tu esposa esta noche si lo deseas.

—Es mi deseo—dijo Lir, y así él y Aobh se casaron esa noche.

Lir se quedó en la corte de Bodb Derg durante quince días y luego volvió a su casa, donde hizo un gran festín entre su gente para celebrar su boda con Aobh.

Muy pronto, Aobh se encontró embarazada, y cuando llegó el momento, nacieron gemelos. Una hija y un hijo tuvo, y se llamaban

Fionnula y Aodh. Poco después volvió a quedar embarazada y tuvo dos hijos más, varones llamados Fiachra y Conn, y al darles a luz Aobh murió. Esto le causó a Lir una pena tan grande que podría haber muerto por ello, si no hubiera tenido cuatro pequeños a los que cuidar.

Cuando la noticia de la muerte de Aobh llegó a la corte de Bodb Derg, todos allí entraron en duelo, porque Aobh era una mujer hermosa y muy amada. Bodb Derg se entristeció por Lir, y una vez más pidió consejo a sus nobles. Decidieron invitarlo a la corte de nuevo y darle a la hermana de Aobh, Aoife, como esposa. Se enviaron mensajeros a Lir con la oferta del rey, y Lir dijo que aceptaría con gusto una vez que su luto se completara. Cuando pasó ese tiempo, Lir fue a la corte de Bodb Derg, y allí tomó a su esposa Aoife.

Aoife y Lir vivieron juntos felizmente como marido y mujer durante varios años. Aoife nunca tuvo hijos propios, pero se preocupaba por sus hijastros, y ellos la querían mucho. En verdad, todos amaban a los hijos de Aobh, porque eran atractivos y encantadores. Su abuelo, el rey, visitaba con frecuencia la casa de Lir para estar con ellos y también los llevaba a su corte para quedarse de vez en cuando, y toda la corte de Bodb Derg estaba encantada con ellos. Y Lir amaba especialmente a sus hijos y los cuidaba generosamente.

Aoife vio cómo los niños capturaban los corazones de todos los que los conocían, y lo mucho que Lir los amaba, y los celos comenzaron a comerse su corazón. Pronto no tuvo nada más que desprecio por los niños, que se esforzó en ocultar fingiendo estar enferma. Estuvo enferma durante todo un año, mientras ideaba un malvado plan para deshacerse de ellos. Y cuando el año terminó, anunció que su enfermedad había pasado y que deseaba hacer un viaje con los niños. Llamó a una carroza para que los llevara a visitar a su padre adoptivo, el rey.

Fionnula se negó a subir a la carroza diciendo—: No sé adónde quieres llevarnos, pero sé que no es a la casa de nuestro abuelo. Anoche tuve un sueño, y creo que no tienes buenas intenciones con nosotros.

—Mi querida niña—dijo Aoife— ¿cómo puede ser eso? No deseo nada más que lo mejor para ti y tus hermanos. Vamos a visitar Bodb Derg, como lo hemos hecho a menudo. No tengas en cuenta los sueños tontos.

Al final, Fionnula no pudo resistirse a Aoife y se subió a la carroza con ella y sus hermanos. Siguieron conduciendo durante un tiempo, hasta que llegaron al Lago Dairbhreach, el Lago de los Robles. Era un buen día de verano, y muy caluroso, así que Aoife le dijo a los niños que fueran al lago y se bañaran para refrescarse. Los niños se quitaron la ropa, y cuando entraron al agua Aoife los golpeó con su varita de druida, diciendo:

Que la suerte les sea arrebatada a todos ustedes

No serán más niños

En forma de pájaros se irán

Y gritos de luto llenarán el hogar de su padre.

En esto, los niños se convirtieron en cuatro hermosos cisnes blancos. Pero por lo que Aoife pudo cambiar sus formas, no pudo quitarles el poder del habla humana. Fionnula reprochó a Aoife, diciendo— ¿Por qué nos has hecho esto? Seguramente nunca te hemos hecho ningún mal que merezca tal castigo. Debes saber esto, bruja: buscaremos ayuda dondequiera que exista, y pronto tendrás lo que te mereces por esta acción. Pero hasta que llegue el día en que tengas que rendir cuentas, al menos ten piedad de poner límites a nuestro tiempo bajo este hechizo.

Aoife se enfadó por el desafío de Fionnuala, y respondió—Era mejor que no hubieras pedido ese favor, porque ahora te digo que tus propias formas no las encontrarás hasta que el Señor del Norte se case con la Señora del Sur, y hasta que hayas pasado trescientos años en Loch Dairbhreach, y trescientos años en Sruth na Maoile entre Irlanda y Alba, y trescientos años entre Irrus Domnann e Inis Gluaire.

Pero entonces Aoife miró a los niños cisne, su corazón se ablandó hacia ellos en su difícil situación, aunque no se arrepintió. Dijo—Esos serán los límites, pero les concedo esto: que siempre mantengan el lenguaje humano, y que siempre canten con las voces de los Sidhe, y la música de su canción será la más bella del mundo y pondrán a los hombres mortales en un dulce sueño. Y el pensamiento humano también deben mantener, y la nobleza de sus espíritus, para que sus dificultades sean menores.

Entonces Aoife montó en su carroza y continuó hacia la corte de Bodb Derg, dejando a los niños cisnes lamentándose detrás de ella en el lago. Cuando llegó a la casa de su padre adoptivo, él le preguntó qué había sido de sus nietos.

—No los traje—dijo Aoife—porque ya no tienes la confianza de Lir. Él teme al amor que les tienes y piensa que los mantendrás aquí para siempre.

Bodb Derg estaba desconcertado por esto, porque aunque los niños eran muy queridos para él, nunca había pensado en quitárselos a su padre, ni le había dado a Lir ningún motivo para pensar que podría hacerlo. Bodb envió mensajeros a la casa de Lir, con el pretexto de preguntar por sus hijos, diciendo que Aoife le había dicho a Bodb que Lir se los estaba ocultando. Con esto Lir entendió la enfermedad de Aoife, y que había destruido a sus hijos.

Lir pidió que ensillaran los caballos, y tomando un grupo de hombres seleccionados, emprendió el camino por el que Aoife se había ido. Cuando llegaron a la orilla del lago Dairbhreach, los niños cisne oyeron los golpes de los cascos y se reunieron en la orilla cerca del camino. Llamaron a los hombres con sus propias voces humanas, y Lir los escuchó. Él y sus compañeros se detuvieron, y Lir dijo a los cisnes— ¿Quién eres tú, que puedes hablar y yo puedo entender?

—Somos tus propios hijos queridos—dijo Fionnula—. La malvada Aoife nos ha encantado en la forma de cisnes.

Lir preguntó— ¿Cómo puedo revertir esta magia y devolverles sus propias formas?

—No hay forma que yo sepa—dijo Fionnula—porque ella ha puesto el encantamiento en nosotros durante novecientos años.

Entonces Lir y sus compañeros gritaron de dolor, y se lamentaron allí en las orillas del lago. Cuando terminaron de llorar, Lir dijo—: Ya que aún tienen el poder de la palabra y de la razón humana, ¿no volverán a casa con nosotros? Porque incluso en forma de cisnes todavía son mis propios hijos queridos, y los quiero tener conmigo.

—No podemos dejar el Lago Dairbhreach—dijo Fionnula—porque eso también es parte del encanto. Pero descansa aquí esta noche, y cantaremos para ti una dulce canción que te quitará tus penas por un tiempo.

Y así fue que Lir y sus compañeros acamparon allí para pasar la noche, y los niños les cantaron para dormir con sus dulces voces.

Por la mañana, Lir se preparó para salir, pero su corazón se sentía pesado porque no podía llevar a sus hijos con él. Se despidió con lágrimas en los ojos y luego cabalgó con sus compañeros a la corte de Bodb Derg. Allí Lir fue bien recibido, pero no dio ninguna pista de lo que había encontrado en el lago hasta que Bodb le preguntó dónde estaban los niños, y Aoife estaba con él en ese momento.

—Para eso tendrás que preguntarle a tu hija adoptiva, Aoife—dijo Lir—porque ella los ha convertido en cisnes y los ha destinado a permanecer a las orillas del lago Dairbhreach.

Al principio Bodb no creía en la historia de Lir, pero finalmente se volvió hacia Aoife y preguntó— ¿Es esto cierto?

Y ella tuvo que admitir que lo era. Bodb le dijo a Aoife— ¿Qué forma es la más aborrecible para ti en las que pudieras convertirte?

Aoife dijo—La de un demonio del aire.

Así que Bodb cogió su propia varita de druida y convirtió a Aoife en un demonio del aire. Voló tres veces alrededor del salón de Bodb Derg y luego por una ventana abierta. Nunca más se la vio con forma de mujer, y por lo que todos saben, sigue volando como un demonio del aire.

Entonces Bodb Derg convocó a su séquito, y se fueron con Lir y sus compañeros a vivir a la orilla del lago Dairbhreach donde podrían ver a los niños cisne y escuchar su canción. Después de un tiempo, más Tuatha Dé Danann llegaron e hicieron sus casas allí, al igual que la gente de los Hijos de Mil, ya que escuchar la música de los niños era muy dulce, y conversar con ellos era como hablar con los seres humanos, aunque tuvieran la forma de cisnes. Y así pasaron trescientos años en el Lago Dairbhreach.

Al final de esos trescientos años, Fionnula y sus hermanos fueron ante su padre y Bodb Derg y dijeron—Mañana debemos volar lejos de aquí e ir a Sruth na Maoile, porque así es el curso de nuestro encantamiento.

Lir y Bodb Derg se entristecieron mucho por esto y lloraron muchas lágrimas, y los niños también se entristecieron, porque no querían dejar atrás a su padre y a su abuelo. Finalmente no pudieron demorarse más. Los niños cisne extendieron sus alas y alzaron el vuelo, y no se detuvieron hasta que llegaron a Sruth na Maoile. Y allí el sufrimiento de los niños se multiplicó por diez, ya que estaban obligados a permanecer en las aguas del frío y profundo mar.

Una tarde mientras el sol se ponía, Fionnula miró al cielo y vio que se acercaba una tormenta. Tenía miedo, porque podía ver que la tormenta era fuerte y que probablemente ella y sus hermanos se perderían el uno al otro para siempre antes de que terminara. Por lo tanto, les dijo—: Si la tormenta nos separa, vayan cuando puedan a Carraig na Ron, la Roca de las Focas. Ese es un lugar que todos conocemos, y podemos encontrarnos allí si las olas y el viento nos dividen.

Los chicos estuvieron de acuerdo en que este era un buen plan. Esa noche, la tormenta se les vino encima con olas tan altas como casas y un viento impetuoso que aulló y se desató sobre las aguas. Como Fionnula había previsto, ella y sus hermanos se separaron. Cuando llegó la mañana, Fionnula luchó por llegar a Carraig na Ron, donde se encaramó a la cima de la roca y miró de un lado al otro para ver si sus hermanos estaban allí. Pronto llegaron a la roca, todos temblando y arrastrándose por el viento y el mar. Así que Fionnula tomó a Fiachra y a Conn bajo sus alas, y a Aodh bajo las plumas de su pecho, y pronto estuvieron todos juntos secos y calentitos.

Y allí se quedaron, en la roca en medio del mar, hasta que una noche llegó una helada profunda, con nieve, y por la mañana los niños cisne encontraron que el hielo y la escarcha habían atado sus pies a la roca y parte de las plumas de sus alas con ellos. Con gran esfuerzo se soltaron, pero la piel de sus pies quedó en la roca, así como muchas de sus plumas, y sufrieron un gran dolor por sus heridas. Poco a poco los niños cisne huyeron a la orilla, donde permanecieron durante el día para que sus heridas se curaran, pero cada noche volvieron a las aguas del estrecho, como les obligaba la maldición de su madrastra. Y así pasaron cien años y más para ellos de esta manera, durante el día a veces parados en Carraig na Ron, a veces llegando a las costas de Irlanda o de Alba, pero siempre pasando la noche en las agitadas olas del Sruth na Maoile.

Un día los niños cisne se dirigieron a la desembocadura del río Bann, y vieron venir hacia ellos una compañía de jinetes. Todos los hombres eran guerreros, vestidos con brillantes mantos con broches de joyas y ceñidos con espadas, todos ellos a horcajadas de caballos tan blancos como las plumas de los cisnes. Los niños esperaron hasta que los jinetes estuvieran lo suficientemente cerca, y luego los llamaron, porque pensaron que tal vez los jinetes eran de los Tuatha Dé y así podrían darles noticias de su padre y su abuelo.

Al oír las voces de los niños cisne, los hombres se detuvieron en sus caballos. Dos de ellos desmontaron y se dirigieron a donde estaban los cisnes.

—Saludos—dijeron—. Es extraño oír a los cisnes hablar en nuestro idioma, y sabríamos quiénes son ustedes.

—Somos los hijos de Lir—dijo Fionnula—. Soy yo, Fionnula, y mis hermanos Aodh y Fiachra y Conn, y fuimos encantados en forma de cisnes por nuestra madrastra, Aoife. Dinos ahora quién eres, y quién puede ser tu gente, porque esperamos que tengas noticias para nosotros de nuestro padre y abuelo.

—Soy Aodh—dijo el primer hombre—y este es mi hermano, Fergus. Somos los hijos de Bodb Derg. Nos alegramos de haberles encontrado, porque nadie ha sabido qué fue de ustedes después de dejar el lago Dairbhreach. Les hemos buscado durante mucho tiempo.

—También nos alegramos—dijo Fionnula—. Dinos, si quieres, ¿cómo están nuestro padre y nuestro abuelo?

—Los dos están bien y viven juntos en la casa de tu padre—dijo Aodh Aithfhiosach—y son bastante felices, salvo que han deseado mucho tener noticias suyas.

Entonces Fionnula y sus hermanos le contaron a Aodh y Fergus todo lo que habían sufrido en su tiempo en Sruth na Maoile, y fue una verdadera pena para los hijos de Bodb Derg escuchar este cuento. Prometieron a los niños cisnes contarles a Lir y Bodb Derg toda su historia, y llevarles sus saludos. Lir y Bodb Derg se alegraron al oír que los niños aún vivían, aunque tenían una gran pena por sus sufrimientos, y de nuevo deseaban de corazón que hubiera algo que pudieran hacer para romper el encantamiento y traer a los niños a casa, pero no había nada que hacer.

Y así pasó el resto de los trescientos años en Sruth na Maoile, hasta que llegó el momento de que los niños cisne fueran a Irrus Domnann e Inis Gluaire. Allí fueron en forma de cisne, y allí pasaron los siguientes trescientos años, donde les fue un poco mejor que en Sruth na Maoile.

Al final de esos trescientos años, los niños cisne ya no estaban atados a Irrus Domnann e Inis Gluaire, así que huyeron a la casa de su padre en Sidhe Fionnachaidh. Durante todo el camino los corazones de Fionnula y sus hermanos se alegraron y esperanzaron, porque deseaban de todo corazón volver a ver a Lir, y también a Bodb Derg, y estar entre su propia gente. Pero cuando llegaron, no sabían qué hacer, ya que Sidhe Fionnachaidh estaba abandonado y vacío. Los campos estaban cubiertos de zarzas. La casa sin techo estaba abandonada al viento y a la lluvia y las piedras de las paredes caían sobre el césped. Fionnula y sus hermanos se lamentaban juntos al ver esto y cantaron una canción tan llena de dolor que si la hubiera escuchado hasta el guerrero más endurecido habría muerto de un corazón roto por el mismo dolor. Y así los niños cisne pasaron esa noche en las ruinas de la casa de su padre, y por la mañana volvieron a Inis Gluaire.

Los niños cisnes se quedaban a veces en Inis Gluaire, y a veces volaban a otros lugares, pero siempre estaban en su forma de cisnes, y siempre lamentaban la pérdida de su padre y abuelo y de su gente, los Tuatha Dé Danann. Y de esta forma vivieron hasta después de la llegada del Bendito San Patricio a Irlanda y San Mochaomhog había construido su iglesia en Inis Gluaire.

Una noche, cuando estaban en Inis Gluaire, escucharon el sonido de una campana.

—¿Qué es ese sonido? —preguntó Fiachra.

—Esa es la campana de Mochaomhog—respondió Fionnula—. Vengan, vayamos a buscar a ese sacerdote, porque quizá tenga una forma de acabar con nuestra maldición.

La campana de Mochaomhog sonó hasta el final de los maitines, y cuando terminó los niños cisne comenzaron a cantar la canción del Sidhe. Mochaomhog en su iglesia escuchó su canción y rezó a Dios para saber de dónde venía. En un sueño, vio a los niños cisne deslizándose en el lago cercano, y por la mañana fue a buscarlos. Cuando llegó al lago, vio a los niños cisnes allí, como habían estado en su sueño.

—¿Son ustedes los hijos de Lir? — preguntó Mochaomhog, y los niños cisne le dijeron que sí.

—Vengan conmigo—dijo el sacerdote—y quédense bajo mi cuidado, porque se me ha encargado ver que todo esté bien para ustedes.

Los niños cisne se fueron con él y luego volvieron a su iglesia, y vivieron con él. Cada día, Mochaomhog daba la Santa Misa, a la que los niños cisne asistían reverentemente. Mochaomhog también tenía collares de plata hechos a medida para ellos, con una cadena entre cada par de collares. Fionnula estaba unida a Aodh, su gemela, y Fiachra y Conn estaban unidos de la misma manera. Los niños cisne vivían en paz y muy contentos con Mochaomhog, y él los cuidaba bien.

Ahora, en ese momento había un rey en Connacht, y su nombre era Lairgnen y su esposa se llamaba Deoch. Y su matrimonio fue el cumplimiento de la condición de Aoife de que el Señor del Norte se casara con la Señora del Sur. La noticia de que los hijos de Lir vivían en la iglesia de Mochaomhog llegó a oídos de Deoch, y ella deseaba que se los trajeran. Lairgnen entonces envió mensajeros a Mochaomhog, pidiéndole que enviara las aves a la reina, pero el sacerdote se negó. Esto enfureció mucho al rey, así que fue al mismo Inis Gluaire para tomar las aves de Mochaomhog, por la fuerza si era necesario.

Pero cuando Lairgnen pidió los cisnes, Mochaomhog dijo—No te los daré, aunque seas el rey de todo el mundo.

El rey se levantó enfurecido y fue a donde los niños cisnes se escondían en la iglesia. Lairgnen los tomó en sus manos, pensando en llevarlos a casa con su esposa, pero tan pronto como los tocó, sus formas de cisne desaparecieron. Lairgnen se encontró agarrando los brazos de una mujer y tres hombres, todos de pelo blanco y marchitos por la edad. Esto asustó tanto a Lairgnen que salió corriendo de la iglesia y volvió a su casa sin mirar atrás.

Entonces Fionnula llamó a Mochaomhog–Ven a nosotros, rápido, porque nuestra muerte está sobre nosotros. Escucha mi última petición, y haz lo que te pido por amor a mí y a mis hermanos. Entiérrennos a todos juntos, con Conn a mi izquierda y Fiachra a mi derecha, y mi hermano Aodh en mis brazos. Y ahora nos bautizarás a todos en el nombre de tu Dios para que podamos estar con él en el paraíso.

Y así se hizo todo esto. Mochaomhog bautizó a los cuatro ese mismo día. Fallecieron poco después, y fueron enterrados juntos de la manera que Fionnula pidió, con una lápida colocada sobre ellos con sus nombres grabados en ella en ogham. Mochaomhog y la gente de su parroquia lloraron la muerte de los niños cisne, cuyas almas fueron llevadas al paraíso después de sus largas vidas de sufrimiento.

Y eso es todo lo que se sabe de los Niños de Lir.

El nacimiento de Cú Chulainn

Como corresponde a un héroe celta, Cú Chulainn nace no una vez sino tres veces, un número místico que denota los orígenes del otro mundo. Su primer nacimiento es de padres del otro mundo, el segundo del dios Lug, y el tercero de un padre humano. Sabemos que la primera familia es del otro mundo por la bandada de pájaros que llevan a Conchobar y Deichtine a ellos; y también por el lugar de nacimiento en Brugh na Boinne, hogar de una importante serie de antiguas tumbas paganas que se consideraban pasajes al otro mundo.

Cuentos como estos a menudo contienen pistas sobre la antigua cultura irlandesa, como la práctica de las familias nobles de enviar a sus hijos a un hogar de acogida. Recibir al hijo de otra familia noble se consideraba tanto un derecho como un privilegio y podía conferir un estatus a la familia de acogida.

El pueblo de Ulster una vez fue acosado por una gran bandada de pájaros. Los pájaros venían a la llanura de Emain, y dondequiera que se posaran comían lo que crecía allí. Las cosechas se estaban arruinando, y la gente de Ulster estaba enfadada y asustada.

Conchobar fue con sus nobles en nueve carrozas para perseguir a la bandada y hacer que se fueran si podían. Deichtine, la hermana de Conchobar, fue con ellos, conduciendo la carroza por su hermano. Conall, Laegire y Bricriu, el mejor de los guerreros del Ulster, acompañaron también a Conchobar y Deichtine.

Conchobar y su compañía persiguieron a los pájaros a través de Sliab Fuait. Los persiguieron a través de Edmonn y Breg Plain. Había nueve veintenas de pájaros, volando siempre delante de ellos, cantando una elegante canción. A medida que las carrozas se acercaban, los guerreros podían ver que los pájaros llevaban collares de plata, y que los pares de pájaros estaban unidos con cadenas de plata. El día avanzaba, y Conchobar y su compañía no podían acercarse más a ellos. Al ponerse el sol, vieron a tres de los pájaros separarse de la bandada y salir volando.

Los hombres del Ulster persiguieron a los pájaros hasta Brugh na Boinne, pero entonces cayó la noche y tuvieron que parar. Conchobar dijo a su compañía que soltaran los caballos de sus rastros, y que buscaran un lugar donde pudieran refugiarse para pasar la noche. Mientras los demás cuidaban de los caballos, Conall y Bricriu fueron a buscar refugio. Encontraron una casa que estaba en un lugar solitario. En la casa había un hombre y su esposa, y la esposa estaba embarazada. Les dijeron a Conall y Bricriu que su compañía sería muy bienvenida.

Conall y Bricriu volvieron y le dijeron a Conchobar lo que habían encontrado, y pronto toda la compañía se alojó en la pequeña casa que estaba sola en la llanura. Había comida y bebida en abundancia, y los Ulster se divirtieron mucho. Mientras estaban en la mesa, el hombre vino a Conchobar y dijo—Por favor, ayúdenos. Mi esposa está sufriendo.

Deichtine dejó la compañía y fue a ayudar a la mujer. Pronto la mujer dio a luz a un buen niño. También había una yegua en la casa, que dio a luz a dos potros. Esto sucedió exactamente cuando la mujer dio a luz a su hijo. Deichtine amamantó al niño, y los guerreros le dieron los potros como regalo.

Cuando todo esto terminó, la compañía se acostó a dormir. Pero cuando llegó la mañana, se despertaron para ver que la casa había desaparecido, junto con el hombre, la mujer y la yegua. En los pliegues del manto de Conchobar yacía el bebé, y con sus propios caballos estaban los dos potros. Los hombres miraron a su alrededor y descubrieron que la bandada de pájaros también había desaparecido. Entonces, prepararon sus caballos y volvieron a Emain, donde Deichtine cuidó al bebé como si fuera suyo. El bebé creció bien bajo el cuidado de Deichtine, pero un día enfermó y murió, y el dolor de Deichtine fue muy grande.

Una vez después de esto, Deichtine tuvo sed. Tomó un trago de agua pero no se dio cuenta de que una pequeña criatura estaba en la copa. Se tragó a la criatura junto con el agua. Esa noche, Deichtine tuvo un sueño. En el sueño, un hombre se acercó a ella. Era guapo y robusto, obviamente un poderoso guerrero. El hombre le dijo—: Yo fui quien te trajo a ti y a tu compañía a Brugh na Boinne. Era mi hijo al que cuidaste como si fuera tuyo. Mi nombre es Lug mac Ethnenn. Te doy otro hijo esta noche, y lo llamarás Setanta. Lo criarás con los potros que también nacieron en Brugh na Boinne.

Poco después, Deichtine se encontró embarazada. Pero no estaba casada, así que la gente del Ulster susurró entre ellos que quizá Conchobar se había acostado con su propia hermana una noche, cuando estaba borracho. Esto avergonzó a Conchobar, así que la casó con Sualdam mac Roich.

En su noche de bodas, Deichtine no quiso acostarse con su marido mientras estaba embarazada. Se puso enferma y vomitó. Cuando vomitó, la criatura que había tragado salió de su cuerpo. Habiéndose purificado así, fue con su nuevo marido y se acostó con él. Fue embarazada por él, y cuando llegó el momento, dio a luz un hijo. Llamó al niño Setanta.

Cuando nació el hijo de Deichtine, los nobles de la corte de Conchobar discutieron sobre quién lo acogería. Cada uno de ellos se jactaba de su riqueza y habilidades, y de cómo sería la mejor opción para criar al niño. Entonces Conchobar dijo—No discutamos de esta manera. Mi hermana Finnchaem cuidará del niño hasta que volvamos a Emain, y allí pediremos juicio a Morann, que es sabio y juzga con justicia.

Se hizo como dijo Conchobar. Todos regresaron a Emain, y Finnchaem cuidó de Setanta. Fueron a ver a Morann y le dijeron el asunto que había que decidir. Morann dijo—Conchobar debería ser su padre adoptivo porque es el pariente de Setanta. El resto de ustedes también le acogerán y le enseñarán las cosas que saben. Este chico será un héroe y el defensor del Ulster, y todos ustedes le ayudarán a alcanzar su destino.

Los hombres de Ulster pensaron que era un juicio justo, así que Setanta fue entregado primero a Finnchaem y Amergin en su casa del fuerte Imrith en la llanura de Murtheimne hasta que tuviera edad suficiente para aprender lo que los demás tenían para enseñarle.

Cómo Cú Chulainn obtuvo su nombre

Como muchos héroes, Cú Chulainn -cuyo nombre de infancia fue Setanta, como hemos visto- posee una fuerza y una habilidad prodigiosas desde una edad temprana. En esta historia, aprendemos cómo obtuvo el nombre de Cú Chulainn, que significa "Sabueso de Culann". La traducción de la palabra irlandesa cu como "sabueso" es importante porque se refiere a un tipo particular de perro, un animal noble y un cazador -o, como en este cuento, un feroz perro guardián- mientras que la palabra gadhar se refiere a un perro más ordinario.

El Hurling, que es jugado por Cuchulainn y los niños de Conchobar, es un antiguo deporte irlandés que se sigue practicando hoy en día. Los jugadores usan "hurleys", que son algo así como palos de hockey con cabezas redondeadas, para golpear o llevar una pelota pequeña. También pueden usarse las manos y los pies para mover la pelota. Los puntos se anotan golpeando la pelota sobre los postes de la meta del oponente o en una red que es custodiada por el guardameta del oponente.

Fidchell, el juego que juega Conchobar en este cuento, también es muy antiguo. A veces la palabra fidchell se traduce como "ajedrez", pero aunque sabemos que fidchell era una especie de juego de mesa jugado por dos oponentes con un número igual de piezas, no han sobrevivido los tableros, piezas o reglas para fidchell, por lo que no está claro exactamente qué tan parecido podría haber sido al juego de ajedrez tal como lo conocemos hoy en día.

Setanta, que nació tres veces, creció hasta la infancia en una gran casa en la llanura de Muirthemne. Un día, cuando Setanta tenía cinco años, los cuentos de los niños de Emain Macha llegaron a sus oídos. Escuchó que al rey Conchobar le gustaba dividir su día en tres partes: una parte era para ver a la tropa infantil en sus juegos, de los cuales el lanzamiento era el más importante; una era para jugar *fidchell*; y la tercera era para comer y beber y escuchar la música de los juglares hasta que se sintiera somnoliento y se retirara a su habitación.

Setanta fue a su madre y le dijo—: Madre, me gustaría ir a Emain Macha. Me gustaría conocer a los niños de Conchobar y ver si puedo superarlos en sus deportes.

—Oh, Setanta—dijo su madre—no deberías ir. Eres demasiado joven y no hay ningún guerrero que te acompañe para garantizar tu seguridad.

—No necesito un guerrero que me proteja—dijo Setanta—. Y no voy a esperar. Tengo intención de irme ahora, si me indicas el camino.

La madre de Setanta aceptó a regañadientes, y le dijo cómo llegar a Emain Macha. Al día siguiente, Setanta partió hacia la corte de Conchobar. Llevó consigo su escudo, su hurley de bronce, su bola de plata, su jabalina y su lanza de juguete, y con estas cosas se divirtió en su largo viaje. Primero usó el hurley para golpear la pelota, conduciéndola a una gran distancia delante de él. Luego tiraba el hurley a la misma distancia en la misma dirección, y luego la jabalina de la misma manera, y luego la lanza. Una vez hecho esto, corría detrás de todo esto y recogía la pelota, el hurley y la jabalina, y luego atrapaba la lanza antes de que golpeara el suelo.

Muy pronto, Setanta llegó a Emain Macha. Allí encontró a la tropa infantil de Conchobar en su deporte. Había tres veces cincuenta chicos, todos jugando en un campo verde. Algunos jugaban al hurley, mientras que otros aprendían el arte de la guerra con el hijo de Conchobar, Follamain. Sin decir una palabra a ninguno de ellos, Setanta se zambulló en el juego de hurley. Cogió la pelota entre sus rodillas y la sostuvo allí, y ninguno de los chicos pudo tocarla. Sosteniendo el balón de esta manera, bajó por el campo y puso el balón sobre el poste para marcar un gol. El grupo de niños vio esto con asombro.

Follamain también lo vio y gritó—: ¿Quién es este advenedizo que entra en su juego sin obtener primero su garantía de protección, como es su costumbre? Todos ustedes ahora, vayan y mátenlo, porque no tiene derecho a estar aquí.

La tropa infantil tomó inmediatamente sus hurleys y los arrojó a la cabeza de Setanta, pero él los detuvo a todos y cada uno de ellos con su propio hurley. Luego los chicos lanzaron pelotas a Setanta, pero él las agarró con las manos y los brazos. Cuando los chicos le arrojaron sus pequeñas lanzas, Setanta cogió cada lanza con su escudo, y así quedó ileso. Entonces Setanta se metió entre los chicos y derribó a cincuenta de ellos, que eran los mejores, los más fuertes y los más hábiles de toda la tropa.

Mientras Conchobar se sentaba a jugar *fidchell* con Fergus, cinco de los chicos pasaron a toda velocidad, tratando de escapar de la ira de Setanta, con el propio Setanta pisándoles los talones. Conchobar llamó a Setanta.

—¡Alto, ahí! — dijo—. ¿Qué juego es este que juegas con mi tropa de niños? ¿Por qué los usas tan mal?

—Esa pregunta también se la puedes hacer a ellos—dijo Setanta—, porque vengo de una tierra lejana y nadie me recibe como huésped.

—Ya veo—dijo Conchobar—. ¿Quién eres tú y quiénes son tus padres?

—Soy Setanta, hijo de Sualdam y de tu hermana, Deichtine, y no esperaba ser tratado como un enemigo aquí.

—¿No sabías que es costumbre de mi tropa de niños que todos los forasteros deben rogar su protección antes de unirse a ellos en su deporte? —dijo Conchobar.

—No lo sabía—respondió Setanta—de lo contrario lo habría hecho desde el principio.

Conchobar se dirigió a la tropa y dijo—: Ahora le prometerán a este muchacho su protección—y la tropa acordó que lo harían.

Entonces Conchobar le dijo a Setanta—, ¿Qué vas a hacer ahora?

—Ofreceré mi protección a la tropa.

—Prométemelo, entonces—dijo Conchobar—. Júralo ahora.

—Lo juro—dijo Setanta.

Entonces los chicos volvieron a su juego, y ayudaron a levantarse y atendieron sus heridas a los que Setanta había derribado.

Un día, cuando Setanta tenía seis años, Conchobar salió con algunos de sus mejores guerreros y con el druida Cathbad para asistir a un festín en la casa de Culann el herrero. Según su costumbre, Conchobar fue primero al campo de juego para ver qué hacían los niños y pedirles su bendición en su viaje. Cuando llegó, vio a los chicos jugar un partido tras otro, toda la tropa contra Setanta, y en cada partido Setanta derrotó a todos con facilidad. Conchobar estaba asombrado por esto, e invitó a Setanta a ir al festín con él.

—Te doy las gracias—dijo Setanta—pero primero debo terminar mi deporte con la tropa. Me reuniré contigo allí más tarde.

Conchobar se adelantó al festín con sus guerreros. Cuando llegaron, Culann les saludó y dijo—: ¿Esta es toda la compañía? Pregunto esto porque tengo un gran sabueso que vigila mi ganado. Es astuto y vicioso, y tan fuerte que se necesitan tres hombres que sostengan sus tres cadenas para mantenerlo atrás cuando se despierta. Lo dejaré ir cuando la puerta esté cerrada y tú y tu compañía estén dentro.

—No hay otros que nos sigan—dijo Conchobar, porque había olvidado que Setanta se uniría a ellos cuando terminara su juego.

La compañía se sentó en el banquete que había preparado Culann, y se divirtieron mucho cuando escucharon el aullido del sabueso afuera. Entonces Conchobar palideció, porque recordó que Setanta iba a seguirlos, y el sabueso estaba suelto en el campo. Conchobar corrió hacia la ventana al oír el aullido del sabueso, al igual que Culann y el resto de la compañía. Con gran consternación vieron al pequeño Setanta atravesar el campo, divirtiéndose con su hurley y su pelota, golpeándola y luego corriendo para atraparla antes de que tocara el suelo, y el gran sabueso corriendo hacia él con tal velocidad que ni siquiera la carroza más rápida podría atraparlo antes de que llegara al muchacho.

El sabueso fue hacia Setanta, sus fauces abiertas de par en par para tragárselo de un solo bocado. Pero Setanta ni siquiera se inmutó. En su lugar, tomó su hurley y golpeó la pelota con fuerza contra el sabueso. Golpeó la pelota con tal fuerza que bajó directamente por el gaznate del perro y pasó por todo su cuerpo sin detenerse. Entonces Setanta agarró al sabueso por las patas traseras y golpeó su espalda contra un árbol con tanta fuerza que sus extremidades se salieron de sus sitios.

Culann, Conchobar y los guerreros salieron corriendo para ver qué había sido de Setanta, y encontraron al chico de pie junto a los restos del sabueso. Culann se lamentó cuando vio que el sabueso estaba muerto—. ¡Oh, nunca debía haber dado este banquete! — dijo— . Ese sabueso era el mejor de todos los tiempos, y era como parte de mi familia. Cuidó de mi casa y de mis bienes, ¡y nunca más se volverá a ver a alguien como él!

—No te apenes—dijo Setanta—porque yo mismo criaré un cachorro para que ocupe su lugar, y él hará el mismo deber y más por ti. Y hasta que ese cachorro esté listo, yo mismo seré tu sabueso, cuidando tu casa y tu propiedad, y toda la llanura de Murtheimne.

Culann aceptó esto como pago de la deuda de Setanta, y Conchobar también dijo que era una oferta justa. Entonces Cathbad el druida dijo—Tu nombre de ahora en adelante será Cú Chulainn, el Sabueso de Culann.

Setanta se declaró muy satisfecho con esto, y usó ese nombre hasta el final de sus días.

PARTE II

Gales

Pwyll, príncipe de la muerte

Esta historia, de la primera rama del Mabinogion *galés, tiene muchas características del mito celta, especialmente en las fluidas fronteras entre el mundo humano y el otro mundo. La primera indicación de que el humano Pwyll ha traspasado esa frontera es el color de la extraña manada de caza: los sabuesos son blancos con orejas rojas, una clara señal de que pertenecen a un cazador del otro mundo. La segunda mitad de la historia también comparte las antiguas ideas celtas sobre el otro mundo: una posición en una peligrosa colina que permite ver cosas que de otra manera no se verían; un misterioso caballo y jinete que no pueden ser alcanzados; y un niño milagroso que muestra un crecimiento precoz y una fuerza prodigiosa.*

Los lectores de las Crónicas de Prydain *de Lloyd Alexander reconocerán esta historia como la fuente de los nombres Arawn y Annuvin (deletreado Annwfn en el galés original). En el relato de Alexander, Arawn es un malvado señor oscuro y Annuvin su temible dominio. En este cuento, sin embargo, a Arawn no se lo pinta como un villano, y aunque el Annwfn del Mabinogion está definitivamente en el otro mundo, no es un lugar oscuro o prohibitivo en absoluto. Alexander también alteró los personajes de Pwyll y Pryderi para adaptarlos a sus propias historias que, aunque se basan en el* Mabinogion, *no son relatos de esos antiguos cuentos.*

Una vez hubo un príncipe de Dyfed, y su nombre era Pwyll. Nada le gustaba más a Pwyll que ir de caza, así que una mañana él y sus compañeros montaron sus caballos y llevaron sus sabuesos al campo, donde esperaban atrapar un buen ciervo. No llevaban mucho tiempo cazando cuando Pwyll y sus sabuesos se separaron de sus amigos. Mientras Pwyll observaba a su alrededor tratando de encontrar dónde habían ido los otros, escuchó el grito de los sabuesos, pero no era el grito de su propia manada. Pwyll cabalgó hacia un claro, donde vio a otra manada de sabuesos persiguiendo a un ciervo.

Pwyll nunca había visto perros como estos antes. Sus pelajes eran blancos como la nieve, pero sus orejas eran rojas como la sangre. Antes de que Pwyll pudiera llamar a sus propios sabuesos, la otra manada atacó a un ciervo y lo derribó. Pwyll ahuyentó a los perros extraños y permitió que su propia manada se comiera el cadáver.

Mientras los perros de Pwyll comían, un hombre llegó cabalgando un caballo gris moteado. Llevaba un cuerno de caza en una fina cadena, y sus ropas eran todas de un suave color gris. El jinete dijo—Señor, lo reconozco, pero no lo saludaré.

Pwyll respondió—Quizás tengas un rango que no requiera que me saludes.

—No—dijo el jinete—no es el rango lo que me lo impide, sino tu propia y grave descortesía.

—¿Qué descortesía he cometido? — preguntó Pwyll.

—Nada más que ahuyentar a la manada que derribó al ciervo, solo para alimentar a tus propios sabuesos—dijo el jinete—. Sin embargo, no pretendo vengarme de ti por ello. Más bien haré sonar tu vergüenza por toda la tierra, incluso por el valor de cien ciervos.

Entonces Pwyll dijo—Si he sido descortés, entonces lo arreglaré. Lo haré según tu posición, pero primero debo saber tu nombre y dónde está tu país.

—En mi país, soy un rey—dijo el jinete.

—Milord, te saludo y te deseo un buen día—dijo Pwyll—. ¿Cuál es el nombre de tu país?

—Vengo de Annwfn—dijo el jinete—y mi nombre es Arawn, rey de Annwfn.

—Milord—dijo Pwyll— ¿cómo voy a arreglar las cosas entre nosotros?

—Te lo diré—dijo el jinete—. Hay otro rey en Annwfn, y su nombre es Hafgan. Pelea continuamente conmigo. Deseo que no me acose más. Si quieres ganarte mi amistad, debes librarme de él.

—Lo haré con gusto—dijo Pwyll—si me dices cómo hacerlo.

Arawn dijo—Vendrás a mi palacio en Annwfn, y por el espacio de un año llevarás mi cara y mi forma para que ninguno de mis cortesanos pueda notar la diferencia entre nosotros. Compartirás la cama con mi propia esposa, y ella no sabrá que no eres yo. Esto lo harás por el espacio de un año, y al final de ese tiempo nos encontraremos de nuevo en este lugar.

—No entiendo cómo esto acabará con tu enemigo—dijo Pwyll—. Tampoco conozco a este Hafgan; ¿cómo lo encontraré para poder librarte de él?

—Tengo un acuerdo para encontrarme con él en el vado dentro de un año a partir de esta noche. Si vas allí en mi lugar, en mi forma, le darás un golpe. Morirá con eso. Pero no debes darle más de uno, por mucho que te lo pida. Porque cada vez que me he enfrentado a él, y sin importar cuántas veces lo golpeara, siempre era tan fuerte como antes.

—Haré lo que me pidas—dijo Pwyll—pero ¿qué será de mis propias tierras mientras no esté?

—Asumiré tu forma de la misma manera que tú asumirás la mía, y nadie en tus tierras notará la diferencia—dijo Arawn.

—Acepto estos términos con gusto—dijo Pwyll—. Solo tienes que mostrarme el camino a tu corte.

Arawn entonces le mostró el camino a su palacio. Le dijo a Pwyll que fuera directamente a la corte, y que se comportara como si perteneciera allí, ya que nadie debería poder decir que no era Arawn.

Cuando Pwyll llegó, vio que la corte de Arawn era en efecto un buen lugar. El palacio estaba hecho de piedra bien labrada, y los salones y cámaras estaban revestidos con tapices y madera tallada. Pwyll fue recibido calurosamente por muchos sirvientes, que le ayudaron a cambiarse de ropa para prepararlo para el banquete. Entonces Pwyll entró en el salón, y se maravilló de los muchos guerreros reunidos allí, cada uno de ellos obviamente un campeón.

Pwyll se sentó a la mesa, con la reina a su derecha y un hombre que suponía que era un conde a su izquierda. La reina era la mujer más hermosa que había visto, y después de una pequeña charla con ella, Pwyll vio que también era la más gentil. La noche pasó con mucho placer, y pronto fue hora de ir a la cama. La reina y Pwyll subieron juntos a su habitación, y cuando subieron a la cama, Pwyll le dio la espalda y no dijo ni una palabra más hasta la mañana, y así durmieron juntos por el espacio de un año.

Durante todo ese año, Pwyll pasó su tiempo felizmente cazando y dándose festines con sus nuevos compañeros, hasta que llegó el momento de ir al vado para la reunión a la que había prometido asistir. Fue al vado acompañado por una banda de sus nobles. Llegaron a encontrar a Hafgan allí ante ellos, con su propio séquito de guerreros escogidos, y así como en la corte de Annwfn, nadie podía decir que Pwyll no era Arawn.

Uno de los nobles de Arawn se acercó y dijo—Esta es una disputa entre reyes, sobre tierras y dominios. La disputa es entre ellos y solo ellos. Nadie debe interferir en su lucha.

Entonces Hafgan y Pwyll tomaron sus espadas y escudos. Montaron sus corceles y avanzaron hacia el vado. En el primer choque de armas, Pwyll partió en dos el escudo de Hafgan con un golpe tan poderoso que rompió la armadura de Hafgan y lo mandó tambaleándose sobre el crupier de su caballo y al río, y Hafgan supo que había recibido su golpe mortal.

Hafgan se arrodilló y dijo—: Milord, ¿con qué derecho me das un golpe mortal? No te reclamé nada: tú empezaste esta disputa para quitarme tierras. No sé por qué crees que debo morir aquí en el vado, pero ya que has empezado ese camino, puedes terminarlo. ¡Mátame ahora!

—Milord—respondió Pwyll—aún puedo arrepentirme de lo que te he hecho. Pero no te mataré. Debes encontrar a alguien más para que lo haga.

Hafgan se volvió hacia sus nobles y dijo—Llévenme lejos de aquí. Pronto moriré. No seré más su rey.

Pwyll dijo a los nobles de Hafgan— Les doy tiempo para que se asesoren para ver quién de ustedes me debe ahora lealtad.

Los nobles de Hafgan respondieron que todos ellos eran ahora vasallos de Arawn, y que Arawn era ahora el único rey en Annwfn. Pwyll recibió entonces su lealtad y se puso a trabajar para ordenar el reino de Annwfn.

Después de esto, Pwyll se dirigió al lugar de reunión con Arawn, y encontró a Arawn allí ante él. Los dos hombres se saludaron cordialmente.

Arawn dijo—Que Dios te bendiga bien por todo lo que has hecho, porque he oído todo sobre ello.

Entonces Arawn volvió a su propia forma, e hizo lo mismo con Pwyll. Entonces los dos hombres se despidieron el uno del otro y se fueron a sus propios hogares.

Cuando Arawn regresó a su propia corte, saludó a todos muy cordialmente, porque los había extrañado mientras estaba fuera. Todos comentaron lo amable que era Arawn, ya que no sabían que había estado en otro lugar. Esa noche hubo un gran banquete, y cuando llegó la hora de irse a la cama Arawn fue muy cariñoso con su esposa, y feliz le hizo el amor. Ella se preguntó qué había pasado para que cambiara tanto su estado de ánimo, ya que no la había tocado durante todo un año.

Ella pensó mucho tiempo sobre esto. Cuando Arawn se despertó, le habló, pero ella no le respondió. Hizo esto muchas veces, pero cada vez su esposa permaneció en silencio.

—Esposa—dijo Arawn— ¿por qué no me hablas?

—Es porque durante todo un año no me has dicho ni una palabra cuando hemos estado en esta cama.

—Pero siempre hemos hablado aquí juntos—dijo Arawn.

—Esposo, te digo que durante todo un año no me has dicho ni una palabra cuando hemos estado juntos en la cama, ni me has tocado ni me has mirado.

Arawn pensó en lo firme y fiel que había sido Pwyll para él, y se mostró agradecido. Entonces se volvió hacia su esposa y le dijo— Milady, no te culpo por tu enojo. Pero debo decirte que por el espacio de ese año no fui yo quien compartió esta cama contigo. —y luego le contó toda la historia; ella también se maravilló de lo fiel que había sido Pwyll.

Ahora, mientras Arawn disfrutaba de su regreso a casa, Pwyll también regresó a su propio reino. Preguntó a sus nobles lo bien que pensaban que los había gobernado durante el último año, y a un hombre con el que coincidieron que nunca habían visto el reino tan bien ordenado. Entonces Pwyll les contó toda la historia, diciendo que debían agradecer a Arawn por su diligencia. Los nobles estuvieron de acuerdo en que Arawn había demostrado ser un buen amigo para Pwyll. Pero entonces dijeron—Seguramente seguirás gobernando de la misma manera que Arawn lo hizo. —Pwyll juró que lo haría.

Pwyll y Arawn continuaron siendo amigos. Se visitaban mutuamente en sus cortes y salían de caza juntos, y de vez en cuando intercambiaban regalos de sabuesos, caballos o armas, o de otras cosas que pensaban que podrían ser un buen regalo para el otro. Y como Pwyll había gobernado tan fielmente en lugar de Arawn, ya no se le llamaba príncipe de Dyfed, sino Pwyll Pen Annwfn.

Llegó un momento en que Pwyll fue a visitar su corte en Arberth. La corte celebró un gran banquete en su honor, y después de haber comido y bebido Pwyll fue a estirar las piernas. Se dirigió a un montículo que estaba situado cerca de la corte, y este lugar se llamaba Gorsedd Arberth. Uno de sus nobles vio por dónde iba y dijo—: Milord, no le aconsejo que camine sobre ese montículo, porque se dice que si un noble lo sube no volverá a bajar a menos que esté herido o haya visto alguna maravilla.

—No temo ser herido—dijo Pwyll—porque seguramente estoy a salvo aquí entre un séquito de tantos campeones, y la vista de una maravilla sería muy bienvenida.

Pwyll subió al montículo, y algunos de sus nobles fueron con él. Cuando llegaron a la cima, se sentaron. Muy pronto, vieron a una doncella acercándose. Estaba vestida con la seda más fina bordada con hilo de oro, y montaba un caballo blanco como la leche.

—¿Alguien reconoce a esa mujer? — preguntó Pwyll.

Todos los nobles dijeron que no la conocían.

—Alguien debe ir y averiguar quién es—dijo Pwyll.

Uno de los nobles bajó corriendo la colina, pero la mujer ya había pasado, y no importaba lo rápido que corriera el hombre, no podía alcanzarla. El noble regresó a Pwyll y dijo—Milord, nadie podrá alcanzarla a pie.

—Ve a buscar el caballo más rápido del establo—instruyó Pwyll—. Síguela y averigua quién es.

El noble hizo lo que le pidió Pwyll. Tomó el caballo más rápido del establo y galopó tras la mujer. El caballo de la mujer parecía ir a un ritmo fácil, pero no importaba lo rápido que cabalgara el noble, no podía acercarse más a ella que cuando la vio por primera vez en el camino. Pronto su caballo se cansó, y tuvo que dar la vuelta. Fue a ver a Pwyll y le contó lo que había pasado.

—Ya veo—dijo Pwyll—. Hay algo mágico en marcha aquí. No podemos hacer nada más por ahora.

Entonces él y sus nobles volvieron a la corte, donde pasaron el resto del día.

Al día siguiente hubo otro banquete. Pwyll volvió a salir hacia el montículo después de haber comido y bebido, pero esta vez se llevó un caballo rápido y un sirviente para montarlo. Apenas habían llegado a la cima del montículo cuando vieron a la dama del caballo blanco acercándose por la carretera, como había ocurrido el día anterior.

Pwyll le dijo al sirviente— ¡Rápido! Monta, y ve tras ella. Averigua quién es y dónde vive.

Para cuando el muchacho estaba montado y en la senda, la dama ya había pasado. El criado espoleó a su caballo para alcanzarla, pero por más rápido que galopara no pudo acercarse más, aunque el galope de la dama parecía ir a paso ligero. El sirviente intentó frenar su caballo, para ver si podía alcanzarla si seguía su ritmo, pero esto tampoco sirvió de nada. Intentó una vez más cabalgar duro tras ella, pero no pudo alcanzarla, y ella nunca varió su velocidad. El sirviente regresó a la corte y le dijo a Pwyll lo que había pasado. Pwyll se dio cuenta de que no servía de nada tratar de perseguirla, aunque estaba convencido de que ella tenía un mensaje que entregar si tan solo alguien podía hablar con ella.

Esa noche y el día siguiente pasaron de la misma manera que los anteriores, y al final del festín del día Pwyll regresó al montículo con acompañado de sus nobles. Pero esta vez trajo su propio caballo y usó sus propias espuelas. Muy pronto, vieron a la dama acercándose en su caballo. Pwyll montó mientras ella pasaba a caballo. Galopó tras ella, pensando que seguramente podría alcanzarla, ya que ningún caballo en la tierra podría igualar al suyo en cuanto a velocidad. Pero no era diferente para él que para cualquiera de los otros que lo habían intentado: por más que él cabalgara, ella siempre se mantenía a la misma distancia, yendo al mismo paso fácil.

Finalmente Pwyll gritó— ¡Milady! Por el bien de tu propia amado, te ruego que me esperes.

—Lo haré con gusto—dijo la mujer—pero tu caballo lo hubiera preferido si me lo hubieras pedido antes.

La dama esperó a Pwyll, y cuando él se acercó, ella retiró el velo que había estado cubriendo su cara.

—Milady—dijo Pwyll— ¿de dónde eres y a dónde vas?

—Voy a donde quiero, por mis propios asuntos—respondió ella—. Y estoy muy contenta de hablar con usted.

—También estoy agradecido de que hable conmigo—dijo Pwyll, y vio que era más hermosa que cualquier mujer que hubiera visto antes.

—Milady—dijo Pwyll— ¿puedo saber en qué asunto está usted?

—Por supuesto—respondió ella—. Mi negocio es hablar con usted.

—Seguramente ese es el mejor negocio que usted podría emprender—dijo Pwyll—. Si le complace, ¿puedo saber su nombre?

—Soy Rhiannon, hija de Hyfaidd Hen. Mi padre desea que me case con un hombre de su elección. Pero yo no deseo ese matrimonio, por el amor que siento por usted. No me casaré con otro, a menos que usted diga que no me quiere. Pero por eso he ido a caballo por el montículo estos últimos días: para saber si nos casaremos o no.

Pwyll respondió—Juro solemnemente que si me dieran todas las mujeres del mundo para elegir, solo le elegiría a usted para ser mi novia.

—Estoy muy contenta—dijo Rhiannon—. Entonces debe concertar una cita conmigo antes de que me case con otro.

—Me reuniré con usted en el momento y lugar que elija—dijo Pwyll.

—Muy bien—dijo Rhiannon—. Reúnase conmigo en la corte de Hyfaidd, dentro de un año a partir de esta noche. Tendré un banquete preparado para usted cuando venga.

Pwyll aceptó el plan de Rhiannon. Luego se despidieron y Pwyll regresó al montículo donde encontró a sus nobles esperándolo. Le preguntaron muchas veces qué había pasado mientras estaba fuera, pero no respondió.

Cuando llegó el momento de su encuentro con Rhiannon, Pwyll llamó a un séquito de noventa y nueve nobles. Fueron a la corte de Hyfaidd donde fueron muy bienvenidos. En el banquete, Pwyll se sentó con Hyfaidd a un lado y Rhiannon al otro, y el resto de la compañía se sentó de acuerdo a sus puestos. Comieron y bebieron y se divirtieron mucho, y mientras se divertían, un joven alto con pelo castaño entró en el salón. Se acercó a Pwyll y le saludó bien.

—Eres bienvenido, amigo—dijo Pwyll—. Ven, siéntate, y te traeremos carne y bebida.

—Te agradezco, pero no me sentaré—dijo el joven—. Porque he venido a pedirte un favor.

—Tienes mi permiso para pedirlo—dijo Pwyll—y todo lo que pueda hacer por ti, lo haré o veré que se haga.

Rhiannon se volvió hacia Pwyll alarmada—. ¡No deberías haber dado tu palabra tan libremente! dijo ella.

—Es demasiado tarde, milady—dijo el joven—porque su palabra se ha dado ahora, y en presencia de testigos.

—Haz tu petición—reclamó Pwyll.

—Estás aquí esta noche para casarte con la mujer que más amo—dijo el joven—y por lo tanto pido que se convierta en mi novia, y que este banquete ante ti esta noche se convierta en mi fiesta de bodas.

En esto Pwyll no dijo nada.

—Mantener la paz no te sirve de nada—dijo Rhiannon—. Nunca hubo un hombre más temerario que tú esta noche, porque éste es el hombre con el que mi padre quería que me casara en contra de mi voluntad.

—Milady, le pido perdón—dijo Pwyll—porque no sabía quién era él.

—Es Gwawl, hijo de Clud, un noble con un gran séquito. Y ahora debes entregarme a él, porque has dado tu palabra de que lo harás.

—Milady, nunca podría entregarla a otro hombre—contestó Pwyll.

—Debes hacerlo. Pero no temas: nunca me tendrá si haces lo que te digo—dijo Rhiannon.

—¿Qué debo hacer? — preguntóo Pwyll.

Entonces Rhiannon le susurró a Pwyll su plan para liberarse de Gwawl. Rhiannon le dio a Pwyll una pequeña bolsa y le dijo que debía venir al banquete que ella haría para Gwawl dentro de un año, pero que Pwyll debía disfrazarse de mendigo. Debería pedirle a Gwawl que llenara la bolsa con comida y que se iría cuando la bolsa estuviera llena. Excepto que la bolsa era mágica: no importaba cuánta comida se pusiera en ella, solo estaría medio llena a menos que un hombre de la más alta calidad se metiera dentro y pisoteara la comida. Seguramente Gwawl querría probar su calidad y se metería dentro de la bolsa. Entonces Pwyll podría cerrar bien la bolsa con Gwawl dentro, y estaría en poder de Pwyll. Una vez que Gwawl fuera prisionero de Pwyll, él podría convocar a sus guerreros para invadir la corte y someter al séquito de Gwawl.

Mientras Rhiannon le hablaba a Pwyll, Gwawl se impacientó—. Milord, has dado tu palabra y espero que la cumplas.

Pwyll dijo—: Te concederé tu petición en la medida en que tenga poder para hacerlo.

Entonces Rhiannon le dijo a Gwawl—: Me tendrás a mí, pero el banquete no lo da Pwyll. Ya se lo he dado a él y a su séquito. Vuelve dentro de un año y te prepararé un banquete y nos casaremos en ese momento.

Gwawl aceptó estos términos y se fue de la corte de Hyfaidd.

En la fechara indicada, Rhiannon preparó un banquete para Gwawl y su séquito. Pwyll también se preparó. Se disfrazó con ropa sucia y harapienta y usó botas con agujeros. Se llevó su propio séquito de noventa y nueve guerreros, todos armados y listos para la batalla. Los guerreros se escondieron en el bosque fuera de la corte de Hyfaidd, mientras él mismo cojeaba hasta la puerta. Fingiendo ser un mendigo, Pwyll fue a la puerta de la corte y se le permitió entrar, ya que era la costumbre allí que ningún mendigo fuera rechazado. Pwyll entró en el salón donde Gwawl estaba sentado con Rhiannon a su derecha e Hyfaidd a su izquierda.

Gwawl vio al mendigo acercarse y le dijo—: Bienvenido a ti. ¿Qué es lo que quieres?

—Vengo a mendigar comida, milord—dijo Pwyll—comida para llenar mi pequeña bolsa, aquí.

Gwawl ordenó a sus sirvientes que le dieran comida al mendigo, pensando que una bolsa tan pequeña se llenaría rápidamente y se libraría de esta plaga. Pero no importaba cuántos panes o carne pusieran los sirvientes en la bolsa, nunca se llenaba.

—¿Por qué tarda tanto? — preguntó Gwawl—. ¿Por qué no está llena la bolsa todavía?

—Milord—respondió Pwyll—solo se llenará si un noble de la más alta calidad interviene y aplasta lo que ya está dentro.

Rhiannon le dijo a Gwawl—: Eres un hombre muy noble. Nadie más aquí podría hacer esa acción, estoy segura de ello.

Deseando probarse a sí mismo a Rhiannon y a la corte, Gwawl dijo—: Con gusto lo haré.

Gwawl entonces se subió sobre la bolsa. Rápidamente, Pwyll sacudió la bolsa y le dio la vuelta para que Gwawl se pusiera de cabeza. Luego Pwyll apretó los cordones y los ató para que Gwawl no pudiera escapar. Pwyll se quitó los harapos y sacó su cuerno de caza, que había escondido en su ropa de mendigo, y sopló sobre él una poderosa explosión. Los guerreros que estaban escondidos en los árboles entraron corriendo a la corte a la señal de Pwyll. Sometieron al séquito de Gwawl y los hicieron prisioneros. Una vez hecho esto, cada uno de los guerreros de Pwyll se acercó a la bolsa y le dio un golpe, preguntando— ¿Qué está ahí?

Desde el interior de la bolsa Gwawl dijo—Milord, seguramente no es apropiado que me mates de esta manera, mientras estoy atado dentro de una bolsa y no puedo defenderme.

Hyfaidd Hen comentó—Seguramente lo que dice es verdad. Es un noble, y esto no es apropiado.

—Sí, estoy de acuerdo—dijo Pwyll—. Entonces, ¿qué hay que hacer con él?

—Sé lo que hay que hacer, si me escuchas—le dijo Rhiannon a Pwyll—. Ahora tienes el poder en este tribunal. Ahora te corresponde a ti conceder los favores aquí. Haz que Gwawl haga regalos a todos los que están aquí, y hazle prometer que no buscará reclamar ni vengarse de ti por lo que ha pasado hoy aquí.

—Acepto esos términos con gusto—dijo Gwawl, aún dentro de la bolsa.

—Es un buen consejo, y también acepto—acordó Pwyll—si se pueden encontrar garantes para Gwawl.

—Yo lo avalaré—dijo Hyfaidd—hasta que sus nobles puedan hacerlo por él.

En ese momento, Gwawl salió de la bolsa. Cuando los nobles que avalaban a Gwawl también fueron liberados, y cuando acordaron actuar en nombre de Gwawl según fuera necesario, se le dio permiso a Gwawl para retirarse y bañarse y curar sus heridas antes de partir a sus propias tierras.

Entonces se preparó una vez más la sala de Hyfaidd para un festín, esta vez para celebrar la boda de Rhiannon y Pwyll, y cuando el festín terminó Rhiannon y Pwyll fueron a su cámara, y allí se deleitaron el uno al otro y se convirtieron en marido y mujer. Al día siguiente, Pwyll y Rhiannon se levantaron temprano. Pwyll fue a la corte, donde escuchó las plegarias de los suplicantes y músicos. Les dio todo lo que pidieron, y nadie se fue insatisfecho.

Cuando esto terminó, Pwyll fue a ver a Hyfaidd y le dijo—Quiero salir para Dyfed mañana, con tu bendición.

Hyfaidd respondió—Esto está bien. Dime cuándo Rhiannon te va a seguir.

—Milord—dijo Pwyll—Deseo que ella venga conmigo cuando me vaya.

Hyfaidd estuvo de acuerdo con esto, y por la mañana Pwyll y Rhiannon fueron a Dyfed. Se detuvieron en la corte de Pwyll en Arberth, donde encontraron un festín esperándolos. Todos los nobles de Dyfed se reunieron allí, para celebrar el matrimonio de Pwyll y Rhiannon. A todos y cada uno, Rhiannon les dio un precioso regalo, de acuerdo a su posición. Durante tres años después, los nobles se contentaron con el reinado de Pwyll y su novia, pero al final de ese tiempo se inquietaron, porque Pwyll aún no tenía un heredero.

Los nobles se presentaron ante Pwyll y le dijeron—Milord, le aconsejamos que tome otra esposa, para que pueda tener un hijo. No puede seguir gobernándonos si no puede tener un heredero.

Pwyll respondió—Escucho sus palabras. Les ruego que nos de otro año, y si al final de ese tiempo no tengo heredero, haré lo que me pidan.

Los nobles aceptaron la petición de Pwyll. Antes de que terminara el año, Rhiannon se encontró embarazada. Cuando llegó su momento, nació un buen niño. Las mujeres estaban dispuestas a cuidar de la madre y el niño después del nacimiento, pero una tras una las mujeres se fueron durmiendo, al igual que la propia Rhiannon. Cuando las mujeres se despertaron, descubrieron que el bebé había desaparecido.

—¿Qué haremos?—exclamó una mujer—. Seguramente nos matarán a todas por esto.

Las otras estuvieron de acuerdo en que era probable.

Luego otra mujer dijo—: Sé lo que debemos hacer. En las calles hay un sabueso que ha tenido una camada de cachorros. Tomen algunos de los cachorros y mátenlos. Unten la sangre en la cara y las manos de la reina y pongan los huesos en la cama con ella. Entonces todos juraremos que ella misma mató al niño.

Las mujeres estuvieron de acuerdo en que era un buen plan, y se hizo así. Cuando Rhiannon se despertó, preguntó dónde había ido su hijo.

—No nos pregunte, milady—dijeron las mujeres—. Solo tiene que mirar a su alrededor para ver qué fue de él. Solo tiene que mirar los moretones de nuestros brazos para ver cómo tuvimos que luchar contra usted, y aun así fue capaz de destruir a su hijo.

Rhiannon miró a las mujeres y dijo—: No deben decir mentiras sobre mí. No puedo protegerles si no me dicen la verdad.

Las mujeres juraron que eran sinceras. Rhiannon las instó una y otra vez a no decir mentiras, pero las mujeres juraron cada vez que decían la verdad.

Muy pronto la historia de las mujeres llegó a oídos de Pwyll y sus nobles. Los nobles insistieron en que Pwyll se divorciara de Rhiannon y tomara otra esposa. Pero Pwyll se negó, diciendo—: Necesito divorciarme de mi esposa solo si es estéril, y no lo es. Tengo un heredero. Pero si mi esposa ha hecho algo malo, entonces debe ser castigada.

Rhiannon se asesoró con sus consejeros, y pronto se decidió que era mejor para ella aceptar cualquier castigo que se le diera. Y este fue su castigo: que durante siete años se sentaría en la puerta del tribunal de Arberth y contaría su historia a quien se la pidiera, y que luego se ofrecería a llevarlos al tribunal a cuestas. Muy pocos le pidieron que los llevara. Y de esta forma Rhiannon pasó parte de un año.

Fue en esta época que el lord de Gwent Is Coed era un hombre llamado Teyrnon Twrf Liant. Teyrnon poseía la mejor yegua de todo el país, y cada potro que producía era el mejor que se podía encontrar en cualquier lugar. Siempre paría en la víspera de mayo, pero por la mañana el potro desaparecía. Teyrnon y su esposa no sabían qué hacer al respecto, porque cada vez que la yegua daba a luz, por la mañana el potrillo desaparecía.

Una víspera de mayo, Teyrnon le dijo a su esposa—Por Dios, seguramente descubriré lo que le pasa a esos potros. —así que se armó e hizo que trajeran a la yegua a la casa donde podría cuidarla. Cuando cayó la noche, la yegua dejó caer un fino y negro potro. Era una pequeña y robusta cosa, y se puso de pie inmediatamente.

Tan pronto como el potro se levantó, un largo brazo negro atravesó la ventana y agarró al potro por la crin. Teyrnon sacó su espada y le golpeó en el brazo, cortándole por el codo. Un terrible grito sonó desde afuera, y otro ruido que Teyrnon no pudo identificar. Corrió a la puerta para averiguar cuál era el ruido, y allí, en el escalón, encontró a un niño de pelo dorado, envuelto fuertemente en pañales de seda ricamente bordados.

Teyrnon recogió al niño y se lo llevó a su esposa—. Esposa mía, despierta. Porque aquí tengo un hijo para ti, si lo quieres.

Entonces Teyrnon le contó toda la historia. Cuando terminó, ella miró al niño y vio cómo estaba vestido—. Seguro que es el hijo de algún noble—dijo—. Si vamos a quedarnos con él, primero debemos enviar la noticia de que yo estaba embarazada, y hacer que nuestras sirvientas digan lo mismo.

Teyrnon estuvo de acuerdo, y se hizo como dijo su esposa. Se llevaron al niño a su casa y lo criaron como si fuera suyo. Lo bautizaron y lo llamaron Gwri Wallt Euryn, porque tenía el pelo dorado. El niño creció rápido y saludable, y para cuando tenía un año ya tenía el crecimiento y la fuerza de un niño de tres años. Al final de su segundo año, era tan grande y fuerte como un niño de seis años. A los cuatro años, deseaba que se le permitiera trabajar en los establos y cuidar de los caballos.

Un día, la esposa de Teyrnon se acercó a él y le preguntó qué había pasado con el potro que nació la noche en que encontraron a su hijo.

—Le dije a los cuidadores del establo que lo cuidaran—respondió Teyrnon.

—Tal vez sea hora de que lo entrenen y se lo den a nuestro hijo—dijo su esposa.

Teyrnon estuvo de acuerdo, así que el caballo fue entrenado para llevar un jinete y se lo dieron a Gwri para que lo cuidara.

Poco después de esto, llegó a la corte de Teyrnon la noticia de lo que le había pasado a Rhiannon y su castigo. Él escuchó los cuentos con atención y sintió lástima por la mujer. También miró muy de cerca a Gwri y se dio cuenta de que el chico se parecía a Pwyll en todos los aspectos. Teyrnon conocía a Pwyll de vista, ya que por una vez Pwyll le debía lealtad.

Teyrnon se dio cuenta de que no podía quedarse con el chico por derecho, y esto le apenó, ya que amaba mucho a Gwri. Pero sabía que el niño debía ser devuelto a sus legítimos padres, y que Rhiannon debía ser liberada de su injusto castigo, así que fue a su esposa y le dijo lo que pretendía hacer. La esposa de Teyrnon escuchó todo lo que su marido decía y estuvo de acuerdo en que llevar a Gwri a la corte de Pwyll era lo correcto.

Al día siguiente, Teyrnon y Gwri salieron hacia la corte de Pwyll con dos nobles compañeros. Cuando llegaron a la puerta, Rhiannon se levantó y dijo—: Quédense, porque es mi castigo por haber matado a mi propio hijo que debo llevar a cada uno de ustedes de espaldas a la corte.

—No, señora—dijo Teyrnon—eso no lo harás, ni por mí, ni por nadie que esté conmigo.

Gwri también dijo que no dejaría que Rhiannon lo llevara, y los nobles dijeron lo mismo. Teyrnon, Gwri y sus compañeros fueron a la corte de Pwyll, y se les dio una cálida bienvenida. Pwyll ordenó que se preparara un festín para ellos, y cuando las mesas estuvieron listas Teyrnon se sentó entre Pwyll y Rhiannon, y sus dos nobles delante de ellos con el chico Gwri entre ellos.

Cuando el banquete terminó, Teyrnon contó su historia sobre el potro y sobre el niño. Explicó cómo había llevado al niño a un hogar de acogida y cómo él y su esposa lo habían criado como si fuera suyo.

—Pero cuando oímos la historia del castigo de Rhiannon—continuó Teyrnon—nos entristecimos mucho por ello. Entonces nos dimos cuenta de que nuestro Gwri debía ser su hijo. Si mira al chico, está claro que no puede ser hijo de nadie más que de Pwyll. Ahora se lo devolvemos a ustedes, sus legítimos padres.

—Cómo se aligerarían mis preocupaciones si lo que dices es verdad—dijo Rhiannon.

Y todos los nobles de la corte miraron al niño y a Pwyll, y todos estuvieron de acuerdo en que el niño debía ser el hijo de Pwyll.

—¿Y cómo se llama? — preguntó uno de los nobles de Pwyll.

—Lo llamamos Gwri Wallt Euryn, pero pueden ponerle el nombre que quieran—respondió Teyrnon.

—Pryderi será su nombre—dijo Pwyll—porque ese nombre significa "cuidado", y esto fue lo primero que su madre dijo de él al conocerlo.

Rhiannon, Pwyll y los nobles estuvieron de acuerdo en que era un buen nombre para el chico, y así fue conocido como Pryderi hijo de Pwyll Pen Annwfn para siempre.

Entonces Pwyll se volvió hacia Teyrnon y le dijo—Por Dios, no sé cómo compensarle por la buena educación que le ha dado a nuestro hijo. Pero cuando crezca, seguramente se lo pagará de una manera adecuada.

—Mylord—respondió Teyrnon—debe saber que nadie se aflige por la pérdida del niño como mi esposa, que lo ama como una madre. Debe recordarla así; ese es mi deseo.

Pwyll prometió entonces que Pryderi nunca olvidaría a Teyrnon y a su esposa, ni los cuidados que le habían dado cuando era un niño. Y Pwyll prometió aliarse con Teyrnon y sus dominios, y que Pryderi haría lo mismo después de él. Entonces el niño fue entregado al noble Pendaran Dyfed para que lo acogiera, pero Pwyll también hizo que Teyrnon y sus nobles fueran padres adoptivos.

Cuando llegó el momento de que Teyrnon y sus compañeros se fueran, Pwyll y Rhiannon le ofrecieron a Teyrnon muchos regalos finos de oro y plata y joyas costosas, y de los mejores caballos que tenían. Pero Teyrnon no aceptó ninguno de ellos, y se fue de la corte de Pwyll muy contento de todos modos.

Y así Pryderi fue criado en la corte de Pwyll Pen Annwfn, y pronto no había nadie en toda la tierra que se le pareciera por su buena apariencia o su fuerza de cuerpo o sus acciones. Y cuando Pwyll envejeció y murió, Pryderi se convirtió en el príncipe de Dyfed, y conquistó los tres cantones, o condados, de Ystrad Tywi y los cuatro cantones de Ceredigion. Pryderi se casó con una noble esposa, y juntos gobernaron sabiamente y sin problemas hasta el final de sus días.

La historia de Culhwch y Olwen

En su edición del Mabinogion, *Patrick Ford señala la importancia de los caballos en el nacimiento de Gwri/Pryderi en la historia de Pwyll de Dyfed, mientras que en la historia de Culhwch los animales involucrados son los cerdos. Ford rastrea estos respectivamente a la diosa celta de los caballos Epona y al dios jabalí Moccus. En el momento en que estas historias fueron escritas, estas deidades existen solo como meros ecos, en la asociación de caballos y cerdos con los nacimientos de los niños héroes. Moccus también parece estar representado en la historia de Culhwch por el monstruoso jabalí Twrch Trwyth, que debe ser cazado y destruido por el rey Arturo y sus compañeros.*

Es importante señalar que este no es el rey Arturo con el que estamos familiarizados hoy en día. El Arturo de este cuento es una manifestación anterior, que existe en el reino de los antiguos mitos y leyendas celtas. Solo más tarde fue adoptado como un rey-héroe cristianizado y figura literaria por la cultura de la corte medieval, que es la fuente más común para los recuentos modernos de las leyendas arturianas.

Una vez hubo un príncipe de Gales llamado Cilydd, hijo de Celyddon, y se casó con Goleuddydd, hija del príncipe Anlawdd. La gente de Cilydd se regocijó con este matrimonio, ya que era un muy buen partido, y rezaron para que pronto su príncipe pudiera tener un hijo y un heredero. No tuvieron que esperar mucho tiempo antes de que sus oraciones fueran respondidas: Goleuddydd pronto se encontró embarazada.

Sin embargo, no todo fue fácil con Goleuddydd. Se dio cuenta de que no podía soportar estar en casa, así que se fue a vagar por el campo, sin retornar nunca a su casa e incluso durmiendo bajo las estrellas o bajo los árboles. Cuando sintió que estaba cerca de la hora de su parto, buscó refugio. Allí, en la ladera de una montaña, encontró la morada de un porquero. Entró en la cabaña del porquero, pero la asustó tanto el encuentro con los cerdos que dio a luz inmediatamente. Llamó al niño Culhwch, que significa "lugar de los cerdos", porque allí es donde nació. El porquero reconoció a Goleuddydd, así que cuando ella estuvo lo suficientemente bien para viajar la devolvió con su bebé a la corte del príncipe Cilydd para que el niño pudiera ser criado entre su propia gente, ya que no solo Culhwch era hijo de Cilydd, sino que también era primo del propio rey Arturo.

Culhwch creció rápido y saludable, pero cuando todavía era un niño pequeño su madre se enfermó y murió. Cuando Goleuddydd estaba en su lecho de muerte, le dijo a Cilydd—: Sé que pronto desearás volver a casarte, pero me preocupa que tu nueva esposa intente desheredar a nuestro hijo, Culhwch. Te pido que no tomes otra esposa hasta que veas un brezo con dos flores sobre mi tumba. También te pido que cuides bien mi tumba y que no la descuides.

El Príncipe Cilydd prometió a Goleuddydd que haría todo lo que le pidiera, y después de que ella muriera y fuera enterrada nombró a un sirviente para que cuidara la tumba y la mantuviera libre de cualquier tipo de hierba o brezo. Durante siete años, el sirviente hizo bien su tarea, pero después de ese tiempo se cansó de la tarea, y así la tumba quedó desatendida.

Fue en esta época que el príncipe salió a cazar, y se propuso visitar la tumba de Goleuddydd para ver si podía haber algo creciendo sobre ella. Fue al lugar donde fue enterrada y vio que un brezo había empezado a crecer en medio de su tumba, y sobre ese brezo había dos flores. El príncipe regresó a su palacio y convocó a sus consejeros más sabios. Les preguntó si sabían de alguna mujer bien nacida que pudiera servir como nueva esposa.

—Sí—dijo uno—. La esposa del rey Doged lo haría admirablemente.

Cilydd estuvo de acuerdo en que era un buen consejo. Envió un grupo de sus guerreros más selectos a las tierras de Doged. Allí mataron a Doged y capturaron a su esposa e hija. También recorrieron los pueblos y aldeas de ese lugar y llevaron su botín de vuelta a los dominios de Cilydd. Cilydd se apoderó de las tierras de Doged y tomó a su viuda como su propia esposa, pero Cilydd no le dijo nada sobre Culhwch, ya que no había olvidado las últimas palabras de Goleuddydd sobre su hijo.

Un día, la nueva esposa de Cilydd fue a dar un paseo por el campo. Se encontró con una tosca cabaña, frente a la cual estaba sentada una anciana de pelo blanco y un solo diente en la boca. La esposa de Cilydd había oído hablar de esta mujer y sabía que tenía fama de ser adivina. La esposa de Cilydd también tenía muchas preguntas sobre su nuevo marido, preguntas que sabía que no sería prudente hacer en la corte. Por lo tanto, se acercó a la anciana y le dijo—: Dime, anciana, ¿cómo es que me he casado con un hombre sin hijos? ¿No tendré un heredero con él?

La anciana respondió—: Cilydd no es un hombre sin hijos, y tú tienes la seguridad de producir un heredero en tu propio cuerpo.

—Háblame de ese niño que tiene Cilydd—exigió la esposa, porque se sorprendió al saber que su marido lo mantenía en secreto.

—Cilydd tiene un hijo—dijo la anciana—y su nombre es Culhwch.

La esposa de Cilydd regresó a casa. Fue directamente a su marido y le exigió saber por qué le había estado ocultando su hijo. Al principio Cilydd trató de evadir sus preguntas, pero finalmente convocó a Culhwch y le presentó el niño a su nueva madrastra. Ella miró al niño de arriba a abajo y vio que era guapo y bien hecho en su cuerpo.

—Eres un chico muy guapo—dijo su madrastra—y deberías pensar en el matrimonio. Yo misma tengo una hermosa hija que sería una excelente esposa para ti.

Culhwch respondió—Puede que sea así, pero aún no estoy en edad de tomar una esposa.

Esto enfureció a su madrastra, y por eso pronunció una maldición sobre él—: Si no tomas a mi hija, nunca te casarás, excepto con Olwen, hija de Ysbaddaden Pencawr, ¡rey de los gigantes!

En esto, Culhwch sintió todo su cuerpo abrumado por el amor a Olwen, una mujer que nunca había conocido, y se prometió a sí mismo que la tomaría como esposa.

Cilydd vio que el muchacho se sonrojaba de forma extraña, y preguntó—: ¿Qué pasa, hijo mío? ¿Te has puesto enfermo?

—No—respondió Culhwch—pero he oído el destino que me predijo mi madrastra, y quiero ver si puedo tener la mano de Olwen, hija de Ysbaddaden Pencawr, en matrimonio.

Cilydd dijo—Eso no debería ser difícil para ti, ya que eres noblemente nacido y primo del propio rey Arturo. Deberías ir a la corte de Arturo y pedirle ayuda en este asunto. Arréglate, córtate el pelo y luego ve a hablar con Arturo.

A la mañana siguiente, Culhwch partió hacia la corte de Arturo. Montó un fino corcel gris, y su silla y su brida tenían incrustaciones con mucho oro. Culhwch estaba ricamente vestido y armado con una lanza y una espada como corresponde a un príncipe, y llevaba un fino cuerno de caza bañado con plata. Al lado de Culhwch corrían dos de los mejores sabuesos de caza, llevando collares de oro con incrustaciones de rubíes. Y la huella del monte de Culhwch era tan ligera que ni siquiera doblaba la hierba bajo sus pezuñas al llegar a la corte del rey Arturo.

Cuando Culhwch llegó a la corte del rey Arturo, encontró la puerta cerrada y enrejada.

—Déjame entrar—pidió Culhwch al centinela.

—No puedo—dijo el centinela—porque la fiesta ya ha comenzado, y es la ley de Arturo que no se permita la entrada a nadie, salvo a los que han sido especialmente invitados. Pero aquí fuera de la muralla hay una casa de huéspedes, donde hay comida y bebida en abundancia y una cama caliente apta incluso para un noble príncipe, y un establo para su caballo y sus perros. Puede pasar la noche aquí y buscar audiencia con Arturo por la mañana.

—No esperaré—dijo Culhwch—y si no abres la puerta, enviaré tres gritos. El primero se oirá en todo Gales. El segundo se oirá hasta en Irlanda. Y el tercero será tan fuerte y tan feroz que todas las mujeres de la tierra que ahora están embarazadas abortarán, y las que ahora son estériles permanecerán así para siempre.

—Grite como pueda—contestó el centinela—No puedo abrir esta puerta sin el permiso del rey. Le pido que espere mientras le pregunto qué debo hacer.

El centinela entró en el salón donde el rey Arturo estaba sentado a comer con su corte. El rey vio al centinela y le pidió que dijera lo que le había llevado a la sala.

—Hay un guerrero en la puerta—dijo el centinela—como nunca he visto, ni por vestimenta, ni armas, ni corceles, ni sabuesos, ni por la buena apariencia, ni por la fuerza de su cuerpo. Como bien sabe, he viajado a todas las tierras, a la India, a África, a Noruega y a Grecia, y a todos los lugares intermedios, y nunca he visto un joven como éste. Anhela una audiencia con Su Majestad, y dice que no esperará. Estoy aquí para preguntar si puedo admitirlo, a pesar de su ley.

Arturo respondió—Seguramente un hombre como este no debe ser hecho esperar. Renuncio a la ley de la sala de banquetes para este invitado especial. Pídele que entre, y dale la bienvenida.

Entonces Kai, uno de los caballeros del rey dijo—Si Su Majestad quiere, aconsejo que no admitamos a este hombre en nuestro banquete desafiando la ley.

Arturo respondió—: No puedo aceptar tu consejo, amigo mío, porque si rechazo la entrada de este guerrero, me avergonzaría a mí y a la corte.

Tan pronto como Arturo dijo esto, Culhwch entró en el salón de banquetes. Todos los que lo vieron se maravillaron, porque la descripción del centinela no le había hecho justicia. Arturo le dio una calurosa bienvenida a Culhwch, y le invitó a sentarse a la mesa, donde le llevarían carne y vino.

—No vengo al festín—dijo Culhwch—sino a pedirle ayuda a Su Majestad. Y si no me da su ayuda, será una gran vergüenza para usted y su corte.

—Todo lo que tengo para dar es tuyo—respondió Arturo—excepto mis armas, mi barco, mi capa y mi esposa.

—Primero deseo que me corte el pelo—dijo Culhwch.

Arturo pidió que se trajeran un peine y unas tijeras. Culhwch se sentó entonces ante el rey, y mientras Arturo peinaba y cortaba el pelo de Culhwch, dijo—Dime ahora quién eres, y háblame de tu familia.

—Soy Culhwch, hijo de Cilydd, hijo de Celyddon, y mi madre era Goleuddydd, hija del príncipe Anlawdd.

—¡Ah!—exclamó Arturo—. Entonces somos primos, seguramente. Doblemente bienvenido a mi corte, pariente. Ahora dígame qué es lo que requieres de mí.

—Deseo casarme con Olwen, hija de Ysbaddaden Pencawr, rey de los gigantes—dijo Culhwch—. Le ruego que me ayude a encontrarla y a hacerla mi novia.

Arturo admitió que no sabía quién podía ser esta joven. Tampoco ninguno de sus cortesanos la conocía, así que Arturo se comprometió a enviar mensajeros por todo su reino para ver dónde podría ser encontrada. Culhwch estuvo de acuerdo en que se hiciera así, y le dio a Arturo un año para encontrar a la chica.

Y así pasó el año, sin que ninguno de los mensajeros pudiera encontrar a Olwen o a su gente. Culhwch se presentó ante la corte y le dijo a Arturo—: No puedo esperar más. Si no puedes ayudarme, entonces debo continuar esta búsqueda yo solo.

—No es así—dijo Kai—porque iré contigo.

—Sí—dijo Arturo—. Es sabio que tomes a Kai como tu compañero. También enviaré a otros de mis mejores guerreros, para que siempre tengas la mejor ayuda.

Arturo llamó a Kai y a otros cinco para que fueran los compañeros de Culhwch. Cada uno de ellos era un guerrero temible, y cada uno tenía además otras cualidades y habilidades. Kai podía aguantar la respiración bajo el agua durante nueve días y nueve noches, y podía quedarse sin dormir por el mismo espacio. Si hería a alguien con su espada, esa herida nunca se curaría por muy bien cuidada que estuviera. Kai podía crecer hasta ser tan alto como un árbol, y con su cuerpo podía generar suficiente calor para que la lluvia no tocara lo que llevara, e incluso podía encender un fuego con ese calor.

El manco Bedevere también fue con Culhwch. Bedevere era el hombre más rápido del reino. Nadie podía igualarlo en velocidad, excepto Arturo y otro, un hombre llamado Drych Ail Cybdar. Aunque Bedevere tenía una sola mano, era tan mortal en batalla como tres hombres de dos manos, y su lanza era tan mortal que cualquier herida que se hiciera con ella sería nueve veces más grande que la de otro guerrero.

Cynddelig Cyfarwydd el guía también fue convocado para ir con Culhwch. Nadie conocía las tierras del reino de Arturo mejor que él, y ninguno era su rival para encontrar un camino a través de tierras desconocidas. El intérprete Gwyrhyr Gwstad Ieithoedd también formaba parte de la compañía, ya que hablaba todos los idiomas, y Gwalchmai mab Gwyar también se unió a ellos, ya que era el mejor jinete y el mejor luchador a pie. El último miembro de la compañía fue Menw hijo de Teirgwaedd, que podía lanzar un hechizo de invisibilidad sobre sí mismo y sus compañeros, para que los ojos hostiles no pudieran verlos.

Culhwch y sus compañeros salieron del castillo de Arturo y viajaron hasta llegar a una amplia llanura. En la llanura, a lo lejos, había un castillo como nunca habían visto. La llanura era tan amplia que les llevó tres días cruzarla. Cuando finalmente se acercaron al castillo, encontraron un enorme rebaño de ovejas entre ellos y el castillo. El pastor era un hombre enorme y temible, sentado en un montículo cerca de su rebaño, y a su lado había un perro ovejero gigante, tan grande como un caballo. Además, el pastor podía lanzar llamas de su boca a cualquiera que le disgustara, y había muchos árboles y arbustos carbonizados por todas partes.

Kai, Gwyrhyr y Menw decidieron entre ellos hablar con el pastor. Menw dijo que le echaría un hechizo para que pudieran hablar con él con seguridad. Los tres compañeros se acercaron al pastor—: Saludos—le dijeron—. Dinos, si quieres, quién eres y quién es el amo de ese castillo y de todas estas ovejas.

—Me llamo Custennin, y seguramente todos saben de quién es el castillo y de quiénes son estos rebaños—respondió el pastor—. Pertenecen a Ysbaddaden Pencawr, rey de los gigantes. ¿Por qué lo preguntan? ¿Qué quieren aquí?

—Somos mensajeros de la corte del rey Arturo—dijo Kai—y hemos venido a pedir la mano de Olwen en matrimonio para uno de nuestros compañeros.

—Oh—dijo el pastor—me compadezco de tu amigo y de todos tus compañeros, si realmente es tu misión. Muchos pretendientes han venido a esta tierra pidiendo la mano de Olwen, y ninguno ha salido vivo de aquí.

Culhwch agradeció al pastor lo que les había dicho, y le dio un anillo de oro como pago. El pastor trató de ponerse el anillo, pero no le cabía en sus enormes dedos, así que lo puso dentro del guante y se lo llevó a casa a su esposa. Cuando le dio el anillo, ella le dijo—: ¿Dónde encontraste tal cosa, esposo?

—Fui a la orilla a pescar, y allí encontré un hombre muerto en la playa. El anillo estaba en su mano, así que lo cogí.

—Una historia probable—dijo la esposa—. Muéstrame este fino cadáver que lleva hermosas joyas.

—No temas—dijo Custennin—. Lo verás pronto. De hecho, es probable que él y sus amigos vengan pronto a pedirnos hospitalidad para pasar la noche.

—¿Qué quieres decir? — preguntó la esposa.

—Quiero decir que es Culhwch, hijo de Cilydd hijo de Celyddon, cuya madre era Goleuddydd hija de Anlawdd, quien está aquí. Ha venido a pedir la mano de Olwen en matrimonio.

La esposa del pastor estaba feliz y triste por esta noticia. Estaba feliz, porque Culhwch era el hijo de su hermana, y triste porque sabía que nadie había regresado vivo del castillo de Ysbyddaden Pencawr. Pero no tuvo tiempo de pensar en esto, porque pronto escuchó los sonidos de Culhwch y sus compañeros acercándose. Salió corriendo a saludarlos y fue a abrazar a los compañeros. Primero se acercó a Kai, pero antes de que pudiera tocarlo, Kai agarró un enorme tronco de la pila de madera y lo puso entre él y la mujer. La mujer abrazó el tronco en su lugar, y pronto no fue más que una pila de astillas.

—Es una suerte que no haya sido yo a quien abrazaste—dijo Kai.

La mujer invitó a los compañeros a su casa y les proporcionó comida y bebida. Luego se acercó a la chimenea y abrió una puerta que estaba junto a la repisa de la chimenea. Detrás de la puerta había una pequeña habitación secreta, y de la habitación secreta salió un hermoso joven, que tenía el pelo rizado y dorado.

—¿Qué ha hecho para estar tan encerrado en esa habitación? —preguntó Gwrhyr.

—Es para salvarlo que se esconde en esa habitación secreta—dijo la esposa—. Una vez tuve veinticuatro hijos, y ahora todos ellos están muertos, sálvenlo. Todos los demás fueron asesinados por Ysbaddaden Pencawr, y nuestra única esperanza de mantener a este vivo es esconderlo.

—Deja que se quede conmigo—dijo Kai—. Juro que lo protegeré, y nadie le hará daño salvo que me maten primero.

Cuando terminó la comida, la esposa del pastor preguntó—: Dime, ahora: ¿por qué has venido aquí, y qué es lo que buscas?

—Venimos a buscar la mano de Olwen para nuestro amigo Culhwch—dijo Kai.

—Eso es muy imprudente—dijo la mujer—. Si valoran sus vidas, váyanse ahora, antes de que alguien del castillo pueda verlos.

—No lo haremos—dijo Kai—al menos, no hasta que hayamos visto a la doncella.

—¿Hay algún lugar al que vaya donde podamos verla sin ser vistos? —preguntó Gwrhyr.

—Sí—contestó la mujer—. Ella viene aquí todos los sábados para lavarse el pelo. Cuando lo hace, pone uno de sus anillos en un plato. Siempre se olvida de recogerlos después, y nadie del castillo viene a buscarlos tampoco. Viene mañana para esa tarea, y les dejaré verla sin que ella les vea, pero solo si prometen no hacerle daño.

Culhwch y sus compañeros estuvieron de acuerdo en que era un buen plan, y prometieron solemnemente no hacerle daño a la doncella.

A la mañana siguiente, Olwen llegó a lavarse el pelo. Llevaba un vestido de seda rojo como la llama, y alrededor de su cuello había un collar de oro rojo, tachonado con muchas gemas. Su pelo era de oro brillante, su piel más blanca que la leche, y sus ojos más brillantes que los del halcón más veloz. Dondequiera que pisara la hierba, brotarían flores de trébol blanco, y por eso la llamaban Olwen, que significa "Pista Blanca".

Tan pronto como Culhwch la vio, se adelantó y dijo—Señora, la saludo bien, porque siempre la he amado. Venga conmigo, porque la quiero como mi novia.

—No debo casarme contigo—dijo Olwen—no sin el consentimiento de mi padre, porque en el momento en que me case, él morirá. En lugar de eso, te pido que vayas a su castillo y le pidas una audiencia. Lo que te pida, consiéntelo sin dudarlo, porque si haces lo que te pide, quizá nos permita casarnos. Pero no dudes en lo que te pida, de lo contrario te matará al instante.

—Eso es lo que haré—respondió Culhwch.

Al día siguiente, Culhwch y sus compañeros se dirigieron al castillo donde tuvieron que pasar por nueve puertas. En cada puerta había un guardián con un mastín gigante. Culhwch y sus compañeros mataron a cada guardián con su perro, atravesaron cada puerta, y pronto se encontraron en el salón de Ysbyddaden Pencawr, rey de los gigantes.

—¿Quién eres y qué quieres? — rugió Ysbyddaden.

—Estamos aquí para pedir la mano de su hija Olwen en matrimonio con nuestro compañero, Culhwch hijo de Cilydd—dijo Kai.

—¿Dónde están mis sirvientes? — exigió Ysbyddaden—. Tráiganme los tenedores que sostienen mis párpados, para que pueda ver a este joven tonto que piensa en casarse con mi hija.

Los sirvientes trajeron los tenedores y los colocaron bajo los párpados del gigante. Miró a Culhwch de arriba abajo—. Así que piensas casarte con mi Olwen, ¿eh? — dijo—. Vuelve mañana. Tendrás mi respuesta entonces.

Los compañeros se volvieron para irse, pero mientras lo hacían, Ysbyddaden agarró una de las tres lanzas envenenadas que guardaba detrás de su trono, y se la lanzó a Culhwch. Pero antes de que la lanza pudiera encontrar su marca, Bedevere la cogió en el aire y se la lanzó al gigante. La lanza golpeó a Ysbyddaden en la rodilla, y él aulló de dolor—. ¡Nunca podré volver a caminar bien! — gritó.

Los compañeros volvieron a la casa de Custennin, donde se dieron un festín y se regocijaron de haber sobrevivido a su primer encuentro con el gigante. Al día siguiente, se levantaron temprano, se vistieron y se arreglaron con cuidado, para que se vieran lo mejor posible la próxima vez que hablaran con Ysbyddaden.

De nuevo entraron en el salón del rey de los gigantes. Esta vez Gwrhyr habló por la compañía.

—Denos a Olwen para ser la novia de Culhwch, y a cambio le daremos la dote habitual, además de regalos para usted y para sus parientes. Pero si no nos la da, morirá.

—Deben esperar mi respuesta—dijo Ysbyddaden—porque todos sus bisabuelos siguen vivos, y debo pedirles consejo primero.

—Muy bien—aceptó Gwrhyr—. Iremos a comer mientras hablas con ellos.

Los compañeros se volvieron a ir, y otra vez Ysbyddaden lanzó una lanza envenenada a Culhwch. Esta vez fue Menw quien cogió la lanza y la lanzó de vuelta. Tan feroz y fuerte fue el lanzamiento de Menw que la lanza atravesó directamente al gigante, en medio de su pecho—. ¡Ay! — gritó el gigante—¡ahora siempre tendré dolores de pecho e indigestión!

Los compañeros volvieron a la casa de Custennin, donde comieron y pasaron la noche. Por la mañana, volvieron a la sala del gigante.

—No nos lances otra lanza, oh Gigante—dijo Kai—¡si no te arriesgas a que te matemos!

En esto Ysbyddaden pidió a los sirvientes que le pusieran los tenedores bajo los párpados para que pudiera ver, y cuando esto se hizo, agarró la última lanza y la lanzó a Culhwch. Esta vez fue el mismo Culhwch quien cogió la lanza y la arrojó hacia atrás, y fue directo al ojo del gigante y salió por la parte posterior de su cuello—. ¡Ay! — gritó el gigante—¡ahora tendré dolores de cabeza para siempre, y mi ojo siempre llorará cuando tenga que caminar afuera en un día ventoso!

Los compañeros volvieron de nuevo a la casa del pastor, y al día siguiente volvieron a la sala del gigante.

—No nos rechaces, oh Gigante—dijo Kai—y no nos arrojes más lanzas, o seguramente te mataremos! Danos a tu hija, para que sea la novia de Culhwch.

—¿Quién de ustedes es Culhwch?—preguntó Ysbyddaden.

Culhwch se adelantó—. Yo soy Culhwch—dijo.

—Ven aquí y siéntate conmigo, para que podamos discutir este asunto—dijo el gigante.

Culhwch fue y se sentó junto a él.

—Así que has venido a pedir la mano de mi hija en matrimonio, ¿sí? — dijo Ysbyddaden.

—Sí, así es—respondió Culhwch.

—Primero debes prometer que siempre serás completamente honesto conmigo—dijo Ysbyddaden.

—Te prometo sinceramente con gusto—dijo Culhwch.

—Entonces te daré a mi hija, si puedes hacer los actos que te ordeno.

—Solo tienes que pedirlo—dijo Culhwch.

En esto el gigante nombró una tarea tras otra, cada una de ellas difícil y peligrosa. Culhwch debía limpiar y arar un campo que no podía ser arado; tenía que conseguir un cuerno mágico para beber y un arpa mágica; tenía que hacer una correa mágica con los pelos de la barba de un temible guerrero, porque eso era lo único que el sabueso que Culhwch iba a encontrar; tenía que conseguir la espada de Wrnach el gigante, y muchas otras tareas además. Pero la tarea más difícil, peligrosa e importante era conseguir el peine, las tijeras y la navaja que descansaban entre las orejas del jabalí gigante Twrch Trwyth.

Después de cada tarea Culhwch respondió—: No será un problema para mí hacer eso. —Y después de nombrar la última tarea dijo—No será un problema hacer nada de eso, porque mi pariente Arturo me dará toda la ayuda que necesito.

Culhwch y sus compañeros volvieron a la corte del rey Arturo. Arturo no solo comprometió a sus guerreros a ayudar a cumplir todo lo que Ysbyddaden le había ordenado, sino que él mismo se puso a la búsqueda, al igual que el hijo de pelo dorado de Custennin el pastor, cuyo nombre era Goreu.

Por todo el país iban Arturo y sus guerreros, logrando fácilmente todo lo que Ysbaddaden había ordenado, y volvían a Celli Weg en Cornwall, desde donde comenzarían la tarea de conseguir el peine, las tijeras y la navaja de entre las orejas de Twrch Trwyth. Arturo llamó a Menw hijo de Teirgwaedd y le dijo—Ve y busca a Twrch Trwyth, y fíjate si los tesoros están realmente entre sus orejas. No quiero que perdamos tiempo y esfuerzo buscándolo, si lo que buscamos no está ahí.

Menw se enteró de que el jabalí estaba en Irlanda, así que fue a buscarlo. Pronto encontró la guarida del jabalí y Menw vio los tres tesoros cuando el jabalí entró. Menw se convirtió en un pájaro y esperó. Cuando el jabalí salió, Menw se abalanzó e intentó arrebatar uno de los tesoros, pero solo consiguió agarrar una garra llena de cerdas. Esto enfureció a Twrch Trwyth, y se sacudió a sí mismo, enviando veneno volando de su escondite. Parte del veneno cayó sobre Menw, y quedó marcado por él para siempre.

Al saber dónde estaba el jabalí, y que en efecto tenía los tres tesoros, Arturo reunió una gran compañía de guerreros de tan lejos como Bretaña. También llamó a todos los mejores corceles y sabuesos de caza, y pronto tuvo un ejército tan poderoso que cuando desembarcó, los irlandeses le temieron mucho, y enviaron a sus hombres santos para que lo trataran y le pidieran protección. Arturo aceptó esto con gusto, y los santos hombres le proporcionaron a él y a su ejército comida.

Arturo y su ejército fueron a Esgair Oerfel, que es donde el jabalí tenía su hogar, junto con sus siete cerdos jóvenes. Soltaron a los sabuesos sobre el jabalí y sus crías. Los irlandeses lucharon con ellos todo el día, pero sin éxito, y una quinta parte del país de Irlanda fue arrasada en la batalla. Al día siguiente, el ejército de Arturo fue con su ejército a luchar contra el jabalí, y no les fue mejor. Al día siguiente, el propio Arturo fue a luchar con Twrch Trwyth. Lucharon durante nueve días y nueve noches, y al final de la batalla solo un joven cerdo había muerto.

Cuando Arturo regresó al campamento después de su lucha, sus hombres le preguntaron—¿Quién es Twrch Trwyth?

—Solía ser un rey—dijo Arturo—pero Dios lo convirtió en un jabalí, como castigo por sus pecados.

Arturo le llamó Gwrhyr Gwstad Ieithoedd y le dijo que fuera e intentara hablar con el jabalí. Gwrhyr se convirtió en un pájaro. Voló al lugar donde Twrch Trwyth vivía con sus crías, y se posó en una rama cercana.

—En nombre de Dios—dijo Gwrhyr—si alguno de ustedes puede hablar, les pido que salgan y hablen con Arturo.

El joven jabalí Grugyn Gwrych Eraint se presentó. Todas sus cerdas eran como de plata, y de hecho el brillo de las mismas podía verse desde lejos. Grugyn dijo—: Por el nombre de quien nos puso en esta forma, no hablaremos con Arturo, ni le daremos ninguna ayuda. ¿No ves que ya sufrimos bastante, sin ser acosados por Arturo y sus guerreros?

Gwrhyr respondió—: Debo decirte que Arturo quiere tener el peine, las tijeras y la navaja que están entre las orejas de Twrch Trwyth, y que luchará por ellos.

—Entonces Arturo debe venir a luchar—respondió Grugyn—porque Twrch Trwyth nunca se desprenderá voluntariamente de sus tesoros mientras viva. Pero debes saber esto: mañana nos vamos a las tierras de Arturo, y dondequiera que vayamos, será arrasado.

Twrch Trwyth y sus crías cruzaron el mar hacia Gales y llegaron a la costa de Porth Clais en Dyfed. Arturo los siguió en su barco, Prydwen, y por más que intentaran él y sus guerreros perseguir a la familia de jabalíes, no pudieron acercarse a ellos, hasta que finalmente lo mantuvieron a raya en Cwm Cerwyn. Hubo una gran pelea, y Twrch Trwyth mató a cuatro de los mejores guerreros de Arturo. Luego otros cuatro vinieron a luchar con él, y el propio jabalí fue herido, aunque al final esos cuatro guerreros perecieron también en los colmillos de Twrch Trwyth.

Al día siguiente, los hombres de Arturo persiguieron a Twrch Trwyth, y dondequiera que consiguieron mantenerlo a raya, los mató a todos. Twrch Trwyth corrió hasta Glyn Ystun, y fue allí donde los hombres de Arturo lo perdieron.

Arturo le llamó Gwyn hijo de Nudd. Preguntó si Gwyn sabía algo que pudiera ayudarles a cazar y matar a Twrch Trwyth, pero Gwyn dijo que no. Los hombres finalmente siguieron el rastro del gran jabalí y sus crías. Los cazaron por todo el país, poniéndoles los sabuesos y echándolos a la bahía, solo para que el jabalí y los cerdos jóvenes mataran a los cazadores y escaparan. Finalmente, todos menos Twrch Trwyth y dos de sus hijos fueron asesinados. Se separaron, y los cazadores los persiguieron en diferentes direcciones. Un joven cerdo fue a Ceredigion, donde mató a muchos de los cazadores pero finalmente fue abatido. Otro joven cerdo fue a Ystrad Yw, y lo mismo ocurrió allí.

El rastro del propio Twrch Trwyth se dirigía hacia Cornualles.

—Por Dios—dijo Arturo—no dejaré que ese jabalí entre en Cornualles. Esta persecución ya ha durado bastante. Vamos a encontrarlo y lucharé con él yo mismo.

Así que una banda de hombres escogidos fue a bloquear el camino de Twrch Trwyth y lo devolvió a donde Arturo estaba esperando. Alcanzaron al gran jabalí y lo obligaron a entrar en el río Hafren. Muchos guerreros persiguieron al jabalí en el agua con sus caballos. Los hombres agarraron a Twrch Trwyth por los pies y lo sujetaron para que estuviera bajo el agua. Mabon, hijo de Modron, se acercó al jabalí y le quitó la navaja. Cyledyr Wyllt se acercó al otro lado y le quitó las tijeras. Pero antes de que nadie pudiera conseguir el peine, Twrch Trwyth consiguió adquirir el lecho del río y se abrió camino a patadas. Salió del agua y corrió tan rápido que ni el caballo ni el sabueso pudieron acercarse a él, y así llegó a Cornualles.

Arturo y sus hombres persiguieron a Twrch Trwyth por toda Cornualles. Cuando finalmente arrinconaron a la bestia, hubo una pelea terrible como nunca antes se había visto, y más feroz que cualquiera de las que habían tenido con el jabalí desde que empezaron a perseguirlo. Pero después de esta pelea, Arturo finalmente logró arrebatar el peine. Twrch Trwyth se dio la vuelta y corrió. Llegó a la orilla, donde no se detuvo, sino que corrió directamente al mar, y nunca más se le volvió a ver ni se supo de él.

Arturo regresó a donde Culhwch estaba esperando, habiendo ganado todos los tesoros que Ysbyddaden necesitaba. Luego se dirigieron a la corte del gigante. Goreu, hijo de Custennin el pastor, fue con ellos, ya que tenía motivos para odiar a Ysbyddaden por haber matado a todos sus hermanos y haberle hecho vivir una vida de prisionero.

Llegaron a la corte de Ysbyddaden, y le mostraron todas las cosas que habían logrado. Entonces Caw de Prydyn tomó el peine, las tijeras y la navaja de Twrch Trwyth y afeitó a Ysbyddaden. Afeitó la barba del gigante, y su carne hasta el hueso, y sus orejas también.

Y Culhwch preguntó— ¿Te has afeitado bien?

Ysbyddaden respondió—Sí, lo he hecho.

—¿Y tu hija es ahora libre para ser mi novia? — preguntó Culhwch.

—Lo es—dijo el gigante—. Pero no me lo agradezcas a mí, sino a Arturo, porque es por sus actos que la tienes. Si me la hubieran dejado a mí, nunca la habrías tenido. Y ahora es el momento de ponerme fin.

En eso Goreu hijo de Custennin tomó al gigante por el pelo y le golpeó la cabeza. Luego fijó la cabeza a un poste en la puerta del castillo, y tomó para sí todas las tierras y posesiones del gigante. Arturo y todos sus guerreros regresaron a sus propias tierras. Culhwch se casó con Olwen, y estuvieron felizmente casados hasta el final de sus días.

Y esa es la historia de cómo Culhwch ganó a Olwen.

PARTE III

Cornualles y Bretaña

La Ciudad Ahogada de Ys

Esta historia de Bretaña sitúa a los antiguos elementos celtas, como druidas y criaturas del otro mundo, dentro de la lucha de la antigua fe celta contra la propagación del cristianismo. Ya hemos visto este conflicto en el cuento irlandés de los hijos de Lir, que presenta a los niños primero como víctimas trágicas de la cristianización y luego se convierten a esa religión. En el presente cuento, sin embargo, el personaje de Dahut, que es el producto de la unión entre un rey humano y una doncella de mar del otro mundo, es presentado como malvado, asesino y voluntariamente opuesto al cristianismo. Aunque los hijos de Lir se salvan en última instancia a través de las acciones de los cristianos, Dahut provoca su propia caída y la de la ciudad de Ys cuando se junta con un extraño que probablemente representa al diablo cristiano.

Una vez, hace mucho tiempo, hubo una gran ciudad en Bretaña llamada Ys. Hoy en día nadie sabe exactamente dónde estaba, porque se perdió bajo el mar. Algunos dicen que las ruinas de Ys se encuentran en la bahía de Trepasses. Algunos dicen que están en la bahía de Douarnenez. Pero dondequiera que se encuentre la ciudad, algunas noches los que viven en la costa de Bretaña escuchan las campanas de Ys sonando fantasmalmente a través de las aguas del mar. Y cuando la gente oye esas campanas, se estremecen, y piensan en la historia de cómo la ciudad fue construida, y cómo se perdió, hace tantos años.

La historia comienza en el reino de Cornouaille, que fue gobernado por el rey Gradlon. Gradlon era un rey sabio y generoso. Siempre trató de gobernar con justicia, y adoraba a los antiguos dioses, ya que el cristianismo aún no había llegado a esa parte de Francia. Gradlon solo tenía una hija, cuyo nombre era Dahut. Tenía la piel tan pálida como el marfil, los ojos tan oscuros como el carbón, y un largo pelo negro que fluía como un río. La madre de Dahut había venido del mar, habiéndose enamorado del guapo y majestuoso Gradlon desde lejos. La doncella del mar encantó al rey un día, de modo que la tomó por esposa, pero luego la disgustó, y así volvió al mar y no se la volvió a ver nunca más. Pero antes de irse, le dio una hija a Gradlon. Él amaba a Dahut más que a nada en el mundo, porque le recordaba a su madre, su reina perdida.

Un día, Gradlon y algunos de sus cortesanos fueron a cazar al bosque de Menez-Hom, donde los sabuesos observaron un gran jabalí. Gradlon y sus cortesanos incitaron a sus corceles a la caza. Corrieron a través de los árboles y los arroyos. Atravesaron los matorrales y saltaron sobre los troncos caídos. Pero no importaba lo duro que los cazadores cabalgaran, y no importaba lo rápido que los sabuesos corrieran tras el jabalí, no podían atraparlo.

Finalmente, Gradlon llamó a un alto en la persecución. Los sabuesos y los caballos estaban agotados, y también los cazadores. Mientras se detenían para recuperar el aliento, los hombres miraron a su alrededor y se dieron cuenta de que no tenían ni idea de dónde estaban. Habían estado tan empeñados en seguir al jabalí que no prestaron atención al camino que habían tomado. Estaban completamente perdidos, en una parte del bosque que ninguno de ellos había visto antes, y el sol estaba empezando a ponerse.

—Dirijámonos en esa dirección—dijo uno de los cortesanos, señalando hacia el oeste—. Estoy seguro de que hemos cruzado un arroyo allí, y al menos podemos dar de beber a los animales mientras decidimos qué hacer a continuación.

Gradlon estuvo de acuerdo en que era un sabio consejo, así que el rey y sus compañeros se volvieron hacia el oeste y fueron lentamente hacia el lugar donde el cortesano pensaba que había estado el arroyo. Cabalgaron durante unos minutos sin señales de un arroyo, pero luego llegaron a un claro en el que había una pequeña cabaña, con un pozo cerca. Uno de los cortesanos desmontó y fue a la cabaña. En respuesta a su llamada, un hombre con hábito de monje salió a la puerta.

—Bienvenido a mi ermita—dijo el monje—. Me llamo Corentin. ¿En qué puedo servirle?

—Saludos—dijo el cortesano—. Somos un grupo de cazadores que se han perdido en el bosque. Hemos visto su cabaña, y hemos venido a preguntarle si nos puede dirigir de vuelta a la ciudad de Quimper. Porque el líder de nuestro grupo es Gradlon, rey de Cornouaille.

—Ciertamente—dijo Corentin—. Estaré encantado de ayudar a Su Majestad y a todos ustedes a llegar a casa a salvo. Pero veo que han tenido una larga y agotadora cacería, y sus animales están agotados. ¿Puedo ofrecerles hospitalidad, para que puedan refrescarse y refrescar a sus animales antes de viajar?

Gradlon y sus cortesanos aceptaron con gratitud la invitación de Corentin. Primero Corentin extendió un hermoso paño blanco sobre la hierba limpia y suave frente a su cabaña para que Gradlon se sentara sobre él. Luego entró en su cabaña y sacó una gran cesta y una gran jarra. Mientras algunos de los cortesanos cuidaban de los caballos y los sabuesos, otros seguían a Corentin al pozo, donde primero llenó la jarra con agua clara. Luego sumergió su mano en el pozo y sacó un pequeño pez. Cortó el pez por la mitad con un cuchillo que llevaba en su cinturón. Una mitad del pescado lo puso en la cesta, mientras que la otra la tiró al pozo. Los cortesanos miraron donde el trozo había caído en el pozo y se asombraron al ver que el pececito estaba entero una vez más.

Corentin regresó al lugar donde Gradlon estaba sentado, llevando el jarrón y la cesta. Cuando los depositó sobre el paño blanco, la cesta se llenó inmediatamente con los alimentos más selectos y el jarrón con el mejor vino tinto. Gradlon y sus cortesanos se dieron un festín con todas las cosas buenas que salieron de la cesta. Había suficiente para todos, y para satisfacer a los sabuesos. El rey declaró que el vino era el mejor que había probado y, lo que es más, por mucho que bebieran los compañeros y su anfitrión, el jarrón siempre estaba lleno y nadie se emborrachaba.

Durante la comida, Corentin y Gradlon conversaron juntos. Corentin le contó al rey y a sus cortesanos los Evangelios y los caminos de la fe cristiana, respondiendo a cada pregunta que se le hacía. Gradlon encontró que Corentin era un hombre sabio y culto. Escuchó atentamente todo lo que el ermitaño tenía que decir. Al final de la comida, Gradlon y sus cortesanos habían decidido convertirse en cristianos, y Corentin los bautizó con agua del pozo.

Pronto llegó el momento de que Gradlon y sus compañeros se marcharan—. Venga conmigo a Quimper—le dijo el rey a Corentin—. Su sabiduría y sus enseñanzas son muy necesarias allí.

Al principio Corentin se mostró reacio, porque amaba su pequeña ermita en el bosque. Pero luego decidió ir con el rey, porque se dio cuenta de que tenía mucho trabajo que hacer para llevar el Evangelio a la gente de Cornouaille. Bajo la guía de Corentin, muchos de los súbditos del rey se convirtieron al cristianismo, y se construyeron iglesias por todo Quimper.

Gradlon estaba muy satisfecho con la difusión de la nueva fe, al igual que sus cortesanos y muchos de sus súbditos, y especialmente Corentin, que no esperaba tener tanto éxito. Dahut, sin embargo, se volvió infeliz y se retiró. Se mantuvo en su habitación, y a menudo parecía estar llorando. Cuando no estaba en su habitación, estaba en la cima de la torre más occidental del palacio, donde se sentaba mirando hacia el mar.

Un día Gradlon se dio cuenta de lo enfermiza que parecía Dahut—. Hija mía—dijo—¿no me dirás qué es lo que te preocupa tanto?

Dahut respondió—: Quimper ya no es hospitalario conmigo. Ahora hay iglesias por todas partes. Las iglesias están llenas de sacerdotes y monjes que no pueden hacer otra cosa que cantar sin cesar, incluso cuando van por las calles. Las campanas que sonaban en los viejos festivales ya no suenan, y en su lugar oímos campanas para la nueva fe. Los viejos dioses han sido abandonados. La alegría se ha ido del mundo.

—¿Qué puedo hacer para aliviar tu dolor?—preguntó Gradlon.

—Constrúyeme una ciudad junto al mar—dijo Dahut—porque siento que siempre me está llamando. Creo que sería feliz de nuevo si pudiera vivir donde pudiera ver las olas y sentir su rocío, y oler la sal del agua.

Gradlon estuvo de acuerdo en que se hiciera como Dahut pidió. Hizo que se construyera una gran ciudad de piedra en la costa, con casas elegantes cuyos muros estaban revestidos de cedro y con verdaderos cristales en las ventanas. Gradlon también ordenó que se construyera un nuevo palacio allí, para poder reunirse con su hija cuando sus deberes en Quimper lo permitieran.

Cuando la ciudad fue terminada, se le dio el nombre de Ys. La ciudad de Ys prosperó, porque pronto se llenó de comerciantes y artesanos que comerciaban a lo largo y ancho, y de pescadores que surcaban las aguas de la bahía para alimentar a los habitantes. Pero a pesar de todo su esplendor, la ciudad de Ys no contenía ni una sola iglesia de la nueva fe.

Dahut estaba encantada con la nueva ciudad. A los pocos días de vivir allí, su antigua salud y buen humor regresaron. El propio Gradlon pronto descubrió que vivir allí era tan agradable que trasladó su corte a Ys, y allí habitó en el nuevo palacio con Dahut, dejando a

Corentin para administrar Quimper en su nombre como obispo de Cornouaille.

La noticia de que no había iglesia en Ys llegó pronto a oídos de Corentin, quien escribió al rey preguntando por qué había descuidado honrar al Señor sin una sola casa de culto. Mientras Gradlon leía la carta de Corentin, Dahut fue a ver a su padre para discutir un asunto importante. Se había fijado en la ciudad y vio que necesitaba un malecón para protegerla de las inundaciones en caso de una gran tormenta. Pero cuando vio la carta de Corentin y oyó su demanda de que Gradlon construyera una iglesia, se enfureció.

—Construiste la ciudad Ys para que yo pudiera tener un lugar sin iglesias y sacerdotes—dijo Dahut—. Y ahora veo que nunca me libraré de ellos.

Dahut estaba convencida de que su padre haría primero lo que le pidiera Corentin, y dejaría el malecón para más tarde, así que decidió tomar el asunto en sus manos. Esa noche se escapó a la playa y tomó un pequeño velero. Navegó hasta la isla de Sein, un misterioso lugar en la costa del que, según se dijo, los visitantes nunca regresaron. No solo era peligroso acercarse a la isla por sus muchos arrecifes y rocas sumergidas, sino que también estaba habitada por nueve druidas que aún practicaban la antigua fe. Se decía que estas druidas eran capaces de cambiar sus formas a voluntad, y que eran servidas por los Korriganos, una raza de seres hadas que aún no habían sido víctimas de la nueva fe.

Cuando Dahut se acercó a la isla, enrolló la vela y se inclinó de espaldas a los remos. Navegó por las rocas y los arrecifes con habilidad, y cuando llegó el momento, saltó de su pequeño bote y lo subió a la arena. Dahut se quedó en la playa durante un largo momento, tratando de decidir qué camino tomar, cuando escuchó el sonido de las mujeres cantando. Se dirigió en dirección al sonido, que provenía de un grupo de robles hacia el centro de la isla. Cuando se acercó, vio que un fuego ardía en un claro, y alrededor del fuego estaban las nueve druidas, cantando canciones mágicas de la antigua fe. Las mujeres se dieron cuenta de que Dahut estaba de pie allí, y detuvieron su canción.

Dahut les dijo—: Soy Dahut, hija de Gradlon, rey de Cornouaille. Soy una seguidora de la vieja fe, y he venido a pedirles ayuda.

La mujer mayor se adelantó y dijo—: Eres bienvenida, Dahut, hija de Gradlon, e hija de la vieja fe. Nosotros aquí somos los pocos que quedamos que aún conocemos las viejas costumbres, pero lo que podamos hacer para servirte lo haremos.

Dahut les explicó cómo Gradlon había construido Ys para ella sin ninguna iglesia cristiana, y cómo ahora planeaba cambiar eso debido a la demanda de Corentin. También les dijo que Ys necesitaba un malecón, ya que estaba construido muy cerca de la costa y estaba en peligro de inundación, pero que Gradlon planeaba construir la iglesia primero y así dejar la ciudad desprotegida del mar mientras eso se hacía.

Las druidas escucharon atentamente la petición de Dahut y aceptaron ayudarla. Usando su magia, llamaron a los Korrigans. Las mujeres pidieron a los Korrigans que fueran a Ys y construyeran el malecón antes de que terminara la noche, pero también que construyeran un grandioso palacio nuevo para que Dahut viviera en él, uno que fuera más alto y más hermoso que cualquier iglesia. Los Korrigans dijeron que con gusto construirían el muro y el palacio para una hija de la antigua fe, y luego desaparecieron.

Dahut agradeció a las mujeres por su ayuda. Luego volvió a su barco y regresó a Ys. Cuando se acercó a la ciudad, vio que el malecón y el nuevo palacio ya estaban terminados. Estaban hechos de bloques de piedra blanca perfectamente tallados y pulidos. Reflejaban la luz de la luna de tal manera que parecían brillar con luz propia. En el malecón había una enorme compuerta de esclusa, que podía ser controlada con un juego de llaves de plata. Una vez más Dahut enrolló la vela de su barco y remó hacia la orilla. Cuando atravesó la puerta abierta, vio que las llaves la esperaban allí en las esclusas, enlazadas con una cadena de plata. Manteniendo su bote contra el interior del dique, Dahut giró las llaves, cerrando la compuerta de la esclusa. Tomó las llaves y se puso la cadena alrededor del cuello.

Por la mañana, Gradlon fue a buscar a su hija y la encontró en el nuevo palacio. Se maravilló ante el nuevo malecón y la grandeza del nuevo hogar de Dahut. Gradlon le preguntó muchas veces cómo habían surgido el muro y el palacio durante la noche, pero Dahut se negó a contestarle, aunque le dio las llaves de la compuerta de la esclusa, pidiéndole que las guardara siempre a salvo.

Después de que se construyeran el muro y el nuevo palacio, la gente vino de lejos para ver la hermosa ciudad de Ys. La ciudad prosperó enormemente con el nuevo comercio, y se hizo aún más rica de lo que había sido antes. La gente usaba las mejores ropas. Comían y bebían solo los alimentos y vinos más selectos. En los días de fiesta bailaban los bailes más modernos, con música interpretada por los mejores músicos. Pronto comenzaron a olvidarse de asistir a misa, prefiriendo pasar sus domingos y días santos en fiesta y juerga, hasta que la hermosa iglesia que Gradlon había construido cayó en desuso.

Pero por encima de todos sus otros encantos, la ciudad de Ys era el hogar de la mujer más hermosa del mundo, Dahut, hija de Gradlon, rey de Cornouaille. Jóvenes de toda Francia vinieron a Ys con la esperanza de ver a Dahut, y con la ambición de convertirse un día en su amante. Dahut animó esto, llevando a un joven tras otro a su palacio, donde ella jugueteaba con ellos durante un tiempo, luego los mataba y arrojaba sus cuerpos al mar cuando se cansaba de ellos.

Comenzaron a surgir rumores sobre los jóvenes que entraban en el palacio pero nunca volvían a salir. Gradlon escuchó esos rumores, pero los descartó. Dahut era su amada hija. Seguramente tales cosas viles se decían solo por celos de su belleza y sus logros. Después de todo, la nueva prosperidad de la ciudad de Ys era completamente a su favor.

No pasó mucho tiempo para que los cuentos sobre la ciudad de Ys y sus habitantes llegaran al obispo Corentin en Quimper.

Horrorizado por la vida de lujo que llevaba la gente de Ys, y por su negligencia en los ritos sagrados de la nueva fe, Corentin mandó llamar al abad de Landevennec, un hombre sabio y humilde llamado Guenole. Corentin le pidió a Guenole que fuera a Ys, para ver qué se podía hacer para alejar al pueblo de sus malos caminos para que abrazaran la verdadera fe una vez más.

Guenole fue a Ys. Vio a la gente con sus ropas finas cenando en sus grandes banquetes. Vio el mal estado de la iglesia, su piso cubierto de polvo tan grueso que pequeñas nubes de polvo se elevaban en el aire con cada paso que daba. Sabía que no había tiempo que perder, así que se paró fuera de la iglesia y comenzó a predicar a la gente de Ys mientras pasaban por sus asuntos diarios. Algunos se detuvieron a escuchar un rato, pero no se quedaron, porque no les importaba lo que Guenole tenía que decir. Otros lo interrumpieron, y otros lo acosaron con verduras rancias, burlándose de él por su humilde comportamiento y su simple hábito de monje, y por atreverse a decirles que reformaran sus vidas. Cuando el abad Guenole se negó a dejar de predicar, la gente de Ys se enfadó, y lo echaron de la ciudad, amenazando con matarlo si alguna vez se atrevía a volver.

Unos días después de la partida de Guenole, un nuevo pretendiente llegó a Ys buscando una audiencia con Dahut. El pretendiente era alto y de buena constitución, con pelo y ojos oscuros, y montaba un caballo negro. Llevaba un traje de tela roja y una pesada capa roja forrada con seda roja. Se corrió la voz a Dahut sobre este apuesto desconocido recién llegado a la ciudad, uno más fascinante que todos los demás. Al principio Dahut no le prestó atención, porque siempre parecía no haber fin al flujo de jóvenes guapos que buscaban su favor. Pero un día la criada de Dahut le señaló al extraño, y Dahut estuvo de acuerdo en que era inusualmente convincente.

Después de deshacerse de su más reciente amante la noche anterior, Dahut decidió organizar un banquete para sus pretendientes para que ella pudiera elegir uno nuevo con el que jugar, pero sobre todo para que pudiera conocer a este recién llegado que estaba vestido todo de rojo. En el banquete, Dahut se comportó amablemente con todos los jóvenes que la rodeaban. Bailó con todos ellos, y les permitió traerle pasteles y vino. Pero el que más le llamó la atención fue el extraño vestido de rojo. Aunque le devolvió la cortesía a Dahut, permaneció distante y no se esforzó en llamar su atención. Esto la intrigó aún más, así que al final de la noche, lo invitó a su habitación privada.

Cuando llegaron a su habitación, Dahut invitó al extraño a hacer el amor con ella, pero él se negó.

—¿Por qué me rechazas? — preguntó Dahut—. Debes ser un joven extraño para despreciar los favores de una joven hermosa.

—Los rechazo solo porque primero debes hacerme un favor—respondió.

—Solo tienes que nombrarlo—dijo Dahut.

—Dame las llaves de la esclusa—dijo el forastero.

—No las tengo—dijo Dahut—. Están en poder del rey Gradlon.

—Entonces debes ir a buscarlas—dijo el forastero—porque no tendrás lo que deseas de mí hasta que tenga esas llaves en mi poder.

Dahut le dijo al extraño que esperara y salió al pasillo. Podía oír el viento que se levantaba fuera, mientras soplaba y gemía alrededor de los muros del castillo. Sin prestar atención a la tormenta, Dahut se arrastró hasta la cámara del rey, donde yacía dormido con las llaves al cuello en su cadena de plata. Con cuidado, Dahut sacó las llaves sin despertar a Gradlon, y volvió hasta donde la esperaba el desconocido. Ella le dio las llaves al desconocido, pero en lugar de abrazarla, él salió de la cámara y bajó al malecón, donde puso las llaves en las cerraduras y abrió la compuerta de la esclusa. El agua impulsada por la tormenta pronto inundó la ciudad.

Al oír los gritos de Dahut, Gradlon se despertó. Fue a ver a su hija, y luego corrió con ella a los establos. Allí encontraron que Guenole había regresado, y estaba esperando con dos caballos ya ensillados. Los hombres montaron, y Gradlon llevó a Dahut detrás de él. Atravesaron la ciudad, el agua oscura se arremolinaba cada vez más alto alrededor de los cascos de los caballos. Pero por muy rápido que galopara el caballo del rey, no podía superar la marea creciente del mar; el animal parecía estar obstaculizado por un gran peso.

De repente, el rey escuchó la voz de Guenole llamándole por el rugido del viento y las olas:

—¡Lanza el demonio de tu montura, oh rey! ¡Arrójala al mar, donde pertenece!

Gradlon miró detrás de él, pero no vio ningún demonio, solo a su amada hija. Su caballo se cansaba rápidamente, y ahora el agua estaba hasta el cuello.

—¡Arroja al demonio! — gritó Guenole.

Pero Gradlon no podía pensar en lo que el monje quería decir.

—¡Es Dahut quien retiene tu montura! — gritó Guenole—. Es ella quien le dio las llaves de la esclusa a su pretendiente demonio. Si no la empujas, perecerás junto con el resto de la ciudad de Ys, porque está condenada.

Gradlon dudó, pero Guenole espoleó a su montura para que corriera junto a la del rey. Tomando su bastón, el monje empujó a Dahut del caballo del rey al agua, donde se deslizó bajo las olas, y nunca más se la vio. Tan pronto como se fue, la tormenta comenzó a amainar, y el caballo de Gradlon pudo galopar con fuerza de nuevo.

Gradlon y Guenole cabalgaron con fuerza, yendo a tierras más altas. Cuando llegaron a un lugar que creían seguro, se volvieron y miraron de nuevo a la ciudad de Ys, solo para ver sus edificios empezar a derrumbarse y caer. Entonces, con un gran rugido y una ráfaga de lluvia, toda la ciudad se hundió en el mar.

Allí la ciudad de Ys yace quieta, arruinada y silenciosa bajo las ondulantes olas, pero en las noches de luna el débil sonido de sus ahogadas campanas todavía se puede oír sonar. Y algunos dicen que a veces también se oye una voz cantando, y que una joven con piel como el marfil y pelo oscuro que fluye como un río puede ser vista nadando con gracia bajo el agua, siempre buscando su palacio perdido.

El romance de Tristán e Isolda

No quedan mitos antiguos de Cornualles, pero la historia medieval de Tristán e Isolda, que se desarrolla en Cornualles, tiene un análogo en "La búsqueda de Diarmuid y Gráinne", una historia irlandesa sobre el amor prohibido entre un joven guerrero y la novia del rey al que sirve el guerrero.

Es importante señalar que la palabra "romance" aquí se refiere no a un tipo de amor sino a un género literario medieval conocido en el Viejo Francés como el romano, que a menudo, aunque no siempre, involucra a personajes comprometidos con el amour courtois, o "amor cortés", que es de donde obtenemos muchas de nuestras nociones modernas sobre el amor romántico. Una relación de amor cortés era entre un caballero soltero y una dama que estaba casada con alguien más, normalmente el amo del caballero; por lo tanto, se esperaba que el caballero y la dama se mantuvieran castos a pesar de sus sentimientos hacia el otro.

Muchas variantes medievales de la historia de Tristán e Isolda sobreviven. El relato siguiente se basa en la edición moderna de Joseph Bernier, que fue recopilada de fuentes francesas.

Había una vez un rey en Cornualles, llamado Marcos, y estaba acosado por muchos enemigos que intentaban arrebatarle su reino. La noticia de esto llegó al amigo de Marcos, Rivalen, que era el rey de Lyonesse sobre el mar en Francia. Rivalen llevó su ejército a Cornualles para ayudar a Marcos. Juntos, los dos reyes lucharon valientemente junto a sus soldados, y cuando la guerra terminó, Marcos salió victorioso. En gratitud por el valor y la ayuda de Rivalen, Marcos le dio a su hermana Blanchefleur para que fuera su esposa, y Rivalen la quería mucho.

Blanchefleur pronto quedó embarazada, pero Rivalen no vivió para verlo nacer, porque el rey fue atrapado en una emboscada del duque Morgan, que había atacado el reino de Lyonesse y lo estaba arrasando. Cuando le dijeron que su marido había sido asesinado, Lady Blanchefleur se entregó a la pena, esperando solo el momento en que su hijo pudiera nacer. Pronto nació un hermoso niño, al que dijo—: Con pena te he dado a luz, con pena te dejo; por tanto, que tu nombre sea Tristán, que significa "hijo de la pena". Y entonces Blanchefleur se recostó en sus almohadas y respiró por última vez.

Tristán fue acogido por el mariscal de Rivalen, Rohalt, un buen hombre que amaba a su amo y que quería proteger al heredero de Rivalen del duque Morgan. Crió a Tristán como si fuera suyo, educándolo como el hijo de un noble. Pronto Tristán se había convertido en un buen joven: nadie podía igualarle en fuerza, habilidad o cortesía. Por mala suerte, Tristán fue capturado por piratas cuando fue al puerto a ver las mercancías traídas por los comerciantes de una tierra lejana. No estaban muy lejos del mar cuando se desató una tormenta que amenazó a su barco. Pensando que era su crimen el que había traído la tormenta sobre ellos, los piratas pusieron a Tristán en un pequeño bote y lo bajaron al agua. La tormenta se calmó inmediatamente y los piratas se alejaron. Tristán fue arrojado solo y sin amigos a las costas de Cornualles, donde pronto cayó con algunos de los cazadores del rey. Tristán volvió con ellos a la corte de Marcos en Tintagel, donde se ofreció para servir al rey. Pronto se hizo muy querido por Marcos y toda la corte, aunque les ocultó su parentesco.

Un día, Rohalt vino a la corte de Tintagel a hacer un recado, y reconoció a su hijo adoptivo. Se alegró de ver a Tristán de nuevo, vivo y entero, cuando lo creía muerto, y Tristán también se alegró de ver al hombre que consideraba su padre. Fueron a ver a Marcos, y allí le revelaron la verdad del nombre y la posición de Tristán. Tristán le rogó a Marcos que le diera armas y hombres para vengar a su padre y librar a Lyonesse del malvado duque. Marcos aceptó gustoso nombrar caballero a Tristán ese mismo día. Tristán zarpó para Lyonesse al día siguiente con su ejército, y pronto habían derrotado a los hombres del duque y los habían hecho huir, mientras que el propio duque fue asesinado por Tristán en un combate uno a uno.

Deseando volver al servicio de Marcos, Tristán entregó todas sus tierras a Rohalt y a sus herederos, con el acuerdo de los nobles de Lyonesse. Luego Tristán se despidió de Rohalt y regresó a Cornualles, llevando consigo solo al escudero Gorvenal, que había sido su maestro de armas cuando era niño.

Cuando Tristán y Gorvenal llegaron a Tintagel, encontraron a Marcos y a su corte en una gran angustia. Durante quince años, el rey de Irlanda había exigido un pesado tributo de esclavos, que Marcos se había negado a pagar. Por lo tanto, un caballero irlandés llamado Morholt, hermano de la reina de Irlanda, había venido con sus compañeros para decirle a Marcos que los irlandeses invadirían Cornualles y la arrasarían a menos que pagara el tributo o que Morholt fuera derrotado por un campeón de Cornualles en un combate individual.

Morholt habló con valentía en el gran salón de Tintagel, pero ninguno de los nobles de la corte se atrevió a aceptarlo hasta que Tristán suplicó que se le permitiera defender el honor de Cornualles. Marcos dudó, pues amaba a Tristán, y no quería perder a tan buen caballero en la flor de su juventud. Pero Tristán persistió, y finalmente Marcos cedió. Morholt acordó que se encontraría con Tristán en la batalla del día siguiente, en la isla de San Sampson.

A la hora señalada, Morholt y Tristán navegaron a la isla, ambos bien armados y cada uno solo en su propio barco. Los caballeros se saludaron mutuamente y la batalla comenzó. Nunca antes se había visto una pelea así en Cornualles o Irlanda, y sin duda, nunca se ha visto una pelea así desde entonces. Ambos caballeros asestaron poderosos golpes a los escudos, y detuvieron los poderosos golpes con sus espadas, y el estruendo resultante fue como el sonido de cien herreros todos rápidos en su trabajo.

En tierra, el rey Marcos y su corte esperaban ansiosamente noticias del vencedor, como lo hacían los nobles irlandeses. Hora tras hora no llegó ninguna noticia de la isla de San Sampson, hasta que sonó la campana de las vísperas. Entonces uno de los cortesanos de Marcos señaló al mar y gritó—¡Miren!

En el horizonte se veía la vela del barco de Morholt, y el barco de Tristán no se veía por ninguna parte. Cornualleses e irlandeses por igual apenas se atrevieron a respirar esperando ver quién estaba al timón de ese barco. Muy pronto llegó al puerto, con Tristán orgullosamente de pie en la proa y Morholt herido de muerte en el mástil. Los nobles se apresuraron a llevar el barco a la orilla. Tristán saltó y mostró su espada a los irlandeses: faltaba un trozo de ella cerca de la punta de la hoja.

Tristán dijo—: ¡Hombres de Irlanda! Su caballero luchó bien y con valentía, pero al final la victoria fue para Cornualles. Vean aquí mi espada: el trozo que falta lo encontrarán alojado en la cabeza de su campeón. Ese pedazo de mi espada es el tributo de Cornualles. Llévensela, pues, a su rey en Irlanda.

Tristán regresó al castillo de Tintagel, la multitud aclamaba su victoria mientras sonaban las campanas en todas las iglesias de la ciudad. Tristán sonrió y aceptó el agradecimiento y la alabanza de sus compatriotas, pero cuando finalmente llegó a la corte y la multitud quedó fuera de la puerta, se derrumbó en los brazos del rey Marcos, sin sentido, con el cansancio total y las heridas que había recibido.

Los irlandeses, por su parte, tomaron el cuerpo de Morholt y regresaron a su propia tierra. Se entristecieron mucho, porque no solo Morholt tenía una gran fuerza de brazos, sino que también era muy querido por el rey, la reina y toda su corte. Cuando llegaron, entregaron a Morholt al cuidado de su hermana, la reina, y su hija, Isolda. Ambas mujeres eran muy hábiles en las artes curativas, y a menudo habían atendido a Morholt y a otros caballeros de su casa cuando volvían heridos de la batalla. Pero no podían curar una herida tan fatal, y pronto Morholt murió, con el fragmento de la espada de

Tristán aún alojado en su cabeza. Entonces la reina e Isolda se entristecieron mucho por la muerte de su pariente, y cuando terminaron de llorar, Isolda fue al cuerpo de Morholt y sacó el trozo de la espada de Tristán, que puso en un lugar secreto para guardarlo. Y desde ese día, Isolda puso su corazón en contra de Tristán, y juró vengarse de él por la muerte de su tío.

Pero Tristán no se curó rápidamente de sus heridas, porque Morholt le había golpeado con una lanza envenenada. La herida se infectó, a pesar de los cuidados de los mejores médicos de Cornualles. Finalmente Tristán supo que su muerte no estaba lejos. Le rogó a Marcos que le preparara un barco, ya que deseaba que le pusieran en él junto con su arpa y le empujaran al mar, donde podría morir en paz, ya que por el mar había llegado a Cornualles hacía muchos años. Durante muchos días, el rey rechazó esta petición, pero pronto incluso Marcos vio que Tristán se estaba muriendo, y por lo tanto el barco estaba preparado. Marcos, Gorvenal y el senescal Dinas, que también amaba mucho a Tristán, lo subieron a su barco con su arpa. Lo empujaron hacia la marea en retirada, donde observaron hasta que la pequeña embarcación flotó más allá de su vista.

Durante muchos días, Tristán flotó sobre las olas en su pequeña barca. Tocaba su arpa y cantaba para hacerse compañía, y un día este sonido llegó a oídos de algunos pescadores. Era una canción extraña e inquietante, porque la voz de Tristán era débil y no podía cantar ni tocar más que unos momentos. Los pescadores siguieron el sonido de la música, y cuando se encontraron con Tristán lo llevaron a su propia embarcación, donde cerró los ojos y apenas parecía respirar. Los pescadores navegaron tan rápido como pudieron hacia el puerto, pues vieron que Tristán estaba gravemente herido y era probable que muriera. Una vez en tierra firme en su propio país, llevaron a Tristán a la señora del castillo que estaba cerca, ya que era conocida en todas partes como una curandera.

Tristán fue llevado a una cámara y puesto en una cama suave y limpia, y la señora lo atendió bien. Su herida supurante pronto se cerró y se curó; y cuando la fiebre bajó, volvió en sí y encontró a una bella dama de larga cabellera dorada sentada al lado de su cama.

—Si le parece bien a milady—dijo Tristán—dígame quién es usted y qué lugar es éste.

—Este es el castillo de Whitehaven—dijo la dama—y yo soy Isolda, la hija del rey de Irlanda.

Entonces Tristán comprendió el grave peligro que corría, pues seguramente los irlandeses no querrían al caballero que había vencido a su mejor campeón y les había privado de un rico tributo.

Entonces la dama habló—. Te he dicho mi nombre—dijo—. Ahora favoréceme con el tuyo.

—Me llamo Tramtris—dijo, sabiendo que su verdadero nombre probablemente significaría su muerte—. Había emprendido un viaje a España para aprender lo que pudiera de los arponeros de allí cuando los piratas asaltaron nuestro barco. Me hirieron, como ves. Conseguí escapar, pero todos mis compañeros murieron cuando el barco se hundió.

Lady Isolda nunca había visto a Tristán, así que no tenía motivos para creer que su historia era falsa. Tristán pasó muchos días en la corte de Whitehaven, y aunque allí vio a muchos de los nobles que habían venido a Cornualles con Morholt, ninguno lo reconoció, tan devastado estaba por la enfermedad que le causó su herida.

Bajo el cuidado de Isolda, Tristán pronto recuperó su antigua fuerza. Y una noche, cuando consideró que era el momento adecuado, huyó del castillo y regresó a Cornualles, donde fue recibido con alegría por el rey Marcos y toda la corte.

Aunque el rey Marcos y la gente de Cornualles querían mucho a Tristán, había cuatro nobles que envidiaban su belleza, su destreza, y la confianza que tenía el rey Marcos en él. Los nombres de estos cuatro eran Andret, Guenelon, Gondoit y Denoalen. Les llegó a los oídos que el rey Marcos, que era soltero y sin hijos, quería hacer heredero a Tristán, en lugar de elegir entre los nobles. Por lo tanto, los cuatro acudieron al rey, exigiéndole que tomara para sí alguna esposa noble, o se unirían y asaltarían Tintagel hasta que Marcos fuera derrocado. Aun así, Marcos se mantuvo firme, diciendo que no dejaría a nadie más que a su querido sobrino sentado en el trono de Cornualles.

A Tristán, por su parte, no le gustaba, porque sabía que los nobles consideraban que no servía a Marcos por amor, sino que debía ganar el trono tras la muerte de Marcos. Sintiendo la herida en su honor, Tristán fue a ver a Marcos y le dijo que estaba de acuerdo con los nobles, y que si era necesario dejaría Cornualles, a menos que el rey tomara para sí una esposa y así produjera un heredero legítimo. Ante esto, Marcos finalmente se inclinó ante las demandas de su corte, y dijo que serían respondidas después de un plazo de cuarenta días, aunque él mismo desesperaba por encontrar una novia noble que fuera agradable para él y también aceptable para su corte.

Un día, mientras Marcos estaba sentado en la ventana pensando en cómo encontrar una novia, vio dos pajaritos revoloteando, discutiendo sobre cuál de ellos debería tener la cosa que uno agarraba en su pico. Mientras discutían, uno de ellos dejó caer la cosa. Brillaba mientras caía, dorada a la luz del sol, así que Marcos sacó la mano por la ventana para cogerla. Cuando la tuvo en su mano, vio que era un solo pelo largo y dorado.

Marcos tomó el pelo y se lo mostró a su corte—. Señores míos— dijo—. He encontrado a la que tendré por esposa. Encuentren a la mujer de cuya cabeza salió esto, y me casaré con ella.

Los nobles se callaron, porque sabían que Marcos se burlaba de ellos con este desafío. Los cuatro que le habían aconsejado que se casara murmuraron que Tristán debía ser el autor del truco, y le miraron oscuramente. Tristán sabía lo que hacían, así que se puso en medio del salón y dijo—: Milord, le suplico el derecho de emprender la búsqueda para encontrar a la Dama del Cabello Dorado. Y prometo no volver a Tintagel sino con esa señora. —Tristán había pensado en Isolda, hija del rey de Irlanda, y su pelo largo y rubio.

El Rey Marcos no tuvo más remedio que conceder esta petición, así que Tristán convocó a Gorvenal y a cien buenos caballeros y navegó con ellos a Irlanda. Allí Tristán y sus caballeros se hicieron pasar por mercaderes, esperando una oportunidad que les permitiera llevar a Lady Isolda a Cornwall.

Una noche, mientras Tristán y sus compañeros cenaban en una taberna, el sonido de un gran rugido de lamentos flotó desde las colinas y por el aire de la ciudad. Tristán preguntó al propietario qué sonido era ese, pues ni él ni ninguno de sus amigos habían oído nunca algo tan temible, y eso hacía que hasta su valiente sangre se enfriara.

—Esa es la voz del dragón—dijo el propietario—. A veces baja de su madriguera en las montañas y amenaza con quemar la ciudad y arrasar las tierras a menos que le demos una joven doncella. Cuando ruge así, sabemos que tenemos hasta la noche siguiente para elegir una doncella como tributo.

—Una veintena de caballeros y más han intentado matarlo, pero ninguno ha vuelto con vida, y es una lástima, porque el propio rey ha dicho que quien mate a la bestia tendrá como esposa a su hija Isolda, que es la mujer más bella del mundo. Ah, yo—suspiró el terrateniente, que era un hombre canoso y tenía la forma de uno de sus propios barriles de cerveza—si yo fuera veinte años más joven y tres veces más ligero, yo mismo podría incluso arriesgarme a esa búsqueda, ya que Lady Isolda es como ninguna otra.

Fue entonces cuando Tristán supo lo que debía hacer. Primero hizo un par de preguntas más, para conocer el camino a la guarida del dragón, pero sin revelar su intención. Luego él y sus compañeros agradecieron al dueño por su historia y por la comida. Pagaron su cuenta, y luego volvieron a su barco como si planearan pasar la noche allí, como era su costumbre. Pero en lugar de ir a descansar, ayudaron a armar a Tristán en secreto, y cuando el puerto y el pueblo por fin se durmieron, lo montaron en su caballo y se alejó cabalgando para encontrarse con el dragón.

De camino a la guarida de la bestia, Tristán vio a cinco hombres armados que venían galopando por el camino hacia él. Los saludó y les preguntó si estaba en el camino correcto para encontrar al dragón. Levantaron sus monturas y uno de ellos dijo—: Así sí, pero si fueras un hombre más sabio, te darías la vuelta en este instante. Porque esa bestia seguramente viene directamente de la boca del mismo infierno.

Entonces los cinco pusieron espuelas a sus caballos y se alejaron a gran velocidad. Tristán reanudó su viaje y pronto llegó al dominio del dragón. Una vez que la bestia sintió el olor del caballo de Tristán, salió de su madriguera, con las narices llenas de humo. Era tan larga como la gran sala del castillo Tintagel, con garras rojas como la sangre, largas y afiladas como guadañas, y una gran boca llena de dientes como los colmillos de un elefante pero más afilados que cualquier espada. También estaba cubierto de grandes y brillantes escamas en su espalda y piernas, y sus grandes ojos de serpiente brillaban con una malévola luz verde.

Poniendo su lanza en posición, Tristán impulsó su ataque directamente al dragón. El gran corcel saltó a la batalla con buena voluntad, ya que era tan valiente como su amo. Justo cuando la lanza de Tristán golpeó el costado del dragón y se convirtió en astillas, el monstruo soltó una llamarada de su boca. Tristán esquivó las llamas de su propio cuerpo con su escudo, pero no fue suficiente para proteger a su fiel amigo. El caballo se derrumbó en el suelo, muerto en el instante. Tristán saltó a un lado mientras su caballo caía, y sacó su espada. Se lanzó de un lado a otro, esquivando los dientes y garras del dragón, así como el fuego ardiente y los azotes de su poderosa cola, pero aunque asestó muchos golpes, ninguno pudo atravesar las escamas de la bestia. Entonces Tristán se lanzó bajo el cuerpo del dragón y lo apuñaló hacia arriba. Su espada encontró un espacio suave y desprotegido en el pecho del dragón, y su espada fue directamente al corazón de la bestia. Con un grito ensordecedor y un último estallido de llamas, el dragón se enroscó en su agonía. Se estremeció por última vez y se quedó quieto.

Entonces Tristán tomó su espada y le cortó la lengua al dragón. La puso dentro de su armadura, junto a su piel, para guardarla, pero no pensó en el veneno que contenía. Tristán se tambaleó y cayó, donde yacía como muerto.

Mientras Tristán luchaba contra el dragón, los cinco hombres que había pasado por el camino se detuvieron en una taberna donde hablaron entre ellos del caballero que había ido a donde ellos no se atrevían, y se preguntaron cómo le había ido. El que había hablado con Tristán era el senescal de Irlanda, y un total cobarde, pero era el líder de esa pequeña banda. Dijo a sus compañeros—: Vamos a ver qué fue de ese caballero que vimos en el camino. Quizá encontremos algo que nos beneficie.

Así que el senescal y sus compañeros volvieron a la guarida del dragón, y cuando llegaron vieron que la bestia estaba muerta y que Tristán también había muerto junto a ella, o eso creían. Así que el senescal tomó su espada y cortó la cabeza del dragón, pensando que así tendría a Lady Isolda como premio. Cuando el senescal mostró la cabeza al rey, éste se preguntó cómo un hombre de tan poca valentía podía haber matado a una bestia tan grande, pero no tuvo más remedio que cumplir su palabra, y dijo que la bella Isolda debía casarse con el senescal, pero solo después de que la corte hubiera juzgado la legitimidad de su reclamo.

La propia Isolda se avergonzó de que la obligaran a casarse con un hombre de poco coraje y maneras intrigantes, así que llamó a su palafrén y se dirigió a la guarida del dragón, junto con su fiel escudero, Perinis, y Brangien, su doncella. En la guarida de la bestia encontraron el cuerpo sin cabeza del dragón y el cuerpo quemado de un caballo, pero al mirar su silla y sus brazos supieron que el corcel no era el del senescal. Recorriendo los alrededores, pronto se toparon con Tristán, que seguía tirado como muerto en la hierba. Pusieron a Tristán sobre el caballo de Perinés y lo llevaron al castillo, donde Isolda lo entregó al cuidado de su madre. Cuando sus sirvientes le quitaron la armadura a Tristán, encontraron la lengua del dragón, y la reina supo que su veneno era la causa del desmayo de Tristán. Le dio un tratamiento para ello, y pronto volvió en sí.

La reina le contó a Tristán la hazaña del senescal y el horror de Isolda al ser prometida a un bribón y a un cobarde. Tristán prometió que defendería su propio honor y el de Isolda si la reina podía curarle de sus heridas. La reina accedió, con gusto, y luego fue a decírselo a su hija. Isolda quería saber más sobre este extraño caballero, así que fue a donde sus brazos habían sido colocados. Sacó la espada de su vaina, y allí vio la muesca en la hoja, que encajaba exactamente con el trozo de acero que había tomado de la cabeza de Morholt. Al ver esto, se enfureció y, espada en mano, entró en la cámara donde yacía Tristán, aún débil por el veneno del dragón. Isolda sostuvo la espada en su pecho diciendo—: Sé quién eres. Eres Tristán de Lyonesse, que mató al caballero Morholt, mi tío y un buen hombre. Dime por qué no debería vengarme de ti ahora.

—Señora—dijo Tristán—mátame si es necesario, porque te debo la vida dos veces. Yo fui el arpero que salvaste, que llegó a Irlanda en un pequeño bote gravemente herido, y ahora me has salvado del veneno del dragón. Pero antes de vengar a tu tío te pregunto: ¿no maté a Morholt en un combate justo? ¿No actuó como campeón de Irlanda como yo lo hice en Cornualles? ¿Y no maté también al dragón por ti? Entonces toma mi vida, porque es tuya, pero hazlo sabiendo lo que haces y a quién matas.

Isolda mantuvo la espada quieta en su pecho, pero ahora ella estaba preocupada en su corazón. Ella dijo— ¿Por qué entonces vendrías aquí, si te has enemistado con Irlanda? ¿Por qué me llevarás en contra de mi voluntad a un país lejano donde soy una extraña, sino para castigarme a mí, a mi padre y a mi pueblo?

Entonces Tristán le contó la historia de los pájaros y de la bella cabellera dorada, y que fue para esto que vino a Irlanda, para encontrar a tal dama, aunque no dijo entonces quién lo había enviado ni por qué. Isolda se encontró con una buena respuesta. Bajó la espada, e hizo las paces con Tristán.

Cuando llegó el día en que el senescal probara su afirmación, el rey encontró su sala llena no solo de sus propios cortesanos sino de cien caballeros extraños, todos vestidos con finas vestiduras y ceñidos con buenas espadas, pues Isolda había enviado a Perinés al barco de Tristán para dar a sus compañeros la palabra de que debían arreglarse como correspondía a su puesto y venir a la corte a la hora señalada. Allí, en frente de la corte, el senescal contó una historia de cómo había matado al dragón, y presentó su cabeza como evidencia de su destreza y victoria. Entonces el rey dijo—: ¿Hay alguien que contradiga la afirmación del senescal?

Durante un largo momento hubo silencio en la sala. Entonces Isolda se adelantó y dijo—: Noble padre, hay un caballero que lo contradice y no es otro que el caballero que mató al dragón. Pero antes de que se presente ante ti para reclamarlo, te pido que perdones cualquier daño que te haya hecho en el pasado, sea cual sea.

El rey aceptó de inmediato. Entonces Isolda llevó a Tristán a la sala, y cuando lo hizo, los cien extraños caballeros se inclinaron ante él, para que todos supieran que era su lord. Algunos de los caballeros irlandeses lo reconocieron, diciendo que era nada menos que el caballero que había matado a Morholt. Unos pocos desenvainaron sus espadas y habrían luchado en ese mismo momento, pero Isolda gritó—: ¡Milord! Has dado tu palabra de perdonar a este hombre todos sus errores. Cumple ahora tu promesa.

El rey ordenó a sus caballeros que envainaran sus espadas, y dijo que todo estaba perdonado para Tristán, porque el rey era un hombre de palabra. Luego le preguntó a Tristán—: ¿Qué dices del reclamo del senescal y de la razón de tu presencia aquí en nuestro reino?

—Señores míos—dijo Tristán—es cierto que maté a Morholt. Pero fallan al pensar en castigarme por esa acción: Luché con él, pero solo después de que Morholt viniera a Cornualles y lanzara su desafío a petición vuestra. Me presento ante usted ahora habiendo pagado la deuda de esa pérdida, porque en verdad soy yo quien mató al dragón. No lo hice por mí mismo, sino en nombre del rey Marcos de Cornwall, para que se casara con la bella Isolda y con esta unión poner fin a todos los agravios entre nuestros dos países. Yo y los cien caballeros de Cornualles que están aquí juramos solemnemente que este es nuestro mandato, y que siempre seremos fieles a Isolda como nuestra dama reina.

Entonces el rey y los señores de Irlanda dijeron que fueron bien respondidos. Y así el rey recibió de Tristán su promesa de llevar a Isolda a salvo a las tierras de Cornualles y al rey Marcos. Cuando todo estuvo listo, Tristán y sus compañeros tomaron un barco para Tintagel, con Lady Isolda, su doncella y escudero entre ellos como invitados de honor, y otros sirvientes para hacer por la dama lo que ella requiriera.

Antes de que Isolda se embarcara hacia Cornualles, su madre preparó una poción de amor, lo puso en un frasco tapado y se lo entregó a Brangien, diciéndole que lo derramara para Isolda y Marcos en su noche de bodas como si les diera un trago de vino, pero que mantuviera el frasco oculto hasta entonces, ya que la poción tenía el poder de hacer que los dos que lo bebieran se amaran con el más profundo de los amores por el resto de sus días. Brangien prometió que haría lo que la reina le ordenara, y por eso escondió la petaca entre los bienes llevados al barco.

El barco navegó hacia Cornualles con vientos suaves, pero pronto se encontraron inmóviles cerca de una pequeña isla. Los marineros se inclinaron hacia los remos y encallaron el barco, pensando que todos podrían descansar en tierra mientras esperaban una brisa refrescante. Todos desembarcaron entonces, excepto Lady Isolda, que se quedó a bordo, apenada por tener que ir a un país extraño para casarse con un hombre que no conocía.

Tristán volvió al barco para ver qué podía hacer para aliviar el dolor de Isolda. El día era caluroso, y Tristán preguntó si a la señora le gustaría beber algo. Dijo que sí, así que la sirvienta que estaba con Isolda bajó para ver si podía encontrar algo refrescante. Buscando a través de la bodega, la chica encontró la petaca que la reina había preparado. Pensando que el frasco contenía vino frío, lo llevó arriba a su dama, con dos vasos, y lo sirvió para ellos. Tristán brindó por la salud de la dama, y luego ambos bebieron.

Fue entonces cuando Brangien regresó al barco y los vio a los dos parados allí, mirándose fijamente el uno al otro. También vio el frasco vacío cerca y supo que la pareja había bebido la poción de amor—. ¡Ay!—gritó—. No ha sido un vino común el que has bebido, sino la muerte.

Tristán sabía que Brangien hablaba en serio, pues sabía que amaba a Isolda más que a su propia vida, y que con ello había traicionado a su rey, a quien amaba como a un padre. Isolda, por su parte, encontró que su dolor se había calmado. Dentro de ella solo sentía amor por el apuesto caballero de Lyonesse, y su odio hacia él y hacia su esposo prometido desapareció por completo. Y allí, en la cubierta del barco, Tristán e Isolda se prometieron su amor, pero Brangien se desesperó. Decir a sus amigos que su amor no era más que el efecto de la poción elaborada por la madre de Isolda, no sirvió de nada: la dama y el caballero estaban bajo el hechizo del amor, y vasallos de ese amor permanecerían, lo quisieran o no.

Cuando llegaron a Tintagel, el rey Marcos salió a saludar a Isolda con gran cortesía. La recibió con alegría en su corte y agradeció a Tristán y a sus caballeros su valor y firmeza. Unos días más tarde, la boda de Isolda y Marcos tuvo lugar con gran ceremonia en la capilla del castillo. Pero en la noche de bodas, Brangien fue quien compartió la cama de Marcos, tomando el lugar de su amante en la oscuridad sin que Marcos lo supiera, ya que Brangien sintió el peso de la culpa por el hecho de que Tristán e Isolda hubieran bebido la poción, y además no quería ver mancillado un amor tan puro.

Aunque Isolda era amada por Marcos y por toda su corte, y aunque no le faltara nada en cuanto a vestimenta, comida u ocupación propia de una dama, no podía ser feliz, porque quien realmente la amaba nunca podría tenerla. Amaba a Tristán con toda su alma, y diariamente se afligía y temía por él, porque no podía mostrar ese amor a nadie sin ponerse en peligro a sí misma y a su amado. Pero Isolda siempre mostró su amor por Tristán, en miradas o en pequeñas señales de amistad, y él no podía quedarse sin sus propios gestos de amor hacia ella, aunque estos no eran más que momentos rápidamente robados con la constante esperanza de que no se hubieran notado.

Los temores de Tristán y su señora estaban bien fundados, pues los cuatro envidiosos nobles que primero habían exigido que Marcos se casara vieron los signos de amor entre la pareja. Esto pensaron usarlo contra Tristán y Marcos por igual, envenenando el amor del rey por su reina y poniéndolo en contra del sobrino que tanto apreciaba. Los cuatro pidieron una audiencia al rey y le dijeron que Tristán amaba a Lady Isolda y que con ello había traicionado la confianza de su señor feudal. Marcos se negó a escucharlos, diciendo que aun así confiaría en Tristán, que siempre había sido leal y que le había defendido a él y al reino de Cornualles con su cuerpo contra el caballero Morholt y un dragón.

A pesar de la firme defensa de Marcos a Tristán, una maligna semilla de duda se había plantado en el pecho del rey, y comenzó a observar a Tristán para ver si había algún signo del amor del que le habían hablado. Marcos se cansó de eso pronto, porque aunque vio el afecto entre la pareja no pudo encontrar ninguna razón para pensar que lo suyo era algo más que una amistad cariñosa, ni que le habían traicionado de ninguna manera. Sin embargo, la duda permaneció, hasta que finalmente el rey no pudo soportarla más. Llamó a Tristán y le contó los rumores difundidos por los nobles—. No creo que me hayas traicionado—le dijo Marcos a Tristán—pero sin embargo creo que es mejor que te retires de mi corte, tanto por la tranquilidad de mi mente como para evitar los chismes sucios contra tu honor y el de mi reina.

Tristán se entristeció al oír estas palabras, pero obedeció a su lord sin protestar. Llevándose solo a su escudero Gorvenal, dejó el castillo de Tintagel ese mismo día. No pudo ir muy lejos: al encontrar alojamiento para él y para Gorvenal en la ciudad de Tintagel, esperó que Marcos cediera y lo volviera a poner a su servicio. Y allí encontró una prueba más dolorosa que cualquier otra que hubiera soportado, más dolorosa incluso que su combate con Morholt, y más difícil para su coraje incluso que su batalla con el dragón, ya que no podía ni siquiera ver a Lady Isolda ni de día ni de noche.

Isolda también sufrió gravemente. Porque era su parte fingir amor por el rey Marcos, y acostarse a su lado cada noche como su esposa aunque amara a otro. Isolda ya no tenía ni las rápidas miradas robadas ni el discurso cortesano que había intercambiado con Tristán cuando podía, y por eso se afligía por él y empezaba a consumirse.

Brangien lo vio y supo que si Isolda no podía ver a Tristán, ella moriría. Brangien buscó a Tristán y lo encontró en su alojamiento en el pueblo, donde también había empezado a marchitarse. Brangien le dijo a Tristán que viniera al huerto del castillo y se parara bajo cierto pino, donde debía tirar trozos de madera al manantial que pasaba junto al pino cuando deseaba ver a Isolda, ya que el arroyo corría por los aposentos de las mujeres del castillo. Tristán hizo esto, y a veces él e Isolda se encontraban en el huerto, luego se separaban y volvían a sus propias moradas antes de ser descubiertos. Y en este sentido, la salud y la alegría de ambos regresaron.

El rey Marcos estaba muy contento de que su reina hubiera recuperado su antiguo vigor, aunque poco sabía de su causa. Los cuatro malvados señores también lo vieron, y sus astutos corazones sospecharon la razón. Por lo tanto, enviaron por un mago que conocían, para buscar su ayuda para descubrir cómo era que Isolda y Tristán se encontraban todavía. El mago lanzó un hechizo y vio cómo Tristán e Isolda se encontraban en el huerto. Los malvados nobles llevaron al mago de vuelta al castillo, donde le dijo al rey Marcos que todavía estaba siendo traicionado por los amantes, y cómo acecharlos para atraparlos en su desgracia.

Esa noche, el rey Marcos fue al huerto llevando consigo su arco y también al mago, para ver la verdad de su afirmación. Marcos se escondió en el pino donde estaba la fuente, y pidió al mago que se escondiera también. Marcos vio a Tristán poner las astillas de madera en el manantial como era su costumbre, y pronto Lady Isolda vino a través de los árboles hacia él. Marcos clavó una flecha en la cuerda, pensando en matar a Tristán a la primera señal de traición. Tristán escuchó el sonido y supo que estaban siendo observados. Pero no podía ni moverse ni gritar a Lady Isolda por miedo a que el arquero la matara.

Incluso en la oscuridad, Isolda pudo ver la angustia de Tristán en la forma en que se paró. Miró a su alrededor, pensando también que tal vez habían sido descubiertos. Cuando vio la sombra del rey Marcos en las aguas del manantial, supo lo que tenía que hacer, y solo podía esperar que Tristán entendiera su designio.

—Oh, Señor Tristán—dijo— ¿por qué me has llamado aquí? No es justo que hagas esto, como bien sabes. Me lo has pedido muchas veces y nunca te he respondido, pero he venido esta noche con la esperanza de que tus súplicas cesen después.

—Milady—respondió Tristán—es verdad que he preguntado muchas veces, pero solo lo he hecho para descubrir si sabe por qué el rey Marcos se ha vuelto contra mí, porque no sé de ninguna falta que haya cometido que pueda enfadarle tanto. Vengo a pedirle ayuda, porque seguramente escuchará a su reina.

Isolda respondió—: ¿No sabes que el rey cree que lo has traicionado conmigo? Y yo que solo he amado a quien primero prometió amor a los hombres. Si el rey se enterara de que he venido a ti, nuestras vidas se perderían.

Entonces Isolda se dio vuelta y comenzó a caminar de regreso al castillo.

—¡Señora! — gritó Tristán—. En nombre de Dios, le suplico que ruegue al rey por mí, porque no le he hecho ningún mal.

Isolda se volvió y dijo—: El Señor Dios sabe que eres inocente, aunque el rey no lo sepa. Por lo tanto, conténtate.

Luego pasó entre los árboles y fuera de la vista. Marcos la vio irse y vio que Tristán no hizo ningún movimiento para seguirla, sino que se dio la vuelta y dejó el huerto. El mago también lo vio, y por eso huyó de Cornualles, para que el rey no pensara que le había engañado y le matara. Pero Marcos volvió al castillo, y al día siguiente envió un mensaje diciendo que había perdonado a Tristán, diciendo que sabía que los rumores eran mentiras, y que Tristán era una vez más bienvenido en la corte.

Los cuatro envidiosos nobles vieron esto y su odio hacia Tristán se incrementó. Otra vez intentaron envenenar la mente del rey, pero él no los escuchó. Una y otra vez se acercaron a Marcos con sus quejas, y finalmente la resolución del rey fracasó. Aceptó permitirle al mago otra prueba. Esta vez, el mago le dijo a Marcos que enviara a Tristán a hacer un recado lejos de Tintagel, pues seguramente Tristán no podría resistirse a hablar con la reina antes de irse, y esto sería una prueba del amor que le tenía. Marcos ordenó que se hiciera como dijo el mago.

Tristán se levantó antes del amanecer para llevar el mensaje. Todo el castillo parecía estar aún dormido, así que Tristán pensó que era seguro despedirse de la reina antes de irse. Fue a su habitación, y cuando abrió la puerta vio que le habían tendido una trampa: había harina fina esparcida por el suelo entre la puerta y la cama de Isolda, obra del mago. Pensando en frustrar la trampa, Tristán dio un gran salto entre la puerta y la cama. Pero también había sido herido ese mismo día en una cacería de jabalíes. El salto de Tristán hizo que la herida sangrara de nuevo, y así las gotas de sangre se esparcieron en un sendero entre la puerta y la cama de la reina, pero Tristán no lo sintió y no lo notó.

El mago había seguido a Tristán en secreto, y cuando le vio entrar en la cámara de Isolda dio la alarma. Marcos y los cuatro nobles entraron corriendo en la habitación para encontrar a Tristán allí de pie, la sangre de su herida era una prueba segura de su culpabilidad. Los nobles se abalanzaron sobre Tristán y lo tomaron prisionero, y también a la reina, y Marcos les dijo—: Ahora veo que su culpa no era un mero rumor. Morirán por esto.

Tristán pidió que se le permitiera probar su inocencia y la de la reina por medio de una prueba de armas, pero el rey no quiso oírlo. Los encerró en celdas en el calabozo, y al día siguiente preparó una pira para quemar a los amantes. Cuando el pueblo de Tintagel se enteró de la intención del rey, gritaron que era un falso rey que quemaba a los acusados sin siquiera un juicio. Pero el corazón del rey estaba ahora tan afligido que no los escuchó, y pidió que Tristán fuera llevado a su perdición.

Ahora, entre el calabozo y el lugar donde Marcos había hecho la pira había una chimenea en el borde de un acantilado. Cuando Tristán fue llevado más allá de la capilla, rogó a sus guardias que le permitieran entrar y decir una última oración antes de morir—. Solo hay una puerta—dijo Tristán—y ustedes están armados, pero yo no; seguramente no podría salir sin que lo supieran, ni podría liberarme de ustedes .

Los guardias accedieron a esta petición. Le cortaron las ataduras a Tristán para que pudiera rezar con más facilidad y le dejaron entrar en la iglesia. Tristán se dirigió directamente a la ventana detrás del altar, porque abajo había una gran caída a la playa, y pensó quitarse la vida así en vez de ser quemado como un criminal común. El joven caballero irrumpió en la ventana y cayó en picado hacia la tierra, pero al hacerlo el viento le atrapó el manto y ralentizó su caída, de modo que no murió ni resultó gravemente herido. Allí encontró a Gorvenal esperándole con un caballo, ya que el escudero había visto a Tristán entrar en la capilla, y descifrando lo que estaba en la mente de su amigo había pensado en ayudarle a escapar. Y así, juntos, Tristán y Gorvenal fueron a un lugar donde podrían permanecer escondidos mientras esperaban noticias de lo que le había ocurrido a Isolda.

Cuando Marcos oyó que Tristán había escapado, su ira se duplicó. Ordenó que trajeran a Isolda de inmediato y la quemaran. Ahora, una compañía de leprosos había venido a ver la quema, y tan pronto como Isolda fue llevada ante el rey, el líder de ellos, un hombre llamado Iván, gritó—: Milord, si quiere castigar a la reina con más seguridad, envíela a vivir con nosotros. Solo muere una vez por el fuego, pero en nuestra compañía su tormento será más largo. —Iván era un hombre cruel, y celoso de la bella reina, y esperaba hacerla su propia esclava.

Marcos pensó en esto por un momento, y luego aceptó el plan de Iván. Ordenó que la entregara a los leprosos, quienes se la llevaron con ellos. Muy pronto, la banda de leprosos se acercó al lugar donde se escondían Tristán y Gorvenal. Al ver a su amada tan maltratada, Tristán se lanzó al camino y les gritó que se detuvieran. Provocados por Iván, los leprosos tomaron sus bastones y muletas y avalanzaron sobre Tristán, pensando en matarlo donde estaba. Y lo habrían conseguido si Tristán hubiera estado solo, pues aunque hubiera podido matarlos a todos en un santiamén, incluso sin su espada, no se atrevería a golpear a estas lamentables criaturas ni siquiera con los puños.

Gorvenal fue quien acudió al rescate, balanceando una robusta rama de roble y golpeando a los leprosos. Aquellos a los que no golpeó huyeron, pero Gorvenal no los persiguió. Más bien reunió a Tristán e Isolda y después de perder sus ataduras se fueron al bosque de Morois. Gorvenal le dio a Tristán un arco y algunas flechas, y también su espada, y luego se despidió de los amantes, diciendo que no le diría a nadie dónde estaban, pero que vendría al bosque de vez en cuando para ver cómo les iba.

Y así Tristán e Isolda vivieron en el bosque, haciendo rudas chozas para su refugio y comiendo la comida que el bosque les proporcionaba. Aunque pronto se tornaron demacrados por el hambre y sus ropas se hicieron añicos, los amantes estaban contentos, porque estaban juntos y no había nadie que les contradijera. En tal felicidad vivieron, hasta que un día un leñador encontró por casualidad a Tristán y a su señora dormidos en su cabaña, con la espada desnuda de Tristán entre ellos. El leñador cabalgó de inmediato hacia el rey Marcos y le dijo dónde podían encontrarse Tristán y la reina, ya que el rey había ofrecido una rica recompensa al que le trajera esta noticia.

Marcos se fue al bosque con el leñador, y cuando estuvieron cerca del lugar donde estaban Tristán e Isolda, el rey le ordenó al leñador que se fuera y siguió solo. Marcos sacó su espada, pensando en matar a los amantes. Pero cuando Marcos los vio, se maravilló de su belleza a pesar de sus ropas andrajosas y sus caras demacradas. También vio que dormían con una espada desnuda entre ellos, y así supo que su amor había sido casto todo el tiempo. Marcos envainó su espada, luego se acercó en silencio a la cabaña donde suavemente tomó la espada de Tristán de entre el caballero y la reina y dejó la suya en su lugar. Tomó un anillo real de su dedo y lo colocó en la mano de la reina. Marcos se retiró tan silenciosamente como había llegado, y volvió a Tintagel.

Su sueño era tan profundo que Isolda no se despertó, pero soñó que Marcos había venido a ella y se lo contó a Tristán cuando despertó. Cuando vieron el anillo, y que faltaba la espada de Tristán y estaba la del rey en su lugar, supieron que el sueño de Isolda había sido real. Temiendo la ira del rey, Tristán e Isolda huyeron a las profundidades del bosque.

Tristán e Isolda pensaron juntos en lo que podrían hacer, así que buscaron al ermitaño que vivía en el bosque y le pidieron que escribiera una carta al rey. En la carta decían que Tristán llevaría a Isolda a la corte si ellos tenían un salvoconducto, y que allí ofrecería batalla por su honor y por el de Isolda. Y si era derrotado, el rey podría quemarlo, pero si salía victorioso, el rey debía recuperar a Isolda y volver a poner a Tristán en servicio, o bien se marcharía a un país lejano y serviría a otro rey allí. Si Marcos no respondía, Tristán la llevaría de vuelta a Irlanda donde podría vivir con honor entre su propia gente.

Marcos leyó los términos de Tristán a sus nobles, quienes aconsejaron al rey que recuperara a Isolda y dejara que Tristán se fuera a un país lejano. Entonces el rey Marcos gritó—: ¿Hay alguien aquí que culpe al Señor Tristán?

Y hubo silencio, pues ninguno de los nobles quería ver a Tristán en las listas.

Marcos, por lo tanto, mandó decir que Isolda sería devuelta pero que Tristán debía dejar Cornualles para siempre, y que en tres días se encontraría con ellos en el vado de cierto río para que Isolda le fuera devuelta. Sabiendo que debían separarse pronto, Isolda le dio a Tristán su anillo como muestra, diciendo que si alguna vez la necesitaba debía enviarle el anillo y ella haría lo que le pidiera. Tristán, por su parte, le dio a Isolda su perro de caza para que fuera su compañero y un recordatorio de su amor por ella.

El día señalado, Tristán llevó a Isolda al vado, y ella llevaba ropa fresca comprada para ella por el ermitaño para no ir ante el rey y sus nobles vestida como una mendiga. Allí, Tristán se puso de pie y dijo—: He aquí que le traigo a Isolda, como lo prometí. Pregunto una vez más si algún hombre dará batalla para que yo pueda probar mi honor.

Y nadie le respondió.

Entonces Tristán e Isolda se despidieron. Isolda regresó al castillo con el rey y Tristán se preparó para dejar Cornualles. Pero antes de irse, se escondió en la cabaña de un leñador que se había hecho amigo de ellos para ver si Isolda era bien tratada en la corte.

Pero los malvados nobles seguían insatisfechos con la deshonra de Tristán. Aconsejaron al rey que sometiera a la reina a una dura prueba de hierro, para probar su inocencia. Esto llenó de rabia a Marcos, y los desterró del reino. Cuando regresó a su habitación, encontró a Isolda allí. Ella le preguntó—: ¿Por qué está milord tan enfadado?

Entonces Marcos le dijo lo que los nobles le habían pedido, y dijo—Pero no debes temer, porque nos he librado de ellos, y sé que eres fiel.

Pero Isolda respondió—: Déjame pasar por esa prueba, que mi nombre quede limpio para siempre, y que tus desterrados nobles también asistan para que puedan ver esto con sus propios ojos. Pero invita al rey Arturo y sus nobles al juicio también, porque los señores de Cornualles me desean lo contrario, pero el testimonio de Arturo otros creerán.

Isolda envió a su escudero Perinis a Tristán en secreto, diciéndole que se disfrazara de pobre peregrino, para que pudiera presenciar el juicio en secreto y a salvo.

El día señalado, el rey Marcos y los señores de Cornualles se reunieron con el rey Arturo y sus nobles en un campo donde se iba a celebrar el juicio. Tristán también fue, disfrazado de peregrino, para ver lo que pasaba. Un brasero había sido colocado allí, lleno de carbones calientes, y una barra de hierro colocada dentro, porque Isolda iba a tomar el hierro caliente con sus propias manos, y si ella era inocente, Dios la protegería y no sería dañada. Isolda se acercó, vestida simplemente con un traje blanco. Después de rezar una oración con el sacerdote, juró que ningún hombre, excepto su legítimo marido, la había tenido en sus brazos. Luego fue al brasero y tomó de él la barra de hierro con sus propias manos. Caminó nueve pasos con ella, y luego la arrojó. Se volvió hacia Marcos y los lores reunidos y les mostró sus manos y brazos, los cuales se mantuvieron frescos y sin marcas. Todos alabaron a Dios y juraron que ya no se dudaría del honor de Isolda.

Tristán también presenció el juicio, y cuando vio que el honor de Isolda había sido reivindicado, supo que era el momento de dejar Cornualles. Por lo tanto, tomó las armas y fue con Gorvenal de reino en reino, sirviendo a cada lord solo un poco, ya que su corazón nunca podría estar tranquilo sin Isolda. Durante dos años vivió así, hasta que llegó a Bretaña, donde ayudó a Hoel, el duque de esa tierra, a librarse de un malvado barón que estaba arrasando el país. Allí Tristán se quedó un tiempo, y se hizo compañero de aventuras del hijo de Hoel, Kaherdin. Después de un tiempo, Kaherdin le dijo a su padre—: Tristán es un caballero como ningún otro, y sería un buen marido para mi hermana. Le pido permiso para ofrecérsela.

Hoel estuvo de acuerdo, así que Kaherdin fue a Tristán y le dijo que su hermana, que también se llamaba Isolda, sería su esposa, si Tristán estaba dispuesto, y Tristán dijo que sí. Pero en la noche de bodas, mientras Tristán se desnudaba, el anillo que Isolda, la reina de Cornualles, le había dado se cayó de la manga donde siempre lo guardaba, y él terminó arrepentido de haberse casado.

En Cornualles, Isolda, por su parte, suspiraba por Tristán, porque sabía que se había ido lejos, y nunca le envió ni una sola palabra de cómo le había ido. No sabía nada de cómo habían pasado los años para él hasta que un día un noble visitante llamado Kariado vino a ella y trató de cortejarla. Ella lo rechazó, y él le dijo—: Deberías suspirar por tu bello caballero, pues Tristán está casado con Isolda de Bretaña, la hija de un duque.

Entonces Kariado se marchó para no volver nunca, pero el dolor de Isolda se hizo más grande.

Aunque Tristán se había casado con otra, siempre pensó solo en Isolda de Cornualles. Así que un día se disfrazó arrojando trapos de mendigo sobre su propia ropa, y luego dejó el castillo de Hoel en secreto y buscó un barco que pudiera llevarlo a Cornualles. Después de muchos días y noches en el mar, el barco finalmente atracó en el puerto de Tintagel, donde Tristán vagaba como un mendigo, siempre atento a las noticias de Lady Isolda. Finalmente supo que ella estaba en el castillo de Tintagel, al igual que el rey y toda su corte. Entonces Tristán ideó un plan para poder ver a la reina sin ser descubierto. Cambiándose de ropa con un tosco pescador, Tristán se cortó el pelo largo y se lo afeitó casi hasta el cuero cabelludo. Luego preparó una poción que oscurecería su piel, y cortó un palo de roble de un árbol cercano. Así disfrazado, fue a la puerta del castillo y fingió que era un bufón que venía a entretener al rey y a los señores del castillo.

Tristán brincaba y parloteaba ante la corte, y todos se reían de corazón, todo menos Isolda, pues el bufón les enumeraba las acciones que Tristán había hecho, reclamándolas para sí, y aunque todos pensaban que solo era un loco delirante, Isolda estaba herida hasta la médula, pues pensaba que el bufón se burlaba del hombre que más amaba. Después del banquete, Tristán se quedó en la sala, solo, hasta que Brangien pasó por allí, junto con Lady Isolda. Tristán se acercó a ellas y les dijo cosas que solo él e Isolda sabían, y finalmente ella supo que él era su amado. Durante tres días Tristán saltó y simuló delante los cortesanos como un bufón, y durante tres noches fue en secreto a ver a Lady Isolda. Pero después de ese tiempo Tristán supo que debía irse, pues los cortesanos sospechaban de las atenciones entre la dama y el bufón.

Y así Tristán volvió a Bretaña, donde sirvió bien al duque Hoel, hasta que un día fue emboscado por un enemigo y su costado fue atravesado por una lanza envenenada. Tristán sabía que esto era seguramente su muerte, así que llamó a Kaherdin y le contó toda la historia de su amor por Isolda de Cornualles, pensando que nadie podía oírle. Excepto Isolda, que era su esposa, que se enfadó y planeó su venganza contra Tristán.

A petición de Tristán, Kaherdin llevó el anillo que Isolda le había dado a Cornwall, para decirle a Lady Isolda que viniera a Bretaña a darle un último adiós a Tristán. Kaherdin debía llevar consigo dos velas: una blanca, si Isolda estaba con él, y otra negra, si no lo estaba. A diario Tristán miraría el horizonte, y sabría así si su amada venía a él. Cuando Isolda oyó el relato de Kaherdin, se fue con él gustosamente, pero el mar agitado y una violenta tormenta desviaron su barco de su rumbo, y para cuando se acercaron al puerto, con la vela blanca en alto, Tristán estaba demasiado débil para seguir mirando por la ventana. Fue entonces cuando Isolda de Bretaña tuvo su venganza, pues cuando Tristán preguntó si había alguna noticia del regreso de Kaherdin, ella dijo que sí. Y cuando Tristán preguntó por el color de la vela, ella dijo—Por qué, milord, es negro como la noche.

Al oír esto, el corazón de Tristán se rompió, y al respirar el nombre de su amada, murió. Cuando el barco llegó al puerto, encontraron a toda la ciudad de luto. Isolda preguntó a uno de los nobles que había venido a saludar al barco cuál era la causa de su dolor, y dijo—: Señora, lloramos por el caballero más grande del mundo. Tristán de Lyonesse ha muerto.

Entonces Isolda subió al castillo y entró en la cámara de Tristán, donde la otra Isolda lloraba sobre su cadáver y se arrepentía de su acto—. Señora—dijo Isolda de Cornualles—, ¿puede apartarse usted? Porque siempre le he amado, incluso más tiempo que usted.

Isolda de Bretaña se apartó mientras Isolda de Cornualles besaba a Tristán en los ojos y la frente, y luego en los labios. Luego se acostó junto a su amado y también respiró por última vez. Al enterarse de las muertes de Tristán e Isolda, Marcos hizo que se hicieran ataúdes finos para ellos. Vino a Bretaña y llevó sus cuerpos a Cornualles, donde los hizo enterrar en el mismo lugar donde Tristán había dado el salto. Una noche, un brezo creció en la tumba de Tristán, y se abrió paso a través de la capilla hasta que se posó en la tumba de Isolda. Y los que cuidaban la capilla cortaron el brezo, pero cada noche volvía a crecer. Cuando Marcos fue informado de esto, prohibió a los cuidadores que cortaran más el brezo.

Y así termina la historia de amor entre Tristán e Isolda.

Guía de pronunciación

Las lenguas celtas modernas se dividen en dos grandes grupos: El gaélico bretónico (también conocido como celta P) y el gaélico goedélico (también conocido como celta Q). La rama bretona incluye el bretón, el galés y el córnico. De estos, sólo el bretón y el galés siguen teniendo hablantes nativos. El córnico se extinguió como primera lengua en el siglo XVIII, pero resurgió a principios del siglo XX. La rama goedélica incluye el manés y los diversos dialectos del gaélico irlandés y escocés. Estos dos últimos siguen siendo la primera lengua para un pequeño porcentaje de la población de esos países. El último hablante nativo de manés murió en 1974, pero el manés ha seguido siendo hablado como segunda lengua en la isla de Man.

Se utilizarán las siguientes normas para los sonidos de la guía de pronunciación:

ai = como en fair «fe(ə)r»

ay = como en shy «SHī»

ah = como en far «fär»

ee = como en feet «fit»

eh = como en yet «yet»

ih = como en it «it»

oh = como en no «nō»

oo = como en food «fo͞od»

ow = como en down «doun»

oy = como en boy «boi»

uh = como en under «əndər»

g = como en good «goōd», never como en giant «jīənt»

ch = ch como en loch «läKH»

tch = ch como en child «CHīld»

th = th mudo como en thin «Thin»

th = vocalizado th como en they «T<u>H</u>ā»

Nombres y palabras irlandesas

Ailbhe (AIL-vyeh):	Hija adoptiva de Bodb Derg
Alba (AHL-bah):	Escocia
Amergin (AH-mehr-gin):	Padre adoptive de Cú Chulainn
Aobh (AIV):	Hija adoptiva de Bodb Derg y primera esposa de Lir
Aodh (AITH	Hijo Aobh y Lir, hermano gemelo de Fionnula
Aoife (EE-feh):	Segunda esposa de Lir
Bodb Derg (BOHV DAIRG):	Rey de Tuatha Dé Danann
Breg (BREGG):	Llanura entre los ríos Liffey y Boyne en el condado de Meath, en el este de Irlanda
Bricriu (BRIK-roo):	Uno de los nobles de Ulster bajo el rey Conchobar
Brugh na Boinne (BROO nah BOYN):	Sitio de las tumbas del valle de Boyne, condado de Meath, Irlanda oriental

Carraig na Ron (KAIR-egg nah ROHN):	La roca de las foca
Cathbad (CAH-hbahd):	Druida de la corte de Conchobar
Conall (KONN-all):	Uno de los nobles de Ulster bajo el rey Conchobar
Conchobar (KONN-uh-cover):	Rey del Ulster y padre adoptivo de Cú Chulainn
Conn (KONN):	Hijo de Aobh y Lir
Connacht (KON-ahcht):	Provincia de Irlanda centro-occidental
Cu (KOO):	Palabra gaélica irlandesa para "sabueso"
Cú Chulainn (KOO-CHUH-lin):	"Sabueso de Culann"; héroe superhumano de Ulster
Culann (KOO-lown):	Herrero cuyo perro guardián es destruido por Cú Chulainn
Dagda (DAHG-duh):	Antigua deidad celta; uno de los Tuatha Dé Danann y padre de Bodb Derg
Deichtine (DAICH-tin-eh):	Hermana de Conchobar
Deoch (DAI-och):	Esposa de Lairgnen, rey de Irlanda
Diarmuid (DEER-mud):	Guerrero irlandés y personaje de la historia del Ciclo Feniano "La búsqueda de Diarmuid y Grainne"

Edmonn (ED-mon):	Lugar de Irlanda mencionado en la historia del nacimiento de Cú Chulainn
Emain Macha (EH-vin MAH-chah):	Sede de la corte de Conchobar en Ulster; también conocido simplemente como "Emain"
Fergus (FAIR-gus):	1. Uno de los nobles de Ulster bajo el rey Conchobar 2. Hijo de Bodb Derg y uno de los Tuatha Dé Danann
Fiachra (FEE-ah-chra):	Hijo de Aobh y Lir; hermano gemelo de Conn
Fidchell (FEED-chell):	Antiguo juego de mesa irlandés que puede haber sido similar al ajedrez
Finn mac Cumhaill (FINN MAK KOO-uhl):	Antiguo héroe irlandés del Ciclo Feniano del mito
Finnchaem (FINN-uh-chaym):	Hermana de Conchobar y madre adoptiva de Cú Chulainn
Fionnula (FINN-oo-lah):	Hija de Aobh y Lir; hermana gemela de Aodh
Follamain (FALL-uh-vin):	Hijo de Conchobar
Gadhar (GAY-ar):	Palabra gaélica irlandesa para "perro"
Grainne (GRAH-nyeh):	Mujer prometida a Finn mac Cumhaill en la historia "La búsqueda de Diarmuid y Grainne"

Imrith (IM-rih):	Nombre de la fortaleza de Amergin y Finnchaem del Ulster
Inis Gluaire (IN-ish GLOO-air-eh):	Isla frente a la costa del condado de Mayo, Irlanda occidental
Irrus Domnann (IHR-us DOV-nown):	Nombre de lugar irlandés
Laegire (LAY-gir-eh):	Uno de los nobles de Ulster bajo el rey Conchobar
Lairgnen (LAIRG-nen):	Un rey de Irlanda
Lir (LEER):	Uno de los Tuatha Dé Danann; originalmente Lir puede haber sido un dios del mar
Loch Dairbhreach (LOCH DAIR-uh-vrach):	"Lago de los robles": lago en el condado de Westmeath, Irlanda
Lug (LOOG):	Antigua deidad celta; probablemente un dios solar, asociado a los guerreros
Lug mac Ethnenn (LOOG mak EH-hnen):	Un avatar de Lug
Mil (MEEL):	Líder de un grupo que invadió Irlanda en la seudo-historia "Libro de las Tomas de Irlanda"
Mochaomhog (MOH-chay-vohg):	Sacerdote que construyó una iglesia en Inis Gluaire

Morann (MOHR-own):	Juez en la corte de Conchobar
Murtheimne (MOOR-hev-neh):	Lugar en el noreste de Irlanda, condado de Louth
Setanta (SHAI-tan-tah):	El nombre de la infancia de Cú Chulainn
Sidhe (SHEE):	La "gente buena" o la gente de las hadas; los Tuatha Dé después de la llegada del cristianismo
Sidhe Fionnachaidh (SHEE FINN-ah-chai):	Una de las casas de los Tuatha Dé Danann antes de la llegada del cristianismo
Sliab Fuait (SLEE-av FOO-itch):	Pico de las montañas Fews, condado de Armagh, Irlanda
Sruth na Maoile (SROO nah MEEL-yeh):	El estrecho de Moyle; estrecho entre Irlanda del Norte y Escocia
Sualdam mac Roich (SOO-al-dam mak ROYCH):	Esposo de Deichtine y tercer padre de Cú Chulainn
Táin Bó Cúailnge (TAYN BOH KOO-al-nyeh):	Épica historia de héroes irlandeses de la guerra entre el Ulster y Connacht
Tuatha Dé Danann (TOO-ah-ha JAI DAH-nan):	"Hijos de la Diosa Danu"; raza de seres sobrenaturales que vienen a Irlanda en la seudo-historia "Libro de las Tomas de Irlanda"; pueden haber sido originalmente los dioses celtas

Nombres y palabras galesas

La guía de pronunciación es la misma que la anterior, con la adición de la "rh" y la "ll" galesas. Estos sonidos no existen en inglés.

ll = una "l" muda; el análogo más cercano que utiliza la pronunciación inglesa es pensar que es una especie de sonido "lth" o "thl", dependiendo de dónde caiga en la palabra

rh = una "r" muda; el análogo más cercano que usa la pronunciación inglesa es como "hr"

Anlawdd (AHN-lowth):	Abuelo de Culhwch; padre de Goleuddydd
Annwfn (Ah-NOO-vin):	Reino del otro mundo
Arawn (ah-ROWN):	El rey sobrenatural de Annwfn
Arberth (AHR-bairth):	Corte de Pwyll, príncipe de Dyfed
Bedevere (BED-weer):	Uno de los caballeros del rey Arturo
Branwen (BRAN-wen):	Protagonista de la segunda rama del Mabinogion; hermana de Manawydan
Cantref (KAHN-trev):	Palabra galesa para condado
Celli Weg (KEL-thee WEGG):	Lugar en Cornualles mencionado en el Mabinogion
Celyddon (kell-ITH-on):	Abuelo de Culhwch; padre de Cilydd
Ceredigion (KAIR-eh-DIG-ee-ahn):	Región de Gales occidental a lo largo de la costa central

Cilydd (KILL-ith):	Padre de Culhwch
Clud (CLID):	Padre de Gwawl
Culhwch (KILL-hooch):	Héroe galés, posiblemente un análogo al dios cerdo Moccus
Custennin (kiss-TEN-nin):	Pastor y padre de Goreu
Cwm Cerwyn (KOOM KAIR-win):	Lugar en Gales mencionado en el Mabinogion
Cyledyr Wyllt (kill-EH-deer WITHLT):	Uno de los caballeros del rey Arturo
Cynddelig Cyfarwydd (kin-THEH-lig kih-VAHR-with):	Uno de los caballeros del rey Arturo
Doged (DOH-ged):	Rey que es asesinado y cuya esposa es llevada a ser esposa de Cilydd después de la muerte de Goleuddydd
Drych Ail Cybdar (DRICH AIL KIB-dahr):	Uno de los tres hombres más rápidos del reino del rey Arturo
Dyfed (DUH-ved):	Nombre del lugar en el Mabinogion
Esgair Oerfel (ESS-geyer OHR-vell):	Lugar en Irlanda mencionado en el Mabinogion
Glyn Ystun (GLINN ISS-tin):	Lugar en Gales mencionado en el Mabinogion
Goleuddydd (go-LAI-thith):	Madre de Culhwch

Goreu (GOHR-ai):	Hijo de Custennin
Gorsedd Arberth (GOAR-seth AHR-bairth):	Nombre del lugar en galés; colina cerca de la corte de Pwyll
Grugyn Gwrych Eraint (GRIG-in GOOR-ich AIR-eyent)	Uno de los hijos del jabalí Twrch Trwyth
Gwalchmai mab Gwyar (GWAHLCH-meye mahb GOO-yahr):	Uno de los caballeros del rey Arturo
Gwawl (GOO-owl):	Rival de Pwyll por la mano de Rhiannon
Gwent Is Coed (GWENT iss COYD):	Nombre del lugar en el Mabinogion; sitio del noble Teyrnon Twrf Liant
Gwri Wallt Euryn (GOO-ree WALTHT AI-rin):	Nombre de niño de Pryderi, hijo de Pwyll y Rhiannon, e hijo adoptivo de Teyrnon
Gwyn (GWIN):	Personaje de la historia de Culhwch y Olwen
Gwyrhyr Gwstad Ieithoedd (GOOR-heer GOO-stahd ee-YAI-thoyth):	Uno de los caballeros del rey Arturo
Hafgan (HAHV-gahn):	Rival de Arawn por las tierras en Annwfn
Hafren (HAHV-ren):	Río en Gales
Hyfaidd Hen (HUH-veth HEN):	"El viejo Hyfaidd"; padre de Rhiannon
Kai (KEYE):	Uno de los caballeros del rey Arturo

Llyr (THLEER):	Padre de Branwen y Manawydan; análogo galés del lir irlandés
Mabinogion (mah-bi-NOH-gyon):	Colección de mitos y leyendas galesas
Mabon (MAH-bohn):	Uno de los caballeros del rey Arturo
Manawydan (mah-NAH-wih-dan):	Personaje principal de la tercera rama del Mabinogion; hermano de Branwen
Math (MAHTH):	Personaje principal de la cuarta rama del Mabinogion
Mathonwy (MAHTH-on-wee):	Padre de Math
Menw (MEN-oo):	Uno de los caballeros del rey Arturo
Modron (MOH-drohn):	Padre de Mabon
Nudd (NITH):	Padre de Gwyn
Olwen (OHL-wen):	Esposa de Culhwch e hija de Ysbaddaden Pencawr
Porth Clais (POHRTH KLEYESS):	Lugar en Gales mencionado en el Mabinogion
Pryderi (prih-DAIR-ee):	Hijo de Pwyll y Rhiannon
Prydwen (PRID-wen):	El nombre del barco del rey Arturo

Pwyll (POO-ilth):	Señor de Dyfed; amigo de Arawn, esposo de Rhiannon, padre de Pryderi
Teirgwaedd (TAIR-gweyeth):	Padre de Menw
Teyrnon Twrf Liant (TAI-eer-non TOORV LEE-ahnt):	Noble que acoge al hijo expósito de Pwyll y Rhiannon
Twrch Trwyth (TOORCH TROO-with):	Un rey que se convirtió en un jabalí gigante
Ysbaddaden Pencawr (ISS-bah-THAH-den pen-KOWR):	Jefe de los gigantes y padre de Olwen
Ystrad Tywi (UH-strahd TUH-wee):	Uno de los cantrefs mencionados en el Mabinogion
Ystrad Yw (uh-STRAHD EE-oo):	Lugar en Gales mencionado en el Mabinogion

Otros nombres y palabras

La pronunciación de los nombres personales de "La ciudad ahogada de Ys" y "El romance de Tristán e Isolda" se dan en su mayoría según las normas del francés antiguo, excepto "Tintagel", que tiene una pronunciación en inglés moderno, y "Menez-Hom", que es bretón.

La guía de pronunciación es la misma que la dada anteriormente, con la excepción de la "u" redondeada, que no existe en irlandés o en inglés.

ü = "u" redondeada como en el francés moderno "cru"

Andret (AHN-dret):	Uno de los cuatro malvados nobles de Cornualles
Baie de Douarnenez (BAI de DOO-ahr-neh-NEHZ):	Bahía a lo largo de la costa de Bretaña
Baie de Trepasses (BAI de tre-PASS-eh):	Bahía a lo largo de la costa de Bretaña
Blanchefleur (blahnsh-FLOOR):	Madre de Tristán; esposa de Rivalen; hermana de Marcos
Brangien (BRAN-zhee-en):	Doncella de Isolda
Corentin (KOH-ren-tin):	Ermitaño que ayuda a Gradlon; más tarde obispo de Cornouaille
Cornouaille (kor-noo-AY):	Región de Bretaña
Dahut (dah-HÜT):	Hija del rey Gradlon de Cornouaille
Denoalen (deh-NOH-ah-len):	Uno de los cuatro malvados nobles de Cornualles
Dinas (DEE-nass):	Senescal de Cornualles y amigo de Tristán
Epona (eh-POH-nah):	Diosa celta de los caballos
Gondoit (GON-doh-eet):	Uno de los cuatro malvados nobles de Cornualles
Gorvenal (GOHR-ve-nahl):	Escudero de Tristán
Gradlon (GRAHD-lon):	Rey de Cornouaille
Guenelon (GWEN-eh-lon):	Uno de los cuatro malvados nobles de Cornualles
Guenole (gwen-oh-LAI):	Abad del monasterio de Landevennec
Hoel (HOH-el):	Duque de Bretaña; padre de Isolda de Bretaña y Kaherdin; suegro de Tristán

Isolda (ee-SOOLT):	1. Esposa del rey Marcos de Cornualles; amante de Tristán 2. Hija de Hoel y esposa de Tristán
Kaherdin (KAH-her-din):	Hijo de Hoel y compañero de Tristán
Kariado (kah-ree-AH-do):	Noble que corteja a Isolda de Cornualles
Korrigan (KOHR-rih-gan):	Una criatura del otro mundo en el mito bretón
Landevennec (lahn-de-VEN-nek):	Monasterio en Bretaña
Lyonesse (lee-oh-NESS):	País en Francia en la leyenda arturiana
Marcos (MAHRK):	Rey de Cornualles
Menez-Hom (MEH-nez HOHM):	Bosque en Bretaña
Moccus (MOK-kuss):	Dios cerdo celta
Morgan (MOHR-gan):	Duque bretón que amenaza el reino de Lyonesse y mata a Rivalen
Morholt (MOHR-hohlt):	Caballero irlandés muerto en combate individual por Tristán; tío de Isolda
Perinis (PEHR-in-ees):	Escudero de Isolda
Quimper (KEEM-pehr):	Ciudad de Bretaña
Rivalen (REE-vah-len):	Rey de Lyonesse; padre de Tristán; esposo de Blanchefleur
Rohalt (ro-HAHLT):	Mariscal de Lyonesse; padre adoptivo de Tristán

Roman (roh-MAHN):	Palabra francesa antigua para un poema de verso narrativo, que a menudo tiene que ver con el amor cortesano
Tintagel (tin-TAI-jel):	Castillo en la costa de Cornualles; sede del rey Marcos
Tristan (TRISS-tan):	Caballero que sirve al rey Marcos de Cornwall; amante de Isolda

Quinta Parte: Mitología romana

Mitos romanos fascinantes sobre dioses y diosas romanos, héroes y criaturas mitológicas

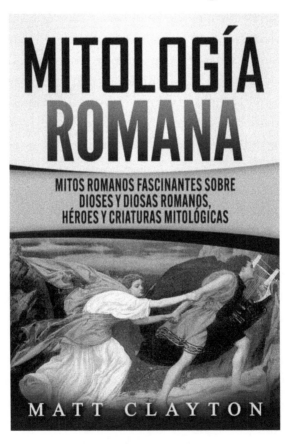

Introducción

La mayoría de estudiantes de mitología saben que el conjunto de mitos romanos son muy cercanos a los de Grecia. El panteón romano era esencialmente similar al griego, aunque los nombres de los dioses y diosas eran diferentes. Por ejemplo, el Zeus griego es el Júpiter o Jove romano, y el Hermes griego es el Mercurio romano. En Roma, Afrodita se convierte en Venus y Ares, en Marte, y a la poderosa Hera de los griegos, al otro lado del Adriático se la conocía como Juno.

De todas formas, la religión romana no empezó así. La superposición de los mitos griegos es un añadido posterior, y nunca suplantó a la religión romana original, cuyos inicios se atribuyen a Numa Pompilio, sucesor de Rómulo y segundo rey de Roma. Por ejemplo, Jano, el dios de las puertas bicéfalo, era una deidad eminentemente romana, y su templo en el Foro romano, que supuestamente fue construido por Numa, era uno de los más importantes. Vesta, la diosa del hogar y del fuego, es otro buen ejemplo de esta distinción entre los ritos griegos y romanos, a pesar de que Vesta tenía una equivalente en la griega, Hestia. Esto se debe a que el culto a Vesta era una parte central de la religión del estado por medio del nombramiento de muchachas vírgenes de familias patricias para que sirvieran en el templo de la diosa del Foro de Roma y a través de la función de la diosa como protectora del pueblo romano.

Los vínculos entre la religión y el estado, y entre la religión y la historia, se entremezclan a menudo con los propios mitos, algunos de los cuales se escribieron, al menos en parte, como un servicio al estado romano. El poema épico de *La Eneida*, del poeta romano Virgilio, no solo proporcionó una seudo-historia de los primeros días de Roma: también sirvió para legitimar el gobierno de los emperadores de la dinastía Juliana, cuyo linaje partía de Julo (Ascanio), hijo de Eneas, el líder de los troyanos tras la caída de Troya. La misma historia de la fundación de Roma protagonizada por Rómulo y Remo también cautivaba la imaginación de los romanos de esta manera, y los primeros historiadores, como Livio (Tito Livio Patavino, 64-59 AEC- 12-17 EC), y el propio pueblo romano la veían como un hecho histórico real.

Por lo tanto, este texto presenta tres de los mitos fundacionales de Roma más importantes: una versión de la *Eneida*, la historia de Rómulo y Remo y la historia del rapto de Lucrecia, un incidente que supuestamente desencadenó la revuelta contra la monarquía romana primigenia y causó el nacimiento de la Primera República, que puede haber estado basado en eventos y personajes históricos reales.

Al igual que los griegos, los romanos también disfrutaban con las historias de héroes. Hazañas de fuerza e ingenio, intervenciones divinas y figuras míticas que superan problemas imposibles: todas estas cosas aparecen en la segunda parte, donde se cuentan versiones de las historias de Hércules, Atalanta y Jasón. El primero de ellos es un cuento netamente romano en el que se relata un viaje adicional que Hércules hizo supuestamente al Lacio, la región en la que se levantó Roma, mientras estaba ocupado con sus doce trabajos. Las historias de Atalanta, una cazadora tan esquiva que ningún hombre podía ganarle en las carreras, y de Jasón, que con los Argonautas se fue a la Cólquida a buscar el Vellocino de Oro, aparecen en los mitos griegos, pero los mitógrafos romanos crearon versiones sobre ellas, como las de Ovidio (Publio Ovidio Nasón, 43 AEC- 17/18 EC) y Valerio Flaco (Gayo Valerio Flaco, fall. 90 EC).

Uno de las compilaciones más importantes de los antiguos mitos grecorromanos es las *Metamorfosis* de Ovidio. En la tercera parte de este libro hay una selección de historias de esta colección. Tal y como Ovidio cuenta en su introducción, su objetivo fue contar historias de transformación, de cambio de forma y sobre las maneras en las que el contacto con lo divino altera la experiencia humana. Su colección empieza con la historia de la Creación y de la Gran Inundación, las cuales cambiaron el universo al completo en primer lugar, y después lo hicieron con el mundo creado en oleadas de creación, destrucción y recreación. Otras historias tratan de mortales que se convierten en otras criaturas, normalmente como consecuencia del *hubris*, o del orgullo excesivo, el cual debe ser castigado por los dioses.

Las historias de amor trágico también son una parte importante de las *Metamorfosis*, y como otros relatos de aquella colección, tuvo una impronta duradera en la cultura occidental. La historia de Orfeo y Eurídice sirvió de inspiración para los compositores del Renacimiento para experimentar con nuevas maneras de crear música, pues buscaban lo que entendían como el poder perdido de la música para generar efectos mágicos en el mundo físico y en los seres humanos. Por su parte, la historia de Píramo y Tisbe fue la base para el *Romeo y Julieta* de Shakespeare. El hecho de que aún hoy en día sigamos disfrutando, no solo de las historias basadas en estos mitos, sino de estos mismos mitos, es una prueba de su capacidad imperecedera para iluminar la experiencia humana.

PRIMERA PARTE: TRES MITOS SOBRE EL ORIGEN DE ROMA

Las andanzas de Eneas

La Eneida, *un poema épico del escritor romano Virgilio (Publio Virgilio Maro, 70-19 AEC) versiona uno de los mitos fundacionales de Roma, ciudad que debe sus orígenes a la llegada de Eneas, príncipe de Troya, y otros refugiados de la Guerra de Troya, los cuales conquistaron al pueblo local y cuyos descendientes Rómulo y Remo terminaron fundando la ciudad de la que surgió el Imperio romano. Por lo tanto, los mitos de Eneas y de la fundación de Roma también otorgaron vínculos con los dioses a la dinastía de emperadores Julianos, ya que estos afirmaban que eran descendientes directos de Eneas a través de su hijo Ascanio, quien también era conocido como Julo (de ahí el nombre de la familia "Juliana"), toda vez que se suponía que el propio Eneas era hijo del humano Anquises y la diosa Venus. Así pues, la épica de Virgilio no solamente es una de las glorias de la literatura antigua, sino que a su vez es un documento político cuyo objetivo era dar legitimidad al gobierno de los primeros emperadores romanos.*

Con la muerte de Virgilio, la Eneida *quedó inacabada. El poeta había pedido que se quemara su manuscrito inédito, pero el emperador Augusto (63 AEC- 14 EC) ordenó que dos de los amigos de Virgilio publicaran lo que había dejado escrito. Hicieron como se les mandó, y aparentemente dejaron el trabajo original de Virgilio en su mayor parte sin publicar. Tal y como está escrito, el poema acaba de una manera muy brusca, con la muerte de Turno. Es posible que Virgilio deseara escribir más a partir de esa escena, pero sus amigos prefirieron no alargar el poema.*

La huida de Troya

Mucho han cantado las Musas el conflicto entre los griegos y Troya, las batallas luchadas por el gran Aquiles, el ingenio del astuto Ulises. Y también cantan las musas sobre las hazañas del poderoso Eneas, príncipe de Troya, que lideró lo que quedaba de aquel orgulloso pueblo a puerto seguro tras la caída de su ciudad y comenzó el trabajo que creó la gloria que fue Roma.

Durante diez largos años, las huestes de Agamenón hostigaron las puertas de Troya, buscando vengar el rapto de Helena del hogar y el solar del espartano Menelao, y durante diez largos años, Héctor y sus valientes troyanos mantuvieron a los griegos alejados, hasta que el caballo hueco del embaucador Ulises, con su vientre lleno de griegos expectantes y armados para la masacre, fue introducido en la ciudad por troyanos jubilosos, quienes creían que era un regalo de los mismos dioses. Ya de madrugada, el caballo liberó su cargamento letal, y Troya fue saqueada por griegos sin compasión que estaban cansados de la interminable contienda.

Eneas, héroe de Troya e hijo del noble Anquises y la diosa Venus, yacía en su lecho, así como toda su casa. Al principio no oyó el bramido que aumentaba por momentos, pues su casa estaba en la linde de la ciudad, lejos del lugar elevado donde se alzaba el caballo. De repente, Eneas se despertó para ver la sombra de Héctor, el más grande de los guerreros troyanos, asesinado por el poderoso Aquiles, al borde de su cama, diciendo:

— ¡Ay, ay del pueblo de Troya! Nuestra inconsciencia nos ha traicionado y Troya ha caído. ¡Levanta, Eneas; reúne a tu casa y huye de la ciudad, pues Troya está perdida!

Eneas se armó con premura y corrió hacia el centro de la ciudad, pero su valor no sirvió de nada. El rey Príamo ya había sido asesinado y el palacio estaba siendo pasto de las llamas. La reina Hécuba y las mujeres de la casa real ya habían sido tomadas prisioneras. Los ciudadanos troyanos ya estaban yaciendo sin vida donde los griegos les habían dado muerte en la batalla, y las calles estaban manchadas de carmesí con su sangre. Mientras Eneas se lamentaba, su madre divina se le apareció y le dijo:

— ¡Hijo mío, reúne a tu casa y abandona la ciudad! Troya está perdida: los propios dioses se han vuelto en contra de ella. Toma las personas que puedan quedar y guíalas a un lugar seguro.

Eneas volvió a casa corriendo, donde despertó a su esposa Creúsa y a su hijo pequeño, Ascanio. Se echó a su anciano padre a sus espaldas y condujo a su familia hacia las puertas de la ciudad. Pero Creúsa se perdió entre el río de personas que se apuraban para escapar de la ciudad en llamas, y cuando Eneas se giró para hallarla, se encontró con su sombra, que le dijo:

— No me busques, Eneas, pues me perdí para siempre. En lugar de eso, márchate fuera de la ciudad. Conduce a los troyanos que quedan a un lugar seguro, pues los dioses han decretado que es tu destino y el suyo vagar por el mundo para encontrar una nueva morada. Debes encontrar un lugar al oeste, donde el río Tíber fluye por las fértiles llanuras de Hesperia. Allí hallarás un nuevo reino, y una nueva esposa que será tu reina.

Llorando por la pérdida de su amada Creúsa y por el saqueo de su ciudad, Eneas se giró hacia el lugar donde había dejado a Anquises y a Ascanio. Les dijo lo que había sucedido y, reuniendo a sus paisanos que habían logrado escapar de los saqueadores griegos, les condujo a la seguridad de las faldas del monte Ida, donde pasaron el invierno. A la primavera siguiente, Eneas y los troyanos que quedaban partieron en un barco, dejando atrás para siempre su patria para buscar el lugar que Creúsa le había dicho que sería su nuevo hogar.

En un primer momento llegaron a Tracia, donde pensaron en fundar una nueva ciudad. Sin embargo, les persiguieron malos augurios, y una vez más, se hicieron a la mar. Navegaron, pues, rumbo a Delos, donde Eneas fue al templo de Apolo para ofrecerle un sacrificio y buscar la sabiduría del oráculo que allí se hallaba. El oráculo le dijo que debía buscar la antigua patria de su gente, donde los hijos de Troya prosperarían y los hijos de Eneas gobernarían como reyes.

Al no saber a qué tierras se refería el oráculo, Eneas volvió a su barco y le pidió consejo a su anciano padre.

—Cuenta la leyenda que nuestra gente llegó a Troya desde Creta, — le dijo Anquises. —Es una isla noble, buena para vivir, y no está lejos para llegar a ella por mar.

Y dicho esto, los troyanos se dirigieron a Creta. Desembarcaron allí y comenzaron a construir una ciudad. Araron la tierra y criaron sus rebaños de vacas y ovejas, y durante un tiempo pareció que habían hallado un nuevo hogar. Sin embargo, la plaga se cebó con el pueblo, y la peste con el ganado, y sus cosechas se echaron a perder.

—Este es el juicio de los dioses, — le dijo Anquises a Eneas. — Interpretamos mal al oráculo; Creta no está destinada a ser nuestro hogar. Vuelve mañana a Delos y pregunta qué quiso decir.

Pero aquella noche, los dioses troyanos se le aparecieron a Eneas en un sueño, diciéndole:

—El lugar al que debes ir se encuentra al oeste. Los griegos lo llaman Hesperia, pero la gente que vive allí lo llama Italia. Tu ancestro Dárdano nació allí; esa es la morada que buscas. Por decreto del propio Júpiter, Creta te está negada.

Una vez más, Eneas y su gente izaron velas, en esta ocasión para ir al oeste tal y como los dioses habían dispuesto. Los vientos en contra les desviaron de su rumbo, y cansados de luchar con los cabos y la caña del timón, arribaron a una isla desconocida. Tras atracar los barcos en la playa, los troyanos exploraron los prados que se extendían hacia el interior, y observaron que era un lugar rico con muchas vacas y ovejas. Eneas y su gente abatieron a muchas de las bestias y las asaron, pero antes de que pudieran dar su comida por concluida, los troyanos fueron asaltados por una bandada de arpías enfurecidas, criaturas con cabeza y pecho de mujer, pero con alas y espolones de ave. Las arpías se lanzaban como dardos por aquí y por allá, ensartando la carne en sus espolones y escapando con ella, graznando todo el tiempo.

Los troyanos se prepararon otra comida, pero esta vez empuñaban sus relucientes espadas, puesto que sospechaban que las arpías retornarían. En efecto, las arpías retornaron, embriagadas por el aroma de la carne asada. Sin embargo, los troyanos estaban preparados para resistirlas: les asestaban espadazos a las arpías, y aunque no pudieron dañarles ni una sola pluma a estas viles criaturas, evitaron que se apropiaran de la comida y se la llevaran. Viendo que sus esfuerzos eran en vano, las arpías alzaron el vuelo, pero no antes de que su líder profetizara a los troyanos que ciertamente encontrarían su hogar en Hesperia, pero que primero sufrirían la hambruna en sus propias carnes.

Los troyanos siguieron navegando hacia Epiro, donde les dio la bienvenida Heleno, un troyano que había escapado de la destrucción de la ciudad y se había convertido en rey de Epiro. Eneas y sus compañeros se regocijaron de verle sano y fuerte, y de enterarse de que Andrómaca, viuda del noble Héctor, también había escapado de la masacre y era ahora la esposa de Heleno.

Tras descansar por un tiempo en Epiro, Eneas y los troyanos izaron velas de nuevo, dirigiéndose siempre hacia el oeste, hacia Italia. Hicieron un alto en el camino en la isla de Sicilia, donde rescataron a un compañero de Ulises al que habían dejado atrás por error cuando los habitantes de Ítaca escaparon del cíclope Polifemo y sus hermanos. Los troyanos escaparon de aquel lugar de muerte sin incidentes, y navegando hacia el otro extremo de la isla arribaron a Drepana. Sin embargo, su estancia en Drepana no estuvo exenta de pesares, pues fue allí donde el anciano Anquises murió. Eneas y sus compañeros celebraron el sepelio de Anquises con juegos y sacrificios, como era costumbre, y después de ello, prosiguieron su viaje.

En un primer momento, los troyanos tuvieron buen viento. El barco saltaba suavemente de ola en ola, las velas hinchadas y llenas de la brisa que soplaba. Juno se asomó desde el Olimpo y vio que los troyanos se acercaban a puerto seguro en el lugar que les había sido prometido, y se disgustó por ello. Juno no sentía ningún aprecio por los troyanos, ya que Paris le había denegado el título de la diosa más bella, escogiendo a Venus en su lugar; pero aún era peor que ella supiera que Eneas estaba predestinado a fundar una ciudad más grande incluso que Cartago, donde a Juno se la tenía en la más alta estima, razón por la cual contaba con su favor. Tras llamar a Eolo, dios de los vientos, Juno ordenó que enviara vientos para alzar una tempestad que quebrara los barcos de los troyanos y los alejara para siempre de las costas de Italia. Eolo hizo tal y como mandó Juno, y Eneas y sus compañeros pronto se vieron lanzados a una tormenta, la cual temían que rompiera todos sus barcos.

Como los vientos bramaban y las olas lanzaban los barcos troyanos de un lado a otro, Neptuno, el dios del mar, miró arriba y vio que alguien había convocado una tempestad en su reino, y supo que los troyanos estaban en peligro de muerte. Además, los troyanos habían rendido pleitesía a Neptuno con grandes honores desde siempre, y Eneas estaba entre los favoritos de aquel dios. Calmó las aguas, y le ordenó a Eolo que apaciguase los vientos. Sin embargo, el trabajo de Juno estaba hecho, siquiera por un tiempo: Eneas y sus compañeros habían sido arrojados por la tempestad a las costas de África, donde arribaron a un puerto, que no era otro que el de la mismísima Cartago.

La estancia en Cartago

Allí fueron recibidos por Dido, la hermosa reina de Cartago, quien ordenó que se le diera la bienvenida a los troyanos y se les diera todo lo que precisaran. Dido invitó a Eneas a entrar a su palacio, donde le dio una cámara para reposar, y agua para bañarse, y una vestimenta limpia. Tras un tiempo prudencial, Dido envió a un sirviente para llevar a Eneas a un lugar donde ya se había dispuesto una comida. Eneas atravesó el corredor, alto y fuerte y reanimado. Dido lo contempló, y supo que era como mínimo un guerrero, y probablemente, el hijo de un dios. Su corazón se derretía, aun habiendo renegado del matrimonio tras el asesinato de su amante, Siqueo, aunque de cara al exterior mantenía una calma inalterable y la dignidad propia de una reina.

—Toma asiento, —le dijo a Eneas, mostrándole un lugar a la mesa. —Sé bienvenido, y quizá mientras comemos y bebemos desees contarme tu historia.

—Os agradezco vuestra hospitalidad, oh reina, —dijo Eneas, — y la ayuda que habéis prestado a mi gente, los pobres restos que quedan de Troya.

Entonces, Eneas ocupó su asiento en la mesa, y mientras cenaba con la reina Dido, le contó sobre el rapto de Helena, sobre la larga guerra contra los griegos, y sobre la caída de la ciudad. Le contó acerca de las andanzas de los troyanos que se siguieron, y cómo estos arribaron a Cartago. Y le habló de la profecía, según la cual él debía ir a Italia y fundar una nueva ciudad a orillas del río Tíber, y que era hacia allí donde él y su pueblo se dirigían.

Dido escuchaba atentamente y al detalle todo lo que le relató Eneas, y se encontró a sí misma embelesada con el valiente héroe que había conducido a su gente a través de tantas desgracias. En ese momento, ella empezó a pensar en cómo podría desviarlo de su camino y persuadirlo para quedarse con ella en Cartago para gobernarla a su lado. Por su parte, Eneas acogió de buena gana este reposo de sus fatigas, puesto que estar en un hermoso palacio con frescas fuentes, y con buena comida y bebida, y en paz, era más que agradable, y mantener conversación todos los días con una mujer bella e inteligente, un bálsamo para su fatigado corazón.

Dido y Eneas pasaron muchos días felices juntos en su palacio, y sin el pueblo troyano, que aceptó con gratitud la hospitalidad de los cartaginenses. Cuanto más tiempo permanecía Eneas demorándose en Cartago, más amoroso se sentía hacia la reina Dido, y ella también se dio cuenta de que él le había robado el corazón. La profecía se retiró de la mente de Eneas, y tal y como hiciera Dido el primer día en que se encontraron, Eneas empezó a pensar en cómo él y su gente podrían asentar su hogar aquí, en esta próspera y hermosa ciudad bañada por el mar Mediterráneo, y en cómo podía tomar a Dido como su esposa.

Desde su lugar en las alturas, Juno vio que la fuerza y belleza de Dido habían cautivado el corazón de Eneas, y se regocijó, pues esto significaba sin duda que nunca se construiría una ciudad rival de su favorita, Cartago. Venus, mientras tanto, estaba contenta de que su hijo hubiera encontrado un refugio donde poder vivir seguro por el resto de sus días. Sin embargo, el poderoso Júpiter observaba los amoríos de Eneas, y se enfurecía. Convocó al alado Mercurio y le dijo:

—Llévale este mensaje al príncipe de Troya: "¿Te has olvidado de la voluntad de los dioses? ¿Te has olvidado del patrimonio que le debes a tu hijo Ascanio, y a los herederos que le sucedan, de gobernar la ciudad más grande de todas? Ve, pues, y pon de nuevo tu barco rumbo a Italia, al lugar que llaman el Lacio. ¡Ve, pues es decreto del propio Júpiter, el rey de todos los dioses!".

Mercurio cumplió la voluntad de Júpiter. Bajó hacia Cartago, donde encontró a Eneas sumergido en su trabajo, ayudando a Dido con la construcción de nuevas fortificaciones. Mercurio entregó el mensaje de Júpiter, y Eneas encontró de repente que no tenía más deseos de pasar sus días en Cartago: supo que su destino se encontraba en otra parte, y que debía obedecer a los dioses. Pero Eneas también sabía que Dido le amaba, y que si partía de su lado le rompería el corazón. Por ello, reunió a todos los troyanos que quedaban en secreto, y les dijo que se prepararan para partir con discreción, mientras que, por su parte, buscó la manera de decirle a la reina que se debía marchar. Dido percibió el cambio de Eneas, y descubrió su propósito de abandonar Cartago para siempre. Lo llamó ante ella, pero ni sus demandas ni sus súplicas pudieron convencerle de que se quedara; y cuando él se mantuvo firme ante ella, la reina pronunció una maldición: siempre habría una enemistad entre Cartago y la nueva ciudad que Eneas fundaría en Italia.

Así pues, fue aquella misma mañana que la reina Dido lloró desde la cima de los acantilados que se abrían al océano, viendo como las velas troyanas se henchían con el viento mientras Eneas y su pueblo se hacían de nuevo a la mar, rumbo al lugar que el oráculo le había dicho que buscaran. Dido no pudo soportar el dolor de su pérdida, por lo que ordenó que se preparara una pira funeraria. Desenvainó una espada y, subiendo a la cúspide de la pira, hundió la espada en su propio pecho, y murió.

La quema de los barcos troyanos

Durante un tiempo, los troyanos avanzaron con buen viento, pero la brisa pronto cambió, y no pudieron proseguir su travesía. El vigía Palinuro dio la orden de que se arriaran las velas, y de que los troyanos tomaran los remos. Mientras iban remando a buen ritmo, vieron la isla de Sicilia alzándose ante ellos en el horizonte.

—Tomaremos tierra allí, —dijo Eneas. —Sabemos que en Drepana seremos bien recibidos, y allí podremos presentar nuestros respetos ante la tumba de Anquises.

Los troyanos hicieron tal y como dijo Eneas, y en el puerto, fueron recibidos por el rey Acestes, un amigo de Eneas. Acestes les dio una cálida bienvenida, y una vez los troyanos hubieron descansado y recuperado fuerzas, fueron a la tumba de Anquises, donde Eneas hizo una ofrenda, vertiendo libaciones de leche y sangre sobre el altar que allí se encontraba. Mientras Eneas rezaba, una serpiente surgió de la tierra y se enroscó encima del altar, donde se tumbó a lamer las ofrendas. Eneas tomó este hecho como la señal propicia de que su padre había escuchado sus oraciones, así que ordenó que se celebrara un gran sacrificio. Una vez que los terneros y los carneros hubieron sido sacrificados según el ritual, cocinaron la carne y la compartieron en un gran banquete, siguiendo la costumbre. Nueve días permanecieron Eneas y los troyanos en Drepana, y al noveno día, celebraron juegos funerales en honor a Anquises.

Mientras los hombres miraban y competían en los juegos, las mujeres permanecieron junto a la tumba de Anquises, llorando por él. Furiosa porque los troyanos volvían a dirigirse hacia Italia, Juno mandó a Iris, su mensajera, para sembrar el caos entre las mujeres, y de esta forma, evitar que los troyanos abandonaran Sicilia. Tomando la forma de una anciana llamada Beroe, Iris inflamó los corazones de las mujeres, poniéndolas en contra de continuar el viaje.

—Estaremos mejor si nos quedamos aquí, donde nos encontramos ahora, —dijo. —Prendamos, pues, fuego a los barcos, para que así no sigamos vagando más, sino que creemos un hogar para nosotras y nuestros hijos.

Entonces, tomó una rama en llamas de uno de los altares y la lanzó a uno de los barcos que se hallaban en las cercanías. Las otras mujeres dudaron en un principio, pero después la imitaron, con sus mentes alteradas por el poder de Juno. Sin embargo, una mujer no se dejó embaucar:

— ¡Esa no es Beroe! —gritó. —Es una diosa que está haciendo caer la locura sobre nosotras. Beroe no está aquí, pues ella cayó enferma y no pudo acudir a la ceremonia de duelo con nosotras. No hace más de una hora que la dejé en cama.

Pero ya era demasiado tarde: muchos de los barcos ya eran pasto de las llamas, e Iris, que había hecho bien su trabajo, desapareció de entre las mujeres. El humo de la quema ascendió al cielo, y la multitud que estaba en los juegos pronto lo vio. Ascanio saltó sobre un caballo y galopó hacia el puerto, donde vio las llamas lamiendo las quillas y las velas y los mástiles. Gritó horrorizado y reprendió a las mujeres. Eneas se unió enseguida, y elevó una ferviente oración a Júpiter, pues no había otra manera de salvar las naves en llamas. Júpiter oyó sus ruegos y envió una lluvia torrencial que apagó los incendios. Cuando cesó de llover, los troyanos vieron que, si bien muchos de los barcos habían resultado dañados, solamente cuatro estaban tan quemados que no se podían usar.

En ese momento, Eneas se sintió completamente desanimado. ¿Qué debía hacer? Ya no podía transportar a todos los troyanos en los barcos restantes, y Acestes le había invitado a él y a los suyos a asentarse allí, en Sicilia. Aquella noche, Eneas soñó con que su padre Anquises venía a él. Anquises le dijo:

— ¡Hijo mío, escucha las palabras de tu padre! Los decretos de los dioses no deben ser ignorados. ¡Sigue viajando hacia Italia! Lleva contigo un grupo de hombres escogidos, guerreros valerosos todos ellos, pues precisarás de su valor en las pruebas que vendrán; y lleva contigo a todas las mujeres que así lo deseen. Pero primero, deberás ir a Cuma y buscar a la Sibila que allí habita. Pídele su sabio consejo, y pídele paso seguro a través de la Laguna del Averno hacia la Tierra de los Muertos, para que podamos hablar cara a cara. Pues mi tiempo aquí es muy corto, y mucho es lo que tengo que contarte.

Eneas se despertó, y reflexionó sobre lo que Anquises le había dicho en su sueño. Pronto le quedó claro qué es lo que debía hacer. En primer lugar, le rogó a Acestes que le cediera tierras para construir en ellas una nueva ciudad donde las mujeres y los hombres que también se habían cansado de vagar se pudieran asentar. El magnánimo Acestes concedió de grado al príncipe troyano su petición, y los colonos le juraron lealtad a su nuevo rey. Después, Eneas volvió al puerto, donde los compañeros que permanecían a su lado y las mujeres que deseaban continuar viajando repararon los barcos quemados y se aprovisionaron para partir. Cuando todo esto estuvo hecho, se despidieron de sus paisanos y expresaron su gratitud a Acestes por su hospitalidad. Acto seguido, pusieron rumbo una vez más a Italia y a la tierra del Lacio que los dioses les habían ordenado buscar.

Eneas y sus compañeros continuaron navegando, hasta que una noche, la celosa Juno observó que llevaban un rumbo seguro y recto. Así pues, envió a Somnus, el dios del sueño, para hechizar a Palinuro, que permanecía siempre vigilante a la caña del timón del barco de Eneas. Palinuro se resistió todo lo que pudo, pero al final, no fue rival para el dios: su mano aflojó el timón de puro sueño. Sin la guía determinada de Palinuro, el timón dio un fuerte bandazo, dejando la caña sin nadie al mando y lanzando al vigía sobre cubierta. Eneas se despertó cuando el barco se estaba ladeando, y se encontró con que su fiel amigo se había perdido en las profundidades del mar. Invadido por el duelo, Eneas asumió el puesto de vigía personalmente.

La Sibila cumana y el descenso al Hades

Poco tiempo después, los troyanos se hallaban frente a la costa occidental de Italia, cerca de la ciudad de Cuma. Atracaron en su puerto, pues no solo estaban necesitados de descanso y comida, sino que Eneas precisaba de la sabiduría de la Sibila, tal y como Anquises le había contado. Mientras sus compañeros disponían los barcos y se encargaban de las demás necesidades de su campo base, Eneas se dirigió a la cueva de la Sibila y le preguntó qué es lo que debía hacer. Le dijo que en primer lugar debía ir al Templo de Apolo y hacerle allí un sacrificio al dios. La Sibila y él fueron juntos al templo, donde Eneas llevó a cabo todo lo que era preciso y necesario. Entonces, la

Sibila condujo a Eneas de vuelta a la cueva, donde ella entró en trance, poseída por el dios Apolo.

— ¡Valeroso Eneas! —dijo la Sibila, con una voz que sonaba como si procediera de las mismas profundidades de su cueva de mil pasadizos, pues era el dios quien hablaba entonces a través de ella. — Has superado múltiples y amargas pruebas, pero la más amarga es la que está por llegarte. El hogar que buscas te espera, ¡pero también te espera la guerra en él, y las aguas del Tíber teñidas de carmesí por la sangre! Tendrás que batallar, pues en el Lacio también mora el hijo de una diosa, un guerrero diestro y fuerte como lo fue el mismísimo Aquiles. Tendrás que batallar, pues Juno no se ha olvidado de su odio hacia Troya. Tendrás que batallar, pues tendrás que casarte de nuevo con una mujer que no es de tu pueblo, y esta mujer traerá la desgracia sobre ti. ¡Pero mantén tu valentía, pues te acabarás imponiendo! Y cuando llegue el momento, acude a la ciudad griega en busca de ayuda.

Así terminó la profecía, y una vez que el dios se hubo retirado y la Sibila había vuelto en sí, Eneas le pidió que le preguntara cómo podía viajar a través de la Tierra de los Muertos, pues tenía entendido que había una entrada a ella cerca de allí. La Sibila le dijo que buscara cierto árbol a orillas del cercano Lago del Averno, uno en cuya copa crecía una rama dorada. Si los dioses concedían a una persona viva la dispensa para entrar al Hades, la Tierra de los Muertos, Eneas podría arrancar la rama fácilmente, y esta sería su salvoconducto para atravesar el Hades, donde debía ofrecérsela a Proserpina, esposa de Plutón, el dios de los muertos.

Eneas se encaminó a las orillas del lago y, guiado por dos palomas enviadas por su divina madre, encontró con facilidad el árbol con su rama dorada. Sujetó la rama en su mano, la cual se separó del árbol con facilidad. Apenas había acabado de hacerlo cuando una nueva rama brotó en su lugar. Eneas llevó la rama donde la Sibila, quien le guió a la cueva donde se hallaba la entrada. Llegaron a las orillas del río Estigio, que separa las tierras de los vivos de las de los muertos.

Allí se encontraron con Caronte, el barquero que transporta las almas a través de aquel río. Eneas se acercó para subirse a la barca de Caronte, pero el barquero se opuso:

— Quédate, —le dijo Caronte, —pues eres un hombre vivo y no puedes pasar.

— Porta la rama dorada —dijo la Sibila. —Los dioses le han otorgado permiso para entrar. No puedes negarle el paso.

Caronte cedió, y dejó a Eneas subir a su barca, con la Sibila como su guía. Fue una travesía oscura y solitaria, pero no se comparaba con lo que le esperaba a Eneas al otro lado. Muchos horrores fueron los que vio: Cerbero, el perro de tres cabezas que guarda las puertas del Hades, almas atormentadas en el Tártaro, monstruos y demonios que luchaban y eran aplastados por los héroes de antaño. Pero Eneas y su guía arribaron a los Campos del Luto, donde habitan las almas de aquellos que murieron por amor. Eneas se encontró allí con Dido, y lloró al enterarse de que se había dado muerte a sí misma por su amor, y lloró de nuevo cuando la sombra de ella no le oyó decir cómo se marchó en cumplimiento con la voluntad de los dioses, y no siguiendo a su corazón.

Más tarde, llegaron al lugar donde habitaban las sombras de los guerreros y los héroes muertos en batalla. Eneas se encontró allí con muchos de sus viejos amigos, y se regocijó de verles. Hubo uno por el que Eneas se apenó grandemente, y ese era Deífobo, al cual Helena le había sido otorgada por esposa a la muerte de su hermano Paris, y que había sido asesinado por Menelao cuando Helena abrió su cámara a los griegos durante el saqueo de Troya.

Finalmente, llegaron al palacio de Plutón, donde Eneas se presentó en el salón del trono y depositó la rama dorada a los pies de la reina de Plutón, Proserpina, haciéndole una reverencia a ella y al dios de los muertos. Una vez hecho esto, se les otorgó permiso a Eneas y a la Sibila para entrar en los Campos Elíseos, donde las almas bendecidas viven en paz y dicha. Tras un tiempo de búsqueda, encontraron la sombra del amado padre de Eneas, Anquises. Se alegraron de volverse a ver, y Anquises le enseñó a Eneas todas las maravillas que estaban por venir, las hazañas de los reyes y generales que descenderían de Eneas y los fundadores de un gran imperio. Entre estos se hallaba Rómulo, el cual fundaría la excelsa ciudad de Roma, y los emperadores Julio César y César Augusto, ambos del linaje de Eneas, quienes traerían una nueva edad de oro al mundo. Acto seguido, Anquises condujo a Eneas y a la Sibila hacia las puertas que debían usar para salir de la Tierra de los Muertos, y de camino, le contó a su hijo acerca de las guerras en las que iba a combatir y en lo que debía hacer para salir victorioso.

Tras dedicarle una afectuosa despedida a la sombra de su padre, Eneas cruzó la puerta acompañado de la Sibila, para encontrarse una vez más a la entrada de su cueva. Eneas agradeció profundamente a la Sibila por su ayuda, y volvió con sus compañeros, quienes le esperaban en la orilla del mar. Reconfortado por todo lo que había escuchado relatar a Anquises, Eneas animó a sus amigos con palabras audaces, y zarparon una vez más, navegando siempre hacia el norte en paralelo a la costa italiana. Neptuno en persona les envió vientos favorables, y pronto divisaron la desembocadura del río Tíber, rodeada de bosques. Eneas ordenó que arriaran las velas y tomaran los remos. Encontraron un lugar propicio para atracar bajo los árboles y desembarcaron en la playa. Tras ello, sacaron los pocos víveres que aún les quedaban y se prepararon una comida.

Viendo que tras la comida no iba a quedarles más suministros en sus alacenas, Ascanio se rió y le dijo a Eneas:

— Por lo visto, vamos a comenzar nuestra conquista con una hambruna, ¿no, Padre?

Fue entonces que Eneas se dio cuenta de que el final de su búsqueda estaba próximo, pues las arpías le habían profetizado este mismo hecho en los días en que los troyanos apenas habían marchado de su patria. Por lo tanto, ordenó que se derramaran libaciones a los dioses de Troya y a su propio padre Anquises, y en especial a Júpiter, por cuyo decreto habían arribado a estas costas. En respuesta a las libaciones, se oyó un bramido de truenos sin que hubiera aquel día ni una sola nube, lo que Eneas y sus compañeros tomaron como la aprobación del poderoso Júpiter. Así pues, comieron y bebieron con gran júbilo, y pasaron el resto del día divirtiéndose.

La llegada al Lacio y la guerra contra Turno

A la mañana siguiente, Eneas mandó exploradores para averiguar en qué tierra se encontraban. Estos regresaron pronto, alegres de que ese río fuera, efectivamente, el Tíber, que las tierras eran las del Lacio y que su rey vivía en una ciudad llamada Laurento, llamada así por el laurel sagrado que se había plantado en el recinto de palacio. Eneas, pues, envió una embajada de cien hombres escogidos al palacio del rey, todos ellos ricamente vestidos y portando palmas y regalos en señal de paz, y mientras estaban fuera, ordenó que se construyeran fortificaciones alrededor del campamento troyano para estar bien seguros.

La embajada de troyanos llegó pronto a palacio, y se les escoltó a su interior. Allí, presentaron sus regalos al rey, cuyo nombre era Latino. Le ofrecieron un cuenco para libaciones que había pertenecido a Anquises, y la corona, capa y cetro de Príamo, rey de Troya. Los embajadores le contaron a Latino la historia del saqueo de Troya y de sus andanzas por el mundo, y cómo habían acabado en aquellas tierras por orden del propio Júpiter, y que su líder era de ascendencia divina. Juraron que los troyanos venían en son de paz, sin desear otra cosa que tierras en las que establecer su hogar, y que nunca se alzarían en armas contra Latino sin haber sido provocados para ello.

Latino escuchó con suma atención todo lo que contaron, pues era un hombre sabio y un gobernante justo. Les dijo a los embajadores de Eneas:

—Sed bienvenidos a nuestras costas; os concederé lo que me pedís. Mi casa también es de origen divino, puesto que nuestra descendencia parte del mismísimo Saturno. Os doy la bienvenida no solo por el deber de la hospitalidad para con los forasteros y quienes huyen de la guerra, sino también porque estimo que vuestra llegada es la respuesta a una profecía. Soy un hombre anciano, como podéis ver, y aunque tengo una hija, no tengo un heredero varón que pueda ascender al trono cuando yo muera. Pero un vidente nos indicó que mi Lavinia se debía casar con un príncipe de tierras lejanas, y no con un hombre de nuestro propio pueblo. Al parecer, la profecía se ha cumplido con la llegada de vuestro líder. Por ello, os doy la bienvenida, y os envío de vuelta la invitación a que vuestro jefe venga a mi palacio sin tardanza, para que pueda recibirle como un rey recibe a un visitante ilustre.

Latino, pues, dispuso que a cada embajador se le diera un caballo de los establos reales, con sillas y bridas y todo lo que fuera necesario, y todo de la mejor calidad. Al mismo tiempo, los envió de vuelta con un fino carruaje para traer a Eneas a palacio de un modo digno de un príncipe.

Desde el elevado Olimpo, Juno veía todo lo que estaba aconteciendo, y su furia para con los troyanos se acrecentó aún más. Supo que no podría evitar que los troyanos se asentaran en el Lacio, y que tampoco podría poner obstáculos al matrimonio de Eneas con Lavinia, tal y como ordenaba la profecía. No obstante, se juró a sí misma que causaría todos los desastres que pudiera, y que haría sufrir a Eneas y a sus compañeros en todo lo que estuviera en su mano; así pues, se encaminó a la terrorífica morada de las Furias, donde preguntó por Alecto, la portadora de conflictos.

—Baja a Laurento —le dijo Juno— y pon tus talentos a trabajar. Encuentra un motivo para iniciar una guerra sangrienta entre la gente del Lacio y los que quedan de Troya.

Acto seguido, Alecto se dirigió a Laurento, donde buscó a Amata, la esposa de Latino y la reina de aquellas tierras. Amata estaba disgustada con la llegada de Eneas, ya que tenía la intención de casar a su hija con Turno, el cual era el príncipe de los rútulos en unas tierras vecinas al Lacio, y pariente de Latino. Bajo el encantamiento de Alecto, su disgusto se enardeció y se convirtió en una envidia y odio muy intensos, por los que Amata se acercó a su real marido y le exigió que expulsara a Eneas y sus compañeros y en su lugar, le diera a su hija a Turno en matrimonio. Sin embargo, Latino rechazó cambiar de parecer, pues estaba convencido de que Eneas había venido a cumplir la profecía.

Tras haber encontrado oposición en el rey, Amata salió corriendo por las calles, provocada por el aguijón del veneno de Alecto. Gritaba a los cuatro vientos cómo Latino tenía intención de casar a Lavinia con el extranjero recién llegado, e incitó a las otras mujeres de la ciudad a unirse a ella y oponerse a este proyecto. Tomó a la propia Lavinia y la escondió en un lugar secreto del bosque que se hallaba en una montaña cercana. Muy pronto, en Laurento se organizó un alboroto.

Acto seguido, Alecto se marchó a Ardea, en la tierra de los rútulos, donde adoptó la forma de una suma sacerdotisa de Juno, cuyo templo se alzaba junto al palacio real. Allí, mandó llamar a Turno, y bajo la forma de la sacerdotisa, le contó sobre el plan de Latino de casar a Lavinia con Eneas.

— ¿Vas a quedarte sentado de brazos cruzados y a dejar que ese carcamal idiota te arrebate el trono que debe ser tuyo? —dijo Alecto.
— ¿O vas a empuñar las armas, como corresponde a un príncipe y un héroe, y luchar por tus derechos?

Pero Turno no se dejó engatusar, pues pensaba que la anciana era realmente la sacerdotisa.

— Márchate. — le dijo — No temo nada de los troyanos, de cuya llegada he sido informado en los pasados días. Vuélvete al templo, que es el lugar donde debes estar, y atiende tus obligaciones. Déjame a mí y a los hombres de esta tierra los asuntos del estado y de la guerra.

Las palabras de Turno enfurecieron a la terrible diosa. Se deshizo de su disfraz de sacerdotisa y adoptó su terrorífica forma.

— ¡Estúpido mortal! ¡No soy una simple mujer, sino una diosa de la guerra y de la muerte! ¡Vas a cumplir mi voluntad, lo quieras o no!

Entonces, Alecto perforó el pecho de Turno con su veneno y se desvaneció, volviendo al Lacio para ver qué más desgracias podía causar. Turno, por su parte, se llenó de ira contra los troyanos. Envió mensajes a Latino diciéndole que si los troyanos no eran expulsados de las costas de Italia, tanto el Lacio como Troya se enfrentarían a los hijos de los rútulos en la batalla. Hecho esto, reunió a su ejército y dijo a su pueblo que se preparara para la guerra.

Entretanto, el asentamiento troyano a orillas del Tíber crecía en paz, y los troyanos enviaban de vez en cuando cazadores para que consiguieran carne para el campamento, pues aún no habían juntado sus propios rebaños de vacas y ovejas. El joven Ascanio se adelantó para seguir el rastro a un hermoso ciervo. Disparó una flecha y lo hirió en un costado, sin saber que este animal era la mascota de la hija de un granjero que lo había criado desde que era un cervatillo. El ciervo huyó de vuelta a su casa, donde la joven lloró al ver a su amigo tan gravemente herido. Cuando su padre y sus hermanos le preguntaron qué la atormentaba, les contó lo sucedido. Justo mientras se lo estaba contando, Ascanio llegó allí, siguiendo la pista del ciervo herido.

Espoleados por Alecto, el granjero y sus hijos se abalanzaron sobre Ascanio con la idea de castigarlo por esta afrenta a su familia. Ascanio huyó hacia los barcos, con los hombres de la familia de la chica pisándole los talones. Los troyanos vieron el aprieto en el que estaba Ascanio desde lejos, y se armaron para proteger al hijo de Eneas de los pobladores enfurecidos y para alejarlos de su campamento. Los troyanos estaban bien armados y entrenados, por lo que echaron fuera a los granjeros sin esfuerzo. Por desgracia, muchos quedaron heridos y algunos encontraron la muerte, incluyendo un respetado anciano que había intentado parar la pelea.

Alecto volvió a las alturas a contarle a Juno lo que había hecho.

—Si lo deseas, —dijo la Furia —puedo meter cizaña más allá de estas tierras, y enzarzar a toda Italia en una guerra contra tus enemigos.

Pero Juno rechazó su ofrecimiento, y le contestó a la Furia que su trabajo había sido suficiente y le complacía, y que podía volver a su morada.

Mientras, los aldeanos habían levantado los cadáveres de sus compañeros muertos y se habían refugiado en las murallas de Laurento, donde despotricaron contra la violencia de los recién llegados y se lamentaron por la matanza. En aquel mismo momento, Turno llegó, haciendo pública la intención de Latino de entregar el trono del Lacio a un extranjero, y prediciendo que toda Italia se vería pronto esclavizada por los invasores venidos de fuera. Pero Latino no escuchó ni los gritos de los aldeanos, ni las quejas de la reina y de las mujeres, ni el bramido de Turno.

—Me propongo llevar a cabo la voluntad de los dioses, —dijo Latino a Turno y al pueblo. —No voy a unirme a vosotros en este desacertado ataque a unos extranjeros que han arribado a nuestras tierras en busca de ayuda, y cuya llegada fue profetizada. Haced la guerra si lo deseáis, pero será sin mi bendición y sin mi ayuda. Predigo que esto no terminará bien para vosotros, puesto que os habéis puesto en contra de los mismísimos dioses.

Acto seguido, Latino se encerró en su palacio y se rehusó a salir de él.

En el Lacio era costumbre que las puertas del Templo de Jano se mantuvieran cerradas con cien cerrojos en tiempos de paz, pero que se abrieran en tiempos de guerra, para que el espíritu de Marte, el dios de la guerra que también residía allí, pudiera ser liberado para luchar en el bando del pueblo. Pero solamente el rey tenía derecho a correr los cerrojos, y Latino desdeñaba llevar a término esa función. En vista de ello, Juno descendió de las alturas. Descorrió los cerrojos de las grandes puertas con sus propias manos y las abrió de par en par. Pronto el espíritu de la guerra se extendió de punta a punta del territorio del Lacio. Los herreros trabajaban incesantemente en sus forjas, y los armeros en sus talleres, fabricando armas. Los aliados de Turno y de los latinos o, de hecho, cualquiera que tuviera el más mínimo resentimiento en contra de los troyanos, capitaneaba sus tropas y las conducía a Laurento.

Cuando Eneas y sus compañeros vieron las fuerzas que se estaban reuniendo en el interior de las murallas de Laurento, no supieron qué hacer; pues pese a que eran todos guerreros de gran coraje, diestros en las armas y templados en los peligros de la guerra y las largas travesías, no estaban en suficiente número como para enfrentarse a Turno y a sus aliados en batalla. Pero no cedieron al desaliento, ya que Eneas recibió ayuda en la forma de un sueño. En este sueño, el espíritu del dios del río Tiberino se le apareció, dedicándole palabras de ánimo al héroe y haciéndole saber que su causa era justa, y su victoria, la voluntad de los dioses. Tiberino le dijo a Eneas que buscara a un hombre llamado Evandro, un griego que había levantado una colonia con algunos de sus paisanos en un lugar río arriba. Evandro y los latinos estaban siempre de disputas los unos contra los otros, por lo que seguramente se uniría a la causa de Eneas.

—Haz estas cosas, —dijo Tiberino, —y a cambio te pido que, cuando la victoria sea tuya, vayas a mi santuario y me ofrezcas el debido sacrificio.

Acto seguido, el dios se desvaneció y Eneas se despertó. Lo primero que hizo Eneas cuando se alzó del lecho fue tomar agua del río en sus manos, haciéndole una solemne promesa a Tiberino de que no solamente le haría las ofrendas necesarias, sino de que también ordenaría que el dios del río recibiera el debido homenaje a perpetuidad. Una vez hecho esto, Eneas eligió dos de sus barcos más rápidos y dos grupos de hombres escogidos, y mientras estaba preparando todo para el viaje, le sacrificó una cerda y su camada a Juno. Tras esto, Eneas y sus hombres remaron río arriba a toda velocidad hasta Palanteo, la ciudad de Evandro. Según iban navegando, Eneas se llenaba de dicha al ver que Tiberino alisaba el agua hasta dejarla como un cristal para que los remeros pudieran ir a la máxima velocidad.

La embajada a Palanteo y a Etruria

Mientras, en Palanteo, Evandro y su hijo Palas, y la gente de la ciudad se encontraban cerca de la orilla del río, ofreciéndole sacrificios a Hércules como agradecimiento por haberles rescatado de un gigante malvado. Los palanteos se alarmaron al ver dos barcos de guerra avanzando por el río hacia la ciudad con rapidez. Evandro y su hijo llegaron tan prestos como pudieron a la orilla del río y se tranquilizaron al comprobar que el que guiaba de ambos barcos sostenía en su mano una rama de olivo en señal de paz.

— ¿Quiénes sois y por qué habéis venido aquí? —dijo Palas a los troyanos una vez que los barcos atracaron en la orilla.

Eneas dio un paso al frente.

— Soy Eneas, hijo de Anquises. Vengo en busca de Evandro, el rey de esta tierra, pues necesitamos su ayuda urgentemente. La solicitamos a pesar de que sois griegos y nosotros, troyanos, pues nuestros dos pueblos pueden afirmar que el poderoso Atlas es antepasado nuestro. Por ello, recurro a vosotros como parientes con la esperanza de que acudáis a nosotros en esta hora aciaga. Los latinos nos están declarando la guerra sin causa justificada. Turno, el príncipe de los rútulos, los lidera, y ha reunido una hueste con sus aliados. Entendemos que también tenéis motivos para oponeros a los latinos, y acudimos a vosotros para que os alcéis en armas con nosotros contra este enemigo común.

Evandro escuchó con atención todo lo que Eneas le dijo, y le contestó:

— Yo soy el Evandro que tú buscas. Conocí a Anquises en mi juventud y lo consideraba amigo. Tendrás todo lo que necesites:

hombres, caballos y armas; y los tendrás todos preparados mañana por la mañana. Pero primero, celebremos un banquete juntos, pues para nosotros hoy es un día de fiesta en honor a Hércules, y estos ritos no deben dejarse de lado.

Eneas y sus compañeros lo aceptaron de grado, y se unieron a la libación y el sacrificio de los palanteos. De regreso a la ciudad, Evandro le contó a Eneas la historia de Italia, y le indicó los lugares más agradables y adecuados para fundar una ciudad, los cuales, a su debido tiempo, se convertirían en el lugar donde nada menos que la poderosa Roma se alzaría entre colinas.

Tras pasar un agradable día y una noche de descanso en la ciudad de Evandro, Eneas y sus generales tomaron consejo de Evandro y Palas.

—Mi pueblo y yo no tenemos la fuerza suficiente para derrotar a Turno y a sus aliados— dijo Evandro—, aunque todo lo que poseemos está a tus órdenes. Sin embargo, si me aceptas un consejo, te sugiero que busques a Tarconte, el jefe de los etruscos. Su gente y él expulsaron a su gobernante Mezencio, un hombre cruel que maltrataba a su pueblo y que huyó adonde Turno buscando protección. Los etruscos desean entrar en guerra contra Turno y los latinos para que les entreguen a Mezencio y puedan llevarlo ante la justicia, pero la profecía afirma que no tendrán éxito si los dirige un jefe italiano. Yo no puedo ofrecerles mi ayuda, puesto que, aunque nací en Arcadia, han pasado ya muchos inviernos para mí, y mi hijo Palas, aunque fuerte y bien entrenado en las artes bélicas, nació aquí en Italia de madre italiana. Así pues, busca a Tarconte y establece una alianza con él. Los etruscos son guerreros de gran fiereza, y te ofrecerán su ejército de grado si tú les ofreces el tuyo.

Mientras Eneas reflexionaba sobre las acciones que debía tomar, un rugir de truenos sacudió el cielo. Todos dirigieron la mirada a las nubes, desde donde se oyó un nuevo estruendo, y una figura brillante revestida con una armadura se apareció en el cielo. Los compañeros de Eneas le tranquilizaron diciéndole que se trataba de la señal que su divina madre le había prometido mostrarle en la víspera de la batalla en la que lograría sus conquistas. Así, calmados de este modo, los palanteos se apresuraron con los preparativos y con la reunión de las tropas que Evandro había prometido: cuatrocientos jinetes escogidos, todos ellos soldados fuertes y temibles, revestidos de armaduras brillantes y blandiendo largas y agudas lanzas, todos a las órdenes de Palas.

Evandro también le dio caballos a Eneas y al pequeño grupo de sus compañeros que formarían la embajada ante los etruscos, mientras que los troyanos restantes se embarcarían y retornarían al campamento cercano a Laurento para contarle a Ascanio y a los demás lo que había acontecido en Palanteo y lo que estaba por venir si todo le iba bien a Eneas en Etruria. Tras ofrecerle los sacrificios necesarios a los dioses, Eneas y Palas y sus compañeros se despidieron de Evandro y partieron en busca de Tarconte.

Mientras Eneas estaba en Palanteo, su madre divina no había estado de brazos cruzados. Se dirigió donde su marido, el cojo Vulcano, y le rogó que fabricara armas para su hijo para que pudiera salir vencedor de la próxima batalla. Vulcano accedió, y se puso a trabajar con sus cíclopes para hacerle un casco, una coraza y grebas, así como una espada, una lanza y un majestuoso escudo, dignos del hijo de una diosa. Todo ello quedó listo justo cuando Eneas se encaminaba hacia Etruria, y cuando su ejército y él se detuvieron para darles agua a sus caballos, Eneas vio un destello entre unos árboles que se hallaban cerca del lugar. Se acercó para averiguar de qué se trataba, y se encontró con la hermosa Venus esperándole con la armadura. Le dio las gracias a su madre por los regalos; no tanto por la utilidad de estos como porque el escudo había sido especialmente decorado con numerosas escenas que revelaban el futuro de Roma y de su poderoso imperio, de manera que Eneas se enteró de lo que iba a suceder con sus conquistas.

El primer ataque a los troyanos

Por su parte, Turno estaba esperando el Laurento a que llegara el mejor momento para atacar, y Juno estaba haciendo lo mismo en las alturas. Viendo que Eneas y algunos de sus hombres habían partido, Juno envió a Iris adonde Turno para animarle a que atacara a los troyanos mientras su jefe estaba ausente. Así lo hizo Turno, reuniendo su ejército para atacar las fortificaciones que los troyanos habían levantado alrededor de su campamento. Con muy buen criterio, y obedeciendo las órdenes de Eneas, los troyanos no abandonaron el campamento, sino que lo defendieron desde su interior. Turno y sus compañeros no pudieron avanzar a través de las fuertes defensas troyanas, por lo que pensaron en eliminar su vía de escape por el agua prendiéndole fuego a sus barcos. Sin embargo, los barcos estaban hechos con madera de árboles consagrados a Cibeles, madre de los dioses, la cual apoyaba a Eneas por decreto de Júpiter y de la hermosa Venus. Cuando los rútulos lanzaron flechas en llamas a los barcos troyanos, estos se desamarraron solos y se sumergieron bajo la superficie del río para resurgir transformados en ninfas. Entonces, los rútulos supieron que había un poder divino en acción, por lo que se retiraron. Sin embargo, a la orden de Turno, los latinos y sus aliados acamparon en el exterior de las fortificaciones troyanas, a la espera de su oportunidad para atacar y pasar a cuchillo a lo que quedaba de Troya.

Durante la noche, a dos valientes troyanos, Niso y Euríalo, se les ocurrió atravesar sigilosamente el campamento de Turno para llevarle a Eneas la noticia del sitio. Los latinos, seguros de su victoria, se habían pasado la noche jugando y bebiendo, y en aquel momento se hallaban sumidos en un profundo sueño. Mientras avanzaban por el campamento, los dos troyanos asesinaron a muchos, soldados y oficiales por igual, y se llevaron consigo algo de botín. Sin embargo, los rútulos pronto los descubrieron y les dieron muerte, y sus cuerpos fueron llevados a las murallas y exhibidos como trofeos ante los dolientes troyanos.

Tan pronto como salió el sol, Turno ordenó atacar. La batalla fue dura y sangrienta, y pronto los latinos irrumpieron entre las defensas de los troyanos. Muchos guerreros excelentes cayeron en ambos bandos. Turno se encontró solo, dentro de las murallas enemigas, pero no se amilanó: se abrió paso plantando batalla y, en un último intento para escapar, se lanzó al río, completamente armado como estaba, y nadó hasta la otra orilla, donde le recibieron sus amigos. Los troyanos continuaron luchando, agrupándose para expulsar a los latinos de sus murallas y reconstruirlas para que fueran seguras.

A medida que la batalla iba arrasando el interior y los alrededores del campamento troyano, el poderoso Júpiter observaba desde las alturas con desagrado.

—Fue mi voluntad— dijo —que los troyanos se asentaran en Italia sin necesidad de recurrir a la fuerza de las armas. ¿Quién ha sido quien ha espoleado esta guerra? Pues no es aún el tiempo de que los descendientes de Eneas y de la ciudad de Troya se encuentren en guerra contra otros estados: eso está todavía por llegar, cuando Roma y Cartago se enfrenten entre ellos por la supremacía, tal y como he decretado. Hasta ese tiempo, os ordeno a todos que os hagáis a un lado y que no interfiráis más en el curso de los acontecimientos.

Tanto Venus como Juno protestaron. Una argumentó que Júpiter debía tomar partido por el lado de los troyanos y liberarlos del sitio, mientras que la otra defendió su postura a favor de que permitiera que la guerra continuara. Sin embargo, Júpiter se negó a escuchar a ninguna de ellas, mandándoles a ambas guardar silencio y obediencia y diciendo que, ya que la batalla se había entablado, no había nada que ningún dios o diosa pudiera hacer salvo esperar a lo que los Hados tuvieran reservado para ambas facciones.

Mientras tanto, Eneas había arribado al campamento etrusco. Llegó ante Tarconte y los demás generales y les expuso su caso. Viendo que este era el líder extranjero que les había sido profetizado, los etruscos accedieron de grado a una alianza con los troyanos. Eneas y sus compañeros, acto seguido, se apresuraron a volver al campamento troyano con sus barcos y los etruscos con los suyos, al tiempo que los cuatrocientos caballos cedidos por los palanteos y la caballería de Etruria galoparon por tierra para mitigar los efectos del asedio. Mientras los barcos se deslizaban por el río, se encontraron con las ninfas que habían emergido de las aguas cuando los barcos troyanos se sumergieron bajo el agua. Las ninfas le rogaron a Eneas que se diera prisa, pues los ejércitos de Turno estaban preparados para recibir el asalto de la caballería y el campamento troyano estaba en una gran desventaja numérica. Después, las ninfas se agruparon alrededor de los barcos troyanos y etruscos, empujándolos adelante más rápido de lo que cualquier tripulación podía remar.

Divisando el reluciente escudo de Eneas en la lejanía, los troyanos se regocijaron con la llegada de refuerzos, y, sobre todo, de la de su jefe, el cual tenía todo el aspecto de un dios con su estatura y fuerza y armamento divino. Sin embargo, Turno reunió a sus tropas para crear un bastión contra los recién llegados, esperando repelerlos antes de que estos hubieran tenido tiempo de organizarse en filas. Lo intentaron con todas sus fuerzas, pero los guerreros de Turno no pudieron vencer a Eneas, quien avanzó a grandes pasos en medio de sus filas, causando bajas en muchos de sus mejores guerreros de un solo espadazo.

La caballería de Palas llegó por otra parte del campo, pero el terreno era tan irregular que sus hombres y él se vieron obligados a combatir a pie. Los rútulos se armaron de valor al ver esto y arreciaron su asalto, por lo que los palanteos comenzaron a flaquear. A pesar de ello, el bravo Palas los agrupó, con lo que la batalla se recrudeció, aunque ninguno de los dos bandos le estaba comiendo terreno al otro. Siguieron luchando sin descanso, hasta que Turno se acercó donde estaba Palas. Este arrojó su lanza con fiereza al príncipe rútulo, pero la punta apenas rozó a su rival. Turno lanzó su propia jabalina al hijo de Evandro, atravesando escudo, armadura y carne. Allí, el poderoso guerrero de Palanteo murió en el campo de batalla.

Al enterarse de la muerte de Palas, Eneas se enfureció. Primero, tomó prisioneros para sacrificarlos en la pira funeraria de Palas; luego, se abrió paso arrasando por entre las filas de los rútulos, sin que nadie pudiera resistir su arremetida. El héroe troyano realizó tal asalto a los ejércitos de Turno que Ascanio y sus compañeros del interior de las murallas pudieron realizar una incursión, y pronto, ellos también estaban sembrando el caos entre las huestes latinas.

Júpiter observaba el curso de la batalla desde su asiento celestial, y se disgustó en grado sumo, pues, ¿cómo es que Eneas y los troyanos podían estar avanzando tanto en medio de un enemigo tan numeroso, si no era mediante asistencia divina? Ciertamente, el poder de Venus estaba en acción allí, ayudando a su muy amado hijo y a sus compañeros en la batalla. Juno también lo vio, y le rogó a Júpiter que interviniera o, si no iba a hacerlo, al menos que le permitiese rescatar a Turno. Júpiter accedió a esta última petición, así que Juno ayudó a Turno a abandonar el terreno por medio de una estratagema. Ella creó una sombra con la semblanza de Eneas para que se burlara de Turno y para conducirlo a un barco, el cual desatracó y puso a navegar río abajo sin contar con la voluntad de Turno. Al comprobar que había sido engañado, y temiendo que sus hombres pensaran que era un cobarde por marcharse en medio de la batalla, el príncipe rútulo, lleno de vergüenza, intentó caer encima de su propia espada, pero Juno lo evitaba cada vez que él lo intentaba; y pronto llegó a puerto seguro en la cuidad de su padre, el rey Dauno.

Mientras Eneas se abría paso de arriba a abajo en el campo de batalla en busca de Turno, se encontró con Mezencio, el cruel líder tan odiado por los etruscos. Se enzarzaron en combate, y Mezencio fue herido. Cuando Eneas saltó sobre él para asestarle el golpe mortal, el hijo de Mezencio, Lauso, se interpuso entre el héroe troyano y su padre herido mientras los compañeros de Mezencio se lo llevaron lejos a un rincón seguro. Lauso luchó con ardor, pero no pudo derrotar al príncipe troyano. Al final, Eneas lo mató, pero en honor al valor de Lauso y a su amor filial, ordenó que nadie expoliara el cuerpo, sino que lo devolvieran al campamento latino para que fuera enterrado de acuerdo a las costumbres del pueblo de Lauso.

Al oír que Lauso había sido asesinado, Mezencio espoleó su caballo contra Eneas a pesar de estar herido. Eneas iba a pie, así que, en vez de intentar combatir contra un hombre montado, apuntó al caballo con su jabalina y derribó a la enorme bestia, dejando a Mezencio bajo su peso. Cuando Eneas se le estaba acercando para asestarle el golpe mortal, Mezencio dijo:

—No tengo miedo de mi muerte, que está próxima, pues era mi muerte lo que buscaba cuando oí que mi Lauso había sido asesinado. Pero mantén mi cuerpo a salvo de los etruscos que desean profanarlo tras mi muerte, y no te escatimaré el botín de mi armadura.

Una breve tregua y un ataque troyano

Al poco, la contienda terminó, y se trasladó a los caídos al campamento para que se les presentaran los debidos respetos. Eneas colgó la armadura de Mezencio de un árbol como muestra de su victoria en el campo de batalla, y lloró sobre el cuerpo de Palas, de quien se había sentido responsable en ausencia del padre del joven. Después, llamaron al líder troyano a las puertas del campamento, pues los emisarios de los latinos se aproximaban portando ramas de olivo.

—Hemos venido a rogarte que nos des los cuerpos de nuestros compañeros muertos, para que puedan recibir los ritos funerarios correspondientes —dijeron.

Eneas asintió.

—Os lo concedo de grado —dijo, —pues no estoy en guerra con vosotros, sino con vuestro jefe. Vine aquí en son de paz para encontrar un hogar para mi gente, y mi intención era quedarme en son de paz. Ni mis compañeros ni yo hemos pretendido nunca haceros daño, ni a vosotros ni a vuestros compatriotas. Fue Turno quien comenzó la pelea, y si insiste en arreglar sus diferencias con nosotros por medio de las armas, ¿por qué no se ha enfrentado a mí personalmente, hombre a hombre, dejando que la fuerza y la voluntad de los dioses decidieran el resultado, en lugar de derramar tanta sangre? Pero nadie puede volver atrás en el tiempo, y lo hecho, hecho está. Tomad los cuerpos de vuestros amigos, pues, y haced por ellos lo que es justo y necesario.

Al escucharle, los latinos se quedaron en silencio, pues no se esperaban la misericordia de Eneas. Uno de ellos, un anciano llamado Drances, consejero del rey Latino que no sentía ninguna simpatía por Turno, habló:

—Príncipe de Troya, hoy he visto tu poderío en el campo de batalla, pero no esperaba verlo correspondido por tu justicia. Dices la verdad. Latino es nuestro rey, y no Turno. Dejemos que Turno haga su propia guerra y sus propios pactos. Por nuestra parte, nosotros nos unimos a ti y te ayudaremos con gusto a construir una nueva ciudad para tu gente.

Los compañeros de Drances estuvieron de acuerdo con esto, así que consiguieron una tregua de doce días con los troyanos, en la que la primera obligación con la que debían cumplir era celebrar los ritos adecuados para con sus muertos. Los troyanos y los latinos se adentraron juntos en los bosques de los alrededores del Lacio, talando árboles con los que quemar los cuerpos de los muertos. Se atizaron piras tanto en los campos troyanos como en los latinos. Los guerreros montaban sus caballos y cabalgaban alrededor de las llamas, lamentándose y llorando a sus amigos muertos. En Palanteo, Evandro guardó luto por su hijo muerto, cuyo cuerpo habían trasladado con respeto hacia allá unos emisarios troyanos, al tiempo que en Laurento, las esposas y madres de los latinos muertos cantaban himnos fúnebres y lanzaban palabras llenas de furia contra Turno, odiándole por empezar una guerra innecesaria a causa de su orgullo herido. Drances alimentó este descontento diciendo que Eneas había retado a Turno a batirse en combate individual, pero Turno, por su parte, no le había respondido. Aún contaba con poderosos amigos en el Lacio, en especial con la reina Amata, y esperaba noticias de la embajada que le había enviado a Diomedes, un jefe griego que se había asentado en Italia tras la guerra de Troya.

Así pues, transcurrieron doce días de tregua hasta que, finalmente, aquellos emisarios retornaron. El rey Latino convocó al consejo para escuchar su informe. Cualquier esperanza que los latinos pudieran haber albergado sobre la ayuda de Diomedes pronto quedó destruida: el líder griego dijo que no hallaba razón para enfrentarse a Eneas, el cual tenía por un hombre de honor; que no iba a enviar tropas, y que era su consejo que los latinos hicieran las paces con los troyanos a la mayor brevedad. El rey Latino, que estaba más convencido que nunca de que Eneas era el príncipe extranjero mencionado en la profecía, dijo que encontraba el consejo de Diomedes digno de ser aceptado. Drances, que estaba sentado en la cámara del consejo, estuvo muy de acuerdo con esta recomendación, pues tampoco él veía razones de peso para proseguir con la guerra. Sin embargo, Turno despreció las palabras de Drances, pues pese a su gran elocuencia en el consejo, no era un guerrero distinguido.

— ¡Por supuesto que recomiendas una tregua! — dijo Turno—, pues sabes que vales de poco en el campo de batalla. Aun así, hay almas más fuertes y con más agallas que la tuya, y aunque puede que el día anterior no hayamos ganado, aún queda tiempo. ¿Quién sabe qué nos puede deparar el destino en el siguiente encuentro? Sabe esto también: si Eneas desea enfrentarse a mí en combate individual, pelearé contra él de grado. A no ser, claro está, que Drances prefiera ser quien actúe como guerrero.

Mientras los latinos estuvieron discutiendo en estos términos sobre qué hacer, un mensajero irrumpió corriendo en la cámara del consejo con la noticia de que los troyanos y los etruscos habían reunido a sus ejércitos y se aproximaban a la ciudad en formación de batalla. Turno salió corriendo de la cámara para armarse y convocar a sus tropas. Al tiempo que estaba en ello, se encontró con la reina de los volscos, Camila, la cual se había sumado a la causa de Turno, y juntos acordaron un plan de batalla con la esperanza de derrotar a su enemigo. Cuando todo estuvo preparado, las puertas de la ciudad se abrieron y los latinos avanzaron en tromba. Una vez más, se desarrolló una batalla con grandes hazañas valerosas en ambos bandos. Sin embargo, Camila cayó en el transcurso de la contienda. Esta reina era la favorita de la diosa Diana, y había prometido que el cuerpo de Camila no sería expoliado si los Hados determinaban que muriera en batalla. Tomando el cuerpo de la reina, se lo llevó sobre una nube a sus tierras, donde fue enterrada con todos los honores.

La muerte de Camila alteró el curso de la batalla. Viendo que su reina se había desvanecido, los volscos se batieron en retirada, seguidos por muchas de las tropas latinas. Los troyanos y los etruscos los siguieron muy de cerca, y muchos fueron masacrados fuera de las murallas de Laurento mientras intentaban atravesar unas puertas que eran demasiado estrechas para tal número de hombres. Turno trató de agrupar a sus tropas y repeler a los troyanos, pero la oscuridad se cernía sobre ellos, y pronto ambos ejércitos se vieron obligados a retirarse del campo y a esperar al nuevo día.

El reto a un combate individual y la victoria de Eneas

En Laurento, Turno vio que los latinos ya no tenían agallas para combatir. A pesar de ello, no podía dejar de lado ni su orgullo ni su sed de victoria. Por ello, Turno se acercó donde el rey Latino y reiteró su propuesta de enfrentarse a Eneas en un combate individual y dejar que el resultado de la batalla zanjara el asunto. No obstante, Latino le aconsejó en contra de ello diciéndole:

—Seguro que hay otras mujeres que podrían ser tu prometida, jóvenes de buena familia y de noble virtud. ¿Por qué insistes en algo que con toda seguridad solo es una empresa vana que te conduce a tu propia muerte? Haz las paces con Eneas. Parece un hombre razonable, y justo, y ahora tengo aún más claro que Lavinia debe desposarse con él. De hecho, debía haber dispuesto que se celebrara su matrimonio desde el primer momento, en vez de esperar y así ver el Tíber teñido de rojo con la sangre de Laurento. Piensa también en tu padre: él te ama bien, y has actuado con justicia como líder ante él y tu pueblo. No los prives de tu fuerza, pues puede que todavía precisen de ella.

Pero no importaron las súplicas de Latino, ni tan siquiera las de la reina Amata: Turno no dio su brazo a torcer. Envió un mensajero al campamento troyano, retando a Eneas a un combate individual. Eneas, por su parte, lo aceptó de buen grado, pues así se daría fin al conflicto sin derramar más sangre. Se acordó un día para el combate, y se marcó un espacio a tal efecto fuera de la ciudad. A la hora señalada, Turno y Eneas llegaron al palacio con sus ejércitos. El rey Latino también se hallaba allí, y antes de que el combate comenzara, los troyanos y los latinos ofrecieron ricos sacrificios a los dioses, y se comprometieron ante ellos a aceptar el resultado del combate como la resolución definitiva de su disputa. A pesar de ello, antes de que Turno y Eneas pudieran empezar a pelear, Juno incitó a Juturna, la hermana de Turno, quien se había transformado en una ninfa por el favor de los dioses, a proteger a su hermano creando conflictos entre los ejércitos. Tomando la forma de un soldado latino, comenzó a rezongar sobre lo impropio que resultaba para un ejército que superaba ampliamente al troyano en número aceptar el resultado de un combate individual, en vez de tomar la victoria en una guerra como el final de su desacuerdo.

Justo cuando estaba diciendo estas palabras, un águila bajó en picado hacia el río y atrapó un cisne en sus garras. El águila fue perseguida por una manada de aves acuáticas, las cuales atacaron al águila hasta que soltó su presa y se alejó volando. Un sacerdote de los rútulos, habiendo escuchado las palabras de Juturna, interpretó este hecho como un augurio de su victoria sobre los troyanos. Instigando a los suyos a atacar, el sacerdote lanzó una jabalina al ejército troyano, matando a uno de los hombres de Eneas. No pudieron soportar tal insulto, así que los troyanos se lanzaron a luchar contra los rútulos y los latinos y se entabló una batalla.

Eneas se quedó petrificado del asombro ante este hecho, pues justo antes él y sus líderes habían jurado solemnemente decidir el resultado del enfrentamiento con una lucha individual. Mientras trataba de volver a poner orden en sus filas, una flecha salió del bando latino y le atravesó la armadura. Herido de esta manera, Eneas no podía luchar. Sus amigos se lo llevaron a los barcos, donde el médico intentó extraer la punzante flecha de la herida sin éxito. En ese momento, Venus, sin ser vista, aplicó orégano de Creta y ambrosía en el agua que el médico estaba empleando para lavar la herida. La flecha salió entonces por sí misma con facilidad, y la carne se volvió a unir sin ayuda y a quedarse como si nunca la hubieran atravesado.

El héroe troyano retomó sus armas y, reuniendo junto a él un gran número de tropas, volvió al campo de batalla, donde causó estragos entre los latinos y los rútulos. Sin embargo, no pudo acercarse a Turno lo suficiente como para enfrentarse a él por mucho que lo intentara. A medida que la batalla progresaba, Eneas vio que la ciudad en sí estaba relativamente indefensa, dado que la mayoría de latinos y rútulos estaban en el campo luchando. Reuniendo a sus generales, les contó su plan: debían reunir fuerzas y atacar la ciudad directamente mientras esta fuera vulnerable, y una vez dentro, exigir a los latinos que se rindieran o arrasar la ciudad hasta los cimientos. Los generales estuvieron de acuerdo en que este era un buen plan, e hicieron tal y como Eneas ordenó. Tomaron escaleras e invadieron la ciudad, la cual, como Eneas había visto, no tenía fuerza para repeler su ataque.

Turno se había abierto paso hasta los límites del campo de batalla. No obstante, pronto oyó gritos de que la ciudad estaba siendo asaltada, por lo que comenzó a reunir a sus hombres para volver a Laurento y conseguir toda la ayuda posible. Mientras estaba en ello le salió al paso su hermana, Juturna, todavía disfrazada de guerrero rútulo:

—No te dirijas a Laurento, hermano mío, pues seguro que otros defenderán la ciudad. En vez de eso, demos muerte a cuantos troyanos podamos y hagamos menguar su número en el campo de batalla.

Turno reconoció a su hermana:

—Sabía que eras tú la que espoleó esta nueva contienda, en vez de permitir que el combate prosiguiera. Sí, voy a morir: lo sé y no me importa. Pero no deseo que se diga que Turno fue un cobarde que se negó a ayudar cuando se le imploró que lo hiciera.

Cuando terminó de decir esto, arribó un mensajero diciéndole que los troyanos ya se encontraban en las murallas de la ciudad, que el rey Latino aún merodeaba por el palacio y que la reina Amata se había quitado la vida, desesperada por la guerra que había iniciado. Turno, pues, se despidió de su hermana, diciendo:

— ¡Adiós! Me dirijo ahora hacia mi destino, cualquiera que sea este. Me enfrentaré a Eneas tal y como prometí, pues ningún hombre podrá decir que Turno falló en cumplir su palabra.

Turno se acercó a la ciudad, y cuando llegó les gritó a los rútulos que se retiraran para que pudiera salir al paso de Eneas como habían acordado hacer aquel día. Los soldados interrumpieron la contienda y le abrieron paso, y Eneas, habiendo oído el reto de Turno, dirigió sus pasos hacia el lugar donde se encontraba su enemigo. En ese momento comenzó el combate individual que iba a decidir no solo los destinos del Lacio, sino de toda Italia.

En primer lugar, los dos guerreros lanzaron sus jabalinas, pero ninguno de los dos hirió al otro con ella. Después, desenvainaron las espadas. Se asestaron golpe tras golpe con los filos y contra los escudos, pero no había un claro vencedor hasta que Turno le propinó a Eneas un fuerte golpe que este bloqueó con su escudo. Turno no estaba usando su espada: en su apresuramiento, había tomado la espada del conductor de su carro de combate, la cual no se había fabricado para golpear aquel escudo divino. La espada se quebró, y lo único que quedó de ella fue la empuñadura y un trozo de la hoja. Turno se dio la vuelta y huyó, y Eneas salió corriendo tras él, veloz como un perro de caza tras su presa. Turno pidió una espada mientras huía, pero Eneas amenazó con matar a cualquiera que le pasara una. Así, dieron cinco vueltas por el espacio donde estaban peleando hasta que Eneas se paró junto al olivo que se encontraba junto al lugar, en el cual había clavado su lanza a primeras horas de aquel día. Mientras Eneas se afanaba en extraer su lanza, Turno rogó al dios Fauno, al cual se había consagrado el árbol, que retuviera firmemente la lanza en él. Fauno oyó la oración de Turno, y mientras Eneas se hallaba distraído, Turno pudo acercarse a su carro y tomar su propia espada, la cual le había pasado Juturna, aún disfrazada. Venus reparó en que Turno estaba armado de nuevo. Usó su poder para obligar a Fauno a permitir a Eneas recobrar su lanza, por lo que ambos guerreros se encontraron de nuevo frente a frente en espacio abierto, armados y listos para el combate.

Desde una nube cercana, los dioses observaban el enfrentamiento de Eneas y Turno. Júpiter se giró hacia Juno y le dijo:

— ¿Qué, has decidido dejar que el Hado siga su curso de una vez? ¿Por qué estás aquí, y no asistiendo a tu combatiente en el campo de batalla? ¿O debería alegrarme, ya que por fin te dignas a obedecer mis órdenes?

Juno le contestó:

—Por mi parte, he abandonado a Turno. No hay nada ya que pueda hacer, pues no se puede luchar contra el Hado. Pero te aseguro que, aunque le haya pedido a Juturna que espoleara el conflicto entre troyanos y latinos, yo no le ordené que tomara las armas ni que empezara la lucha que ahora vemos ante nosotros. Dejo a un lado mi deseo de boicotear a Eneas, pero te pido que se les permita a los latinos preservar su lengua y sus costumbres tras la conquista de los troyanos, y que el nombre de su gente y de su tierra permanezcan tal y como están, y que el de Troya se olvide para siempre.

Júpiter accedió a ello. Juno, satisfecha, le retiró a Turno y a los latinos su favor y regresó al Olimpo. Cuando se marchó, Júpiter envió a una furia al campo de batalla disfrazada de búho para decirle a Juturna que no debía seguir asistiendo a su hermano de ningún modo. Tanto Turno como Juturna se dieron cuenta de ello. El valor de Turno flaqueó, y Juturna, volviendo a su verdadera forma, le dedicó una despedida entre lágrimas a su hermano antes de sumergirse en el río.

Eneas vio a Turno vacilar:

— ¿Qué te ocurre, ahora temes enfrentarte a mí en combate? Bien valiente que fuiste cuando tenías a tu ejército a tu lado. ¿Ahora no quieres confrontarme?

Turno dijo:

—No es a ti a quien temo, sino a desagradar a los dioses.

Buscando la manera de derrotar a su oponente, Turno encontró una roca inmensa en el campo; una piedra de tal tamaño que sería necesaria la fuerza de varios hombres para levantarla. Sin embargo, Turno era un héroe de los de antaño, y la fuerza estaba con él, ya que de lo contrario no habría recibido el mensaje de la furia. Alzó la piedra sobre su cabeza y se la arrojó a Eneas con todas sus fuerzas, pero la piedra no le alcanzó. Eneas aprovechó su oportunidad, tirándole la lanza a Turno con todas sus fuerzas. Turno pudo atraparla con su escudo, pero el golpe de Eneas fue tan potente que lo atravesó, abriendo un gran agujero en el muslo de Turno. Eneas tomó su espada y se abalanzó sobre su contrincante, que tenía una rodilla en tierra.

—No espero clemencia de ti— le dijo Tuno —pero clemencia te pido. Si me la concedes, te juro solemnemente que me retiraré de este lugar y que jamás volveré a entrar en guerra contra ti ni contra tu pueblo, y que no pelearé por la mano de Lavinia. No obstante, si decides matarme, que así sea, pues ¿quién puede sustraerse al Hado? Solamente te pido, en ese caso, que le hagas llegar mi cuerpo a mi padre Dauno una vez hayas cumplido tu cometido.

En un primer momento, Eneas flaqueó, pues sintió piedad de Turno. Sin embargo, vio que Turno llevaba el cinturón que le había sido arrancado al cuerpo de Palas, y su ira volvió a invadirle.

—Eres un traidor, Turno, por haber comenzado una guerra innecesaria —dijo. —Ahora pagarás el precio de tus actos, y por la muerte del hermoso Palas, cuyo cuerpo tú mismo expoliaste.

Una vez dicho esto, Eneas tomó su brillante espada y la hundió en el pecho de Turno, enviando el alma de aquel guerrero de un vuelo al Hades.

La historia de la fundación de Roma

Según el historiador griego clásico Plutarco (cuyo nombre romano era Lucio Mestrio Plutarco, 45-127 EC) observa en sus Vidas, existen muchos mitos sobre los orígenes de Roma. Algunos de ellos atribuyen el origen de la ciudad a una mujer llamada Roma, otros a un hombre llamado Romano, hijo de Ulises (el griego Odiseo) y de Circe. Sin embargo, los fundadores más comúnmente aceptados eran los gemelos Rómulo y Remo, a los que su familia desterró cuando eran bebés y amamantó una loba, y a los que se tomó como los fundadores del linaje de los Claudios, quienes gobernaron el Imperio Romano durante varias generaciones. A pesar de ello, hay dos relatos que difieren acerca de cómo se concibió a los gemelos y cómo nacieron. Plutarco dice sobre estas narraciones que la que los presenta como hijos de Rea Silvia (y a través de ella, como descendientes de Eneas) parece ser la que creía más gente, y sitúa sus orígenes en diversas fuentes griegas. Tanto Plutarco como el historiador romano Livio recalcan que, en esta versión de la historia, se cuestionaba la paternidad de los gemelos. Algunas dicen que su padre era Marte, mientras que otras afirman que fueron concebidos a través de una violación incestuosa cometida por su tío, Amulio.

Como buenos historiadores que intentan redactar una crónica de todo lo que saben acerca de la fundación de la ciudad, ni Plutarco ni Livio toman partido por ninguna versión en particular, pero ya que ante todo estamos interesados en presentar una buena historia, nos hemos decantado por continuar con la línea temporal de la narración como tal.

Después de que la guerra entre los troyanos y los griegos terminara con el saqueo de Troya, el héroe Eneas condujo al pueblo troyano a través de muchos viajes hasta asentarse en Italia, a orillas del Tíber. Tras tomar a Lavinia, la hija del rey del Lacio, en matrimonio, Eneas mandó construir una ciudad nueva, a la cual puso el nombre de Lavinio en honor a su esposa. Eneas tenía un hijo, Ascanio (al que a veces se le conocía como Julo) de su primera mujer, una troyana llamada Creúsa, pero cuando Eneas murió, Ascanio todavía era demasiado joven para convertirse en el gobernante de Lavinio. Por ello, su madre gobernó en su lugar como regente.

Cuando Ascanio alcanzó la mayoría de edad, deseó fundar una ciudad propia. Dejando el gobierno de Lavinio a su respetada y competente madrastra, Ascanio viajó hacia el sur y halló un lugar adecuado al pie del monte Alba, donde comenzó a construir su ciudad, a la que llamó Alba Longa. Después de la muerte de Ascanio, su hijo Eneas Silvio gobernó Alba Longa, y lo mismo hizo su hijo Latino Silvio tras él, y así con todos los miembros de aquella familia, que llevaban el apellido Silvio.

Durante muchas generaciones, la familia Silvia rigió Alba Longa, hasta que Proca llegó a ser rey. Proca tenía dos hijos, Amulio y Numitor. Numitor era el mayor, y Proca lo nombró como su heredero. Sin embargo, Amulio era codicioso y estaba sediento de poder, por lo que sacó a Numitor del trono y tomó el poder de Alba Longa en sus manos. Amulio mató a todos los hijos de Numitor, capturó a la hija de su hermano, Rea Silvia, y le otorgó el cargo de vestal para que viviera virgen para siempre en el templo de Vesta y sirviera a esta diosa del hogar, sin que pudiera casarse ni engendrar un hijo que pudiera reclamar legítimamente el trono.

Estos hechos no supusieron obstáculo para la voluntad de los dioses, ya que un día Marte bajó de las alturas y tomó a Rea Silvia para sí. Ella pronto descubrió que estaba encinta. Aunque trató de mantenerlo en secreto (pues los castigos para una vestal que quebrantara sus votos eran extremadamente severos), no podía ocultar su estado permanentemente, y dio a luz a dos gemelos a su debido tiempo. Cuando Amulio lo descubrió, entró en cólera. Encerró a Rea Silvia en prisión y ordenó que metieran a los niños en una cesta de juncos y la lanzaran a la corriente del río Tíber.

La cesta flotó río abajo hasta arribar finalmente a las orillas del río. Una loba que se acercó a beber se topó con la cesta, y al ver que contenía a dos infantes sin madre, les ofreció sus propios pezones para que se amamantaran. De esta forma, un pastor de Amulio conocido como Fáustulo encontró a los dos niños bajo el amoroso cuidado de la loba. Apiadándose de los niños, Fáustulo se los llevó a casa y se los dio a su esposa, Larencia, para que les diera de lactar.

Bajo el cuidado de Fáustulo y Larencia, los niños, a los que llamaron Rómulo y Remo, crecieron hasta convertirse en jóvenes altos y fuertes. Ayudaban a su padre adoptivo en su trabajo, cazaban en los bosques, practicaban con el arco y la lanza, luchaban y boxeaban. Pronto se convirtieron en personas respetables en la hacienda de Fáustulo por su coraje y fuerza, por su honestidad y por la manera en la que salían en defensa de los débiles cuando los fuertes les oprimían. De hecho, uno de sus pasatiempos favoritos era mantenerse a la espera de ladrones, despojarlos de su botín y repartir los bienes entre los pastores locales. No transcurrió mucho tiempo hasta que Rómulo y Remo reunieron un grupo leal de jóvenes dispuestos a hacer todo lo que los hermanos les pidieran.

Un día, durante la celebración de las fiestas en honor a Pan, un grupo de atracadores decidió vengarse de los gemelos mientras los jóvenes corrían desnudos por el lugar en honor al dios. Los ladrones les tendieron una emboscada a los mozos mientras celebraban el festival. Mientras que Rómulo pudo forcejear y liberarse, Remo cayó preso y fue llevado ante Amulio, acusado de liderar una banda de ladrones que habían estado realizando pillaje por las tierras de Numitor, al cual Amulio había permitido instalarse en un terreno cercano a Alba Longa. Así pues, enviaron a Remo ante Numitor para que recibiera su castigo.

En ese momento, aunque Fáustulo había estado sospechando durante un tiempo que Rómulo y Remo eran los hijos gemelos de Rea Silvia condenados por Amulio a morir de frío, no le dijo a nadie nada sobre ello en un intento por proteger a los niños de su malvado tío. Sin embargo, viendo que Remo había sido llevado ante el rey, Fáustulo le reveló esta historia a Rómulo, contándole toda la verdad sobre su ascendencia y cómo fue acogido en la cabaña de un pastor. Remo, mientras tanto, permanecía preso en los dominios de Numitor. Durante el interrogatorio a este joven cautivo, Numitor llegó poco a poco a la misma conclusión que Fáustulo, aunque en aquel momento dejó correr el asunto.

Al escuchar la verdad sobre su linaje y el de su hermano, Rómulo temió por la vida de Remo, y deseó tomar venganza contra su tío por sus fechorías. Así pues, Rómulo reunió a un grupo de sus amigos y se encaminaron al palacio de Amulio, donde pronto se juntó con Remo, al cual Numitor había liberado y había juntado a su propio grupo de compañeros. Todos juntos, los hermanos y sus amigos, irrumpieron en el palacio, y allí mismo, Rómulo mató al rey.

Cuando Numitor se enteró del asalto a palacio, en un primer momento reunió guardias para ocuparse de lo que se suponía que era una invasión extranjera. Sin embargo, cuando Rómulo y Remo se acercaron adonde él al frente de su grupo de amigos y proclamaron rey a Numitor, este convocó a todos los nobles de la región a una sesión del consejo. Allí les contó a los nobles el relato de cómo Amulio había usurpado el trono y matado a todos los descendientes de Numitor, y de cómo Amulio mantuvo cautiva a Rea Silvia y condenó a Rómulo y Remo a morir de frío. Les explicó que Rómulo y Remo eran sus propios nietos, y que el vil Amulio había encontrado la muerte en respuesta a sus crímenes. Los nobles y el pueblo proclamaron alegremente a Numitor como su legítimo rey, así que este ascendió al trono de Alba Longa.

Aunque los gemelos podían esperar heredar Alba Longa tras la muerte de su abuelo, no querían esperar para tener una ciudad a la que gobernar. Por ello, partieron de Alba Longa en busca de un lugar más cerca de donde habían sido adoptados para fundar un nuevo asentamiento. A orillas del Tíber, encontraron un lugar que les pareció bueno donde el río discurría entre siete colinas. Rómulo pensó que la Colina Palatina era, de lejos, el mejor emplazamiento; en parte porque se hallaba más cerca de donde les habían encontrado cuando eran bebés, pero Remo discrepó. La Colina Aventina, dijo Remo, tenía un mejor aspecto, ya que era menos empinada y, por lo tanto, más fácil de edificar, y que esa era una razón de mayor peso que a la que se aferraba Rómulo. A su vez, también quedaba pendiente el tema de quién gobernaría la ciudad una vez esta hubiera sido erigida. Dado que Rómulo y Remo eran gemelos, ninguno de los dos podía afirmar que tenía más derecho que el otro a reclamar el trono basándose en su edad. Los hermanos debatieron largo y tendido sobre lo que debían hacer, aunque ninguno se plegó a los deseos del otro.

Deseando resolver este desacuerdo de manera pacífica, se presentaron ante Numitor para pedirle consejo. Numitor les sugirió que determinaran las acciones a tomar según un augurio, ya que, con toda seguridad, una señal de los dioses sería una mejor guía en una empresa tan elevada como la fundación de una ciudad. Los hermanos estuvieron de acuerdo en que este era un sabio consejo, así que regresaron a su lugar a orillas del Tíber con sus seguidores. Remo declaró que la Colina Aventina sería el lugar desde donde buscaría un augurio, mientras que Rómulo se situó en el Palatino. Mientras observaban, una bandada de seis buitres sobrevoló la Colina

Aventina, lo que Remo interpretó como un signo de que su causa era justa. Sin embargo, Rómulo informó que había avistado doce buitres sobre la Colina Palatina. Ya que no habían determinado de antemano cómo debían interpretar el augurio, Remo se autoproclamó como vencedor porque había sido el primero en avistar a los pájaros desde su colina, mientras que Rómulo afirmaba que el premio debía ser para él porque había sido el que había visto un mayor número de aves. Esta vez, la discusión acabó a golpes, y en el combate que le siguió, Rómulo mató a su hermano, convirtiéndose con ello en el único gobernante del nuevo reino.

Tras ordenar que se le diera a Remo adecuada sepultura, Rómulo se dispuso a construir su nueva ciudad. En primer lugar, aró un surco a una cierta distancia de donde debían ir las murallas de la ciudad para marcar sus límites. Acto seguido, comenzó a construirlas. Cuando llegó el momento, Rómulo estableció leyes y un sistema de gobierno, adoptando la tradición etrusca de nombrar a doce lictores, consejeros que asesoraban al rey y le ayudaban a impartir justicia. Al mismo tiempo, Rómulo designó a cien senadores para asistirle en la creación de leyes.

Sin embargo, había una cosa que faltaba en este nuevo estado: no había suficientes mujeres entre los pobladores, y, por consiguiente, faltaban niños que continuaran con sus leyes y costumbres una vez que sus padres ya no estuvieran allí. Así pues, Rómulo envió emisarios a numerosas ciudades vecinas para preguntarles si alguna de sus familias o mujeres estaría dispuesta a participar en este nuevo proyecto a orillas del Tíber. Sin embargo, en ningún lugar hallaron los emisarios a nadie que deseara abandonar sus hogares e instalarse en la nueva ciudad, a la cual ya se la conocía como Roma en honor a su fundador. Rómulo y sus compañeros se tomaron esto como un gran insulto. Decidieron, pues, que, si no se les permitía tomar esposas por las buenas, las tomarían por la fuerza.

En consecuencia, los romanos anunciaron que celebrarían unos grandes juegos en la fiesta de Consualia, un festival de la cosecha en honor a Neptuno. Enviaron invitaciones a todas las ciudades vecinas y llevaron a cabo preparativos para los deportes y los banquetes. Cuando llegó el momento, las gentes de todos los distritos de la contornada aceptaron la invitación, acudiendo de buen grado a seguir las competiciones y homenajear al dios. El pueblo sabino se presentó en un número particularmente alto, llevando consigo sus esposas e hijas, así como también hicieron las familias de otras tribus vecinas.

Sin embargo, los juegos y los banquetes no eran más que una treta. A la señal de Rómulo, los romanos se abalanzaron sobre las mujeres jóvenes que habían asistido al festival y las arrastraron ciudad adentro. Las familias quedaron indignadas, y exigieron que les devolvieran a sus hijas, pero los romanos se negaron, diciendo que ellos también tenían derecho a casarse y tener hijos, y que había sido injusto que sus vecinos se lo negaran. Los romanos, a cambio, les prometieron que tratarían bien a las mujeres, y que sus familias no tenían motivos para preocuparse por ese asunto.

Esto, claro está, no satisfizo a las familias. Se dirigieron adonde Tito Tacio, el rey de los sabinos, para pedirle que se alzara en armas para rescatar a sus hijas. Al ver que Tito no actuó con la suficiente premura, las otras tribus juntaron sus propios ejércitos y atacaron Roma conjuntamente. Sin embargo, su campaña estaba mal concebida y desorganizada. En poco tiempo, Rómulo y sus tropas despistaron a los ejércitos atacantes y tomaron sus propias ciudades. Antes de que los romanos pudieran expoliar las ciudades y matar a sus moradores, Hersilia, la esposa de Rómulo, le rogó a su marido que les perdonara la vida a los ciudadanos, pues sus hijas cautivas le habían solicitado que se lo pidiera. Rómulo aceptó, pero con la condición de que se unieran al estado romano. Los ciudadanos aceptaron esto de grado. Algunos de ellos se mudaron a la propia Roma, mientras que algunos romanos crearon sus haciendas en los distritos derrotados, logrando así expandir el dominio de Rómulo y haciendo las paces entre las viejas ciudades y la nueva.

Aunque Tito Tacio no había participado en los primeros asaltos a Roma, no se había quedado de brazos cruzados. Reunió a su ejército y trazó un plan con sumo cuidado. En primer lugar, uno de los generales sabinos sobornó a una mujer sabina para permitir que algunos soldados de su pueblo entraran en la ciudadela de Roma. Tras esto, mataron a la mujer (aunque no se sabe muy bien por qué), y pronto la ciudadela se halló en manos de los sabinos. Rómulo reunió a su ejército y la puso bajo asedio, aunque los sabinos no iniciaron la batalla antes de que los romanos se encontraran a las puertas de la ciudad. El combate les fue bien a los romanos hasta que a su general más importante le dieron muerte. Cuando esto sucedió, las líneas romanas se replegaron y los soldados comenzaron a huir de los sabinos. El mismísimo Rómulo quedó atrapado en su huida hacia las puertas. Le imploró a Júpiter que les diera la victoria, prometiéndole erigir un templo en honor al dios si tenían éxito y derrotaban a los sabinos. Rómulo animó a sus tropas gritándoles que el dios Júpiter en persona le había ordenado que los romanos se dieran la vuelta y lucharan, y este gesto cambió el curso de la batalla.

En vista de que sus hombres estaban siendo masacrados, las mujeres sabinas salieron de la ciudadela. Se colocaron entre los combatientes, afirmando que preferían morir antes que presenciar esta contienda entre sus padres y maridos. Al oír esto, los sabinos y los romanos bajaron las armas y acordaron una tregua, poniendo los territorios sabinos bajo el gobierno de Roma.

Así pues, Rómulo había reforzado su autoridad y fundado sólidamente su ciudad. Aunque aún hubo algunas guerras más en los años siguientes, los romanos salieron victoriosos de todas ellas. Rómulo gobernó bien y sabiamente, y era respetado tanto por su propio pueblo como por sus aliados. Bajo su mandato, Roma disfrutó de un largo período de paz.

Entonces sucedió que un día, mientras Rómulo estaba pasando revista a su ejército en el Campo de Marte, se desató una tormenta con gran aparato de truenos. Una nube envolvió a Rómulo, ocultándolo de la vista de sus hombres. Cuando la tormenta pasó y la nube se disipó, nadie halló a Rómulo por ningún lado. Los senadores que habían estado sentados al lado del rey dijeron que Rómulo había sido llevado a las alturas por medio de una tormenta divina, y que su rey ahora gobernaba entre los mismos dioses como inmortal. Un senador, Proclo Julio, dijo que Rómulo se le había aparecido en un momento posterior y que le había comunicado que era su voluntad que el estado romano prosperara y floreciera, y que se convirtiera en la mismísima capital del mundo. El pueblo convino en que, con toda seguridad, su rey había sido ascendido a la inmortalidad, y así, se afanaron en seguir su orden de que Roma se convirtiera en el mayor estado de la Tierra.

El rapto de Lucrecia

A diferencia de muchos mitos, la historia de Lucrecia parece estar basada en hechos históricos. Esta leyenda se usaba a menudo para explicar por qué se derrocó la monarquía romana y se instauró una República en su lugar. La versión que presentamos aquí está basada en el relato del historiador romano Livio.

Cuando Lucio Tarquinio Superbio era rey de Roma, deseó realzar la grandeza de su ciudad; primero, mediante la construcción de un gran templo a Júpiter, y más tarde, iniciando otros proyectos de obras por toda la ciudad. Para conseguirlo, reclutó los talentos y el buen hacer de artesanos y arquitectos de todo el país. Aunque no les importó erigir un templo en honor a su dios principal, les irritaba que Tarquinio siguiera utilizándoles como si fueran esclavos una vez este estuvo listo. Por ello, y por otras razones, Tarquinio estaba bien resentido con el pueblo romano.

A Tarquinio se le ocurrió apaciguar su insatisfacción repartiendo los expolios de la guerra contra Ardea, la ciudad de los rútulos. Sin embargo, esta no era su única razón para hacerlo, ya que además de despojar a los rútulos de sus riquezas, Roma también podría beneficiarse con ello expandiendo su poder en un nuevo territorio.

Por ello, comenzaron los preparativos para la guerra, y el ejército romano se puso en camino a Ardea. No obstante, el ataque a la ciudad fracasó, y los romanos se vieron obligados a sitiarla.

Aguardar a que comience un asedio es un trabajo duro para cualquier soldado, y pronto los jóvenes oficiales del ejército empezaron a matar el tiempo comiendo y bebiendo. Un día, mientras estaban bebiendo en la tienda de Sixto Tarquinio, hijo del rey de Roma, sucedió que alguien sacó a colación el tema de las esposas, y los hombres se pusieron enseguida a presumir de las suyas y a ver quién tenía la mejor y la más noble. Así pues, la discusión se alargó hasta que Lucio Tarquinio Colantino dijo:

—Sé cómo zanjar este asunto, y además, hacer que os enteréis de que mi Lucrecia es, sin lugar a dudas, la mejor esposa de todas. Vayamos a nuestros hogares en secreto y veamos qué es lo que están haciendo nuestras esposas. Esto nos mostrará cuál es la más noble de todas.

Sixto y los demás estuvieron de acuerdo en que la idea de Colantino tenía sentido, por lo que subieron a sus caballos y regresaron a Roma. Llegaron al final del día y vieron que, mientras las demás mujeres estaban ocupadas celebrando banquetes y fiestas, en Colatia, Lucrecia se hallaba sentada al telar, trabajando pacientemente la lana brillante a pesar de que la noche ya había caído. Todos los hombres convinieron en que Colantino había ganado la disputa, pues Lucrecia era claramente la mujer más virtuosa. Acto seguido, los hombres se presentaron ante las puertas de la casa, donde Colantino le presentó sus amigos a su mujer. Lucrecia les brindó a todos una cálida bienvenida digna de una gran anfitriona. Pronto se dispuso una comida para Colantino y los demás, pero mientras estaban comiendo, Sixto no podía apartar sus ojos de Lucrecia. Comenzó a sentir una lujuria salvaje por ella, y el deseo de tener su belleza y su virtud para él solo, a pesar de que era la esposa de otro hombre. Sin embargo, no hizo nada al respecto, y una vez acabada la comida, no le contó nada de ello ni a Colantino ni a los demás.

No importaba lo que intentara hacer: Sixto no podía apartar a Lucrecia de su mente. Así pues, una noche abandonó el campamento junto con uno de los esclavos, pero sin decirle a nadie adónde iba, y regresó a la casa de Colantino. Allí, Lucrecia lo recibió como un amigo de su esposo sin hacerle preguntas, y le ofreció de grado la hospitalidad de su casa. Se les preparó y se comieron una comida, tras la cual, Lucrecia condujo a Sixto a una habitación para invitados donde podría pasar la noche. Durante la comida, Sixto tuvo con Lucrecia el decoro apropiado para dirigirse a una matrona romana, pero una vez que el servicio se hubo retirado a descansar y percibió que todos estaban sumidos en un profundo sueño, tomó su espada y se deslizó silenciosamente hacia la habitación de Lucrecia.

Suavemente, Sixto abrió la puerta y se metió en la cama. Sujetó a Lucrecia con una mano, y puso su espada en su cuello con la otra, con lo que ella se despertó.

— ¡Silencio! —le dijo Sixto con un suspiro bronco. —Si haces el más mínimo ruido, morirás.

Lucrecia vio que no tenía más salida que obedecer, así que allí se quedó: desnuda y tumbada en su lecho matrimonial, mientras, por turnos, Sixto la amenazaba y le confesaba su ardiente amor por ella. Viendo que no la iba a convencer ni con palabras melosas ni con amenazas violentas, Sixto dijo que si no se plegaba a sus deseos, mataría al esclavo que le había acompañado y diría que lo había hecho porque había encontrado a Lucrecia y a este esclavo entrelazados en un abrazo amoroso. Al final, esto quebró la resistencia de Lucrecia, ya que, si bien no temía a la muerte, no podía soportar la vergüenza que le sobrevendría si sucedía lo que Sixto le estaba proponiendo. De esta manera, Sixto pudo conseguir lo que quería de ella. Una vez satisfecho su malévolo deseo, Sixto llamó a su esclavo y se encaminaron de vuelta al campamento.

En cuanto Sixto se hubo marchado, Lucrecia envió a dos mensajeros, cada uno con un mensaje idéntico, uno a su marido y otro a su padre; rogándoles que encontraran a un amigo leal y llegaran a su casa inmediatamente, pues había pasado algo terrible. Espurio Lucrecio llegó poco después con su amigo Publio Valerio, y Colantino, con Lucio Junio Bruto, un sobrino del rey. Los hombres entraron en la casa y hallaron a Lucrecia en su alcoba, donde se encontraba sentada y llorosa.

Colantino se acercó a su mujer. Se sentó a su lado y le preguntó qué le aquejaba.

—Nuestro lecho matrimonial ha sido profanado, esposo mío, y aunque mi espíritu le rechazó, mi cuerpo no pudo hacerlo. Sixto Tarquinio llegó hasta aquí con un pretexto falso, fingiendo ser un amigo de nuestra casa, pero su único propósito era forzarme y saciar su lujuria conmigo. Os lo ruego, que ninguno de vosotros descanse hasta que Sixto haya sido severamente castigado por su felonía.

Los hombres quedaron horrorizados con su relato, y trataron de consolar a Lucrecia diciéndole que era Sixto quien en realidad tenía la culpa y no ella, pues todos sabían que era una mujer honesta y de probada virtud. Sin embargo, nada de lo que pudieran decir sirvió para limpiar su conciencia del sentimiento de culpabilidad, por lo que ella tomó una daga que llevaba escondida entre sus ropas y se apuñaló a sí misma en el corazón. Tanto su marido como su padre lanzaron un grito de dolor mientras el espíritu de Lucrecia abandonaba su cuerpo, y se dejaron invadir por el duelo. Sin embargo, Bruto se acercó al cadáver de Lucrecia y extrajo la daga. La sostuvo en alto, goteando la sangre de esta esposa pura, y juró con gran elocuencia que no solamente le exigiría justicia a Sixto, sino al mismísimo Tarquinio y a toda su casa. Dicho esto, les pasó la daga a los demás para que también pudieran prestar juramento. Al principio, los demás no sabían qué hacer, pues sabían que Bruto era un hombre bastante lento y estúpido. Sin embargo, esto era una treta, ya que el hermano de Bruto había sido ejecutado por su tío el rey, por lo que Bruto se propuso no hacer nada que pudiera despertar las sospechas de Tarquinio hacia él, a pesar de que Bruto lo odiaba para sus adentros y esperaba a la oportunidad precisa para tomar su revancha.

Habiendo jurado vengar a Lucrecia, los hombres llevaron el cadáver de la mujer a la plaza e hicieron pública la traición de Sixto a toda Colatia. Uno por uno, otros ciudadanos dieron un paso al frente para denunciar al príncipe y mencionar otras felonías que también había cometido contra ellos. En particular, Bruto les incitó a darle vueltas a estos entuertos y a tomar las armas en rebelión. Tanto el duelo por la violación y la muerte de Lucrecia como el cambio repentino en Bruto espolearon al pueblo a mostrar un ánimo guerrero.

Reuniendo a un grupo de guerreros armados, Colantino y Bruto abandonaron las tierras de Colatia y se dirigieron adonde el padre de Lucrecia, y partieron hacia Roma. Cuando llegaron, las gentes se asustaron y se preguntaron qué desgracia podría haber pasado, puesto que reconocieron a Colantino y a Bruto, que eran hombres importantes de familias poderosas. Cuando Colantino, Bruto y sus compañeros llegaron al Foro, Bruto envió pregoneros para convocar allí a la gente. Lo hizo amparado en la autoridad de su función como tribuno de Celeres, el capitán de la guardia personal del rey, quien era el segundo hombre al mando tras el rey y que tenía potestad para convocar una reunión de personas para decidir asuntos de estado importantes.

Cuando la gente se hubo reunido en el Foro, Bruto le dirigió un potente discurso, contándoles los delitos de Sixto Tarquinio, la muerte de Lucrecia y las injustas exigencias del rey para con los artesanos de la ciudad. También les recordó cómo Tarquinio había ascendido al trono: mediante el derrocamiento violento de Servio Tulio, su predecesor, y como Tulia, la esposa de Tarquinio e hija de Tulio, había aplastado el cuerpo de su padre pasando con su carro por encima de él, un acto de grave impiedad. El pueblo escuchaba extasiado todo lo que Bruto les relataba, en particular porque no se esperaban tal despliegue de elocuencia por su parte. Al final, Bruto animó al pueblo a unirse a su causa, y la gente estuvo de acuerdo en que había que mandar a Tarquinio Superbio al exilio, así como a su mujer e hijos.

Entonces, Bruto eligió representantes de entre quienes se ofrecieron voluntarios, los armó y marchó con ellos al campamento de Ardea para contarles a los soldados lo que estaba sucediendo, y si podían, para ponerlos en contra del rey. La defensa de la ciudad quedó a cargo de Lucrecio, quien tiempo atrás había sido investido como Prefecto de la Ciudad. Viendo el estallido de la ciudad y que el pueblo se había alzado en contra de su familia, la reina Tulia huyó de la ciudad, y todos los que la vieron la maldijeron por sus malvados actos y los de su familia.

La noticia del levantamiento de la ciudad llegó a oídos del rey antes de que Bruto y sus seguidores llegaran al campamento. Tarquinio partió con un grupo de soldados con el fin de calmar la revuelta. Sabiendo que el rey iría a Roma directamente, Bruto tomó una ruta diferente hacia el campamento para no encontrarse frente a frente con él. Tarquinio llegó a Roma para encontrarse no solo con que entrar a su propia ciudad le estaba vetado, sino que debía exiliarse de su propio reino. Mientras tanto, los soldados de Ardea ensalzaban a Bruto como su liberador. Expulsaron a los hijos del rey. Dos de ellos se fueron a Etruria con su padre, pero Sixto prefirió marchar a Gabio en su lugar. Esta resultó ser una mala decisión, ya que allí tenía muchos enemigos que le echaron en cara sus fechorías. Sixto no permaneció mucho tiempo en Gabio antes de que estos enemigos lo apresaran y mataran.

En Roma, Lucrecio continuó siendo el Prefecto de la Ciudad, y bajo su mandato, el pueblo eligió a dos cónsules, Colantino y Bruto, para que le ayudaran a gobernar. El poder de los cónsules estaba limitado a un año, y también se tomaron otras medidas para reforzar al senado y a la plebe, una asamblea constituida por familias que no eran de la nobleza. De este modo, tras doscientos cuarenta y cuatro años de monarquía, los últimos de los cuales habían transcurrido bajo el reinado de Lucio Tarquinio Superbio, Roma se convirtió en una República.

SEGUNDA PARTE: HISTORIAS DE HÉROES ROMANOS

Hércules y el gigante del Lacio

La Eneida de Virgilio contiene mucho más que el relato del viaje de Eneas y los troyanos, y más que sus esfuerzos por fundar una colonia a orillas del río Tíber. En ella figuran también varias historias paralelas, incluyendo esta sobre el período que Hércules pasó en Italia y salvó a sus gentes de un gigante malvado. En la Eneida, Evandro cuenta la historia para explicar por qué su gente le ofrece un sacrificio a Hércules y celebra un festival cuando Eneas llega para pedirle ayuda en su guerra contra Turno.

El gigante de esta historia se llama Caco, y le roba a Hércules (Heracles en griego) parte del ganado de Gerión mientras el héroe estaba llevándoselo de vuelta para mostrárselo a Euristeo y así completar su décimo trabajo. En muchas versiones griegas de la leyenda, Gerión y su ganado viven en una isla en algún lugar al oeste que normalmente se cree que estaba junto a la costa de España, y se le traslada de regreso a Tirinto por mar. Sin embargo, Virgilio se imaginó un traslado de ganado con un enorme recorrido a través de

Italia que incluye una parada en el Lacio, la antigua región bañada por el Tíber donde Roma se fundaría en un momento posterior.

Hércules, hijo de Júpiter, fue un poderoso guerrero al que un oráculo le ordenó que completara diez trabajos a petición de su primo, el rey Euristeo. El décimo de estos trabajos fue el robo del ganado de Gerión, un gigante feroz de tres cabezas y tres torsos que vivía en España. Con su fuerza y su habilidad, Hércules mató a Gerión y se llevó el ganado, el cual se llevó a través de España y condujo hasta Italia de camino a Tirinto, la ciudad de Euristeo en Grecia.

Al entrar en la hermosa tierra del Lacio bañada por el río Tíber, Hércules se puso a descansar un rato para que el ganado pudiera pastar la abundante hierba y beber en el río. Sin embargo, sin que el héroe tuviera conocimiento de ello, un gigante que escupía fuego vivía en las colinas del curso alto del río; un gigante que era el terror de todas las tierras circundantes. Caco era su nombre, el hijo de Vulcano, el dios de la forja, y no le gustaba otro tipo de carne que no fuera la humana. Y lo que era peor: no tenía suficiente con capturar y comerse a hombres y mujeres desprevenidos, sino que colgaba sus cabezas llenas de podredumbre alrededor de la entrada de su cueva como trofeos.

Sucedió que Caco se asomó a la entrada de su cueva y vio a Hércules conduciendo al ganado a pastar cerca del río. El gigante nunca había visto antes un ganado tan fino, y le entró un gran deseo de quedarse con algunas reses para sí. Sin embargo, tenía miedo de la fuerza del héroe, por lo que esperó hasta que cayó la noche para ver si podía robar algunas de las bestias mientras Hércules dormía. Una vez el sol se hubo puesto completamente y las estrellas comenzaron a titilar en un cielo sin luna, Caco se arrastró fuera de su cueva y colina abajo. Agarró cuatro toros y cuatro vaquillas por el rabo, y de este modo, los estiró de regreso a su cueva, ya que al hacerles caminar de espaldas confundía sus huellas para que así Hércules no pudiera rastrearlos.

Por la mañana, Hércules se levantó y se dio cuenta de que faltaban ocho reses. Registró todo el lugar para averiguar adónde se habían ido, pero no halló signo de ellas. Dándolas por perdidas, reunió lo que quedaba de su aprisco y comenzó a guiarlo. El ganado comenzó a mugir en cuanto se puso en ruta, y allá en lo alto, en la cueva del gigante, sus amigas oyeron la llamada y les respondieron de la misma forma. Hércules oyó el mugido de las bestias cautivas. Se encaminó hacia el lugar de donde procedía el sonido, y cuando Caco vio que el héroe se aproximaba, empujó a los animales al fondo de su cueva y bajó la pesada piedra que usaba para sellar la entrada.

Hércules se acercó a la cueva, donde apenas podía oír al ganado robado llamando todavía a su aprisco. Una y otra vez intentó el héroe usar su fuerza contra la piedra, pero estaba atrancada por dentro con grandes cerrojos de hierro forjados por el mismo Vulcano; unos cerrojos tan pesados que ni siquiera la fuerza del poderoso Hércules bastaba para doblarlos. Hércules se abalanzó tres veces contra la puerta de piedra, y esta tembló tres veces, pero no se rompió. El héroe se alejó de la cueva y rodeó tres veces la colina tratando de encontrar una entrada. Furioso por haber sido burlado, Hércules subió a la cima de la colina, la cual estaba coronada por un pico de roca desnuda. Colocando sus manos en una grieta de la base de la cima, Hércules le dio un fuerte estirón y arrancó toda la cima de la colina, enviándola al fondo del valle y haciéndola pedazos.

Caco bramó enfurecido en cuanto el sol entró en su cueva a raudales. Hércules estaba en el borde del agujero, arrojándole al monstruo todo lo que estaba a su alcance. Bloques de piedra y ramas de árboles se desplomaban sobre la cueva que ahora no tenía techo. Caco se defendió escupiendo fuego y humo hacia donde estaba el héroe con la idea de, por lo menos, ocultarse de los proyectiles que le estaba lanzando, pero esto solo sirvió para enfurecer aún más a Hércules. Este saltó en medio del humo y buscó al gigante con sus propias manos. Daba igual que el gigante le lanzara llamas: no había nada que frenara a Hércules. El héroe encontró el cuello del gigante, y estrujándolo entre sus manos, estranguló al enorme monstruo hasta que cayó muerto.

Hércules abrió la entrada de la cueva, y las reses salieron corriendo al encuentro de sus compañeras en el prado que se hallaba bajo la colina. El héroe sacó el cuerpo del monstruo a plena luz del día junto con el botín que halló amontonado en los rincones de la cueva, el cual era el producto del pillaje constante que ejercía el gigante. El pueblo latino vio lo que Hércules había hecho y se regocijó porque el terror se había terminado. Desde ese día en adelante, en el aniversario de la muerte del gigante, le ofrecían un sacrificio a Hércules y celebraban un festival en su honor como muestra de su agradecimiento por librarles del gigante.

La historia de Atalanta

La historia de la heroína Atalanta existe tanto en fuentes griegas como romanas. Existe cierta confusión en cuanto a ciertos detalles de su historia. Por ejemplo, su padre recibe varios nombres, como Yaso, Ménalo o Esqueneo; y al pretendiente que la derrotó en la carrera para conseguir su mano se le conoce indistintamente como Melanión o Hipomenes, dependiendo del autor antiguo que se consulte. Sin embargo, todos ellos están de acuerdo en que Atalanta era muy atlética y tenía una gran destreza, que era incluso mayor que la de los hombres de su entorno. Por desgracia, también podemos comprobar que ni siquiera la heroica Atalanta puede escapar de los dictados patriarcales de la cultura grecorromana, ya que al final debe ser domada por un hombre que gana su mano no mediante el uso de sus habilidades y fuerza (que son menores que las de ella), sino mediante engaños.

Es interesante que en esta versión del relato, Ovidio haga que Melanión y Atalanta se encuentren al final de una de sus carreras, donde ella termina enamorándose de él en contra de su voluntad, mientras que en otras versiones el joven simplemente gana su mano y se la lleva lejos para convertirla en su esposa. Sin embargo, parece que era importante para Ovidio que Atalanta correspondiese a los sentimientos de Melanión, lo que hace que su distracción por los frutos dorados sea menos humillante que en otras versiones de la historia.

Historia del nacimiento y la crianza de Atalanta

Había una vez un rey en Arcadia llamado Esqueneo que tenía una encantadora esposa llamada Clímene. El reinado de Esqueneo fue próspero, y estaba en paz con todos sus vecinos, pero había algo que le causaba descontento a Esqueneo: no tenía un heredero al trono. Clímene se quedó encinta, y Esqueneo rogó a los dioses que le diera un hijo varón sano y hermoso. Sin embargo, cuando llegó el momento, Clímene dio a luz a una niña, a la que llamó Atalanta. Rabioso porque sus esperanzas se habían roto en pedazos de esta manera, Esqueneo tomó a la infante y la dejó a la intemperie en la ladera del monte Partenio con la idea de que, o bien se muriera de sed o de frío, o bien se la comieran las bestias salvajes.

No obstante, el plan de Esqueneo fracasó cuando una osa se acercó al pequeño bebé y le permitió mamar de sus pezones. Mientras Atalanta estaba al cuidado de la osa, una partida de cazadores pasó por aquella parte del monte. La osa salió corriendo de allí al ver a los cazadores acercarse, dejando al bebé en el sitio. Los cazadores se apiadaron de Atalanta, y se la llevaron a su hacienda, donde la criaron como si fuera su hija y la instruyeron en las artes de la caza. Atalanta creció alta y fuerte, convirtiéndose en una excelente arquera y en una lanzadora letal de la jabalina, y se hizo más rápida que cualquier otra criatura que se desplazara a pie. Se deleitaba con la caza y con las carreras. Muchos jóvenes la retaban a correr, ya que veían extraño y vergonzoso que una mujer le ganara a un hombre, pero no importaba lo mucho que lo intentaran: ninguno podía superarla. Atalanta les sacaba ventaja a todos.

El Jabalí de Calidonia

En aquel tiempo, Eneo era el rey de una región llamada Calidonia, la cual estaba siendo devastada por un jabalí salvaje monstruoso. La diosa Diana les había enviado este jabalí, ya que estaba furiosa porque durante una festividad, los calidonios les habían hecho ofrendas a todos los dioses, pero se habían olvidado de hacer siquiera una mínima ofrenda de incienso en su propio altar. El jabalí era tan grande como un toro adulto, y sus colmillos eran largos como los de un elefante, y más afilados que la hoja de la espada de un soldado. Un golpe de su aliento podía secar a su paso cualquier planta que estuviera creciendo. El jabalí arrasó la región de arriba abajo, destrozando los campos y carbonizando las cosechas. Arrancaba y pisoteaba las uvas en la misma cepa, mientras que tumbaba los olivos majestuosos de hojas pálidas y buenos frutos y les quebraba las ramas. La gente de la campiña huyó a la ciudad, buscando la protección de sus murallas, pero ni siquiera dentro de ellas se encontraban a salvo, ya que sus puertas no serían obstáculo para un monstruo de tal calibre.

Meleagro, hijo del rey Eneo, reunió a un grupo de héroes escogidos para cazar y dar muerte al jabalí. Entre ellos se encontraba Teseo, el que había matado al Minotauro, y su amigo Piritoo; los hijos de Éaco, los valientes Telamón y Peleo, padre del poderoso Aquiles; Laertes, el padre del viajero y astuto Ulises, y otros muchos además de ellos. Nunca se había reunido una partida de caza igual. Cuando Atalanta se enteró del plan de Meleagro, tomó su arco y su carcaj y se fue directa a Calidonia, ocupando su lugar entre estos grandes hombres que también habían llegado en busca de la gloria. Meleagro la miró de arriba abajo, y pensó que sería el hombre más afortunado de todos si lograba que ella lo amara.

Pero no había tiempo que perder en cortejos: la gran bestia debía ser aniquilada. Los cazadores partieron al bosque, con su jauría de perros olfateando y aullando por delante de ellos. Pronto se pusieron a seguirle el rastro al gran jabalí, el cual se había escapado sigilosamente de su escondite para adentrarse en un terreno pantanoso. Algunos de los cazadores le arrojaron sus jabalinas. Algunas fallaron por completo, y otras le dieron, pero se deslizaron por sus cerdas sin hacerle el más mínimo daño. El jabalí les atacó, asestando golpes de guadaña con sus colmillos a diestro y siniestro. Logró darles a algunos cazadores, abriendo sus muslos en canal con golpes como mandobles de espada. Algunos consiguieron escaparse subiéndose a los árboles. Incluso los perros le saltaron encima aullando a la bestia para salir renqueando cuando esta les embestía.

Al final, el jabalí emprendió la huida, dirigiendo sus pasos hacia un bosque frondoso. Atalanta cargó una flecha en su arco y apuntó con sumo cuidado. La lanzó, y la flecha alcanzó la amplia espalda del jabalí para acabar clavada en un punto detrás de su oreja. Meleagro sintió júbilo al ver la habilidad de Atalanta.

— ¡Atalanta le ha dado el primer golpe! —gritó. — ¡Un golpe así de diestro se merece una recompensa!

Sin embargo, los demás cazadores se avergonzaron, ya que no fueron ellos, sino una simple mujer, la que le había asestado el primer golpe, por lo que redoblaron sus esfuerzos para encontrar y matar al jabalí, pensando que con ello demostrarían su hombría. Un hombre llamado Anceo iba armado con una gran hacha.

— ¡Esta es el arma de un hombre! —gritó. —Va a lograr hazañas mucho mayores que las de cualquier mujer equipada con un arco.

Así pues, Anceo se puso al frente del grupo de cazadores, que estaban siguiendo ya el rastro del jabalí a la fuga. De pronto, el enorme monstruo se giró con tanta rapidez que parecía que se tambaleaba en su sitio. El jabalí se giró y se lanzó contra Anceo, que estaba esperando su carga con el hacha levantada. Estaba en posición de ataque, pero el golpe nunca cayó, ya que antes de que Anceo pudiera girar su hacha, el jabalí le asestó una cornada con sus colmillos en la ingle y le arrancó las tripas. Así es como los dioses castigan el pecado de la vanidad.

Teseo y Piritoo fueron los siguientes en probar suerte. Piritoo lanzó su jabalina, y aunque parecía que llevaba buen camino, se quedó clavada entre las ramas de un roble, por lo que no alcanzó su blanco. Teseo lanzó su propio tiro, y aunque este era digno de un héroe como él, también se desvió, alcanzando a un perro desafortunado. Meleagro, entonces, lanzó dos tiros. El primero se quedó corto, enterrando su punta dentro del suave lecho de la marisma, pero el segundo dio en el blanco, hundiéndose en la espalda dura como la roca del enorme monstruo.

Enloquecido de dolor y derramando sangre por todo el suelo del bosque, el jabalí se giró y embistió contra Meleagro. Sin embargo, el joven héroe estaba ya armado con otra lanza. Poniéndose rápidamente en pie, se dispuso a encajar el golpe del jabalí. La bestia cargó contra él, sin reparar en la punta brillante de la lanza que se hallaba en su camino. Meleagro respiró hondo y casi se tambaleó al ver la masacre que había dejado el jabalí a su paso. Sin embargo, la lanza estaba bien fabricada, y Meleagro era fuerte: el jabalí se agitó y frenó, y se desplomó en el suelo, muerto, con la lanza del príncipe bien hundida en su hombro y hasta su corazón por la fuerza de su propia arremetida.

Todos los cazadores festejaron la victoria de Meleagro y se acercaron a mojar las puntas de sus lanzas en la sangre brillante. Entonces, Meleagro dijo:

— ¡Ven, Atalanta! Esta victoria también es tuya, ya que tú le asestaste el primer golpe. Es por ello que te concedo el trofeo de esta caza.

Así pues, Meleagro arregló el cuerpo del jabalí y le dio su cabeza y piel a la cazadora arcadia, la cual se acercó para recibirlas de grado.

Los otros cazadores se indignaron y avergonzaron por el hecho de que una mujer fuera la que disfrutara del trofeo de la caza y recibiera honores por encima de ellos. Dos de ellos, una pareja de hermanos y tíos de Meleagro, dieron un paso al frente y le arrebataron la piel, diciendo:

—Esto no te pertenece. No te creas que vas a llevártelo, ya que se te ha dado a causa del mal de amores.

Lleno de ira por su prepotencia, Meleagro les gritó:

— ¿Os atrevéis a usurpar mi derecho a dar y el de Atalanta a recibir? Entonces, esta es la recompensa para aquellos que desprecian los actos en favor de las palabras.

Así pues, Meleagro tomó su lanza y se la clavó primero a un hombre y luego a otro, y con ello, ambos perecieron. Cuando se llevaron sus cuerpos a casa, su hermana, Altea, que era la madre de Meleagro, los lloró amargamente, y juró vengarse de Meleagro. Cuando este solo era un infante, una profecía anunció que viviría siempre y cuando un tipo de leña que estaba entonces en el hogar no quedara reducida a cenizas. Altea, pues, sacó los carbones ardientes del fuego y los sumergió en un cántaro con agua que había cerca de ella, salvándole la vida a Meleagro. Sin embargo, en ese momento tomó los carbones, que ella había mantenido apartados del resto para que la profecía no se hiciera realidad. Encendió un nuevo fuego en el hogar y lanzó en él los carbones. En otra parte de la ciudad, Meleagro sintió que su cuerpo se estaba quemando de dentro afuera. El príncipe se agitó en agonía durante todo el tiempo que los carbones estuvieron al fuego, y cuando finalmente se convirtieron en ceniza, su espíritu abandonó su cuerpo y se dirigió a la Tierra de los Muertos. Así falleció Meleagro de Calidonia.

La Carrera de Atalanta

Atalanta guardó luto por Meleagro, pues a ella también le gustaba el joven, ya que ningún otro hombre se había portado con ella como él actuó durante la caza. Queriendo averiguar dónde podría encontrar a un hombre igual, se dirigió a un oráculo para ver cuál podría ser su destino. El oráculo dijo:

— *Los votos nupciales serán tu flagelo,*

Sin que puedas librarte del hombre por ello;

Y por mucho que lo intentes, no podrás escapar,

Pues no serás la misma cuando te logres casar.

En vista de ello, Atalanta hizo un voto solemne de que nunca tomaría marido. Después de ello, se dirigió a lo más profundo del bosque, donde vivió como cazadora durante un tiempo, libre y salvaje. Al final, sin embargo, se enteró de quiénes eran sus verdaderos padres, y se fue a vivir con ellos.

En ese momento, Atalanta era una mujer de insuperable belleza, y se le acercaba pretendiente tras pretendiente tratando de conseguir su mano. Esqueneo la apremió para elegir a uno de ellos, pero ella los desdeñaba lanzándoles un reto. Al final, Esqueneo le preguntó:

— ¿Qué debo hacer para convencerte de que tomes marido?

Atalanta le respondió:

— Me desposaré con quien pueda superarme en una carrera a pie. Sin embargo, si soy yo la ganadora, los derrotados perderán sus vidas.

Esqueneo estuvo de acuerdo con las condiciones de Atalanta, por lo que se designó un lugar para celebrar la competición. Tal era el atractivo de Atalanta que muchos hombres se animaron a probar su velocidad contra la de ella, pero ningún hombre que lo intentara volvía jamás a su casa, pues ninguno de ellos resultaba ganador.

La historia del reto de Atalanta comenzó a difundirse por toda la región, y llegó a oídos de un joven llamado Melanión.

— ¿Cómo es— pensaba Melanión —que los hombres jóvenes están tan dispuestos a arriesgar sus vidas por una simple mujer? ¿Qué tiene esta Atalanta que los empuja a actuar así?

Así pues, Melanión decidió observar una de estas competiciones. Llegó a la pista de carreras y ocupó su lugar entre el resto de espectadores. Todos los jóvenes estaban en la línea de salida, estirándose y calentando sus cuerpos para la carrera. Y entonces, Atalanta llegó. Tenía tal elegancia, y su cuerpo gozaba de unas formas tan hermosas y era tan fuerte y flexible, que Melanión sintió que se quedaba sin aliento, y con ello, supo exactamente por qué estos jóvenes probaban suerte contra ella, por lo que decidió hacer lo mismo si ninguno resultaba vencedor en esta carrera. Se llamó a los corredores para que tomaran su lugar, y el juez dio la señal. Atalanta y los jóvenes salieron disparados y corrieron con todas sus fuerzas hacia la línea de meta. Melanión observaba embelesado, ya que Atalanta superó a todos y cada uno de los jóvenes y cruzó la meta en primer lugar, con mucha distancia de ventaja entre ella y su contendiente más cercano.

Mientras se reunía a los perdedores para ser llevados a su destino, Melanión se abrió paso entre la multitud hasta llegar a situarse cara a cara frente a Atalanta.

— ¡Oh princesa, quédate aquí un momento! —le dijo. —Corre contra mí, ya que solo yo soy digno de ser tu contrincante. Mi padre es Megareo de Oncesto, y mi abuelo no es otro que el mismísimo Neptuno.

Atalanta se quedó mirando al joven y se dio cuenta de que se sentía acalorada en su presencia, ya que era muy hermoso de cara y varonil de forma, y él le gustaba más que cualquier otro pretendiente anterior. Se dio cuenta de que deseaba que él no compitiera contra ella, puesto que no estaba segura de poder soportar verlo derrotado y, por lo tanto, ejecutado.

— ¿Por qué buscas algo que sabes que será en vano, y con ello pones en peligro tu vida? —dijo ella. —Vete de aquí, pues los Hados han decretado que no debo casarme. Seguro que hay muchas jóvenes que estarían muy honradas de ser tu esposa. Ve y busca entre ellas, pues aquí solo hallarás la muerte.

Sin embargo, Melanión insistió, y los otros espectadores que habían escuchado la conversación comenzaron a exigir que se celebrara una carrera. Muy pronto, se le comunicó a Esqueneo que se había presentado otro pretendiente, por lo que el rey ordenó que se celebrara otra carrera, de acuerdo con las normas del reto.

Se condujo a Melanión hacia la línea de salida, donde le rogó a la hermosa Venus que le ayudara. La diosa se apiadó del joven, y puso en sus manos tres manzanas doradas de uno de sus propios huertos. Atalanta se reunió con él al poco en la pista de carreras. Se dio la señal, y los corredores salieron.

Ningún otro hombre le había dado a Atalanta una carrera semejante. Ambos corrieron uno al lado del otro. Atalanta miraba a la cara al joven jadeante, y se preguntaba si debía simplemente dejarlo ganar, pues se había dado cuenta de que había conquistado su corazón. Sin embargo, se animó a sí misma con una resolución renovada, y comenzó a desmarcarse y a adelantarle.

Melanión corrió al lado de Atalanta, con los pies dando sonoras pisadas y su corazón desbocado. Se dio cuenta de que estaba empezando a adelantarlo, así que tomó una de las manzanas y la lanzó a un lado, sobre el camino de ella. Al ver un objeto brillante y refulgente, Atalanta se separó un poco de su camino para coger la manzana, dándole a Melanión una ligera ventaja. Sin embargo, esto no duró mucho, ya que pronto se había puesto a su altura y volvían a correr hombro con hombro. De nuevo, Melanión tiró una de las manzanas a un lado. De nuevo, Atalanta se fue a recogerla y a ponerse al lado del joven.

La línea de meta estaba cerca, y Atalanta se había puesto a la altura de Melanión cada vez que este le lanzaba una manzana. Con una última oración a la bendita Venus, tiró la última manzana a un lado, para luego acelerar en su carrera lo más que pudo hacia la línea de meta. Atalanta cargó tras recoger la brillante fruta. Se agachó para cogerla, y vio que Melanión le había tomado la delantera. Acelerando todo lo que le fue posible, Atalanta se lanzó a la carrera tras el joven, pero ya era demasiado tarde: su pérdida de tiempo y su carga de manzanas la ralentizaron, y cruzó la meta en segundo lugar.

Así pues, Melanión y Atalanta se casaron, y tuvieron juntos un breve lapso de felicidad, pero por desgracia, este fue muy breve. Melanión se había olvidado de hacerle una ofrenda a Venus en agradecimiento a su victoria, y la diosa no le perdonó este lapsus. Un día, mientras la joven pareja estaba cazando, se encontraron un viejo templo abandonado en mitad del bosque, un lugar consagrado a la diosa Cibeles. Venus puso en los corazones y los cuerpos de Melanión y Atalanta el deseo de yacer juntos, así que entraron en el templo, donde se dieron placer el uno al otro.

Cibeles observó la profanación de su templo y se enfureció al ver que dos mortales se atrevían a cometer tal ofensa. En un primer momento, pensó en matarlos allí mismo, pero decidió conducirlos a otro destino. Atalanta y Melanión se dieron cuenta de que sus dientes se transformaban en colmillos, y que había pelo rubio oscuro creciendo por todos sus cuerpos. Enmarañadas melenas brotaban de sus cabezas. Se pusieron a cuatro patas, con las uñas de sus dedos transformándose en garras y largas colas moviéndose detrás suya. Con la forma de leones, Cibeles los tomó y los unció a su carro, y este fue el final de los mortales Atalanta y Melanión.

La Búsqueda del Vellocino de Oro

La historia de Jasón y de la búsqueda del Vellocino de Oro encendió la imaginación de griegos y romanos por igual. El viaje épico del Argo, tripulado por una colección de los más grandes héroes conocidos por los antiguos, nos lleva a un tour mágico por el mundo clásico, tanto el real como el mítico; un lugar poblado por reyes y reinas, dioses y diosas, monstruos y obstáculos imposibles de salvar. La escala de estas aventuras, su acción y los personajes y criaturas que conocemos según va avanzando la trama han servido de inspiración tanto para los cineastas modernos, como el visionario Ray Harryhausen, cuyo trabajo en la película de 1963 Jasón y los Argonautas, *entre otras, sigue marcando un antes y un después en la historia de los efectos especiales.*

Del mismo modo, la historia de la traición de Jasón a Medea y su venganza sobre él y sus hijos continúa fascinando al público moderno. Casi dos mil años después de que se escribiera, Medea, *del dramaturgo griego Eurípides, se sigue representando, incluyendo en un show importante de Broadway de 1994 protagonizado por la Dama del Imperio Británico Diana Rigg en el papel titular.*

Había una vez un rey en Yolco llamado Pelias. Se encontraba intranquilo ocupando el trono, ya que se lo había arrebatado a su medio hermano Esón por medios ilegítimos. Por ello, Pelias se cuidó de matar a todos aquellos que pudieran tener motivos para reclamar el trono, aunque le perdonó la vida a Esón.

Esón tuvo un hijo llamado Jasón. Sabiendo que Pelias trataría de matar al niño, Esón lo llevó en secreto con el centauro Quirón para que lo adoptara, mientras su esposa y él fingían ante el rey que su hijo había muerto. Quirón crió a Jasón como si fuera de su sangre, enseñándole todas las artes de la curación, la caza y la lucha con armas, o como leer las estrellas, cantar y tocar la lira.

Durante todos los años en los que Jasón estuvo con Quirón, Pelias siguió ocupando el trono de Yolco. Como su reinado seguía adelante, Pelias se sentía cada vez más satisfecho de haber eliminado a cualquier contendiente que pudiera haber aparecido. Sin embargo, aún le quedaba persistiendo una duda en el fondo de su mente, por lo que fue a visitar a un oráculo para que le dijera qué le deparaba el futuro.

—Oh poderoso rey, —dijo el oráculo, —nada de lo que oculta un hombre permanece oculto para siempre, ya que el cambio es algo ordenado por los dioses. Un día estás sentado en el trono, pero a su debido tiempo, tú también serás derrocado; en tu caso, por un hombre que solo llevará puesta una sandalia.

De este modo, Pelias supo que sus días como gobernante estaban contados.

No mucho después de que Pelias se hubiera enterado de la profecía del oráculo, Quirón miró a Jasón y vio que, aunque en sus mejillas y su barbilla apenas se dibujaba el vello, era alto y fuerte, y estaba bien entrenado y listo para salir a buscar su propia fortuna por el mundo. Le habló a Jasón de su linaje, y le dijo que su verdadero hogar era el reino de Yolco. Con la bendición de Quirón, Jasón se encaminó lleno de determinación a Yolco para ver su podía arrancarle de vuelta su derecho de nacimiento al malvado Pelias. De camino allá, llegó a un arroyo de aguas rápidas que bajaba crecido por las recientes lluvias y que no contaba con un puente, y no había ningún lugar para vadearlo en varias millas arriba o abajo. A la orilla del arroyo se encontraba una anciana de cabello cano y largo. Su mano sarmentosa se aferraba a un largo cayado. Cuando Jasón se le acercó, le preguntó:

— ¿Puedo serviros de ayuda, Madre?

—Sí, —contestó la mujer. —Debo cruzar este arroyo, pero tengo miedo de no tener la fuerza suficiente para hacerlo.

Jasón se ofreció para llevarla a través del río a sus espaldas, y la mujer aceptó de grado. El joven se agachó para que la anciana pudiera colocársele encima y poner sus brazos en torno al cuello de Jasón. Así, de esta guisa, él puso un pie en las rápidas aguas. Tuvo suerte de ser un hombre joven y muy robusto, pues incluso si no hubiera ido cargado, luchar contra la corriente le habría supuesto hacer una fuerza sobrehumana. Al final llegó a la otra orilla sano y salvo con su pasajera, habiendo perdido tan solo una de sus sandalias en el torrente. Jasón ayudó a la mujer a tomar tierra con delicadeza y se giró para despedirse de ella. Pero esta ya no era una anciana avejentada: ante Jasón se hallaba una mujer alta y señorial, coronada de oro y con ropas brillantes. Al instante, Jasón la reconoció como la diosa Juno. Se arrodilló ante ella y esta le dijo:

—La generosidad nunca queda sin recompensa. Continúa hacia tu destino, y sabe que cuentas con mi favor.

Cuando Jasón miró hacia arriba, la diosa había desaparecido.

Acto seguido, Jasón prosiguió su camino a Yolco, donde vio que la gente estaba acudiendo a un festival religioso. Aquel día era costumbre que el rey le sacrificara un toro a los dioses, y cuando

Jasón se enteró de que allí era donde se podía encontrar a Pelias, se dirigió al templo y se colocó delante del gentío. Pelias terminó el sacrificio, y mientras se giraba para irse, reparó en un joven forastero que estaba entre su pueblo, un forastero que solo llevaba una sandalia. Pelias dudó por un momento, aunque dentro de sí, su ánimo flaqueó: con toda seguridad, este era el extranjero con una sandalia sola del que el oráculo le había advertido. Girándose hacia sus guardias, Pelias les mandó que condujeran al joven que llevaba solo una sandalia a palacio, donde se le iba a tratar como un invitado.

Ya que era un día festivo, Pelias celebró un gran banquete al que invitó al joven Jasón. Pelias le dio a su sobrino mucha buena comida y aún más buen vino. Tras ello, dijo:

—Sé por qué has venido, joven hijo de Esón, pero no te pienses que el reino será tuyo simplemente porque lo pidas. Solamente le cederé el trono de grado a quien me traiga el Vellocino de Oro de Cólquida. Piénsatelo bien: ¿te marcharás de aquí y vivirás una vida segura, o aceptarás este reto en el que puedes perder esa vida o ganarte el trono?

Jasón dijo con valentía que aceptaba el reto. Por la mañana, lo primero que hizo fue marchar a Dodona, donde había un viejo roble consagrado a Juno. El árbol era un oráculo y tenía el don de la palabra. Jasón le hizo un sacrificio a Juno en el templo cercano, tras el cual, el árbol le ordenó que serrara una de sus ramas y que tallara un mascarón de ella para su barco, el cual Argo, hijo de Arestor, construyó bajo la dirección de la sabia Minerva. Cuando el barco estuvo listo y el mascarón colocado, Jasón se dio cuenta de que este, al igual que el árbol del que procedía, también tenía el don de la palabra. Jasón llamó al barco *Argo*, como su constructor.

Sin embargo, esta aventura no iba a ser sencilla, pues había múltiples peligros en su viaje a la Cólquida, y muchos más rodeando al propio Vellocino: ningún héroe que había intentado tomarlo había vuelto a ser visto con vida. Jasón, pues, reunió al grupo de héroes más poderosos que jamás habían formado equipo. Hércules llegó con su sobrino Yolao a petición de Jasón, y lo mismo hizo Orfeo con su lira. Laertes, padre de Ulises, estaba también allí, así como Cástor y Pólux. El padre de Aquiles, Peleo, llegó para unirse al poderoso grupo, y así hizo también Teseo, quien mató al Minotauro, y la ágil Atalanta con su arco. Otros muchos se acercaron a Yolco para zarpar con Jasón; unos cincuenta héroes en total.

Sabiendo que su juventud era un inconveniente para él, Jasón le ofreció a su tripulación escoger a su capitán. Los más jóvenes opinaban que era Hércules quien debía ostentar este cargo, pero el gran héroe dijo que no lo haría, ya que quien les había convocado era el legítimo líder. La tripulación estuvo de acuerdo como un solo hombre que era Jasón quien debía guiarlos, y Jasón aceptó con gallardía este puesto. Acto seguido, a la orden de Jasón, se dispusieron a aprovisionar el barco y a escoger grupos para los puestos en las bancas de remo.

Cuando todo estuvo listo, los Argonautas (pues así se llamaba la tripulación del *Argo*) se dirigieron al templo de la ciudad para hacerle los sacrificios debidos a los dioses y así asegurarse una buena travesía. Una vez hubieron hecho esto, Jasón se despidió de sus padres, quienes se habían regocijado con su vuelta, pero no se apenaban de ver a su hijo dejarles tan pronto. Tras tener listo todo lo necesario, los héroes caminaron juntos desde el templo hacia el puerto, con el pueblo de Yolco animándoles durante todo el trayecto.

En la orilla, los héroes le ofrecieron otro sacrificio de bueyes a Apolo, dándole los huesos de los muslos y la rica grasa que se le debía con copiosas libaciones. Acto seguido, asaron la carne de los reses y se dispusieron a dar un banquete y a festejar en la orilla, con hermosa música y canciones a cargo del mismísimo Orfeo. Con la última libación vertida en honor del poderoso Zeus, los Argonautas descansaron, y en la mañana, lanzaron su barco a las olas.

Con un buen viento en las velas, atravesaron el mar. Los remeros empujaban con poderío los remos al ritmo de la canción de Orfeo. Mientras se alejaban de la tierra donde Quirón tenía su morada, el propio centauro se acercó a la costa para gritarle su bendición para el viaje, llevándose al pequeño Aquiles, que era muy querido para su padre, el cual había puesto al niño al cuidado de Quirón.

Así pues, el *Argo* aceleró a través del mar teñido de color vino, con un buen viento en las velas y los remeros más fuertes a cargo, tomando tierra a intervalos para recargar sus suministros de agua y comida y descansar; hasta que, unos días después, arribaron a las tierras de los misios, donde se les dio la bienvenida y les dijeron que se llevaran cualquier cosa que precisaran para el viaje. Hércules había estado remando ese día. El esbelto roble no pudo soportar su fuerza, y la vara del remo se había partido a mitad remada. Por ello, el héroe se adentró en el bosque en busca de un árbol que pudiera emplear para hacer un remo que aguantara su fuerza. Mientras, los demás juntaron maderas para hacer brasas y cocinar en la playa, y un joven llamado Hilas, que había sido adoptado por Hércules desde que era niño, se acercó a un manantial cercano a recoger agua fresca. Cuando Hilas se agachó sobre el agua para llenar su aguamanil, una ninfa miró arriba y lo vio, y se enamoró de él. Agarró a Hilas por el cuello y lo estiró agua adentro para convertirlo en su marido.

Un argonauta llamado Polifemo oyó al muchacho gritar auxilio y se acercó corriendo para ver lo que había pasado. Cuando llegó al arroyo, encontró el aguamanil que Hilas llevaba consigo, pero el chico no estaba. Polifemo llamó a Hilas en vano. Pensando que quizá había sido víctima de unos ladrones, Polifemo empezó a buscarle, y así se encontró con Hércules, que había encontrado un árbol adecuado y lo había arrancado de raíz para llevárselo al campamento y fabricarse un nuevo remo. Cuando Hércules se enteró de lo que había sucedido, enloqueció de rabia y miedo. Dejó caer el árbol y partió junto a Polifemo para ver si podían encontrar al chico.

En el campamento, se estaba alzando un viento favorable. El vigía Tifis llamó a los Argonautas diciéndoles que embarcaran rápido para aprovechar ese viento. Todos los héroes se apresuraron a partir en barco. Empujándolo sobre las olas, se amontonaron a bordo, afanándose para desplegar las velas e inclinarse sobre los remos. En su prisa por aprovechar el viento, no se dieron cuenta de que faltaban tres de los suyos hasta que ya se encontraban bien lejos de la costa. Cuando repararon en que Hércules, Polifemo e Hilas no estaban con ellos, los marineros se enzarzaron en una discusión. Telamón, hermano de Peleo, estaba especialmente enfurecido, y acusaba a Tifis de haber abandonado a Hércules y a los demás adrede. Telamón regresó al puesto de vigía, y podría haber llegado a las manos con Tifis para conseguir quedarse en él si los demás no lo hubieran contenido.

Así pues, la discusión prosiguió hasta que un golpe de agua atravesó el barco. De entre él se alzó Glauco, un dios del mar que había sido un mortal hacía tiempo, pero que había comido una hierba que le había concedido la inmortalidad, con la cola de un pez por piernas y el don de la profecía. Los marineros cesaron de gritar en el momento justo en que Glauco apareció, prestando atención al ser divino que se dignaba a hablar con ellos.

—No temáis por los compañeros que habéis dejado atrás, — dijo el dios del mar —pues estaba decretado por el mismo Zeus desde hace tiempo que no terminarían el viaje a vuestro lado. El joven Hilas ha sido tomado como esposo por una ninfa acuática, con la cual vive ahora en una gran dicha. Fue por buscar a Hilas que Hércules y Polifemo se alejaron de la orilla y no regresaron a tiempo. Pero Hércules debe regresar a Tirnis para completar los trabajos que su primo Euristeo le encomiende, y Polifemo está destinado a fundar una nueva cuidad en la tierra de los misios. Así pues, alegraos y continuad vuestro camino en paz los unos con los otros.

Y diciendo esto, Glauco desapareció bajo las olas.

Cuando el dios del mar se hubo marchado, Telamón hizo las paces con Jasón y con Tifis, admitiendo su culpa y pidiendo perdón, el cual los demás le concedieron de grado. Tras ello, los argonautas ocuparon de nuevo sus bancos y desplegaron las velas, y con Tifis en la cofa, prosiguieron su aventura. Con un viento favorable y fuertes espaldas a los remos, el *Argo* voló sobre el mar de color vino hasta que arribaron a puerto en el reino de Tracia.

En aquel tiempo, el rey de Tracia era un hombre llamado Fineo, el cual sufría por una maldición que le había echado Zeus, ya que Fineo era un profeta y podría predecir el futuro de cualquiera que le preguntara, fuera la voluntad de Zeus que lo supieran o no. Por ello, Zeus maldijo a Fineo, dejándole que envejeciera, pero que jamás muriera, haciendo que la vista se escapara de sus ojos, pero, lo que era peor, dejando que cayera sobre él una bandada de arpías, criaturas con cabeza y pechos de mujer, pero con alas y cuerpos de pájaro que emitían un desagradable hedor, las cuales aparecían a las horas de las comidas y le arrebataban su alimento. A veces se lo llevaban todo, pero otras veces solo tomaban parte de él, de manera que Fineo pudiera seguir vivo, pero nunca quedar saciado. Cuando Fineo oyó que los Argonautas estaban pasando por su palacio, se acercó a las puertas con toda la rapidez que le permitía su frágil cuerpo, donde cayó en tierra ante los poderosos héroes.

Los corazones de los héroes se llenaron de piedad por el anciano. Le ayudaron a levantarse y le preguntaron cuál era la causa de sus tormentos. Fineo les explicó acerca de la maldición de Zeus y les dijo que estaba predicho que los Argonautas serían quienes le liberaran de ella, en especial los hijos de Bóreas, el dios del viento del norte. Jasón y sus compañeros enseguida convinieron en ayudar al anciano rey. Calais y Zetes, hijos de Bóreas, manifestaron que estaban listos para hacer todo aquello que fuera preciso. Así, se preparó un banquete y se dispuso para el rey y sus invitados para atraer a las arpías a palacio. Tan pronto como la mesa estuvo puesta, esos seres horribles aparecieron para arrebatar la comida y salir volando, más raudas que cualquier ave.

Calais y Zetes desenvainaron sus espadas y comenzaron a perseguirlas. Fueron sin descanso tras las arpías, ya que Zeus les había concedido una resistencia y velocidad dignas de inmortales. Estuvieron a punto de alcanzar a las arpías una vez o dos, pero las criaturas siempre conseguían escapar. Al final, los hermanos estuvieron a punto de hacer bajar a las arpías del cielo y de matarlas por muy poco, pero Iris, mensajera de los dioses, se les apareció y les dijo que era voluntad divina que estas criaturas vivieran, pero también que Zeus había levantado la maldición, y que Fineo podría vivir el resto de su vida sin que le perturbaran.

Mientras los hermanos estaban de cacería, los Argonautas les hicieron un sacrificio a los dioses de parte de Fineo. Acto seguido, el rey y sus invitados se sentaron al banquete, el cual por fin pudo Fineo disfrutar en paz. Cuando todos hubieron comido y bebido hasta saciarse, y mientras esperaban el regreso de los hijos de Bóreas, Fineo habló con los Argonautas, diciéndoles que había muchas cosas que debían saber para llegar seguros a la Cólquida, ya que el mar entre Tracia y la Cólquida estaba lleno de peligros de los que ningún barco había logrado escapar. Justo cuando Fineo terminó su relato, Calais y Zetes volvieron, sin aliento por su prolongada persecución y por el camino de regreso a Tracia. Todos se alegraron de oír que habían ahuyentado a las arpías para siempre y que la maldición se había levantado por la gracia de Zeus.

Por la mañana, los Argonautas hicieron un sacrificio a Apolo, y de nuevo, compartieron un banquete con su anfitrión antes de partir. Cuando se hubieron despedido y tanto los invitados como el anfitrión se hubieron dado las gracias, los héroes lanzaron su espléndido barco al mar y doblaron sus espaldas con energía sobre los remos, mientras que un viento favorable henchía sus velas.

Navegaron tranquilos durante parte del día, pero el aire se llenó pronto de un extraño ruido de gritos de pájaros. Mirando al cielo, los Argonautas vieron una bandada de aves de bronce volando hacia ellos. Los pájaros les lanzaban plumas de sus alas y colas a los marineros, quienes recibían heridas del afilado bronce. Las flechas y las espadas no servían de nada, puesto que ningún arma podía atravesar el metal del que las aves estaban hechas. Jasón buscó el consejo del mascarón mágico hecho con la rama del árbol-oráculo. El mascarón les dijo que los pájaros no podían ser matados, pero que los podían espantar si los Argonautas hacían el ruido suficiente. Jasón y algunos de sus compañeros, pues, tomaron sus espadas y escudos y comenzaron a golpear estas armas unas contra otras, creando un estruendo insoportable, mientras que los otros héroes se afanaban a los remos para escapar de los pájaros. Tal y como el mascarón había dicho, las aves se asustaron con el ruido, por lo que el *Argo* pudo por fin escabullirse de ellas.

Tras un rato, los compañeros llegaron a un estrecho angosto del cual Fineo les había avisado. A cada lado del estrecho había dos rocas ocultas que podían levantarse del mar y chocar entre sí cuando un barco pasaba entre ellas. Fineo le había dicho a Jasón que podría descubrir por dónde podían pasar haciendo volar una paloma sobre el estrecho. Si la paloma podía sobrevolar las piedras, quizá a fuerza de remar y navegar podría también pasar el *Argo*. Sin embargo, si la paloma perecía entre las piedras, sería aconsejable para los Argonautas buscar otro paso hacia la Cólquida, pues esto era una señal de que los dioses les denegaban el paso por el estrecho.

Así pues, Jasón tomó una paloma, tal y como Fineo le recomendó, y la echó a volar. A medida que la paloma se acercaba al estrecho, las aguas de ambos lados comenzaron a enturbiarse y a llenarse de espuma. Dos rocas inmensas emergieron y se alzaron sobre el agua, y luego se lanzaron una contra la otra a una velocidad que no se hubiera creído posible para unos objetos tan gigantescos y pesados. Los Argonautas esperaron conteniendo el aliento para ver el destino de la paloma, mientras que las rocas se estrellaban con un estruendo ensordecedor para acto seguido separarse y sumergirse entre las olas. Un grito de alegría surgió de todas las gargantas al ver los héroes que la paloma había sobrevolado las rocas intacta, salvo por un par de plumas de la cola que había perdido.

Los Argonautas se pusieron manos a los remos, con el hábil Tifis preparado en el timón. Remaron hacia el estrecho, y a la orden de Jasón empujaron los remos como nunca antes lo habían hecho.

Nunca había habido barco que se moviera sobre las olas tan rápido como lo hizo el *Argo*, y aun así estuvo a punto de fracasar en su propósito de atravesar el hueco antes de que las rocas se le abalanzaran. Pudo librarse no solamente por la fuerza de los remeros, sino también por las destrezas náuticas de Tifis, quien guió el barco bajo una ola que habían levantado las rocas. Justo en el momento en que chocaban las rocas entre sí, Minerva llegó en auxilio de los compañeros, manteniendo las rocas levemente apartadas mientras el *Argo* atravesaba los últimos metros del estrecho. Cuando la diosa las soltó, las rocas gigantes chocaron entre sí. Aunque el barco aún podía usarse para navegar y ningún marinero había resultado herido ni había desaparecido, el *Argo* no salió intacto de aquella: la furia de la colisión de las rocas atrapó el extremo del timón y lo machacó, tal y como había hecho con las plumas que la paloma había perdido en su vuelo a través del estrecho. Sin embargo, una vez que el *Argo* hubo atravesado el estrecho, la maldición que existía en aquellas aguas se levantó, y nunca más se volvieron a alzar las rocas de su lecho.

Jubilosos por haber sobrevivido a este peligro mortal, pero cansados sin medida por su esfuerzo, los Argonautas navegaron hacia la isla propicia más cercana que pudieron encontrar, y descansaron allí durante tres días antes de reanudar en su viaje. Cuando estuvieron listos, los Argonautas se hicieron de nuevo a la mar, y tras muchas aventuras tanto con aliados como con adversarios, llegaron a la Cólquida, donde en primer lugar tenían que llegar adonde el rey Eetes para ver si podían intentar conseguir el Vellocino de Oro. Sin embargo, la noche ya estaba cayendo cuando arribaron, por lo que Jasón y sus compañeros consideraron que era mejor comer y dormir, y decidir cuál era el mejor curso de acción a la mañana siguiente.

Los Argonautas se despertaron cuando la rosada Aurora pintaba el cielo. Tomaron un rápido refrigerio, y acto seguido, se sentaron en su barco para celebrar un consejo. Jasón dijo:

—Mi misión es ir adonde Eetes y obtener el Vellocino, pero todos somos compañeros en esta aventura, y por ello, cada uno debe decir lo que piensa sobre la empresa en la que me voy a embarcar. Creo que es mejor que vayamos donde está Eetes y le pidamos el Vellocino antes de intentar arrebatárselo por la fuerza, ya que el Vellocino es su posesión y somos invitados en su tierra. Así pues, comportémonos como buenos huéspedes, y ver si nos puede regalar el Vellocino. Solo si rechaza dárnoslo, planearemos qué más podemos hacer para conseguir nuestro objetivo. ¿Estamos todos de acuerdo en esto, o no?

Y cada Argonauta dijo que el consejo de Jasón era bueno y ponderado, y que así debían actuar.

Aunque el Vellocino de Oro estaba en posesión de Eetes y este lo contaba entre sus muchos tesoros, no siempre había estado en la Cólquida. El Vellocino procedía de un carnero dorado que habían rescatado Frixo y Hele, los hijos mellizos del rey Atamante y la ninfa Néfele. Atamante abandonó a Néfele y empezó una nueva vida con una mujer llamada Ino, quien odiaba a Frixo y Hele y conspiraba para matarlos. Los dioses tuvieron piedad de los niños, y enviaron al alado Mercurio para llevarles un carnero de oro que les condujera a un lugar seguro. Los niños se subieron al carnero y volaron por los aires, escapando de su malvada madrastra. Frixo se agarró fuerte, pero a Hele le entró miedo y se soltó, cayendo al estrecho que ahora lleva su nombre, el Helesponto. El carnero transportó a Frixo de forma segura a la Cólquida, donde Frixo sacrificó al animal y colgó su vellocino de un árbol, colocando un terrorífico dragón para custodiarlo. El rey Eetes brindó una gran bienvenida a Frixo, dándole la mano de su hija Calcíope para que se convirtiera en su esposa. Juntos, tuvieron cuatro hijos que, cuando crecieron, se dirigieron al reino de Atamante para reclamar su derecho de nacimiento, que les venía por parte de su padre.

Cuando Frixo murió siendo un anciano, los cuatro jóvenes se embarcaron de vuelta a la Cólquida, pero una gran tormenta hundió su barco, por lo que, agarrados a los maderos quebrados, los jóvenes tomaron tierra en una isla donde los Argonautas habían desembarcado para pasar la noche. Los hijos de Frixo vieron el campamento de los Argonautas, por lo que se acercaron a pedirles ayuda, la cual Jasón y su tripulación les dieron de grado. Así pues, sucedió que cuando Jasón escogió a quienes le acompañarían en su embajada ante Eetes que los hijos de Frixo fueron los elegidos, ya que su madre aún residía en el palacio del rey, su abuelo. También acudieron Telamón y Augias de entre los Argonautas.

Pronto entró la embajada en el patio del palacio, donde Medea, otra de las hijas de Eetes y sacerdotisa de Hécate, les observaba. Dejó escapar un grito de alegría cuando vio a los hijos de Frixo y, al oírlo, Calcíope se acercó corriendo para ver qué estaba pasando. Abrazando a sus hijos llena de dicha, les regañó por haber estado lejos de casa tanto tiempo. Pronto se les unió el propio rey Eetes y otros miembros de la casa real. A medida que tanto anfitriones como invitados acudían al patio, Medea, hija del rey Eetes y sacerdotisa de Hécate, se fijó en el joven héroe de Yolco y, por el poder de la diosa Venus, surgió un amor ardiente por él en su pecho.

El rey Eetes ordenó a sus sirvientes que prepararan una comida para su casa y sus invitados, y cuando el banquete terminó, el rey Eetes le preguntó a Jasón qué le traía a él y a sus amigos por la Cólquida. Jasón le explicó que su misión era llevarle el Vellocino de Oro a Pelias, en Yolco, para poder reclamar su legítima herencia. Eetes escuchó el relato de Jasón, y se encolerizó al ver que un extranjero pretendía intentar despojarle de tal tesoro. Pensando en disuadir al joven héroe de su empresa, o si no, en verle perecer en el intento, el rey dijo:

—Hijo de Esón, el Vellocino será tuyo solo si demuestras ser digno de ello. Para conseguirlo, debes uncir los bueyes que escupen fuego en la Llanura de Marte que se halla junto a mi palacio. Una vez hayas hecho esto, ara ese campo y siembra los surcos con dientes de dragón. De los dientes surgirá un ejército, y deberás derrotar a todos estos guerreros. Cuando lo hayas logrado, debes ir a la Arboleda de Marte donde el Vellocino se encuentra colgado de las ramas de un árbol sagrado. El Vellocino está custodiado por un dragón terriblemente fiero, y debes pasar por su lado antes de que el Vellocino sea tuyo. ¿Aceptas este reto?

Jasón dijo que sí, aunque para sus adentros se desanimó por no creerse capaz de superar ninguno de estos obstáculos. El banquete terminó y Jasón y sus compañeros regresaron al barco, donde el hijo de Esón les comunicó a los Argonautas allí reunidos lo que había acontecido en los salones de Eetes. Acto seguido, les dijo:

—Cuando os reuní, pensé que necesitaría de vuestro valor para conseguir el Vellocino de Oro, pero esta misión debo cumplirla en solitario. Idos, pues, a descansar, pero estad preparados para afrontar cualquier circunstancia que se os presente, tanto si tengo éxito como si fracaso, pues Eetes no es un hombre amigable, y temo que no nos desee ningún bien.

Los amigos de Jasón hicieron como les ordenó, pero el propio Jasón se fue a una pequeña arboleda no muy lejos de donde el *Argo* había atracado, ya que deseaba estar solo para vencer a las bestias temibles a las que se iba a enfrentar al día siguiente. Mientras caminaba por la arboleda, se sobresaltó al ver la figura de una mujer joven que se deslizaba hacia él por entre los árboles.

—No tengas miedo —le dijo la mujer en voz baja. —Soy yo, Medea, hija del rey Eetes. Sé cómo puedes derrotar a esas bestias, y he venido a ofrecerte mi ayuda.

Jasón dijo:

— ¿Por qué te arriesgas de este modo? Seguro que tu padre te castigará con rigor si descubre lo que estás haciendo.

— No me importa —dijo Medea, —pues prefiero darme muerte antes que verte perecer bajo los cuernos de los toros o en las fauces del dragón.

—Dime, pues, qué tengo que hacer —dijo el héroe.

Medea le entregó una botella con aceite y le dijo que se lo debía untar por todo su cuerpo, y que esto calmaría a los toros y les haría aceptar el yugo con paciencia, y otra poción que sumiría al dragón en un profundo sueño. Al mismo tiempo, le entregó un yelmo mágico para que lo empleara cuando se enfrentara al ejército que surgiría de los dientes del dragón; pues Medea era una hechicera que había aprendido el arte de elaborar medicinas y drogas y venenos de la propia diosa Hécate.

Jasón se preguntó por qué la hija de Eetes hacía todas estas cosas por él y corriendo tales riesgos. La miró y vio que era encantadora y elegante, y sintió un profundo miedo de morir en su empresa. Entonces vio que ella lo amaba, y que el amor por ella había nacido también en su pecho.

—Sacerdotisa, —dijo Jasón —no puedo agradecerte lo suficiente por tu ayuda. Sin embargo, te prometo lo siguiente: si mañana resulto vencedor, te protegeré de la cólera de Eetes, pues deseo que vuelvas conmigo a mi hogar para ser mi esposa.

Alegrándose por ello, Medea volvió a palacio sin ser vista, mientras Jasón volvió con sus compañeros para descansar. Por la mañana, Jasón se untó con el aceite que Medea le había dado. Se puso el casco y escondió el vial de somnífero entre sus ropas. Una vez estuvo preparado de este modo, Jasón y los Argonautas se dirigieron a la Llanura de Marte, donde se encontraron con el rey Eetes y su corte, que se había congregado para observar la contienda. Jasón y sus amigos mostraron sus respetos al rey, quien le entregó una bolsa llena de dientes de dragón. Cuando todos hubieron tomado asiento a un lado del campo, Jasón caminó al frente para salir al encuentro de los toros.

Sin embargo, estos no eran toros comunes, sino criaturas forjadas por el mismísimo Vulcano como regalo para Eetes. Sus pezuñas y bocas eran de bronce, y echaban tanto humo como fuego por la boca. El rey Eetes dio la señal, y se soltaron a los toros en la llanura donde Jasón se hallaba solo. Con golpes de pezuña que batían el suelo como martillos de herrero gigantes, y haciendo que el suelo temblara bajo los pies de Jasón, los toros salieron bramando al llano. Miraron a su alrededor y vieron a un hombre solo de pie en medio de sus dominios, y corrieron hacia él. Todos los que observaban contuvieron la respiración cuando las grandes bestias refrenaron su carrera para quedarse tranquilas ante Jasón, quien tomó con suavidad sus cuernos y les acarició el cuello. El ungüento que le había dado Medea tranquilizó a los toros y les puso en disposición de hacer todo lo que Jasón les pidiera. Jasón los condujo adonde se había dispuesto el arado; un arado diseñado también por Vulcano, con una reja hecha de adamanto puro. Los toros se giraron a la orden de Jasón, y se quedaron quietos y mansos mientras este los uncía.

Acto seguido, Jasón comenzó a arar la tierra con surcos finos y rectos, y en estos surcos, Jasón lanzó a su paso un rastro de dientes de dragón. Cuando todos los dientes estuvieron sembrados, Jasón soltó a las bestias del arado dándoles las gracias y las envió de vuelta al pastor que las cuidaba. Los espectadores volvieron a quedarse sin aliento al ver una extraña cosecha surgir de los surcos que Jasón había arado: grandes guerreros, armados hasta los dientes, estaban brotando de la tierra como si fueran cereal.

Cuando todos los guerreros estuvieron completamente formados, se dieron cuenta de que Jasón estaba ante ellos, observándolos. Colocando sus escudos y lanzas en posición de ataque, dieron un grito y comenzaron a marchar hacia donde estaba el extranjero. Jasón se quitó el yelmo de su cabeza y lo arrojó en medio del ejército, golpeando a uno de los guerreros en la cabeza. El guerrero gritó que uno de sus compañeros debía haberle asestado un golpe, y comenzó a atacarle con su lanza. Los demás negaron haber realizado el ataque y también comenzaron a pelear contra sus hermanos. Pronto los integrantes del ejército estaban en guerra unos contra otros, y en muy poco tiempo, casi todos los guerreros habían hallado la muerte. Los guerreros retornaron a la tierra exactamente del mismo modo con el que habían surgido: se hundieron en los surcos levantados, ahora pisoteados por sus pies de paso marcial y empapados de sangre, y nunca se les volvió a ver.

La última tarea que quedaba por hacer era encargarse del dragón que custodiaba el Vellocino. Este dragón era una cosa grande y escamosa que se enroscaba dando vueltas y más vueltas en torno al Árbol de Marte y que mataba a todos aquellos que se acercaban con sus dientes afilados como cuchillas y largos como el brazo de un hombre, y con sus garras como enormes guadañas. El dragón abrió los ojos cuando Jasón se le estaba aproximando. Lo observó con aire cansado mientras él caminaba sereno hacia el árbol. El dragón levantó su cabeza como queriendo empezar a desenroscarse, o para soltarle un eructo del fuego al héroe, pero antes de que pudiera atacarle, Jasón le roció la poción que Medea le había dado. El dragón echó hacia atrás la cabeza y cerró los ojos, y de su garganta surgió un ronquido satisfecho: la poción había sumido a la enorme bestia en un profundo sueño. Caminando con cuidado entre las vueltas del dragón, Jasón llegó y estiró el Vellocino para sacarlo del árbol.

Tomando a Medea de la mano, Jasón regresó al *Argo* con sus compañeros, donde se embarcaron a toda prisa, ya que no confiaban en que Eetes les dejara irse sin más y no querían darle tiempo para reunir un batallón que les detuviera. Aunque el rey había preparado un barco y se lanzó a perseguir al *Argo*, no pudo alcanzarlo, y de este modo, Jasón y sus amigos escaparon sin un rasguño, y pronto regresaron triunfantes a Yolco, tras otras muchas aventuras.

Una de las primeras cosas que hizo Jasón a su regreso fue visitar a su padre. Jasón se entristeció enormemente de ver que el anciano estaba débil y se había consumido en su ausencia, cuando Jasón tenía la esperanza de devolverle el trono que le correspondía por derecho tras presentar el Vellocino ante Pelias. Así pues, Jasón acudió a Medea y le preguntó si sus habilidades mágicas serían suficientes para devolverle la juventud a Esón, y si llevaría a cabo esta tarea por él. Medea aceptó y dijo que lo haría.

En primer lugar, la hechicera hizo muchos sacrificios a Hécate y a otros dioses, y luego preparó una poción con hierbas y polvos mágicos. Acto seguido, hizo un corte en la garganta del anciano y dejó que la sangre cayera en el cuenco para mezclarla con la poción, la cual untó en la herida y le dio de beber. La herida del cuello de Esón se cerró por sí sola, y este pronto recuperó el cuerpo y el vigor de un hombre en la flor de su vida.

La historia de la regeneración de Esón se extendió por la región, y las hijas de Pelias se dirigieron a Medea, suplicándole que hiciera lo mismo con su anciano padre. Medea aceptó, pero con una mala idea en la mente, pues tenía planeado vengarse del vetusto rey por sus felonías contra el padre de Jasón. Medea fingió preparar la poción, pero usó hierbas y polvos que no tenían ningún efecto. Luego, les pidió a las hijas que cortaran a su padre a trozos y lo hirvieran en una olla, dentro de la cual vertería la poción falsa. Las hijas lo hicieron así, y cuando el padre no se alzó de la olla convertido en un hombre joven, su hermano Acasto expulsó a Jasón y a Medea de Yolco.

Jasón y Medea se exiliaron en Corinto, donde vivieron durante muchos años juntos y felices y tuvieron dos hijos. Sin embargo, tras un tiempo, el rey de Corinto deseó establecer una alianza con Jasón, por lo que le ofreció la mano de su hija Glauca al héroe para que fuera su esposa si se divorciaba de Medea. Estando de acuerdo en que la alianza era deseable, Jasón se divorció de Medea y se casó con Glauca.

Medea estaba consumida por el dolor y los celos por culpa de la traición de Jasón. En primer lugar, bañó una túnica en veneno y se la entregó a Glauca como si se tratara de un regalo de bodas. Cuando Glauca se la puso, su cuerpo absorbió el veneno y empezó a agitarse en agonía. El padre de Glauca se le acercó para ayudarla, pero en cuanto tocó la túnica se envenenó él también, y así perecieron los dos. Habiendo llevado a término su venganza, Medea asesinó a sus dos hijos, se montó en su carro tirado por dragones, que había sido un regalo de su abuelo Helios, el dios del sol. Montada en él se fue a Atenas, donde se casó de nuevo y empezó una nueva vida.

Antes de partir, Medea dejó un mensaje en el que decía que, del mismo modo que el *Argo* había sido el medio para el éxito de Jasón, también sería el medio de su muerte. Jasón, despojado no de una sino de dos esposas y de sus dos hijos, vivió en Corinto, sumido en la tristeza. Un día pensó en recordar los tiempos felices de su juventud, por lo que se acercó al puerto donde el casco del *Argo*, ahora deteriorado por los años y por falta de uso, se había quedado en la arena. Jasón se envolvió en su capa y se subió al barco podrido. Se puso a dormir bajo el mástil, pero mientras dormía, un trozo del palo se rompió y cayó sobre la cabeza del héroe, matándolo. Ese fue el fin de Jasón el Esónida, héroe del *Argo* y captor del Vellocino de Oro.

TERCERA PARTE: HISTORIAS DE LAS METAMORFOSIS DE OVIDIO

La Creación del Mundo

Las Metamorfosis *de Ovidio constituyen una de las más grandes colecciones de mitos romanos, la cual comienza con la historia de la creación del mundo. Aunque los mitos romanos se corresponden en gran medida con los griegos, la historia de la creación que narra Ovidio es un tanto diferente de la presentada por escritores griegos antiguos como Hesíodo. Mientras que los griegos veían la Tierra, los cielos y otros aspectos de la creación como dioses en sí mismos, este tipo de antropomorfismo no se encuentra en el mito de Ovidio. Desde su punto de vista, un solo dios creador anónimo creó el cielo y la tierra, y la pobló con humanos, animales y el resto de seres que viven en el mundo. Ovidio tampoco explica los orígenes del panteón romano: Júpiter, Saturno y el resto de dioses simplemente aparecen en escena y comienzan a actuar y a gobernar dependiendo de sus diversos roles y atributos.*

Aquí vemos también una importante diferencia entre la religión griega y su contraparte romana. En la mitología griega, Zeus derroca de forma violenta a su predecesor, Cronos, el cual desaparece del panteón en ese momento. Sin embargo, la suplantación de Saturno por parte de Júpiter no parece haber sido violenta en absoluto, ya que Saturno continuó siendo un dios importante y digno de pleitesía durante todo el período romano.

En un principio, no existía nada salvo el Caos. El sol no brillaba, ni la luna crecía ni menguaba. La tierra, el mar y el aire existía, pero estaban oscuros y en constante movimiento. La creación aún no era un lugar donde los seres vivos se movían, y hacían cosas, y existían.

Así fue hasta que llegó dios y puso orden en el universo. Dios separó el mar de la tierra, y el aire de estos dos, y puso los cielos en su lugar y les dio forma por encima de todas las demás cosas. Acto seguido, dios le dio al mundo la forma de un gran orbe y extendió las aguas sobre él. En algunos lugares, estaba el océano, en otros, ríos y arroyos. De entre las aguas, surgió la tierra. Dios creó las llanuras y las colinas, las montañas y los valles, y puso sobre ellas todo tipo de árboles y cosas que crecen. En el aire, dios puso la niebla y la neblina y las nubes; creó el rayo y el trueno, el viento y la lluvia, y cada uno de los vientos se desplazaron al rincón del mundo que más les gustaba. El Euro se fue al este, el Céfiro al oeste, mientras que el frío Bóreas se fue al norte y el cálido Austros, a las tierras del sur.

Una vez que todas las cosas se hubieron separado y colocado en sus lugares, las estrellas comenzaron a brillar en el cielo, y los peces, a nadar en las aguas. Las aves surcaban el cielo, y los animales caminaban por la tierra. Los humanos fueron creados en último lugar y se les dio el dominio sobre la tierra. Fue Prometeo, hijo del titán Japeto, el que creó estos seres por primera vez, moldeándolos con forma de dioses y haciéndoles caminar erguidos.

La primera era de la creación se conoce como la Edad de Oro, pues todos los seres hacían lo que era correcto sin necesidad de leyes ni de castigos. No había armas ni conflictos, y la tierra producía comida para todos sin necesidad de bueyes ni de arados, y sin la labor de los agricultores y granjeros. La leche brotaba de los arroyos, y la miel goteaba de los panales. En esta época, la primavera era eterna en la tierra; nunca hacía un frío o calor excesivos, pero siempre hacía un tiempo cálido y una suave brisa, y el dios Saturno gobernaba supremo sobre toda la creación.

Pero esta edad iba a durar poco. Júpiter expulsó a Saturno del mundo y tomó el mando en su lugar, y este fue el comienzo de la Edad de Plata. En esta edad llegaron las estaciones, con el frío del invierno y el calor del verano. La tierra no producía alimento sin trabajo: la gente estaba ahora obligada a labrar la tierra y a sembrar el grano, y los bueyes se esforzaban ante el arado. Después de ella, llegó la Edad de Bronce, más dura y de peor condición que la de Plata, y al final llegó la Edad del Hierro, donde todo tipo de males sobrevinieron. La gente se olvidó de cómo vivir en paz con sus semejantes. El robo y las mentiras, el odio y la guerra se extendieron por todo el mundo. La tierra ya no era libre para todo aquel que desease cultivarla, sino que estaba marcada por límites. Los mineros horadaron la tierra buscando las riquezas que se hallaban en su interior, hierro y gemas, y brillante oro para codiciar y acumular. Y en todas sus labores y su avaricia, la gente se olvidó de cómo adorar a los dioses.

Júpiter miraba todo este desde su palacio en las alturas, y estaba molesto por ello. Convocó ante él un consejo de dioses, y estos se acercaron a su morada caminando por la Vía Láctea, el camino divino en el cielo que conduce al hogar del mismo Júpiter.

Júpiter dijo a los dioses allí reunidos:

—He mirado abajo, a la tierra, y no veo nada salvo odio y crímenes. La raza humana se ha olvidado de todo decoro. Acumulan riquezas, matan, mienten y roban; descuidan los sacrificios y adoración debida a nosotros los dioses y que es su justa obligación. Me propongo a destruir a la humanidad, a borrarlos de la faz de la tierra y comenzar de nuevo con una nueva raza de gente, una que actuará correctamente y nos dará el honor que merecemos.

Así, Júpiter convocó a los vientos y las olas, y les ordenó que se alzaran y soplaran. Llamó a Neptuno, el dios de los mares, y le pidió que liberara las aguas de sus cursos y las mandara chocar contra la tierra. Llamó a los ríos y arroyos y les pidió que rebosaran de sus lechos. Las aguas se alzaron, arremolinándose por entre las casas y los templos. Inundaron los campos y llegaron a las ramas de los huertos de frutales. Se deslizaron por las laderas de las colinas y llenaron los valles.

La gente se asustó y trató de huir, pero las aguas eran demasiado veloces y fuertes. Tanto los animales como las aves sucumbieron. Solo dos personas sobrevivieron: Deucalión, un hombre justo que no descuidaba el honor debido a los dioses, el cual se aferró a su barquita con su amada esposa, Pirra, una mujer tan honorable como virtuoso era su marido. Durante un tiempo, navegaron sobre las aguas, lamentando que pronto también ellos fueran a morir, pero su barco quedó varado en la cima del monte Parnaso, el cual era demasiado alto para que las olas lo cubrieran.

Júpiter oyó los gritos de Deucalión y Pirra, y los miró con piedad. Calmó la tormenta, y con su poder, hizo que las aguas se retiraran. Muy pronto, todo el mundo se recuperó, pero ahora estaba desprovisto de vida.

— ¿Qué debemos hacer? —dijo Deucalión. —De momento hemos salvado la vida, pero la raza humana perecerá cuando lo hagamos nosotros.

Así pues, Deucalión lloró por su soledad, y Pirra lloró con él. Cuando cesaron sus lágrimas, regresaron a su ciudad y fueron antes que nada al templo de Temis, la diosa de la justicia. Las paredes del templo estaban sucias por el paso de la inundación, y las hogueras del templo estaban apagadas, pero Deucalión y Pirra entraron y se postraron ante la diosa. Rezaron con gran piedad para pedirle ayuda y para reinstaurar la humanidad perdida.

La diosa escuchó su oración y les habló, diciendo:

—Cubrid vuestras cabezas y soltad vuestras vestiduras, y lanzad los huesos de vuestra madre detrás de vosotros.

En un primer momento, Pirra se negó, diciendo que jamás cometería tal acto impío contra la que la trajo al mundo, incluso si era posible encontrar su tumba entre los restos de la inundación. Pero entonces, Deucalión dijo:

—Los oráculos rara vez hablan con tanta claridad, esposa mía. Con toda seguridad, la diosa se está refiriendo a algo completamente diferente.

Cambiando de opinión sobre ello y en vista de los destrozos que la inundación había causado a su ciudad, Deucalión encontró la respuesta:

—Los huesos que la diosa nos pide lanzar no son humanos, sino los huesos de la tierra, la cual también es nuestra madre. Rápido, esposa, cubramos nuestras cabezas y soltemos nuestras vestiduras, y entonces lanzaremos las piedras que encontremos en nuestro camino a nuestras espaldas, tal y como la diosa ordena.

Así pues, Pirra y Deucalión comenzaron a caminar por las calles de su ciudad, tomando piedras y lanzándolas por encima de sus hombros. Cuando las piedras impactaban contra el suelo, se ablandaban y comenzaban a crecer y cambiar. Pronto cada roca que Deucalión tomaba la semejanza de un hombre, mientras que las que lanzaba Pirra se transformaban a imagen de una mujer. Cuando estas terminaron de tomar forma, los dioses dieron aliento y vida a los nuevos seres.

Mientras que Deucalión y Pirra trabajaban para devolver a la humanidad a la vida, la tierra recuperó los animales y las aves. Al calor del sol, del barro y el lodo que habían traído las aguas surgieron todas las criaturas que habían caminado, reptado o volado antes de la inundación, y muchas nuevas bestias y pájaros con ellos. Y de este modo, el mundo se renovó, y la raza humana tuvo un nuevo comienzo.

El Castigo de los Dioses

El concepto de hubris, o de orgullo excesivo, es importante para la mitología griega y romana. En muchos mitos grecorromanos, el orgullo que sobrepasa ciertos límites siempre recibe castigo de maneras creativas, y a menudo inquietantemente violentas, por parte de los dioses. Algunas de estas historias funcionan principalmente como relatos de advertencia, pues avisan a los humanos que no se crean iguales a los dioses, mientras que otros sirven como historias sobre el origen de las cosas, como por ejemplo, de las arañas.

Cada una de las historias que se presentan aquí sigue formando parte de nuestra consciencia moderna de una manera u otra. Aracne presta su nombre, el cual quiere decir "araña" en griego, a nuestro vocabulario en la forma de la palabra "arácnido", que significa "parecido a una araña". La historia de Ícaro todavía se emplea para advertir del peligro de tentar al destino; mientras que todavía hoy en día nos referimos a alguien avaricioso o, simplemente, excesivamente rico, como un "Midas". Por último, el hermoso Narciso presta su nombre tanto a una flor de aroma dulce de la familia de las bulbosas y al trastorno mental del "narcisismo", una preocupación excesiva por uno mismo a expensas de otros. En esta historia, también nos enteramos de cómo surgió el eco, el cual en un primer momento existió en la forma de una ninfa maldecida por Juno que se consumió y se transformó en una simple voz a causa de un amor no correspondido.

La Historia de Aracne

En Colofón vivía una mujer llamada Aracne, la cual tenía las mejores habilidades al telar que cualquier otra mujer en el mundo entero. Su padre, Idmón, era un maestro tintorero, y teñía la lana con todo tipo de colores vivos para que ella la tejiera. La gente acudía desde millas de distancia para ver a Aracne hilar la lana y bordarla en la tela, o trabajando en su telar. Incluso las ninfas bajaban de sus arboledas y se pasaban horas y horas observando a Aracne trabajar mientras la tela crecía y brillaba con su danza de trama e hilos entrelazados.

—Seguro que Minerva le ha enseñado todo lo que sabe —decían todos aquellos que veían el trabajo de Aracne, puesto que, de todos los dioses, Minerva era la que tenía una mayor destreza en el hilado y el tejido, y nadie podía rivalizar con ella ni en el cielo ni en la tierra.

Sin embargo, Aracne se mofaba de esto, diciendo que ni siquiera la propia Minerva le podría haber enseñado tal destreza.

—Si Minerva piensa en retarme, —dijo Aracne —que venga aquí y demuestre lo que vale. Pagaría lo que fuera para medirme con ella, incluso si al final ella me superara.

Al oír esto, Minerva, la de los ojos grises, tomó la forma de una anciana de cabello cano, doblada tras años de trabajo. Se acercó donde Aracne estaba sentada ante su telar y dijo:

—Tejes bien, y haces bien queriendo buscar fama entre los mortales por tu destreza. Pero escucha ahora los consejos de la vejez: no te creas igual que una diosa, puesto que esto solo te traerá la ruina. Pídele perdón a Minerva por tu atrevimiento ahora mismo, abandona tu orgullosa presunción, y con toda seguridad, la diosa tendrá misericordia de ti.

Pero Aracne despreció las palabras de la anciana.

—La edad no es garantía de sabiduría. Ve y encuentra a otra a la que sermonearle. ¿No tienes una hija o una nuera que haga caso a tus consejos? Si Minerva dice que es la mejor tejedora, entonces, que lo demuestre. La espero cuando a ella le venga mejor.

De pronto, la diosa se deshizo de su disfraz. La espalda encorvada y las manos ajadas habían desaparecido. El pelo cano se había desvanecido.

— ¡Mírame! —dijo Minerva. —Me has llamado, y he venido.

Las ninfas y mujeres reunidas allí se inclinaron ante Minerva y la adoraron. Aracne fue la única que no dobló la rodilla, sino que permaneció de pie ante la diosa como señal de desafío. No hubo más palabras entre ellas: ambas se pusieron ante sus telares y comenzaron a tejer. La competición había empezado.

Con cuidado y habilidad, colocaron la urdimbre. Con pericia pusieron hilos en la trama. Los ágiles dedos volaban, trabajando con la brillante lana teñida de colores vivos: morado, azul cielo, rojo sangre y blanco puro, e incluso hilos metalizados que refulgían al sol. La tela iba creciendo lentamente en los telares; poco a poco, el diseño de las tejedoras iba tomando forma. Tanto la mujer mortal como Minerva tejieron una tela historiada digna de la túnica de una diosa.

En el telar de Minerva iba apareciendo la historia de la ciudad de Atenas, de cómo Neptuno y Minerva lucharon para tener el honor de ser el dios protector de la ciudad, y de cómo Minerva hizo crecer el olivo que le supuso su victoria sobre el dios del mar y le dio a la ciudad su nombre. En cada rincón, la diosa tejió la historia de los humanos destruidos por el pecado de la *hubris*, y remató toda la tela con ramas de olivo.

Aracne tejió muchas historias en su tela: historias de mujeres tomadas como amantes por los dioses, las cuales daban a luz niños divinos. Allí estaban Europa y el toro, y Leda y el cisne, Dánae con su lluvia de oro, y otras muchas, todas rodeadas de múltiples flores y hiedra trenzada. Nadie que vio aquella tela historiada pudo ver ni un solo defecto en ella, ni siquiera la propia Minerva.

La diosa de ojos grises no pudo contener su envidia. Partió la tela de Aracne en dos y, tomando la lanzadera de madera que la mujer mortal había usado para derrotarla, le golpeó a Aracne con ella en la cabeza. Aracne no pudo soportar la afrenta de la diosa, así que se fue a un árbol cercano y se colgó de él. Viendo esto, Minerva se llenó de piedad, y por ello, en vez de dejar que Aracne pereciera, la transformó en una araña. Y así, hoy en día las arañas siguen siendo tejedoras, e incluso cuelgan de los árboles.

***Nota sobre las telas historiadas:** En el relato anterior, Aracne y Palas compiten para ver quién podía tejer la mejor tela historiada. Una tela historiada era un hermoso y complejo tejido que era una parte importante de la cultura griega antigua, y que estaba particularmente asociado con la propia Palas Atenea. Tal y como Elizabeth Barber explica en su libro sobre la historia del tejido, en la antigua Grecia, un grupo de mujeres vírgenes se dedicaban todos los años a tejer una tela historiada para una estatua de Atenea de la Acrópolis. Aunque como podemos ver en la historia de Aracne y en las tradiciones del templo de Atenea, las telas historiadas estaban principalmente asociadas a las mujeres, también se les aplicaba a los hombres en ocasiones. En un capítulo de la* Argonáutica *de Apolonio Rodio, se cuenta que Jasón llevaba puesto uno de estos paños, lo que sugería su alto estatus, quizá casi rozando la divinidad.*

El Vuelo de Ícaro

Dédalo era un inteligente arquitecto y constructor. Hacía cualquier objeto que pudiera fabricarse a mano, y cuanto mayor era el reto, mayor era su deseo de crear lo que se le había pedido. Sin embargo, su destreza pronto iba a ser su ruina y la de su único hijo, Ícaro, y así es como sucedió.

Muchos años antes de esta historia, Dédalo había llegado a Creta tras haber sido acusado de matar a un hombre en su ciudad natal, Atenas. En aquel tiempo, Minos era el rey de Creta, el cual había logrado reinar tras pedirle a Neptuno que le enviara un toro divino desde el mar para probar que tenía derecho al trono. Minos prometió que, si Neptuno lo hacía, sacrificaría inmediatamente al animal al gran dios del mar. Neptuno le envió el toro, y Minos recibió el trono, pero en vez de mantener su promesa, envió al toro a sus propios rebaños y escogió otro para el sacrificio.

Como venganza, Neptuno hizo que Pásifae, la esposa de Minos, sintiera un deseo lujurioso irrefrenable por el toro divino. Pásifae fue adonde Dédalo y le pidió que le construyera un disfraz tan completo que el toro creyera que ella era una vaca, y así, accediera de grado a yacer con ella. Dédalo estuvo de acuerdo y le hizo una vaca de madera, vacía por dentro y cubierta con la piel de una vaca de verdad. Pásifae se metió dentro, y cuando la vaca de madera se colocó en el prado donde se hallaba el toro, el toro se acercó y se apareó con ella. Como parte de la maldición de Neptuno, Pásifae pronto se dio cuenta de que estaba embarazada, y dio a luz a su debido tiempo. Sin embargo, este no era un niño normal: había dado a luz un monstruo, un Minotauro, con cabeza de toro y cuerpo humano, que resultó tener un terrorífico gusto por la carne humana. Cuando el Minotauro se hizo demasiado grande y fuerte para ser controlado, Minos mandó llamar a Dédalo.

—Fue por tu mano que fue posible concebir este monstruo, y tú serás quien lo encierres —dijo el rey. —Constrúyeme un lugar para mantenerlo dentro; uno que sea seguro, uno tal que nadie que entre pueda nunca salir de él; pues aún tendrá que ser alimentado, y sus víctimas no deben poderse escapar.

Dédalo, pues, construyó el laberinto, una estructura de pasillos que se doblaban y retorcían que hacían perder el sentido de la orientación a cualquiera. Sabía que el Minotauro se lo aprendería con el tiempo, ya que la bestia viviría en él, pero colocó las puertas más seguras que pudo diseñar. Tales eran los recovecos del laberinto que cualquier víctima que atravesara aquellas puertas tenía la certeza de que al final se convertiría en la comida del Minotauro; e incluso si no lo hacía, de que nunca sería capaz de encontrar la salida de nuevo.

Cuando el laberinto se construyó y se colocó al Minotauro dentro, Minos proclamó que estaba bien satisfecho. Sin embargo, cuando el héroe Teseo llegó de Atenas como parte de un tributo de jóvenes para alimentar al monstruo, Ariadna, la hija de Minos, le preguntó a Dédalo cómo podría el joven héroe escapar con vida del laberinto. El arquitecto le dijo que le diera a Teseo un ovillo de cordel para que lo pudiera dejar tras de sí y luego seguirlo de vuelta a la entrada. Ariadna tomó su consejo, y así fue que Teseo pudo matar al Minotauro y escaparse de Creta, llevándose consigo a Ariadna.

Minos pronto descubrió cómo Teseo fue capaz de escapar, y así, condenó a Dédalo y a su joven hijo, Ícaro, a ser encerrados ellos mismos en el laberinto. Pero la crueldad de Minos no era rival para el ingenio de Dédalo. Dédalo tomó las plumas de unos pájaros y las sujetó con cera y cordel hasta fabricar dos pares de alas. Atándoselas a sus brazos, le enseñó al joven Ícaro como podía volar como las aves, pues aunque Minos había atrancado las puertas del laberinto por fuera, y aunque el rey controlaba los puertos y radas de Creta, el cielo no se encontraba bajo su jurisdicción, y fue por el aire que Dédalo se propuso recuperar su libertad y la de Ícaro.

—Vuela con cuidado —dijo Dédalo, —y siempre toma el camino del medio; pues si vuelas demasiado bajo sobre el mar, tus alas se pueden mojar demasiado, y si vuelas demasiado alto, el calor del sol derretirá la cera y las alas se te romperán.

Y de este modo, padre e hijo se alzaron en el aire y sobrevolaron mar abierto. Ícaro se quedó al lado de su padre durante un tiempo, sin volar ni muy bajo ni muy alto. Sin embargo, su espíritu pronto se alegró demasiado con el vuelo, y trató de descubrir cómo de alto podía volar. Antes de que su padre le pudiera llamar, Ícaro voló demasiado alto, y el calor del sol derritió la cera de las alas del chico, justo como su padre le dijo que sucedería. Ícaro cayó en picado en el mar, con las ahora inútiles plumas de sus alas agitándose en el aire que lo rodeaba, e Ícaro se ahogó en las profundas aguas. Dédalo vio las plumas desprendidas de las alas de Ícaro flotando sobre las olas, y el cuerpo quebrado de su hijo hundiéndose suavemente. Dédalo lloró a su hijo muerto, pero nada podía ya hacerse por él, por lo que voló solo de vuelta a Grecia siguiendo el camino del medio, con alas que él había fabricado tan solo con plumas y cordel y cera.

La Historia del Rey Midas

El dios Baco estaba acostumbrado a deambular por el campo en compañía de sus doncellas salvajes y sus sátiros, pero en especial, de su padre adoptivo, el anciano Sileno, dios del vino. Un día, Baco se fue al monte Tmolo para cuidar los huertos de frutales que tenía allí, y cuando llegó, se dio cuenta de que Sileno no estaba con él. Tal y como era habitual en él, Sileno se había emborrachado con vino mientras atravesaban Frigia, y en este estado de embriaguez, lo habían capturado unos labradores frigios, quienes llevaron al dios ante su rey, un hombre llamado Midas. Al reconocer quién era Sileno, Midas proclamó la celebración de un gran festival en su honor, y su reino estuvo festejando con el dios durante los siguientes diez días.

Al undécimo día, Midas llevó a Sileno de vuelta a Lidia, donde le ayudó a volverse a encontrar con su hijo adoptivo. Baco estaba tan lleno de dicha por el retorno de su padre adoptivo que le dijo a Midas que le daría al rey cualquier cosa que pidiera, sin importar lo grande o lo pequeña que fuera. Midas era un hombre avaricioso, y amaba el oro por encima de todo. Así pues, le dijo a Baco:

— ¡Haz que todo lo que toque se vuelva de oro!

Baco le concedió este don, pues era lo que le había prometido, pero en su fuero interno pensó que Midas había hecho una mala elección. Midas, por su parte, volvió a su país natal, probando su nuevo don a medida que avanzaba. Tocó un ramillete de hojas y ¡oh maravilla! Al instante se hicieron de oro, suaves y amarillas. Las piedras y el suelo, las espigas de trigo y las manzanas: todo se volvía de oro. Llegó a palacio y tocó las columnas que adornaban su fachada. Encantado, Midas vio que chispeaban con un brillo amarillo al roce del sol. Sin embargo, el inconveniente de su deseo pronto se mostró ante él: los siervos del rey dispusieron ante él una buena comida para darle la bienvenida a casa, pero cualquier cosa que el rey tocaba con sus labios se volvía de oro. La carne y el pan, el vino y el agua: todo por igual se tornaba del precioso metal. No importaba el cuidado con el que lo intentara; Midas no podía consumir nada de lo que se echaba a la boca, pues todo se volvía de oro en el instante en que lo tocaba con la más mínima parte de su cuerpo. Desesperado de hambre y sed, Midas rogó a los dioses:

— ¡Oh, tened piedad de mí! —gritó. —He llegado a este punto por mi culpa, y por mi propia avaricia. ¡Liberadme de esta maldición, y nunca más anhelaré riquezas!

Baco oyó la oración de Midas. El dios acudió ante el pesaroso rey y le dijo:

—Si quieres librarte de tu maldición, vete al arroyo que fluye por Sardes. Sigue su curso hasta que llegues al nacimiento del río. Una vez allí, báñate en sus aguas y volverás a tu ser.

Midas hizo lo que Baco le dijo. Se bañó en el arroyo y dejó de tener el toque de oro, pero este pasó al río, el cual incluso hoy en día cuenta con oro en su lecho. Desde ese día en adelante, Midas se negó a volver a su ciudad y a vivir como un hombre rico. En vez de ello, deambulaba por los bosques y los valles, adorando al dios Pan.

A Pan le gustaba tocar una pequeña flauta de caña que había fabricado, y con su música, deleitaba a las ninfas y las dríadas y otras criaturas que vivían en los bosques con él. Tenía su manera de tocar en muy alta estima, y un día, dijo:

—Creo que mi música es incluso mejor que la de Apolo.

Al oír esto, el veloz Apolo bajó a la tierra y retó a Pan a un concurso con Tmolo, el dios de la montaña, como juez. Pan fue el primero en tocar, creando muchas melodías con su flauta de caña. Después, Apolo tocó su lira, un objeto muy bien construido y engastado de marfil y gemas. Tmolo escuchó con atención a cada uno, pero al final tuvo que declarar que la música de Apolo era de lejos la mejor. Todos los que escucharon la competición estuvieron de acuerdo en que Tmolo había emitido un juicio correcto; todos, claro está, excepto Midas, quien pensaba que la música de flauta de Pan había sido la mejor. Apolo no podía dejar pasar esto sin castigo, por lo que transformó las orejas de Midas en un par de orejas de burro, largas y suaves y grises, por lo que Midas escondió sus vergonzosas orejas bajo un turbante morado por el resto de sus días.

Eco y Narciso

Había una vez una ninfa llamada Liríope a la que raptó el dios del río Cefiso. La arrastró a su morada e hizo con ella lo que quiso, y pronto ella se dio cuenta de que estaba encinta. Deseando saber la naturaleza del bebé que llevaba dentro, Liríope fue adonde el vidente ciego, Tiresias, el cual era conocido por todas partes por su sabiduría y su habilidad para saber sobre las cosas que estaban por llegar.

—Háblame de mi hijo —dijo la ninfa. — ¿Vivirá muchos años?

—Lo hará, no cabe duda —contestó Tiresias, —pero solo si él nunca logra conocerse a sí mismo.

Ni Liríope ni ninguno de sus amigos o consejeros pudieron entender lo que Tiresias quería decir, pero en cuanto el chico creció, las palabras del vidente cayeron en el olvido. Narciso llegó a los dieciséis años, y en verdad, no había otro joven en el mundo entero que se le comparara en belleza, ni de cara ni de forma. Todos los que le veían se enamoraban de él, tanto hombres como mujeres, tanto mortales como ninfas. Pero el orgullo de Narciso era mayor que toda su belleza junta, y despreciaba a todos aquellos que buscaban sus favores.

Un día, sucedió que Narciso estaba cazando ciervos en el bosque con algunos de sus compañeros, y fue vislumbrado por una ninfa llamada Eco. Esto pasó en un tiempo en el que Eco tenía una forma visible, aunque, al igual que hoy en día, ella solo podía repetir lo que se le decía y no podía hablar a no ser que se le dirigiera la palabra. Esta era una maldición que le había echado la diosa Juno, pues a Eco se le encomendó la tarea de distraer a Juno mientras Júpiter estaba en tratos amorosos con otra mujer, y Eco lo hizo dándole conversación, pues estaba tenía el don de las buenas palabras. Cuando Juno descubrió por qué Eco la había buscado para conversar, Juno ordenó que la ninfa solo pudiera repetir las palabras que otros le decían, y muchas veces, de manera incompleta.

Cuando Eco vio a Narciso, quedó presa de una ardiente pasión por él. Ella le siguió mientras él perseguía ciervos por el bosque, anhelando hablar con él, pero sin poder siquiera pronunciar su nombre debido a la maldición de Juno. A medida que la partida de caza se adentraba en el bosque, Narciso quedó separado de sus amigos. Miró a su alrededor para intentar ver adónde se habían ido, y gritó:

— ¿Hay alguien por aquí?

Eco le contestó:

— ¡Por aquí!

Sin reconocer la voz, y preguntándose de dónde provenía, Narciso volvió a gritar:

— ¡Ven a mí!

Eco respondió:

— ¡Ven a mí!

Narciso miró a su alrededor confundido, pues la voz no era la de ninguno de sus compañeros. Gritó:

— ¡Voy a esperarte; encontrémonos aquí!

La voz extraña repitió:

— ¡Encontrémonos aquí!

Y mientras Narciso observaba, una hermosa ninfa llegó corriendo por el bosque y lanzó sus brazos al cuello de él.

Sin embargo, Narciso la apartó, diciendo:

— ¡No me toques! No busco los abrazos de nadie. ¡Prefiero morirme antes; no te doy poder sobre mí!

Al tiempo que Narciso se alejaba por entre los árboles, Eco repetía tristemente:

— ¡Te doy poder sobre mí!

Y luego, se quedó en silencio.

Con el corazón roto, Eco vagabundeó por el bosque y siguiendo los arroyos, no pensando en nada salvo en Narciso. Subió a las montañas, donde vivió en cuevas y entre rocas y bloques de piedra. Entonces, se deshizo de su cuerpo, y pronto se debilitó hasta que no fue nada más que huesos y una voz, y muy pronto solo quedó de ella la voz, esperando entre las piedras y los taludes a que las palabras de los demás la hicieran hablar de nuevo.

Mientras tanto, Narciso volvió a casa, donde atrajo a todavía más admiradores. No obstante, seguía despreciándolos. Al final, una joven que Narciso había rechazado con especial inquina rezó esta oración:

— ¡Que encuentre a alguien a quien ame, pero que nunca pueda tenerle!

La diosa Némesis oyó esta oración y juró satisfacer su petición. La siguiente ocasión en la que Narciso salió a cazar, Némesis puso en su mente la idea de buscar un estanque donde pudiera beber, ya que cerca de allí había una poza clara con aguas que reposaban sin una sola onda, y en un rincón de la poza crecía una pequeña arboleda cuyas ramas colgaban sobre el agua. Cansado y sediento por la caza, Narciso se acercó a la poza y se tumbó a la sombra de los árboles con la idea de refrescarse y saciar su sed. Sin embargo, cuando se inclinó sobre las aguas tranquilas, el reflejo de su cara se quedó observándole, y Narciso lo observó de vuelta, en estado de trance; pues nunca había visto un rostro tan hermoso, una forma tan bella, tan elegante en su virilidad. Ciertamente, este debía ser el amado que tanto había estado esperando mientras despreciaba los deseos de todos aquellos que se le habían acercado.

Narciso se encaramó sobre las aguas para besar aquellos labios encantadores, solo para ver cómo se desvanecían en una maraña de ondas. Sumergió sus brazos en la poza con la intención de abrazar y acariciar esas formas tan bellas, y sacarlas del agua a la luz del sol para que fueran suyas, pero sus manos no tocaron otra cosa que las piedras del fondo de la poza. Narciso lloró la desaparición de su amado, y mientras se quedaba sentado lamentándose, las aguas de la poza se serenaron, y el hermoso rostro apareció de nuevo sobre la superficie.

Una y otra vez, Narciso trató de atrapar al joven que le observaba de vuelta, y cada vez, el joven desaparecía, solo para volver una vez que las aguas se calmaban. Con el tiempo, Narciso se dio cuenta de que estaba contemplando su propio reflejo, pues cuando se inclinaba para darle un beso a la imagen, esta se echaba hacia delante de la misma forma. Cuando estiraba sus brazos para abrazarlo, la imagen hacía lo mismo. Cuando Narciso le hablaba al reflejo, el joven del agua vocalizaba las mismas palabras.

— ¡Ay de mí! —gritó Narciso. —Pues ahora que sé que me amo a mí mismo, y lo infeliz y desgraciado que soy; que no podré disfrutar de mis propios abrazos, que no podré desdoblarme y que la imagen que me encandila solo es un reflejo en una poza de montaña que se desvanece a cada intento de capturarla. Aunque, si bien no puedo abrazarme a mí mismo, aún me puedo observar a mí mismo, y así mi amor será correspondido, pues el joven que veo en las aguas me devuelve mi propia pasión.

Y así, Narciso se sentó junto al estanque, observándose con deseo a sí mismo y amando su reflejo más que a su propia vida. Mientras Narciso se sentaba allí, Eco bajó de su montaña y le vio. Aún estaba enfadada por su rechazo, pero ahora que estaba viendo cómo sus formas se habían echado a perder por sus desvelos, sintió pena por él.

— ¡Ay de mí! —suspiró Narciso, y Eco le respondió con su propio:

— ¡Ay de mí!

Sintiendo que la muerte se le acercaba, Narciso le dijo a su imagen:

— ¡Adiós!

— ¡Adiós! —respondió Eco.

Acto seguido, Narciso colocó su cabeza sobre la hierba, y su espíritu se fue a la Tierra de los Muertos. Las náyades y las dríadas del lugar lloraron su fallecimiento, y reunieron madera para hacer una pira funeraria para el hermoso joven. No obstante, cuando volvieron a la poza para levantar su cuerpo, vieron que se había desvanecido y que en su lugar había una flor blanca con una corola dorada que emitía un rico aroma. Y desde ese momento, estas flores también reciben el nombre de "narcisos".

Píramo y Tisbe

Esta historia de amor prohibido y de muerte trágica de los amantes fue la inspiración para el Romeo y Julieta *de Shakespeare, en el que el dramaturgo del Renacimiento inglés le dio un toque nuevo a un antiguo y conocido relato. En el original de Ovidio, los amantes son vecinos que viven pared con pared, y no se da ninguna razón por la que sus padres se oponen a su relación, ni hay consecuencias para sus muertes más allá del luto y de los ritos funerarios. Sin embargo, Shakespeare sube la apuesta dramática proponiendo una reyerta entre las dos familias. A causa de este conflicto, la relación de Romeo y Julieta tiene repercusiones más allá del descontento de sus padres, y la muerte de los dos amantes se convierte en el punto de partida para la reconciliación de los enemistados Montescos y Capuletos.*

En la ciudad de Babilonia vivían una vez dos familias en casas contiguas. Píramo era el hijo de una de las familias, y Tisbe, la hija de la otra. Las familias no tenían trato entre sí y llevaban vidas separadas, pero se veían a menudo por la ciudad, y sucedió que los dos jóvenes se enamoraron el uno del otro. Les pidieron permiso a sus padres para empezar a cortejarse, pero los padres rechazaron sus propuestas. Así pues, Píramo y Tisbe buscaron maneras de hablar el uno con el otro; unas veces, en silencio, mediante miradas robadas al pasar por la calle, o con palabras susurradas a través de un agujero en la pared común que separaba las casas de sus familias.

Una noche, en la que ambos pensaban que iban a morir por el mal de amores, se reunieron junto al agujero de la pared y planearon escapar de la ciudad, de manera que pudieran casarse libremente. Acordaron reunirse bajo una morera que había en un cementerio cercano esa misma noche, una vez que sus casas estuvieran sumidas en el sueño y que pudieran escapar sin ser vistos y sin hallar resistencia.

Tisbe logró llegar en primer lugar al árbol, y allí esperó con su velo de doncella sobre su cabeza y colocado frente a su cara, como le era propio. No obstante, mientras Tisbe esperaba, se le acercó una leona silenciosamente por el cementerio, con sus mandíbulas y cuello goteando con la sangre de una presa que acababa de comerse. La leona no tenía interés en la joven, pues iba de camino a un arroyo que corría por el borde del cementerio para saciar su sed tras su festín. Tisbe, sin embargo, no tenía manera de saber esto, por lo que al ver a la gran bestia huyó aterrorizada, dejando caer su velo en la huida.

Mientras Tisbe se encogía de miedo en una cueva cercana, la leona terminó de beber en el arroyo y se fue por donde había venido. La bestia se encontró el velo de Tisbe, y se puso a desgarrarlo con sus dientes y garras. Una vez hubo acabado de juguetear, la leona se marchó a su guarida, a las afueras de la ciudad.

No mucho después de esto, Píramo llegó al cementerio buscando a su amada. Se topó con los restos hechos trizas del velo de Tisbe, los cuales se hallaban por aquí y por allá, manchados con la sangre que llevaba colgando la leona de la mandíbula. Al observar a su alrededor, vio las huellas firmes del rastro de la leona sobre el blando suelo, y su corazón se estremeció, pues aquello era con toda seguridad la prueba de que una bestia salvaje había atacado a Tisbe y la había matado. Atormentado por la culpa al ver que Tisbe había muerto de esta manera, y sabiendo que no podía vivir sin ella, Píramo sacó su espada, la hundió en su corazón y tras extraer la hoja, se desplomó sobre el suelo.

Entretanto, Tisbe esperó dentro de la cueva hasta que recobró el valor, pues no quería encontrarse con la leona ni que Píramo pensara que le había sido desleal. Tisbe se deslizó en silencio por el cementerio y llegó hasta el árbol de su cita, y allí se encontró con el cuerpo de Píramo y con su espada junto a él. Tomó su cuerpo en sus brazos y lo llamó por su nombre. Píramo abrió sus ojos por última vez y murió mirando a su amada Tisbe.

Desconsolada, Tisbe tomó la espada y la hundió en su propio pecho, puesto que no podía vivir una vez su Píramo había muerto. Se tumbó a su lado en un abrazo, mientras su sangre se mezclaba con la tierra de debajo del árbol. Por la mañana, las familias salieron a buscar a sus hijos, y se quedaron horrorizados al hallarlos muertos por sus propias manos, yaciendo sobre la fría tierra del cementerio. Celebraron los ritos funerarios, y desde entonces, guardaron luto por los jóvenes Píramo y Tisbe. Hasta la muerte de los dos amantes, la morera había dado frutos blancos, pero tras aquella noche trágica, el árbol y toda su especie dieron frutos del color de la sangre.

Orfeo y Eurídice

Durante el Renacimiento, estudiosos, poetas y músicos por igual quedaban embelesados con los escritos del antiguo mundo griego y romano. Un nuevo género musical que surgió de este interés era la ópera, que al principio fue en parte un intento de recrear o imaginar cómo era el antiguo teatro griego. La primera de estas obras que se conserva completa es Eurídice, compuesta en 1600 por Jacopo Peri, y se estrenó en Florencia durante la boda de María de Medici y Enrique IV de Francia. La siguiente ópera de esas características es la obra maestra de Claudio Monteverdi, Orfeo, que fue patrocinada por Francesco Gonzaga, heredero del ducado de Mantua, y se representó por primera vez en el palacio ducal durante el carnaval de 1606/1607. Desde entonces, otros muchos compositores han escogido esta historia de las Metamorfosis de Ovidio como tema, celebrando así tanto el poder del amor eterno como el de la música.

Orfeo era el hijo del dios Apolo y la musa Calíope. Tenía grandes dotes para la música y el canto. Su padre le dio una lira de oro y le enseñó a tocarla, y su madre le instruyó en el arte de componer hermosos y emotivos poemas para ponerle letra a sus melodías. Tan grande era el poder de las canciones de Orfeo que podía amansar animales y hasta hacer que las mismas piedras se movieran y los ríos cambiaran su curso.

Sucedió un día que Orfeo divisó a una joven ninfa llamada Eurídice bailando en un prado, y se enamoró de ella. La cortejó durante un tiempo, y al final, acordaron casarse. Era una ocasión para la fiesta: todos sus amigos se reunieron para celebrar aquel dichoso día. Eurídice sacó a algunas de sus doncellas al campo para hacer coronas de flores para su pelo, mientras que Orfeo esperaba con sus amigos y recordaba cómo conoció a su amada y cantaba canciones sobre lo mucho que la amaba.

Mientras Orfeo y sus amigos estaban regocijándose de esta manera, una de las doncellas llegó corriendo hacia él con lágrimas deslizándose por su cara.

—¡Oh, dolor! ¡Dolor por la bella Eurídice y por su amado Orfeo!

Todos se reunieron en torno a ella, pidiéndole que se calmara y que contara su historia, cualquiera que esta fuera.

Esto era lo que había sucedido: mientras Eurídice estaba en el prado buscando flores para su cabello, una serpiente venenosa la mordió en su tobillo, y se cayó al suelo dando un grito. Sus doncellas se reunieron a su alrededor y trataron de ayudarla, pero fue en vano: el veneno era demasiado fuerte, y Eurídice murió, diciendo solamente una última palabra, el nombre de su amado Orfeo.

El silencio invadió a los presentes. Nadie sabía qué decir. Qué horrible, horrible destino para el que debía haber sido un día tan feliz.

Los amigos de Orfeo trataron de consolarlo, pero estaba tan inmóvil como una piedra. La noticia de la muerte de su amada

Eurídice, y en el día de su boda, era demasiado para él. Sin embargo, al final dijo:

—Esto no va a quedar así. Me iré al Hades, a la Tierra de los Muertos, y con mi música, conmoveré al mismísimo dios del inframundo para que me devuelva a mi amada Eurídice.

Orfeo tomó su lira, y se encaminó directamente a las orillas del Estigio, el río frío y negro que separa la tierra de los vivos de la de los muertos. Orfeo llamó a Caronte, el Barquero de los Muertos, para que viniera y le llevara al otro lado del río. Caronte apareció enseguida, perchando su barca con un palo largo. Caronte miró a Orfeo y le dijo:

—No puedes cruzar en mi barca. Solo los muertos pueden tomar este camino.

Antes de que Caronte volviera a sumirse en la pesadumbre, Orfeo comenzó a cantar. Cantó una canción sobre cuánto amaba a su Eurídice, y cómo deseaba tenerla de vuelta, y cómo era de injusto que debiera morir en el día de su boda. Muy pronto, Caronte cambió de parecer movido por la pasión de la canción de Orfeo. Le permitió a Orfeo subirse a su barca y lo llevó al otro lado del río, a la Tierra de los Muertos.

Orfeo caminó con precaución y en silencio por el largo y oscuro túnel que sabía que le conduciría al salón del trono del Hades. Sin embargo, tuvo que parar en seco pronto: un perro gigante de tres cabezas le bloqueaba el paso, gruñendo y rechinando sus enormes dientes blancos, largos y afilados como la daga de un guerrero. Este era Cerbero, el guardián de las puertas del Hades, descendiente de los titanes Equidna y Tifón. Pero Orfeo no temía al gran perro: tomó de nuevo su lira y esta vez cantó una nana tranquilizadora, y pronto, los grandes ojos de la bestia comenzaron a cerrarse y esta se tambaleó y se cayó al suelo, profundamente dormida.

Orfeo pasó con precaución al lado del perro de tres cabezas, cantando todo el tiempo. Pronto llegó al salón donde el gran Plutón, el dios de los muertos, se sentaba al trono con su esposa, Proserpina.

— ¿Por qué has venido aquí? —le dijo Plutón a Orfeo.

—Vengo a reclamar a mi esposa, Eurídice, la cual me fue arrebatada injustamente el día de nuestra boda —dijo Orfeo.

—Los muertos, muertos están; y me pertenecen a mí y a mi reino. —dijo Plutón. —No voy a liberarla.

Orfeo no contestó, sino que comenzó a rasguear su lira. Acto seguido cantó una canción sobre lo mucho que amaba a Eurídice, cuánto habían estado esperando a vivir juntos, y cómo era de injusto que debiera morir un día que no debía haber sido sino de dicha para ella.

El dios de los muertos no se conmovió por esto, pero su reina sí que escuchó la súplica de Orfeo. Proserpina se volvió hacia su divino marido y dijo:

—Mi señor, seguro que hasta tu corazón no ha podido resistirse a sentir pena por Orfeo. Los muertos, muertos están, sí, y están bajo tu poder, ¿pero no quiere decir esto también que puedes liberarlos de tu reino si lo deseas? Piensa en lo que habría supuesto para ti si me hubieran sustraído de tu lado para toda la eternidad. Te lo ruego, escucha la súplica de este hombre y concédele lo que te pide.

Plutón no pudo rechazar lo que Proserpina le pedía, por lo que se volvió hacia Orfeo y dijo:

—Muy bien. Liberaré a Eurídice para ti con una condición: no podrás girarte para mirarla hasta que los dos hayáis abandonado mi reino y os halléis de nuevo en la tierra de los vivos.

Orfeo aceptó de grado esta condición y comenzó su camino de regreso al mundo de arriba. Era un viaje largo, frío y oscuro, y no podía oír a nadie tras de sí. ¿Y si Plutón le estaba engañando? ¿Y si no le iba a devolver a Eurídice? La tentación de girarse y mirar era insoportable. Orfeo se contuvo todo el tiempo que atravesó los salones de los muertos. Se contuvo todo el tiempo que atravesó el largo túnel que le llevaba a la tierra de los vivos, cuya luz ya podía ver brillar ante él. Se contuvo hasta que se encontró pisando la hierba, bajo el sol, y fue en ese momento que ya no pudo aguantarse: se giró para ver si Eurídice estaba detrás de él y ¡sí! ¡Allí estaba ella! Plutón había cumplido la palabra que le había dado. La sombra de Eurídice le había seguido todo el camino desde la Tierra de los Muertos.

Sin embargo, Orfeo se había dado la vuelta demasiado pronto, ya que la propia Eurídice aún no había salido al sol con su amado Orfeo. Orfeo se giró y la vio, y su corazón dio un brinco, pero justo mientras lo hacía, la sombra de Eurídice volvió a ser absorbida por la oscuridad para no volver a ver jamás la tierra de los vivos.

La pena de Orfeo era tan grande que no podía siquiera cantar un lamento por su esposa perdida. Vagabundeaba llorándola, sin hablar palabra, sin tañer una sola cuerda de su lira. Y así caminó, hasta que un día, un grupo de bacantes, mujeres salvajes que servían al dios del vino, le encontraron sentado junto a un río.

— ¡Toca una canción para nosotras! —dijo una.

— ¡Sí! ¡Una canción de fiesta, para que podamos bailar! —dijo otra.

Pero Orfeo no les contestó. Esto enfureció tanto a las bacantes, que se abalanzaron sobre el hombre de luto y lo despedazaron miembro a miembro. Tiraron su cabeza y su lira al río mientras sus labios aún pronunciaron una última palabra: "Eurídice". Los dioses recuperaron su lira y la colocaron en el cielo como la constelación de Lira, mientras que su sombra descendió a la Tierra de los Muertos, donde por fin se reunió con su amada esposa y donde aún viven juntos en el Elíseo.

Vea más libros escritos por Matt Clayton

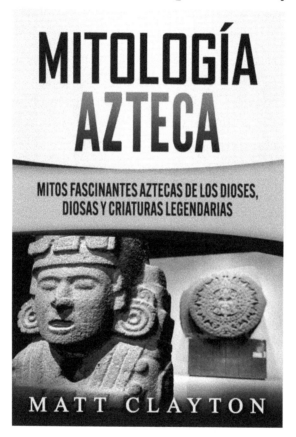

BIBLIOGRAFÍA

Augusta, Lady Gregory. *Cuchulain of Muirthemne: The Story of the Men of the Red Branch of Ulster.* London: J. Murray, 1902.

Bedier, Joseph. *The Romance of Tristan and Isolda.* Trans. Hilaire Belloc. New York: Dodd, Mead & Co., 1917.

Cross, Tom Peete and Clark Harris Slover, eds. *Ancient Irish Tales.* Totowa: Barnes & Noble Books, 1936.

Davies, Sioned, trans. *The Mabinogion.* Oxford: Oxford University Press, 2007.

Delaney, Frank. *Legends of the Celts.* New York: Sterling Publishing, Inc., 1991.

Eddy, Steve and Claire Hamilton. *Celtic Myths.* Chicago: Contemporary Books, 2001.

Ford, Patrick, trans and ed. *The Mabinogi and Other Medieval Welsh Tales.* Berkeley: University of California Press, 1977.

Guest, Lady Charlotte. *The Mabinogion: From the Welsh of the Llyfr coch o Hergest (The Red Book of Hergest)* in the Library of Jesus College, Oxford. London: Quaritch, 1877.

Hodges, Margaret. *The Other World: Myths of the Celts.* New York: Farrar, Straus and Giroux, 1973.

Kinsella, Thomas, trans. *The Tain: Translated from the Irish Epic Tain Bo Cuailnge.* Oxford: Oxford University Press, 1969.

Macalister, R. A. Stewart. *Lebor gabala Erenn: The Book of the Taking of Ireland.* Vols. 2-5. Dublin: Irish Texts Society, 1939-1941, 1956.

Mac Cana, Proinsias. *Celtic Mythology.* London: Hamlyn Publishing Group, Ltd., 1970.

Marcosale, Jean. *The Epics of Celtic Ireland: Ancient Tales of Mystery and Magic.* Rochester, VT: Inner Traditions, 2000.

O'Connor, Ulick. *Irish Tales and Sagas.* Dublin: Town House and Country House, 1996.

Price, Bill. *Celtic Myths.* Harpenden: Pocket Essentials, 2008.

Rolleston, Thomas William. Myths and Legends of the Celtic Race. London: Harrap, 1911.

Squire, Charles. *The Mythology of Ancient Britain and Ireland.* London: A. Constable, 1906.

Zaczek, Iain. *Chronicles of the Celts.* New York: Sterling Publishing, Inc., 1997.

Breasted, James Henry. *Ancient Records of Egypt.* Vol. 2: *The Eighteenth Dynasty.* Chicago: University of Chicago Press, 1906.
Budge, E. A. Wallis. *Legends of the Gods: The Egyptian Texts, Edited With Translations.* London: Kegan, Paul, Trench, Trübner, & Co., 1912.
——. *The Gods of the Egyptians: or, Studies in Egyptian Mythology.* 2 vols. London: Methuen & Co., 1904.
Dennis, James Teackle. *The Burden of Isis, Being the Laments of Isis and Neftis.* New York: E. P. Dutton & Co., 1910.
Griffith, Francis Llewellyn. *Stories of the High Priests of Menfis.* Vol. 2: *The Sethon of Herodotus and the Demotic Tales of Khamuas.* Oxford: The Clarendon Press, 1900.
Ions, Veronica. *Egyptian Mythology.* New York: Peter Bedrick Books, 1990.

Lichtheim, Miriam. *Ancient Egyptian Literature: A Book of Readings.* Volume 1: *The Old and Middle Kingdoms.* Berkeley: University of California Press, 2006.

——. *Ancient Egyptian Literature: A Book of Readings.* Volume 2: *The New Kingdom.* Berkeley: University of California Press, 2006.

——. *Ancient Egyptian Literature: A Book of Readings.* Volume 3: *The Late Period.* Berkeley: University of California Press, 2006.

Mackenzie, Donald A. *Egyptian Myth and Legend.* London: The Gresham Publishing Company, [1913].

Mercatante, Anthony S. *Who's Who in Egyptian Mythology.* 2nd ed. Edited and revised by Robert Steven Bianchi. Lanham: Scarecrow Press, 1997.

Moret, Alexandre. *In the Time of the Pharaohs.* Trans. Madame Moret. New York: G. P. Putnam's Sons, 1911.

Murray, Margaret Alice. *Ancient Egyptian Legends.* London: J. Murray, 1913.

Redford, Donald B., ed. *The Ancient Gods Speak: A Guide to Egyptian Religion.* Oxford: Oxford University Press, 2002.

Renouf, P. Le Page, and Édouard H. Naville. *The Egyptian Book of the Dead: Translation and Commentary.* 2 vols. London: Society of Biblical Archaeology, 1904.

Simpson, William Kelley, ed. *The Literature of Ancient Egypt: An Anthology of Stories, Instructions, Stelae, Autobiographies, and Poetry.* 2nd ed. New Haven: Yale University Press, 2003.

Spence, Lewis. *Myths and Legends: Ancient Egypt.* Boston: D. D. Nickerson, 1910.

Tyldesley, Joyce. *Myths & Legends of Ancient Egypt.* London: Allen Lane, 2010.

Wilson, Elizabeth B. "The Queen Who Would Be King." *Smithsonian* 37 (2006): 80-87.

Glosario de nombres

Adils es un hombre mortal, rey, esposo de Yrsa y suegro de Hrólfr Kraki; véase el capítulo 18.

Aesir es el nombre colectivo de los dioses que originalmente vivían en Asgard (todos los dioses de esta historia excepto Njord, Frey y Freya).

Agnarr, el primer Agnarr es el hermano mayor de Geirröd y el hijo adoptivo de Frigg; el más joven es el hijo de Geirröd; véase el capítulo 9.

Alf es un hombre mortal, rey, se casó con Hjördis y se convirtió en huésped y protector de Sigfrido en su juventud; véase el capítulo 11.

Andvari es un enano muy rico, a quien Loki le robó su tesoro para pagar una deuda de sangre y cuya maldición persistió en ese tesoro y trajo la destrucción a la familia de Sigfrido y quizás también a los dioses. La propia historia de Andvari se cuenta en el capítulo 10; los efectos de la maldición se observan en los capítulos 10-15 (o quizás también en los capítulos 16 y 17).

Balder (Baldr) es dios, hijo de Odín y Frigg, esposo de Nanna; es el más bello de los dioses y dueño del lugar de la paz. Aparece en el capítulo 16, también, en los capítulos 2, 6 y 17.

Bölverkr es un alias de Odín cuando fue a robar el aguamiel de la poesía (véase el capítulo 4); el nombre significa «Obrador del mal».

Brok es un enano, hermano y ayudante del maestro-herrero Sindri que fabricó los preciosos regalos para los dioses y ganó una apuesta contra Loki; véase el capítulo 5.

Brunilda es una valquiria y una mujer sabia; amante de Sigfrido y causante de su muerte; véase los capítulos 13-15.

Fafner es un hombre mortal, mago, hijo de Hreidmar y hermano de Óddar, Regin y Lyngheid; mató a su padre para conseguir el oro de Andvari y más tarde se convirtió en un dragón para custodiar el oro; véase los capítulos 10 y 12.

Fenrir es un lobo, hijo de Loki y una giganta; atado de forma segura en el capítulo 3 (y a un gran precio) y soltado con resultados catastróficos en el capítulo 17.

Freya (Freyja) es diosa, hija del dios del mar Njord, hermana de Frey; una de las Vanir dejadas en Asgard como rehén (véase el capítulo 2), aunque parece ser que rápidamente logró sentirse como en casa. Mujer sabia y guardiana de una capa de plumas que le permite tomar la forma de un pájaro. También es la más bella de las diosas. Los desastrosos intentos de los gigantes de casarse con ella por la fuerza o con engaños se describen en los capítulos 2 y 7. Muchas de sus características son similares a las de Frigg.

Frigg es diosa, esposa de Odín y madre de Balder. Mujer sabia y guardiana de una capa de plumas que permite al portador tomar forma de un pájaro. Dicen que es la diosa del amor conyugal, aunque su matrimonio con Odín parece haber tenido sus altibajos (véase el capítulo 9). Véase también los capítulos 2 y 16.

Fulla es la criada de Frigg, enviada al rey Geirröd en el capítulo 9 y recordada por la esposa de Balder, Nanna, en el capítulo 16.

Geirröd es un hombre mortal, hijo adoptivo de Odín y también el poco amable anfitrión de Odín un tiempo después; hermano y padre de Agnarr; véase el capítulo 9.

Gerd (Gerð, Gerda) es una giganta, casada a regañadientes con Frey y causa indirecta de su muerte durante el Ragnarök; véase los capítulos 6 y 17.

Gebica (Gjúki) es un hombre mortal, esposo de Grimhilda y padre de Gunter, Gundrun, Hogni y Guttorm; véase los capítulos 13-15.

Grani es el caballo de Sigfrido que Odín eligió para él. Descendiente de Sleipnir, el caballo de Odín. Véase los capítulos 11-14.

Grimhilda es una mujer mortal, reina y hechicera; esposa de Gebica y madre de Gunter, Gudrun, Hogni y Guttorm; véase los capítulos 13-15.

Grimnir es un alias que Odín usó cuando fue a comprobar la hospitalidad de Geirröd en el capítulo 9.

Gudrun es una mujer mortal, reina, hija de Gebica y Grimhilda; hermana de Gunter, Hogni y Guttorm; esposa de Sigfrido; véase los capítulos 13-15.

Gunter (Gunnar) es un hombre mortal, rey; hijo de Gebica y Grimhilda; hermano de Gudrun, Hogni y Guttorm; hermano de sangre de Sigfrido, esposo de Brunilda; véase los capítulos 13-15

Guttorm es un hombre mortal, hijo de Gebica y Grimhilda, hermano menor de Gudrun, Gunter y Hogni, asesino de Sigfrido; véase el capítulo 15.

Heimdal es un dios Aesir, hijo de Odín y de nueve madres diferentes (no me pregunte cómo sucedió eso), guardián de Asgard y asesino de Loki en la última batalla (Capítulo 17).

Heimir es un hombre mortal, padre adoptivo de Brunilda; véase los capítulos 13 y 14.

Hela es una diosa, hija de Loki y una giganta, gobernante del frío mundo llamado Hel, Helheim o Niflhel donde las almas de los mortales muertos iban si no merecían o tenían la suerte de ser llevados a Asgar y también, aparentemente, donde los dioses muertos iban independientemente de que lo merecieran. Véase los capítulos 3 y 16.

Hermód (Hermóðr) es un dios, hijo de Odín y hermano de Balder, que cabalgó hasta Niflhel después de la muerte de Balder para suplicar su regreso; véase el capítulo 16.

Hindfell es la montaña donde se encontraba el castillo de Brunilda dentro de un anillo de fuego eterno.

Hjördis es una mujer mortal, reina, esposa de Sigmund (más tarde, de Alf) y madre de Sigfrido; véase el capítulo 11.

Höder (Höðr) es un dios ciego, hermano de Balder y su asesino por accidente; véase el capítulo 16).

Hogni es un hombre mortal, el hijo mediano de Gebica y Grimhilda, hermano de Gudrun, Gunter y Guttorm, hermano de sangre de Sigfrido; véase el capítulo 15.

Hreidmar es un hombre mortal, hechicero, padre de Óddar, Fafner, Regin y Lyngheid, huésped y luego captor de Odín y Loki en el capítulo 10.

Idun es diosa, guardiana de las manzanas de la juventud que evitaban que los dioses envejecieran; su secuestro y rescate se describen en el capítulo 5.

Jörmungandr es la serpiente de Midgard, hijo de Loki y de una giganta, que yace con tranquilidad en las profundidades del mar esperando al Ragnarök; véase los capítulos 3, 8 y 17.

Jötunheim es una región o mundo salvaje y de hielo, hogar de los gigantes.

Loki es un dios, esposo de Sigyn y padre de Sleipnir, Fenrir, Jörmungandr y Hel, entre muchos otros. Es un embustero, a menudo responsable de meter y sacar a los dioses de los problemas, aunque a veces solo termina haciendo una cosa o la otra. Aparece en los capítulos 2-8, 16 y 17.

Lyngheid es una mujer mortal, hija de Hreidmar, hermana de Óddar, Fafner y Regin; mucho menos sanguinaria que el resto de su familia; véase el capítulo 10.

Lyngi es un hombre mortal, rey, rival de Sigmund por el amor de Hjördis, asesino de Sigmund, después asesinado por Sigfrido; véase el capítulo 11.

Midgard es el mundo de los hombres, creado por los Aesir; véase el capítulo 1.

Mímir es un misterioso ser, guardián de la fuente de la sabiduría, cuyo encuentro con Odín se describe en el capítulo 3. Otra historia, no registrada en este libro, describe a un dios sabio llamado *Mímir* como un rehén enviado al Vanir por los Aesir; lo mataron durante una pelea y enviaron su cabeza de vuelta a Odín, quien la consultaba cada vez que necesitaba más sabiduría.

Mjöllnir es el poderoso martillo de Thor, cuyo nombre significa *demoledor*, forjado en el capítulo 5, robado, recuperado y usado con gran efecto en el capítulo 7, aparentemente inútil en el capítulo 8

Muspelheim es el mundo primordial del fuego que surgió antes de Midgard, y cuyas chispas, mezcladas con el frío de Niflheim, crearon un lugar donde podía surgir la vida (véase el capítulo 1); también es el hogar de Surt y de los gigantes del fuego que destruirían el mundo; véase el capítulo 17.

Nanna es diosa y esposa de Balder; véase el capítulo 16.

Niflhel uno de los nombres para el frío mundo de los desafortunados muertos gobernado por la diosa Hel; a veces también llamado Hel o Helheim; aparentemente muy cercano a Niflheim.

Niflheim es el mundo primordial de hielo y veneno, cuyas aguas, mezcladas con el calor de Muspelheim, crearon un lugar donde la vida ha podido surgir; véase capítulo 1.

Njord (Njörðr) es el dios del mar, padre de Frey y Freya. No es uno de los Aesir originales, sino un rehén enviado por los Vanir a Asgard después de la guerra (véase el capítulo 2); estuvo brevemente casado con Skadi; véase el capítulo 6.

Nornas son mujeres sabias, inmortales, que tejían el destino de los mortales; véase el capítulo 3.

Odín (también llamado *Wotan*, *Woden* y con muchos otros nombres) es un dios, esposo de Frigg y padre de Balder, Thor y muchos otros dioses; rey y miembro más sabio de los Aesir y destructor del gigante Ymir, dueño de Valhalla y Valaskjálf. Aparece con muchos disfraces en los mundos de los hombres y los gigantes. Está presente en los capítulos 1, 3, 4, 9, 10, 16 y 17 y en la mayoría de los otros capítulos.

Regin es un hombre mortal, herrero, hijo de Hreidmar, hermano de Óddar, Fafner y Lyngheid; padre adoptivo de Sigfrido; véase los capítulos 10-12.

Hrólfr Kraki (Rolf Krage) es un hombre mortal, rey, hijo de Yrsa y yerno de Adils; véase el capítulo 18.

Skadi es una giganta, a veces adorada como la diosa de la caza, hija de Thjazi, brevemente casada con Njord; véase el capítulo 6 (y, brevemente, el capítulo 16).

Skirnir es el sirviente de Frey, responsable de conseguir la mano de Gerd y también de privarle de su espada; véase el capítulo 6.

Skrymir es un gigante y hechicero, responsable de la miseria de Thor en el capítulo 8.

Sif es diosa y esposa de Thor; Loki le robó el pelo en el capítulo 5.

Sigmund es un hombre mortal, rey; se dice que desciende de Odín; esposo de Hjördis y padre de Sigfrido. Véase el capítulo 11. (El hijo de Sigfrido y Gudrun también lleva el mismo nombre).

Sigfrido es un hombre mortal, hijo de Sigmund y Hjördis, hijo adoptivo y asesino de Regin, amante de Brunilda, esposo de Gudrun, hermano de sangre de Gunter y Hogni, asesino de Fafner. Figura central en los capítulos 11-15.

Sigyn es una diosa, esposa de Loki, responsable de hacer su encarcelamiento después de la muerte de Balder un poco más soportable; véase el capítulo 16.

Sindri es un enano, maestro herrero, hermano de Brok, fabricante del martillo de Thor y otros tesoros de los dioses, ganador de una apuesta con Loki; véase el capítulo 5.

Sleipnir es el caballo de Odín, el hijo de Loki en forma de yegua y el semental Svadifari. Se dice que es el antepasado de Grani, el caballo de Sigfrido. En cuanto a su adquisición, véase el capítulo 2; también aparece montado en otras historias, especialmente en el capítulo 16.

Surt es un gigante de fuego, responsable de la destrucción final de los mundos; véase el capítulo 17.

Svadilfari es el caballo semental que transportaba piedras para el gigante que construyó el muro de Asgard en una apuesta en el capítulo 2. Fue extraviado en el último minuto por Loki, lo que impidió que se ganara la apuesta. Es el padre de Sleipnir.

Thjazi es un gigante y hechicero, padre de Skadi, secuestrador de Idun, que fracasó en su objetivo y fue asesinado por los dioses en el capítulo 5; fue vengado de alguna manera por su hija en el capítulo 6.

Thor es dios, hijo de Odín y de la giganta Jörð, esposo de Sif; portador del martillo de Mjöllnir; llamado a menudo para bendecir las bodas; también honrado por los guerreros; un luchador incansable e intrépido, imposible de intimidar, pero bastante fácil de engañar y algo propenso a perder los estribos. Aparece en los capítulos 7 y 8; y, en menor medida, en los capítulos 5 y 17, también se menciona en otros capítulos.

Trym es un gigante, rico y ambicioso; su nombre significa *escandaloso*; robó el martillo de Thor, trató de conseguir a Freya como su novia y se llevó una desagradable sorpresa en el capítulo 7.

Tyr es un dios y un guerrero, de corazón valiente como Thor, pero tal vez con más autocontrol. Aparece en los capítulos 3 y 17.

Utgard-Loke gigante y hechicero, que también aparece como Skymir. Véase el capítulo 8.

Valaskjálf es el alto asiento de Odín, desde el que podía ver todos los mundos.

Valhalla es el salón de fiestas de Odín, donde las almas de muchos de los valientes muertos festejaban y luchaban amistosamente con el fin de practicar para el último día.

Valquirias son doncellas escuderas. ¿Son humanas o divinas? Las historias varían en este punto. En cualquier caso, elegían a quiénes vivirían en una batalla y quiénes morirían y llevaban a algunos de los valientes muertos a Odín (y quizás también a Frigg). Descritas de forma general en el capítulo 2. Brunilda (véase los capítulos 13-15) es una de ellas.

Vanir (en singular Vanr) es otra raza de dioses que primero luchó y hizo las paces con los Aesir. Los Vanir dejaron a Njord, Frey y Freya en Asgard como rehenes o invitados de honor.

Völsung es la familia de Sigmund y Sigfrido, que supuestamente desciende de Odín.

Ymir es un gigante, uno de los primeros seres vivos y el antepasado de todos los gigantes. Odín y sus hermanos mataron a Ymir y crearon el mundo a partir de su cuerpo.

Yrsa es una mujer mortal, reina, esposa de Adils y madre de Hrólfr Kraki.

Hay muchas fuentes primarias de fácil acceso para la mitología griega. He enumerado a continuación a algunos de los autores más leídos. Si prueba una fuente y descubre que no le gusta, no se rinda. Los autores tienen estilos y perspectivas muy diferentes. Las diferentes traducciones también pueden marcar una diferencia considerable. Las historias de este libro provienen en su mayoría de los relatos de los siguientes autores:

Homero, autor de la *Ilíada* (la historia de la guerra de Troya) y la *Odisea* (la historia del viaje de Odiseo a casa), fue uno de los primeros autores griegos. La *Ilíada* y la *Odisea* son dos poemas épicos muy largos. Puede obtenerlos en traducciones con rima, métricas o en prosa, revise las muestras en línea o en su biblioteca y vea qué estilo le gusta más.

Esquilo, nacido a mediados del 500 a. C., fue un ateniense y el primero de los grandes dramaturgos griegos. Algunas de sus obras más conocidas incluyen *Prometeo encadenado* y las obras mencionadas anteriormente como parte del ciclo de Agamenón.

Sófocles, otro dramaturgo ateniense, nació alrededor del 500 a. C. Sus obras de Edipo son probablemente sus trabajos más conocidos, pero también narró muchas otras historias.

Eurípides, vivió cerca de Atenas durante el 400 a. C., fue un autor particularmente conocido por las tragedias. Me he inspirado en sus relatos de Ifigenia, de la historia de Orestes y de la caída de Troya.

Aristófanes, un escritor ateniense de los años 400 y 300 a. C., es el dramaturgo cómico griego más conocido. Algunas de sus comedias —que giran en torno a la sátira de conocidas figuras literarias y políticas de su época— son difíciles de entender plenamente a menos que se esté familiarizado con la gente de la que se reía; otras, como *Lisístrata*, se traducen con bastante facilidad.

Ovidio, un poeta romano que escribió en el siglo I a. C. en latín, es el autor del libro *Las metamorfosis* del que he tomado la historia de Midas y la historia de Filemón y Baucis.

Apuleyo vivió en lo que hoy es Argelia (antes era Numidia) en el siglo I d. C., escribió filosofía y ficción en latín. Su libro *Las metamorfosis* o *El asno de oro*, del que se toma la historia de Cupido y Psique, es considerado la primera novela picaresca.

El libro de **Edith Hamilton**, *Mitología: Cuentos atemporales de dioses y héroes*, que está disponible gratuitamente en línea, cuenta muchos más mitos griegos que los que cubre este libro, aunque sus relatos son más compactos; también proporciona una excelente introducción a varios autores griegos y latinos.

CPSIA information can be obtained
at www.ICGtesting.com
Printed in the USA
LVHW031506281221
707355LV00001B/77

9 781952 191947